Heinz Commer

Die Unersetzlichen

Heinz Commer

Die Unersetzlichen

Unsere neue Leistungselite

mit Beiträgen von
Alfons Neuhaus und Alfred Rollinger

Wirtschaftsverlag Langen-Müller/Herbig

Albert Langen · Georg Müller Verlag GmbH, München

Schutzumschlag: Christel Aumann, München
Satz + Druck: Jos. C. Huber KG, Dießen
Buchbinder: R. Oldenbourg, München
Printed in Germany
ISBN: 3-7844-7127-7

Inhalt

Statt einer Einführung: Um Sein oder Nicht-Sein

Nie war für jeden von uns die individuelle Zukunftsaussicht beunruhigender. Nie die Frage berechtigter und wichtiger: Wie überleben wir im Computerzeitalter? Wie kommen wir, wie bleiben wir »oben«. Es geht, wie die erschreckende Arbeitslosigkeit jedem von uns zeigt, um »Sein« oder »Nicht-Sein«.
Angst, Mißtrauen, Hoffnung. Von diesem Dreiklang der Gefühle wird jeder von uns, ob im Beruf stehend oder nicht, bewegt, berührt, jedenfalls Tag für Tag beeinflußt.

Angst. Was wird aus unserem Beruf, aus unserem Arbeitsplatz?
Mißtrauen. Von welchen Typen sind wir heute und zukünftig im Beruf und Privatleben umgeben, umstellt? Welchen Typen gehört die Zukunft, wer sind die Gewinner, wer die Verlierer?
Hoffnung. Trotz aller Zukunftsängste hegen wir insgeheim alle die Hoffnung, daß wir trotz der großen Wandlung, trotz der großen Zäsur letztlich irgendwie ein uns befriedigendes Leben in Beruf und Familie führen können.

Auf diesem Trio existenzieller Fragen baut dieses Buch auf und gibt existenzielle Antworten. Wie entwickelt sich voraussichtlich unser berufliches Umfeld im Zeitalter der modernen postindustriellen Kommunikationsgesellschaft, wobei wir davon ausgehen, eine völlig neue Einstellung zur Arbeit zu haben?
Was wird aus der Arbeitsgesellschaft?
Wie entwickeln sich die Akteure der zukünftigen Berufswelt?
Was wird aus dem Commerschen Viereck, das alle Berufstätige in Leader, Billardkugeln, Nieten und als Elite die sogenannten Unersetzlichen einteilte? Und vor allem: wie sieht unser modernes Berufsleben als Gesamtgeschehen im Alltag, im Kampftag und Festtag im Detail aus? Und wie haben wir uns darauf in unserem Leben einzustellen?
Klar ist: Trotz aller Bedrohung und Gefahren gibt es keinen Grund

zur Resignation, zur Depression oder zum Pessimismus. Wir müssen jedoch erkennen, daß wir eine völlig neue Epoche unseres kollektiven und individuellen Da- und Soseins erreicht haben: Aus der Arbeitsgesellschaft wird die Betätigungsgesellschaft; die Arbeit bleibt weithin nicht mehr Mittel- und Brennpunkt unseres Lebens; sondern wir müssen kreativ jeder für uns bei Wegfall oder Reduzierung von Arbeitszeit und -umfang Möglichkeiten zur Selbstverwirklichung finden.

Das Ziel meines Buches: Die eingetretenen Entwicklungen aufzuzeigen und klarzumachen, welche Eigenschaften das Überleben im Computerzeitalter sicherstellen. Ich will herausstellen: wie kann man auch im Computerzeitalter überleben, und zwar in leitender, führender Position.

Fast alle Politiker, fast alle Vordenker, fast alle Journalisten berühren dieses existenzielle Grundthema, die Umwandlung unserer Zeit. Es kommt dabei aber weniger auf die Interpretation, sondern auf die Aufzeigung der Veränderungsmöglichkeiten an. Mein weitgestecktes Ziel ist es, mit diesen Zeilen die zunächst erschreckenden Tatsachen aufzuzeigen, klarzumachen, wie wir mit ihnen fertigwerden, kurze Antworten auf die zentralen Existenzfragen eines jeden Berufstätigen in einer Zeit größter Zeitenwende zu geben.

Köln, Winter 1983 *Heinz Commer*

Es ist schwer, es zugleich der Wahrheit und den Leuten recht zu machen.

Thomas Mann

I. HINTERGRÜNDE

Drei Typen

Wir Berufstätigen sind möglicherweise friedliebende Wesen. Aber machen wir uns nichts vor: unser Alltag ist voller Kampf und Krampf. Jeden Tag gilt es, wachsam zu sein; Intrigen wollen gesponnen, Fallen wollen gelegt sein, damit die eigene Position gegen streberische Konkurrenten, neidvolle Kollegen oder gegen ungerechte Bosse verteidigt werden kann.
Allerdings: man kämpft verbissen, aber verschwiegen. Der tägliche Bürokampf auf der Nahkampfdiele des Arbeitsplatzes ist nicht Gegenstand der öffentlichen Diskussion. Er bleibt tabu. Diese Tabuisierung muß um so mehr erstaunen, als jeder Berufstätige mindestens ebensoviel Zeit an seiner Arbeitsstelle verbringt wie im Bett. Und über das Leben und Erleben im Bett ist wahrhaftig genug geschrieben. Durchbrechen wir das Tabu von Lust und Leid am Arbeitsplatz und betrachten wir uns selbst und unsere Arbeitskollegen, so fallen drei Typen von Arbeitsaktivisten besonders auf:

1. Echte Arbeitstäter, immer ameisenhaft werkend, nie nach der Devise lebend: »Wer Arbeit kennt und sich nicht drückt, der ist verrückt.« Diese Minderheit der ganz Eifrigen ist zugleich das Feigenblatt einer Pseudo-Leistungsgesellschaft, die zur Feierabendgesellschaft tendiert.
2. Arbeitssimulanten, die ihren sogenannten Arbeitstag damit verbringen, lauthals zu klagen, sie brächen unter der Last der Arbeit zusammen. Das sind häufig jene Typen, die auf Partys in ihren überfüllten Terminkalendern nachblättern müssen, um festzustellen, wo sie sind.
3. Drahtzieher, die im Hintergrund den Arbeitsalltag ständig beeinflussen: Schutzengel für die Mitarbeiter, denen sie gewogen sind, Teufel für ihre Intimfeinde.

Diese drei Arbeits-Grundtypen sind in das Gesamtnetz aller Berufstätigen einzuordnen. Aber ich möchte mich nicht auf eine Analyse unseres Arbeitslebens beschränken – der Diagnose muß die Therapie folgen. Hier ist ein Handbuch für unser Leben am Schreibtisch.

Der Gegenstand unserer Betrachtung entbehrt keineswegs komischer Züge, ist aber im Grunde eine Tragikomödie: manchmal lächerlich, häufig zum Heulen. Und nur mit Galgenhumor zu ertragen.

Das Commersche Fünfeck: Leader, Unersetzliche, Billardkugeln, Nieten, Elite

»Wie reimen sich Stroh und Weizen zusammen?«
Jeremia 23,28

Nirgends ist Sinn und Erfolg unserer Arbeit schwerer feststellbar als in Büros. Nirgends ist schwerer zu durchschauen, wer was leistet. Alle Büros sind nämlich undurchsichtig. Für den Außenstehenden wie für den Eingeweihten. Der Außenstehende wundert sich immer wieder darüber, daß ein Büro so wenig leistet. Der Eingeweihte hingegen wundert sich immer wieder darüber, daß dieses trotz aller sachlichen und personellen Pannen überhaupt noch etwas leistet. Für Außenstehende und Eingeweihte erhebt sich also dieselbe Frage: Worauf beruht überhaupt die personelle Leistungsfähigkeit in unserer modernen Industriegesellschaft? Hier die Antwort:
In allen Arbeitseinheiten sind vier Kategorien von Beschäftigten tätig, und zwar:

1. *Leader* = Gallionsfiguren und Weichensteller
(0,1 % der Berufstätigen)

Leader sind Führungspersönlichkeiten, die fruchtbare Impulse geben und selbst Spezialisten Ratschläge für die Entscheidung von Detailfragen geben können.

2. *Unersetzliche* = Treiber und Getriebene
(12 % der Berufstätigen)

Unersetzliche sind Aggregate und Motoren der Arbeit; sie sind ständige Opfer ihrer eigenen Arbeitsleidenschaft und beständige Stützen der obersten Leitung.

3. Billardkugel-Mitarbeiter = Mitläufer und Routinearbeiter (81 % der Berufstätigen)

Billardkugeln arbeiten ohne eigene Initiative, fast immer nur auf Anstoß oder Druck. Sie sichern Kontinuität und Detailarbeit. Sie entwickeln meist nur dann schöpferische Phantasie, wenn es um Kleinkram und um den Nachweis geht, sie seien absolut nicht zuständig.

4. Nieten = Versager und Störer (6,9 % der Berufstätigen)

Nieten tragen zur Arbeitsleistung nichts bei, dafür stören sie aber den Arbeitsablauf unaufhörlich.

Bei derartig schematischen Kategorien muß man sich allerdings vor Augen halten, daß es ganz selten »reine« Typen gibt. Die Menschen lassen sich allenfalls mit einigen besonders hervorstechenden Eigenschaften in ein solches Schema einordnen. In bestimmten Bereichen unserer Tätigkeit sind wir alle Nieten oder Billardkugeln, Unersetzliche, ja vielleicht sogar Leader. Will man also eine bestimmte Person einer Kategorie zuordnen, dann muß man sich an jene Eigenschaften halten, die bei der beruflichen Tätigkeit überwiegen.
Verhältnismäßig reine Typen trifft man im allgemeinen nur in großen Unternehmen mit über 2500 Beschäftigten und in Organisationen mit über 250 Tätigen; in der Verwaltung dagegen bereits bei 150 Bediensteten.
Das soll nicht heißen, daß zum Beispiel Unersetzliche in mittleren oder kleinen Unternehmen oder Behörden überhaupt nicht zu finden sind. Vertreter der übrigen Kategorien treten hier jedoch wegen der größeren Übersichtlichkeit der Verhältnisse kaum in reiner Form auf; in kleineren Arbeitseinheiten ist es nämlich schwieriger, eine völlige Niete oder eine hundertprozentige Billardkugel zu sein. In kleinen und übersichtlichen Betriebseinheiten ist es für die Betriebsleitung nämlich einfacher, die Arbeit der Mitarbeiter zu bewerten und zu honorieren.
Unersetzliche gibt es als Rechercheusen in Zeitungsredaktionen und

Verlagen, als Direktor-Stellvertreter an Schulen, als Verkaufskanonen im Einzel- und Großhandel, bei Reiseagenturen und im Immobiliengeschäft, als Bürovorsteher bei Notar und Anwalt.
Leader und Unersetzliche sind sicherlich von vorrangiger Bedeutung für den Arbeitsablauf. Dabei darf aber nicht übersehen werden, daß alle vier Kategorien unerläßliche Bausteine der modernen Arbeitswelt sind. Jeder braucht jeden. Daß die Unersetzlichen für Leader, Billardkugeln und Nieten von großer Bedeutung sind, ist klar. Aber auch die Unersetzlichen sind auf die Mitarbeit der anderen Kategorien angewiesen. Sie brauchen Weichenstellung und Rückendeckung durch die Leader, sie benötigen die Billardkugeln sozusagen als technischen Unterbau, und sogar die Nieten sind von Nutzen: Sie befriedigen den seelischen Bedarf der Unersetzlichen nach pharisäerhaftem Stolz. Sie sind außerdem die Sündenböcke für die Meckerseele, die in vielen Unersetzlichen steckt.
Entscheidend für die Leistungsfähigkeit oder Leistungsunfähigkeit eines Unternehmens oder einer Behörde ist jedoch vor allem das Verhältnis zwischen Leader und Unersetzlichen. Beide Kategorien besitzen im Unterschied zu allen anderen Kategorien zwei entscheidende Eigenschaften: das vorwärtstreibende progressive und das beharrende Element, die beide für Apparate unerläßlich sind. So verfügen nur Leader und Unersetzliche sowohl über das Gaspedal als auch über den Bremshebel der Arbeitsmotorik. Deshalb ist die Zusammenarbeit zwischen Leadern und Unersetzlichen entscheidend für den Erfolg oder Mißerfolg eines Unternehmens oder einer Behörde.
Eine fast selbstverständliche Grundhaltung allerdings soll hier nicht verschwiegen werden: Ob Leader, Unersetzlicher, Billardkugel oder Niete – jeder kommt sich furchtbar wichtig vor. Franklin Delano Roosevelt wußte: *Jeder hält sich für den fähigsten Menschen, den er je traf.* Jeder betrachtet sich als nahezu ausschließlichen Träger der gesamten Arbeit und ist überzeugt, daß ebenso böswillige wie unfähige Vorgesetzte, Kollegen oder Mitarbeiter diese Arbeit verkennen, mißachten oder sogar für sich ausnutzen.
Viel niedriger ist dagegen der Prozentsatz jener, die sich schmählicherweise um den Chefsessel betrogen sehen. Und fast gar nie geht die Selbsterkenntnis so weit, daß sich eine Niete oder Billardkugel als das erkennt, was sie ist. Abgesehen von jenen geschickten und abge-

feimten Gaunern, die händereibend die Dummheit des Apparates belächeln und lauthals in ihre Umgebung hinausposaunen: »Ich wäre doch blöd, wenn ich für diesen Betrieb noch etwas tun würde.« Dafür werden sie dann oft noch belohnt: entweder frühzeitig pensioniert oder weggelobt oder auf Posten geschoben, wo keine Arbeit mehr erwartet wird, keine Arbeit mehr erforderlich ist.
Bevor wir uns den Unersetzlichen ganz zuwenden, sollen die übrigen Gruppen kurz skizziert werden.

Leader

Es gibt glückliche und tüchtige Leader. Die glücklichen sind jene, die zu einer Führerrolle geboren sind. Die Tüchtigen mußten sich ihre Position in mühevollen Machtkämpfen erst erwerben. Ein Kriterium für echte Führungspersönlichkeit ist unter anderem das Verhältnis zu Mitarbeitern, beziehungsweise Untergebenen. Wer seine Mitarbeiter fördert, mit ihnen einen ständigen Dialog führt und ihrem Rat – zumindest immer wieder einmal – folgt, wer sie zu Vorträgen und Zeitungsartikeln unter eigenem Namen anregt, der ist Leader im Gegensatz zu jenen Pseudochefs, die ihre Mitarbeiter zur Anonymität verurteilen. Aus Dummheit, Uneinsichtigkeit oder aufgrund von Minderwertigkeitskomplexen begreifen solche Pseudochefs nie, daß ihr eigenes Ansehen nur wachsen kann, wenn die Bedeutung ihrer Mitarbeiter in der Öffentlichkeit klar erkennbar wird.

Billardkugeln

Billardkugel-Mitarbeiter gibt es in drei verschiedenen Ausführungen: Tarnkugeln, Halbkugeln und Hohlkugeln. Das Tarnkugel-Dasein ist offensichtlich besonders erstrebenswert. Zumindest aber weitaus am häufigsten anzutreffen. Das sind alle jene Berufstätigen, die es mit bewundernswertem Geschick jahrzehntelang fertigbringen, sich als Aktivisten in Szene und Erfolg zu setzen. Tatsächlich arbeiten sie jedoch nur auf Druck. Meistens aber arbeiten sie gar nicht. Nicht so häufig sind die Halbbillardkugeln. Das sind jene Angehöri-

gen eines Betriebs oder einer Behörde, die emotional oder aus rationalen Gründen einen Teil ihres Arbeitsgebiets innerlich ablehnen, ja verachten. Auf diesen Teilgebieten werden sie nur dann aktiv, wenn es gar nicht mehr anders geht, wenn ihnen eine Leistung förmlich abgezwungen wird. Die Hohlkugeln schließlich sind ganz seltene Exemplare. Das sind jene atemberaubend ehrlichen Leute, die geradeheraus zugeben, ausschließlich unter Befehl tätig zu werden. Hier handelt es sich meist um echte oder vermeintliche Opfer schlechter Behandlung, oder um Leute, die entweder ihre Pensionsgrenze schon in greifbarer Nähe sehen oder aus anderen Gründen unangreifbar sind. Das vorherrschende Motiv dieser Gruppe ist eine mit Trotz gemischte Resignation.
Geradezu überragende Aktivität entwickeln Billardkugeln, wenn es darum geht, Arbeit abzuwehren. Hierfür ein Beispiel:

Der Parlamentsassistent. Seine Spezialbegabung und seine Liebe zum Detail fielen seinen Kommilitonen bereits im verwaltungsrechtlichen Seminar auf. Fälle, wo es um das A und O der Administration, nämlich um die Kompetenz und um Detailfragen ging, fanden die Liebe von Franz Z. Der Clou seiner Leistung, immer seine Unzuständigkeit nachzuweisen, wurde von ihm damit begründet: »Man muß sich die Arbeit vom Halse halten.« Auch beim Steuerrecht interessierte er sich besonders für Bagatellfälle; hierbei wurde er zu einem ausgesprochenen Spezialisten. Seine spitzfindige Art ließ ihn die Zweite juristische Staatsprüfung mit »sehr gut« bestehen. So wurde er trotz fehlender Beziehungen als Assessor bei einem bekannten Anwalt in einer westdeutschen Großstadt tätig, der sich auf Steuer- und Gesellschaftsrecht spezialisiert hatte. Ehrgeiz und Verbindung dieses Anwalts reichten weiter als Großstadt und Land: er war Mitglied einer der führenden Parteien und Kegelbruder führender Bundespolitiker. Eines Tages wurde ein Freund Bundesminister. Dieser fand, wie er sich vorsichtig ausdrückte, ein Ministerium vor, das unter seinem Vorgänger »etwas aus dem Tritt geraten war«. Nun suchte er zuerst einen persönlichen Referenten, der genau auf die Zuständigkeit achtete und damit Ordnung in den »Laden« bringen sollte.
Franz Z. kam so nach Bonn. Obwohl er sich bis dahin nicht übermäßig angestrengt hatte, entwickelte er nunmehr bemerkenswerten Ei-

fer, einen Organisationsplan des Ministeriums aufzustellen, der vor allem die Kompetenzen genauestens festlegte. Danach drängte er nach Veränderung seiner Position, weil ihm die lange tägliche Dienstzeit beim Minister nicht gefiel. Er wurde Leiter eines Steuerreferats und konnte sich hier wieder in kleinlichen Detailfragen bewähren, ja austoben. Dank seiner Meisterschaft, wohlbegründet Arbeit von sich zu weisen und Fälle eintrocknen zu lassen, wurde er schließlich anerkannter Kompetenzspezialist. Dies kam dem Chef zu Ohren, der sich eines Tages daran erinnerte, als ein Parteifreund ihn um Rat fragte: »Ich bin nunmehr zu allem Überfluß Vorsitzender des XYZ-Ausschusses des Bundestages geworden und kann mich vor Anfragen nicht mehr retten, mit fehlt ein Könner, der häufiger als bisher die Unzuständigkeit dieses Ausschusses nachweist.« Es konnte keinen besseren geben als Franz Z. Nachdem die Stelle auf die eines (leitenden) Ministerialrats (B3) angehoben war, übernahm Z. den XYZ-Ausschuß. Das war die Erfüllung seiner Träume, seine Unzuständigkeit nachweisen zu können: Arbeit mit Wollust von seiner Dienststelle und damit von sich zu weisen.
In dem Bemühen, Arbeit zu verhindern, wurde er sehr arbeitsam. Immer zahlreicher wurden die Anfragen, immer höher stieg die Zahl der Unzuständigkeitsbescheide, die den Petenten zugingen. Aber für alle Erfolge im Arbeitsleben, auch die der Arbeitsabwehr, muß man bezahlen. Franz Z. wurde leider ein Fall der Kompetenz eines Internisten: Seine Angina pectoris versuchte er in Bad Orb auszuheilen.

Nieten

Nieten nützen niemandem, trotzdem sind sie längst nicht alle gleich. Es gibt geborene, systembedingte und abgestempelte Nieten. Die geborenen Nieten sind für alle Mitarbeiter ein fast unglaubliches Phänomen. Der ganze Betrieb muß ebenso neidvoll wie staunend zwei Fragen unbeantwortet lassen: Wie hat es dieser Kerl überhaupt geschafft, bei uns angestellt zu werden? Wie schafft er es jetzt, nicht sofort hinausgeworfen zu werden? Die systembedingten Nieten verdanken ihre Rolle dem unerforschlichen Ratschluß ihrer Vorgesetzten, die sie aufgrund ihrer guten Beziehungen oder ihres Schwatzgeschicks in ein Aufgabengebiet eingewiesen haben, für welches sie so geeignet sind wie Stotterer zu Sprachlehrern. Vertretern dieser Gruppe wird von den Arbeitskollegen eine gewisse mitleidvolle Sympathie entgegengebracht. Die abgestempelten Nieten schließlich verdanken ihre Gütemarke dem Urteil ihrer Umgebung, das nicht unbedingt in allen Fällen zutreffend ist. Wenn Fehlurteile in dieser Richtung gefällt werden, entbehren viele solcher Existenzen nicht selten der Tragik.

Allen drei Nieten-Kategorien ist eines gemeinsam: Man erwartet von diesen Mitarbeitern weder Initiative noch Leistung. Man läßt sie in Ruhe. Das heißt: Eine Niete braucht nicht zu arbeiten und wird noch dafür bezahlt. Eine für viele Menschen durchaus erstrebenswerte Lebensform!

Für alle Nieten gilt eins: Verachtung und Mißachtung ihnen gegenüber ist dumm. Denn sie sind genauso unersetzlich im Negativen wie die Unersetzlichen im Positiven. Denn keine Panne ohne Niete. Denn keine Miß- und Mist-Leistung ohne sie.

Die Unersetzlichen (UE)

Sachstreber, Karrierestreber, Drahtzieher
»Wen der liebe Gott einmal bei der Arbeit gesehen hat, dem besorgt er laufend neue.«

Marie Schlei

Ist es Unverfrorenheit, ist es Arroganz oder einfach nur Dummheit, eine Minderheit als die Unersetzlichen zu bezeichnen und sie in den Mittelpunkt der gesamten Berufswelt zu stellen? Problematisch ist es jedenfalls. Wer ist schon unersetzlich? Was für Philosophen, Theologen, Soziologen bis heute eine ungelöste Frage ist, beantworten die meisten Menschen unphilosophisch, unkritisch und instinktiv: Sie halten sich selbst für unersetzlich. Nur selten bricht die Erkenntnis über die Sinnlosigkeit mancher Arbeit, ja manchen Daseins überhaupt durch. Jeder denkt dann als sein eigener Hausphilosoph und Moralist wie Bruyère: »Wer müßte nicht erkennen wie überflüssig er trotz seltener Talente und großer Verdienste war, wenn er bedenkt, daß er sterbend eine Welt verläßt, die ihn nicht vermißt und wo sich viele finden, die ihn ersetzen möchten?«
Aber wer kommt schon zu einer solchen Erkenntnis, wenn er seinen Geschäften nachhasten muß oder gar die Freiheit genießt? Das gilt für das Privatleben wie das Arbeitsleben, für einen beschränkten Tölpel wie einen aalglatten Experten. Jeder spielt seine Rolle – ob als Funktionsträger mit hohem Marktwert, als Billardkugel oder gar Niete. Jeder bewirkt und leistet etwas, und bestünde die Wirkung oder Leistung nur in einem minimalen Beitrag zur Aufrechterhaltung der üblichen Routine, der Kontinuität, der Mittelmäßigkeit oder nur der gähnenden Langeweile. Auch die vollständigen Nieten bewirken trotz völliger Unbrauchbarkeit etwas: Sie füllen den Stellenplan. So ist kein Mensch – wer und wo er auch sei – durch einen anderen zu ersetzen. Was häufig äußerlich ersetzt werden kann, ist allenfalls der Träger einer Funktion, der Spieler einer Rolle. Der Mensch und der Berufstätige Hans Sowieso ist jedenfalls nicht zu ersetzen. Seine Unersetzlichkeit wird in aller Offenheit allerdings nur in dem Augenblick beschworen, den er nicht mehr erlebt: an seinem

Grab und in der Todesanzeige – nach langem Arbeitsleben. Aber gerade dieses Ritual hält das Gefühl für die Einseitigkeit, Beschränktheit und Falschheit der Formel von der »Ersetzbarkeit jedes Menschen« wach, eine Ersetzbarkeit, die aus der Welt der Technik, aus dem Wortschatz des Menschen*materials* stammt.
Halten wir fest: Jeder ist als Einzelner unersetzlich, jeder ist auch als Berufstätiger unersetzlich. Aber machen wir uns nichts vor: Wenn der normale und normal empfindende Berufstätige von »unersetzlich« spricht, meint er etwas anderes, er meint sich und seine Tüchtigkeit als Voraussetzung seiner Unersetzlichkeit. Mag er in den meisten Fällen unrecht haben. Er trifft einen richtigen Kern: Eine kleine, arbeitsbesessene und tüchtige Minderheit bewahrt das Ganze vor Erstarrung, Verkrampfung und Funktionsunfähigkeit, ja, sie bringt das Ganze sogar vorwärts. Diese Minderheit, die wir in allen Klassen, Schichten und Nationen finden, nennen wir die Unersetzlichen. Auch Optimisten können den Anteil dieser Gruppe nach allen Erfahrungen nicht höher als mit 12 Prozent ansetzen.

Irrtum und Schwindel

Spielen wir diese These der 12 Prozent-Unersetzlichen durch, so decken wir einen *Irrtum* und einen *Schwindel* auf. Der Irrtum: Unser Alltag, unsere Wirtschaft, unsere Verwaltung gehen automatisch und reibungslos vonstatten. Das Gegenteil ist der Fall: Unfähigkeit, Dummheit, Selbstzerfleischung im Kampf fast aller gegen alle – dies alles wird höchst mühsam nur von einer Art Qualitäts-Elite ohne Klassencharakter überspielt und verdeckt. Der Schwindel: Die Koalition von etwa 90 Prozent aller Berufstätigen erreicht ein Ziel: Die Arbeit der Unersetzlichen wird so verfälscht oder wegretuschiert, daß die Mehrheit sich selbst und teilweise auch der Minderheit vormacht, sie selbst sei der Motor des Berufslebens. Sprechen wir der Mehrheit jedoch nicht eine große »Leistung« ab: Sie fordert der Minderheit der Unersetzlichen Höchstleistungen ab, um so das Versagen von Billardkugeln und Nieten auszugleichen. Allerdings: die Leistungen der Unersetzlichen werden mit viel List und Tücke ständig unterhonoriert. Und dabei hat niemand Gewissensbisse: Noch ein-

mal Bruyère: »Von selbst kommt fast niemand auf den Gedanken, ein anderer könnte Verdienste haben.«
Über unserer gesamten Betriebs- und Bürowelt liegt also eine Nebelwand, die nicht nur die Leistung der Unersetzlichen verschleiert, sondern auch verbirgt, wie die Unersetzlichen sich gegen eine Phalanx von feindlichen Nichts- oder Halbkönnern *mühsam* durchsetzen müssen und oft gerade dann auf Widerstände stoßen, wenn sie das Versagen von Billardkugeln oder Nieten ausgleichen müssen. Niemand liebt es, seiner Unfähigkeit überführt zu werden.
Unsere Berufs- und Bürowelt ist also eine Nahkampfdiele, auf der nur Dunkelmänner und Verdunkler wissen, was eigentlich gespielt wird. Was geleistet wird, von wem diese Leistung abhängt – das merkt die Öffentlichkeit oder die Mehrheit selbst zu ihrem großen Verdruß und höchst unwillig nur, wenn die Unersetzlichen fehlen. Und sie fehlen wegen ihres geradezu krankhaften Arbeitseifers sehr selten.

Wenn bei Veranstaltungen das Mikrophon ausfällt, die Redner heiser, die Veranstaltungsorte und -zeiten falsch angegeben werden, kurz das Wichtigste versagt ...
Wenn in Tätigkeitsberichten der Schnee vom vorletzten Winter gefegt, bei unverändertem Text nur neue, aber falsche Zahlen erscheinen ...
Wenn ein Unersetzlicher aber tatsächlich einmal ausfällt, dann wird deutlich, daß die Unersetzlichen allein die Herzpumpen von Schwung und Initiative, von Phantasie und Willen sind.
Es gibt unübersehbar viele Unersetzliche mit zahllosen besonderen Merkmalen. Trotzdem wollen wir uns hier auf drei Hauptvertreter mit ihren einzelnen Gattungen beschränken:

1. Sachstreber (Rein-Unersetzliche)
2. Karrierestreber
3. Drahtzieher-Unersetzliche

   Gemeinsame Kennzeichen aller Unersetzlichen-Gattungen sind Steigbügelhalterdienste, Hintergrunds- und Zuarbeiteraktivitäten für Prominente aller Art.

Und das gemeinsame Schicksal nahezu aller Unersetzlichen-Typen wird durch den Bumerang-Effekt charakterisiert: bei der Vergabe von Arbeit wird zunächst einmal der »Dumme« gesucht, der die Arbeit für Kollegen erledigt, die genausoviel Gehalt bekommen wie der »Arbeiter«. Da die gestellte Aufgabe jedoch auch möglichst ordentlich gelöst werden soll, kann sie nicht der tatsächlich Dümmste übernehmen – ganz im Gegenteil: hier wird meist ein kluger Mitarbeiter zum »Dummen«. Durch die bei der Arbeit gewonnenen neuen Erkenntnisse und Erfahrungen noch klüger geworden, prädestiniert er sich in zunehmendem Maße auch für alle nachfolgenden oder mit der ursprünglichen Aufgabe im Zusammenhang stehenden Arbeiten. Er muß also immer mehr arbeiten.

1. Sachstreber
Wappenspruch: »Alles für die Sache«

Die überwiegende Mehrzahl der Unersetzlichen sind Normal-Unersetzliche. Mit gleichbleibendem Pflichtgefühl, nie erlahmender Emsigkeit führen sie alle Aufgaben möglichst perfekt aus. Da ihnen die Arbeit Lebenselixier ist, bringen sie es kaum fertig, sich überhaupt je von ihr zu trennen. Auch die Fahrt in den öffentlichen Verkehrsmitteln wird zum Aktenstudium verwendet; selbst im Urlaub und im Krankenhaus wird die lang ersehnte Gelegenheit zum Durcharbeiten von Fachbüchern genutzt. Der Gedanke an eine Pensionierung ist dem Normal-Unersetzlichen schrecklich. Wenn er die Hölle definieren müßte, so würde er sagen: »Es ist der Ort, wo es keine Arbeit gibt.« Deshalb findet man diesen Unersetzlichen-Typ auch noch nach der Pensionierung auf zahlreichen ehrenamtlichen Posten und Pöstchen.
Kennzeichen der Unersetzlichen ist ihre Arbeitseinteilung und Arbeitsweise. Sie sind spätestens bei Dienstbeginn zur Stelle, schlingen in der Kantine das Essen hinunter, verachten zutiefst den so gesunden Büroschlaf und werken mit Wonne auch an jenen Tagen, an denen die Büros leer stehen, so an Samstagen, Sonntagen und Feiertagen. Dann arbeiten sie sogar mit besonderer Befriedigung, erfüllt von dem Gefühl: Wir sind die einzigen, die stets unsere Pflicht tun.
Die Stärke der Normal-Unersetzlichen ist Detailkenntnis und Detailarbeit. Statistiken, zumal aus ihrem Fachbereich, lesen sie mit

derselben Wonne, wie andere Kriminalromane verschlingen. Jedes nicht fachlich genau abgesicherte Gespräch, jede feuilletonistisch aufgelockerte Zeitungsnotiz ist für Unersetzliche dilettantische Zeitverschwendung. Nach der Meinung der Unersetzlichen muß sich die Büroarbeit notwendig auf »Vorgänge« stützen. Folglich betrachten sie das Arbeitsverfahren nur dann als »richtig« und erfolgversprechend, wenn die Arbeit in allen Einzelheiten vorbereitet und vollzogen wird.
Mit einer Mischung aus Unverständnis und Wut beobachten Unersetzliche fast täglich folgendes Bild: Nieten und Billardkugeln gehen fast immer sehr spät an ihre Arbeit heran, kennen keine Arbeitsvorbereitung oder gar Planung. Trotzdem schaffen sie viele Routinearbeiten, indem sie nicht selten mit fast schlafwandlerischer Sicherheit an Pannen vorbeilavieren. Unersetzlichen fehlt diese glückliche Hand, vor allem die Improvisationsfähigkeit. Wenn Unersetzliche in Ausnahmefällen lässig bei der Arbeit sind, so fallen sie auf. Dürrenmatt: »Wer die Perfektion am weitesten treibt, den trifft der Zufall am härtesten.«
Die große Schwäche des Unersetzlichen liegt darin, daß er zu ehrlich ist, in der Öffentlichkeit häufig über die eigenen Beine stolpert und manchmal eine kümmerliche Figur abgibt, zumal er sich hinter Mächtigeren verstecken muß. Das zeigt das Porträt »Regierungsrat«.

Der Regierungsrat. Bernd B. gehörte zu dem Typ, wie ihn die amerikanische Zeitschrift LIFE kurz nach Ende des Zweiten Weltkrieges darstellte: er hatte den doppelten Doktor, der, wie diese Zeitschrift bemerkte, in Deutschland als die höchste Ebene der Intelligenz gilt. Er war Jurist und Volkswirt, und die moderne Technokratie konnte keinen Nützlicheren als ihn für eine Betätigung im Ministerium Z finden. Er wurde zuständig für technologische Fragen und die Zusammenarbeit mit dem technologisch am weitesten fortgeschrittenen Land, den Vereinigten Staaten, zumal er neben seinen zwei Studiengängen ein halbes Jahr an der Harvard Business School verbracht hatte.
Man hätte denken können, daß Dr. Dr. B. eine meteorhafte Karriere vor sich hatte. Nur eine einzige Eigenschaft verhinderte dies: Er konnte nicht schwindeln. So überwarf er sich ständig mit Kollegen

und Vorgesetzten. Dies ging soweit, daß Dr. Dr. B. einsehen mußte, daß seine berufliche Karriere erledigt war. Über den sogenannten »Hilfsbremser«, den Oberregierungsrat, würde er es nicht bringen. Wenn er dies auch erkannte, so brachte ihn dies nicht von seiner Idee ab, einmal im Leben etwas Wichtiges zu tun. Kurz darauf ergab sich eine Gelegenheit: Bei der regelmäßigen Lektüre technologischer amerikanischer Zeitschriften wurde ihm klar, daß der Bundesrepublik auf bestimmten Gebieten am besten geholfen wäre, wenn eine technologische Zusammenarbeit mit den Vereinigten Staaten in Gang käme. Er arbeitete ein Abkommen über die Zusammenarbeit aus und hielt es zunächst klug in seiner Schreibtischschublade verschlossen. Vielwissend kannte er seine Grenzen und wußte, daß er wegen seines schlechten Images im Ministerium unmöglich selbst als Initiator seines Plans hervortreten konnte. Durch seinen Freund Dr. Sch., Assistent des Vorsitzenden des Ausschusses für technische Fragen im Parlament, bewog er den Abgeordneten, den Plan vorzubringen und sein Ministerium um Stellungnahme zu bitten. Die Anfrage des bekannten Parlamentariers brachte das Ministerium in Schwung. In einer Eilmappe landete der Plan, mit dem Vermerk des Ministers »mit der Bitte um sofortige Stellungnahme«, auf Dr. B.s Schreibtisch, der zu seinem eigenen Projekt Stellung nehmen sollte. Durch viele Erfahrungen belehrt, spielte er seinen eigenen Vorschlag bewußt herunter und gab ein abwägendes, leicht positives Urteil über die Erfolgschancen ab. Am nächsten Tag stand es in allen Zeitungen: Der Z-Minister habe in enger Zusammenarbeit mit dem Ausschuß-Vorsitzenden W. einen Plan für die Zusammenarbeit zwischen den USA und Deutschland entwickelt. Damit begann es.

In der etwa zweieinhalbjährigen Arbeitszeit, in der B., wie er befriedigt seiner Frau erzählte, 77 Kollegen zu wirklich arbeitenden Beamten gemacht hatte, wurde das Abkommen ausgearbeitet, unterzeichnet und ratifiziert. Zeitungen, Zeitschriften und das Fernsehen berichteten. Als endlich das Werk vollendet war, waren drei Orden und dreiundzwanzig Beförderungen fällig. B. selbst wurde auch »honoriert«: Der Personalchef grub seine erste zurückhaltende Stellungnahme mit dem Bemerken aus, er möge an diesem Beispiel sehen, daß ein dynamischer Minister mit dynamischen Mitarbeitern zu Erfolgen kommen könne, obwohl B. als Zuständiger sehr pessimistisch und destruktiv gehandelt habe. Mit einer Beförderung könne er in absehbarer Zeit nicht rechnen ...

Scheinwerferlicht ist dem Normal-UE ein Greuel. Von allen Sitzungen und Veranstaltungen, die nicht unmittelbar und ausschließlich der Arbeit dienen, drückt er sich, zuweilen mit der fadenscheinigsten Begründung. In diesem Verhalten offenbart sich sein Minderwertigkeitskomplex und gleichzeitig eine Überheblichkeit gegenüber dem von ihm als überflüssig angesehenen »gesellschaftlichen Theater«. Kontinuität und Genauigkeit in der Arbeit sind der Trumpf des Normal-Unersetzlichen. Wo er Gelegenheit hat, seine eigene Initiative zu entwickeln, wird er zum Motor und Akkumulator der Aktivität, zum Technokraten reinsten Wassers.

Unter den Normal-Unersetzlichen trifft man wie bei allen anderen Unersetzlichen-Gattungen Vertreter, die sich ihres Unersetzlichen-Status bewußt sind. Andere wiederum merken nicht, welche untergeordnet-unterdrückte Rolle sie häufig in Gesellschaft und Arbeitswelt spielen. Allen Normal-Unersetzlichen gemeinsam ist jedoch ein ständiges Zweifeln. Einmal fragt sich der Normal-Unersetzliche stets: Handle ich richtig? Zum anderen stellt er immer wieder die Frage: Liegt mein Unternehmen auf richtigem Kurs, verfolgt mein Verband die richtige Politik? Dieses unsichere In-Frage-Stellen ist einer der wichtigsten Gründe dafür, daß es den Normal-Unersetzlichen an Durchbruchs- und Durchschlagskraft fehlt. Und wir finden Normal-Unersetzliche in gehobenen Positionen als Stellvertretende Vorstandsmitglieder in Unternehmen, Verwaltungsdirektoren in Organisationen und Instituten, Kassenleiter in Bankfilialen, Assistenzärzte und -ärztinnen in Universitätskliniken, Betriebsprüfer in der Finanzverwaltung, Rendanten, Mitglieder von Kirchenvorständen oder Pfarrgemeinderäten, Küster bei Kirchengemeinden, Ingenieure – nicht zuletzt in der Entwicklungshilfe. Hier ein Beispiel:

Der Ingenieur. Als Otto E. in Bombay beim Verlassen des Flugzeugs in das dumpfe Tropenklima kam, wurde ihm klar, auf welches Abenteuer er sich eingelassen hatte. Er hatte den Auftrag des Vorstandsmitglieds der Firma »Industrieöfen AG«, Hans Sch., angenommen, in Indien eine Montage zu überwachen. Die Tropenluft machte ihm schwer zu schaffen, zumal er aufgrund einer Kriegsverletzung nicht der Stärkste war. Alle Ingenieure waren gefragt worden, ob sie einen Sonderauftrag in Indien annehmen wollten. Alle hatten sich mit Entschuldigungen gedrückt. Ihm war keine bessere Ausrede eingefallen als der Hinweis auf seine Kriegsverletzung, und die stach nicht. Der Chef hatte nur gesagt: »Gerade die, die im Krieg ihre Pflicht getan haben, sollten auch in der Nachkriegszeit beim Wiederaufbau unseres Vaterlandes in der vordersten Reihe stehen.«

Die Einarbeitungszeit ging deshalb relativ einfach vonstatten, weil sich Otto E. kaum damit befaßte, die indischen Vorarbeiter und Arbeiter anzuleiten, sich vielmehr mit einigen Anregungen begnügte und dann selbst die Ärmel hochkrempelte. Die Mitarbeit seiner indischen Kollegen beschränkte sich daher in der Folgezeit darauf, je nach religiöser Übung länger oder kürzer für das Werk zu beten. Außerdem konnte er sich auf seine indischen Mitarbeiter häufig deshalb nicht verlassen, weil diese gerade ein Fest feierten oder nach den Lohntagen fernblieben. Dank der Arbeitsfähigkeit und des Durchhaltewillens von E. konnte der Ofen nicht wie vorgesehen in sieben Monaten, sondern bereits in fünf Monaten aufgestellt werden. Er meldete dies mit Befriedigung seiner Firma, und sein Chef sprach ihm seine Hochachtung aus, als E. unmittelbar nach Montageschluß, ohne von Indien mehr gesehen zu haben als seine Schlafstätte, nach Hause zurückreiste. Daß er dann gelobt wurde, war ihm erfahrungsgemäß verdächtig. Er sollte recht behalten.

In seiner Abwesenheit hatten die meisten seiner Kollegen die Weichen im Betrieb neu gestellt und für sich Gehaltsaufbesserungen durchgesetzt. E. wurde nicht bedacht. Nach reiflicher Überlegung brachte er eines Morgens in der Personalabteilung Gehaltsaufbesserungswünsche vor. Der Personalchef hatte sich vorbereitet: Er zog einen Brief der indischen Firma heraus, die den Hochofen bestellt hatte. Dieser Brief forderte eine Herabsetzung des Kaufpreises für den Ofen, weil der Kontrakt deshalb nicht erfüllt worden sei, weil E. entgegen der Vereinbarung die indischen Vorarbeiter und Arbeiter nicht eingearbeitet habe, vielmehr unverständlicherweise selbst gearbeitet habe, zum anderen funktioniere der Ofen aus dem gleichen Grund jetzt schon nicht mehr, da die Inder mit ihm nicht umzugehen wüßten. »Der Chef hat getobt, und unter solchen Umständen wollen Sie auch noch eine Gehaltsaufbesserung?« E. gab sofort klein bei und

wurde nur mit der Versicherung, er werde in den nächsten Jahren keine Gehaltswünsche mehr geltend machen, auf Bewährung in der Firma behalten. Seit diesem Tage resignierte er. Er schwor, so schwer es ihm auch fiel, die normale Kugel zu schieben, die Sonderaufträge für den Chef und seine Söhne – Fahrstunden für den Nachwuchs, Zeuge in Eheprozessen und Hilfe bei Steuerproblemen – nicht mehr zu erledigen. Aber sein Fleiß ließ sich selbst als Fünfziger nicht ganz eindämmen. Irgendwie mußte er sich und der Umwelt beweisen, daß er mehr als der Durchschnitt zu leisten in der Lage war. Als in der Zeitung eine Mitteilung des Städtischen Sportamtes erschien, wonach man das Sportabzeichen nach Dienstschluß erwerben könne, meldete er sich sofort und erwarb es in kürzester Zeit.
Selbstverständlich stellen sich die Normal-Unersetzlichen selbst (oder deren Frauen) die Frage: Woran liegt es, daß ich trotz meiner Tüchtigkeit und meines Eifers nicht weiterkomme? Der Hinweis auf die böse Umwelt ist oft nur allzu schnell bei der Hand. Die Umwelt ist jedoch in vielen Fällen unbeteiligt. Wenn dem Normal-Unersetzlichen der Durchbruch nicht gelingt, so liegt es häufig an folgenden typischen Eigenschaften: mangelnde Risikobereitschaft, fehlende Zivilcourage, häufiges Versteckspiel hinter dem breiten Rücken stärkerer Bosse. Ferner fehlt dem Normal-Unersetzlichen das Einfühlungsvermögen in politische Zusammenhänge und menschlich-allzumenschliche Eigenschaften. Hierauf ist er zu seinem Nachteil sogar noch stolz: Es geht ihm um die Sache, nicht um Personen; so ist er häufig unterkühlt und ist blind, zumindest organverkümmert im zwischenmenschlichen Bereich.
Ein aufopfernder, selbstloser Charakter macht Unersetzliche zum idealen Werkzeug. Ohne eigenen beruflichen Ehrgeiz verkaufen sie sich total für die Sache oder Idee, beziehungsweise das, was ihnen als solche von höherer Stelle vorgegaukelt wird.
»Der Einkäufer« zeigt ein typisches Porträt dieser Gattung:

Der Einkäufer. Hans St., Einkäufer in der Firma Sch., hatte seinen großen Tag: Sein vor siebeneinhalb Jahren eingereichter Vorschlag, man solle den Einkauf auf elektronische Datenverarbeitung umstellen, wurde von der Firma endlich aufgegriffen. »Das ist erst der Anfang«, verkündete er stolz seiner Frau Inge, als er von dieser Sternstunde seines Lebens berichtete. »Ich werde dafür sorgen, daß das EDV-Verfahren in allen Abteilungen eingeführt wird.« Seit dieser Zeit verging keine Woche, in der St. nicht ein neues Gutachten über die Notwendigkeit der elektronischen Datenverarbeitung auch in Abteilungen, in denen er nicht tätig war, an alle Stellen der Firma schickte. Im ersten halben Jahr ertrugen die Leitung und seine Kollegen diese ständigen Vorschläge noch mit mitleidigem Schweigen, danach wurden die bis dahin unbeantworteten Vorlagen mit einem bissigen Antwortschreiben des obersten Chefs bedacht. Es wurde ihm angedeutet, daß seinem elektronischen Datenverarbeitungs-Drang schon aus finanziellen Gründen Grenzen gesetzt seien. Dieser Mißerfolg führte bei Hans St. zu Depressionen, die sich teilweise in wütendem Vorsichhinbrüten und in cholerischen Anfällen Luft machten. Seine unmittelbaren Vorgesetzten gingen St., der seitdem den Spitznamen Betriebsmuffel erhielt, aus dem Wege, während seine Untergebenen sich über ihn bei der Personalabteilung beschwerten, zumal St. von ihnen verlangte, daß sie sich ständig in elektronischen Datenverarbeitungs-Kursen außerhalb der Dienstzeit weiterbilden sollten. Die Leitung sann nach, wie man St. zur Ruhe bringen könnte. Die Rechtsabteilung hatte nämlich zu aller Bedauern festgestellt: Als Kriegsteilnehmer hatte St. seinen linken Arm verloren und war praktisch unkündbar. Was tun? Der jüngste Mitarbeiter in der Personalabteilung kam auf die Idee, St. mit seinen fünfzig Jahren noch zu »erziehen«. Er regte an, den verdrossenen St. zum sogenannten Frühstücksdirektor des Hauses zu machen, um ihn im ständigen Umgang mit der Außenwelt zu einem freundlichen Menschen umzufunktionieren. Alles Sträuben half nichts. St. mußte diesen Posten annehmen und wurde so zur Niete des Hauses. Nichts lag ihm weniger, als mit den Kunden und Lieferanten schönzutun, mit ihnen zu frühstücken und Konversation zu pflegen und die Stätten, in denen es keine elektronische Datenverarbeitung gab – Kirchen, Nachtlokale und Sehenswürdigkeiten anderer Art – zu besichtigen. Der Mißerfolg war komplett, als er in Gesprächen mit Kunden und Lieferanten durchblicken ließ, wie rückständig seine Firma sei, weil sie noch nicht überall elektronische Datenverarbeitung verwende. Nach drei Wochen mußte die Personalabteilung ihren Mißerfolg zugeben. Die Leitung drang auf neue Versetzung und kam auf die Idee, dem unkündbaren St. ein neues, an sich völlig überflüssiges Ressort einzurichten, wo er ohne Untergebene eine wenig sinnvolle Tätigkeit durchführen sollte: nämlich diejenige der Organisations-Revision. Er wurde gebeten, jedes Vierteljahr Vorschläge zu unterbreiten, zu welchem Ergebnis eine elektronische Datenverarbeitungs-Anlage im gesamten Unternehmen und bei Konkurrenzunternehmen kommen könne. Diese Aufstellungen sollten regelmäßig ergänzt werden. Seitdem ist Hans St. wieder glücklich, zumal jeden Tag Prospekte von elektronischen Datenverarbeitungs-Anlagen auf seinem Schreibtisch landen. Sein Sohn Hans, Student der Betriebswirtschaft im 5. Semester, mußte allerdings darunter leiden: Sein Hobbykeller wurde geräumt, um einer selbstgebastelten elektronischen Datenverarbeitungs-Anlage, die St. auf eigene Kosten gekauft hatte, Platz zu machen. Ihre Aufgabe: die nur im Gehirn von St. vorhandenen elektronischen Datenverarbeitungs-Anlagen seiner Firma ständig zu überprüfen.

Wappenspruch: »Mein Verein – meine Welt«

Eine wichtige und für die Freizeitgestaltung unerläßliche Funktion erfüllt der Vereins-Unersetzliche, immer ein Normal-Unersetzlicher, bisweilen, in Vereinen kleinkarierten Zuschnitts, ein Naiv-Unersetzlicher. Wir begegnen den Vereins-Unersetzlichen als Kassierer, Schriftführer, Protokollführer, als Vereinsbürokrat jeder Art. Er ist es, der alles erledigt, was im und für den Verein als unangenehme Arbeit anfällt. Vereins-Unersetzliche wirken häufig tragikomisch, weil sie so von den Vereins-Formalitäten in Anspruch genommen sind, daß sie keine Zeit mehr finden, sich den eigentlichen Vereinszielen wie Sport oder Gesellschaftsprestige zu widmen. Der Verein oder Klub ist ihr Lebensinhalt – sie sind »unersetzlich« im eigentlichen Sinn.
Werden Vereins-Unersetzliche gezwungen, ihre Tätigkeit im Verein aufzugeben – sei es aus gesundheitlichen Gründen oder aber daß sie durch Intrigen hinausmanövriert werden –, verliert der Verein seine frühere Bedeutung oder geht sogar ein. Die Bürokratie ist der oberste Leitgedanke der Vereins-Unersetzlichen. Die Führung von Anwesenheitslisten, die Wahrnehmung des Organisatorischen, das Kassie-

ren von Mitgliederbeiträgen wird von ihnen geradezu mit Wollust betrieben. Stärke des Vereins-Unersetzlichen: Er ist verbissen und begeisterungsfähig. Seine Schwäche: er ist pedantisch, spießig und häufig besonders kleinkariert. Das Porträt eines »Sportbeauftragten« zeigt typische Züge des Vereins-Unersetzlichen:

Der Sportbeauftragte. Auf der 20-Jahr-Feier des Sch.-Clubs in X-Stadt gab es großen Beifall: Stabsgefreiter a. D. Fritz H. hatte eine Schiffsreise nach Madeira gewonnen. Die Rührungstränе verbergend, sagte er: »Ich sehe in dieser Fügung einen Beweis, daß ich meine Arbeit als Sportbeauftragter nicht umsonst getan habe. Eine Schiffsreise nach Madeira unter dem Stichwort ›Jugend und Gesundheit‹ ist die schönste Anerkennung meiner Arbeit.« Alle Festteilnehmer waren gerührt, denn sie wußten, was H. für den Club getan hatte.
Diese Schiffsreise hatte folgende Vorgeschichte, die mit einer Idee des Notars Dr. F. begann: Wir entwickeln besonders viel Aktivität in der Sportarbeit. Hierfür brauchen wir einen organisatorisch begabten Idealisten! Und dieser fand sich bald in dem soeben pensionierten Stabsgefreiten H., dem es eine große Ehre war, in den allervornehmsten Club der Stadt aufgenommen zu werden. Sofort nach seiner Aufnahme machte ihm der Drahtzieher F. klar, daß man fest mit seiner Mitarbeit in der Sportarbeit rechne, zumal er als ehemaliger Stabsangehöriger über reichdekorierte, stadtbekannte Organisationsfähigkeiten verfüge. Das war Musik in H.s Ohren, und von dieser Stunde an widmete er sich der Jugendarbeit mit unermüdlicher Aktivität. Er veranstaltete Sportlager, internationale Begegnungen, organisierte den Besuch ausländischer Freunde zur Karnevalszeit und setzte sich sogar für eine diskrete Ehevermittlung begüterter, wenn auch vielleicht nicht eben ansprechender Töchter der Clubmitglieder ein. Im Club passiver Snobs war er fast der einzige, der eine bemerkenswerte Aktivität entwickelte. Wurde ihm dafür gedankt? Außer einigen Lobsprüchen, die die jeweils wechselnden Clubvorsitzenden sich abrangen, sahen alle Eingeweihten in ihm den Vereinstrottel, dem sie schon deshalb aus dem Weg gingen, weil er von nichts anderem reden konnte als von Sportwettkämpfen. H. spürte die Wand, die ihn inzwischen von seinen Clubkollegen trennte, und

litt sichtlich darunter. Der Gefahr eines Erschlaffens seiner Aktivität kam Notar F. rechtzeitig entgegen: Er brachte es zuwege, daß H. an dem großen Festtag des Clubs »ganz zufällig« die Madeira-Reise gewann. Von dieser Zeit an wurde er sichtlich jünger. Einige Lästerer bezeichneten auch seine Geisteshaltung als zunehmend juvenil, zumal er beim Intelligenztest, der in einem seiner Sportlager veranstaltet wurde, auf die gleiche Quote wie seine 16jährigen Schützlinge kam.

Sträfliche Unterlassung wäre es, leugnen zu wollen, daß Unersetzliche querulantenhafte Eigenschaften haben können.

Die Querulant-Unersetzlichen haben etwas vom störrisch-verbissenen Cato und von Michael Kohlhaas. Sie wiederholen ihre dogmatischen Ansichten hartnäckig und verfolgen ihre Ziele mit stoischem Gleichmut gegenüber allen Widerständen. Lästig wie Blutegel gehören sie zu Recht zu den unbeliebten Typen unserer Arbeitswelt, zumal sie sich häufig auch als gefährliche, weil hartnäckige Intriganten hervortun. So gut sie sich auch in kleinsten Details ihrer Sachgebiete auskennen, so wenig sind sie dazu imstande, rechtzeitig die Gesamtlage zu überschauen oder Zusammenhänge auf höherer Stufe zu erkennen. Wenn die Vorgesetzten irgendwelche Pläne, die schon gebilligt waren, aus persönlichen oder sachlichen Gründen wieder aufgeben, wollen die Querulanten dies einfach nicht zur Kenntnis nehmen. Sie verfolgen dann ihre Projekte trotz Gegenbefehl weiter und geraten hierbei häufig in Kollision mit Vorgesetzten und Kollegen. Es kann vorkommen, daß sie sogar pflichtwidrig handeln: Gegenteilige Anordnungen, die ihre Pläne zurückpfeifen, werden von ihnen nicht beachtet. Verbreitet sind Querulanten-Unersetzliche u. a. als Direktionsassistenten, Oberbuchhalter, Materialverwalter und Sachbearbeiter in Revisionsabteilungen. Die Wiedervorlage alter Pläne gehört zu ihren Lieblingsbeschäftigungen. Gegenargumente erkennen sie nie sachlich an, sondern empfinden sie stets als persönliche Angriffe. Jede ihrer eigenen Aufgaben ist brandeilig und überaus wichtig. Sie fühlen sich häufig verfolgt wegen ihrer »gerechten« Sache und vergiften durch Intrigen und Querelen die Arbeitsatmosphäre. Die preußisch-deutsche Erscheinungsform der Querulanten-Unersetzlichen ist besonders abstoßend, da sie auch den letzten Humor und jeden Ansatz zur Eigendistanz vermissen läßt. Viele

Herzinfarkte und Nervenzusammenbrüche in Büros gehen letztlich auf das Konto der Querulant-Unersetzlichen. Hier ein Beispiel aus einem Institut:

Der Institutsangestellte. Dank der hohen Stellung seines Vaters in der NS-Militärhierarchie und dank seines Eifers hatte es Werner M. in der Hitlerjugend mit 17 zum jüngsten Bannführer gebracht. Mit thüringischer Begeisterung trat er für den Führerstaat ein, aber trotzdem war er bereits in der HJ ein Meckerer. Wie er früher in der Schule seine Nachbarn denunzierte, die bei ihm abschreiben wollten, so intrigierte er gegen seine Bannführerkollegen. Das Studium der Philologie brachte er zum erfolgreichen Abschluß, zumal ihn sein Hang zum Querulieren auch zum Wissenschaftler prädestinierte: Den mindestens drei vorhandenen Theorien für jedes Problem fügte er mühelos weitere drei hinzu, wobei er an allen etwas auszusetzen hatte. Gutgläubige Professoren und Assistenten lobten seinen kritischen Geist. Seine Arbeitsintensität und seine Leistungen wurden aber durch seine Querelen mit dem ASTA und durch ständigen Ärger über sich und die Umwelt beeinträchtigt, und so waren die Abschlußergebnisse denn auch nicht besser als »befriedigend«. Daran war natürlich die böse Umwelt schuld. Um so erstaunlicher sein weiterer Werdegang.
Von einer Anzahl Protektoren unterstützt, denen er sich durch sein schleimiges Wesen hatte empfehlen können, wurde er der Persönliche Referent des Präsidenten des XYZ-Instituts. Hier lernte er sehr bald, daß Organisationen Nahkampfdielen sein können. Seine Erfahrung bestätigte sich immer häufiger: Hinter jedem Brief lauerte eine Intrige, kaum ein Wort war ernst gemeint, alles war Lug und Trug, und er teilte die Menschen in zwei Kategorien ein: Verbrecher und Dummköpfe. Als Persönlicher Referent des Präsidenten verfügte er über Macht. Er nutzte jede Gelegenheit weidlich. Obwohl er selbst zu den Spätaufstehern gehörte, ließ er es sich nicht nehmen, alle 14 Tage pünktlich bei Arbeitsbeginn da zu sein, durch jedes Zimmer zu gehen und dem Schreibtischbesitzer auf vorfabrizierten Zetteln mitzuteilen: Ich habe Sie heute bei Dienstbeginn nicht angetroffen. Ich bitte um Ihren Anruf.
Nach dem Wechsel im Präsidium richtete sich die allgemeine Animo-

sität des »Ladens« gegen ihn, und auch der neue Chef, eine rheinische Frohnatur, begann unter seiner ständigen Kritiksucht zu leiden. Nach zehnjähriger Tätigkeit war es jedoch unmöglich, M. zu entlassen, zumal er wie kein zweiter auch über intimste Vorgänge im Leben der Institutsbosse Bescheid wußte. Man bot ihm an, die Nebenstelle des Instituts in X zu leiten und von dort zu berichten. Er akzeptierte, fand dann aber die neue Tätigkeit auf die Dauer unbefriedigend. Zwar befriedigte er sich eine Zeitlang noch damit, trotz der hohen Telefonkosten, ständig nach der Dienstzeit in der Zentrale anzurufen, erwartungsgemäß ohne jemanden anzutreffen, um dann sich und seiner Sekretärin versichern zu können: »In unserem Laden zu Hause wird wieder einmal gefeiert.«

Einen Todesfall in der Zentrale nutzte M., um wieder nach Hause zu kommen. Seine Tätigkeit in X hatte ihm eine weitere Chance eröffnet: Künftig konnte er nicht nur die Zentrale bemeckern, sondern auch über die Unfähigkeit seines Nachfolgers in X schimpfen. Das unermüdliche Schimpfen über die Schlechtigkeit der Welt und seine Unzufriedenheit mit seinem privaten Rechtsanwalt, dessen Beistand er gleichzeitig bei einem halben Dutzend Rechtsstreitigkeiten in Anspruch nahm, ließen ihm keinen Spielraum für Humor und fröhlich-distanzierte Arbeits- und Lebensbetrachtungen. Einmal im Jahr allerdings stand M.s Schraube auf Fröhlichkeit. Bei der Weiberfastnacht bewies er sich und der Belegschaft, wie fröhlich er sein konnte. An diesem Tage rheinischer Nächstenliebe hatte er auch den unverdienten Vorteil, daß die Animosität seiner Nachbarn weitgehend zurücktrat. Schunkelnd spielte er Prinz Karneval, nicht ohne über jene als Spaßverderber zu meckern, die der Auffassung sind, es sei wichtiger, während des ganzen Jahres den Alltag mit Fröhlichkeit zu verschönern, als einmal im Jahr Schunkelkollegialität zu mimen. So blieb es trotz der allgemeinen Versöhnung dennoch nicht aus, daß die Eingeweihten M. auf den Blocksberg wünschten. Eine Ausnahme machte Rainer F., der Archivar. Er begründete sein Mitgefühl mit M. nicht nur mit christlicher Nächstenliebe, sondern auch mit folgender Lebensweisheit: »Selbstverständlich ist M. unser aller Feind. Aber wir können von ihm profitieren. Zeigt er uns doch tausendfach vergrößert unsere eigenen Fehler, die wir so erkennen und vielleicht abstellen können.«

2. Karrierestreber
Wappenspruch: »Mehr scheinen als sein«

Vorbilder gibt es genug. Meist sind sie berühmt oder wenigstens berüchtigt. Propagandisten totalitärer Staaten, Playboys, Salonlöwen, die überall mitmischen wollen, ohne etwas beitragen zu können, Tausendsassas ohne echten menschlichen Background. Menschen, denen es immer wieder gelingt, aus Schwarz ein helles Weiß zu machen. Sie zeichnen sich nicht durch Fleiß aus, sind aber große Könner, wenn es gilt, eminenten Fleiß zu simulieren. Wir alle können sie leicht erkennen: Überladene Schreibtische bilden die wirksame Untermalung der ständigen Beteuerung »Ich versinke in der Arbeit«. Die Meister ihrer Art zeigen Spitzenleistungen. Sie füllen den Tag mit der monoton wiederholten Erklärung aus, daß sie unter der Arbeit, zu der sie wegen ihrer Klagelieder nicht kommen, noch zusammenbrechen werden. Leisten diese Unersetzlichen etwas, was selten genug vorkommt, dann bauschen sie ihre Arbeit auf, stilisieren sie gar zur Leistung des Jahres.
Prototyp dieser Unersetzlichen war ein Dozent der XYZ-Fakultät, der im Zweiten Weltkrieg für Vorlesungen in Königsberg und Köln verpflichtet war. In beiden Universitäten war manchmal der Hinweis angeschlagen: »Herr Dozent R. ist wegen seiner Verpflichtungen in Köln (Königsberg) verhindert, seine Vorlesungen in Königsberg (Köln) abzuhalten.« Das Falschspiel jener Unersetzlichen besteht darin, daß sie ihre bestenfalls mittleren Leistungen mit ungeheurem verbalem Aufwand hochstilisieren, ständig auf große Hindernisse hinweisen, die ihnen scheinbar Schwierigkeiten bereiten, sie aber doch nicht vom Erfolg abhalten können. Es sind jene katzbuckelnden »Radfahrer«, die ihren obersten Chefs bei den Public-Relations-Aufgaben, die jenen besonders am Herzen liegen, selbstverständlich stets gern zur Verfügung stehen. Sie bieten ihren Vorgesetzten Rede- und Vortragsentwürfe an. Allerdings sind ihre Beiträge im allgemeinen Phrasenketten auf Blabla-Walzen.

Erstaunliches Geschick beweisen die Schein-Unersetzlichen bei der Verpackung ihrer Ware. In Serien von Fachfremdwörtern und aktuellen Modewörtern werden Banalitäten und wirklichkeitsfremde

Theorien verpackt, deren »Tiefe« überzeugen soll – was leider häufig gelingt.

Schein-Unersetzliche bilden das Reservoir für Ghost-Writer unbedarfter Politiker, besonders geltungssüchtige Chefs sogenannter Planungsstäbe, Leiter von Protokollabteilungen, für Pseudo-PR-Leute, Redakteure bei Zeitschriften und Zeitungen niedrigen Niveaus, Verbindungs- und Kontaktleute, Generalvertretungen.

Die Gesamtmethodik der Schein-Unersetzlichen steht unter dem Motto »Klappern gehört zum Handwerk«. Zu ihren Trümpfen gehören häufig gute Umgangsformen und diplomatisches Geschick. Ihre Mängel: Unwille und Unfähigkeit zu kontinuierlicher Schreibtischarbeit, erst recht zu wissenschaftlicher Arbeit. Ihre allseitige Oberflächlichkeit macht sie zu logischer Analyse unfähig; ihre Arbeitsweise insgesamt ist inkonsequent und zumeist fahrig. Ihr Prototyp: rotierender Commis.

Der erfolgreichste Typ der Schein-Unersetzlichen ist der Schaumschläger. Es läßt ihn kalt, daß seine Nieten-Position innerhalb des Unternehmens oder der Behörde bekannt ist. Sein gekonntes charmantes Auftreten in der Öffentlichkeit ähnelt bisweilen dem eines Hochstaplers; er ist häufig ein unverdienter Glückspilz, der noch aus den verfahrensten Situationen Auswege findet, wie folgendes Porträt eines »Organisators« zeigt:

Der Organisator. »Schaumschläger ist wieder im Lande«, so ging es durch die Firma W. & Söhne, und alle Angehörigen der Organisationsabteilung erschraken. Sie wußten, was das bedeutete: Der Arbeitsfluß erstarrte; statt wirklicher Arbeit würde es zu pausenlosen Beanstandungen kommen, es würden wieder sinnlose Aufstellungen ausgearbeitet und endlos überarbeitet werden; kein Brief würde unverändert aus dem Hause gehen. Wie war die Nervensäge Sch. auf jenen Posten gekommen? Ganz einfach: Er war nicht nur ein Bundesbruder des Alleineigentümers, sondern hatte dessen viel jüngere Tochter mit Charme und ausgezeichneten Umgangsformen becirct und geheiratet. Dann ging es darum, ihm einen Posten zu verschaffen. Da man bei ihm keine spezifischen Fachkenntnisse voraussetzen konnte und er sich selbst für ein Organisationsgenie hielt, wurde ihm die Organisationsabteilung übertragen. Sofort kollidierten sein Gel-

tungsbedürfnis und seine Schwatzhaftigkeit mit den Anforderungen betrieblicher Ordnung und effektiver Arbeit.
Der Höhepunkt seiner Tage sollte das 200jährige Firmenjubiläum werden. Alles, was in der Landeshauptstadt Rang und Namen hatte, war eingeladen, und selbst der Ministerpräsident, der wie der Alleineigentümer und oberste Chef Mitglied des XY-Clubs war, hatte zugesagt. Selbstverständlich übernahm Sch. die organisatorische Gesamtleitung, nicht ohne dies in allen Lokalzeitungen immer wieder bekanntzumachen. Alles, was die Mitarbeiter vorbereitet hatten, wurde von Sch. geändert, vor allem die Tischordnung. Da passierte es ihm in seiner fahrigen Vergeßlichkeit, daß er die Gattin des Ministerpräsidenten abseits unter die Mitarbeiter der Firma plazierte. Die Presse stürzte sich auf den Fall der Tischplazierung und erwähnte bei den möglichen Hintergründen, daß die Ehe des barocken Landesfürsten angekränkelt sei. Das war besonders deshalb peinlich, weil der Ministerpräsident bisher mit Erfolg alles getan hatte, die »Güte« seiner in der Tat brüchigen Ehe zu verbergen.
In dem Augenblick, als sich das Donnerwetter des Ministerpräsidenten über Sch. entladen sollte, zeigte sich dessen große Meisterschaft. Er erfand einen politischen und positiven Hintergrund; »streng vertraulich« teilte er der Presse mit, daß alles Gerede um die schlechte Ehe des Ministerpräsidenten Unsinn sei. In Wirklichkeit habe sich die Gattin des Ministerpräsidenten auf ihren ausdrücklichen Wunsch hin unter die Mitarbeiter gemischt, um damit ihre soziale Verbundenheit zu dokumentieren und in der Öffentlichkeit zu zeigen, daß der Ministerpräsident nicht, wie man fälschlich angenommen habe, dem reaktionären, sondern dem fortschrittlichen Flügel seiner Partei angehöre. Das »kam an«, und auf eine diskrete Frage der Staatskanzlei bei den zuständigen Stellen wurde bald ein Antrag eingebracht, Sch. für sein Organisationsgeschick, das er vor allem bei dem 200jährigen Jubiläum der Weltfirma gezeigt habe, das Bundesverdienstkreuz Erster Klasse zu verleihen.

Das Sprungbrett

Der Temporär-Unersetzliche nimmt jede Tätigkeit nur für einen bestimmten Zeitabschnitt »in Kauf«. Er benutzt sie lediglich als

»Sprungbrett«. Und er ist jederzeit bereit, eine höher dotierte oder mit mehr Prestige verbundene Stellung anzunehmen. Temporär-Unersetzliche sind egoistischer als die übrigen Unersetzlichen-Gattungen, weisen sonst aber alle typischen Unersetzlichen-Eigenschaften auf. Der persönliche Einsatz gilt nicht, wie sie immer wieder fälschlich betonen, der Sache, sondern eigenem Nutz und Frommen, insbesondere dem schnellen Fortkommen, der Karriere. Alles ist auf dieses eine Ziel gerichtet. Deshalb besteht ständig die Gefahr einer Kollision mit dem oder den Vorgesetzten, die von den Temporär-Unersetzlichen meist verachtet und oft genug verraten werden. Diese Temporär-Unersetzlichen versuchen mit allen Mitteln in den Mittelpunkt des öffentlichen Lebens vorzustoßen und vor allem auf dem Stellenmarkt nach oben zu klettern. Dabei erweist sich ihre sonstige Zurückhaltung als taktische Täuschung. In dem ihnen richtig erscheinenden Moment inszenieren sie brutale Intrigen und nutzen alle Kontaktmöglichkeiten. Sehr oft treten diese Unersetzlichen als vorübergehende persönliche Referenten, Chefs von Ministerbüros, Chefs vom Dienst bei Massenmedien, Referenten für Öffentlichkeitsarbeit und Information auf. Auch als Grundsatzreferenten sind Temporär-Unersetzliche anzutreffen. Mit viel Glück, der richtigen Konfession und gerade opportunem Parteibuch kann sich mancher Temporär-Unersetzliche zum Senkrechtstarter entwickeln. Die Fähigkeit zur Verstellung und zum Doppelspiel ist dem Temporär-Unersetzlichen angeboren. Sein Eifer ist lediglich saisonal, seine Verläßlichkeit zeitweilig, ebenso wie seine Beständigkeit oder Ausdauer in der Sacharbeit. Unermüdlich ist er nur dann, wenn er für seine eigene Person Reklame macht, und nur eines tut er ohne Unterlaß: Er bewundert sich selbst.

3. Drahtzieher
Wappenspruch: »Ich lasse die Puppen tanzen«

Die einzige Unersetzlichen-Art, die durch Entscheidungen in den Bereichen der Politik, Wirtschaft und Kultur die Gegenwart verändern kann, ist jene der Drahtzieher. Bei dieser Spezies ist die Fähigkeit der Gesamtkonzeption am stärksten ausgeprägt, aber ihr Talent

erschöpft sich hierin keinesfalls. Kennzeichnend für die Drahtzieher ist nämlich auch, daß sie ihre meist weit vorausschauenden Vorstellungen in Aktionsplänen verwirklicht sehen möchten.
Drahtzieher verfügen häufig über die seltene Fähigkeit zur Selbstanalyse und Selbstkritik und suchen sich deshalb hervorragende und vor allem erfolgversprechende und beliebte Persönlichkeiten mit Charisma aus, wenn sie sich den selbsterstellten Plänen nicht gewachsen fühlen. Es gibt häufig Drahtzieher, die alles daransetzen, selbst nicht in den Vordergrund zu treten. Musterbeispiele waren die Ministerial-Drahtzieher Holstein und Globke. Bei einigen Drahtzieher-Prototypen ist der Wille, im Hintergrund und damit unerkannt zu bleiben, geradezu manisch.
Die Drahtzieher-Unersetzlichen stehen häufig in einem Ergänzungsverhältnis zu einem Leader, den sie in Wirklichkeit leiten und als Aushängeschild benutzen. Aus der Militärgeschichte kennen wir zwei bemerkenswerte Beispiele: die Zusammenarbeit zwischen Blücher und Gneisenau und zwischen Hindenburg und Ludendorff.
Da die Drahtzieher häufig Wanderer zwischen der Welt der Scheinwerfer und der Dunkelkammer des Souffleurs sind und sie sich auch immer wieder gegenüber ihren Chefs – zugleich ihre Werkzeuge – verstellen müssen, ist ihr Charakter manchmal schillernd: Verstellung und Falschspiel ist bei ihnen nicht selten.
Drahtzieher treten in allen Positionen auf, in denen Weichenstellungen möglich sind. Besonders häufig sind sie im Bereich der Vorstände, der Firmenleitungen, in Parteivorständen, in der Ministerialbürokratie, aber auch bei Kirchenleitungen sowie sonstigen Verwaltungen und Verbänden. In seltenen Fällen kommt es zum berühmten »Durchbruch« der Drahtzieher ins Rampenlicht, nämlich dann, wenn die interessierte Öffentlichkeit zur Kenntnis nimmt, daß die Drahtzieher die eigentlichen Väter oder Formulierer einer bestimmten neuen Politik sind. Henry Kissinger, ursprünglich lediglich ein international bekannter Professor und Schriftsteller, formulierte eine Neuorientierung der amerikanischen Außenpolitik und hat das bisher noch nie Erreichte geschafft: trotz »Rückzug« ins Privatleben noch heute weltbekannt zu sein.

»Das Glück« ist eine ungefähre Größe. Nur Katastrophen sind präzis.

Hanns-Hermann Kesten

Strukturkrise: Der große Abgrund

Mehr denn je und mit größerer Berechtigung denn je empfinden wir heute steigende Skepsis gegenüber allen langfristigen Prognosen. Mehr denn je neigen wir alle dazu, dem Wirtschaftstheoretiker Keynes recht zu geben in seiner Feststellung: »Das einzige, was wir voraussagen können ist: am Ende sind wir alle tot«. Trotzdem wissen wir heute mit an Sicherheit grenzender Wahrscheinlichkeit: Die neue technologische Revolution führt dazu, daß die strukturelle Arbeitslosigkeit in der vorhersehbaren Zukunft bestimmendes Schicksal bleibt; Arbeitslosigkeit bedingt durch rasante technologische Fortschritte, und zwar durch

- die Entwicklung von Mikroprozessoren und Computern,
- den wachsenden Einsatz von Robotern in Industrie und wohl bald auch in vielen Dienstleistungsbetrieben,
- den technologischen Wandel bei der Speicherung und Weitergabe von Informationen und Kommunikation (Informations- und Kommunikationstechniken, Bildschirmtext, Videorecorder-Anwendung, Mikroelektronik in der Informationstechnik, Video-Konferenzen usw.).

Diese Entwicklung wird mit an Sicherheit grenzender Wahrscheinlichkeit in den nächsten Jahren gerade auch auf die Bereiche übergreifen, die bisher von technischen Wandlungen noch wenig berührt wurden – die Dienstleistungssektoren. (Nur eine Zahl: zwei Millionen Schreibplätze werden für rationalisierungsbedroht gehalten.) Machen wir uns nichts vor: Dies ist keine Entwicklung, die von heute auf morgen oder sogar in einigen Jahren abebbt; dies ist keine Entwicklung, die auf vorübergehenden Konjunkturkrisen beruht; dies ist keine Entwicklung, die nur einzelne Länder erfaßt – sie bleibt

weltweit. Wir müssen, wenn nicht alles täuscht, bis auf weiteres mit struktureller Arbeitslosigkeit leben. Selbst optimistischste Beobachter des US-Arbeitsmarktes stellen fest, daß bis zum Jahre 1988 die Quote der Arbeitslosen an der erwerbsfähigen Bevölkerung der USA erst ab 1988 unter 7% geht. Und es stimmt immer noch: die Grippe in den USA ist unsere Lungenentzündung.
Welche Folgen hat dies für uns alle? Unsere Situation? Aus der *Arbeitsgesellschaft* wird eine *Betätigungsgesellschaft*, denn unser aller Tragik ist, es geht uns die Arbeit aus; genauso einschneidend für Berufstätige wie der Entzug des Benzins tödlich für den Automobiltouristen in der Wüste. Vordenker wie Hanna Ahrendt und Ralf Dahrendorf haben dies bereits vor Jahren erkannt. Gott sei Dank ist die Arbeit bei uns nicht mehr des Lebens A und O wie bei Preussens. Wußten noch unsere Großväter und darüber hinaus alle unsere anderen Vorderen überhaupt nicht, was sie ohne Arbeit oder Gebet tun sollten – Arbeit entweder in der Landwirtschaft oder im Büro –, so ist unsere junge Generation zumindest weitgehend in der Lage, ohne allzu viel Arbeit leben zu können, ja sie betrachtet die Arbeit weithin als lästiges Muß. Diese geistig-kulturelle Krise der Arbeitsgesellschaft ist in einem Wertwandel in ihrer Einstellung zur Arbeit begründet. Die zunehmend der Arbeit gegenüber distanziertere, dem Konsum gegenüber kritischere moderne Generation sieht nicht mehr in der Arbeit ihren Hauptlebensinhalt. Verständlich: Die moderne Arbeitswelt, die durch Rationalisierung, Bürokratisierung, Vermassung, Technisierung, Computerisierung bestimmt ist, wird immer unpersönlicher, so daß wir feststellen müssen, in absehbarer Zeit erkennt eine wachsende Zahl von Menschen in der Arbeit nicht mehr *d e n* entscheidenden Motor unseres Lebens.
So ist in der Zukunftsperspektive davon auszugehen, daß bis 1990 mit einer weiteren Verschärfung der strukturellen Arbeitslosigkeit zu rechnen sein wird. Wir müssen also danach trachten – wenn wir nicht zu einer völligen Sinnentleerung der Struktur unseres Lebens kommen –, daß an die Stelle von Arbeit *Betätigungsfelder* treten, die einer sinnentleerten Zeit wieder Sinn geben.
Daß die Reduktion von Arbeitszeit und Beschäftigtenzahl bittere Realität wird, zeigen folgende Aufstellungen, die aus der Erwerbsgesellschaft der Vereinigten Staaten wie der wichtigsten Industrielän-

der entnommen wurden; es sind Übersichten, die im einzelnen darstellen, ob und welche Umverteilungen des Lebensgutes Arbeit in den Jahren 1940, 1960, 1970, 1980 erfolgt sind.

Tabelle 1: Die Veränderungen der US-Beschäftigten zwischen 1940 und 1980

Wirtschaftszweig	1940	1980	Veränderung in %
Landwirtschaft	9.540.000	3.310.000	– 65.3
Nichtlandwirtschaft	32.361.000	90.564.000	179.8
Bauwirtschaft	1.311.000	4.399.000	235.5
Finanzen	1.485.000	5.168.000	248.0
Öffentlicher Dienst	4.202.000	16.249.000	286.7
Gewerbliche Wirtschaft	10.985.000	20.300.000	84.8
Bergbau	925.000	1.020.000	10.3
Dienstleistung	3.665.000	17.901.000	388.4
Transport und Verkehr	3.038.000	5.143.000	69.3
Groß- und Einzelhandel	6.750.000	20.386.000	202.0

Quelle: U.S. Department of Labor, Bureau of Labor Statistics

Tabelle 2: US-Entwicklung. Ausgewählte Industriezweige – Beschäftigungszahl

Wirtschaftszweig	Entwicklungsjahrzehnte Gesamtbeschäftigte in Tausend		
	1960	1970	1980
Druckindustrie	911.3	1.104.3	1.271.1
Metallverarbeitende Maschinenindustrie	260.7	318.4	317.5
Büromaschinen, Computer Buchführungsmaschinen	146.5	287.9	430.8
Haushaltsmaschinen	155.4	183.8	169.8
Rundfunk, TV-Geräte	106.9	132.1	108.2
Elektronik	233.5	366.7	558.3
Kraftfahrzeuge	724.1	799.0	773.8
Telephon	706	942.1	1.078.3
Banken	672.5	1.044.3	1.547.6
Versicherungen	1.049.0	1.317.7	1.694.5

Quelle: Amt für Arbeitsstatistik

Die Zeit ist die Larve der Ewigkeit.

Jean Paul

Zeitlose Elite: Der Wille zur Arbeit

Alle Unkenrufe stimmen nicht, alle Unkenrufe sind falsch, die behaupten, daß der moderne Mensch keinen Drang zur Betätigung verspüre. Das Gegenteil ist insbesondere bei jener Schicht erkennbar, die wir als moderne Elite oder als die modernen Unersetzlichen bezeichnen.

Wie eine Untersuchung von Professor Lehr, Direktor des Psychologischen Instituts der Universität Bonn, zeigte, ist der Hang zur Betätigung den meisten Menschen bis ins hohe Alter immanent, also angeboren. Dieser Betätigungsdrang wurde auch durch moderne Entwicklungen kaum verändert oder vermindert. Professor Lehr hat herausgestellt, daß fünf Annahmen falsch waren, die die These unterbauten, wonach die Herabsetzung der Altersgrenze von der Gesamtheit der entsprechenden Altersgruppen, also von Menschen über 55 Jahren immer begrüßt werde. Das Gegenteil ist der Fall. Nachfolgend der Fünfpunkte-Katalog, der den Nachweis erbringt, daß ein Betätigungsdrang für alle Menschen, insbesondere diejenigen, die sich als vollgültige Glieder der Gesellschaft erweisen wollen und sich für andere im Sinne des Gemeinwohls einsetzen, falsch ist.

1. *Arbeit ist im allgemeinen keine Fron, keine Last, erst recht keinerlei Fluch.*
   Kürzliche Untersuchungen haben gezeigt, daß Arbeit für viele Menschen eine Quelle des Wohlbefindens, gerade auch im höheren Alter sein kann. Wir alle erleben, daß eine Urlaubszeit auch deshalb eine Zeit besonderen Stress' sein kann, wenn uns die Zeit zu lang wird und wir die Urlaubszeit nicht für irgendetwas nützlich machen. Der moderne Mensch braucht wie sein Vorgänger das Gefühl bzw. die Unterstellung der Behauptung, daß er für an-

dere da ist, daß er ein wertvolles Glied der Gemeinschaft ist. So ist Aktivität eine sichere Voraussetzung für Wohlbefinden.

2. *Falsch ist auch die Annahme, daß Betätigung dem gesundheitlichen Wohlbefinden schadet.*
Gerade Untersuchungen in den Vereinigten Staaten haben ergeben, daß Verschleißerkrankungen dann eintreten, wenn die Glieder des Menschen nicht mehr gebraucht werden. Das gilt nicht nur für den körperlich-physischen Bereich, sondern auch für das soziale Feld, d. h. die Fähigkeit, mit anderen Menschen umzugehen, für sie zu sorgen, für sie da zu sein. Das gilt aber auch für geistige Fähigkeiten wie Lernen, Gedächtnisproben aller Art, Lösung von Problemen. Nicht zuletzt hat beispielsweise die im hohen Alter verstorbene Witwe von Bundespräsident Lübke sich auch deshalb in hohen Jahren ihre geistige Fähigkeit bewahren können, weil sie im Greisenalter noch so schwierige Sprachen wie russisch lernte.

3. *Falsch ist die Annahme, daß der Mensch nur um des Geldverdienens arbeitet.*
Untersuchungen haben gezeigt, daß Arbeit über die persönliche Bedeutung des Egoismus, des Geldverdienens weit hinausgeht. Es geht dem modernen Menschen wie seinen Vorgängern – dies ist insbesondere auch feststellbar bei der jüngeren Generation – darum, durch die Arbeit Sozialkontakte zu finden. Das ist die Erklärung dafür, daß soziale Betätigung, insbesondere auch bei jungen Menschen, wieder zunehmend begehrt ist und bei ihnen zu besonderer Aufgeschlossenheit führt. Kontaktsuche, und zwar losgelöst vom Pekuniären, Materiellen, Finanziellen, erklärt das Engagement bei Betätigungen auf dem Gebiet der sozialen, der politischen, der staatspolitischen Arbeit, der wirtschaftlichen und politischen Selbstverwaltung, aber auch der kulturellen Betätigung.

4. *Falsch ist die Annahme, daß mit der Vorverlegung der Altersgrenze dem Bürger immer ein Geschenk gemacht wird.*
Das Gegenteil ist der Fall; die allzu frühe Einführung der Renten-

zeit würde vielen Menschen ein Gefühl des Abgeschobenwerdens vermitteln. Das heißt nicht, daß dies für alle Menschen zutrifft. Das heißt vor allem nicht, daß Arbeit nicht mehr als ersetzt wird durch sinnvolle Betätigung.

5. *Falsch ist die Annahme, daß die älteren Arbeitnehmer durch Arbeit stets überfordert werden.*
Zwar mag der ausgesprochen verbissene Eifer, das aggressive Engagement bei vielen älteren Arbeitnehmern fehlen, aber statt dessen sind auch bei Älteren Hinweise hierfür erkennbar, daß die fehlende Leistungsausfüllung durch eine Unzahl von Erfahrungen, durch eine Unzahl von Kenntnissen, ja auch durch Routine ersetzt wird.
Hinzu kommt, daß in naher Zukunft die Lebenserwartung vielleicht noch etwas gesteigert werden kann, und das bedingt: Betätigung als solche sollte zeitlos sein; die Betätigungsmöglichkeit aber insgesamt gewinnt um so mehr an Bedeutung, als die berufliche Arbeit zeitlich oder volumenmäßig zurückgeht.

Zusammenfassend: Die Leistungsbereitschaft, der Leistungswille, vor allem aber das Entscheidende der Computerzeit, nämlich der Innovationswille, bleibt bei den Unersetzlichen gleichsam als Charakteristikum vorhanden. Wenn keine Arbeit da ist, wenn die Arbeit geringer wird oder nicht mehr als persönlich befriedigend empfunden wird, dann werden viele andere Betätigungsmöglichkeiten gesucht, die geradezu einen lebenserhaltenden, lebenstragenden Mittelpunkt und Brennpunkt der erst in Umrissen erkennbaren Neuen Welt werden.

Der wahre Fortschritt der Demokratie liegt nicht darin, die Elite auf das Niveau der Masse herabzusenken, sondern die Masse auf die Stufe der Elite zu erheben.

Le Bon

Die moderne Elite: Ihre Qualitäten

Selbstverständlich ist auch heute wie in allen früheren Zeiten jedes einzelne Individuum, erst recht jede einzelne Führungskraft in Wirtschaft und Gesellschaft, in vielen Eigenschaften von anderen unterschiedlich. Trotzdem lassen sich bei denjenigen, die wir die moderne Elite zu nennen geneigt sind, immer wieder folgende fünf Eigenschaften feststellen, die zum Erfolg bei der Erlangung und Behauptung von Führungseigenschaft von besonderem Wert sind. Wir nennen sie das Fünf-Punkte-Programm für die moderne Führungskraft.

1. Abstraktionsvermögen
   Statt der bisherigen häufig als unerläßlich erkannten immer wieder festgestellten geistigen, ideellen und führungsmäßigen Fähigkeiten bedingen insbesondere die Entwicklung neuer Medien, das Vordringen mathematischer Berechnungen, in weiten Gebieten die Anwendung abstrakten Denkvermögens, das in immer größerer Zahl aufgrund der technologischen Entwicklung erforderlich wird.

2. Kreativität
   Mit der Reduzierung oder gar dem Verschwinden bisheriger Betätigungsfelder, Berufe, ja ganzer Branchen wird es notwendig, daß der Einzelne bereits bei der Findung neuer Betätigungsmöglichkeiten kreativ wird, wobei diese Kreativität ständig anzuhalten hat, ständig gebraucht wird, um wieder neue Möglichkeiten der Weiterentwicklung zu finden.

3. Entscheidungsfähigkeit
Eine Vielzahl neuer Betätigungen, die sich auf die Verwendung von Computern, Bildschirmtexten, schnellen Vervielfältigungsmöglichkeiten durch Fotokopien stützen, zwingen dazu, schneller als bisher wichtige Entscheidungen zu treffen.

4. Schnelles Reaktionsvermögen
Die Anpassung an die rasante Schnelligkeit bei Informationen, Anfragen, Bestätigungen und Bestellungen, zwingt alle Berufstätigen, vor allem alle Erfolg Suchende, zu einem außergewöhnlichen Reaktionsvermögen.

5. Innovationsbereitschaft
Die Entstehung völlig neuer Branchen bedingt, daß insbesondere Führungskräfte die Fähigkeit besitzen müssen, sich auf immer neue technische, kaufmännische und menschliche Gegebenheiten einzustellen. Dazu kommt, daß die Betätigung immer neuer Medien auch in neuen Feldern die Innovationsbereitschaft immer stärker erforderlich macht.

Nur mit zwei Methoden kann man portraitieren: mit Ernst und Schmunzeln

Charles Dickens

II. PORTRAITS

1. Alltag

Die Welt wird täglich neu geboren – so sagt man. Doch vieles – vielleicht allzu vieles – läuft nach einer immer wiederkehrenden, längst erstarrten Systematik ab.
Wir wollen das Arbeitsleben in drei Sparten aufteilen und getrennt betrachten. Dabei handelt es sich weder um theoretische Schemata, noch um irgendwelche Denkmodelle. Es geht vielmehr um die uns überall begegnenden, alltäglichen Erscheinungsformen.
Wie arbeiten unsere Kollegen, Geschäftsfreunde und Vorgesetzten, wie kämpfen sie, wie feiern sie? Das soll in diesem zweiten Abschnitt dargestellt werden. Deshalb die Unterscheidung von Alltag, Kampftag und Festtag.

Die nachfolgenden Abschnitte »Alltag«, »Kampftag« und »Festtag« sind ein Drei-Personen-Stück. Die drei Hauptrollen sind besetzt von den verschiedenen Gattungen der Unersetzlichen. Ort der Handlung ist das Büro und seine Umwelt. Bewußt wurde der Faktor »Sex« repressiv unterdrückt. Der Verfasser ist davon überzeugt, daß seine Leser der trivialen Behandlung dieses Aspekts mittlerweile überdrüssig sind, ohne deshalb spießbürgerlich-kleinkariert zu sein.

Triebfeder

> *»Die menschliche Eitelkeit vermengt sich mit den edelsten Ideen und verleiht ihnen oft eine Hartnäckigkeit, die uns sonst fehlen würde.«*
>
> *Gottfried Keller*

Die Unersetzlichen werden manchmal »Nützliche Idioten« genannt; das ist aber nicht im medizinischen Sinn gemeint. Wer so nützlich ist wie die Unersetzlichen, kann nicht geisteskrank sein. Wohl aber – im umgangssprachlichen Sinn – idiotisch im Hinblick auf die totale Vernachlässigung seiner eigenen Interessen und eine ständige Übersoll-Erfüllung, die nicht selten eine Gesundheitsgefährdung bedingt.

Wer von seiner Arbeit total absorbiert wird, denkt weder an das eigene materielle oder gesundheitliche Wohlergehen, kümmert sich kaum um eine grundlegende Verbesserung seiner Wohn- und Arbeitsverhältnisse, kann sich kaum politisch oder kulturell informieren oder gar weiterbilden – kurz: Er läßt wesentliche Lebensbereiche verkümmern.
Wer ohne oder mit nur geringen Aussichten auf Beförderung und leistungsgerechte Honorierung weit mehr leistet als sein gleichbezahlter Kollege, handelt »idiotisch« oder zumindest »dumm«, nicht nur im Hinblick auf seine eigene Person, sondern auch gegenüber seiner Familie, der er mehr verpflichtet ist als seinem Arbeitgeber. Wenn sich in der Folge jahrelanger körperlicher und nervlicher Überanstrengung irreparable gesundheitliche Schäden einstellen, kann man sogar von einer modernen Form des Harakiri sprechen.
Diese allzu selbstlose und sehr selbstvergessene Aktivität findet man in allen Positionen. Sie ist nicht etwa nur bei mittleren Beamten oder Angestellten anzutreffen.
Eigentlich müßten all jene opferbereiten Unersetzlichen, die ihren eigenen Interessen zuwiderhandeln, zumindest als Leitbilder unserer wieder stärker leistungsorientierten Gesellschaftsordnung angesehen werden. Aber auch dieser Lohn bleibt ihnen versagt. Wenn es zum Beispiel ein Botschafter fertiggebracht hat, schon in dreijähriger Amtszeit auf einem lukrativen Posten durch radikales Sparen der vom Auswärtigen Amt bewilligten Repräsentationsaufwendungen einen feudalen privaten Alterssitz herauszuwirtschaften, dann wird der »tüchtige« Beamte einen Kollegen als »dumm« oder »idiotisch« bezeichnen, der seinen gesamten Repräsentationsfond tatsächlich im Interesse seines Landes ausgibt, ja sogar noch einen Teil seiner eigenen Bezüge zuschießt. Oder das Vorstandsmitglied, dem es immer wieder gelingt, sich mit geschickten Ausflüchten vor unangenehmen, zeitraubenden, anstrengenden und kein Prestige einbringenden Repräsentationspflichten zu drücken, gerade dieses Vorstandsmitglied wird den Kollegen, der immer wieder in die Bresche springt und die unangenehmen Pflichten auf sich nimmt, für dumm halten. Der Staatssekretär, der in verschiedenen Arbeitskreisen ständig die Schlußberichte an das Kabinett verfaßt, wird im Grunde für »beschränkt« angesehen.

Und genauso geht es willigen Unersetzlichen, die Betriebsfeste organisieren, kranke Kollegen besuchen, Beiträge zu kollektiven Freude- oder Trauerbekundungen einsammeln und so weiter ... Der Einwand, zumindest bei hochdotierten Managern oder hohen Beamten mit Spitzengehältern könne man doch nicht von einem selbstlosen oder gar selbstvergessenen Einsatz sprechen, soll hier gleich entkräftet werden. Maßstab für »idiotisches«, eigen- oder familienschädliches Verhalten kann nur der Vergleich mit Gleichgestellten sein. Wer für das gleiche Geld ständig das Doppelte oder Mehrfache leistet, ist auf einem gesundheits- oder gar lebensgefährlichen Weg.
Viele Unersetzliche sind sich der Unvernunft ihrer Handlungsweise auch durchaus bewußt. Die klügeren Vertreter dieser Gattung sehen sogar ganz bewußt den Grad ihrer »Verrücktheit«. Hier besteht übrigens eine Parallele zu den tatsächlichen Nervenkranken: Wer sich seiner Krankheit bewußt ist, gehört zu den harmloseren Fällen. Die Karrierestreber sehen die zeitweilig übernommene Überlastung als legitimes Mittel zum Zweck an. Die Drahtzieher schließlich betrachten die besonders umfangreichen Verpflichtungen wie ein Hobby, das im Interesse ihrer politischen, wirtschaftlichen, kulturellen oder religiösen Mission lustvoll-leidend fast genossen, immer aber zelebriert wird.
Damit sind wir bei der Triebfeder – oder Motivation – für den unermüdlichen Einsatz der Unersetzlichen. Richard Wagner gab auf die Frage nach der Motivation für typisch deutsches Handeln eine sehr eindeutige Antwort: »Deutscher sein heißt: Eine Sache um ihrer selbst willen tun!«

Die Sache selbst ist auch heute noch Motiv genug für viele Sachstreber, deren technokratische Leidenschaft nach der Losung »L'art pour l'art« (Kunst um der Kunst willen) einen nie erlahmenden Eifer hervorbringt, auch wenn die Arbeit selbst Verdruß bereitet. Wer solcher Arbeitsmanie verfallen ist und keinerlei nennenswerte andere Interessen besitzt, ist allerdings zu bedauern. Sein Lebensinhalt fällt wie ein Kartenhaus zusammen, wenn Krankheit, Pensionierung oder Entlassung die spezielle Motivation ausschaltet.
Zahlreiche Unersetzliche motivieren sich ideologisch oder idealistisch. Sie arbeiten, wie es eine Weltanschauung oder Religion gebie-

ten, und unterwerfen sich freudig dem einmal als verbindlich erkannten Arbeitsethos.
Menschliche Isolierung, schiere Einsamkeit, kann ein Grund für die Arbeitsbesessenheit von Unersetzlichen sein. Man kann in diesen Fällen geradezu von einer Flucht in die Arbeit sprechen. Eigenbrötler, Junggesellen, Männer, denen die Arbeit eine Frau ersetzen soll, Frauen, die aus irgendwelchen Gründen keinen Anschluß gefunden haben oder nach dem Tod ihres Mannes den einzigen Lebensinhalt verloren haben – sie alle flüchten sich in die Freuden der Pflicht. Verheiratete flüchten aus einer kranken Ehe. Und schließlich versuchen Menschen, die aufgrund körperlicher, seelischer oder geistiger Gebrechen in eine Isolierung geraten sind, diese Einsamkeit durch Arbeit zu kompensieren.
Der vierte und keineswegs seltene Hauptgrund für die Überaktivität der Unersetzlichen ist eine wirtschaftliche Notlage. Hier gilt oft: »Vogel friß oder stirb!« Menschen, die nach erfolgreichem Abschluß ausgefallener Studien (Orientalistik, Sinologie z. B.) lange Zeit keine angemessene Beschäftigung erhalten konnten, klammern sich mit allen Mitteln an den dann schließlich erreichten Posten. Vielfach lebensfremd und naiv, vermögen sie die Machenschaften von Einpeitschern und Intriganten nicht zu durchschauen und stürzen immer wieder in deren Fallgruben. Auf diese Weise verunsichert und anfangs in der neuen Tätigkeit auch noch keineswegs fachkompetent, begehen sie weitere Fehler und versuchen deshalb mit immer größerem Aufwand, ihre Position durch Gründlichkeit, Genauigkeit und übermäßigen Einsatz zu halten.
Diese vier eben angeführten Haupttriebfedern aller Sachstreber werden von den übrigen Unersetzlichen-Arten nur simuliert, um die tatsächlichen Beweggründe zu verbergen. Einzige Triebfeder der Karrierestreber ist der Egoismus. Es ist unbestritten, daß viele Menschen ihren Mitmenschen gerade jene Fehler ankreiden, unter denen sie selbst leiden. Dementsprechend neigen fast alle Karrierestreber dazu, ihren eigenen Egoismus der ganzen Umwelt als Motivation zu unterstellen.
Karrierestreber kümmern sich aber nicht immer nur um die eigene Karriere. Zuweilen dehnen sie ihre Aktivitäten auch auf das Wohl der Familie oder des Freundeskreises aus. Hier gilt es allerdings ge-

nau zu unterscheiden: Die seltener vorkommenden Karrierestreber mit Ansätzen eines ausgeprägten Verantwortungsbewußtseins stellen ihre Familie in den Mittelpunkt. Die viel häufiger anzutreffende Erscheinungsform des klassischen Karrierestrebers tanzt tatsächlich stets nur um das eigene Standbild. Dabei ist ebenso bemerkenswert wie erfreulich, daß die egozentrische Grundhaltung der Karrierestreber für die Umwelt durchaus positiv sein kann. Diese Schein-Unersetzlichen können trotz oder gerade wegen ihres Egoismus bestrikkend liebenswürdig, ja charmant und großzügig zu Mitarbeitern, Kollegen, zu ihren Sekretärinnen und Chauffeuren sein. Karrierestreber sind auch im Urlaub gerngesehene Gäste: Sie geben großzügig bemessene Trinkgelder – aber nur um beliebt zu werden oder zu bleiben. Der so »großzügige« Gast rechnet nicht nur mit lautem Lob und Dank, sondern hofft, seine Liebenswürdigkeit durch entsprechende Gegenleistungen honoriert zu sehen. Ein Schein-Unersetzlicher lebt immer dann in voller Harmonie mit seiner Umwelt, wenn er mit ihr die stillschweigende Mitgliedschaft in einem allumfassenden Club zur gegenseitigen Beweihräucherung und Lobpreisung zu teilen scheint.

Bei den Drahtziehern ist die wichtigste Triebfeder der Wille, den unmittelbaren oder mittelbaren Lebensbereich nach dem eigenen Bild zu formen. Ein Mitarbeiter in der Organisationsabteilung zum Beispiel wird – wenn er zu den Drahtziehern gehört – darum bemüht sein, zunächst die Organisationsabteilung und dann das ganze Unternehmen nach seinen Vorstellungen umzuorganisieren. – Ein Ministerialbeamter wird seine Ziele zunächst im Rahmen seines Referates durchsetzen, um dann möglichst auf die Tätigkeit des gesamten Ministeriums einwirken zu können. Schon bei diesen wenigen Beispielen wird klar, daß die Motivationen der Drahtzieher auf einem fundamentalen Selbstbewußtsein beruhen und oft in die Bereiche ausgeprägter Überheblichkeit vorstoßen. Drahtzieher sind aus demselben Holz wie Propheten und Religionsstifter, Entdecker, Erfinder, Politiker und Staatsmänner geschnitzt. Sie und ihre Mitläufer können in sehr günstigen Fällen tatsächlich die Welt verändern – oft rennen sie aber nur unermüdlich gegen Windmühlenflügel an.

Im Gegensatz zu den Billardkugeln und Nieten sind die Unersetzlichen nicht lebensklug, obwohl meist intelligent. Und so kommt es, daß sich die tatsächlich klugen Unersetzlichen von den unintelligenten Nieten und Billardkugeln auch noch der Dummheit zeihen lassen müssen. Der Geheimrat Goethe leistete hier Formulierungshilfe:

»Ihr seid die Toren / gebückt geboren,
wir sind die Klugen, / die nie was trugen.«

Einstellung

»Hier ruht ein Mann, der es verstanden hat, Leute für sich zu gewinnen, die klüger waren als er selber.«

Grabinschrift Carnegies

Als »Nützliche Idioten« erweisen sich die Sachstreber bereits bei ihrer Einstellung: Sie sind im Einstellungsgespräch so aufrichtig und ehrlich, daß ihr Anfangsgehalt demgemäß gering ausfällt. Sie verschweigen nämlich keine Schwächen und unterstreichen vor allem ihr Sachinteresse an der ihnen angebotenen Arbeit, so daß sie zu einem unter Marktwert liegenden Preis eingekauft werden, zumal sie dummerweise ungefragt auch noch betonen, daß ihnen in erster Linie an der Arbeit, an der Honorierung jedoch erst in zweiter Linie mit Rücksicht auf Frau und Kind etwas gelegen sei. Ebenso stolz wie dumm verabscheuen es Sachstreber, Beziehungen bei der Einstellung einzusetzen. Setzen Sachstreber ausnahmsweise Verbindungen durch Referenzen oder persönliche Interventionen von Mächtigen ein, so wird der Schuß zumeist zum typischen Rohrkrepierer. Beispiel: Der bekannte Proporz erfordert die Besetzung einer Stelle mit einem protestantischen CDU-Mann norddeutscher Herkunft. In diesem Falle lassen sich Sachstreber von einem katholischen SPD-Mann aus Süddeutschland empfehlen ...
Die große Stunde der Karrierestreber schlägt bei der Einstellung. Zum Anstellungsgespräch erscheinen sie glänzend vorbereitet. Sie wissen genau, was der Personalchef hören will, was ihm tunlichst unterschlagen werden sollte. Sie haben sich ausführlich über die großen

und kleinen Probleme des Betriebs informiert, haben auch eine Ahnung von den persönlichen Beziehungen und nehmen darauf feinfühlig Rücksicht. Ja mehr: Sie kennen im voraus die Tonart, in der die Vorzimmerdame des Personalleiters angesprochen werden sollte, und vor allem: Sie wissen ganz genau, was sie wert sind. Mit größter Geschicklichkeit werden alle Trümpfe nicht nur für das auszuhandelnde Gehalt gezogen, sondern auch die Weichen für den weiteren Aufstieg im Betrieb sofort gestellt. Unter Hinweis, daß man gerade die Stellung wegen ihres sachlichen Ausbauwertes einer gleichzeitig angebotenen höher dotierten Position vorzieht, erreichen Karrierestreber relativ hohe Anfangsgehälter und vor allem, daß ihnen häufig gleich bei der Anstellung schriftlich die nächste Beförderung bereits zeitlich genau zugesagt wird. Das Ergebnis des Einstellungsvertrages: Unternehmen oder Behörde können sich glücklich schätzen, daß der Karrierestreber, der natürlich alles besser als sein Vorgänger zu machen verspricht, die neue Stellung überhaupt annimmt.
Drahtzieher beginnen mit der Verschleierung der Beweggründe, die sie zur Tätigkeitsaufnahme veranlassen. Im übrigen ähneln sie bei der Anstellung vornehmlich dem Rein-Unersetzlichen; sie betonen Sache oder Aufgabe vornehmlich unter dem Gesichtspunkt des zukünftigen Aus- und Aufbaus.

Stellen- und Marktwert

> *»In einem Moorbad kann man keine Rekorde schwimmen.«*
>
> *Joachim Böttger*

In den Vereinigten Staaten werden Ghost-Writer »Neger« genannt. Eine treffende Bezeichnung. Denn Farbige spielen in der Gesellschafts- und Wirtschaftsstruktur der USA ungefähr die Rolle, die bei uns Sachstreber ausfüllen. Beide werden häufig geduckt und gedemütigt, obwohl sie uns die Dreckarbeit abnehmen. Allerdings besteht ein wesentlicher Unterschied: Während die Arbeitslosenzahl der Farbigen besonders hoch ist, sind bei uns Sachstreber auf dem

Arbeitsmarkt besonders begehrt. Woran liegt das? Folgende drei Hauptgründe sind maßgebend: Die zunehmende Bürokratisierung und Technokratisierung, die ausufernd-unüberschaubare Differenzierung unserer Arbeitsvorgänge und schließlich ein typisches Kennzeichen der Kommunikationsmittel: der Personenkult.
Im Jahre 1891 sagte Bismarck zu Besuchern in Friedrichsruh: »Die Bürokratie ist es, an der wir alle kranken.« Heute ist dieser Satz nicht überholt. Die Überzahl unserer Behörden und ihrer angeblich schlechten Arbeit wird ständig beklagt und diskutiert. Mindestens 7500 Institutionen, Behörden, Verbände, Stiftungen bestehen in der Bundesrepublik. Diese Einrichtungen haben fast ohne Ausnahme eine Vielzahl von Vorständen und Arbeitskreisen und was es institutionell sonst noch gibt.
Wenn wir versuchen, einen Blick in die Zukunft dieser verkrusteten, aber unersetzlichen Bürowelt unseres Staates zu tun, so gibt es vor allem zwei Orientierungspunkte, die uns die zukünftige Entwicklung voraussehen lassen. Der Demokratisierungsprozeß und die zunehmende Bürokratisierung ist in seinen Auswirkungen gegenwärtig zwar noch nicht absehbar, eines steht aber jetzt schon fest: Er wird zu einer weiteren Vermehrung aller möglichen und unmöglichen Gremien und anderer bürokratischer Einrichtungen führen. Also mehr Bürokratie, mehr Papier und mehr Papierarbeiter.
Auch der unaufhaltsame Vormarsch der Technokratie erfordert ständig steigenden Einsatz. Je spezieller nämlich Fachabteilungen von Unternehmen, Verbänden, Ministerien und Verwaltungen werden, um so notwendiger brauchen Unternehmensleitungen und Verwaltungsspitzen Zusammenfassungen, um überhaupt im Bild zu bleiben oder zumindest die Übersicht nicht ganz zu verlieren. Vor allem aber kommt es darauf an, regelmäßig wiederkehrende Bewertungen der Arbeit zu erstellen. Denn auf Rechenschafts- und Erfolgsberichten beruhen die Budgetforderungen von Spezialabteilungen einzelner Konzerne genauso wie den Budgetforderungen einer vom Staat getragenen Institution an den Staat, sprich zuständiges Ministerium bzw. Bundes- oder Landesinstitut. Darüber hinaus: Im Zeitalter zunehmender Öffentlichkeitsarbeit begründen immer mehr Unternehmen und Institutionen in Erklärungen und Berichten sozusagen an alle, warum sie für welchen Zweck in welch hehrer Zielset-

zung welche Mittel ausgeben. Aber natürlich auch andersherum: Die Wortführer von Kritik und Opposition oder auch der ›Bund der Steuerzahler‹ müssen anhand schlüssiger Nachweise zu begründen versuchen, warum große Vorhaben oder zumindest einzelne Geldausgaben pure Verschwendung sind. Nur auf derartige Berichte gestützt, können im Zeitalter des Computers – nichts gegen Modernisierung – immer größere Beträge angefordert werden. Zu den hierfür notwendigen Zusammenfassungen oder Eingaben an Regierungsstellen und Spitzenorganisationen ist nur eine kleine Schar qualifizierter Federfuchser geeignet. Das sind meist Leute, die Einblick in die Grundkonzeption und die Zukunftstendenzen der Unternehmung oder der Behörde haben und darüber hinaus formulierungsgewandt sind. Fast immer Sachstreber, manchmal Karrierestreber, die sich allerdings mit allen Mitteln und meist mit Erfolg dagegen wehren, die »Dreckarbeit« zu tun. Als »Dreckarbeit« gilt vor allem die Arbeit an Rechenschaftsberichten, in denen auch im Rahmen kirchlicher Behörden und Einrichtungen Gipfelleistungen an selbstbeweihräuchernder Schamlosigkeit erreicht werden.

Der Tenor ist immer der gleiche: Wir haben immer recht gehabt und wir sind in unseren Zukunftsprognosen computer-sicher. So gutmütig und arbeitswillig in der Regel Sachstreber sind, hier werden sie aus »Sachgründen« sauer. Mit Recht. Denn bei solchen Arbeiten wird die Grenze der vertretbaren Unproduktivität überschritten. Da erst der sechste Entwurf manchen Bossen gefällt, weil erst dann der Ruhm richtig glänzt, ist die aufzuwendende Arbeitskraft und Last außergewöhnlich hoch. Arbeitskraft, die der notwendigen produktiven Arbeit verlorengeht. Das sieht jeder – keiner ändert es. Das Urteil amerikanischer Spezialisten, wonach diese Berichte zehn Tropfen Ideen und Einfälle, aber 100 Liter Schweiß enthalten, wird allgemein akzeptiert. Trotzdem kann man ihrem Rat, alte und fast immer ungelesene Berichte einfach mit neuen Statistiken aufzumöbeln, leider nicht folgen, weil außer einigen unglücklichen Examenskandidaten auf Suche nach Abschreibbarem die Querulanten diese Berichte lesen und sofort ihre unheilvolle Kritik äußern würden. Also wird in alle Ewigkeit weiter Rechenschaft abgelegt und »frisiert« werden. Zur guten Arbeitsmarktlage von Unersetzlichen haben außer ihrem selbstverständlich unerläßlichen Fleiß auch ihre Belesenheit und Bildung beigetragen. Da sich eine gewisse und leider stetig steigende Zahl von Pseudochefs schlicht durch Unbildung auszeichnet, muß dieses Manko bei ihren Zuarbeitern und Souffleuren durch um so fundierteres Wissen ausgeglichen werden. Denn es wächst aufgrund zahlreicher tragikomischer Pannen die Erkenntnis, daß man einen großen Teil der Zeitprobleme einfach nicht zeitgemäß lösen kann, wenn man historische und kausale Zusammenhänge nicht kennt und dadurch Fallen vermeidet. Karrierestreber sind schlau genug, sich just im richtigen Zeitpunkt die notwendigen Kenntnisse einzupauken, selbstverständlich von jenem Standpunkt aus betrachtet, der gerade aktuell und opportun ist. So wurden vor kurzem zahlreiche Karrierestreber aus heiterem Himmel über Nacht Spezialisten für Bildschirmtext, Computer ...

Nicht zu gering sind auch die einschlägigen Kenntnisse und vor allem das feinnasige Gespür der Drahtzieher für historische Zusammenhänge einzuschätzen. Viele von ihnen verfügen über ein historisches Einfühlungsvermögen, da sie für alles Hintergründige und damit auch für historische Zusammenhänge geradezu eine Passion entwikkeln. Jedenfalls ist eines sicher: das Motto eines französischen Films »Hitler – je ne connais pas« (Von Hitler nie was gehört) stammt nicht aus dem Mund eines Sachstrebers oder Drahtziehers, höchstens von einem ungebildeten Karrierestreber.

Der dritte und letzte Hauptgrund für den großen Stellenwert der Unersetzlichen ist der keineswegs abnehmende Personenkult. Während die Neuerrichtung öffentlicher Denkmäler im Vergleich etwa zur wilhelminischen Zeit erfreulich zurückgeht, wird Tag für Tag in zahllosen Unternehmen und Institutionen an der Errichtung persönlicher Denk- und Ehrenmäler mühsam gebastelt, geknetet und gefeilt. Der Personenkult floriert im Zeitalter des Fernsehens, das die Welt zum Klatsch- und Protzmarktplatz eines überschaubaren Gemeinwesens macht. Paradoxe Zeit. Sind wir nicht so furchtbar stolz darauf, sachlich zu sein? Vielleicht machen wir nichts anderes als jedes andere Zeitalter, das sich stets gerade zu dem bekennt, was ihm eigentlich fehlt. Jedenfalls reden wir Tag für Tag von unserem ausschließlichen Engagement für Sachfragen. Wie oft sind wir dabei auch ehrlich? Müssen wir uns nicht alle schuldig bekennend an die Brust schlagen: Wie häufig werden Jubiläen, Geburtstage, Ordens-

verleihungen, ja sogar Clubmitgliedschaften wichtiger genommen als das Bemühen um persönliche Bewährung, sachliche Arbeit, Zuverlässigkeit und Pflichterfüllung!
Alle diese Anlässe und die hierbei unerschöpfliche Phantasie radfahrender Karrierestreber machen den Personenkult zu einer Lawine unserer Tage, ein Personenkult, der sich in einer ständig steigenden Zahl von Zeitungsbeiträgen, Reden, Rundfunk- und Fernsehinterviews ausdrückt. Bei dieser Aktivität sind natürlich wieder gerade solche Leute gefragt, die ebenso schnell wie einprägsam formulieren können: die Sachstreber. Tragikomisch daran: Gerade die sachlich Engagierten werden im weithin unsachlichen PR-Rausch, dem Hasch-Rausch der Schreibtisch-Welt, eingesetzt und leider manchmal auch verheizt.
Welche Eigenschaften machen den Marktwert eines Normal-Unersetzlichen aus?

1. Interesse und Einsatz für die Sache, die sowohl eine Ideologie, ein Unternehmen oder eine Organisation sein kann.
2. Absicht und Fähigkeit zur Gesamtkonzeption und zur Veränderung: Innovationsfähigkeit und Kreativität.
3. Unbedingte Loyalität gegenüber Vorgesetzten.
4. Freude an der Arbeit um ihrer selbst willen.
5. Pflichtgefühl gegenüber der Gesamtheit der Unternehmung oder der Organisation.
6. Allgemein gute charakterliche Veranlagung, insbesondere Hartnäckigkeit und Fleiß.
7. Ständige eigene Produktion von Arbeit: Das Seil, auf dem man tanzt, wird selbst hergestellt.

Die Nützlichkeit der Unersetzlichen liegt – das ist an sich legitim – in der Erwartung eines Gewinns für ihre unmittelbaren Vorgesetzten oder die Institutionen. Der Vorgesetzte muß annehmen können, daß ihm die Arbeit des Unersetzlichen Prestige und materiellen Gewinn einbringt. Die höchste Nützlichkeit ist dann erreicht, wenn die Unternehmensleitung oder die nächsthöhere Ebene der Hierarchie sich mit der Arbeit des Unersetzlichen völlig identifizieren kann, also nur zu unterschreiben braucht. Pünktlichkeit, Zuverlässigkeit, Pflichttreue sind dem Normal-Unersetzlichen angeboren. Unbedingte

Loyalität gegenüber Vorgesetzten und gegenüber Institutionen, absolute Diskretion mit Informationen, die er erhalten hat, sind ihm selbstverständlich, während er sich aus Intrigen heraushält; er hätte für sie auch keine Zeit. Die Auffassung, daß mindestens einmal im Jahr eine Grippe »genommen« werden sollte, lehnt er ab. Alle diese Eigenschaften werden von Schein-Unersetzlichen und Drahtziehern lediglich simuliert. Institutionen und Vorgesetzte zeigen die Tendenz, Unersetzliche auf der Ebene der Sacharbeit, dem sogenannten working level, zu halten. Wenn auch gelegentlich Belobigungen ausgesprochen werden, so wird aus Prinzip immer wieder zum Ausdruck gebracht: Für dich, Unersetzlicher, ist es eine hohe Ehre und Gnade, gerade für diese Institution, diesen Vorgesetzten arbeiten zu dürfen.

Damit eine gute Arbeit, gerade auch in schwierigen Materien, geleistet werden kann, ist eine langjährige, jedenfalls mehr als dreijährige Tätigkeit erforderlich. Dabei besteht ein Unersetzlichen-Hauptproblem darin, nützlich zu bleiben. Hierfür ist eine ständige Weiterbildung erforderlich. Selbstverständlich muß der Unersetzliche die einschlägige Dokumentation und das aktuelle Fachwissen beherrschen. Er muß Reden und Diskussionsbeiträge stilistisch auflockern können, ferner den ständig wechselnden Fachjargon und Modewörter kennen. Die Fähigkeit des Unersetzlichen zur Selbstüberwindung wird dabei immer wieder strapaziert.

Höchste nervliche Belastung bedeutet für UEs die Teilnahme an endlosen Arbeitssitzungen in Vertretung ihrer angeblich verhinderten Chefs, Sitzungen, deren sachliche Sinnlosigkeit gerade sie durchschauen können. Sollte man in allen Sitzungssälen das Brecht-Zitat anbringen: »So vertun wir die Zeit, die uns im Leben gegeben ist«? Sollen Unersetzliche nicht nur nützlich sein, sondern auch bleiben, müssen sie häufig durch Abwesenheit glänzen. Man schätzt es, wenn sie wegen Arbeitsüberlastung von Routine- oder Festveranstaltungen fernbleiben und so jene Gelegenheiten verpassen, bei denen Verbindungen geknüpft, Geschäfte geschlossen und Posten verteilt werden. Sie gewinnen weiter an Nützlichkeit, wenn sie überhaupt nicht in der Öffentlichkeit erscheinen und sich auf keinerlei Mitgliedschaften in Parteien, Vereinen und Clubs einlassen.

Andererseits liegt ihnen selbst die Geselligkeit nicht. Das gesellschaftliche Treiben langweilt sie – sie vermissen da die »Substanz«. In Arbeitskreisen und Arbeitsteams, deren geschätzte Motoren sie sind, stören sie schon deshalb, weil sie das Spiel durchschauen. Sie hassen sinnloses Blabla, noch mehr leere Resolutionen. »Wir fordern eine saubere Umwelt, reine Luft, niedrige Steuern etc.«, das Geraufe um den nächsten Tagungsort – jenes bekannte Gerangel um die weiteste Reise, das attraktivste Damenprogramm, nicht zu vergessen bei einer Tagung in Rom die Papstaudienz und die Weinprobe in Frascati. Da die Unersetzlichen sogenannten Treffen auf höchster Ebene fernbleiben, entgehen ihnen zahlreiche Chancen der Kongreßlöwen; sie kommen deshalb auch nicht an sogenannte Zufälle mit »promovierendem« Charakter. Ausschlaggebend ist häufig auch ein überspitzter Fairneßkomplex und die Fähigkeit, Ungerechtigkeiten einzustecken. Ein übertriebener Anhänglichkeits- und Treuekomplex trägt mit dazu bei, daß ein Unersetzlicher jahrelang in der gleichen Position, in der gleichen Institution auch ohne Aussicht auf Karriere verbleibt. So wird man der ideale Mann: einfach unersetzlich.

Arbeitsplagen

> *»Wenn arbeiten so leicht wär', tät's der Bürgermeister selber.«*
>
> *Sprichwort*

Das »Was« und »Wie« der Tätigkeit der Unersetzlichen läßt sich folgendermaßen zusammenfassen: »Was« – alles, was die übrigen Berufstätigen nicht tun können oder wollen. »Wie« – alles wird von Unersetzlichen mit Hingabe und Eifer betrieben. Moderne Unternehmen und Verwaltungen bieten in ihrem Arbeitsablauf eine Fülle von Tätigkeiten, für welche gerade jene Eigenschaften der Unersetzlichen gefragt sind.

Kennzeichnend für Unersetzliche ist ihre Bereitschaft, in Sachgebieten tätig zu werden, für welche sie nicht zuständig sind. Daß beispielsweise China-Spezialisten unvorbereitet um Ausarbeitungen

über Südamerika gebeten werden, ist leider kein Witz. Erstaunlich ist, daß qualifizierte Unersetzliche sich auch diesen Aufgaben häufig gewachsen zeigen. Vielleicht handelt es sich dabei um Arbeiten, die auf der nächst höheren Ebene verschleppt worden sind und »möglichst schon vorgestern« fertig sein müßten. Daß die Unersetzlichen dafür nicht angemessen bezahlt werden, versteht sich von selbst. Da sie sich aber der Sache, d. h. dem Unternehmensziel und nicht ihrem Egoismus verpflichtet fühlen, greifen sie auch ungerufen und unbefohlen von sich aus überall dort ein, wo sie einen raschen Einsatz für erforderlich halten. Wenn sie wissen, daß Kollege X oder gar Vorgesetzter Y überhaupt nicht oder zu spät tätig wird, greifen Unersetzliche mit geradezu missionarischem Eifer ein. Häufig wird ein Unersetzlicher auch direkt durch die Leitung mit einer schwierigen Sonderaufgabe betraut, und man ermuntert ihn mit der Bemerkung: »Sie wissen ja, diesen Auftrag schaffen nur Sie.« Zunächst durch diese Schmeichelei geködert, später wohl auch wutschnaubend, machen sie sich an die Arbeit. Ihr Pech dabei ist, daß ihnen das Geschick der Billardkugeln fehlt, ihre Inkompetenz oder ihre entschuldbare Unfähigkeit zu erklären, um den Auftrag erfolgreich abzuweisen. Bemerkenswert ist die Arbeitsmoral der Normal-Unersetzlichen. Zumal in jungen Jahren ist ihre Bereitschaft zur Arbeit nahezu unbegrenzt. Sie arbeiten über die Dienstzeit hinaus, entweder im Büro oder zu Hause; Sonn- und Feiertage sind für sie zusätzliche Arbeitstage.
Zumal in großen Unternehmen oder Behörden, wo der Chef olympisch hoch thront, ergeben sich häufig gesellschaftliche Verpflichtungen und Betätigungen personenkultischer Art. Dann werden fast immer Unersetzliche eingeschaltet: auf unterer Ebene zur Heranschaffung von Unterlagen, Statistiken und Zitaten aller Art, auf höherer Ebene zur Formulierung der Texte. Bei der »Honorierung« dieser Arbeit ist eine paradox-tragikomische Gesetzmäßigkeit festzustellen: Erledigt der Unersetzliche seinen Auftrag gut, macht er sich für solche Aufgaben auch in Zukunft unentbehrlich. Das bedeutet aber wiederum, daß seine Beförderung aus der sogenannten »Arbeitsebene« außerordentlich schwierig, wenn nicht unmöglich wird. Das berühmte »Hochloben« oder »Wegloben« der Nieten, Schein- und Temporär-Unersetzlichen gelingt einem Normal-Unersetzlichen nur in Glücksfällen. Manchmal geistig oder körperlich überfor-

dert oder überhaupt nach jahrelangem Verheizen ausgedörrt, wird ein Unersetzlicher seine Arbeit nicht immer zur vollsten Zufriedenheit ausführen. Dann läßt man ihn fallen, und er kann zusehen, wie er sich weiter durchschlägt. Es bleibt ihm eigentlich nur der Weg in die Wüste der Routinearbeit, das Schlimmste, was er sich denken kann. Oder aber der Kreis schließt sich wieder: Sozusagen zur Bewährung wird dem Unersetzlichen von neuem eine schwierige Aufgabe anvertraut. Diese erledigt er mit verbissenem Eifer tadellos, und es hat schon gute Gründe, wenn die Entlassungsquote von Unersetzlichen niedrig ist.

Die Materialbeschaffung

Zu den Hauptaufgaben der Unersetzlichen gehört immer die sogenannte Materialbeschaffung. Wie von einer Tarantel gestochen, machen sich Sachstreber sogleich auf die Suche, wenn sie um die Beschaffung von Unterlagen und Materialien aller Art gebeten werden. Sie werden vor allem in zwei Fällen eingesetzt. Einmal, wenn gerade unbedingt benötigte Schriftstücke gesucht werden, zum anderen, wenn nach vertraulicher Information gefahndet wird. Jedenfalls handelt es sich stets um schwierige Fälle. Die als unauffindbar geltende Unterlage liegt entweder nicht am richtigen Platz oder überhaupt nirgendwo im Betrieb oder in der Behörde, sie ist schlicht verlorengegangen. Rein-Unersetzliche sind für die Fahndung am wenigsten geeignet. Sie gehen auf der Suche den normalen Weg, das heißt dorthin, wo die Unterlagen ordnungs- und zuständigkeitsgemäß sein müßten. Sie rechnen nicht damit, daß im Dschungelkrieg der Zuständigkeitsrivalitäten eine Akte »verschüttet« wird und daß Akten, wenn Böswillige am Werk sind, auch einfach verschwinden können. Wenn ein Rein-Unersetzlicher trotzdem – merkwürdig häufig – als einziger die gesuchte Unterlage findet, so ist der Grund in Unersetzlichen-Verschwörungen zu suchen. Denn gerade in Notzeiten tun sich Unersetzliche immer wieder zusammen, so auch bei Suchaktionen, und sie stehen einander bei. Auch hierbei hilft übrigens dem Rein-Unersetzlichen seine stärkste Waffe: seine Hartnäckigkeit, die unübertroffen ist. Nicht weniger erfolgreich sind Rein-Unersetzliche als Geheiminformationssucher: Mit Geduld und dank der Unersetzlichen-Allianz kommen sie den meisten wichtigen Aktionen hinter die Schliche. Nur haben sie selbst fast nie irgendwelchen Nutzen von ihrer Materialbeschaffung. Sie halten sich strikt an den Vertraulichkeitsgrad, protzen nicht in Gesellschaft – zumal nicht im Kegelklub, da sie keinem angehören. Allerdings sind sie wiederum so naiv, daß sie die Quelle ihrer Information angeben mit der Wirkung, daß sich an dieser Quelle demnächst ein anderer labt ...

Die geschickten Verkäufer

Es gibt zahllose Geschichten und Anekdoten über die Super-Geschäftstüchtigkeit gerissener Vertreter und Verkäufer. In Amerika erzählt man sich von einem Vertreter, der also zu einem Kunden sprach: »Wenn Sie schon angeln gehen, brauchen Sie auch ein Zelt, damit Sie auch im Regen fischen können. Dann empfehle ich dringend ein Boot, damit Sie an die fischreichste Stelle des Sees heranfahren können. Zum Transport von Angelgerät, Zelt und Boot brauchen Sie einen geländegängigen Wagen.« Der Kunde beherzigte diese Anregungen, und der Chef, von dem Verkaufserfolg begeistert, bot seinem Spitzenverkäufer spontan eine zehnprozentige Gehaltserhöhung an. Der so mit Lob bedachte Angestellte war erwartungsgemäß sehr erfreut, bemerkte aber mit unverhohlenem Stolz: »Das war aber nicht das eigentliche Kunststück. Der Kunde war nämlich mit dem Wunsch nach einer Packung Migräne-Tabletten für seine Frau gekommen. Da habe ich ihm gesagt: ›Da ist Ihnen ja das ganze Wochenende verpfuscht. Ich empfehle Ihnen, fischen zu gehen.‹« Dieser Verkäufer – hätte es ihn gegeben – wäre ein Schein-Unersetzlicher gewesen. Er hat geschickt die Situation des Kunden erfaßt. Der Erfolg gab ihm recht.
In führenden Positionen der Vertreterebene, auf Generalvertreterposten findet man eine Menge solcher pfiffiger Schein-Unersetzlicher, die dank ihrer Verkaufstalente ein ebenso bequemes wie lukratives Leben führen. Aber auch in anderen Verkaufssparten sind Schein-Unersetzliche erfolgreich tätig. In den Ausrufern der Jahrmärkte sind sie leicht wiederzuerkennen, wenn sie den vielen Umste-

henden mit Erfolg einreden, sie müßten als Uraltopas gelten, wenn sie nicht den modernsten Elektrorasierer, den vollautomatischen Büroöffner oder die sexuell anregende Praline kauften.
Obwohl die Sachstreber den Karrierestrebern rhetorisch fast nie gewachsen sind, können sie trotzdem gute Verkäufer sein. Ihr Trumpf ist die Zuverlässigkeit. Im Verkaufsgespräch machen sie genaue Angaben über die in Frage stehenden Erzeugnisse und gewinnen dadurch Vertrauen. Der Kunde kann sich auf sie verlassen, und er lohnt es ihnen, indem er bei neuen Käufen nach ihnen verlangt. Nicht zuletzt ist der Kundendienst und die zuverlässige Lieferung ins Haus ein Trumpf der Sachstreber, ja sie sind auf diesem Gebiet, das vielfach noch mangelhaft entwickelt ist, unentbehrlich. In den meisten Branchen, gleich welcher Größenordnung, wird man immer mehr davon abhängig, daß die Zahl der Stammkunden anwächst. Wer immer mehr Stammkunden gewinnt, wird schließlich das Geschäft machen. Deshalb handelt man gut, wenn man immer mehr Sachstreber in den Verkäuferstab aufnimmt. Sie können gewinnende und damit erfolgreiche Verkaufsgespräche führen, die Kunden haben eine gute Meinung von ihnen, und davon profitiert das Unternehmen als Ganzes.

Papierkorb-Schnüffler

Drahtzieher betätigen sich vornehmlich im Verkauf von Ideen und politischen Vorstellungen, und seien sie noch so makaber. So standen Drahtzieher hinter jenen gefälschten »Protokollen der Weisen von Zion«, in denen alle vergangenen, gegenwärtigen und künftigen Misse- und Greueltaten den Juden angelastet wurden. Ein Drahtzieher war auch jener verstorbene amerikanische Senator McCarthy, der in jedem Wissenschaftler und Intellektuellen einen Kommunisten witterte. Drahtzieher können aber auch eine Begabung in Verkaufsplanung von Produkten an den Tag legen. Sie können zu Virtuosen des Marketing werden. Ja, sie sind die wahren Apostel der Marketing-Politik, die sie mit himmelwärts gerichtetem Blick in Vorträgen, nein Predigten anpreisen. Von ihnen kann man das Subtilste über »Die Genesis und Zukunftsperspektiven des Marketing«

hören. Wie ein Muselman dem Alkohol aus dem Weg gehen möchte, so distanziert ist das Verhältnis des Sachstrebers zum Papierkorb. Seine Hochachtung vor jeder Arbeit, vor jedem beschriebenen Papier hält ihn davon ab, Papierstücke mit einem Wurf in den Papierkorb zu erledigen. Im Gegenteil: Er behält manches sogar doppelt und dreifach. Er hebt Ausarbeitungen, Zeitungsartikel und Statistiken so lange auf, bis sie inhaltlich überholt sind, in der Hoffnung, sie eines Tages doch verwerten zu können. Die letzte Erklärung für diese geradezu manische Hochachtung vor dem beschriebenen Papier ist die eigene Wertschätzung. Der Sachstreber weiß aus eigener bitterer Erfahrung, wieviel Schweiß es kostet, einen Text zu Papier zu bringen. Der Eifer des Sachstrebers, möglichst viel Papier zu behalten und zu verwerten, hat etwas Rührendes, weil ihn laufend unaufschiebbare dringende Arbeiten daran hindern, die Texte jemals zu lesen. Die Papiere stapeln sich – man hofft auf das Wochenende und nimmt die Papiere auf die tägliche Fahrt zum Arbeitsplatz mit, ohne damit zu Rande zu kommen. So wandert z. B. der »Spiegel« oder »Bild« mit einem Sachstreber, der in Bonn arbeitet und in Köln wohnt, unter Umständen Hunderte von Kilometern hin und her. Man sollte meinen, daß einem Sachstreber unter diesen Umständen auch kein Papier abhanden kommt. Das ist aber keineswegs der Fall. Wenn Unterlagen, die der Leitung besonders wichtig sind, plötzlich nicht auffindbar sind, ist vielfach ein Sachstreber der Schuldige. Das liegt hauptsächlich daran, daß ein Schriftstück von der Leitung anders beurteilt werden kann als von einem Subalternen. Bei unserem Personenkult sind zum Beispiel Heirats- und Todesanzeigen gelegentlich sehr wichtig, während ein Sachstreber solche Unterlagen nicht als aufhebenswert betrachten mag. Archive und Büchereien würden überquellen, wenn es allein auf Sachstreber ankäme – verschwindend klein wären sie, wenn ausschließlich Schein-Unersetzliche zu bestimmen hätten. Ihnen ist klar, daß der Papierkorb ein wichtigeres Arbeitsutensil ist als der Federhalter. Ein Karrierestreber weiß, daß der Papierkorb der kürzeste Dienstweg ist. Ein Karrieremensch versteht es, Arbeit, ja – ganze Arbeitsgebiete stillzulegen oder aufschiebend zu konservieren. Die Materie gerät in Vergessenheit, es wächst Gras darüber – bis eines Tages einer kommt, in der Terminologie der Schein-Unersetzlichen ein »blöder übereifriger

Esel«, der das Gras abmäht. Während viel Sachmaterial von Schein-Unersetzlichen in die Papierkörbe gefeuert wird, neigen sie zur peinlichen Aktivierung von Vorgängen im Bereich des Persönlichen, der Public Relations, der Presse und der Freud- und Leidanzeigen. Nachrichten über Beförderungen und Ordensverleihungen werden von Schein-Unersetzlichen archiviert, und wenn Großunternehmen, Verbände oder Behörden geschäftlich oder dienstlich Illustrierte und Boulevardzeitungen abonnieren, sind sie die eifrigsten Leser dieser Blätter. Mehr oder weniger deutliche Hinweise, daß diese billige Lektüre ihrer unwürdig sei, parieren sie, indem sie den Spieß umdrehen und sich im Gegenteil als fortschrittlich ausgeben: »Man muß die Zeit in ihren Spiegelbildern beobachten, wenn man erfolgreich sein will«, predigen sie immer wieder. Daß Unterlagen dieser Art bei Schein-Unersetzlichen vor dem Papierkorb geschützt sind, ist klar. Sonst hat der Papierkorb bei Karrierestrebern eine geradezu existenzerhaltende Funktion. Hat ein Karrierestreber eine Arbeit anweisungswidrig ungebührlich verzögert und besteht die Gefahr, daß dies in einem Vorgang aktenkundig werden könnte, so läßt er die Papiere im Papierkorb verschwinden oder behauptet – ungeachtet der meist tadellos funktionierenden Postverwaltung – immer wieder, daß Briefe verlorengegangen seien. Für Drahtzieher ist der Papierkorb eine wichtige Informationsquelle. Gar manches weggeworfene Stück Papier ist für sie, die mit einem ausgeprägten Kombinationssinn ausgerüstet sind, eine potentielle Waffe im Intrigenkampf. Wenn man beobachtet, wie einer nach Feierabend in Papierkörben schnüffelt, kann man fast sicher sein, daß es sich um einen Drahtzieher handelt. Die feineren unter ihnen bedienen sich der Putzhilfen, die ihnen ständig Papierkorbinhalte frei Haus liefern. Die Jahresgaben dieser Herren an ihre Gehilfinnen sind also ehrlich verdientes Entgelt.

Freundschaft

> *»Ein Freund ist ein Mensch, der dieselben Feinde hat wie wir selbst.«*
>
> *Sprichwort*

Wer für die Kriegsvorbereitungen zuständig ist, wird Friedensminister genannt, wer die Bürger ins Gefängnis bringt, wird als Freiheitsminister bezeichnet – so stellte der Schriftsteller Orwell die Verfälschung von Worten und Begriffen in unserer Zeit an den Pranger. Bei keinem Wort ist die Verfälschung häufiger als bei der so oft genannten Freundschaft.

Eine Epoche, die auf Show und Prestige getrimmt ist, läßt auch die meisten zwischenmenschlichen Beziehungen zu Interessengemeinschaften werden und verkümmern. Ins Berufsleben übertragen: Aus Freundschaften wurden egoistische Bündnisse auf Zeit. Hier verbünden sich Berufstätige, um den Stuhl ihres Vorgesetzten anzusägen oder zu unterminieren. Dort kommt es zu einer Allianz der Neider und Verleumder, die im gegenseitigen Informationsaustausch stehen, um einen bestimmten Kollegen oder Vorgesetzten durch eine Vielzahl gezielter Verleumdungen und Verdrehungen »fertigzumachen«. Häufig sind auch die Bündnisse sogenannter Hochjubler, die sich gegenseitig bei Vorgesetzten, Einflußreichen und Mächtigen in das rechte, wohlverstanden gute Licht zu setzen wissen. Für sie gilt das Motto: »Wenn du mich einen Goethe heißt, nenn' ich dich einen Lessing.«

Wenn also auch die meisten sogenannten Freundschaften nichts anderes sind als egozentrische Interessenvereinigungen, so kennt auch hier die Regel gewisse Ausnahmen. Einige Sachstreber bezeichnen auch heute noch das als Freundschaft, was früher allgemein darunter verstanden wurde, nämlich eine ethische Bindung zwischen Menschen, die auch und vor allem in Gefahr oder Bedrängnis Bestand hat. Diese Sachstreber nehmen die Freundschaft durchaus ernst – und praktizieren Freundschaft sogar – nicht zuletzt als Organisatoren von Klassentreffen, Kameradschaftsabenden, Freundschaftsspielen oder was es sonst noch an Freundschaftsrummel gibt. Haben sie sozusagen von Amts wegen besondere Verpflichtungen, so läuft hier alles so gut wie in ihrem Freundschaftsleben schlecht. Schlecht deshalb, weil sie neben ihrem Beruf und bestenfalls neben ihrer Familie keine Zeit für Freundschaft haben. Finden wir uns also mit der tragikomischen Tatsache ab: die wenigen, die Freundschaft wirklich ernst nehmen, haben für sie keine Zeit. Wie sieht das im sogenannten praktischen Leben aus? Hier zwei Beispiele:

Freundschaft eines leitenden Angestellten: Als Taufpate des ersten Sohnes seines Schulkameraden läßt Klaus N. im letzten Augenblick durch seine Frau absagen, da er für seinen Chef in Nachtarbeit eine Rede anfertigen müsse. Die Freundschaft ist dadurch zerbrochen. Dabei ist N. im Grund ein treuer Freund, hat jedoch für seine Freunde nie Zeit. Er würde seine Freunde nie vergessen. Sie erhalten in zwangloser Folge Kartengrüße aus aller Welt, aus der Welt der Messen und Tagungen. Diese Karten schreibt N. immer dann, wenn die Reden so nichtssagend sind, daß es sein Pflichtgefühl erlaubt, ausnahmsweise abzuschalten. Seine Empörung über das Blabla der Rede liest sich so: »Wenn die Redner hier von ihrem Thema wirklich etwas verstanden haben sollten, so haben sie es genial verstanden, das zu verbergen.«

Freundschaft des Manager-Professors: Neben der Leitung seines Universitätsinstituts sitzt der Jurist in sieben Prüfungsausschüssen, lehrt neben der Universität an zwei Volkshochschulen und drei Verwaltungsakademien. Kein Wunder, daß er bei dieser Überlastung bis zu seinem 44. Lebensjahr sämtliche Freunde und Bekannte bis auf zwei verlor. Wie verhält er sich bei diesen letzten beiden? Zu ihren Geburtstagen und zu Neujahr bekommen beide regelmäßig Glückwünsche. Auch besucht werden sie zu Neujahr – auf genau eine halbe Stunde. Mehr läßt der Terminkalender nicht zu. Zweimal wöchentlich jagt der Managerprofessor an dem Haus eines seiner zwei Freunde vorbei. Aussteigen kann er nicht – das erlaubt der Terminkalender nicht. Gefühlskälte? Keine Spur. Denn bei der Beerdigung der Eltern seiner Freunde ist er zur Stelle, sogar hinter dem Sarg der treuen Minna, der Haushälterin, schreitet er einher. Frage: Haben Lebende von dieser beschränkten Freundschaft etwas?

Die »heiligen« Interessen

Während Sachstreber also gute Freunde sein möchten, es jedoch wegen ihrer tatsächlichen oder eingebildeten Überlastung einfach nicht fertigbringen, Freundschaften zu pflegen, und deshalb als untreu gelten, sind Karrierestreber Meister im Anknüpfen ›moderner‹ Freundschaften. Nutzgemeinschaft – Interessengemeinschaft, danach steht ihnen der Sinn. Sie tarnen die egoistischen Ziele ihrer Freundesbindungen sogar so gut, daß ihre angeblichen Freunde aus allen Wolken fallen, wenn sie in einer Stunde der Freundschaftsbewährung feststellen müssen, daß jahrelanges Freundschaftsgetue Schwindel und Bluff war. Warum ist die Überraschung der von falschen Freunden Enttäuschten so plötzlich und vollständig? Karrierestreber pirschen sich so geschickt an die für sie Wichtigen heran, daß diese sehr spät, meist zu spät feststellen, wie trügerisch derartige Bedingungen sind. Denn die Karrierestreber verstehen es meisterhaft, jeweils am richtigen Punkt anzusetzen. Sie wissen, daß es kein besseres Fundament für Freundschaften gibt als gemeinsame Interessen, gemeinsame Hobbies. Bringen sie beispielsweise in Erfahrung, daß eine wichtige sogenannte Persönlichkeit Liebhaber von Pferderennen ist, so kreuzen sie auf Rennbahnen auf und mimen aufgrund fleißigen Einpaukens die Spitze der Kennerschaft. Sind die von ihnen Anvisierten Segel- oder Golffans, so spielen sie den in diese Sportarten Vernarrten. Talent zeigen die Karrierestreber nicht nur bei der Anknüpfung von Freundschaften, sondern auch bei deren Pflege. Sie wissen, daß kleine Geschenke die Freundschaft erhalten, vor allem passende Geschenke und individuelle Hinweise. Für Bühnenenthusiasten besorgen sie (notfalls schwarz) Karten für Premieren und Gastspiele. Auch mit Anschriften von Massagesalons warten sie auf, wenn es ihren Freunden nach Entspannungsübungen dieser Art gelüstet. Allerdings – manchmal sind ihre Freundschaftsbeteuerungen zu aufdringlich – zu penetrant. Dann kommt es – selten genug – dazu, daß der Karrierestreber selbst den Ast absägt, an dem er sich gern nach oben gezogen hätte.

Das »normale« Ende von Karriere-Freundschaften ergibt sich meist folgendermaßen: Die Freunde verlieren Posten, Macht, Einfluß, Prestige oder Vermögen. Wird beispielsweise ein Einflußreicher vorzeitig pensioniert, so sind die Karrierestreber-Freunde nicht mehr zu sehen, und der Name des vormals Wichtigen wird auf der Adrema-Platte gelöscht, Einladungen bleiben aus, sein Name wird nicht mehr erwähnt, nicht genug, daß man ihn nicht mehr kennt, man ignoriert ihn nicht einmal mehr – er ist ein Nichts geworden. Wenn es opportun ist, so erklärt man aller Welt, man habe den früheren Freund immer schon als Würstchen eingestuft, ja man verleumdet ihn sogar. Chesterton sagte einmal: »Die Bibel lehrt uns, unsere Freunde zu lieben; die Bibel lehrt uns, unsere Feinde zu lieben. Wahrscheinlich liegt das daran, daß beide identisch sind.« Sind Karrierestreber also wertlose Freunde? Mitnichten. Ihre Zahl, ihre Bedeutung und ihr Getue sind das beste Barometer unseres jeweiligen Bedeutungsgrades. Und – man kann sich gegenseitig nützen.

Drahtzieher und Freundschaft – das ist bereits von den Begriffen her ein Paradox. Aufgrund ihrer Anlage und Aktivität kennen Drahtzieher nur einen Freund – sich selbst. Voller Verachtung schauen sie auf das herab, was andere Freundschaft nennen. Sie halten die Freundschaft für einen animalischen Trieb, den auch Tiere entwickeln, wenn sie sich im Winter aneinanderdrängen, um sich gegenseitig etwas Wärme zu geben. Aber auch Drahtziehern verlangt das Leben Anpassung ab. Sie heucheln Freundschaft, um einen mächtigen Beschützer oder notwendige Gefolgschaft zu bekommen. Außerdem stiften sie Freundschaft wie eine Liaison oder eine Ehe. Als Kuppler fühlen sie sich wohl. Beschämend allerdings, wie schnell ihre Freundschaften welken. Belustigend, wie aus ihren Freundschaften Feindschaften werden, wenn ihre Politik das notwendig macht. Der Minderheit, die an den überkommenen Vorstellungen der Freundschaft festhält, bleibt bei Drahtzieher-Verbindungen nur die Feststellung: Pack schlägt sich, Pack verträgt sich.

Besprechung

> *»Die meisten Gespräche sind – Selbstgespräche.«*
>
> *Christian Morgenstern*

Fast alle Zeitgenossen jammern unaufhörlich über Zeitmangel. Ohne Unterschied scheinen sie jedoch für etwas häufiger Zeit zu haben: für Besprechungen. Täglich und stündlich wird überall konferiert, besprochen, abgestimmt und koordiniert. Kurz: Jahr für Jahr werden Millionen Stunden, Millionen Überstunden für Besprechungen bzw. Konferenzen aufgewandt, um nicht zu sagen vergeudet. Wozu?

Hier die gängigsten Begründungen: Erfahrungen und Meinungen müssen ausgetauscht, Entscheidungen vorbereitet, diskutiert und mitgeteilt werden. Mitarbeiter müssen auf große Zielsetzungen hingewiesen oder auf sie »eingestimmt« werden. Was früher animieren hieß, nennt man heute motivieren. Die modernste Begründung für Besprechungen ist Demokratisierung. Möglichst viele und möglichst ausgedehnte Besprechungen sollen dem Entscheidungsprozeß und seiner demokratischen Entstehung dienen. Gleichgültig, ob es sich dabei um Produktions-, Vertriebs-, Organisations- oder Bildungsziele handelt, alles muß besprochen werden.

Ob diese und zahlreiche andere Gründe echt sind? Ob sie von den Rednern selbst ganz geglaubt werden? Lassen wir es dahingestellt. Sicher ist nur: Auch Besprechungen können nur das erbringen, was man in sie hineinsteckt. Sie können nur in dem kleinen Rahmen wirksam sein, der allen Reden im Unterschied zu Taten gesetzt ist. Betrachten wir, was die Akteure bewegt, wie sie sich geben und was dabei herauskommt:

Vier Gruppen von Akteuren, besser: Rednern, können wir bei genauem Hinsehen unterscheiden: Billardkugeln, Karrierestreber, Drahtzieher und Sachstreber. Die effektvollsten Auftritte produzieren stets die Billardkugeln, und zwar fast ausschließlich die Spezies Tarnkugel. Sie reden laufend von Aufgabenstellung, Aktion, Entscheidung und Zielsetzung. Dabei führen sie nicht nur das große Wort, wenn es um ihren eigenen Arbeitsbereich geht. Auch und ge-

rade in fremden Zuständigkeitsgebieten mimen sie den Initiator. Kein Wunder: Sie haben dann nicht einmal das kleinste Risiko, weil sie die Arbeit nicht selber zu erledigen haben. So empfehlen sie anderen, was sie zu tun haben, und begründen gleichzeitig, ohne schamhaft zu erröten, warum sie leider weder auf ihrem Gebiet über die Routine hinaus etwas taten, noch in Zukunft etwas tun können. Sie beweisen, daß sie bei jeder Aktion nur in die Fallgruben böser Konkurrenten oder politischer Feinde gefallen wären. Sie argumentieren sehr geschickt, und die Eingeweihten wissen warum. Billardkugeln bereiten sich auf Besprechungen genauestens vor. Nur so kann man friedlich und ohne Arbeit leben. Eingeweihte wissen, daß Billardkugeln zwar gut von Arbeit reden, aber keine Arbeit tun können. Sie kennen das Wort Schopenhauers: »Es ist schwer, den Mund zu halten, wenn man nichts zu tun hat.« Fast genauso erfolgreich agieren die Karrierestreber. Dabei bedienen sie sich einer erfolgreichen Mischung von Sach- und Menschenkenntnis, gepaart mit einer bemerkenswerten Schamlosigkeit. Sachlich fundiert, gut versehen mit passenden Statistiken, halten sich Karrierestreber so lange zurück – nicht ohne mit ihrer großzügigen Offenheit nach allen Seiten zu kokettieren –, bis der für ihre weitere Karriere entscheidende Boss sich festlegt. Von dieser Sekunde an fällt ihnen eine Reihe glänzender Argumente ein, um in die Kerbe des Mächtigen zu hauen. Genauso geschickt ist ihre Berichterstattung in Besprechungen über Kundenbesuche, Geschäftsreisen, Veranstaltungen und Tagungen. Um was es sich auch handelt, in der Darstellung der Karrierestreber ist alles, was der Boss getan hat, tut oder zu tun beabsichtigt, immer das allein Richtige. So ist das Fazit aller Äußerungen der Karrierestreber immer das gleiche: Wir sind auf dem richtigen Weg, den unser großer Boss vorgezeichnet hat, wir müssen stolz sein, in diesem Unternehmen, in dieser Behörde tätig zu sein. Was bleibt zu tun? In der eingeschlagenen Richtung weitergehen. So entpuppen sich Karrierestreber – auch und gerade in der westlichen Welt – als geborene Verfechter des Personenkults. Eine stetig steigende Gehalts- und Beförderungskurve bestätigt ihr ausgeprägtes Selbstbewußtsein, und auf die Dauer haben sie mit ihrer Meinung recht: Wo wir sind, ist oben.
»Der Feind ist überall« – unter dieses Motto fallen die seltenen Fälle, in denen Drahtzieher bei Besprechungen ein halbwegs offenes Wort

riskieren. Sie berichten von Intrigen, Komplotten, Werkdiebstählen, Plagiaten und anderen unerfreulichen Tricks, derer sich die Konkurrenz bedient. Auf diese krummen Touren kommen sie als erste, weil sie ihrem eigenen Denken und Handeln sehr nahe sind. Im allgemeinen scheuen Drahtzieher jedoch Aussagen im kleinen Kreis, der für sie bereits Öffentlichkeit ist. Sie agieren im allgemeinen *vor* oder *nach* einer Besprechung. Vor einer Besprechung schicken sie am liebsten in Verschlußmappen die angeblich so wichtigen Hintergrundinformationen an den Vorsitzenden, oder sie geben ihre wichtigen Mitteilungen per Telefon durch. Nach der Sitzung sind sie schnell mit dem angeblichen Ergebnis der Sitzung – selbstverständlich in ihrem Sinne gefärbt – bei der Hand und geben durch, welche Folgerungen aus der Besprechung gezogen werden müssen.
Sachstreber spielen die kläglichste Rolle bei Besprechungen aller Art. Sie kommen bereits deshalb verklemmt und gehemmt, weil sie daran denken müssen, welch wertvolle Arbeitszeit ihnen durch die Sitzung verlorengeht. Sie sitzen sozusagen auf Kohlen, die zu ihrem geistigen Scheiterhaufen werden, wenn die Sitzung in Leerlauf endet. Häufig führt ihre schlecht verhehlte Wut zu einer Art passiven Widerstands. Sie machen sich Notizen für ihre Arbeit oder malen Männchen. All dies macht sie nicht beliebter, weil sie dadurch ihre Verachtung gegenüber dem Besprechungsrummel zum Ausdruck bringen. Zur sogenannten Sache reden sie wenig. So kommen Uneingeweihte leicht zu der Annahme, daß diese schweigenden Teilnehmer entweder die Faulen sind oder daß sie nichts zu sagen haben. Im übrigen geht jede Besprechung zu Lasten der Sachstreber. Sollte ausnahmsweise in einer Besprechung ein konkreter Beschluß über die Einleitung einer echten Aktion gefaßt werden, so wird sie stets den Unersetzlichen aufgehalst.
Unterschlagen wollen wir allerdings nicht, daß es eine Gattung Sachstreber gibt, die sich bei Besprechungen eher in ihrem Element fühlt: Die Querulanten sehen hier eine Möglichkeit, laut zu jammern und sich zu beklagen. Sie berichten fast immer davon, daß die Konkurrenten unlauter arbeiten, die Behörden korrumpieren und natürlich immer im Lieferverzug sind. Lieferanten produzieren nur Mist, und die übrigen Abteilungen des eigenen Unternehmens oder der Behörde bestehen aus Wirr- oder Dummköpfen. Verschont bleibt auch

nicht die eigene Abteilung: Einmal haben sämtliche Abwesende unrecht einschließlich der Sekretärinnen, die entweder dumm, faul oder tölpelhaft sind.
Ziehen wir Bilanz: Alle Besprechungsteilnehmer beherrschen vor allem ein Thema: sich selbst. Wenn wir auch nicht so weit gehen sollten wie der Amerikaner Fred Allen, der eine Konferenz eine Versammlung wichtiger Leute nannte, die einzeln nichts tun können, aber zusammen beschließen können, daß nichts getan werden kann, so kommt man selbst bei wohlwollender Beurteilung zu dem Ergebnis, daß im Verhältnis zu dem großen Zeitaufwand so gut wie nichts bei Besprechungen herauskommen kann. Denken wir daran: 38,3 % der Zeit unserer obersten Manager entfällt auf Sitzungen und Besprechungen. Deshalb wird der Leser erwarten, daß hier für eine Abschaffung der meisten Besprechungen plädiert wird. Das Gegenteil ist der Fall: Besprechungen sind in einer Zeit der Isolierung und Vereinsamung aus menschlichen Gründen unerläßlich. Sie sind Klagemauern und Beichtstühle. Sie sind in jedem Fall gute Mittel gegen Neurosen. Sie ersetzen Dorflinde und Dorfbank, auf denen Dorftratsch und Dorfklatsch heilsam wirkten. Nur sollten wir Matthäus 12,36 nicht ganz vergessen: »Ich sage Euch aber, daß die Menschen müssen Rechenschaft geben am Jüngsten Gericht von einem jeglichen unnützen Wort, das sie geredet haben.«

Tagung

> *»Es tagt und tagt und will doch nicht heller werden.«*
>
> *Albert Schweitzer*

Was für de Gaulle die fernsehübertragenen Pressekonferenzen waren, was für die Kirche Gottesdienste bzw. Pontifikalämter sind – das sind für Institutionen und Verbände die Tagungen. Man würde jedoch sträflich vereinfachen, wenn man meinte, Tagung sei gleich Tagung. Zumindest sind zwei Hauptgattungen zu unterscheiden, nämlich berechtigte Tagungen und Scheintagungen. Berechtigt sind

Tagungen, die offensichtlich dem Gegenstand, dem sie gewidmet sind, zum Nutzen gereichen. Hierzu zählen die Tendenz-Tagungen, auf welchen etwa eine bestimmte Politik dargestellt wird mit dem Ziel, in einer demokratischen Meinungsermittlung Kenntnis von den vorherrschenden Tendenzen zu erhalten, und die Routine-Tagungen, die nach Satzungen oder aufgrund einer Beschlußfassung bindend vorgesehen sind. Und die echten Informationstagungen.

Von diesen Tagungen unterscheiden sich die Scheintagungen. Sie können eine Alibi-, Feigenblatt- oder Renommierfunktion haben. Eine Alibi-Funktion liegt dann vor, wenn durch Einberufung der Tagung der Schein erweckt werden soll, ein bestimmtes Gremium arbeite tatsächlich. Als Tagungsort für eine solche Alibi-Tagung eignet sich ein lautes Hotel im Zentrum einer Großstadt, das auch von der Halbwelt frequentiert wird. Als Tagungszeit ist ein Tag zwischen den Jahren, also zwischen Weihnachten und Neujahr zweckmäßig.

Als Feigenblatt-Tagung sollen Veranstaltungen bezeichnet werden, die ein bestimmtes Handeln oder auch eine Unterlassung von Vorständen oder anderen Führungsgremien decken sollen, entweder im voraus in einer Art Blankoscheckverfahren oder hinterher durch eine nachträgliche Genehmigung. Damit eine derartige heikle Veranstaltung nicht falsch läuft, ist eine gezielte Vorbereitung ratsam. Am besten werden die einflußreichsten Spitzen des Betriebes oder der Institution vorher »geimpft«, damit heikle Dinge mit dem Mantel des Schweigens zugedeckt oder durch rasche Zustimmung nachträglich gebilligt werden. Eine solche Tagung wird zweckmäßigerweise an einen Ort verlegt, wo man nicht nur zur Arbeit verdammt ist, in Städte, die man längst schon einmal auf anderer Leute Kosten besuchen wollte. So tagt man zum Beispiel in Wien, um zum Heurigen oder in die Oper zu gehen, in Las Vegas, um einmal das verrückte Leben in den Spielhöllen kennenzulernen.

Als letzte der überflüssigen Veranstaltungen seien die Renommier-Tagungen erwähnt. Hier ist von sachlichen Erwägungen keine Spur; alles dreht sich um den Spitzenredner. Für den Veranstaltungsrahmen gibt es eine Regel: Das ganze Drum und Dran muß so auf den Veranstaltungsmatador abgestellt werden, daß möglichst viele wichtige Eingeladene den Auftritt des Stars zu einem Bombenerfolg werden lassen. Vor allem sollten sich die Veranstalter darum bemühen, daß das richtungweisende Ereignis in einer Orgie der Öffentlichkeitsarbeit in Presse, Rundfunk und Fernsehen aller Welt eingehämmert wird.

Um welche Art von Tagung es sich auch handelt, immer sind Sachstreber tätig und in jedem Fall schon deshalb die Dummen, weil sie für die unvermeidbaren Pannen verantwortlich gemacht werden. Ein Beispiel: Bei einer Tagung in Hamburg hatte ein Sachstreber ausländischen Teilnehmern die Reeperbahn für einen nächtlichen Bummel empfohlen. Als in dieser munteren Nacht eine Brieftasche abhanden kam, wurde selbstverständlich dem Unersetzlichen die Schuld gegeben. Zur Ehre der Sachstreber muß allerdings betont werden, daß sie Scheintagungen nur mit halbem Herzen oder gar widerstrebend vorbereiten, durchführen oder auswerten, da sie solche Veranstaltungen für eine reine Zeit- und Geldverschwendung halten.

Schein-Sachstreber schwärmen selbstverständlich für Renommier-Tagungen. Dort kommt man mit der Prominenz zusammen, dort lassen sich Kontakte anbahnen und pflegen, und man kann laufend vor einem großen Publikum den Vielbeschäftigten und Vielbegehrten mimen.

Bei großen Tagungen fallen Drahtzieher durch Abwesenheit auf. Sie beschaffen zu den Tagungen prominente Redner und weisen ihnen die »richtige« Richtung. Dann kommt es aber sehr darauf an, welches Ergebnis die Tagung brachte – je nachdem lobpreisen oder verdammen sie nach den Großkampftagen Inhalt und Verpackung der Reden.

Das Positivste, was man abschließend über alle diese Tagungen sagen kann, ist, daß sie in jedem Fall einen bedeutenden Aktivposten des Fremdenverkehrs ausmachen. Zum sogenannten Ergebnis fast aller Tagungen gilt das Brecht-Wort: So vertun wir die Zeit, die uns im Leben gegeben ist.

Niederschrift

> *»Das Sitzungsprotokoll wird nur gelesen von Böswilligen und Pedanten.«*
>
> *N. N.*

Sitzungen und Tagungen müssen – so will es der Brauch – in Form von Protokollen »konserviert« werden. Diese Protokolle werden ausschließlich von Unersetzlichen verfaßt und verraten stets, welcher Unersetzlichen-Gattung ihr Verfasser angehört. Sachstreber verfassen, von ihrem gleichsam zwangsneurotischen Pflichtgefühl angetrieben, Protokolle perfektionistisch und vor allem blitzschnell. Nicht selten verlassen Rein-Unersetzliche vorzeitig Veranstaltungen, um sich sofort ans Protokoll zu setzen. Daß ihnen dadurch eine Möglichkeit zur Pflege ihrer Beziehungen entgeht, stört sie wenig. Protokolle von Rein-Unersetzlichen sind in der Regel ausführlich und pedantisch. Den Vogel schießen dabei die Naiv-Unersetzlichen ab. Sie vermerken minuziös, was dort und dort stattfand und wer das eine und wer das andere gesagt hat, sie berücksichtigen auch das Bei- und Damenprogramm und umrahmen die Darstellung mit einer Beschreibung der besuchten Sehenswürdigkeiten. Meist fehlt nicht einmal ein Hinweis auf die Wetterlage.

Die weitaus brillantesten Protokolle komponieren einige intellektuelle Sachstreber, die als Meister des inneren Dialogs à la James Joyce nicht nur festhalten, wer sprach und zu welchem Ergebnis die Besprechungen führten, sondern auch anklingen lassen, was die Diskussionsteilnehmer dachten, warum sie so dachten, zu welchem Ergebnis sie kommen wollten. Das Engagement dieser Sachstreber führt sie noch weiter: Sie deuten an, was die Delegierten hätten denken sollen, was sie hätten vorschlagen sollen und zu welchem Ergebnis man um der Sache willen hätte kommen müssen.

Hinsichtlich der Zeit, die für die Abfassung des Protokolls erforderlich ist, sowie hinsichtlich des Inhalts unterscheiden sich die Niederschriften der Schein-Unersetzlichen meilenweit von jenen der Sachstreber. Schein-Unersetzliche brauchen Wochen und Monate, um ein Protokoll fertigzustellen. Das hat zumindest zwei Gründe: Bequemlichkeit und raffinierte Überlegung. Im allgemeinen sind sie zu faul, um sich eigene Notizen zu machen. Sie halten sich an Bandaufnahmen oder lassen die Tagung von Sekretärinnen protokollieren. Beide Verfahren sind erwartungsgemäß viel zeitraubender als die von Rein-Unersetzlichen selbst vorgenommene »Aufnahme« des wichtigsten Inhalts. Jedenfalls kommen Protokolle von Schein-Unersetzlichen in der Regel so spät nach Sitzungs- oder Tagungsende, daß sie bei den Teilnehmern kein Interesse mehr finden und deshalb zu den Akten oder in den Papierkorb wandern.

Auch inhaltlich ist ein großer Unterschied zwischen den Niederschriften von Rein- und Schein-Unersetzlichen festzustellen. Sachstreber sind nicht an Personen, sondern an den sachlichen Fragen interessiert; in ihren Protokollen steht das Ergebnis im Vordergrund. Sie versuchen genauestens festzuhalten, welche Resultate erzielt wurden, nicht, welche Monologe Redner und Diskussionsteilnehmer hielten. Schein-Unersetzliche hingegen zelebrieren mit ihren Niederschriften personenkultischen Götzendienst. Die für sie Wichtigen werden mit der Wiedergabe ihrer Ausführungen insgesamt geehrt, selbst wenn das, was sie sagten, mit der Sache nicht das geringste zu tun hatte. Kernstück solcher sogenannter Sitzungsprotokolle sind die Anwesenheitslisten. Bei der Aufzählung der Teilnehmer geht man nach »byzantinischen« Protokollregeln vor. Die für die Schein-Unersetzlichen wichtigen Persönlichkeiten werden mit allen Tricks in den Vordergrund geschoben, erforderlichenfalls unter Mißachtung der alphabetischen Reihenfolge.

Bei der Abfassung von Protokollen erweisen sich Drahtzieher als Nachfolger ihres großen Vorbilds Bismarck, der die »Emser Depesche« höchst politisch »redigiert« hatte. Bereits bei der Auswahl der Instanzen, an welche das Protokoll gehen soll, beginnt die Politik. Es stellt sich die Frage, wer, außer den Teilnehmern, das Protokoll erhalten soll, um geärgert oder geschmeichelt zu werden. Dann geht es darum, ob das Protokoll als »vertraulich« gelten soll, und wenn dies nach langen Überlegungen der Intriganten entschieden ist, folgt die Festlegung des richtigen Vertraulichkeitsgrades des Inhalts. Kürzung, Ausführlichkeit und Verdrehung sind Mittel der Verfälschung. Eine Drahtzieher-Meisterleistung besteht darin, das tatsächlich erzielte Ergebnis in das Gegenteil zu verkehren. In der Drahtzieher-Politik sind alle Mittel durch den Zweck geheiligt.

Radfahren

»Gewöhnlich lobt man, um gelobt zu werden.«

La Rochefoucauld

Ein Radfahrer tritt auf die Pedale, während er sich vornüber beugt. Dieser Vorgang, der sich beim Rennfahrer am deutlichsten abzeichnet, wird bekanntlich auf die Haltung gewisser Mitmenschen übertragen, die nach unten treten und nach oben katzbuckeln. Wir kennen sie alle. Bücklinge vor Vorgesetzten und Mächtigen haben eine lange historische Tradition, und vielleicht ist keiner je ganz davor gefeit, sich in irgendeiner Form unterwürfig zu zeigen, sei es aus ehrlicher Bewunderung, Untertanengeist oder als Mittel, sich einzuschmeicheln. Für viele Menschen ist es ganz einfach unumgänglich, sich Vorgesetzten gegenüber gefällig und untertan zu zeigen. Das gilt auch für manchen Sachstreber. Die Sachstreber verstehen sich aber nicht darauf. Ihre Radfahr-Versuche fallen ungeschickt aus und schlagen denn auch meistens fehl. Sie haben den Schaden und brauchen dann für den Spott nicht zu sorgen, allenfalls wecken sie bei Gutwilligen Mitleid.

Radfahren gehört aber zu den großen Begabungen der Schein-Unersetzlichen; sie sind die Radfahrer par excellence. Ihre Aktionen beschränken sich nicht auf die im Grunde primitive Form des Katzbukkelns, sie operieren mit Anbetung, Nachbeten und Korrumpieren. In unserer freien Gesellschaft, wie fortschrittlich sie auch sein mag, kann man immer noch jeder Form der Schmeichelei und Liebedienerei begegnen. Die Skala reicht vom tiefen Hutziehen, vom langen Türaufhalten und Koffertragen bis zum Anbieten der eigenen Frau. Devote Haltung kann sich aber auch in der Anrede ausdrücken. Viele Pseudochefs empfinden es als Wonne, wenn sie mit »Herr Generalkonsul« angeredet werden, und tragen es durchaus mit Fassung, wenn ihrem Namen unberechtigt ein Doktortitel vorgehängt wird. Sie kennen eben offensichtlich den Grundsatz des Auswärtigen Dienstes nicht: »Wer einen Titel führt, ist kein Herr.«

Die Anbetung

Ein prächtiges Schauspiel bietet die »Anbetung«. Es ist erstaunlich, wie viele sogenannte Führungspersönlichkeiten auf moderne Formen des Götzendienstes hereinfallen oder gar einen derartigen Götzendienst absichtlich »züchten«. Die Hauptrollen in diesem Schauspiel sind mit Schein-Unersetzlichen besetzt. Ergreifend ist das ehrfurchtsvolle Verstummen beim Nahen des großen Bosses, lächerlich das angestrengte Lachen bei launigen Bemerkungen des Gewaltigen. Und dann werden die immer wieder gestellten Fragen laut: »Kann ich noch etwas für Sie tun? Haben Sie eine Sonderaufgabe für mich? Sie können ganz über mich verfügen, auch in meiner Freizeit, zu jeder Tages- und Nachtzeit.« Eine Anbetung im kleinen Kreis praktiziert man vorteilhaft durch ständiges An- und Abmelden im Vorzimmer des großen Meisters. Wenn nach Vorstandssitzungen, Chefgesprächen und ähnlichen Versammlungen der sogenannte gemütliche Teil dem emsigen Treiben ein Ende setzt, dann schlägt die große Stunde der »Anbetung«. Dann werden die Götter unserer Gesellschaft mit Weihrauch umnebelt. Man hebt hervor, wie großartig der Gelobte aufgetreten sei, wie er sich aufs Taktieren verstanden habe. Man stellt den Meister leibhaftig als ein Denkmal auf ein Podest. Das gleiche Verfahren ist auch für den Dienstverkehr vorzüglich geeignet. Als streng vertraulich gekennzeichnete Vermerke schickt man in Verschlußmappen nur an die wichtigsten Persönlichkeiten. Es läßt sich allerdings nicht immer vermeiden, daß dabei auch weniger wichtige Kollegen berücksichtigt werden, die ebenfalls und gleichzeitig informiert sein müssen. Dann wird in der Anrede nur der Entscheidende genannt und ganz unten rechts versteckt vermerkt, daß neben dem Hauptabteilungsleiter X auch die Abteilungsleiter A und B eine Durchschrift erhalten. Damit wird zweierlei erreicht: Die unbedingte Vorrangstellung der Chefs bleibt gewahrt, und gleichzeitig betont man, wie kollegial und kooperativ man ist. Anbetung genügt vielen Bossen nicht: Sie fordern das Nachbeten ihrer Lehre. Viele Chefs sind davon überzeugt, daß sie wahre Leader sind, zudem große Lehrmeister ihres Bereichs. Sie müssen, wenn sie gewonnen werden sollen, als Vorbilder hingestellt, als Entdecker gepriesen werden. Vor allem muß man ihnen zu verstehen geben, daß sie immer recht

haben. Scharen von Schein-Sachstrebern ziehen übers Land und verkünden in Vorträgen, Referaten und Diskussionsbeiträgen, welche tiefschürfenden Erkenntnisse man ihren Lehrmeistern zu verdanken habe. Dabei berücksichtigen sie vor dem staunenden Publikum feinfühlig die Mentalität ihrer Herren und Meister. Wünschen diese eine geringfügige Kritik – die natürlich an der Grundhaltung nichts ändern soll –, so wird diese selbstverständlich auch geboten, nicht ohne Hinweis auf die Großzügigkeit des Kritisierten, der seine engste Umgebung ständig um »harte« Kritik bitte.
Nachbeten ist nicht zuletzt in der Politik erfolgreich. Schein-Sachstreber mimen immer wieder echtes Engagement für die Partei ihres Herrn. Die Konjunkturritter unter ihnen sind sehr flexibel. Mit der Zugehörigkeit zur SPD verbinden sie die Mitgliedschaft in einer feudalen Studentenverbindung. Die Zugehörigkeit zu einem exklusiven Club neutralisieren sie durch Mitgliedschaft in der ÖTV. Einige, die nach der Bildung der sozial-liberalen Koalition SPD-Mitglieder wurden, erzählen nützlichen Führungskräften in der CDU/CSU, sie stünden »innerlich« auf ihrer Seite. Und nach der Übernahme der Regierung durch Helmut Kohl konnte sich die Bonner CDU nicht vor Massen-Eintritten retten.

Öffentlichkeitsarbeit

»Klappern gehört zum Handwerk.«

Volksweisheit

Die Öffentlichkeitsarbeit einer Behörde oder eines Unternehmens wird fast ausnahmslos von Unersetzlichen geleistet, die dabei aber selbst nur selten in Erscheinung treten. Es sei denn, irgendwelche Veranstalter von Tagungen oder einige Vertreter der Massenmedien interessieren sich für eine »richtungweisende« Rede des Unternehmensleiters oder des Behördenchefs. In diesen Fällen werden die Interessenten meist vom Chef oder dessen Sekretärin an den Ghost-Writer verwiesen. Und plötzlich ist der betreffende anonyme Unersetzliche für die Öffentlichkeit interessant. Zeitungen und Zeitschriften melden sich, sie erhoffen neuen »Stoff« von diesem »neuen Talent«. Eine derartige Tätigkeit von Unersetzlichen, die – gänzlich atypisch – für den eigenen Namen, für die eigene Kasse arbeiten, wird stets von Neid und Mißgunst verfolgt. Die Chefs fürchten sich vor dem potentiellen Rivalen, die Kollegen, denen es an Fleiß, Energie, Formulierungskunst und Einfällen mangelt, kommentieren verleumderisch: »Das ist alles im Büro entstanden.« Auch die Massenmedien sind sich ihrer huldvollen Rolle als Förderer unbekannter und junger Talente durchaus bewußt und nützen diese Position weidlich aus. Das zeigt sich in der Behandlung, die man dem jungen Talent angedeihen läßt, und das zeigt sich ebenso an den Bezügen, die man ihm gewährt. Zeitungsartikel und Rundfunkkommentare von Unersetzlichen werden schlecht plaziert, immer wieder verschoben und – wenn überhaupt – schlecht honoriert.

Die Berieselungsmittel

Beim Angebot der Massenmedien stehen sich die echten Unersetzlichen und die Schein-Unersetzlichen diametral gegenüber. Normal-Unersetzliche, Naiv-Unersetzliche und Vereins-Unersetzliche sind in der Wahl ihrer »Berieselungsmittel« ebenso puritanisch wie selektiv. Sie wollen nicht unterhalten werden, denn was kann reine Unterhaltung schon fachlich nützen? Deshalb beschränken sie sich tunlichst auf die Lektüre von Fachzeitschriften. Die kursorische Lektüre einer Wochenzeitschrift liegt noch im Bereich des Möglichen, schließlich kann man in derartigen Periodika Nützliches finden. Tageszeitungen jedoch rauben zuviel Zeit. Die Mattscheibe wird nur dann eingeschaltet, wenn Magazinprogramme oder Fachberichterstattung über den Bildschirm flimmern.
Ganz anders verhalten sich die Schein-Unersetzlichen. Ihr unterschwelliger Drang zu »Höherem« veranlaßt sie zur Diagonallektüre ausgefallener, häufig sogar ausländischer Zeitungen und Zeitschriften. Auch die Klappentexte wichtiger Neuerscheinungen werden von den Karrierestrebern gern überflogen. Fragt man sie nach ihren Fernsehgewohnheiten, dann verweisen sie mit sichtlichem Stolz da-

rauf, daß sie ganz entschieden das Dritte Fernsehprogramm bevorzugen.

Drahtzieher finden Massenmedien unergiebig und überflüssig, weil sie ihnen zu wenig »Background« vermitteln und damit am eigentlichen Lebensraum dieser Schicht vorbeigehen.

Eine etwas antiquierte Form der Öffentlichkeitsarbeit sind die nach wie vor häufig zelebrierten Vortragsveranstaltungen. Das Verhalten der Unersetzlichen gegenüber dieser Kommunikationsart ist sehr differenziert. Die Veranstalter eines Vortragsabends wenden sich auf der Suche nach einem zugkräftigen Redner zunächst an Prominente oder Inhaber hoher Positionen. Diese lehnen in den meisten Fällen mit dem Hinweis ab, sie seinen längst »ausgebucht«. Tatsächlich sind derartige Hinweise oft nur fadenscheinige Ausflüchte. Der Grund der Absage liegt häufig in der Erkenntnis, daß eine aktive Teilnahme an der Veranstaltung einerseits zu mühsam wäre und andererseits nur wenig materiellen Gewinn oder Prestigegewinn böte. Die Prominenz verweist dann – die Veranstalter sollen doch nicht umsonst angefragt haben – auf ihre Unersetzlichen. Handelt es sich dabei um einen Rein-Unersetzlichen, dann haben die Veranstalter leichtes Spiel. Denn diese Sachstreber nehmen derartige Vorhaben wie jede andere Arbeit todernst. Also eilen sie sofort ans Werk, ackern sich durch die Fachliteratur, wälzen Statistiken, befragen Sachverständige, suchen nach passenden Zitaten, konzipieren einen Text, den sie umarbeiten, ergänzen, wieder umarbeiten, überarbeiten und dann ausfeilen, und können dem Veranstalter spätestens eine Woche vor dem Veranstaltungstermin das fertige Protokoll zustellen. Weder dienstliche noch private Termine können diesen ehernen Gang gewissenhafter Pflichterfüllung hemmen.

So kann es vorkommen, daß Rein-Unersetzliche die Beerdigung engster Angehöriger verschieben, nur um die Veranstalter nicht sitzenzulassen. Sie eilen in die abgelegensten »Kuhdörfer«, zum unbedeutendsten Publikum, ohne ein Honorar zu verlangen – allenfalls sind sie mit einem Kleinstsalär zufrieden.

Ganz anders die Schein-Unersetzlichen. Sie sagen gleich ab, wenn sie vor »miesem«, d. h. prestigearmem Publikum sprechen sollen, wobei ihnen immer Entschuldigungen einfallen, z. B. Familienereignisse, an denen sie ohnehin nicht teilnehmen. Die raffinierteren Schein-

Unersetzlichen wenden eine andere Taktik an. Sie sagen zunächst bei jeder Anfrage »gerne« zu, obwohl sie bereits wissen, daß sie nicht gehen werden. Zwei Tage vor der Veranstaltung schicken sie dann ein Telegramm mit einer Absage. Um Begründungen sind sie nicht verlegen: ein unvorhergesehenes Referat vor dem Parteivorstand, Konferenz mit einem Minister, Berichterstattung beim Vorstandsvorsitzenden oder einem Spitzenkunden. Schein-Unersetzliche bitten um Verlesung ihres Entschuldigungstelegramms, das selbstverständlich als »dienstlich« von der Firma, von der Behörde bezahlt wird. Einer solchen Praxis kann man weder Geschicklichkeit noch Public-Relations-Wirkung absprechen, denn das verlesene Telegramm bringt dem Absagenden noch einen Prestigegewinn und ein Sympathieplus, zumal ein Schein-Unersetzlicher selten vergißt, »die besonders geschätzten Teilnehmer verbindlichst zu grüßen und der Veranstaltung vollen Erfolg zu wünschen«.

Drahtzieher legen keinen Wert auf Vorträge vor durchschnittlichem Publikum – sie scheuen ja ohnehin ein Auftreten in der Öffentlichkeit. Wird ihnen jedoch die Möglichkeit geboten, vor einflußreichen Persönlichkeiten – möglichst hinter Doppeltüren – ihre Konzeption darzustellen, greifen sie gerne zu. Ihr einziges Ziel ist dabei, andere Drahtzieher zu beeinflussen. Die Freunde dieser Drahtzieher nennen ein solches Verfahren »das richtige Impfen«, ihre Feinde beklagen dagegen diese »böswillige Vergiftung«.

Hält ein Normal-Unersetzlicher einen Vortrag, dann nimmt seine Firma oder Behörde keine Notiz davon, obwohl ein solcher Auftritt »im Feld« zum Ansehen der Institution beiträgt und daher im Interesse von Firma oder Behörde in der Presseabteilung ein willkommener »Aufhänger« der Öffentlichkeitsarbeit sein sollte. Halten dagegen Pseudochefs, Karrierestreber oder Drahtzieher Vorträge, werden diese von der Presseabteilung ausgeschlachtet. Und zwar um so ausführlicher, je größer der Einfluß des Redners ist und je mehr sich der verantwortliche Pressereferent deswegen etwas von einem Hochjubeln versprechen kann.

Die Pressekonferenz

Ein spezieller, immer häufiger veranstalteter Akt der Öffentlichkeitsarbeit ist die Pressekonferenz. Selbst die zurückhaltendste Unternehmensleitung, selbst die publizitätsfeindlichste Behördenspitze muß mindestens einmal im Jahr eine Pressekonferenz geben. Sachstreber denken nur mit Schrecken an Pressekonferenzen. Zunächst einmal widerspricht die den Sachstrebern gemäße, abgeklärte, fundierte, ja notwendigerweise oft kleinkarierte Expertenarbeit den Absichten der Presseleute. Aber der wichtigste Grund für die Animosität von Sachstrebern gegenüber diesen Veranstaltungen ist die schlechte Erfahrung, die sie immer wieder vor, während und nach einer Pressekonferenz machen müssen. Sie sind auch hier meist die Dummen, sie sind häufig die Gebeutelten. Dabei graben sie sich auch hier ihre Falle selbst, wenn sie Anreger von Pressekonferenzen sind und selbstverständlich gleich auch die Thematik mit vorschlagen, die der Veranstaltung vorangestellt werden soll. Prompt bekommen sie dann auch den Auftrag, die organisatorischen Vorbereitungen zu treffen und die notwendigen Unterlagen zusammenzustellen. Das hört sich so harmlos an, bedeutet tatsächlich aber sehr viel Arbeit. Hier sei nur ein Teil dessen angeführt, was alles zu tun ist: Ausarbeitung der Boss-Rede, Zusammenstellung von Informationsmaterial über Betrieb oder Organisation (natürlich in sehr optimistischer Betrachtungsweise), und nicht zuletzt die Beschaffung von Kleinigkeiten, die den Pressevertretern überreicht werden sollen, wie Ledermappen, Füllfederhalter und ähnliches. Gerade bei diesen Geschenken, die freundschaftliche Kontakte zur Presse herstellen oder erhalten sollen, sind Sachstreber vor eine schwierige Wahl gestellt: Die Unterlagen beispielsweise müssen sowohl einen großzügigen und positiven Gesamtüberblick vermitteln, um die weltweite oder zumindest bundesweite Bedeutung der Firma zu unterstreichen, andererseits viele Einzeldetails enthalten, damit die Seriosität der Darstellung gewährleistet bleibt. Die Geschenke wiederum müssen in Erinnerung bleiben, sollen bleibenden Wert haben, dürfen aber keineswegs verpflichtend wirken.

Aber auch an den Ablauf der Pressekonferenz denken Sachstreber nur mit Schrecken: 90 Prozent aller Fragen laufen nicht so, wie es die

Sachstreber erwartet haben. Deshalb sind auch die meisten der von den Unersetzlichen ausgearbeiteten Antwortentwürfe auf den Spickzetteln der Bosse wertlos. Die Fragen kreisen nicht eng um den Betrieb oder die Behörde. Verständlich, denn für die fragenden Journalisten sind weder Unternehmen noch Verbände der Nabel der Welt. Sie stellen ihre Fragen aus der aktuellen wirtschaftlichen oder politischen Situation. Aber Gott sei Dank sind einige Fragen der Journalisten auch für Sachstreber erfreulich. Zumindest feixen sie innerlich, wenn Journalisten den Kern der Dinge berühren und genau das Wesentliche erfragen. Weiter ist es für Sachstreber bemerkenswert positiv, wenn sich Journalisten weder durch Hummercocktails noch durch Champagner dazu verleiten lassen, nichtssagende Entschließungen mit noch soviel nationalem oder internationalem Brimborium abzudrucken. Schlimm wird die Pressekonferenz für Sachstreber dann, wenn Fragen zu ihrem eigenen Sachbereich gestellt werden, sie selbst aber aus Gründen der »Ebene« nichts sagen dürfen und die Bosse falsche Antworten erteilen. Manchmal gehen sie dann zu den Fragestellern und verbessern ihre Vorgesetzten. Wehe, wenn diese das merken ...

Auch nach der Pressekonferenz sind die Sachstreber die Sündenböcke für echte und vermeintliche Pannen. Als Organisatoren der Veranstaltung waren sie natürlich daran schuld, wenn das Essen kalt, der Whisky warm und der Saal überhitzt oder zu kühl war. Sie sind dafür verantwortlich, wenn das Echo in der Presse nicht freundlich genug ist. Und wann kann es jemals freundlich genug sein? Und wenn die Presseartikel kritisch sind, dann waren natürlich die Sachstreber die Zuflüsterer. Und das müssen sie büßen!

Große Schau – das machen Karriere-Streber aus Pressekonferenzen. Ihre höchst private Schau natürlich. Das fängt bei den Einladungen an. Nicht nur, daß von ihnen bekannte, sprich: nützliche Presseleute auch zu Konferenzen eingeladen werden, bei denen sie nichts verloren haben – Beispiel: der Gerichtsreporter erscheint zum Thema Umweltverschmutzung – sondern, daß sie häufig wahrheitswidrig sich als die Veranlasser der Einladungen aufspielen. Bei den Konferenzen selbst schwatzen sie mit den wichtigsten Journalisten, melden sich auch dann zu Wort als Sprecher des Unternehmens oder der Behörde, wenn sie gar nicht gefragt sind, ja keine Zuständigkeit haben.

Dabei zeichnen sie sich durch die Beherrschung einiger gekonnter Tricks aus: sie untermauern ihre Darstellung mit statistischen Zahlen, die Prozentsätze gehen eine Stelle über das Komma, sowie mit namentlichen Zitaten der Vorstandsmitglieder. Obwohl die Zahlen oder die Zitate fast nie genau stimmen: Solche Gedächtniskunst, solche Zitierfähigkeit machen immer glänzenden Eindruck. Und wer kontrolliert schon die Richtigkeit? Außerdem wissen Karrierestreber ihre Darstellung der sogenannten Sachfragen so gut mit Auflokkerungen zu würzen, daß sie als pressereif in den Berichten namentlich zitiert werden. Und darauf kommt es vor allem an: »Was die Presse auch über dich verzapfen mag. Kümmere dich nicht darum. Hauptsache dein Name ist richtig geschrieben.« (Max Schmeling)

Die Trick-Kiste

Auch unmittelbar nach der Pressekonferenz zeigen Karrierestreber ihre Könnerschaft. Sie erzählen – natürlich nur ihren angeblich besten Journalistenfreunden – einige bezeichnende Einzelheiten aus der positiven Intimsphäre ihres Chefs – etwa: hervorragender Hirschjäger, international bekannter Kunstsammler; oder für die Regenbogenpresse: treuer Ehemann einer gelähmten Frau. Das führt dann meist zu einem dreifachen Erfolg: der Journalist hat eine gute Story, der Boss eine gute Presse und der Karrierist einen guten Punkt für die nächste Beförderung oder Gehaltsaufbesserung. Im übrigen: Karrierestreber wissen es ganz genau und handeln danach: Ein schönes Foto und eine schmeichelhafte Zeile ist für den Boss manchmal wichtiger als eine Seite über Unternehmen oder Behörde.
Zuträger – das ist die Rolle der Drahtzieher bei Pressegesprächen. Und sie wissen, was des Zutragens lohnt. Sie kennen den Satz »bad news good news«, das heißt; Am besten verkauft wird eine Nachricht mit traurigem oder gar erschütterndem Inhalt. Und sie handeln danach: So sparsam sie mit positiven Informationen sind, so großzügig verfahren sie mit Hintergrundnachrichten negativen Tonfalls. Am beliebtesten und erfolgreichsten sind Variationen über drei Themen: Unternehmen, mit denen sie verfeindet sind, stecken fast immer in den roten Zahlen, oder sie werden wahrscheinlich bald hin-

einkommen. Personen, die sie bekämpfen, sind abgewirtschaftet. Sie können nichts mehr von der Zukunft erwarten. Das heißt dann »schick« so: Herr X hat auch seine Zukunft bereits hinter sich. Behörden, die sie bekriegen, werden »nicht zu Unrecht rationalisiert oder aufgelöst«. Fast nie gehen Drahtzieher bei der Weitergabe dieser Informationen, die häufig üble Nachrede darstellen, ein Risiko ein: Journalisten sind immer beste Geheimnisträger, wenn es um die Quelle ihrer Information, nämlich um ihre Informanten geht.
So ist das Wort von der guten Zusammenarbeit zwischen Journalisten und Drahtziehern meist keine Übertreibung, obwohl man sich gegenseitig nicht sehr hold ist. Ja, Drahtzieher sehen häufig verachtungsvoll auf die »Journaille« herab. Bestenfalls betrachten sie die Presseleute als Werkzeuge, brauchbare Werkzeuge. Wie sagte doch Bismarck, dieser Super-Drahtzieher? »Ein Zeitungsschreiber ist ein Mensch, der seinen Beruf verfehlt hat.« Hier irrt Bismarck nachweisbar. Bismarck war nämlich selbst ein passionierter Zeitungsschreiber – wenn auch unter einem Pseudonym. Und selbst seine Feinde hätten nicht behaupten können, daß der artikelschreibende Reichskanzler seinen Beruf verfehlt habe.

Sekretärin

> *»Eine Sekretärin kennt ihren Chef, wenn sie Ausrufezeichen ohne Aufforderung schreibt.«*
>
> *Jules Bazin*

Sachstreber haben große Schwierigkeiten, Sekretärinnen zu bekommen, zumindest sie zu halten. Denn wer geht schon gern in die Höhle der Arbeitswütigen, wer möchte Nerven, Zeit und Freizeit opfern in der Gewißheit, nie angemessen dafür honoriert zu werden? Ein Unersetzlicher erwartet von seiner Sekretärin, daß sie so selbstverständlich wie er selbst ihre Pflicht tut – und mehr als ihre Pflicht. Andererseits haben zumal Rein-Unersetzliche keinen Einfluß auf Personalpolitik und Besoldung. Ihre Sekretärinnen müssen daher viel leisten ohne die Hoffnung darauf, daß der unmittelbare Vorgesetzte etwas für ihr Fortkommen tun kann. Auch aus anderen Gründen haben Rein-Unersetzliche wenig Glück bei ihren Sekretärinnen. Vor lauter Arbeit sind sie blind: Sie beachten nicht das moderne Maxikleid der Dame, sie merken nicht, wenn sie eine neue Frisur trägt, bringen nie ein Kompliment über ihre Lippen und erweisen kaum Gefälligkeiten. Sie lassen den Geburtstag ihrer Sekretärin unbeachtet verstreichen und haben kein Verständnis für Kaffeepausen und betriebliche Feiern.

Zum Glück der Unersetzlichen gibt es aber recht viele Sekretärinnen, die selbst Sachstreber-Eigenschaften haben. Wenn eine Sekretärin sagt: »Bei meinem Chef ist doch wenigstens etwas los«, oder: »Wenn ich schon im Büro sitze, will ich arbeiten und nicht Illustrierte lesen« oder »Mein Eifriger jongliert gleichzeitig mit drei verschiedenen Arbeitsgebieten, er verfaßt in drei Stunden einen Artikel, für den andere drei Tage brauchen« – dann spricht aus ihr reiner Sachstreber-Geist. Es gilt also, für einen Unersetzlichen eine solche Dame als Sekretärin zu gewinnen. So kann es zwischen beiden zu einer echten Allianz der Arbeit kommen, die bisweilen von wechselseitiger Beweihräucherung begleitet sein mag. Ja, man kann bei solchen Partnern geradezu von einer gegenseitigen Affinität sprechen, während sich das Gros der Damen, sofern sie durch Zufall oder Ungunst zu einem Sachstreber verschlagen wurden, schnell aus dem Staub der Arbeit macht, innerhalb der Firma versetzen läßt oder sich schleunigst anderswo verdingt, wo es mehr auf Repräsentation, Kontakte und ähnliches ankommt, und wo nicht nur ermüdend-kontinuierliche Arbeit zählt.

Sekretärinnen von Schein-Sachstrebern sind meist ganz die Stimme ihres Herrn. Innerhalb der Firma oder Behörde verbreiten sie unausgesetzt das Gerücht vom Übermaß der Arbeit ihres Chefs und damit auch vom Übermaß der eigenen Arbeit. So schmieden sie die Legende vom Übereifer ihres Teams. Wenn man ihnen Glauben schenkt, sieht man ein, daß sie unter ständigem Stress und kurz vor dem Zusammenbruch stehen. Am Telefon flöten solche Sekretärinnen reine Schein-Unersetzlichen-Töne wie »Herr Dr. X ist beim Herrn Direktor, beim Staatssekretär, auf Dienstreise in Washington«. Es versteht sich, daß diese Damen einen sechsten Sinn für den Stellenwert des Anrufenden besitzen. Für Einflußreiche, Reiche oder auch nur Speichellecker basteln sie Termine zu den unpassendsten Zeiten, selbst außerhalb der Dienstzeit oder des Dienstortes, während sie für Ratsuchende oder Namenlose eine uneinnehmbare Festung darstellen. Sekretärinnen von Drahtziehern sind häufig unscheinbare ältliche Geschöpfe. Hausintrigen, an denen sie sich passioniert beteiligen, traut man diesen bescheiden auftretenden mausgrauen Wesen gar nicht zu. Dabei haben sie für jeden Tratsch offene Ohren und vor allem eine ausgeprägte Leidenschaft für alles Hintergründige und Geheimnisvolle. Sie wissen alles, erzählen vieles, verdrehen das meiste und sorgen immer dafür, daß sie für den Chef unentbehrlich sind. Das Gefühl, eine wichtige Person zu sein, ist ihnen so teuer, daß sie dafür bereit sind, sich vom Chef rücksichtslos ausnutzen zu lassen. Im Grunde sind sie bedauernswerte Geschöpfe, die sich ein Leben lang abrackern, ohne je gebührend dafür entlohnt zu werden. Die Einbildung, ein entscheidendes Rädchen im Betrieb zu sein, ist diesen Frauen Lohn genug.

Kollegialität

> *»Ich hatte einen Kollegen, der mich mehrmals am Tage begrüßte. – Mit dem Ellenbogen.«*
>
> *Markus M. Conner*

Auch im Leben des Betriebs gilt das unerforschliche Gesetz der Serie im Glück wie im Unglück. So kann etwa die Geburt des Stammhalters mit der Beförderung und Gehaltserhöhung des im Betrieb tätigen glücklichen Vaters zusammenfallen, ein Autounfall des Sachbearbeiters Schmitz mit der Krankheit seiner Frau. In Fällen solch potenzierten Unheils bewährt sich die betriebliche Nächstenliebe – oder aber sie versagt kläglich.
Während sonst fast jede Initiative von Rein-Unersetzlichen ausgeht, werden in solchen Situationen als erste Schein-Unersetzliche tätig. Zunächst malen sie die Tragik eines bestimmten Falles in schillernden Farben aus. In ihrem Klatschtantengemüt lassen sie dabei die gesamten intimen Familienverhältnisse in die Darstellung einfließen, um befriedigt zu dokumentieren, wie gut sie auch hier wieder unter-

richtet sind. Damit ist die Renommiersucht der Karrierestreber aber keineswegs erschöpft. Denn ihre kitschige Erzählung schließen sie mit dem Aufruf zur Tat ab. »Hier müssen wir einfach etwas tun« – mit diesem Schlachtruf schlägt der Schein-Unersetzliche eine Sammelaktion vor. Er informiert möglichst viele und möglichst wichtige Stellen – Vorstand, Personalchef, Betriebsrat, Presseabteilung etc. –, und dann wird mit viel Geschrei die Sammlung gestartet. Dabei ist der Spendenaufruf an sich das einzig Wichtige für den Schein-Unersetzlichen. Damit die Aktion erfolgreich werde, benutzt der Initiator verschiedene Tricks. So wird als erster ein als besonders großzügig und einflußreich bekannter Herr der obersten Etage angesprochen, in der richtigen Annahme, daß dessen Spende auf die anderen Mitarbeiter stimulierend wirken werde. Die eigene Zeichnung wird aufgeschoben, damit im Hause nicht allgemein bekannt wird, wie sehr bei Schein-Unersetzlichen Wort und Tat auseinanderklaffen können.
Bei Aktionen organisierter Nächstenliebe und Hilfsbereitschaft fällt neben den Schein-Unersetzlichen die Wirkung der Querulanten auf. Selbst in Fällen, bei denen es auf schnelles, entschlossenes Handeln ankommt und alle bürokratischen Gesichtspunkte unbeachtet bleiben müßten, gelingt es ihnen, Kritik zu üben und sowohl den Initiator als auch alle Beteiligten anzufeinden. Ihre Argumente: Der Sammelnde – so klagen sie – sei ein egoistischer Angeber, er vergeude seine Arbeitszeit, die Personalabteilung habe versagt. Dabei gilt das Motto: »Nicht der Mörder, sondern der Ermordete ist schuld.« Denn ein Autounfall sei, sagt der Querulant, vom Opfer selbst verschuldet, weil der Fahrer wie immer betrunken oder mit seinen Gedanken bei seiner Geliebten gewesen sei. Und selbst die schamloseste Querulanten-Verleumdung hat ihre Wirkung: Immer bleibt etwas hängen. Unauffällig ist dagegen die Beteiligung von Rein-Unersetzlichen an derartigen Aktionen. Zwischen zwei Unterschriften stiften sie ziemlich abwesend eine Summe, die etwa dem Durchschnitt der Kollektengaben entspricht.
Initiativen zu Sammelaktionen können auch von Drahtziehern ausgehen. Dann bezwecken sie selbstverständlich etwas, was nur ihren Zwecken nützt. Hier ist Vorsicht geboten! Nicht selten starten sie geschickt getarnte Aktionen, die einem ganz anderen als dem vorgegebenen Ziel dienen. Hinter einer angeblich zugunsten der Entwick-

lungshilfe gestarteten Sammelaktion kann beispielsweise die Absicht verborgen sein, entweder die portugiesische Kolonialpolitik oder die angolanischen Widerstandskämpfer zu unterstützen, je nach dem politischen Standort des Drahtziehers.

Die allgemein-betriebliche Form der Nächstenliebe ist die Kollegialität. Nichts trennt die einzelnen Unersetzlichen-Gattungen deutlicher voneinander als ihr Verhältnis zu Arbeitskollegen. Ständige, echte Kollegialität zeigen nur Naiv-Unersetzliche und Vereins-Unersetzliche. Sicher möchte auch der Normal-Sachstreber kollegial sein, aber die Hektik des Arbeitsablaufs und die Verbohrtheit des Sachstrebers in seine Aufgabe lassen ihm wenig Spielraum, auch noch nach guten Vorsätzen zu handeln. Vertraut ihm sein Boss einen Auftrag an, wird er sofort übereifrig tätig, ohne die für den Organisationsplan Zuständigen überhaupt zu unterrichten. Der Normal-Sachstreber kennt bei der Befriedigung seiner Arbeitslust keine Skrupel, und so bereiten ihm auch seine häufigen Kompetenzverstöße keine Gewissensbisse. Er geht – zumeist mit Recht – davon aus, daß der an sich Zuständige die Sache keinesfalls so gut und schon gar nicht so rasch erledigt hätte wie er selbst. Je mehr Desillusion sein Gemüt verschleiert und je mehr er wohl auch durch Altersweisheit und Erfahrung geläutert ist, wird der früher kollegiale Normal-Sachstreber auch im Interesse der Sache ein listenreicher Bürokrat, der weiß, daß ein Sachstreber nur dann hoffen kann, die initiativetötende Einkreisung durch Billardkugeln und Nieten wenigstens in einigen Fällen zu durchbrechen, wenn man sich der Kniffe der anderen bedient. So wendet der Normal-Unersetzliche bei den Sachfragen, an denen ihm besonders liegt, auch Tricks an, um die Kollegen zu überspielen oder zu übertölpeln. Dabei übernimmt der Unersetzliche Methoden, die ihm an sich wesensfremd sind. Von George Santayana stammt das Wort: »Wenn man etwas bekämpfen will, muß man es mit den Methoden des Feindes tun«; und die Richtigkeit dieses Verfahrens pflegt der Unersetzliche schließlich zu erkennen. Er »vergißt«, wer eigentlich zuständig ist, »übersieht« die Informationspflicht gegenüber Kollegen, entwickelt Aktionsprogramme in Tätigkeitsbereichen, für die er nicht verantwortlich ist. Eine solche Verhaltensweise ist sonst nur für Querulant-Unersetzliche typisch. Hingegen sind, wie schon gesagt, Naiv-Unersetzliche und Vereins-

Unersetzliche geradezu Musterbeispiele für echte, ja opferbereite Kollegialität. Auch ständige Enttäuschungen können ihren Fairneß- und Treuefimmel nicht erschüttern. Meist wird ihnen erst nach ihrem Tode gedankt, wenn ihnen beispielsweise der Vereinsvorsitzende mit provinzieller Pathetik am Grabe bezeugt: »Seine Ehre hieß Treue.«

Der Schein-Unersetzliche treibt auch in kollegialer Hinsicht sein falsches Spiel. Weder Schein-Unersetzliche noch Temporär-Unersetzliche denken auch nur im Traum daran, sich ihren Egoismus durch kollegiale Rücksichtnahme beengen zu lassen, verstehen es aber gut, ihr unkollegiales Verhalten als echte Kollegialität auszugeben.

Wie in den meisten Fällen verhalten sich die Querulant-Unersetzlichen und die Drahtzieher-Unersetzlichen auch hinsichtlich der Kollegialität am ähnlichsten. Vertreter beider Gattungen lassen sich weder im Gehabe noch in ihrer Tätigkeit von kollegialen Gesichtspunkten anfechten. Dem Drahtzieher ist jede kameradschaftliche Rücksichtnahme ein spießbürgerliches Vorurteil. Verbohrt wie er meist ist, macht sich der Querulant-Unersetzliche auch dadurch ein makabres Vergnügen, daß er möglichst viele Kollegen »abzuhängen«, »abzuschießen« oder, harmloser, immer wieder »in die Pfanne zu hauen« sucht. Und wer von uns kennt nicht zahlreiche Kollegen, die trotz Lateinkenntnissen stets Ignoranz mit Arroganz verwechseln ...

Ruhestand

»Der Dank des Vaterlandes ist uns gewiß.«

Soldatenweisheit

Wie die arme Seele den Teufel, so fürchtet der Sachstreber die Pensionierung, die er als der Arbeit und damit des Lebens Ende ansieht. Kurz bevor er das Pensionsalter erreicht, beschäftigt sich der Sachstreber zum erstenmal intensiv mit Personalvorschriften. Ihn interessiert vor allem die Ausnahmeregelung, ob und wie man die Ruhestandsgrenze hinausschieben kann. Wenn es selbst mit List und Tükke nicht gelingen sollte, die Arbeits- oder Dienstzeit zu verlängern, stehen Sachstrebern weitere Möglichkeiten offen: Einige übernehmen als Rentner in ihrer Firma oder bei anderen Unternehmen oder Behörden zumindest eine Halbtagsbeschäftigung. Aber auch dem eifrigsten Sachstreber kann aus Gesundheitsgründen oder infolge des Intrigenspiels die Stunde schlagen, in der ihm die Arbeit aus der Hand gerissen wird. Dann kann er noch zum Vereinsleben Zuflucht nehmen. Schriftführer, Kassierer, Festgestalter, das sind Vereinspositionen, die dem Lebensabend zahlreicher Sachstreber noch einen Sinn verleihen.

Aber schließlich fordert das Alter auch von ihnen seinen Tribut, und der Sachstreber muß seine Aktivitäten immer mehr einschränken. Aber er gibt immer noch nicht auf: Jetzt schlägt die große Stunde des Rein-UE als Autor. Mit großem Fleiß macht er sich daran, das Ergebnis seiner Lebensarbeit für spätere Generationen festzuhalten. Da Sachstreber, die ständig überlastet sind, kaum dazu kommen, Inhalte und Ergebnis ihrer Tätigkeit in mehr oder weniger laufenden Aufzeichnungen festzuhalten, können sie sich jetzt nur noch auf ihr Gedächtnis stützen. Deshalb wird die Rekonstruktion ihrer Lebensarbeit nicht selten zu einem schwierigen Unterfangen. Das hindert Rein-Unersetzliche jedoch keineswegs daran, mit der Feder tätig zu werden – zum Kummer der Verlagslektorate, die es in großem Umfang gerade mit Manuskripten von Unersetzlichen zu tun haben. Titelangebote wie »Die Geschichte der Familie Dubois im Kanton Wallis«, »Gemeinsamkeiten der kölnischen Mundart im nördlichen und südlichen Kölner Stadtgebiet« oder »Die Entwicklung der Registratureinrichtung seit dem Zweiten Weltkrieg« klingen vielleicht zunächst komisch. Dahinter können sich aber doch menschliche Tragödien verbergen, denn das durch den Ruhestand sinnlose Leben der Sachstreber ist öde und leer. Am besten haben es noch jene Unersetzlichen, die als Pantoffelhelden Einkäufe machen und beim Straßenfegen die Schönheit der Arbeit genießen. Beneidenswert auch jene, die sich der Lektüre eines Konversationslexikons widmen und in den Leserzuschriften der Zeitungen und Zeitschriften jeden und jedes angeifern.

Der zweite Frühling

Für den Schein-Unersetzlichen beginnt mit der Pensionierung der zweite Lebensfrühling. Wie gut, daß man ein ganzes Arbeitsleben lang seine körperlichen und seelischen Kräfte schonte. Wie gut, daß man mit List und Tücke bereits als Mittfünfziger die Pensionierung vorbereitete und so außer den Ruhebezügen noch weitere Einkünfte aufgrund sogenannter Kontakttätigkeit zu erwarten hat. Während nämlich die Unternehmens- oder Behördenspitzen die Tätigkeit von Rein-Unersetzlichen erstaunlich schnell vergessen, verstehen es die Karrierestreber, sich dauernd als unersetzlich ins Gedächtnis zu rufen. Die Leute glauben dann schließlich an die Unersetzlichkeit des Schein-Unersetzlichen und fürchten gar, daß die Institution Schaden nähme, wenn sein Einsatz völlig ausfiele.

Der Ruhestand bedeutet für Drahtzieher lediglich eine Verlegung ihrer Tätigkeit. Während sie in ihrer aktiven Dienstzeit in der Firma, der Behörde oder der Organisation wühlten, betätigen sie sich nunmehr in Familienclans und Vereinen. Wann immer es in Vereinen zu Cliquenbildungen, Konspirationen, Fraktionen, Protestaktionen und Rebellionen kommt, sind pensionierte Drahtzieher am Werk – als die geriebensten und hartnäckigsten Partisanen und Heckenschützen. So bleiben sie auch im Ruhestand in ihrem Element.

Lebensstil

»Kleider machen Leute.«

Gottfried Keller

Zum Lebensstil eines Menschen läßt sich wohl alles zählen, was in und um diesen Menschen vorgeht. Hier seien nur verschiedene äußere Gesichtspunkte dargestellt. Faktoren allerdings, die besonders augenfällig für eine gewisse Lebenshaltung sprechen:

Welchen Aufwand treibt ein Mensch mit sich selbst, wofür gibt er wieviel Geld aus, wie zieht er sich an, wo und wie wohnt er, welche

Briefe schreibt er und schließlich, wie gibt er das Geld anderer Leute aus?
Die Sachstreber kommen aus allen Schichten der Bevölkerung. Den Normal-Unersetzlichen trifft man besonders häufig in der Mittelschicht an. Hierzu gehören Personen in gehobener und mittlerer Position. Er versucht, seinen entwickelten haushälterischen Sinn mit modischer Lebensart zu verbinden. Seine Bezüge sind im allgemeinen bescheiden. Häufig wird ein Haushaltsbuch geführt. Normal-Unersetzliche sparen bei Bausparkassen, tragen Konfektionsanzüge und fahren Mittelklasse-Autos. Der unauffällige Lebensstil wird oft auch dann beibehalten, wenn der Unersetzliche Karriere gemacht hat. So bewohnte ein Bonner Staatssekretär im »Bundesghetto« eine bescheidene 2½ Zimmer-Wohnung für 140 DM.
In ihrer Haushaltsführung sind Normal-Unersetzliche häufig musterhafte Durchschnittsbürger. Die meisten besitzen Fernsehgeräte, die von geistig Schaffenden nur ganz selten, aber gezielt eingeschaltet werden, sie führen sich nur Programme zu Gemüte, die sie tatsächlich interessieren. Relativ viele haben übrigens transportable Fernsehgeräte, um sich und anderen vorzumachen, daß das Fernsehgerät kein Heimaltar ist.
Bei der Urlaubsgestaltung unterscheiden sich Normal-Unersetzliche am deutlichsten von allen anderen Berufstätigen. Sie wollen in ihrem Urlaub Sprache, Wirtschaft, Politik und Brauchtum anderer Länder kennenlernen und daraus ihren Nutzen ziehen. Bis zum 50. Lebensjahr jedenfalls kommt für den Normal-Unersetzlichen die Erholung als Urlaubsziel an zweiter Stelle. Man kann sogar feststellen, Urlaub ist nur dann erholsam, wenn er die Weiterbildung fördert.
Für die äußere Erscheinung des Normal-Unersetzlichen gilt im Urlaub dasselbe wie im Alltag: Das Aussehen ist zweitrangig, es kann vernachlässigt werden.
Leitmotiv des Schein-Unersetzlichen dagegen ist: »Mehr scheinen als sein.« Das beginnt bei der intensiven Pflege seines Äußeren. Der Schein-Unersetzliche stellt einen hohen Prozentsatz der Kundschaft des Verschönerungshandwerks dar, vom Coiffeur bis zur Pediküre. Beginnende Gräue bekämpft er mit Haarfärben, beginnende Glatze mit Toupets. Wenn es bei der Mehrzahl der Karriere-Streber finanziell auch nicht zum freistehenden Eigenheim reicht, so ist sein Rei-

henhaus doch mit einigen Besonderheiten ausgestattet; in seinem Garten stehen häufig preiswerte Skulpturen. Als Autofahrer ist er ebenso rücksichtslos wie in seinem Karrierestreben, und die Feststellung des französischen Schriftstellers Joseph Rovan: »Der Verkehr in Deutschland ist brutal«, geht hauptsächlich auf sein Konto.
Der vom Schein-Unersetzlichen manchmal liebevoll gepflegte Snobismus äußert sich in modischen Anzügen der Maßkonfektion und in Pop-Krawatten, nicht zuletzt auch in der Wahl seines Urlaubsziels. Hier will er immer der erste sein: Er machte die ersten Pauschalreisen nach Ostasien und Ostafrika. Während er seine Bräune vor dem Urlaub der Höhensonne verdankt, ist Braunwerden auch Hauptziel während des Urlaubs, über den er dann gern mit Filmen und Dias angeberhaft berichtet.
Der Lebensstil des Unersetzlichen-Drahtziehers ist meist vom »Understatement« geprägt. Er trägt seine Anzüge Jahrzehnte, die Krawatten der vorletzten Mode und wohnt in einer Umgebung, die seinem Einkommen keineswegs entspricht. Als Hotel bevorzugt er dagegen den Typ »Palasthotel mit Pomp«. Der Drahtzieher fährt häufig alte Modelle, die seine finanziellen Möglichkeiten wiederum weit unterschreiten, und auch das nur, um nicht aufzufallen. Drahtzieher sind meist viel mehr als sie scheinen.
Ein ganz grundlegender Gesichtspunkt zur Beurteilung der Lebensart eines Menschen ist seine Wohnung, die unmittelbare Umgebung, die sich ein Mensch selbst schafft. Obwohl mannigfach erwiesen, daß in der gehobenen Berufswelt eine gute Wohnlage für Ansehen und Fortkommen von großer, vielleicht ausschlaggebender Bedeutung ist, beachten die meisten Sachstreber diesen Gesichtspunkt überhaupt nicht. Auch weitgereiste Unersetzliche, denen der Prestigewert einer Wohnung in noblen Vierteln bekannt ist, kümmern sich oft nicht darum, selbst eine Wohnung oder ein Haus in einem entsprechenden Stadtteil zu erhalten. Nach dem Grund gefragt, begründen sie es damit, daß in Deutschland die Wohnlage nicht in demselben Ausmaße wie in den angelsächsischen und romanischen Ländern den Status bestimme.

Die »richtige« Wohnung

Sachstreber leben meist in Wohngegenden der mittleren und unteren Gesellschaftsschichten. Sie haben gar nicht die Zeit, sich mit viel List und Tücke und mit Hilfe von Maklern und anderen Vermittlern um eine erschwingliche Wohnung in guter Lage zu bemühen. Und noch weniger reicht ihre Zeit, um gar ein gut gelegenes und doch preiswertes Eigenheim zu erstehen. Einige mögen es allemal zu einem bescheidenen Einfamilienhaus ohne sogenannte Extras bringen, aber der Normal-Sachstreber bewohnt eine Mietwohnung in einer Gegend, die nicht seinem Stand entspricht. Für ihn ist die Wohnung nur Schlafstätte oder Behausung. So kommt es, daß er auch der Wahl seiner Möbel keine besondere Aufmerksamkeit widmet.

Schein-Unersetzliche sind klug genug zu wissen, daß auch in Deutschland eine gute Adresse eine Sprosse ihrer Karriereleiter bedeuten kann. Für Schein-Unersetzliche ist die Wohnlage eine geradezu tierisch-ernste Sache. Das zeigt folgende Geschichte. In dem Kölner Villenvorort Marienburg gerieten zwei Schein-Unersetzliche in Streit. Sie besannen sich darauf, daß Marienburg keine postalische Bezeichnung ist – das zuständige Postamt heißt Bayenthal –, und glaubten, einander am besten dadurch ärgern zu können, daß sie die Streitbriefe mit Bayenthal adressierten. Erst als die Streitaxt begraben war, schrieb man wieder Köln-Marienburg.

Die neue Postamtsbezeichnung mit Nummern unter Weglassung der Vorortsnamen ließ den Glanz so mancher Adresse verblassen. Informierte Leute wissen, wie mißlich das für manchen stolzen Haus- und Wohnungsbesitzer ist, und fügen deshalb stets die alte Vorortsbezeichnung in Klammern zu der postalisch allein notwendigen Postamtsziffer hinzu. Aber noch bleiben zum Trost die Straßennamen als Erkennungszeichen für den Wohnstatus; denn in der Regel werden die Straßen in »feinen« Wohnbezirken auch mit anspruchsvolleren Namen versehen. Wo Ausnahmen von dieser Regel bestehen, dürfte es sich um Bezirke handeln, die einstmals vornehm waren, dann aber infolge verschiedener wirtschaftlicher und sozialer Umschichtungen zu Vierteln mit geringerer Reputation herabsanken.

Um in das »richtige« Stadtviertel zu kommen, scheuen Schein-Unersetzliche weder Zeit noch Geld noch Mühe. Es fehlt ihnen allerdings manchmal an Geld. Aber auch hier schafft ihre Phantasie meist Abhilfe. Sie ziehen etwa eine schick gestaltete Dachwohnung in einem guten Viertel einer ersten Etage in einem normalen Wohnviertel vor. Hinsichtlich der Einrichtung halten sich Schein-Unersetzliche an drei Formeln: Antike Möbel, die aus den entlegensten Gegenden über entfernteste Verwandte preiswert beschafft werden. Oder: moderne Möbel nach der neuesten Mode. Oder: eine Mischung von ganz Alt und ganz Neu. Wer es sich leisten kann, wechselt von Zeit zu Zeit die Möbel nach dem New Look, andere müssen sich damit begnügen, durch Umgruppierungen Neuanschaffungen vorzutäuschen. Ein schwieriges Problem für alle ist die Ausstattung der Wohnung mit Kunst und mit Teppichen, die wie kaum etwas anderes Geschmack, Wohlstand und gute Herkunft verraten.

Drahtzieher hätten stets verschiedene Wohnungen, wenn sie es sich leisten könnten: Eine, die ihrer Politik entspricht – in einem Villenvorort oder in einem traditionellen Arbeiterviertel, je nach der weltanschaulichen Richtung. Eine zweite Wohnung als ruhige Schlafstätte. Aber auch Drahtzieher müssen sich meist mit einer Wohnung zufriedengeben. Allerdings erfüllt diese Wohnung in den meisten Fällen alle Wünsche, die ihr Inhaber an eine standesgemäße Behausung stellt.

Wenn man nie Gelegenheit hat, einen Menschen persönlich kennenzulernen, dann können nur Briefe Auskunft über seine Persönlichkeit geben.

Ein französisches Sprichwort sagt: »Der Stil ist der Mensch« – damit ist zweifellos auch der Briefstil gemeint. Die Richtigkeit dieses Sprichworts wird durch Briefe von Unersetzlichen immer wieder schlagend bewiesen. Ob es sich um Anschrift und Anrede, um den Inhalt oder um die Grußformel handelt – Unersetzliche begehen überall Fehler.

Elefanten im Porzellanladen

Unkenntnis des Protokollarischen und des menschlichen Jahrmarktes der Eitelkeit verführen Rein-Unersetzliche dazu, einen Bundestagsabgeordneten einfach mit »Herr Abgeordneter«, einen Bundes-

minister mit »Herr Minister« anzureden, ohne zu beachten, daß es auch Landtagsabgeordnete und Länderminister gibt. In Unkenntnis der Interessengebiete ihrer Briefpartner enthalten diese Briefe sachliche Monologe über das Arbeitsgebiet des Schreibers. Sachstreber wissen nicht, daß ihr Arbeitsgebiet die meisten anderen Menschen gar nicht interessiert, zumal sie oft einen derart ausgefallenen Fachjargon anwenden, daß ihre Briefpartner nicht folgen können. Weder die Anrede noch der Inhalt erreichen das Ziel guten Briefschreibens: das Interesse und die Sympathie des Angeschriebenen zu erwecken. Und auch mit der Grußformel erreichen Unersetzliche das Gegenteil von dem, was sie wollen. Unersetzliche mißachten Formen und Formeln und beherrschen folglich keineswegs die Kunst, Briefe in ansprechenden Schlußformeln enden zu lassen. Da werden dann mächtige Vorstandsmitglieder mit »freundlichen Grüßen« bedacht, einer Formel, die auch auf Urlaubskarten an Kollegen auftaucht und von diesen wiederum als zu kühl-distanziert empfunden werden. Elefanten im Porzellanladen sind Rein-Unersetzliche, wenn sie sich gar als Amateur-Schriftsteller und Dichter versuchen.
Karrierestreber sind mit ihren Schreiben meist sehr erfolgreich. Sie konsultieren Etikettebücher und informieren sich bei protokollarisch versierten Bekannten, um sich ganz korrekt ausdrücken zu können. Für sie ist das Briefeschreiben eine Staatsaktion. Mancher scheut sich nicht einmal, in der engsten Umgebung des Briefpartners nachzuforschen, mit welchem Titel dieser am liebsten angeredet werden möchte. So pedantisch sie bei der Klärung dieser Vorfragen auch sind, so großzügig verfahren sie dann mit Titeln, wobei sie sich feinfühlig den jeweiligen Landessitten anpassen. Fragt ihre Sekretärin: »Wie rede ich Herrn X an?«, dann antworten sie väterlich-gönnerhaft: »Mein liebes Kind, im Zweifel redet man in Frankreich jeden mit ›Monsieur le Président‹ an, in Schweden mit ›Herr Direktör‹ und im deutschsprachigen Raum mit ›Herr Doktor‹.«
Der sachliche Inhalt von Schein-Unersetzlichen-Briefen ist häufig gleich Null, da diese Streber fachlich nicht viel zu bieten haben und dafür die persönliche Note, das persönliche Interessengebiet Vorrang hat. Wissen wird durch Einfühlungsvermögen ersetzt. Karrierestreber schreiben meistens genau das, was der Briefpartner hören will und was ihn interessiert. Hören wollen die meisten Menschen,

wie charakterlich wertvoll und wie tüchtig sie sind. Karrierestreber tun ihnen diesen Gefallen. Interessiert sind die meisten Menschen vor allem an ihren Hobbies. Prompt frönen diese »Radfahrer-Typen« ausgerechnet den gleichen Hobbies wie ihre Brieffreunde. Die Grußformeln sind selbstverständlich gekonnt. Drei Gesichtspunkte bestimmen die minuziöse, einfühlsame Wahl des Briefschlusses: Der Gruß soll dem Briefpartner schmeicheln, er soll ihn ansprechen und nicht zuletzt den Streber als Weltmann präsentieren. Ein Beispiel für eine derartige Grußformel: »Mit freundschaftlich ergebenen Grüßen und mit Waidmannsheil allerwege stets Ihr aufrichtig und dankbar verbundener X.«

Wenn Drahtzieher meist die schriftliche Aussage scheuen und selbst Briefen aus dem Wege gehen, so heißt das nicht, daß sie gar nicht schreiben. Allerdings greifen sie erst nach reiflicher Überlegung zur Feder. Lange haben sie sich vorher überlegt, ob und wann ein Brief einen für sie Wichtigen in ihrem Sinne beeinflussen könnte. Kühl haben sie sich vorher ausgerechnet, wann ein Brief ihren Briefpartner in einer warmen oder zumindest angeheizten Gefühlslage antreffen und daher leicht auf ihn einwirken könnte. Ausgerechnet gefühlskalte Drahtzieher bringen es so fertig, zu Herzen gehende Glückwunsch-, Weihnachts- und Neujahrsgrüße sowie besonders schwierige Beileidsschreiben zu verfassen.
Ähnlich ungeschickt wie beim Briefeschreiben verhalten sich Sachstreber in Restaurants und beim Spesenmachen.
Unersetzliche haben kein Verhältnis zu den angenehmen Seiten des Lebens, sie essen in bescheidenen Restaurants, wo man möglichst schnell bedient wird, wenig Zeit verliert und wenig Geld braucht. Nicht einmal auf Kosten ihres Arbeitgebers verstehen sie es, sich selbst etwas zu gönnen. Ein Unersetzlichen-Angestellter reist in einem unbequemen Interzonenzug zur Leipziger Messe, wohnt dort in einem billigen und ungepflegten Privatquartier und nimmt seine Mahlzeit an einem Würstchenstand zu sich.
Gerät ein Sachstreber aufgrund einer unvermeidlichen Einladung aber doch einmal in ein luxuriöses Etablissement, dann steht er den umfangreichen Speisekarten mit ihren vielen Fremdwörtern hilflos gegenüber und bestellt Schnitzel oder Steak. Der Gastgeber und die

Kellner erkennen sehr bald, daß sich hier ein Mensch auf ungewohntem Parkett bewegt.

Die nach Karriere strebenden Kollegen dagegen fliegen – um beim obigen Beispiel zu bleiben – über Kopenhagen oder Wien nach Leipzig, beziehen ein vor Jahresfrist reserviertes Zimmer in einem Luxushotel und sind dann mit Spesen großzügig. Geschäftsfreunde werden in sorgsam ausgesuchte Lokale gebeten, wo vielleicht sogar ein besonderer Raum reserviert wurde, zumindest aber ein auffallender Tischschmuck die Bedeutung dieser Einladung unterstreicht. Der zuständige Oberkellner und seine Kollegen sind durch Trinkgeld-Vorschüsse zu besonders aufmerksamem Service animiert – so wird das erlesen zusammengestellte Menü zum Erfolg. Wohlgemerkt: zum doppelten Erfolg. Der Karrierestreber funktioniert die Dienstreise einerseits zur genüßlichen Schlemmerfahrt um, erntet aber bei den ebenfalls genußfreudigen Geschäftspartnern so viel Wohlwollen, daß sich auch der berufliche Erfolg bald einstellt.

Der Drahtzieher spielt in Restaurants die Rolle des ebenso vornehmen wie skurrilen englischen Gentleman. Ausgefallene Lokalitäten mit gerade passendem historischen Bezug genießen eine besondere Vorliebe. So wird der Drahtzieher einen konservativen Gast in ein Restaurant mit alter Tradition einladen, einen revolutionären Studentenführer aber in eine gediegene Bierkneipe eines Arbeiterviertels führen.

Auf Spesen brauchen Drahtzieher meist nicht zu achten. Wenn es die Geschäfte fördern kann, dann machen sie unbedenklich sehr hohe Spesen. Das können sie um so mehr vertreten, weil sich ihre persönlichen Ansprüche in bescheidenem Rahmen bewegen.

In unserer so stark sexualbezogenen Zeit gehört das Sexualverhalten natürlich auch zu den wichtigen Aspekten der »Lebensart«. Dieser Bereich muß hier ausgeklammert werden. Berufenere Leute haben sich zu diesem Thema geäußert und äußern sich noch. Nur einige generelle Gesichtspunkte sollen hier angeführt werden:

Sachstreber finden weder Zeit noch Gelegenheit zu »festen Verhältnissen«. Ihre Seitensprünge bestehen aus seltenen, flüchtigen und mehr zufälligen Abenteuern.

Um so mehr Zeit verwenden Karrierestreber für amouröse Aktivitäten. Besonders bei Messebesuchen entpuppen sie sich als »genußvolle Entspannungsfans«, wie sie selbst voller Stolz zu sagen pflegen. Als »Männer von Welt« glauben sie, daß in führenden Kreisen manchmal Seitensprünge zum guten Ton gehören. Markus M. Ronner: »Seitensprünge und Philosophien haben dieses gemeinsam: man schaut über den Zaun.«

Drahtziehern gelingt es meist, ihr Sexualverhalten allen neugierigen Nachforschungen zu entziehen. Ihre Erfahrung auf diesem Gebiet wird nur dann offensichtlich, wenn sie wichtigen Geschäftsfreunden bei der Erfüllung diskreter Wünsche behilflich sind, wenn sie für diesen Zweck ihre Beziehungen spielen lassen können und sich dadurch wiederum berufliche Vorteile sichern.

Lebensgewohnheiten der UE-Gattungen

	Sachstreber (Rein-UE)	Schein-UE	Drahtzieher
Allg. Lebensstil	geordnet, meist konservativ	auffällig, dem beruflichen Verhalten entsprechend	korrekt, luxusliebend
Wohnung	Miet- oder Eigentumswohnung, höchstenfalls Erwerb eines Eigenheims (Reihenhaus)	komfortable Eigentumswohnung oder Eigenheim (Villa)	mietgünstige oder mietfreie Dienstwohnung, auch Eigenheim, sofern mit nennenswerten Finanzierungshilfen errichtet
Häusliche Einrichtung	Gelsenkirchener Barock bis modern	modern oder teilantik	antik oder altdeutsch
Kleidung	nur durchschnittliche Wertbeimessung; Konfektionsanzüge	extrem in Schnitt und Farbe, auffällige Muster: Maßkonfektion	gut bis elegant, aber unauffällig (Maßanzüge), Zweireiher wird bevorzugt
Ernährungsweise	gut bürgerlich	Feinschmeckeransprüche	gut bürgerlich bis luxuriös
Kfz.-Haltung	Mittelklassewagen, meist in Standardausführung	Mindestanspruch = Wagen der gehobenen Mittelklasse, sportliche Note bevorzugt	Repräsentativfahrzeug nicht zu auffallend in Art u. Farbe, äußerlich gut erhaltenes Gebraucht-Kfz. (Mercedes) genügt
Ferien	soweit berufl. Tätigkeit solche zuläßt, vorwiegend von Touristikunternehmen organisierte Urlaubsreisen	möglichst weite Auslandsreisen, des besseren Renommierens wegen	sehr gezielte Ferienwahl, Ziele nicht festlegbar, da der Urlaub primär der berufl. Kontaktpflege mit bestimmten Personen dient.

Tod

»Viele Menschen sind des Menschen Tod.«

Hans-Hermann Kesten

In dem französischen Film »Orphée« sagt der Tod »Ich bin Dein Tod«. Hier wie anderswo in der Dichtung wird die Meinung vertreten, daß jeder den ihm gemäßen Tod findet. Diese These wird durch viele Sachstreber-Schicksale bestätigt.
Sachstreber sterben sehr oft aus Erschöpfung, als ausgelaugte Arbeitstiere. Herzinfarkte und Kreislaufkollapse treten bei diesen Menschen besonders häufig auf. Unersetzliche selbst pflegen Schmerz- und Krankheitssymptome zu übersehen, und selbst wenn eine große Erkrankung festgestellt wurde, nehmen sie sich selten die Zeit zu einer gründlichen Kur.
Dagegen ist ein vorzeitiger, zumal aus Nachlässigkeit selbst verschuldeter Tod bei dem Schein-Unersetzlichen selten. Im Gegenteil: Sein egozentrisches Wesen macht ihn leicht zum Hypochonder. Er pflegt nicht nur sein Ansehen, sondern auch seinen Körper und dessen Gesundheit.
Genauso unterschiedlich wie die Todesursachen bei den einzelnen Unersetzlichen-Gattungen sind auch die Begleitumstände der Bestattung. Der Normal-Unersetzliche hat in der Regel bestimmt, daß um seine Beerdigung kein »Theater« gemacht wird. Er wird im allgemeinen im engsten Familienkreis zu Grabe getragen. Dem Vereins-Unersetzlichen wird in den Nachrufen von seinen Vereinskameraden bescheinigt, daß man mit ihm einen unersetzlichen Freund verloren habe. In großer Zahl und mit großen Gewissensbissen erweisen ihm seine Kameraden die letzte Ehre.
Die Todesanzeige des Normal-Unersetzlichen erscheint nur in der Lokalpresse. In einem kurzen Text ist von seiner »nie erlahmenden Pflichttreue« die Rede, die der Firma bzw. der Behörde »ständiges Beispiel« sein werde. – Ganz anders beim Karrierestreber. Er hat in seinem letzten Willen genaue Anweisungen für ein großes dekoratives Begräbnis erteilt. Ein sehr umfangreiches Adressenverzeichnis erfaßt auch die entferntesten Bekannten und verpflichtet seine Wit-

we, eine ausgedehnte Trauerkorrespondenz zu versenden. Querulant-Unersetzliche bringen das Kunststück fertig, ihre Umwelt noch in der letzten Stunde zu ärgern. Ihre Intimfeinde und vor allem ihre Todfeind-Kollegen erhalten die Traueranzeige und sollen, so am Portepee gepackt, dazu veranlaßt werden, an der Beerdigung teilzunehmen.
Karrierestreber haben selbstverständlich rechtzeitig auch dafür gesorgt, daß Todesanzeigen in möglichst vielen überregionalen Zeitungen erscheinen. Im Anzeigentext heißt es von solchen Schein-Unersetzlichen, sie seien berufliche Übermenschen und menschliche Vorbilder gewesen. Der Verstorbene habe in vollendeter Meisterschaft und in richtungweisender Entscheidungsfreude dem Unternehmen zu seiner heutigen Geltung verholfen. Seinen Mitarbeitern sei er jederzeit offenen und frohen Herzens ein väterlicher Freund gewesen …
Ein anerkannt überragender Wissenschaftler hatte seinen Erben aufgetragen, in der von ihm aufgesetzten Todesanzeige zu schreiben: »Es war ihm leider nicht vergönnt, seine wissenschaftlichen Erkenntnisse an führender Stelle in der Regierungspraxis zu verwirklichen.« (Zwischen den Zeilen war somit als letzte Rache zu lesen: Die abgrundtiefe Bosheit der Umwelt hinderte den Übermenschen, in die verdiente Spitzenposition zu kommen.)
Eines aber trifft auf alle Menschen zu, ob Unersetzliche, Schein-Unersetzliche oder Drahtzieher. Nach ihrem Tod stellt sich heraus, daß keiner von ihnen dienstlich völlig unersetzlich war.

2. Kampftag

»Es gibt kein erhebenderes Gefühl, als wenn jemand auf einen schießt, ohne zu treffen.«

Winston Churchill

Seit Darwin weiß man, daß der Kampf ums Dasein die Entwicklung der Lebewesen entscheidend geprägt hat. Auch für die Entwicklung eines Individuums spielt der Kampf eine grundlegende Rolle. In der Berufswelt findet dieser Kampf auf zwei Ebenen statt. Einmal konkurrieren Unternehmen, Behörden, Staaten, Systeme und Weltanschauungen. Und dann bekämpfen sich überall auch einzelne Menschen, die in irgendeinem Wettbewerbsverhältnis zueinander stehen. Ob es sich hier um Auseinandersetzungen zwischen Vorgesetzten und Untergebenen oder um Streitigkeiten zwischen Kollegen handelt, ist hier ohne Belang.

Empfindsamere Seelen leiden sehr unter Konkurrenz-Kämpfen. Für Ellenbogen-Typen jedoch ist der Kampf gegen Kollegen ein willkommener Tummelplatz ihrer Talente. Der Kollegen-Kampf fördert also eine Auslese der Rücksichtslosen. Ihr Geraufe ist allerdings kein Kampf ums Dasein. Bertrand Russell formulierte es so: »Was die Menschen Kampf ums Dasein nennen, ist nichts anderes als der Kampf um den Aufstieg. Und wenn sie sich auf diesen Kampf einlassen, fürchten sie nicht etwa, daß es am nächsten Morgen nicht zum Frühstück für sie reiche, sondern daß es ihnen nicht glückt, ihre lieben Nächsten zu übertrumpfen.« Den Motor dieses Kampfes charakterisierte Chamfort folgendermaßen: »Die Gesellschaft, was man so die Welt nennt, ist nichts als ein Kampf zwischen Tausenden einander entgegengesetzter Interessen, ein ewiger Kampf aller sich kreuzender Eitelkeiten, welche sich treffen, Schlag um Schlag verwunden, sich eine durch die andere demütigen.« Und wie hauchdünn die Grenze zwischen sog. »Freunden« und »Feinden« im Beruf ist, charakterisiert folgende nicht auf die Politik beschränkte Bonner Pointe: die Steigerung von Feind lautet: Feind, Todfeind, Parteifreund.

Sofort

»Blinder Eifer schadet nur.«

Volksweisheit

»Das Wort ›unmöglich‹ kenne ich nicht« – dieses stolze Wort eines Sachstrebers kennzeichnet auch die Haltung der Rein-Unersetzlichen gegenüber Terminsachen. Es gibt echte und unechte Terminsachen. Echt sind jene Terminsachen, die sich im normalen Geschäfts- oder Dienstablauf als unvermeidlich ergeben. Dazu gehören etwa Bilanzierungsfragen, Jahresabschlußarbeiten, Steuererklärungen, Gehaltsabrechnungen, Beiträge der Ministerien zu Regierungserklärungen, Tätigkeitsberichte von Verbänden und Behörden, die satzungsgemäß dazu verpflichtet sind. Immer eilig sind Wochen-, Monats- und Jahresberichte, Sitzungsunterlagen und Presseerklärungen. Unechte Terminsachen sind normale Vorgänge, die aus mehreren Gründen unberechtigt zu Terminsachen frisiert werden. Sachstreber haben am meisten unter den Mappen »Sofort auf den Tisch« zu leiden. Diesen Arbeitstieren traut man zu, daß sie vorgestern fällige Sachen sozusagen aus dem Stand sofort und obendrein auch noch optimal erledigen. Nicht zu Unrecht: Mit verbissenem Eifer machen sich Rein-Unersetzliche sogleich an die Arbeit. Selbstverständlich opfern sie ihre Freizeit und erledigen die Terminsache auf Kosten ihrer Nerven und Gesundheit auch feiertags und nachts. Dabei gehen sie ein großes Risiko ein: Abrechnungen, Bilanzen, Steuererklärungen und viele andere Terminsachen können in kurzer Zeit nicht oder jedenfalls nicht mit der erforderlichen Akribie angefertigt werden. Oft sind Einblicke in fremde Tätigkeitsbereiche notwendig. Analysen wollen fundiert, Prognosen müssen abgesichert sein. Böswillige – und das sind zumindest alle Querulanten-Unersetzlichen – können dann immer Anlaß zu Kritik finden. Hier zeigt sich wiederum, daß Rein-Unersetzliche nicht mit dem »Dank des Vaterlandes« rechnen können: Für eine Arbeit, die kein anderer zu leisten vermag, ernten sie statt Dank oft nur Tadel.

Schein-Unersetzliche machen bei Terminsachen eine Wandlung durch. Jonglieren sie sonst großzügig-oberflächlich mit Sachgebieten und Zuständigkeitsabgrenzungen, werden sie jetzt zu Pedanten. Geht ihnen eine rote Mappe zu, entfalten sie eine überraschend große Kenntnis der Zuständigkeitsverteilung. Das aber nur mit dem Ziel, dem Auftraggeber klarzumachen, daß sie »leider aus sachlichen und kollegialen Gründen gar nicht oder nicht allein tätig werden können«. Ist auch bei größtem bürokratischem Scharfsinn der Nachweis unmöglich, daß für die Eilsache eine andere Abteilung oder ein Kollege zuständig ist, so erreicht der Karrierestreber im Hinblick auf die Mitbeteiligung oder Mitzeichnung anderer Abteilungen doch eine begründbare Verzögerung der Arbeitsaufnahme. Der Vorschlag der Koordinierung verschiedener Abteilungen, noch besser der Vorschlag, eine Arbeitsgruppe zu bilden, entschärft den dringlichen Vorgang und entlastet vor allem von der Verantwortung. In jedem Fall bringt die Rückfrage bei der Registratur nach ähnlichen Vorgängen einen Zeitgewinn von zwei bis drei Tagen – und vielleicht ist dann beispielsweise der Vertretene wieder aus dem Urlaub zurück. Wenn die zahlreichen bürokratischen Tricks nicht helfen, so kann man allemal seine Zuflucht zu einem Arzt nehmen. Ist eine Terminarbeit in Sicht, werden Schein-Unersetzliche krank und erscheinen erst wieder im Büro, wenn alles vorbei ist, das heißt, nachdem die Arbeit von Rein-Unersetzlichen geleistet worden ist. Dabei ist das Verhältnis von Schein-Unersetzlichen zu Sofortsachen und roten Mappen nicht immer feindlich. Normale Geschäftsvorgänge werden von ihnen häufig zur Eilsache hochstilisiert, um die Bedeutung der eigenen Arbeit und damit der eigenen Person zu heben. Und es gibt Schein-Unersetzliche, die nur rote Mappen kennen. Sie haben sich so daran gewöhnt, daß sie ehrlich überzeugt sind, ihre gesamte Arbeit sei nicht nur immer wichtig, sondern stets auch brandeilig. Daß durch dieses Unersetzlichen-Spiel die Nerven der sensiblen und in der Regel auch wertvollen Mitarbeiter strapaziert werden, merken Schein-Unersetzliche nicht oder wollen es nicht merken.

Drahtziehern bieten Terminsachen willkommenen Anlaß zur persönlichen Politik. Bewährung oder Versagen einzelner Mitarbeiter in Terminangelegenheiten werden von Drahtziehern mit Waidmannsblick ausgewertet. Pannen ihrer Feinde sind ihnen ein willkommener Anlaß, sie an-, vielleicht gar abzuschieben. In jedem Fall handeln sie nach der Maxime: Die eigene Hausmachtpolitik ist immer Eilsache.

»Den letzten beißen die Hunde.«

Volksweisheit

Entsteht durch Krankheit, Versetzung oder Tod in der Gruppe der Führungskräfte oder in der Menge der Angestellten eine Lücke, sind es in der Regel Rein-Unersetzliche, die einspringen. Häufig tun sie dies aus eigener Initiative, andernfalls auf schnelle Weisung des Chefs. Unersetzliche drücken sich dabei selten oder nie unter Berufung darauf, daß sie bereits überfordert seien oder es gesundheitlich nicht schaffen. Sie sehen im neuen Arbeitsgebiet vielmehr eine weitere Möglichkeit der Befriedigung durch Arbeit und der Bewährung. Selbst wenn sie eine langjährige Erfahrung gelehrt hat, daß sie keine Honorierung erwarten können, stellen sie im geeigneten Augenblick, das heißt in der Notlage des Vorgesetzten oder der übergeordneten Dienststelle, keinerlei Forderungen, melden nicht einmal bescheidene Wünsche an.
Ganz anders bei den Schein-Unersetzlichen. Sie haben geradezu einen sechsten Sinn dafür, ob eine Vertretung mit Arbeit und Unannehmlichkeit oder mit Muße und Aussicht auf Lorbeeren verbunden ist. Wenn sie spüren, daß sie bei Annahme der Vertretung nur Negatives zu erwarten haben, ist ihr Ausredenrepertoire unerschöpflich: Familientragödien, Krankheiten, sterbende Anverwandte werden von ihnen glaubhaft vorgeschwindelt. Wenn all dies nichts nützt, wird sogar zum Argument des Unvermögens gegriffen. Allerdings oft unter Hinweis darauf, die zu übernehmende Arbeit sei zu geringwertig: die vorgesehene neue Tätigkeit könne gerade deshalb von ihnen nicht ausgeführt werden. Der Karrierestreber läßt durchblicken, daß er seiner Firma an anderer Stelle viel mehr nützen könne, daß er zu höheren Aufgaben berufen sei. Würde er die Arbeit doch übernehmen, wäre dies auch mit Nachteilen für den Chef verbunden.
Es kommt jedoch durchaus vor, daß Schein-Unersetzliche zur allgemeinen Überraschung blitzschnell eine Vertretung übernehmen. Untersucht man die Sache näher, stellt sich jedoch in der Regel heraus, daß damit so gut wie keine Arbeit, keine Unannehmlichkeiten,

wohl aber viel Ehre verbunden sind. So übernehmen Schein-Unersetzliche mit Kußhand Vertretungen zwischen Weihnachten und Neujahr, wo es verhältnismäßig leicht ist, ohne den geringsten Aufwand den Pflichtbewußten zu spielen.
Drahtzieher sind dann zur Übernahme von Vertretungen bereit, wenn sich dabei eine Möglichkeit zur Verschwörung abzeichnet. Bietet ihnen beispielsweise eine Vertretung in der Zentrale Gelegenheit zur Konspiration gegen eine Niederlassung oder Zweigstelle, die ihnen ein Dorn im Auge ist, greifen sie zu. Umgekehrt kann ihnen eine Filiale als Operationsbasis zur Verschwörung gegen die Zentrale willkommen sein.

Gehaltserhöhung

»Undank ist der Welt Lohn.«
Sprichwort

Wenn eine Frau mit einem Sachstreber verheiratet ist, wird sie immer wieder mit demselben Thema die häusliche Eintracht stören: mit dem Drängen, doch endlich einmal eine Gehaltsaufbesserung zu erwirken. Nur nach langjährigem Druck seiner engsten Umgebung und weil er sich schließlich auch in seinem Gerechtigkeitsgefühl verletzt fühlt, setzt ein Sachstreber zum entscheidenden Vorstoß bei seinen Vorgesetzten an. Er hat sich alles gut überlegt, scheitert aber bereits am Zeitpunkt. In der Regel prescht er ausgerechnet zu einem Zeitpunkt vor, an dem der Angesprochene an Personaldingen uninteressiert ist, ja überhaupt aus verschiedenen Gründen unwillig reagieren muß. Wie ist eine solche Wahl des falschen Zeitpunkts zu erklären? Ein Rein-UE verfügt über keinen »Geheimdienst«, und daher fehlen ihm die Informationen über die aktuelle Geschäftslage und die Gemütsverfassung des Chefs. So kommt es, daß er ausgerechnet dann erscheint, wenn die Auftragslage des Unernehmens schlecht ist oder jedenfalls als schlecht beurteilt wird und man folglich gerade auf Gehaltsforderungen empfindlich reagiert. Der ungünstige Zeitpunkt kann auch vom Sachstreber selbst herbeigeführt worden sein. Auch Rein-Unersetzliche können, nachdem sie jahrelang gut gearbeitet haben, einmal eine schlechtere Leistung erbringen. Es ist nicht ausgeschlossen, daß in solchen Fällen zwischen der Absicht, in der Gehaltsfrage vorstellig zu werden, und der schlechten dienstlichen Leistung ein ursächlicher Zusammenhang besteht. Denn in den Tagen vor jenem entscheidenden Schritt ist der Unersetzliche in einen so erregten Gemütszustand geraten, daß er nur noch halb bei der Sache ist.

Aber diese negativen Umstände sind lediglich die allerdings nicht unwichtige Begleitmusik zu dem entscheidenden Gespräch. Denn erst hier fällt die Entscheidung – im negativen Sinne. Sachstreber können nämlich einfach nicht aus ihrer Haut heraus. Nach kurzer Unterhaltung über ihre finanziellen Wünsche dreht sich das Gespräch wieder um Sachfragen, und auf ein solches Gespräch läßt sich der Rein-Unersetzliche nur allzugern ein und kommt damit vom Thema ab. Der Bittsteller ahnt nicht, daß auch noch etwas anderes im Spiele ist: mittlerweile wurde von Querulanten eine Fülle von Material gegen ihn zusammengetragen, das unecht sein kann, aber infolge ständiger Wiederholung doch als glaubwürdig gilt, zumal der Rein-Unersetzliche, ständig in seine Arbeit vertieft, gar nicht in der Lage war, zum Gegenangriff anzutreten.

Dem Fiasko des Sachstrebers steht der glänzende Erfolg des Karrierestrebers bei Gehaltswünschen gegenüber. In angenehm entspanntem Plausch wird von ihm zuvor die Lage sondiert. Er trägt seinen Wunsch genau dann vor, wenn die Gewinnlage des Unternehmens vielversprechend ist. Und die Gemütslage des Chefs ist dann auch genau die richtige. Er steht entweder vor seinem langersehnten Urlaub, oder er hat soeben eine schwere Krankheit hinter sich, während er sich geschworen hatte, gegenüber seinen Mitarbeitern humaner und großzügiger zu sein. Oder es ist gerade die gnadenbringende Weihnachtszeit angebrochen. Im entscheidenden Gespräch versteht es der Schein-Unersetzliche, seine Verdienste fundiert und akten- und datengenau zu schildern. Nichts, was als Verdienst gelten oder zu einem Verdienst umfunktioniert werden kann, wird vergessen. Nachdem der Schein-Unersetzliche ebenso sentimental wie verlogen die Führungsqualitäten des Chefs mit Lob bedacht hat, stellt er mit treffenden Argumenten eine Gehaltserhöhung als gerecht und unbedingt notwendig dar. Er weist auf die vielen Überstunden hin, auf sonntägliche Vertretungen und vor allem auf die an der Gesundheit zehrenden Strapazen, die er selbstverständlich freiwillig und gern auf sich genommen hat. Das Ergebnis ist klar: Der Chef dankt dem Schein-Unersetzlichen für seine nimmer erlahmende Einsatzbereitschaft, entschuldigt sich sogar, daß er nicht von sich aus die Gehaltserhöhung verfügt habe, und sagt die gewünschte Gehaltsaufbesserung zu.

Der Uneingeweihte glaubt oft, daß Gehaltsaufbesserungen und Beförderungen von Drahtziehern ohne deren Zutun erfolgen. Das ist aber keineswegs der Fall. Alles wird fein und mit zwingender Wirkung eingefädelt. Der für das Gehalt Verantwortliche bekommt auf einer Gesellschaft von irgendeinem wichtigen Mann einen leisen Wink: Ihm sei die besonders verdienstvolle Arbeit von XY aufgefallen. Es wäre doch angebracht, wenn »endlich« etwas für den bewährten Mann geschehe, der selbst viel zu uneigennützig sei, als daß er wegen so materieller Dinge wie Gehaltsangelegenheiten vorstellig werden würde. Die Rechnung der grauen Eminenzen geht auf: schnell und großzügig werden die Bezüge erhöht, wobei sie sich obendrein an dem katzbuckelnden Verhalten ihres Personalchefs noch genüßlich weiden.

Reform

»Öfter mal was Neues.«

Werbeslogan der deutschen Modekonfektion

»Jahrtausende haben Philosophen die Welt interpretiert. Es kommt aber nicht darauf an, die Welt zu interpretieren, es kommt darauf an, sie zu verändern.« Wenn dieser Satz von Karl Marx die Grundthese des Marxismus ist, so haben alle Unersetzlichen marxistische Züge. Von den Naiv-Unersetzlichen abgesehen, möchten nämlich alle Unersetzlichen die Welt verändern, auch wenn sie sich nur selbst Erfolgschancen vormachen. Überall wollen sie zu sachgerechten und vor allem leistungsfähigen Lösungen kommen, sei es in der Industrie, im Handel und Dienstleistungsgewerbe, in der Verwaltung,

Regierung oder im Verband. Wie entwickeln Unersetzliche ihre Reformvorstellungen?
Ausgangspunkt ist ihre eigene berufliche Tätigkeit. Dank ihrer Fähigkeiten zur intellektuellen Reflexion können Unersetzliche Sinn und Nutzen ihrer eigenen Arbeit und den Erfolg der Tätigkeit ihres Unternehmens, ihrer Behörde bewerten. Sie überprüfen die Geschäftstätigkeit, die einzelnen Arbeitsabläufe und Verfahrenstechniken und leiten daraus Reformvorschläge ab. Dabei ergibt sich oft, wie überflüssig die sogenannten Reform- und Prüfungskommissionen sind. Wer sich auf eine Betriebs- und Verwaltungspraxis stützen kann – das sind fast ausnahmslos Normal-Unersetzliche –, dem genügen Menschenverstand und Leistungswillen, um Schwach- oder Schadstellen des Apparates zu entdecken und dann sofort Reformvorstellungen zu entwickeln.
Auf allen Funktionsebenen sind es die Unersetzlichen, die sich Reformideen »verschreiben«. Sie empfehlen Betriebsumstellungen, Verfahrensänderungen und Rationalisierungsmaßnahmen und führen sie durch – wenn ihnen das Glück widerfährt, daß die Pläne von der Leitung gebilligt werden. Wenn die Unersetzlichen Reformen zu ihrer eigenen Sache machen, begeben sie sich, bewußt oder unbewußt, in Zonen persönlicher Gefährdung. Denn wer einen immobilen Apparat in Bewegung zu bringen sucht, macht sich zum Todfeind aller jener Mitarbeiter, die als Billardkugeln und Nieten zu kennzeichnen sind. Auch mit dem Brötchengeber selbst kann der Sachstreber in einen Zwist geraten, weil eine Reform auch die Grundkonzeption des Unternehmens oder der Institution und folglich auch deren höchste Repräsentanten berührt.
Wenn eine ministerielle oder administrative Spitze die Reform einleitet, so kann das drei Gründe haben: Einmal kann eine eigene Überzeugung dahinterstehen, sodann ein Einlenken auf äußeren Druck oder äußere Anregung, drittens aber auch ein unechter Reformwille. In den beiden ersten Fällen kann das Zusammenspiel der Unersetzlichen mit den Verantwortlichen gut sein, im dritten Fall ist das Verhältnis von Beginn der Reformarbeit an vergiftet. Die Unersetzlichen werden nämlich im unklaren darüber gelassen, daß die Spitze nur scheinbar Reformen anstrebt, diese in Wirklichkeit entweder überhaupt nicht oder nur verfälscht wünscht. Zum anderen lassen

sich die Unersetzlichen in ihrem Arbeits- und Reformeifer auch kaum bremsen, und es bleibt nicht aus, daß sie zu Ergebnissen kommen, die dem Interesse der Leitung zuwiderlaufen. Dann kann es geschehen, daß Unersetzliche beruflich erfolglos bleiben oder gar erfolglos werden, während sie in der Reformarbeit selbst großen Erfolg haben. Beispiele für Scheinreformen sind die meisten Ansätze zu Regierungs- oder Verwaltungsreformen. Ihre Autoren streben eher eine Ausweitung ihrer Dienststelle durch Vermehrung der Planstellen an als eine eigentliche Verbesserung der Verwaltungsstruktur.
Erwartungsgemäß ist der Unersetzliche als Reformer selten erfolgreich – das ist für ihn ein trauriges Kapitel. Würden nur zehn Prozent aller Unersetzlichen-Reformvorstellungen realisiert, so wäre die Immobilität der verwaltenden Industriegesellschaft überwindbar, die Zweckentfremdung vieler Mittel zu verhindern und vor allem ein reibungsloser Arbeitsablauf sichergestellt. Allerdings ist hier, mehr noch als in anderen Fällen, der private Sektor vom öffentlichen Sektor zu unterscheiden. In der Privatwirtschaft ist das Gewinnstreben notwendig und deshalb legitim. Hier können sich Unersetzliche mit sachlichen und kostensparenden Reformvorschlägen leichter durchsetzen als im öffentlichen Bereich. Allerdings können privatwirtschaftliche Verwaltungsapparate wie Mammutgebilde manchmal behördliche Tendenzen zeigen, die bei der Verzögerung von Reform- oder Rationalisierungsmaßnahmen ganz offensichtlich werden.
Im administrativen Bereich fehlt das Erfolgsstreben, die Führung ist letztlich anonym, es fehlt die Leistungsbewertung, und es fehlt auch manchmal an der persönlichen Qualifikation. Diese Faktoren bedingen die fast unüberwindbaren Schwierigkeiten, die sich Reformen hier entgegenstellen. Ausschlaggebend dafür, ob es in Einzelbereichen trotzdem zu echten Reformen kommt, ist die Zahl der Unersetzlichen, die das Leistungsvakuum ausfüllen. Man kommt dabei zu folgendem Lehrsatz: Die Leistungsfähigkeit einer Institution, in welcher ein überdurchschnittlich hoher Prozentsatz Nieten tätig ist, kann nur dann bei ständiger Anpassung an neuzeitliche Erfordernisse gewährleistet werden, wenn man etwa 15 Prozent des Nietenanteils durch Unersetzliche ausgleicht. Ist diese Mindestvoraussetzung nicht gegeben, dann erhalten sich solche Institutionen im günstigsten Fall nur selbstverwaltend am Leben. Bezeichnend für Pseudoarbei-

ten von Verwaltungseinheiten sind Statistiken oder buchhalterische Ergebnisse, die niemandem nützen, von niemandem ausgewertet, sondern wie ein Zahlenfriedhof verwaltet werden. Gegen diese unsinnigen Praktiken machtlos sind die Unersetzlichen, wenn ihre Zahl unzureichend ist. Zu einer erfolgreichen Unersetzlichen-Verschwörung, der sogenannten Erfolgskette, kommt es dann gar nicht. Man würgt die Unersetzlichen-Reformvorschläge ab oder läßt sie – taktisch geschickter – einfrieren. Der Grund dafür ist häufig, daß die Unersetzlichen bei der nächst höheren Ebene »an die Decke stoßen«. Der Unersetzliche hat – nicht aus persönlichem, wohl aber aus »höherem«, sachlichem Grund – die Ebene seiner »Unfähigkeit« erreicht. Die geschilderten Reformbemühungen sind kennzeichnend für die Normal-Unersetzlichen. Schein-Unersetzliche setzen sich entweder nur verbal für echte Reformen ein oder bemühen sich tatsächlich nur um Schein-Reformen. Naiv-Unersetzliche scheiden mangels geistiger Kapazität aus dem Reformbereich aus. Dagegen sind Drahtzieher-Unersetzliche die nahezu ausschließlichen Autoren kühner und weitgespannter Reformvorschläge mit politischem, das heißt firmen- oder institutionspolitischem Hintergrund.

Verschwörung

»Einigkeit macht stark.«

Sprichwort

Wie weltfremd Unersetzliche gegenüber ihrer engsten intrigenspinnenden Umwelt auch sein mögen, so haben sie doch im allgemeinen eine gute Nase für jene kleine aktive Minderheit, die wie sie in erster Linie der Sache, nicht der Person dient. Zur Zusammenarbeit mit dieser Minderheit sind sie verurteilt, wenn sie eine neue Idee verwirklicht sehen wollen. Die Allianz der Unersetzlichen geht durch alle Schichten und Berufe, über die Schwelle des Unternehmens, der Behörde und der Nationalität. Nirgends findet man eine verschworenere Leistungsgesellschaft als in der häufig nur kurzlebigen und zweckgebundenen Zusammenarbeit von Unersetzlichen. Allerdings

sehen selbst die gutgläubigsten Unersetzlichen bald ein, daß offene Bündnisse nicht ausreichen, ja sogar das Ziel gefährden können. Aus Gründen des Prestiges und vor allem wegen drohender Rivalitäten müssen solche Zweckbündnisse getarnt werden – sie werden also zu Geheimbündnissen und Verschwörungen.
Verschwören kann sich ein Vorstandsmitglied mit einem Handlungsbevollmächtigten, um etwa die Einführung eines Computers bei der Revisionsabteilung gegen den Widerstand des altmodischen Direktors durchzusetzen. Verschwören kann sich der Firmeninhaber mit seinem Chauffeur, daß die Werbegeschenke zu Weihnachten rechtzeitig bei den Geschäftsfreunden abgeliefert werden, während die »Chefsgattin« viel mehr daran interessiert ist, sofort zum Coiffeur und zum Kaffeeklatsch gefahren zu werden. Verschwören kann sich auch ein Minister mit der Chefsekretärin seines Ministerpräsidenten, damit diese ihrem Chef zuerst die Ernennung eines sachlich qualifizierten Ministerialrats vorlegt, bevor sie die den Ministerpräsidenten viel mehr interessierenden Karikaturen auf den Schreibtisch legt.
Hier aus der Praxis zwei Musterbeispiele von UE-Verschwörungen:

Betriebsprüfung wider Willen
Kurz vor den Kommunalwahlen stand eine Gebührenerhöhung für die öffentlichen Verkehrsbetriebe in einer Großstadt bevor. Da sie dem Rat der Stadt zu jenem Zeitpunkt unangenehm war, riet ein UE, erst die Wirtschaftlichkeit der öffentlichen Verkehrsbetriebe zu überprüfen und die Gebührenerhöhung durch Rationalisierungsmaßnahmen zu vermeiden. Der selbstverständlich von einem UE erstellte Bericht der Verkehrsbetriebe zeigte in einem abgewogenen Aktionsplan und einer stichfesten Wirtschaftlichkeitsrechnung, wie eine Gebührenerhöhung umgangen werden konnte. Die Wahlen waren vorbei, und die politische Spitze wollte die Reform wieder fallenlassen, weil sie auch die Kürzung von Planstellen vorsah. Die UEs hatten aber Blut geleckt und stifteten ihre Freunde in Presse und Rundfunk zu einer Kampagne an. Der Rat der Stadt kapitulierte vor dieser Verschwörung, und die öffentlichen Verkehrsbetriebe konnten auf gesunde Füße gestellt und Gebührenerhöhungen verhindert werden.

Aus diesem Beispiel wird deutlich, daß Erfolg oder Mißerfolg einer UE-Verschwörung von der Gunst der jeweiligen Konstellation abhängt. Von einer unmittelbaren Erfolgsschaltung oder Schnellschaltung kann man sprechen, wenn ein UE den obersten Leader zur Aktion bewegt, von einem mittelbaren Erfolg oder einem »Rösselsprung«, wenn der Leader von einer UE-Kette zum Handeln gebracht wird. Eine positive Konstellation ergibt sich auch bei der sogenannten Drahtzieher-Kombination, das heißt, wenn ein Leader durch einen Drahtzieher zum Erfolg angeregt wird.
Hingegen ist die Lage hoffnungslos in »Nieten-Betrieben«. Hier verfügen tüchtige Chefs nur über Nieten, oder aber der Chef selbst ist eine Niete, umgeben von Schein-UEs. In beiden Fällen besteht eine Nieten-Übermacht. Der UE ist hier vereinzelt und damit machtlos.

Nahkampf

> *»Es gibt böse Menschen, die weniger gefährlich wären, wenn sie nicht so begabt wären.«*
>
> *La Rochefoucauld*

Im täglichen Dschungelkrieg des modernen Arbeitslebens spielen die Unersetzlichen die Rolle von Hubschraubern, die aus einer erhöhten Position in das Gefecht eingreifen. In kritischen Situationen, zumal bei Terminschwierigkeiten, werden sie fast immer zum Einsatz beordert, holen »Lasten« von unwegsamen Plätzen ab und kehren nach getaner Arbeit an ihren Ausgangspunkt zurück. Statt einer Belohnung erwartet sie nach ihrer Rückkehr vom Sonderauftrag die von ihren Vertretern – fast immer Billardkugeln – liegengelassene Arbeit. Die Unersetzlichen unterscheiden sich wesentlich von Senkrechtstartern, wenn sie auch charakterlich und intellektuell vieles mit ihnen gemein haben. Im Gegensatz zu den Unersetzlichen verfügt der Senkrechtstarter über einen größeren Aktionsradius, das heißt, er hat zahlreiche Verbindungen und damit Einfluß. Die Kategorie der Unersetzlichen ist jedoch auch das potentielle Reservoir glückbegünstigter Senkrechtstarter. In unvorhergesehenen Fällen erinnert sich die Spitze plötzlich eines für sie gerade zu diesem Zeitpunkt besonders nützlichen Unersetzlichen-Aktivisten, dem so plötzlich eine Chance gegeben wird. Fazit: Als Unersetzlicher kann man in Glücksfällen in ungeahnte Höhen aufsteigen. Diese Chance verringert sich allerdings mit jedem Jahr, das man als braver Unersetzlicher abgearbeitet hat.

Durch aufsteigende Sachstreber werden die Karrierestreber am gefährlichsten bedroht. Also verbinden sich die Schein-Unersetzlichen gegen die Sachstreber, um sie wieder auf untergeordnete Positionen zurückzudrängen. Dafür gibt es zwei Möglichkeiten: Man lobt einen Konkurrenz-Kandidaten aus den Reihen der Karrierestreber so lange hoch, bis er den Sachstreber überflügeln kann. Oder man setzt die Fähigkeiten des Sachstrebers so ausdauernd herab, bis er von seinem Posten entfernt wird. Man handelt entweder als »Hochjubler« oder als »Sägefisch«. Eine weitere konventionelle Waffe im Büro-Krieg ist der Kompetenzkampf. Die zunehmende Komplexität des Arbeitsprozesses bedingt, daß es heute kaum ein Problem gibt, das nicht von mindestens drei Stellen und doppelt so vielen Personen angepackt werden muß. Wie langsam sich der Entscheidungsprozeß in der Regel auch vollziehen mag, eines Tages naht doch die Stunde der Entscheidung, die durch eine Abstimmung aller Zuständigen gefällt wird. Dabei kommt es häufig zu Meinungsverschiedenheiten, die oft mehr dem Zuständigkeitsegoismus als sachlichen Erwägungen entspringen. Eine als richtig erkannte Meinung wird häufig deshalb bekämpft, weil sie nicht vom Vortragenden selbst, sondern vom Kontrahenten stammt.

In diesen und anderen Dschungelkämpfen liefern die Unersetzlichen die Munition, stellen Späh- und Stoßtrupps, streiten auch als Einzelkämpfer verbissen um Machtpositionen, von denen sie selbst nichts haben. In diesen männerverschleißenden Auseinandersetzungen werden Unersetzliche nicht selten die Opfer von Erkrankungen des Herzens, der Galle und Bauchspeicheldrüse, die mühsam in Kuren geheilt werden müssen. Nach dem heutigen Ehrenkodex ist eine derartige selbstverschuldete Gesundheitsschädigung jedoch ehrenvoller als der vernünftigste Kompetenzverzicht, der als eine Art Desertion oder Selbstverstümmelung angesehen wird.

Aber selbst wenn es gar nicht um die Besetzung eines frei geworde-

nen Postens oder um die Durchsetzung eines bestimmten Entschlusses geht, stehen die Unersetzlichen in der Schußlinie ihrer Kollegen. Sie haben es immer schwer, sich zu behaupten.
Zur Schadenfreude des ganzen Apparates bieten Aktivität und Initiative der Unersetzlichen immer wieder Anlaß zur Kritik. Drei Begründungen ziehen immer:

1. Die Ausarbeitung ist zu kurz oder zu lang.
2. Der Entwurf ist zu utopisch oder veraltet.
3. Die Formulierung ist zu journalistisch oder zu technokratisch.

Auf andere Bereiche angewendet, lautet die Kritik folgendermaßen:

1. Er arbeitet zu schnell oder zu langsam.
2. Er arbeitet nach zu neuen, unerprobten Methoden oder aber er arbeitet nach veralteten Methoden
3. Er arbeitet zu oberflächlich oder zu gründlich.

Sachstreber werden sogar verdächtigt, keine scharfe Trennung zwischen Dienstarbeit und Privatarbeit zu machen. Die kleinste Privatbetätigung im Dienst wird ihnen übelgenommen, während es andere vielfach als selbstverständlich betrachten, ihre privaten Angelegenheiten auf Firmenpapier und mit Firmentelefon zu erledigen, und wäre es die Unterrichtung ihres Anwalts in Scheidungsangelegenheiten.
Im übrigen haben Unersetzliche drei Erbsünden gegen den Heiligen Bürocratius, weil sie nicht system- bzw. verwaltungskonform denken. Sie lehnen die Trinität der Verwaltungsmaximen 1) »Haben wir immer so gemacht«, 2) »Haben wir nie so gemacht«, 3) »Könnte ja jeder kommen« ab und werden dadurch zu angefeindeten Fremdkörpern. Im übrigen spielt der Innovationsmechanismus gegen die Unersetzlichen. Er durchläuft sieben Stufen:

Erste Stufe: Ein Unersetzlicher hat eine Idee.
Zweite Stufe: Alle, auch die Chefs sind begeistert.
Dritte Stufe: Die Idee wird als Störung der Ruhe empfunden, Intrigen werden gesponnen.
Vierte Stufe: Ein »Schuldiger« wird gefunden.
Fünfte Stufe: Die Idee erhält einen prominenten Ziehvater – und wird verwirklicht (unter Umständen in abgewandelter Form).

Sechste Stufe: Ein bis dahin nahezu Unbeteiligter wird belobigt.
Siebente Stufe: Die Rolle des Unersetzlichen ist vergessen.

Entsprechend dazu ist die Tatsache, daß Pannen selbstverständlich immer den Sachstrebern angekreidet werden. Die an fast jeder Arbeit Beteiligten können von geschickten Beobachtern immer auch zu Schuldigen gemacht werden.

Daß die Unersetzlichen schließlich selbst daran glauben, die Schuldigen fast aller Pannen zu sein, hat verschiedene Ursachen. Hauptgrund ist ihr Versagen bei einem der wichtigsten Grunderfordernisse moderner Bürotaktik, nämlich bei der erfolgreichen Absicherung. Absicherung bedeutet, bereits zu Beginn einer Tätigkeit deren eventuellen Mißerfolg so zu kalkulieren, daß man ihn nachweisbar einem anderen in die Schuhe schieben kann. Diesen Grundsatz durchbrechen Rein-Unersetzliche immer, da sie sich unvorsichtig kopfüber in die Arbeit stürzen, also gleichsam ohne Netz turnen, und schon deshalb keine Zeit für absichernde Maßnahmen haben. Auch die lernbegierigsten Unersetzlichen können die Kunst der Absicherung nur nach langjähriger Erfahrung erlernen, aber auch nur dann, wenn sie das erforderliche Fingerspitzengefühl und die notwendige Menschenkenntnis mitbringen. Vorsicht ist geboten, jeder Fall muß individuell beurteilt werden, es gibt kein »Schema F«. Es gibt Fälle, bei denen jedes Handeln verkehrt, Nichtstun allein erfolgreich ist.

In der Kunst des Absicherns sind Schein-Unersetzliche Meister. Bevor sie eine Arbeit aufnehmen, prüfen sie genau, mit welchen Mitteln bei Versagen Schuld oder Verantwortung auf andere abgewälzt werden kann. Dabei bedienen sie sich verschiedener Maschen – je noch nach Rang und Umständen. Ist ein Schein-Unersetzlicher Vorgesetzter, so gibt er eine schwierige und daher gefährliche Aufgabe auf dem schnellsten Wege an einen zuständigen Untergebenen weiter. Ist dieser auf Dienstreise oder urlaubs- oder krankheitshalber nicht im Dienst und fällt somit für die Arbeit aus, wird sofort ein anderer Mitarbeiter für zuständig erklärt. Ist die Arbeit besonders heikel, dann wird als letzte Absicherung die völlige Distanzierung von dieser Aufgabe garantiert: Der Vorgesetzte fährt während der Erstellung der Arbeit auf Dienstreise. Folglich kann er weder für die Arbeit selbst verantwortlich gemacht werden, noch für deren Billigung.

Schein-Unersetzliche als Untergebene sind zwar in einer ernsten, aber durchaus nicht hoffnungslosen Position. Nehmen wir an, es ist ihnen nicht gelungen, sich von der Arbeit selbst zu drücken, so schaffen sie es meist immer, nicht dafür verantwortlich, nicht zum Sündenbock gemacht zu werden. Sie bitten ihren Chef, die Arbeit allein zu unterschreiben, vergessen gern auch die eigenen Diktatzeichen, so daß die Unternehmensleitung oder die höhere Ebene ohne kompliziertes Nachprüfungsverfahren gar nicht feststellen kann, wer für Fehler verantwortlich ist. Läßt sich ein erfahrener und schlauer Vorgesetzter auf diese »Touren« nicht ein, so wird ein absichernder Schein-Unersetzlicher alles dransetzen, zumindest eine Absicherung seitens seines Vorgesetzten zu erhalten, jedenfalls – notfalls auch wahrheitswidrig – behaupten, sein Machwerk entspreche den ausdrücklichen Anweisungen des Vorgesetzten.
Während Karrieristen im allgemeinen eine Zusammenarbeit mit anderen Abteilungen der Firma oder der Behörde oder mit anderen Firmen meiden, entdecken sie bei »Himmelfahrtskommandos« die absolute Notwendigkeit der wechselseitigen Abstimmung. Dabei wird versucht, den anderen die Verantwortung aktenkundig anzulasten. Die Eigenheiten der angesprochenen Personen müssen hier berücksichtigt werden. Sind diese eitle Zuständigkeitsfanatiker, so gelingt es vielleicht, ihnen sogar die Federführung der heiklen Angelegenheit und damit die Verantwortung zu übertragen. Andernfalls mag es gelingen, wenigstens eine Mitzeichnung zu erreichen und damit Verantwortung und Schuld zu verteilen. Als wirkungsvoll erweist sich immer wieder der Trick der fernmündlichen Abstimmung, von Kennern auch rhetorische Abstimmung genannt. Solche Telefonate werden bewußt zu einem für den Angerufenen unpassenden Zeitpunkt geführt, möglichst vor Urlaubs- oder Kurantritten, zumindest kurz vor Ende der Dienstzeit. Der Angerufene wird durch rhetorische Fragen in der vom Anrufer gewollten Richtung festgelegt und damit wieder mitverantwortlich gemacht.
Der dritte Trumpf der Schein-Unersetzlichen ist der Zeitfaktor. Wieviel Zeit zur Bewältigung einer Aufgabe auch zur Verfügung steht, einem Schein-Unersetzlichen wird immer der Nachweis gelingen, daß die Frist unzureichend ist. Mit dem Urteil möglichst angesehener Persönlichkeiten und deren schriftlichen Äußerungen verse-

hen, stellen sie an unübersehbarer Stelle fest, daß sie wegen der Kürze der Zeit überlastet waren und daher nicht voll verantwortlich gemacht werden können.
Nützen alle diese Tricks nicht, so kann man noch zu Attesten Zuflucht nehmen, die den Schein-Unersetzlichen zum richtigen Zeitpunkt nicht nur aus dem Verkehr ziehen, sondern auch ihr in Kampfzeiten hysterisch-boshaftes Verhalten auf eine ernste Erkrankung zurückführen. Für Drahtzieher ist die Gefahr, zum Sündenbock gemacht zu werden, relativ gering. Ihre Arbeit ist zumeist nicht aktenkundig und daher für eine Verurteilung nicht faßbar. Ob die von ihnen eingegebenen, zumindest aber angeregten Richtlinien der Unternehmens- oder Behördenpolitik mit Recht angreifbar sind – darüber kann meist nur die Firmen- oder Behördengeschichte urteilen. Und im übrigen wissen sie genau: man darf nie diese Büro-Maxime vergessen: man muß sein Licht unter den Chef stellen.

Korruption

> *»Der Nachteil der Korruption besteht darin, daß es gar nicht so einfach ist, jemand zu finden, der einen korrumpieren möchte.«*
>
> *Raimund Vidrangni*

Hier soll nicht von Bestechung im strafrechtlichen Sinn gesprochen werden. Es geht nur um jene Praktiken des beruflichen Kampftages, die darauf zielen, Berufstätige in ein gewisses Abhängigkeitsverhältnis zu manövrieren. Dabei werden entweder persönliche oder sachliche Ziele verfolgt.
Korruption setzt immer dann ein, wenn sachliche Argumente nicht ausreichen, um ein bestimmtes Ziel zu erreichen. Für diese Art von Beeinflussung eines Mitarbeiters oder Geschäftsfreundes gibt es zwei Methoden: Die immaterielle und die materielle Korruption.
Die immaterielle Korruption bedient sich zunächst der verschiedensten Lobhudeleien. Das Prestige des »Bestochenen« soll erhöht werden, dadurch hofft man, sich diesen Berufstätigen auf besondere

Weise zu verpflichten. Dann wird gönnerhaft die fallweise Benutzung eines Dienstwagens gestattet, man verschafft dem zu Bestechenden Einladungen zu Vorträgen, erteilt die Erlaubnis zu Besuchen von Seminaren, lanciert Artikel seines »Schützlings« in die Presse, gewährt Urlaub für Weiterbildungsveranstaltungen etc.

Viel wirkungsvoller sind jene Methoden, die unmittelbar zu Buche schlagen, die materiellen Korruptionsfälle also. Die meisten dieser Fälle kann man mit dem noblen Wort »Geschenkannahme« charakterisieren. Anlässe finden sich genug: Weihnachten, Neujahr, Geburtstage, Namenstage, irgendwelche Jubiläen. Derartige Ereignisse wurden stets als willkommene Korruptionsmöglichkeiten benutzt. Die Werbung tut ein übriges dazu und hämmert uns ein, was anläßlich von Kindstaufe, Konfirmation, Kommunion, Hochzeit und so weiter geschenkt werden soll.

Fingierte Dienstreisen und Kongreßbesuche gehören schon zu der »gehobenen« Korruption. Auf höchster Ebene gibt es lukrative Gutachtertätigkeiten, Lehraufträge, Aufsichtsratssessel, die korrumpieren können und oft genug auch korrumpieren sollen.

Sachstreber tappen zumeist arglos in die Fallgruben der Korruption. Sie fühlen sich ihren »Verführern« gegenüber sogar aus Fairneßgründen ständig verpflichtet und bemerken nicht, daß ihnen nur Brosamen von einem für andere reich gedeckten Tisch angeboten werden. Eine Grenze wird allerdings von den Unersetzlichen selten überschritten: Wenn von ihnen verlangt wird, sie sollen sachliche Notwendigkeiten vernachlässigen, um damit irgend jemandem einen Gefallen zu tun, dann sträuben sie sich mit überraschender Hartnäckigkeit.

Karrierestreber fallen am leichtesten auf Korruptionsangebote herein, die ihnen persönliches Prestige versprechen. Schon ein Abendessen mit dem Chef macht sie zu sehr weitgehenden Zugeständnissen bereit.

Drahtzieher sind meist nur unter Schwierigkeiten zu bestechen. Sie kennen die Mechanismen der Macht selbst zu gut, sind oft damit beschäftigt, andere zu bestechen. Und wenn sie einmal in eine Korruptionsaffäre verwickelt sind, dann geht es erstens immer um sehr hohe Werte, und zweitens haben sich die Drahtzieher meist so gut abgesichert, daß sie ohne großen Schaden aus der Geschichte aussteigen können. Merke: wer sich seiner Unbestechlichkeit rühmt, wartet vielleicht immer noch auf ein Angebot.

Sündenbock Computer

Bleibt der Lift stecken, werden die falschen Leute eingeladen, erfolgen noch Rechnungen an Verstorbene – immer ist angeblich einer schuldig, der Computer. Was ein Segen für die gesamte Firma, die Arztpraxis, die Rechtsanwaltsassoziation, immer kann man auf einen schimpfen – den Computer.

Was war das früher doch personalisiert und insofern erschreckend. War nicht richtig aufgeräumt, war der Lehrling oder später der Azubi schuld, wurden Vorgänge nicht erledigt, so war der Kollege entweder dafür verantwortlich oder die Urlaubsvertretung.

Oder noch größer und wichtiger, entweder der Vorgänger oder der Nachfolger war eine Niete, ein »windiger Hund« eine »Fehlbesetzung«. Heute ist anscheinend alles anders. Alles ist entpersonalisiert. Wir haben keinen Schuldigen mehr.

All das ist jedoch vollendeter Unsinn: Denn Computer handeln nie aus sich heraus. Kommen bei der Arbeit des Computers und anderen technischen Hilfsmitteln falsche Ergebnisse heraus, so sind es immer Menschen, die daran gewerkelt, falsch gewerkelt haben. Es sind diejenigen, die den Computer falsch programmiert haben, die ihn falsch bei neuen Daten fütterten oder ihn falsch warteten. Insofern ist also die Ausrede, der Computer ist schuld, genauso unsinnig wie die von vielen Autofahrern gebräuchliche Formel, »die Radfahrer oder Fußgänger sind schuld«.

Um so erfreulicher, daß man auch ab und an selbst von Computern Gutes hört. So soll ein vorsichtiger Personalleiter zu einem Bewerber gesagt haben: »Ich kann Ihnen heute noch nichts Endgültiges sagen. Auf den Computer jedenfalls haben sie einen guten Eindruck gemacht!«

3. Festtag

»Je größer das Fest, je schlimmer der Teufel.«

Sprichwort

Festtage im Betrieb können mehr sein als bezahlte Feierstunden, sie können zum Höhepunkt eines Berufslebens werden. Am festfreudigsten sind die Schein-Unersetzlichen, die ständig propagieren »Man muß die Feste feiern wie sie fallen«. Demgegenüber sehen Sachstreber in Feierlichkeiten eine lästige Arbeitsunterbrechung. Manche begründen ihre Festfeindlichkeit mit dem Widersinn betrieblicher und behördlicher Feiern. Stellte doch bereits Jean Paul fest: »In nichts offenbart sich die herzlose Maschinenhaftigkeit mehr als in der Dürre der Feste.«

Unsere Gesellschaft krankt an zunehmender Kontaktlosigkeit und an einem abnehmenden Gemeinschaftssinn. Diese Entwicklung erstreckt sich auch auf das menschliche Zusammenleben in Behörden und Betrieben. Die Neigung zu Festen wird stetig geringer. Trotzdem haben die weitgehend rituell gewordenen Festtage im betrieblichen und zwischenmenschlichen Bereich eine hohe Lebenserwartung. So überdauerte der Betriebsausflug das Dritte Reich, dessen Erfindung er ist, so gut, daß nur sehr wenige seinen Ursprung noch kennen. Die betrieblichen Feiern werden uns also noch einige Zeit erhalten bleiben, und es wäre gut, wenn ihnen immer wieder neues Leben eingehaucht würde. Allerdings, für viele Festredner gilt leider dieses: es sind Leute, die während des Schlafs anderer Leute sprechen.

Beförderung

> *»Es gibt zwei Arten von Teufeln: degenerierte Engel und beförderte Menschen.«*
>
> *N. N.*

Natürlich liegt es im Interesse der feindlichen Umwelt, die Sachstreber ständig im Sumpf des working level zu halten. Aber: »die Verhältnisse sind nicht immer so«: Laufbahnvorschriften, Zufälle, besondere Umstände bringen manchmal auch Sachstreber auf der Karriereleiter weiter. Begabten Schein- und Temporär-Unersetzlichen kann es so gelingen, die Aufstiegsleiter zu erklimmen.
Manche Schein-Unersetzliche sind Meister im Karrieremachen. Hierzu prädestinieren sie ihre Selbstsicherheit und Überheblichkeit, aber auch Menschenkenntnis und Charme. Mehr als die Hälfte der Schein-Unersetzlichen betrachtet sich als verhinderte Leader. Selbstsicherheit und Überheblichkeit werden bei Beförderungen wirksam, wenn Schein-Unersetzliche Überzeugungskraft anzubieten haben. Sie melden sich bei Diskussionen meist zum richtigen Zeitpunkt mit richtigen, das heißt Eindruck machenden Worten. Fachleute staunen immer wieder darüber, wie Schein-Unersetzliche nach Vorträgen gleichsam wie Wünschelrutengänger das auch fachlich richtige Wort finden, das zwar nur die Oberfläche des Problems streift, aber zu diesem Zeitpunkt einfach gesagt werden mußte. Hier wie überall bedienen sich Schein-Unersetzliche gekonnt des Bluffs. Damit diese Eigenschaften der Karrierestreber auch beruflich wirksam werden, bedarf es schließlich der Schamlosigkeit gegenüber dem eigenen Gewissen, der engsten Umgebung und der Öffentlichkeit. Die Umgebung der Karrierestreber wird von ihnen entweder nicht ernst genommen oder rücksichtslos ausgenutzt. Dabei gilt bei allen Bluffs und Tricks der Satz: »Was geht mich mein Geschwätz von gestern an?«
Während Schein-Unersetzliche häufig spielend ihre Karriere machen, ist sie bei Sachstrebern das Ergebnis harter und langjähriger Bemühungen. Wenn einige wenige Sachstreber überdurchschnittlich schnell auf der Erfolgsleiter emporsteigen und die obersten Sprossen

erreichen, so hat dies meist einen ganz bestimmten Grund: Auch der neue, ranghöhere Posten ist garantiert wieder mit besonders großer, zudem schwieriger und aus dem Rahmen fallender Arbeit verbunden. Sachstreber behalten auch in hohen Stellungen die Eigenschaften des Arbeitstäters: Sie haben auch dann keine Distanz zur Arbeit und erledigen für ihre Mitarbeiter die schwierigsten Aufgaben. Das trifft für alle Gattungen der Rein-Unersetzlichen zu, mit Ausnahme der Querulant-Unersetzlichen, die das (immerhin nicht erfreuliche) Schicksal des »Weggelobtwerdens« auf höhere Posten mit Nieten und Billardkugel-Mitarbeitern teilen, wobei die Freude der Kollegen über ihr Verschwinden allerdings besonders groß ist.

Drahtzieher-Unersetzliche spielen auch bei Beförderungen eine extravagante Rolle. Sie lehnen eine Beförderung ab, wenn diese sie an der Weiterführung des Drahtziehens hindern würde; denn ein Drahtzieher wird im allgemeinen seiner Mission auch zum Preis höherer Ehren und Pfründen nicht untreu.

Merke vor allem: Karrieristen spannen meist Ochsen vor ihren Karren.

Glückwunsch

> *»Bei Glückwünschen und Grabreden wird ›schön‹ gelogen.«*
>
> *N. N.*

Schein-Unersetzliche sind pedantische Perfektionisten, wenn es darum geht, an irgendwelche Freuden-, Feier- und Ehrentage zu erinnern. Die peinlich gehütete und stets auf den neuesten Stand gebrachte Personenkartei ist allumfassend: Sie enthält nicht nur Geburtstage, sondern bei Katholiken auch Namenstage, selbstverständlich auch Arbeits- und Dienstjubiläen. Als Meisterleistung von Schein-Unersetzlichen ist zu bewerten, wenn auch die Sterbetage der Angehörigen von wichtigen Mitarbeitern verzeichnet sind, so daß im passenden Augenblick die passenden Krokodilstränen vergossen werden können. Anrede, Inhalt und Grußformel bei Glückwünschen sind den Karrierestrebern heilige Handlungen. Ob man das

Vorstandsmitglied Doktor Schmitz mit »Sehr verehrter ...« oder »sehr geehrter Herr Doktor Schmitz« oder gar mit »Sehr geehrter, lieber Herr Doktor Schmitz« anreden soll, ist ihnen lange Überlegungen wert. Genauso wird von diesen Herren eine Tischordnung fünfmal umgeändert, um zu erreichen, daß sich der zu diesem Zeitpunkt für die Pläne des Schein-Unersetzlichen so wichtige Direktor Meier besonders geschmeichelt fühlen kann. Und es zahlt sich aus. Weihnachts- und Neujahrsglückwünsche bereitet ein Karrierestreber bereits ab September vor und verschickt sie, bevor beim Adressaten die große Masse der Glückwünsche anrollt. Der Text vermeidet weitgehend das Konventionelle und versucht mit gewählten persönlichen Worten besonderen Eindruck zu schinden. Sachstrebern fehlen diese Gaben. Sie sprechen von einem Glückwunschfimmel und haben nur Verachtung dafür übrig. Sachstreber sind einfach nicht geschickt genug, um bei diesem Glückwunsch-Theater mitzuspielen. Ihre Anrede- und Grußformeln sind häufig sogar verletzend. Das Elend beginnt schon damit, daß ihnen die meisten Fest- und Gedenktage entfallen. Sehr viele Rein-UEs vergessen sogar den Geburtstag ihrer Frau, ganz zu schweigen vom Hochzeitstag.
Drahtzieher halten sich bei Glückwünschen an eine klare Differenzierung. Menschen ohne Rang und Namen fehlen in ihrer Glückwunschkartei. Aber mit den Festtagen der Mächtigen treiben sie einen wahren Kult. Ihre Glückwünsche an diesen Personenkreis sind selbstverständlich protokollarisch einwandfrei, gezielt formuliert und so persönlich zugeschnitten, daß sie dem Adressaten mit jedem Wort unter die Haut gehen. Wen wundert's dann, daß das Drahtziehen so erfolgreich ist.

Betriebsausflug

»Kraft durch Freude.«

Großdeutsches Motto

Am Morgen nach dem Betriebsausflug gibt die körperliche und seelische Verfassung der Betriebsangehörigen Aufschluß darüber, wie sich die Vertreter der einzelnen Unersetzlichen-Gattungen dabei, zumal in der darauffolgenden Nacht, engagiert haben. Rein-Unersetzliche sind pünktlich zur Stelle und fühlen sich bei der Arbeit sofort wieder in ihrem Element. Für sie war der Ausflug eine lästige Arbeitsunterbrechung, mit ihren Gedanken waren sie denn auch bei der Arbeit geblieben, während sie sich mit den Kollegen amüsierten. Die etwas aufgelockerte Fachsimpelei mit Unersetzlichen anderer Bereiche pflegt das einzige zu sein, woran sie sich gern erinnern. Bei dem für die Damenwelt wichtigsten Teil der Veranstaltung, nämlich dem Tanz, fallen sie immer wieder wegen ihrer kläglichen Leistungen auf: Ihre Tanzkunst ist nur noch eine dürftige Erinnerung an lange zurückliegende Tanzstunden. Beim Erzählen von Witzen müssen sie passen, denn sie nehmen nicht an Stammtischrunden und Kegelabenden teil und verfügen schon deshalb über kein Witzerepertoire. Das von ihnen sehnlichst erwartete offizielle Ende des Betriebsausflugs bedeutet für sie auch die sofortige Heimfahrt. Werden sie aufgefordert, sich noch einer Gruppe anzuschließen, die in Lokalen und Nachtlokalen weiterfeiern will, lehnen sie ab. Schein-Unersetzliche erscheinen nach einem solchen Ausflug niemals bei Dienstbeginn. Die klügeren unter ihnen teilen ihrem Chef bereits Wochen vorher zumindest für den Vormittag unaufschiebbare und unnachprüfbare Termine mit. Die leichtsinnigere Mehrzahl denkt nicht so weit. Diese Leute kommen unentschuldigt kurz nach zwölf mit Brummschädel ins Büro, gut bis mäßig gelaunt – je nach reichlich, befriedigend oder gerade ausreichend genossener Entspannung. Sie haben einen arbeitsreichen Tag, vielleicht auch eine anstrengende Nacht hinter sich. Sie können mit sich zufrieden sein: Als Redner in den verschiedensten Rollen, in jedem Fall als Possenreißer standen sie im Mittelpunkt des Geschehens. Sie hatten gekonnt getanzt, allerdings nur mit Damen, auf die es ankommt, sei es wegen ihres Einflusses in der Betriebshierarchie, sei es wegen ihres Aussehens. Die Einübung der neuesten Tänze in Tanzstunden hatte sich für die glatzköpfigen älteren Gebißträger bezahlt gemacht – selbst bei den jüngeren Damen waren sie als Tänzer begehrt.

Für Drahtzieher ist der Tag nach dem Betriebsausflug ein Tag wie jeder andere. Das versteht sich dann von selbst, wenn sie überhaupt nicht dabei waren – und sie nehmen selbstverständlich nicht teil, wenn sich für sie keinerlei Aussichten abzeichnen, Drähte zu ziehen. Kameradschaftlich gemütliches Zusammensein degoutieren sie nur. Allenfalls »delektieren« sie sich an Gerüchten und Geschwafel »nobler« Art.

Sport

»Gesunder Geist in einem gesunden Körper.«

Lateinisches Sprichwort

Sachstreber sind immer auch die Sachverwalter des Betriebssports. Ob es sich um den Betriebs-Fußball-, Handball-, Tennis- oder um den Betriebs-Kegel-Klub handelt – immer stellt sich ein Unersetzlicher für besondere Leistungen zu Verfügung. An der Sportausübung meist selbst verhindert, betätigt er sich im Verein als Mädchen für alles. Er wirkt freiwillig als Organisator, Kassierer, Schriftführer, Schiedsrichter. Der Sachstreber vertritt den Verein auf Verbandstagungen. Er sorgt für Pflege und Instandsetzung der Sportanlagen und Sportgeräte und macht sich Gedanken über Neuanschaffungen. Rein-Unersetzliche vereinbaren Freundschafts- und Meisterschaftsspiele mit anderen Klubs, geben ein Vereinsblatt heraus, um dessen Gestaltung, Druck und Vertrieb sie sich selbst kümmern. Auch bei Jahresversammlungen und Vereinsfesten erscheint der Sachstreber als Anreger – und als der Dumme. Er bestimmt die Tagesordnung und arbeitet das Programm aus, schreibt Einladungen, mietet den Saal für die Veranstaltung etc. Er verfaßt die Reden, die andere halten, und bestreitet selbst mehrere Programmnummern. Legt dann eines Tages der leidgeprüfte Sachstreber sein Amt nieder, so bleibt dem Verein nur noch, seine Auflösung zu beschließen.
Schein-Unersetzliche hingegen führen auch beim Betriebssport nur das große Wort. In Vereinssitzungen und auf Vereinsfesten ziehen sie durch ihre oratorischen Einlagen die Aufmerksamkeit auf sich. Dabei soll ihr anspornender Elan keineswegs verkleinert werden. Wenn sie bescheidene Leistungen der betriebseigenen Sportbetäti-

gung zu olympischen Meisterleistungen hochstilisieren, vermögen sie dadurch ihre Kameraden zu größeren Anstrengungen anzuspornen. Wenn sie bei Sommer-, Nikolaus- und Weihnachtsfeiern in Anwesenheit der Ehefrauen und Fußballbräute die sportlichen Bestleistungen als epochemachend loben und in Damenreden auch die Frauen nicht vergessen, tragen sie wesentlich zum Ansehen der Sportvereine bei. Werden Meisterschaften ausgetragen, sind es Schein-Unersetzliche, die als Schreihälse, Wimpel- und Fahnenschwenker und auf andere Weise auf die Zuschauer einwirken, die eigene Mannschaft zu unterstützen. Dabei ist ihr eigenes Interesse an Leistungssport gering. Sie regen zu sportlicher Betätigung im Betrieb an. Ist der befürwortete Sportbetrieb in Gang gekommen, dann macht der Schein-Unersetzliche denn auch nicht selbst mit, prompt bis zu dem Zeitpunkt, da er von neuem durch große Reden auffallen kann. Es versteht sich von selbst, daß solche Schein-Unersetzliche im passenden Augenblick die Geschäftsleitung darauf aufmerksam machen, daß sie verdienstvoll zur Förderung der Gesundheit und damit zur Leistungssteigerung der Betriebsangehörigen beitragen. Es versteht sich auch, daß die Schein-Unersetzlichen-Sportmanager ein Gespür für die modische Sportart und für den Verkaufswert der betrieblichen Sportbetätigung in Presse und Öffentlichkeitsarbeit haben.

Tennis, Reiten, Segeln, Golf, Jagen und Fliegen genießen weithin den größten Snobappeal, und Karrierestreber setzen viel daran, entsprechende Betriebsklubs zu gründen. Dabei ist nicht zu unterschätzen, daß sie sich der Mühe unterziehen, sich mit der Terminologie, mit der Fachsprache dieser vornehmen Sportarten vertraut zu machen. Ihre Werbereden zur Gründung solcher Klubs führen deshalb oft zum Ziel. Für Drahtzieher ist der Sport noch viel mehr gesellschaftliches Anliegen. Sie geben sich als Sportfanatiker just in jenen Sportarten, die von den Großen dieser Welt betrieben, geliebt oder zumindest bevorzugt werden. Sie spielen ein gekonntes Falschspiel, wenn sie beispielsweise bei großen Tennismeisterschaften oder Reitturnieren stunden-, ja tagelang aushalten, obwohl ihnen diese Sportart völlig gleichgültig ist. Aalglatt schleichen sie wie zufällig an die Mächtigen heran, um ihnen über die Veranstaltung genau das zu erzählen, was sie gern hören möchten. Sie spielen die Rolle des Ratgebers für ausgefallene Modesportarten. Wie wär's mit einer Bärenjagd in der Sowjetunion, einer Wisentjagd in Polen, einer Löwenjagd am Fuße des Kilimandscharo?

Geselligkeit

> *»Das Ansehen thut alles, und Geld macht das Ansehen.«*
>
> *Christoph Lehmann (1662)*

Sachstreber sind recht ungesellige Menschen. Sie sorgen meist dafür, daß Geselligkeiten ihrer Vorgesetzten gut vorbereitet werden, sie arbeiten auch hier für den Erfolg anderer Leute. Allerdings unterlaufen ihnen bei der Vorbereitung von Partys, Feiern und Jubiläen oft genug peinliche Fehler. Sie haben kein Verständnis für Geselligkeit, stehen der ganzen gesellschaftlichen Renommiersucht ablehnend gegenüber und lassen es deshalb an Einfällen mangeln.

Ganz anders die Karrierestreber, die mit einer pedantischen Sorgfalt an die Organisation von Geselligkeiten herangehen, die sie bei ihrer Sacharbeit stets vermissen lassen.

Karrierestreber geben nie im August eine Party, sie laden stets die wichtigsten und richtigen Leute ein, sie organisieren nicht ein Fest wie das andere, sondern bemühen sich stets um originelle Einfälle. Dabei gilt das Motto: ›Je ausgefallener, desto besser‹.

Ein Karrierestreber schafft es in den meisten Fällen, seine geselligen Veranstaltungen mit dem erwarteten Erfolg zu krönen: die Gäste haben den Gastgeber und den Anlaß seiner Einladung noch lange im Gedächtnis.

Drahtzieher bemühen sich auch auf geselliger Ebene um Diskretion und Exklusivität. Die Einladungen – selbstverständlich auf handgeschöpftes Büttenpapier gedruckt – bitten meist in einen abgeschlossenen, kleinen Raum, wo man sich in Ruhe einer gepflegten Unterhaltung widmen kann. Diese Unterhaltungen münden meist in geschäftliche Unterredungen, die nicht selten mehr Erfolg bringen als

offizielle Verhandlungen in Konferenzräumen der Firma oder der Behörde.
Eine gemeinsame gesellige Ebene zwischen Drahtziehern und Sachstrebern niederer Rangordnung gibt es nicht. Selbstverständlich trinken Drahtzieher mit ihren Untergebenen auf Betriebsfesten einmal ein Glas Bier, vielleicht lassen sie sich sogar zu einem Tänzchen mit der Frau Buchhalter herab, aber das sind stets nur lästige Pflichtübungen, denen man sich als erfolgreicher Mann eben zu unterziehen hat. Drahtzieher, wenn sie auch noch gebildet sind, wissen genau, daß man nie selbstkritisch auch in späten Stunden der Geselligkeit sein darf. »Sprich nie abfällig über Dich selbst, das besorgen schon Deine Freunde.« (Talleyrand)

Urlaub

> *»Hier ist der ideale Campingplatz: fünf Millionen Mücken können sich nicht irren.«*
>
> *N. N.*

Viel Büroschlaf – das ist die beste Grundlage für einen erholsamen Urlaub. Dieser Grundsatz lebenskluger Billardkugeln wird von Sachstrebern immer wieder mißachtet. Sie hängen so stark an ihrer Arbeit, daß sie ihren Urlaub am liebsten in die »Sauregurkenzeit« legen, damit sie nur ja immer dabei sind, wenn etwas Wichtiges zu erledigen ist. Häufig gehen sie unvorbereitet auf Urlaub, da sie wegen ihrer Arbeit zu wenig Zeit zu eingehenden Vorbereitungen haben und im letzten Augenblick ihren geplanten Urlaub wegen unaufschiebbarer Eilaufträge absagen müssen. Wenn dann keine Buchung bei Reisebüros mehr möglich ist, fahren Sachstreber ins »Blaue«. Um dem ganzen Massenrummel zu entgehen, bleiben manchmal nur schlechte Hotels, Campingplätze, wo Kinder brüllen und Hunde bellen, Transistorradios jaulen und just die Regenperiode beginnt.
Sachstreber setzen sich im Urlaub zwei Ziele: Entweder wollen sie sich ausruhen, um fit für die nächste Arbeitsrunde zu werden, oder sie streben danach, ihren Horizont zu erweitern. Das »Fit-Machen«

endet allerdings manchmal fatal: Der plötzliche Wechsel vom Streß zum Nichtstun bekommt dem Körper nicht. Die Folgen sind jene Todesanzeigen, in denen es heißt: »Plötzlich und unerwartet verstarb bei einem Kuraufenthalt das Vorstandsmitglied X oder der Geschäftsführer Y.« Auch das Ziel »Horizonterweiterung« wird häufig nicht erreicht, weil die richtige Vorbereitung fehlte. Wie häufig kam »man« nicht einmal dazu, sich die richtigen Lehrbücher zu beschaffen, um in den Ferien endlich sein Französisch oder Englisch aufzumöbeln oder die neuesten Marktstudien oder werbepsychologischen Fachuntersuchungen der einschlägigen Branche zu beschaffen. Auch bei der so beliebten Urlaubsnachlese, dem als Nachgenuß so willkommenen Urlaubstratsch, kommen Sachstreber meist zu kurz. Sie haben nämlich auch hierfür nicht nur wenig Sinn, sondern einfach keine Zeit, weil alle nur einigermaßen aufschiebbaren Arbeiten von ihrem sogenannten Stellvertreter liegengelassen wurden, so daß die Sachstreber sofort nach ihrer Rückkehr gleich wieder voll in die Arbeit einsteigen müssen.
Zwei Zielen dienen die Urlaube der Karrierestreber: Selbstbeweihräucherung und Weiterkommen. Selbstbeweihräucherung – das ist vor allem pfauenhaft-eitle Angabe mit allen Mitteln einschließlich der Kosmetik. Kleinkarierte Vertreter dieser Gattung kennen vor allem ein Urlaubsziel: Braunwerden. Gleichgültig, ob unter südlicher Sonne Haut, Nerven und Gesundheit leiden. Hauptsache: Jeder sieht, man war im sonnigen Süden. Für Karrierestreber strahlt, gleichgültig, ob sie im Süden oder in atlantischen Tiefdruckgebieten Urlaub machen, immer die Sonne, wenn man ihren Erzählungen glauben will. Sie sind eben in jedem Fall erfolgreiche Tausendsassas. Unerheblich, wenn sie den Sinn des Urlaubs verfehlen und auf sie die Feststellung zutrifft: Keiner braucht Erholung so nötig wie derjenige, der aus einem anstrengend – erfüllten Urlaub zur Arbeit zurückkehrt.
Drahtzieher reisen an Orte, von denen ein besonderer Reiz ausgeht – und sei es auch nur der Reiz des Snobismus. So sind Eifel und Hunsrück als Urlaubsstätten schick. Betont man damit doch, daß man sich gleichsam verachtend von der fest in deutscher Hand befindlichen adriatischen, »anderen« Küste distanziert.

Kultur

> *»So ein bißchen Bildung ziert den ganzen Menschen.«*
>
> *Heinrich Heine*

Spätestens seit Januar 1971, als Will Bongard einen Informationsdienst über den Marktwert bildender Kunst herausgibt, sehen auch Rein-Unersetzliche ein, daß es höchste Zeit ist, sich mit der Anschaffung von Kunstwerken als Erfolgssymbolen zu befassen. Kunst wird auch für die naivsten Sachstreber eine Prestigeangelegenheit.
Bislang war der Kulturkonsum der Rein-Unersetzlichen bescheiden. Wenn es ihnen die knappe Zeit erlaubt, gehen sie vielleicht zweimal im Jahr in ein Konzert, wobei sie dem mathematisch-klaren Johann Sebastian Bach den Vorzug geben. Theaterabonnements lassen sie meist verfallen, weil sie dienstlich unterwegs sind oder Überstunden machen. Gelegentlich reicht es zu einem Museumsbesuch mit den Kindern, um ihnen die Einführung in die bildende Kunst zu geben. Was Rein-Unersetzliche als moderne Kunst ansehen, ist längst schon Kunstgeschichte geworden. Im allgemeinen entdecken Rein-Unersetzliche die moderne Kunstrichtung frühestens dann, wenn sie passé ist. Wenn es auch schwierig ist, den künstlerischen Geschmack der Sachstreber wegen ihrer individuellen Differenziertheit zu lokalisieren, so ist doch als Regel festzuhalten, daß sie klare, überschaubare und logische Kunstwerke bevorzugen. Da sie kaum Zeit für eine intensive Beschäftigung mit Ausstellungskatalogen, viel weniger noch für den Besuch von Galerien aufbringen, ist in ihrem Interesse nur zu begrüßen, daß wir heute über eine Vielzahl von Informationen über moderne Kunst und ihren Marktwert verfügen.
Schein-Unersetzliche haben frühzeitig erkannt, daß nicht nur Antiquitäten, sondern gerade auch moderne Kunst ein wichtiger Prestigefaktor sein kann. Für ihr Verhältnis zur Kunst gilt der Satz: »Als Kenner dabei sein ist alles.« Deshalb ist es verhältnismäßig einfach, Karrierestreber im Kunstgetriebe ausfindig zu machen. Man findet sie in geschlossenem Kreis bei Theaterpremieren, Vernissagen und vor allem bei Festspielen aller Art. Höhepunkt ihres Kunstjahres ist

der Besuch der Salzburger Festspiele oder der Besuch einer Wagner-Aufführung in Bayreuth. Die Kunstdarbietungen erleben sie dort zwar teilweise schlafend, sind aber hellwach, wenn sie in den gerade in Mode befindlichen Restaurants und Hotels ihr als Kunstgespräch getarntes Gesellschaftsspiel spielen. Ihr Tarnvermögen ist bewundernswert. Während sie ihrem Wesen gemäß im Grunde nur zu pathetischen, schwülstigen und kritischen Ausdrucksformen neigen, machen sie die Modernsten glauben, daß sie sich gerade als deren Bahnbrecher und Förderer betätigen. Karrierestreber beherrschen den gerade gängigen Kunstjargon so gekonnt, daß man sie für echte Kenner hält.

Nachdem Schein-Unersetzliche mehrere Vorträge über moderne Kunst gehört haben, bringen sie es fertig, lange Ausführungen über deren tiefste künstlerische Bedeutung im Koordinatensystem des Zeitgeschehens zu halten. Seien wir aber gerecht: Der Schein-Unersetzliche als Propagandist glaubt schließlich seiner eigenen Propaganda. Insofern ist er kein Falschspieler: Er hält sich für einen Kunstkenner und Kunstliebhaber. Als Kunstliebhaber ist der Schein-Unersetzliche allerdings nur dann und nur dort aktiv, wo er von einem großen und wichtigen Publikum gesehen wird – das ist das eigentliche Geheimis seiner Kunstbeflissenheit.

Erstaunlich, daß bislang noch kein cleverer Kunstreisenveranstalter auf die Idee kam, Festspielrundreisen in einem schicken Jet zu veranstalten. Bei Schein-Unersetzlichen käme ein solches Angebot bestens an.

Drahtzieher beschäftigen sich in der Mehrzahl nicht intensiv mit Kunst. Sind sie konservativ, dann ist ihnen moderne Kunst Indiz für Zersetzung und Kulturzerfall; sie beweinen jahrelang den »Verlust der Mitte«, der sich in der Moderne zeige. Schaffen Drahtzieher selbst Kunstwerke, zeichnen sie sich durch ausgeprägte esoterische Individualität aus.

Drahtzieher spielen allerdings als Manager und Macher des modernen Kunstbetriebs eine entscheidende Rolle. Sicher: ein Picasso hätte sich auf die Dauer auch ohne Förderung durchgesetzt. Zum schnellen Durchbruch verhalf ihm der Kunsthändler Kahnweiler. Die vielen unbekannten Künstler sind darauf angewiesen, daß die Drahtzieher des Kunstmarkts etwas aus ihnen »machen«.

Orden

> *»Orden sind Wechselbriefe, gezogen auf die öffentliche Meinung.«*
>
> *Schopenhauer*

Höhepunkt im Leben vieler Berufstätiger ist der Augenblick, in dem ihre Arbeitsleistung öffentliche Anerkennung findet. Das ist die Stunde der Verleihung von Orden und Ehrenzeichen. Für sie gilt der Satz, daß man auf vierfache Weise Orden erlangt: Man verdient sie, man erdient sie, man erdienert sie und man erdiniert sie.
Das engste Verhältnis zu Ehrungen aller Art haben Schein-Unersetzliche. Ihr ganzes Sinnen und Trachten geht auf öffentliche Anerkennung. Mag sein, daß der eine oder andere Schein-Unersetzliche einen Orden verdient oder erdient hat, in der Regel erdienert oder erdiniert er sich Ehrungen aller Art. Voraussetzung hierfür ist genaue Kenntnis, wie man an Orden in der Praxis kommt. Einmal können es Amts- und Dienstleistungen sein, die automatisch Orden einbringen. Es können aber auch Ehrenämter sein, die gleichsam als Kompensation für fehlende oder finanzielle Honorierung Orden mit sich bringen. Um den Ordenssegen in Gang zu setzen, bedarf es der genauen Kenntnis, wer ein Vorschlagrecht hat. Schein-Unersetzliche sind darüber im einzelnen unterrichtet, und sie steuern hartnäckig ihr Ideal an, in möglichst jungen Jahren einen möglichst hohen Orden zu erhalten. Ihre subtile Ordenskenntnis erschöpft sich nicht darin, welche Ehrenzeichen neben den verschiedenen Formen des Bundesverdienstkreuzes es in der Bundesrepublik gibt, sie wissen auch, wie man am schnellsten an den prestigereichsten Orden kommt. Schein-Unersetzliche wissen sehr wohl, daß es noch Ehrenzeichen des Deutschen Roten Kreuzes, Grubenwehr-Ehrenzeichen, Feuerwehrkreuze des Deutschen Feuerwehrverbandes, Feuerwehr-Ehrenzeichen der Bundesländer und schließlich auch Brandschutz-Ehrenzeichen gibt. Nicht aufzählbar sind weitere, von Schein-Unersetzlichen hartnäckig anvisierte Ehrenplaketten, Ehrenpokale und Ehrenurkunden, die von Verbänden, Vereinen und Klubs bereitgehalten werden. Wie bunt auch Entstehungs- und Entwicklungsge-

schichte dieses Jahrmarktes menschlicher Eitelkeit sein mag – dem wissenden Beobachter wird nach kürzester Zeit klar: Schein-Unersetzliche sind in allen Fällen die Initiatoren, Stifter, Förderer oder zumindest Pfleger des Ordenswesens.
Das Sachwissen der Schein-Unersetzlichen im Ordenswesen macht nicht an der Landesgrenze halt, sie sind auf diesem Gebiet häufig auch internationale Experten. Während für den Durchschnittsmenschen Orden gleich Orden ist, können Schein-Unersetzliche auch ausländische Orden unterscheiden und einschätzen. Bei ihnen gilt, um nur ein Beispiel zu nennen, ein Orden des ordenfreudigen Österreich nicht so viel wie ein Orden aus den skandinavischen Ländern, die in der Ordensverleihung eher zurückhaltend sind. Und war ein Schein-Unersetzlicher trotz jahrelangen eifrigen Bohrens im eigenen Land oder im Ausland erfolglos, so kommt er vielleicht noch auf einen letzten Ausweg: die römisch-katholische Kirche. Es gibt Frömmigkeit heuchelnde Kirchenvorstandsmitglieder mit ständigem großen Spendeneifer, die, wenn man es genau besieht, weniger an den himmlischen Lohn als an einen schönen bunten Orden denken, der ihnen hoffentlich bald verliehen wird.
Sachstreber müssen Orden in langjährigen Bemühungen verdienen und erdienen. Nach fünfundzwanzig Jahren ständigen Abmühens, nachdem jüngere und vielleicht weniger verdiente Vorgesetzte und Kollegen längst dekoriert wurden, kommt die Reihe endlich an den Rein-Unersetzlichen. Das Überraschendste: Der Rein-Unersetzliche ist sogar noch gerührt und beschämt, wenn seiner Arbeit, die er gern verrichtete, öffentlich gedacht wird. Es ist selbstverständlich, daß er von dem Orden kein Aufhebens macht. Selbst bei feierlichen Anlässen, bei denen Schein-Unersetzliche die kleinste Verdienstschnalle des unbedeutendsten Vereins pfaueneitel zeigen, tragen Rein-Unersetzliche höchstens kleine Ordenszeichen im Knopfloch. Nur ihre engste Umgebung, stolze Mütter und eitle Ehefrauen, erfahren von der Ehrung. Nur in einem Fall machen Rein-Unersetzliche von ihrem Orden Gebrauch, nämlich wenn sie ihren leistungsschwachen Kindern unter Hinweis auf ihre eigene Bewährung ein anspornendes Beispiel geben möchten – dann mag der Orden als Dokumentation öffentlicher Anerkennung als Beweis herhalten.
Immer wieder gibt es Rein-Unersetzliche, die Orden und Ehrenzei-

chen aus Prinzip ablehnen. Die Motivation ist allerdings nicht immer klar, und die Frage, ob sich da nicht ein ausgeprägtes Selbstgefühl und übersteigerte Eigenbewertung in einer besonderen Form ausdrückt, ist nicht von der Hand zu weisen. Jedenfalls sind Rein-Unersetzliche Glückspilze, wenn sie überhaupt Orden und Ehrenzeichen noch zu Lebzeiten erhalten. Sicher ist nämlich, daß fast alle posthumen, das heißt nach dem Tode gewährte Verleihungen an Rein-Unersetzliche gehen, die sich auf der Walstatt von Krieg und Arbeit im Interesse anderer verzehrten und manchmal aufopferten. Merke: Der wahre Snob bemüht sich um Orden nur, um sie *nicht* zu tragen.

Staatsempfang zu Weiberfastnacht

Weiberfastnacht – in Bonn haben Bundespräsident, Bundestagspräsident, Bundeskanzler, Oberbürgermeister, natürlich auch Minister und Staatssekretäre, Verbandsobere und Kaufhausherren die Gewalt an die Damen abgegeben – an die Damen, die abgeschnittene Krawatten als Trophäen schwenkend ihre Chefs entmachteten.
Weiberfastnacht – in Bonn geht nichts mehr, mit einer einzigen etwas magischen Ausnahme: Staatsempfänge finden immer statt.
Hier ein Lehrbeispiel: Ein Potentat aus einem fremden, fernen, frankophonen afrikanischen Land will just an Weiberfastnacht die Bundeshauptstadt besuchen und an diesem Tag Gespräche in einer Spitzenorganisation der Wirtschaft führen. Dabei kann man ihm nicht einmal böse sein: was weiß ein afrikanischer Potentat über die Naturgewalt fröhlichen, rheinischen, femininen Brauchtums?
Weiberfastnacht hin oder her: die prestigebewußte Spitzenorganisation erklärt sich bereit, wohl wissend, wie schwer dies mit ihren Mitarbeitern, erst recht den Damen zu Weiberfastnacht auch sein wird, den Gast »fürstlich« zu empfangen. Die »Zuständigen« werden verdonnert; Blumen bestellt, der rote Teppich ausgerollt. Ein *zäher Kampf* setzt ein: Porträts des Gastes werden nach zähem schwierigen Widerstand doch nicht aufgehängt: Wir lehnen in Bonn Personenkult ab. Es wird auch »vergessen«, ein Podest mit Sessel für den Potentaten zu beschaffen: in Demokratien sind auch Potentaten höch-

stens gleicher, aber keine Götter. Ansonsten: 137 Dinge sind zu tun: Tischkarten, Blumen, Fahnen etc. etc. Während die übrigen Mitarbeiter des Hauses sich in vollen Zügen und Bechern dem Karneval hingeben und grölend *die wenigen Arbeitenden als »jeck« = verrückt* bezeichnen, werden eilends die letzten Einladungen geschrieben, das anrückende Buffet überprüft ...

Als der *Potentat dann fürstlich über den roten Teppich* schreitet, scheint alles in bester Harmonie zu verlaufen, und trotzdem: zwei Dinge verändern das glorreiche Ritual: Der Botschafter des betreffenden Landes hatte, *ohne die Gastgeber zu fragen*, von sich aus etwa 150 Gäste eingeladen. Und gerade, als der hohe Gast schon die deutsche Perfektion lobte, fiel ein Sessel, der eilends herbeigeschafft wurde, weil die vorbereiteten nicht ausreichen konnten, lautstark um. Und etwas noch viel »Komplexeres«: Aus der anreisenden Delegation wird ein *geheimer Wunsch* laut: er sollte möglichst ganz diskret erfüllt werden. Beim vorabendlichen Staatsbankett wurde an festlicher Tafel von einer eventuell plötzlich aufgetretenen schweren Erkrankung eines Delegationsmitgliedes gewispert. Und nun rollt die Lawine ... Der »zuständige« Referent und das »zuständig« Sekreteriat dürfen weder Zeit, Mühe noch Geld scheuen. Telefondrähte glühen, Kraftfahrer überschreiten willig alle Geschwindigkeitsbegrenzungen, in allen Sprachen der Welt wird erkundet, verhandelt; befreundete Organisationen und Ministerien leisten Amtshilfe, Ärzte und internationale Apotheken werden konsultiert, familiäre Verbindungen angezapft; – der sonstige Dienstbetrieb kommt zum völligen Erliegen. Und endlich: das teure Präparat für schwierige Schwächeanfälle wird ausfindig gemacht und selbstverständlich generös als Geschenk überreicht. Auf dem Höhepunkt von Sorge und Hektik hatten die zuständigen Stellen diese Erleuchtung: es ist keine schwere Erkrankung, nur eine vorübergehende evtl. Schwäche, die den davon Befallenen befürchten ließ, seinen Aufenthalt in unserem Lande nicht mit vollen Kräften genießen zu können. Das Rätsel: ein wichtiges menschliches Problem wurde gelöst und nach dem Motto: Dem Mann kann geholfen werden, und die Lösung hatte auch noch einen völkerverbindenden Effekt: Einige deutsche »Fräuleins« sollen dem Gast in bester Erinnerung geblieben sein ...

Am *Tage des Staatsbesuches* läuft dann alles wie geschmiert: Der Hausherr steht mit einigen seiner leitenden Herren »zwanglos« nach Rangordnung zur Begrüßung bereit, der Potentat erscheint, eskortiert von buntgewandeten oder in goldbetreßte Uniformen gekleideten Herren. Einer von ihnen lächelt dankbar und beglückt.
Weiberfastnacht-Karneval: Verkleiden, Verwechseln, Vertauschen, Irrungen und Wirrungen! Auch beim Staatsempfang? Gerade beim Staatsempfang!
Denn: Staatsempfänge und Weiberfastnacht haben dieses gemeinsam: Beide dienen der Gesundheit – der Staatsempfang der Gesunderhaltung zwischenstaatlicher Beziehungen, die Weiberfastnacht der Erhaltung optimaler zwischenmenschlicher Beziehungen.
Und vor allem: es sind ganz wenige, die auch an Höhenpunkten des staatlichen oder öffentlichen Lebens alles bewirken.

Prestige

> *»Alles hat heutzutage seinen Gipfel erreicht, aber die Kunst, sich geltend zu machen, den höchsten.«*
>
> *Gracian*

Wer hat Prestige? Einer, der zuerst devot gegrüßt wird, jener Manager eines Großunternehmens, für den in der Empfangshalle ein Fahrstuhl aufgehalten wird, der allein im Fahrstuhl fährt oder dem zumindest auf allen Etagen der Vortritt gelassen wird. Prestige hat, wer zu Premieren im Theater und Opernhaus, aber auch etwa zur Eröffnung von Galerien eingeladen wird. Prestige hat, wer bereits die Aufstellung der Kandidaten zu verschiedenen Gremien dadurch mitbestimmt, daß man »an ihn herantritt«. Das gilt selbstverständlich für große Politiker, aber ebenso für Gemeinderäte, Vereinsvorstände und Kegelklubpräsidenten.
Die Feststellung Gracians, die diesem Kapitel als Leitspruch vorangestellt wurde, ist über dreihundert Jahre alt. Aber sicher ist der

Trieb, sich Ansehen und Geltung zu verschaffen, so alt wie die Menschheit.

Die Sachstreber unserer Tage sind gleichzeitig Prestigestreber. Sie unterscheiden sich allerdings auch in dieser Hinsicht von allen anderen Zeitgenossen. Sie spielen hierbei eine aus dem allgemeinen Rahmen fallende Rolle. Beispiele: Sie finden ihren Stolz und ihr Prestige darin, im Dienst zu sein, wenn andere feiern, auch dann zu arbeiten, wenn keine materiellen Vorteile winken, auch dann sich aufzuopfern, wenn ein Opfer sinnlos ist. Im Protokollarischen praktizieren sie eine Umwertung aller Werte: Sie sind stolz, wenn ihnen eine Tischordnung den letzten Platz zuweist, ja sie kämpfen gar um diesen letzten Platz und genießen die Pikanterie, die darin besteht, daß nach ihrer Interpretation »unten« sachlich gesehen »oben« ist, »weil dort die arbeitenden Weltbeweger sitzen«. Aber allen Bemühungen, zu Prestige üblicher Art zu kommen, stehen Sachstreber mit naiver Fassungslosigkeit gegenüber. Hier deshalb ein kurzer Leitfaden für sie, wie man zu Prestige kommt:

Die Geschmeidigkeit einer Siamkatze, die majestätische Unnahbarkeit eines Löwen und die Geschwindigkeit eines Geparden – auf diesem Dreifuß müssen Prestige und Karriere aufgebaut werden. Die darauf zu errichtenden Säulen heißen: Dekoration, Ausbildung Marke »Extravagant«, Weltläufigkeit, Zeitbeherrschung und Unfehlbarkeit.

Dekoration

Die Dekoration beginnt mit dem Anzug. Er muß extravagant und modisch sein, er muß auffallen und doch dezent sein. Maßanzüge müßten es eigentlich sein, Maßhemden und Maßmäntel verleihen den letzten Schliff. Aber die Marktverhältnisse sind nicht mehr wie früher. Die guten alten Meisterschneider, vornehmlich aus Prag, sind entweder ausgestorben oder ziehen sich gerade in den Ruhestand zurück. Da hilft am besten eine kleine Lüge. Man schwindelt Maßkonfektion zum Maßanzug hoch, zumal wenn die Rockknöpfe wie bei echter Maßarbeit aufknöpfbar gemacht werden, ist dies leicht möglich. Krawatten – dieses einzige Kleidungsstück, das variiert werden kann und dadurch unserem pfauenhaften Schaustellungstrieb so sehr schmeichelt – wurden früher auf unaufschiebbaren Dienstreisen in Pariser Modeläden in Reichweite des Elyséepalastes erstanden, werden heute in der Via Condotti in Rom oder in der Kings Road in London gekauft – nachdem die Carnaby Street bei der Schickeria außer Mode geriet. Pech hat »man«, wenn man beispielsweise in der Kings Road eine englische Krawatte einkauft und zu Hause feststellt, daß es sich um französischen Import handelt.

Man muß nicht nur gut gekleidet sein, man muß auch gut wohnen. Dazu gehört ein eigenes Haus und mindestens eine Zweitwohnung, selbstverständlich in besseren Gegenden. Dieses noch eben vertretbare Minimum an Behausung schaffen nicht alle, die aus anderen Gründen »dazugehören«. Sie können sich im günstigsten Fall damit helfen, eine Villa zu mieten und als Zweitwohnung jene der Eltern oder anderer Nahestehender auszugeben. Eine Eigentumswohnung ist nur als Zweitwohnung statusbestimmend. Ein Mieter einer Etagenwohnung, und wäre sie noch so groß, kann den Villen-, Bungalow- und Mehrwohnungsbesitzern nur ein mitleidiges Lächeln abgewinnen. Allenfalls kann er sich in diesen Kreisen sein Ansehen bewahren, wenn dieser soziale Makel von anderen gewinnenden Zügen wettgemacht wird und wenn er gar plausible Gründe für sein Leben in einer einzigen Mietwohnung vorbringen kann.

Zu einem statusgerechten Haus gehört ein Garten, je größer, je parkähnlicher, um so besser. Da es schick ist, nicht mit seinem Hausbesitz zu protzen, deutet man ihn auf indirekte Weise an, und eines der beliebtesten Verfahren ist der Hinweis auf einen Garten, auf die sommerliche Blumenpracht, auf die alten, uralten Bäume, auf die eigene Gartenarbeit – zusammen mit einem Gärtner, selbst wenn es nur ein gemieteter Straßenkehrer ist.

Der Wohnung konform muß ihre Einrichtung sein. Mann kann die Wohnung modern einrichten, entweder konventionell-elegant oder eigenwillig-geschmackvoll und kann damit Prestige gewinnen. Besser und erfolgssicherer sind jedoch möglichst alte antike Möbel. Wo die Fußböden von Perserteppichen überquellen, Vitrinen mit kostbarem Glas und Meißner Porzellan stehen, alte Kunst in alten Rahmen hängt – da gehört das Prestige zu den Selbstverständlichkeiten des Lebens. Bisweilen verrät ein solches Meublement einen alten

Stammbaum. Aber bekanntlich ist nicht alles altererbt, was alt ist oder scheint. Viele richten sich »alt« ein, und die Besitzer solchen Mobiliars müssen dann schnöde Neugier der Gäste nach der Herkunft der Stücke elegant zu verflüchtigen suchen. Simplen Etagenwohnungsmietern mag es bisweilen gelingen, durch eine geschmackvolle, originelle und wohl auch kostbare Einrichtung das Manko, nicht Hausbesitzer zu sein, wettzumachen.

Man »müßte« auch zwei Autos haben, dazu ein Motorboot und ein Segelboot. Hohen Prestigewert haben Segeljachten und Privatflugzeuge. Aber wie immer man auch in seinem privaten Leben seinen Status zeigt – von nicht geringerer Bedeutung als die Wohnung ist das Büro, besser Office, und dessen Einrichtung. Das Büro muß holzgetäfelt, mit alten Stichen oder modernsten Bildern ausgestattet sein. Wichtig ist dabei die Größe des Büros. Es empfiehlt sich ein Raum von etwa 20 mal 12 Metern, in welchem einsam in weiter Ferne vom Eingang der Schreibtisch wie ein Altar steht. Auf diese Weise kann dem Besucher bereits beim Eintritt ein nützlicher Schock versetzt werden, der seine Widerstandskraft lähmt, noch bevor die Verhandlungen beginnen.

Zu all diesem Dekor des Prestigeträchtigen muß noch die Herkunft kommen. Es gibt Leute, die nur von ihrer Herkunft leben. Die Adligen haben es dabei leicht, sie präsentieren ihre Herkunft bereits im Namen. Schwieriger ist es für die Mehrzahl der verdient Erfolgreichen, eine vornehme Abkunft herzuleiten. Oft schreckt man nicht vor Beschönigungen und regelrechten Verfälschungen zurück. Am besten behauptet sich ein »Neuer«, wenn er reich ist. Dann verzeiht man ihm fast alles.

Eine wichtige Rolle spielt in diesem Zusammenhang die »Frau Gemahlin«. Die Regel ist, daß Gleich und Gleich einander heiraten. Das ergibt auf höherer Ebene Prestige im Quadrat. Mesalliancen bieten weniger Chancen. Nur wenig Frauen scheinen die Voraussetzungen mitzubringen, um von einem Shawschen Pygmalion salonfähig gemacht zu werden – jedenfalls bleibt in solchen Fällen immer etwas hängen. Dagegen stößt es kaum auf Schwierigkeiten, wenn ein gebildeter, erfolgreicher Mann einfacherer Herkunft eine Frau höheren Standes heiratet. Solche Verhältnisse gelten allenthalben als o.k. Aber was wäre eine standesgemäße oder als solche akzeptierte Ehe, ohne daß ein weiteres Prestigeerfordernis erfüllt wäre? Auch die Kinder müssen gut verheiratet sein. Auf Partys erzählt man gerne, daß man drei Wochen bei seiner Tochter in Rom gewesen ist, wo sie mit einem Archäologen edlen Geblüts verheiratet ist, daß Sohn und Schwiegertochter eben kurz von Buenos Aires zu Besuch waren und ihre Kinder für die Zeit der Sommerferien bei den Großeltern unterbrachten.

Extravagante Ausbildung

Die zweite Säule, auf welcher der höhere Stand ruht, ist die Bildung, vornehmlich akademische Bildung und akademische Titel oder akademische Amtbezeichnungen. Man muß Privatschulen in der Schweiz von der Art des Lyceum Alpinum in Zuoz oder Salem in Süddeutschland besucht und in Harvard, Yale oder Columbia studiert haben. Fein ist auch, wenn Unternehmer und Manager nachweisen können, die Eliteschulen in Fontainebleau und Genf besucht zu haben. Zwei Doktortitel und Mitgliedschaft in in- und ausländischen Akademien nehmen sich auf dem Papier gut aus, können aber allenfalls nur durch Flüsterpropaganda statusrelevant werden. Dagegen ist der Professorentitel immer noch eine Visitenkarte par excellence.

Hat man weder Bildung noch Titel, kann man sie vortäuschen, und man kann allenthalben Meistern dieser Roßtäuscherkunst begegnen. Ein beliebtes Verfahren, das Fehlen des Titels auszugleichen, ist, zum ersten Vornamen den Anfangsbuchstaben des zweiten zu setzen. Die Sitte stammt aus Amerika, wo sie obendrein das Gute hat, daß sie eine eheliche Geburt anzeigt. Viele erwerben sich jedoch redlich eine Bildung auf anderen Wegen und können, wenn sie es im übrigen weit gebracht haben, damit rechnen, Doktor oder gar Senator ehrenhalber zu werden. Ein Doctor honoris causa (selbst wenn er in den USA verliehen wird) hat Prestigewert, da er eine besonders qualifizierte Form des Erfolgs prämiert, wenn er auch bisweilen als eine Art Trostpreis empfunden werden mag. Die Führungskräfte der Wirtschaft sind vielfach Akademiker. Stehen sie großen Unternehmen vor, genügt der Titel Generaldirektor keinesfalls. Mindestens ein Doktortitel muß allemal hinzukommen, notfalls ein Dr. h. c. Giganten unter den Unternehmen neigen dazu, Chefs im Professorenrang zu holen. Die Krönung der Obergötter-Titulatur ist der Konsul-, noch besser der Generalkonsul.

Weltläufigkeit

Will man in besseren Kreisen mitreden, muß man bereit sein. Die Besten unter den Besseren besitzen eigene Häuser oder Appartements an gewissen Orten dieser Erde, andernfalls ist immer wieder nachzuweisen, daß man nur in Luxushotels absteigt. Wer nicht mindestens einmal in Amerika gewesen ist, kann nicht mitreden. Häufige Reisen innerhalb Europa zwischen Reykjavik und Palermo, zwischen Lissabon und Athen sind reine Selbstverständlichkeiten. Schick ist heute eine Rußlandreise, zumal wenn sie nach Sibirien führt. Heute muß man auch in Afrika gewesen sein, und zwar in Schwarzafrika, südlich der Sahara, und man sollte dort möglichst an einer Jagd-Safari teilgenommen haben. Noch besser steht einer da, wenn er beiläufig erzählen kann, daß er öfter in Ostafrika jagt. In Japan muß man ebenfalls gewesen sein. Man muß dieses Land erlebt haben und von extraordinären Erfahrungen aus Fernost erzählen können. Mancher möchte nach China, kommt aber allenfalls bis Hongkong. Die wenigen, die ein Einreisevisum in das Reich der Mitte erhalten, gewinnen viel Prestige hinzu. Der Prestigewert Australiens als Reiseziel ist noch nicht hoch, aber man kann die Zeit schon absehen, da es letzter Schrei wird, sich zu Känguruhs und Emus zu gesellen. Prestigebegründend ist das Amt, das man bekleidet, die Funktion die man ausübt. Die Spitzenpositionen nehmen die politischen Ämter, die Führungspositionen in Industrie und Handel und die hohe Ministerialbürokratie ein. Daß »Banker« besondere Menschen der besten Ebene sind, ist für Eingeweihte klar. Die unterste Sprosse der Rangleiter hat nur jener erreicht, der sowohl über eine Vorzimmerdame als auch über einen Dienstwagen verfügt. Noch besser ist es selbstverständlich, wenn ein Anrufer nicht nur von einer Vorzimmerdame weitergeleitet wird, sondern durch ein kompliziertes Schleusensystem von persönlichen Referenten. Den Fuhrpark nach eigener Anordnung in Anspruch nehmen können, ist bereits ein Privileg, aber nichts im Ver-

gleich zum Dienstwagen mit eigenem Chauffeur, den man sich auswählen kann.
Häufiges Reisen und eine unabhängige, souveräne Position im Dienst oder Amt müssen durch kulturelle Aktivitäten ergänzt werden. Man hat literarische Interessen und ist, wie es sich gehört, Premierenbesucher. Die jährliche Fahrt nach Bayreuth ist permanent gebucht. Auch die Salzburger Festspiele nehmen sich auf dem Terminkalender gut aus. An diesen Festspielorten trifft man seinesgleichen, meist Rotarier, Mitglieder von Lions- und anderen Feudalclubs, allesamt Träger in- und ausländischer Orden, jedenfalls Ordensträger in spe.

Zeitbeherrschung

»Die Herren Räthe und Hilfsarbeiter des Auswärtigen Amtes ersuche ich, sich so einzurichten, daß sie mindestens von 12 Uhr mittags an in ihren Arbeitsräumen im Auswärtigen Amt anzutreffen sind« – diese Weisung des Unterstaatssekretärs der Bismarckzeit vom 12. März 1885 klingt heute wie ein Märchen. Aber für die betroffenen Kreise waren es ja auch idyllische Zeiten: Wenn den AA-Adligen der Kram nicht mehr paßte, nahmen sie ihren Zylinder und zogen sich auf ihre Güter zurück. Aber etwas von diesem Geist ist doch geblieben. »Die oben« achten peinlich auf zweierlei: souveräne oder pseudosouveräne Verfügungsmacht über ihre Arbeitszeit und gleichzeitig – nahezu paradox – Dienstbereitschaft von 0 bis 24 Uhr. Wer es sich leisten kann, erscheint, wenn der Dienst offiziell etwa um 9 Uhr beginnt, ostentativ um 9.30 Uhr, bleibt, wenn eine Mittagszeit von etwa einer halben Stunde angesetzt ist, zwei bis drei Stunden bei einem sogenannten Arbeitsessen. Diese »leitenden« Herren sind aber andererseits auch gern bereit, bei Empfängen, Essen und sonstigen Anlässen Abende und Nächte zu opfern.
Man kann mit Leichtigkeit ein förmliches Zeitritual feststellen. Selbst der spontanste Sachstreber wird einsehen, daß sowohl unser Kampftag als auch unser Festtag ihren Stundenplan haben müssen. Vorbehaltlich landschaftlicher und milieumäßiger Abweichungen kann gegen folgende Zeiteinteilung nur unter erheblichen Risiken

verstoßen werden: Arbeitszeit 9–13 Uhr und 15–18 Uhr, Ansprechzeit, d. h. die Zeit, in welcher man für dienstliche Angelegenheiten am Fernsprecher sprechbereit sein sollte, 9–21 Uhr, ausgenommen die Mittagspause zwischen 13 und 15 Uhr. Die Besuchszeit ist heute flexibel, sie liegt aber in der Regel von 11–13 und 15–17 Uhr, während die hohe Zeit für Cocktailpartys auf 18–20 Uhr angesetzt wird. Das Abendessen sollte in unseren Breiten um 20 Uhr, spätestens um 20.30 Uhr beginnen. Verstöße gegen dieses Zeitritual können aktive und passive Ursachen haben. Eines aktiven Verstoßes macht sich schuldig, wer sich bei seiner eigenen Tätigkeit nicht an diese Zeiteinteilung hält. Beispiel: Man ruft den Chef bereits um 8.10 Uhr an, wenn er vielleicht noch nicht im Büro ist, und man ärgert und reizt ihn damit. Ein aktiver Verstoß ist es auch, wenn man ständig erst gegen 11 Uhr ins Büro kommt. Aber zum Prestige gehört, daß man, wie angedeutet, souverän und eigenwillig über seine Zeit verfügen kann.

Unfehlbarkeit

Zum Prestige gehört der persönliche Nimbus. Nimbus wiederum beruht auf einem dogmenstarren Glauben an die eigene Unfehlbarkeit im Verein mit der Überzeugung, daß die eigene Funktion sowie die vertretene Unternehmung, Organisation oder Behörde von weltentscheidender Bedeutung sind. Wie bringt man solche Gottesähnlichkeit zum Ausdruck? Patentrezepte gibt es nicht, wohl aber sind einige Hinweise möglich. Zunächst gibt man zu verstehen, daß »man« selbst nur mit dem Wichtigsten und Dringendsten zu tun hat: Am besten melde man nur Eiltelefonate und Blitztelegramme an. Im Betrieb oder Dienstgebäude zeigt man sich nur mit Eilmappen. Bei der Personalabteilung weise man ständig nach, wie überbeschäftigt man ist. Selbst weit hergereiste Besucher läßt man verstehen, daß kaum Zeit für sie erübrigt werden kann. Jedenfalls läßt man den Besucher mindestens eine halbe Stunde lang warten mit der Begründung, man sei gerade in einer schwierigen Sache für den Vorstandsvorsitzenden tätig (während man vielleicht am Schulaufsatz seines Sohnes herumbastelt).

Aber Vorsicht: Bei solchem Verhalten bleibt nur dann das Prestige gewahrt und wird nur dann gemehrt, wenn man eine Art Säulenheiliger ist. »Das große Unternehmen ist etwas Heiliges«, hat Henry Ford gesagt. Heiligtümer sind nur dann lebendig, wenn Heilige sie »in Betrieb halten«. Deshalb Heilige auf den Prestigegipfel! Schlimm wird es allerdings, wenn diese Halbgötter, so von Weihrauch umnebelt, nicht mehr merken, daß Götzendienerei getrieben wird. Genauso wie eine Geisteskrankheit erst dann schlimm wird, wenn man selbst seinen geistigen Zustand nicht mehr erkennt. Vereinzelt kann an der Göttlichkeit der Obergötter auch ein anderes Manko festgestellt werden: Mangel an Selbstkritik, der einzige Mangel, der der Karriere förderlich ist.

III.
AUSWEGE

Die Welt kann verändert werden. Zukunft ist kein Schicksal.

Robert Jungk

Das As der Asse: Die Innovationstätigkeit

Unter dem relativ neuen Begriff der Innovation wird die Erzeugung und Einführung neuer Produkte und Produktqualitäten, neuer Produktionsmethoden und auch neuer Organisationsformen in der Wirtschaft verstanden wie aber auch die Erschließung neuer Absatz- und Beschaffungsmärkte. Zunehmend wird heute in der Überwindung von Widerständen und Schwierigkeiten, bei der Durchsetzung neuer Möglichkeiten der technologischen Fertigung und der Durchsetzung neuer Möglichkeiten auf verwaltungsmäßigem Gebiet die wichtigste Funktion für die Erreichung optimaler Ziele in Wirtschaft und Verwaltung gesehen. Dabei spielt in neuester Zeit der Begriff der sogenannten Umsetzung eine besondere Rolle. Darunter versteht man die erstmalige erfolgreiche Einführung eines neuen Produkts oder Produktionsprozesses in einen Markt. Innovation ist also nicht gleichbedeutend mit Erfindung, sondern folgt dieser zeitlich oder sollte ihr möglichst zeitig schnell folgen. Durch eine systematische Forschung und Entwicklungsarbeit in Unternehmen wird der Versuch gemacht, die Voraussetzung für die Innovation zu schaffen. Weil der Begriff der Innovation sich nicht nur auf die Wissenschaft und Wirtschaft erstreckt, sondern auch die Verbesserung sozialer Bedingungen, die Erziehungswissenschaften, die Bereiche der Politik erfaßt, ist er nicht nur immer wichtiger geworden, sondern ist m. E. *das* Charakteristikum der modernen Elite schlechthin. Innovationsbereitschaft und Innovationsfähigkeit ist sogar unerläßlich für die moderne Elite, die wir weiterhin als die Unersetzlichen bezeichnen.

Es ist das Verdienst von Heinz Sahner, der in einer in der Schriftenreihe »Kölner Beiträge zur Sozialforschung und angewandten Soziologie«, die von René König, Renate Mayntz und Erwin K. Scheuch herausgegeben wurde, die Problematik der Führungsgruppen im

Hinblick auf den technischen Fortschritt zu untersuchen. Für die moderne Elite, unsere »Unersetzlichen«, ist für ihre Arbeit und ihr Fortkommen ein Trio von drei entscheidenden Fragen von besonderem Wert.

Alter und Innovation

Wir alle kennen und halten es für richtig, daß folgendes stereotype Bild richtig sei: Ältere Menschen sind weniger beweglich, weniger wendig, ihnen mangelt es an Umstellungsfähigkeit und sie erheben deshalb Widerstand gegenüber neuen Arbeitsmethoden. Diese stereotype Feststellung ist, wie die neuere Forschung festgestellt hat, schlicht falsch. Sie muß differenziert werden und diese Differenzierung ergibt: Es gibt auch ältere Menschen, die sich gerade durch eine besonders hohe Innovationsbereitschaft auszeichnen. Voraussetzung der Aufrechterhaltung der Innovationsbereitschaft ist allerdings die Aufrechterhaltung und der Ausbau von Kommunikationsformen auch in höherem Alter. Ein älterer Mensch, der keine Kontakte mehr zu den modernen Entwicklungstrends, zu den Entscheidungsträgern von Wissenschaft und Forschung, sei es auch nur über Fachzeitschriften und Fachbücher, hat, ist natürlich nicht innovationsbereit und nicht innovationsfähig. Im Gegenteil: Nur der ältere Mensch, der Kontakte zu Entscheidungsträgern, maßgebenden Organisationen, die sich mit den Fragen des technischen Fortschritts befassen, hält, der in Fachtagungen ständiger Gast ist, dieser ältere Mensch hat größere Chancen als ein jüngerer Mensch. Dabei ist wichtig, daß im allemeinen erst ab einem gewissen Lebensalter die Möglichkeit und Fähigkeit der Kommunikation mit wichtigen Entscheidungsträgern gegeben ist. Wichtig ist aber auch, daß der ältere Mensch die technologische Entwicklung weitgehend akzeptiert, aber zurückhaltend bleibt gegenüber den vermuteten Auswirkungen, zumal im Alter ängstliche Vorstellungen stärker vorherrschend sind als in der jüngeren Generation.

Es ist selbstverständlich, daß Führungsgruppen, die bereits die Spitze der Machtpyramide erreicht haben, jedwedem Wandel mit Zurückhaltung gegenüberstehen, denn: manche Wandlungen können die eigene Position gefährden und wer gefährdet sich und vor allen Dingen: welcher Machtliebhaber gefährdet seine eigene Macht? Und dabei spielt auch die religiöse Bindung oder Unbindung entscheidend mit hinein. Denn die Träger der Macht, die nicht selten im protestantischen Glauben gebunden und ihm verbunden sind, sind auch heute noch diejenigen, die bei Machtpositionen in der Bundesrepublik größeren Anteil haben, als es ihrem Anteil an der Gesamtbevölkerung entspricht. Der zunehmenden Bedeutungslosigkeit der Konfession entspricht die Tatsache, daß Konfessionslose in Machtpositionen weniger repräsentiert sind als in der Gesamtbevölkerung, während vor allen Dingen bei Katholiken die bisherige Unterrepräsentanz sich weiter fortzupflanzen scheint allerdings nicht in einem großen Ausmaß.
Wir haben die Innovationsbereitschaft und ihre Beziehung zu drei wichtigen Faktoren gesehen, haben aber noch nicht unterstrichen, daß diese Innovationsbereitschaft, wenn sie im technologischen Wandel richtig verstanden wird, auch einhergehen muß mit der Bereitschaft, gegenüber Neuerungen aufgeschlossen zu sein und deren Rödominanz anzuerkennen. Ein weiterer Faktor muß für die Elite hinzukommen: Man muß bereit sein, die Innovation auch und gerade durch technologische Reformen zu realisieren, bzw. sie zu beschleunigen. Dabei ist schlußendlich zu unterstreichen: drei Möglichkeiten für die Umsetzung von Innovationen in den Produktions- oder Verwaltungsablauf sind gegeben, und zwar alle drei durch den Einsatz von EDV-Anlagen, wobei diese durch drei EDV-Ziele erreichbar sind:

1. Erstellung von Dokumentation und über Innovationsmöglichkeiten
2. Einsetzung von EDV zur Entscheidungsvorbereitung zur Einführung von Innovation

3. EDV zur Vorbereitung der Übernahme von Entscheidungshilfen bei den Innovationsprozessen.

Innovationen sind aber nicht nur von immer größerer Bedeutung für den Produktionsprozeß, sondern auch für den Distributionsprozeß und letztlich auch für die Verwaltung und Organisation. So ist die Innovationsfähigkeit, die gefolgt sein muß von der Bereitschaft, Innovationen umzusetzen, heutzutage das wichtigste Charakteristikum moderner Führungsschichten. Innovationsbereitschaft ist und wird in stärkerem Maße sein das A und O der »Unersetzlichen«.
Nachfolgende aus dem exzellenten »Handbuch Neue Medien« von R. Dietrich Ratzke (Deutsche Verlagsanstalt, Stuttgart) entnommene Tabellen zeigen gleichsam im Überblick auf welche vielfältige neuartige Informationsbereitstellung, Informationsspeicherung, Informationsübermittlung und Informationsabruf und auf welche Formen der Telekommunikation sich vor allem andere die Angehörigen der modernen Führungsschicht nicht nur einstellen, sondern sie auch beherrschen müssen.

Tabelle 1
Neue Medien als neue Techniken der Informationsvermittlung

Informationsbereitstellung				Informationstransport und -nutzung				
Informationseingabe und -bearbeitung (Erfassung)		Informationsspeicherung (Träger)		Informationsübermittlung (Netz, Dienst)		Informationsabruf (Endgerät)		
manuell	automatisch	immateriell	materiell	drahtlos	kabelgeb.	visuell	auditiv	AV*
Terminal (Keyboard) Elektronische Schreibmaschine Kamera Mikrofon	OCR-Maschine Spracheingabesystem Einlesen von Datenträgern	auf elektronischen Trägern; Magnetband	auf Papier; Drucken, Kopieren	verteilt		Bildschirm	Radio	Bildplattenspieler
				schmalbandig:				
				Videotext	Drahtfunktext			
		auf optoelektronischen Trägern; Bildplatte	auf optischen Trägern; Mikrofilm	*breitbandig:*				
				Satelliten TV	Kabel-TV			
				vermittelt				
				schmalbandig:				
				Autotelefon	Telefon			
				breitbandig:				
				Faksimile per Satellit	Bildfernsprechen			

*audiovisuell

Quelle: Dietrich Ratzke, Die neuen Medien, Deutsche Verlags-Anstalt, Stuttgart

Tabelle 2
Formen der Telekommunikation

	Dienst	Netz
Sprachkommunikation	Telefon Sprechfunk	Fernsprechnetz, kabelgebunden oder drahtlos drahtlos
Textkommunikation	Telex Teletex (Bürofernschreiber) Bildschirmtext Kabeltext	Telexnetz Datennetz Fernsprechnetz Breitbandnetz
Festbildkommunikation	Faksimilieren, Telefax, Fernkopieren, Faksimilezeitung, Textfax, Telebrief Fernsprecheinzelbild Telefoto Kabelbild	Schmal- oder Breitbandnetz Fernsprechnetz Breitbandnetz
Bewegtbildkommunikation	Bildtelefon, Telekonferenz, Fernzeichnen Abruf-TV	Breitbandnetz
Datenkommunikation	Datenfernübertragung, Telemetrie (Fernmessen), Fernwirken, signalisieren, Funkrufdienst	Breitband- oder Schmalbandnetz oder drahtlos

Quelle: Dietrich Ratzke, Die neuen Medien, Deutsche Verlags-Anstalt, Stuttgart

Wer den Forderungen unserer Leistungsgesellschaft gerechtwerden will, muß sich für mehr halten, als er ist.

Markus M. Ronner

Wie unersetzlich werden?

Strategien

1. mehr wissen
   (Kenntnis der technologischen neuen Entwicklungen)
2. mehr können
   (Anwendung der neuen Technologien)
3. mehr tun
   (die Betätigung auf kreativer, schöpferischer Grundlage kennt die Beschränkung auf die normale Dienstzeit nicht; es wird vielmehr immer stärker erforderlich, auch an Wochenenden zu denken und zu entscheiden)

Taktiken

1. Prognosen
   (Erarbeitung von Prognosen über neue Betätigungsfelder und deren praktische Verwertbarkeit)
2. Informationsvorsprünge
   (die Führungskräfte sind mehr als bisher gezwungen, durch das Studium, insbesondere auch internationaler Fachzeitschriften, sich einen Informationsvorsprung anzueignen.)
3. Innerbetriebliches
   (es wird immer notwendiger, die bisherigen Organisationsstrukturen auf ihre Bedeutung und Verwendbarkeit in der Zukunft zu untersuchen, die kreativen Neuentwicklungen unter Umgehung von hierarchischen Organisationswegen durchzusetzen.)

4. Sonderaufgaben
(die Verschärfung des Konkurrenzkampfes wird denjenigen immer wieder bevorzugen, der Sonderentwicklungen, die sich besonders zum Ansatz bzw. zur Wertung eignen, herstellt)
5. Public Relation
(so wichtig bzw. wichtiger als die individuelle Erfindung wird, um so notwendiger dürfte es werden, durch eine Steigerung des Bekanntheitsgrades der Eigenpersönlichkeit in der Öffentlichkeit auf neue Entwicklungen und neues Können aufmerksam zu machen. Während einerseits die Besuchs- und Dienstreisen für Entscheidungen an Bedeutung verlieren, da Videokonferenzen an ihre Stelle treten, ist das Auftreten vor wichtigen Gremien, die durch die Medien übertragen werden, um so wichtiger geworden.)
6. Status
(Stärker als bisher nähern wir uns im Prestigefaktor Status angelsächsischen, amerikanischen Verhältnissen: die Unterbringung bzw. die Wohnung in bevorzugten wichtigen Stadtteilen, die Zugehörigkeit zu elitären Vereinigungen, Entscheidungsgremien gewinnt an Bedeutung.)

Es soll Menschen geben, die sich nicht vorstellen können, daß man auf neue Ideen kommen kann.

Gabriel Laub

Die Kreativität

Neben der Innovationsbereitschaft ist die Kreativität, sind es die Ideen, die das Über-Leben in Wirtschaftskrisen gewährleisten. Kreativität ist somit das entscheidende Merkmal der modernen Elite, sie ist entscheidend für den Erfolg in unserer Zeit.
Es ist natürlich unmöglich, daß man in einem Buch alle möglichen kreativen Vorstellungen, alle erfolgreichen Ideen gleichsam in einem Lexikon oder in einem ABC auflistet. Es ist aber möglich, anhand erfolgreicher Beispiele darzustellen, daß und wie gerade auch in der heutigen Zeit kreative Vorstellungen einzelnen Unternehmen, einzelnen Unternehmensgruppen und einzelnen Persönlichkeiten zu ständigem Erfolg verholfen haben. Ich entnehme die nachfolgenden zwölf Beispiele dem Buch »Mit Ideen zum Erfolg«, das aufzeigt, wie Mittel- und Kleinbetriebe interessante Märkte erobern und das in der Societäts-Verlagsanstalt in Frankfurt erschien.
Hier nun zwölf m. E. besonders interessante Beispiele:

1. Alfons Neuhaus, Düsseldorf, der ein eigenes Normteileprogramm für den Messebau auf den Markt brachte und sehr erfolgreich auch auf internationalen und nationalen Märkten wirkt.
2. Franz Petrik, der mit großem Erfolg Marktlücken für Kleinstlautsprecher entdeckte.
3. Die Firma Ahlemann und Schlötter GmbH & Co. KG, die alles in ihrem Produktionsprogramm hat, was auf einem Schiff leuchten kann.
4. Burkhard Bovensipen, der aus guten Autos durch zahlreiche Innovation noch bessere macht.
5. Wilhelm Altendorf GmbH & Co. KG, das Unternehmen Nr. 1 unter den Herstellern von Kreissägen.

6. Helmut von Ameln, Köln, dessen »Handwerkergemeinschaft für Forschung und Erfindung e.V.« den Sinn hat, »die deutschen Installateure ins Kreuz zu treten, so daß sie aufwachen, und wenn sie aufgewacht sind, ihnen bei guten Ideen zu helfen.«
7. Helmut Aurenz, der als erster in Lebensmittelläden Blumenerde als Markenartikel in entsprechenden Packungungsgrößen verkaufte.
8. Bauernfeind GmbH, Spezialist für therapeutische Hilfsmittel, entwickelte ein Elektronikverfahren, das eine Maßherstellung von rundgestrickten nahtlosen Kompressionsstrümpfen und -strumpfhosen mit modernen Flach- und Rundstrickautomaten erlaubt.
9. Bleiindustrie KG, die mit der Entwicklung neuer, »veredelter« Anwendungsgebiete für das teure Metall Blei die Herstellung von Kunststoffrohren neue Betätigungsfelder eroberte.
10. Die Molkerei Borken eGmbH, die wirklich etwas Außergewöhnliches fertigbrachte, wenn man die Lage auf dem entsprechenden Gebiet kennt. Sie brachte es fertig, Milch nicht nur zu Butter und Magermilchpulver für die staatlichen Interventionsläger zu verarbeiten, sondern zu Yoghurt für den Markt und trotzdem für die bäuerlichen Hilfslieferanten ein sehr hohes Milchgeld zu erwirtschaften.
11. Die Conrad-Elektronic GmbH, die mit elektronischem Gerät für Tüftler und Experten große Gewinne macht.
12. Günther Drews, der mit modischen Stoffen als Neuheiten-Weber »vorn liegt«, und der geradezu klassisch das Credo der Kreativen folgendermaßen formuliert: »Wir wissen, daß wir uns nur mit Dynamik, Kreativität und Schnelligkeit den täglichen Herausforderungen des Marktes stellen können.«

Die moderne Betätigungsgesellschaft

> *»Gegen persönliche Krisen schützt man sich am besten durch einen vollen Terminkalender«*
>
> *Henry Kissinger*

Arbeit als Kult – das ist weithin eine Erfindung des 19. Jahrhunderts. Arbeit als Brenn- und Mittelpunkt des Lebens – das ist weithin eine Erfindung des europäischen Kulturkreises. Erinnern wir uns: Im Jahre 1492 entdeckte Kolumbus nicht nur Amerika, sondern auch die Tatsache, daß die Bevölkerung, auf die er in Amerika stieß, nicht nur ein sorgloses Leben im tropischen Klima führte, sondern nicht einmal ein Wort für »arbeiten« kannte. Erst als Indianer zur Plantagenarbeit gezwungen wurden, mußten sie notgedrungen ein Bild für »arbeiten« schaffen. Und wie taten sie es? Sie setzten die Silbe »fast« vor das Wort »sterben« und gaben damit zum Ausdruck, was sie von der Arbeit hielten bzw. nicht hielten.

Kein Weltuntergang

Deshalb ist es durchaus nicht der Weltuntergang, wenn unsere bisherige, europäische Arbeitsgesellschaft wahrscheinlich in Kürze weithin dem Untergang insofern geweiht ist, als nicht mehr die Arbeit Mittel- und Brennpunkt des Lebens ist. Machen wir uns nichts vor: Viele Gründe sprechen dafür, daß wir die Arbeitsgesellschaft mangels Arbeit verlieren, aber machen wir uns auch nichts vor: Wenn es nicht gelingt, an die Stelle der Arbeitsgesellschaft eine Betätigungsgesellschaft zu setzen, so wird unser Leben weithin sinnentbehrt, sinnlos und werden wir einer unglaublichen Untergangs- und Dekadenzstimmung anheimfallen. Denn bereits heute führt eine überzüchtete, übermäßige Technologie nicht nur zur Arbeitslosigkeit, sondern auch zu Frustrationen und Vereinsamung derjenigen, die noch im Arbeitsprozeß stehen. Wir kennen zwar einen Pseudoausweg, wir kennen den Pseudoausweg der sogenannten Aussteiger mit der abstrusen Zielvorstellung, die Industriegesellschaft in ferne Gebiete wie Nepal fluchtartig zu verlassen. Daß dies ein Scheinausweg ist, haben nicht nur einige katastrophale »Reinfälle« der davon Betroffenen gezeigt. Daß das nur ein Scheinausweg ist, zeigt bereits die Überlegung, daß alternatives Leben weithin zur Verarmung, zum Mangel und zur Aufgabe bzw. Nichterfüllung der allen Industriegesellschaften ethisch auferlegten Aufgabenstellung führt, die Verelendung der Dritten Welt zu überwinden. Alternatives Leben, Rückbeziehung auf ein autarkes überholtes Wirtschaften ist im Hinblick auf die sogenannte Dritte Welt ein überaus egoistischer Weg, denn wir lassen die Dritte Welt in der Armut stehen.

Unser Ziel darf also nur sein, überholte Produktionsstrukturen zu beenden, um mit Hilfe neuer Entscheidungs- und Produktionsstrukturen die Aussöhnung des Einzelnen mit der modernen Umwelt zu versuchen und gleichzeitig wettbewerbsfähig zu bleiben. Das bedeutet: Lösen wir uns von der Vorstellung, daß wir einen Beruf für ein ganzes Leben ausüben können, lösen wir uns von der Vorstellung, daß nur mit Arbeit erfülltes Leben sinnvoll ist, lösen wir uns von der Vorstellung, daß wir uns nicht kreativ darüber Gedanken machen müssen, ob und wie wir unser Leben auch ohne Arbeit gestalten können, gar müssen.

Besinnen wir uns darauf: Jeder von uns kann individuelle Möglichkeiten zur sinnvollen Betätigung statt der bisherigen ganz und erfassenden, umfassenden und teilweise erdrückenden Berufsarbeit finden. Jeder von uns muß sich allerdings darüber klar werden, daß diese Betätigungsmöglichkeiten, daß diese Wünsche nur realisierbar sind, wenn wir aus eigenem Können, Wollen und eigener Zielsetzung aktiv werden, unsere Absichten und Fähigkeiten erkennen und daraus echte Konsequenzen ziehen.

Daß bei all diesem Vorhaben diejenigen pionierhafte Arbeit leisten können und müssen, die aus eigener Kreativität schöpfen können, die wir entweder als Elite oder als Unersetzliche bezeichnen können und müssen, ist selbstverständlich.

So sind es denn immer wieder einzelne, die uns vormachen, welche Möglichkeiten zur sinnerfüllten Betätigung es gibt.

Nachfolgend möchte ich auflisten, welche Möglichkeiten es für aufgeschlossene Menschen heute und gerade heute gibt, sich in der Welt

der Zukunft, die ich statt der Arbeitswelt Betätigungsgesellschaft nenne, sinnvoll zu betätigen. Ich denke insbesondere an diejenigen Möglichkeiten, die sich aus dem Wegfall der Großfamilie ergeben, ich denke daran, daß sozial eingestellte Menschen schon sehr leicht Befriedigung darin finden werden, sich um gefährdete eigene oder ausländische Mitbürger zu kümmern, wie aber auch um die Gruppen, die als ausgeflippt bezeichnet werden. Ich denke aber auch an Betätigung für Behinderte, sei es um Jugendliche, sei es um Senioren, und ich denke nicht zuletzt auch an die Betätigung in gesellschaftlicher und politischer Hinsicht. Ich denke an den Einsatz für die Gemeinschaft, die heute häufig erfreulich großgeschrieben wird, wobei es hoffentlich nicht der Fall ist, daß wir, je mehr wir darüber sprechen, je weniger darüber tun.
Betätigungsmöglichkeiten gibt es für jeden von uns eine ganze Reihe. Es sind aber einige, die immer wieder sozusagen archetypisch vorkommen, wie ich nachfolgend auflisten möchte.

1. Mitarbeit in Bürgerinitiativen (Zielsetzungen: Umweltverbesserung, Städtebauveränderungen, Verkehrsplanung)
2. Mitarbeit in Bürgervereinen (Zielsetzungen: Humanisierung von Wohn- und Erholungsstätten, Verschönerung von Städten und Gemeinden, Denkmal- und sogenannte Brauchtumspflege)
3. Mitarbeit in Organen der Selbstverwaltung (z. B. bei Handwerkskammern, Industrie- und Handelskammern, Landwirtschaft, bei Gewerkschaften und Verbänden aller Art, wobei insbesondere Möglichkeiten der Hilfe der Aus- und Weiterbildung unterstrichen werden müssen.)
4. Mitarbeit in Betriebs- oder Personalräten (Zielsetzung: Humanisierung der Arbeitswelt, Mitwirkung und Mitentscheidung bei Grundsatzfragen in Betrieben und Unternehmen)
5. Mitarbeit in einzelnen Betätigungsgruppen von Betrieben (zu denken an: Betriebssport, Betriebskultur, unternehmerische Selbsthilfe, Mitarbeit bei der Kontaktpflege zwischen Betrieben und Behörden und Verbänden)
6. Mitarbeit in Vereinen und Clubs (Übernahme von Ämtern, Entwicklung von neuen Tätigkeitsbereichen)

7. Mitarbeit bei politischen Parteien (als Amtsträger und Beteiligung in staatspolitischer Hinsicht)
8. Auseinandersetzung mit der Ausländerproblematik (Grundlage und Zielsetzung: wissenschaftlich, pädagogisch, praktisch)
9. Mitarbeit in den Einrichtungen der Aus- und Weiterbildung (Zielsetzung: aktiv als Lehrender, passiv als Lernender)
10. Sonderformen der individuellen Betätigung in der Gemeinschaft (Zielsetzung religiöser und kirchlicher Art, bei meditativen Zentren und sogenannten Sekten, bei Kirchenräten, Pfarrgemeinden, in der Diakonie und anderem)

Nicht zu vergessen aber schließlich das weite Feld künstlerischer individueller Betätigung: Dies kommt sowohl zum Ausdruck im artistischen wie aber auch im sogenannten Brauchtumsbereich (als Kölner Autor denke ich daran, daß die Mitarbeit bei Faschings- und Karnevalsveranstaltungen durchaus eine Form der Selbstverwirklichung sein kann und ist).
Zwei Gesichtspunkte sind dabei herauszustellen:

1. Es könnten und sollen solche Betätigungsmöglichkeiten und Formen gefunden werden, die einen geringen finanziellen Aufwand erforderlich machen.
2. Es kann sich nur um Eigenverwirklichung handeln, um Selbstverwirklichung, denn nur sie ist in der Lage, Entfremdung des Menschen in der modernen technologischen Welt zu überwinden und anstelle der bisher weithin nicht befriedigenden Berufsarbeit Selbstbestätigung zu finden.

Wir haben festgestelt: Alternatives Leben, alternative Lebensführung kann kein Ersatz für sinnerfolgte Tätigkeit sein. Das heißt jedoch nicht: Der immer lauter werdende Ruf »zurück zur Natur« hat durchaus keine Wege und Akzente zur sinnerfüllten Umsetzung, denken wir an den Bereich Naturschutz, denken wir an den Bereich der Wildhege, denken wir an den Bereich der Wildpflege und im Rahmen des Maßes Jagen.
(Wenn das Bewandern der Bundesrepublik durch den Bundespräsidenten ein so großer Erfolg wurde, so liegt es daran, daß auch Wandern immer stärker und immer häufiger als eine normale, naturgemäße und sinnerfüllende Form der Betätigung angesehen wird.)

Wandern, das ist die eine, traditionelle und überkommen tradierte Form der Betätigung, aber die moderne Welt kennt darüber hinaus als Folge der Emanzipation auch andere sinnvolle Betätigungsmöglichkeiten. Wir finden Betätigungsmöglichkeiten weithin in einem Rollentausch unter den Geschlechtern, d. h. der Mann übernimmt und kann übernehmen die Rolle der Frau oder umgekehrt. Warum nicht stärker als bisher Männer bei der Kinderbetreuung, der Kinderpflege, der Haushaltsführung, warum aber nicht auch umgekehrt: Frauen übernehmen die Rolle des Mannes bei der Wartung des so geliebten Autos, bei der Wartung von Elektrogeräten und ähnlichem?

Selbstverwirklichung des Menschen ist aber auch möglich mit Hilfe der von uns allen immer wieder beschworenen Rückkehr zu alten, mittelalterlichen Formen sinnvoller Art: handwerkliche und künstlerische Betätigung. Handwerklich gibt es Betätigung in der Tat von A–Z, wobei *A* für *»Anstreichen« steht und* Z für *»Zupacken«* in des Wortes wahrer Bedeutung à la »Zupackens-Künstler« Christo, nachdem wir Dinge, die uns nicht viel sagen, die wir aber einfach durch Folien dem Blick entziehen, und so unserem Protest gegenüber »Entartungen« der Moderne entsprechen.

Je stärker die Welt zusammenwächst, je größer die Möglichkeit des Kennenlernens auch fremder Kontinente wächst, um so stärker wurden aber auch Formen der Betätigung, die uns aus Asien »zufielen«. Denken wir nur daran, daß das Autogene Training, daß die Meditation, die Pflege der Hausmusik und die Pflege des Theaterspiels und andere künstlerische Betätigungen sowohl Betätigungen sind, die uns aus dem eigenen Kulturkreis zufielen, als auch solche, die uns aus asiatischen Bereichen überkommen wurden. Ausklammern wollen wir, ohne es nicht ganz unerwähnt zu lassen, aber auch die Mär von jener Hausfrau, die entweder oder tatsächlich die ganztätige oder teilweise Prostitution betreibt. Aber andererseits müssen wir auf einen Punkt immer wieder hinweisen, weil er zum Modernen geradezu gehört, ich meine das Hobby. Kein Fragebogen, kein Gespräch, in dem nicht die Rede auf das Hobby kommt, und wer von uns hat nicht ein Hobby, es sei denn, das Hobby, kein Hobby zu haben, aber auch die Formen spielerischer, sinnvoller Betätigung, denken wir nur an das Photographieren, das Zeichnen, das Malen im

Zeitalter des Video-Cassetten-Recorders. Nicht zu vergessen aber Sport in aktiver und häufiger noch in passiver Form.

Gerechtigkeitskämpfer

Es wäre eine sträfliche Unterlassungssünde, wenn wir nicht auf die Betätigungsmöglichkeiten hinwiesen, die sich gerade aus der technologischen Entwicklung ergeben, die Ausnutzung der Kommunikationsformen, die uns in Zukunft stärker noch als bisher der Bildschirmtext, das Bildtelefon, das Fernsehen, aber auch das sogenannte Dampfradio berühren. Aber auch die Zeitung als Kommunikationsmittel gibt zahlreiche Möglichkeiten zur Selbstverwirklichung, zur eigenen Artikulation. Denken wir nur daran, daß eine jede Zeitung Leserspalten enthält; dort können wir für das kämpfen, was wir als Gerechtigkeit sehen, während wir beim Videorecorder sogar nicht nur bei der Programmgestaltung eigene Programmierer, d. h. Regisseure sind, sondern auch Akteure sind. Nicht zu vergessen: Mit dem sogenannten Heim- oder Personal-Computer werden wir in Kürze eine Fülle von Betätigungsmöglichkeiten im Hause haben, die uns ganz neue Formen der eigenen, befriedigenden Selbstbetätigung geben.

Fassen wir zusammen: Wenn, wie jede Arbeitsmarktvoraussage immer wiederholt, es dahin kommen sollte, und das wird bis zum Ende der 80er Jahre höchstwahrscheinlich der Fall sein, daß uns die berufliche Arbeit in immer größerem Maße entweder partiell abhanden kommt, oder daß wir sie lebensaltermäßig früher aufgeben müssen oder aufgeben wollen, dann muß anstelle der *Arbeits*gesellschaft die sinnvolle *Betätigungs*gesellschaft treten. Und hier sind es wieder diejenigen, die wir als »Führungspersönlichkeiten« bezeichnen, in unserem Jargon die »Unersetzlichen«, die folgende Punkte immer wieder zu den Maximen ihrer Arbeit machen, die als Trio der modernen Industriegesellschaft angesehen werden können:

1. Jeder lebt sein eigenes persönliches Leben, hat eigene Fähigkeiten und Möglichkeiten zur Selbstverwirklichung.
2. Jeder hat irgendwo besondere persönliche, sei es künstlerische oder sprachliche oder individuelle Fähigkeiten, die es ihm ermöglichen, sowohl kreativ für sich oder andere tätig zu werden.

3. Jeder hat also Möglichkeiten zur Selbstverwirklichug, sozusagen bis zum letzten Atemzug, ob er nun im Arbeitsprozeß steht oder nicht: kreative Formen lassen sich immer wieder finden, sofern wir die Beispiele, die »Kreative« uns vormachen, nachmachen.

Zusammenfassung: Die bisherige Arbeitsgesellschaft wird also weitgehende Wandlungen erfahren müssen. Wir haben heute und werden es immer wieder haben: ein »oben« und »unten« in jeder Gesellschaftsform. So wird das Commersche Fünfeck auch heute wieder zum Zuge kommen: Leader, die beruflich oder bei Betätigungen die Führungsposition einnehmen, es wird immer wieder Aussteiger geben, die früher als Nieten bezeichnet wurden. Die größte Zahl wird die Zahl der sogenannten Billardkugeln bleiben, die auf Initiative von anderen handeln. Sie sind im übrigen die problematischste Gruppe, sie sind diejenigen, die über eine zu geringe und keinerlei Berufserfahrung und Ausbildung verfügen und im Grunde das Sorgenkind der modernen Arbeits- und Betätigungsgesellschaft sind – diejenigen, von denen wir als einer »Glotzgesellschaft« vor dem Fernsehen reden können, und das sind diejenigen, die auf die Hilfe der immer weiter wichtiger bleibenden »Unersetzlichen« angewiesen sind.
Schließlich aber ist festzustellen: Eine Schicht, die wir als Führungs-Eliteschicht bezeichnen, hat als Unersetzliche die Gabe, sich durch folgendes auszuzeichnen:

1. Engagement (Engagement im Hinblick auf die Entwicklung und den Ausbau zahlreicher Betätigungsmöglichkeiten, Engagement in der Suche zum Ausgleich der Berufsarbeit durch vielfältige Betätigungsmöglichkeiten)
2. Kreativität (Kreativität, die sich positiv auswirkt in der Findung oder Erfindung wichtiger Betätigungsmöglichkeiten sowohl im Arbeitsprozeß, aber auch außerhalb des eigentlichen Arbeitsprozesses im Privat- oder im sogenannten Hobbybereich)
3. Vorbildhaftes, als elitäre Eigenschaft im Sinne von Gide zu begreifen, wonach die Einzelnen die Welt retten werden. Sie sind auch weiterhin in unserem Arbeits-, Berufs- und Betätigungsleben die Entscheidenden, um alle Gruppen der Bevölkerung im Sinne der Betätigungsgesellschaft zu motivieren und mitzureißen.

Die moderne Elite, die wir weiterhin als die Unersetzlichen bezeichnen, ist die Schicht, die in Krisenzeiten wichtiger, ja lebenswichtiger denn je ist; diese Schicht wird für die Weiterentwicklung der Gesellschaftsform Vorreiter sein und Pionierhaftes leisten müssen. Unersetzliche werden die Hoffnungslosigkeit in Hoffnung verwandeln. Die Unersetzlichen: die Besieger der Krise, die wissen, daß dieser Satz falsch ist: »Life is xerox, you are only a copy.« Denn: auch die moderne Welt ist nicht nur Technologie, und wir sind nicht lediglich Kopien ...

Drei fatale Schwierigkeiten

Wenn auch im Computer-Zeitalter sich fast alles verändert hat, so sind doch einige Wahrheiten geblieben, wie diese: »Selbsterkenntnis ist der erste Weg zur Besserung« und »In der Kürze liegt die Würze«. Im Vollzug dieser heute noch gültigen Grundsätze darf ich nachfolgend 3 Punkte kurz zusammenfassen, die meines Erachtens für die deutschen Führungskräfte in unserer modernen Zeit sich häufig als handicap herausstellen.

»Unsicherheit ist der Preis, den wir für die Beweglichkeit zahlen«

1. UNZUREICHENDE IMMOBILITÄT

In dreifacher Hinsicht ist die fehlende Mobilität ein beständiges Handicap zur Überwindung der großen Schwierigkeiten, die den Übergang von der zweiten industriellen Revolution zur postindustriellen Periode begleiten. Diese Immobilität drückt sich in dreifacher Hinsicht aus:

Immobilität geographischer Art:
In der Bundesrepublik lehnt man im Gegensatz zur großen Beweglichkeit in den Vereinigten Staaten – z. B. Symbol Wohnmobil – weithin ab, wegen beruflichen Fort- und Weiterkommens seine Heimatstadt, erst recht seine Heimatregion zu verlassen, um in der Nähe oder in der Ferne in anderen Unternehmen oder in anderen Tätigkeiten aktiv zu werden.
Beispiel: Es ist durchaus keine Übertreibung, wenn festzustellen ist, daß beispielsweise Angestellte es weithin ablehnen, wenn sie in Bonn beheimatet sind, in Leverkusen eine Anstellung anzunehmen.

Immobilität geistiger Art:
Es besteht bei uns eine weit verbreitete Abneigung gegen Berufswechsel; eine völlig falsche Betrachtungsweise, denn in unserer heutigen Zeit ist zum anerkannten Allgemeinwissen geworden, daß wir in einem Leben in mehreren Berufen tätig sein sollten. Beispiel: Durchaus keine Seltenheit, daß in einer Unternehmung Speditionsleute es ablehnen, sich mit Fragen der Zollpolitik oder der Handelspolitik zu befassen, obwohl dies miteinander unauflöslich verbunden ist.

Grundlage rechtlicher Immobilität:
Das ist natürlich eine Umschreibung des in Deutschland weit verbreiteten Prinzips der Unkündbarkeit. Wir handeln hier nicht ganz so stark wie in Japan; immerhin gilt der Satz auch bei vielen Unternehmen: »Wer keine silbernen Löffel stiehlt, wird nicht entlassen«. Beispiele: Jeder von uns kennt die Auswirkungen des sogenannten Peter-Prinzips: wer den Höhepunkt seiner Begabung erreicht hat, wird unversetzbar und besetzt für viele Jahre eine Position, für die er ungeeignet ist, die ihm aber aus sozialen Gründen für alle Zeiten mit allen Pfründen zusteht.

> *»Wer wirklich Autorität hat, wird sich nicht scheuen, Fehler zuzugeben«*
>
> *Bertrand Russel*

2. UNDURCHLÄSSIGE HIERARCHIE (VERSTOPFUNG IN DER ORGANISATION)

Nichts ist in der sogenannten freien Wirtschaft beliebter als herabsetzende Anekdoten, Witze und Bonmots über Beamten. Wer lacht nicht über jene Bemerkung: Das Beamtenlieblingsspiel ist: Wer sich bewegt, hat verloren ...
Aber wir sollten nicht zu stark darüber lachen, denn auch bei vielen Großunternehmen ist eine verkrustete Hierarchie festzustellen, die zu einer »Verstopfung« und zu großen Nachteilen führt. Ausdrücke

die aus der Beamten-Mentalität stammen wie: Absicherung, Federführung, Mitzeichnung, Dienstweg – alle diese Begriffe finden sich auch in der Privatwirtschaft wieder. Aber auch bei Verbänden und Organisationen.
Beispiel: Die Firma XY – AG kommt nicht dazu, ein ausgewogenes Angebot bei öffentlichen Aufträgen abzugeben, weil das zuständige Vorstandsmitglied zunächst den hierfür zuständigen Direktor, der verreist oder krank ist, fragen will, und nicht den darunter in der Hierarchie befindlichen Abteilungsleiter. Anderes Beispiel: Der Verband X versäumte es, bei einer wichtigen Veranstaltung mitzuwirken, weil sein »Dienstweg« zu lang u. zu verstopft ist.

»Je humorloser ein Staat, desto höher die Vergnügungssteuer«

Markus M. Ronner

3. GRIESGRÄMIGE VERKRAMPFTHEIT

Selbst die positivsten Betrachter der deutschen Szene stimmen in diesem überein: Das Miteinander im Geschäfts-, Wirtschafts- und Staatsleben der Bundesrepublik wird weithin durch Unfreundlichkeit und Unhöflichkeit gekennzeichnet. Wir haben zwar das Wort »Betriebsklima« ständig im Munde, praktizieren es aber nicht. Die gegenseitige »Beäugung«, die gegenseitige Beobachtung, allseitiges Mißtrauen, vor allen Dingen aber das fehlende Luftkissen eines freundlichen und höflichen Miteinanders, macht das Leben bei uns nicht nur schwer, sondern manchmal unerträglich. Hierfür zwei Beispiele:
Wer in der Bundesrepublik freundlich ist, von dem wird vermutet, daß er etwas Unpassendes, Unziemliches und Ungewöhnliches will.
Beispiel: Der junge Mitarbeiter, der einen freundlichen Umgang mit den Vorzimmerdamen pflegt, kommt häufig in den Geruch, ein Radfahrer zu sein.
Beispiel zwei: Der ältere Mitarbeiter zwischen 45 und 60, der höflich

ist, will dadurch vielleicht den Ruf von »alten Eisen« oder gar Senilität überspielen und sich gar unziemlich mit jüngeren Mitarbeiterinnen einlassen.
Wer bei uns Fehler zugibt – wird als »dumm« bezeichnet. Wer sagt, einen Fehler gemacht zu haben, oder gar irgendwann einmal leicht straffällig geworden zu sein, stellt sich selbst ins Abseits.
Beispiele aus dem deutschen Alltag gibt es überall jeden Tag. Wer kennt Vorstandsmitglieder, Minister, Staatssekretäre, Verbandsgeschäftsführer, die je zugeben, daß sie einen Fehler gemacht haben? Gibt es einen unter diesen, der wüßte, das gerade dies sich besonders gut »macht« ...

IV. Drei Schlußlichter

Wie fast jeder von uns bin auch ich darüber immer wieder enttäuscht, wenn viele Sachbücher abrupt, ohne Zusammenfassung enden, so daß noch so gute, noch so kreative und vor allem beherzigenswerte Gedanken und Vorstellungen buchstäblich verpuffen. Deshalb und aus eigener bitterer Erfahrung hier drei Schluß-Lichter, die nicht nur den Versuch einer Zusammenfassung dieses Buches darstellen, sondern eine Art Einhämmerungstrilogie für jeden modernen Berufstätigen in dieser Zeit der, so hoch muß gegriffen werden, *Zeitenwende* darstellen:

Unsere Lage: Keiner kann und darf sich der Illusion hingeben, daß wir in unserem Leben alle nur *einen* Job, *einen* Beruf ausüben können. Die uns wahrscheinlich jahrlang begleitende strukturelle Arbeitslosigkeit erheischt Veränderungen im Verhalten eines jeden von uns. Mehr denn je gilt das Wort des ersten Bundeskanzlers Dr. Konrad Adenauer: DIE LAGE WAR NOCH NIE SO ERNST.

Unsere Schlußfolgerung: Keiner kann und darf daran vorbeisehen, daß wir die Chancen und Risiken für unsere Berufssituation in jedem Augenblick abwägen müssen. Und so bleibt es auch für Zögernde gerade lebenserhaltendes Gebot, sich auch beruflich ständig nach neuen Möglichkeiten umzusehen. Pierre Mendèz-France hatte Recht, als er ständig einschärfte: KLUGES LEBEN HEISST: ENTSCHEIDEN.

Unsere Aussicht: So nüchtern wir alle unsere Lage und die Notwendigkeit häufiger Entscheidungen in unserem Leben erkennen und daraus Konsequenzen ziehen sollten, fatal wäre lähmender Pessimismus. Selbst der pessimistischste deutsche Denker Schoppenhauer hat gesagt: DAS SCHLIMME BRAUCHT NICHT IMMER EINZUTRETEN!

V. Anhang: Zwei Beispiele aus der Praxis

Abstrakte Forderungen nach Kreativität und Innovation sind zwar theoretisch nützlich, wichtig sind aber nur in der Praxis bewährte Realisationen. Hiervon soll nachfolgend die Rede sein. Ein Fall besonderer Art: Teilprogramme für den Messebau von

Alfons Neuhaus

Die Fa. Alfons Neuhaus ist ein Beispiel für die praktische Verwertung kreativer Einfälle, auch auf Gebieten, die ausgefallen sind: ich meine die Betreuung von Messeständen. Der Fa. Alfons Neuhaus ist es gelungen, ein eigenes Normenteilprogramm für den Messebau auf den Markt zu bringen. Die Firma zielt dabei nicht darauf ab, mit diesem Fabrikat aus Aluminium-Bauelementen jeden Messestand zu ermöglichen. Das Neuhaus'sche Bestreben ist dabei, den Wünschen der Kunden gerecht zu werden und nicht in erster Linie das eigene Normenteilprogramm zu verkaufen. Dabei reicht das Programm so weit, daß Neuhaus zusammen mit einem schwedischen Unternehmen Container-Programme entwickelt hat, bei dem die Messestände als Container konzipiert und gefertigt werden. Aber selbst diese Behälter können nicht jeden Kunden zufriedenstellen, der »mobile Messe-Einheiten« wünscht. So entwickelte Neuhaus als Einzelanfertigungen für die Eisen- und Metall-AG in Gelsenkirchen – auch dies ein Zeichen besonderer Innovationsfähigkeit – besondere Messestände, die sich zwar auch auf Lastwagen und Bahn verladen lassen, die aber nichts mehr mit den Standardcontainermaßen zu tun haben.
Oberstes Prinzip ist dabei für Neuhaus, durch die Fülle eigener »software« im Messebau die Wünsche der Kunden maßgeschneidert zu erfüllen. Natürlich räumt Neuhaus ein: Ohne hardware geht es nicht. Dabei handelt es sich für ihn durchaus nicht nur um Materielles. So legitim dies auch sein mag, der Verzicht auf Hardware und die ausschließliche Konzentration auf Ideen, also auf software – wertete

Neuhaus nämlich auch als Gefahr, in den luftleeren Raum abzugleiten und am Kunden vorbeizuplanen.
Welche Risiken von Zeit zu Zeit in der software liegen, erlebte Neuhaus vor einiger Zeit auf schmerzliche Weise. Für die Solinger-Schneidwaren-Industrie war ein Messeflug nach Nah- und Fernost geplant. Die Arbeit reichte von der Routenplanung über den Umbau des Jets zum fliegenden Messestand bis zur Hotelunterbringung der Teilnehmer. Als es schließlich losgehen sollte, häuften sich Terroranschläge. Höhere Gewalt hatte fast über Nacht den Bilanzgewinn mehrerer Jahre aufgezehrt. Neuhaus hatte stets eine gewisse Vorliebe für die Arbeit im Ausland. So folgte auf die Starthilfe für japanische Unternehmen in Düsseldorf bis zur Mitunterschrift unter den Mietvertrag – eine Reihe deutscher Messebauten in Tokio, an deutschen Industrieausstellungen in Peking, Moskau. U. a. war er darüber hinaus genau so beteiligt wie an ähnlichen Veranstaltungen in Nah-, Ost oder Mittelsüdamerika. Interessant ist, welchen Kundenkreis Neuhaus hat. Der Fächer ist weit gefaßt: Bundespost, Bundesbahn, die VAW-Firmengruppe, die Touristik Union International (TUI) und weitere Großunternehmen.

Alfred Rollinger

Innovationen aus der Sicht eines multinationalen Unternehmens. Hierzu gibt Alfred Rollinger, Aachen, seine persönliche Meinung.

1. Die Öffnung der Märkte

Die Entwicklung der letzten Jahre hat gezeigt, daß unsere Märkte die Tendenz haben, sich international ständig auszuweiten. War die Konkurrenzsituation in den ersten Nachkriegsjahren auf eine überschaubare, oft regional gebundene Anzahl von Anbietern beschränkt, so hat sie sich in den letzten Jahrzehnten ständig ausgeweitet zu einer fast unüberschaubaren Anzahl konkurrierender Anbieter, deren Standorte weit über das Nationale oder Europäische hinaus weltweit verstreut sind. Zu dieser Entwicklung hat zweifellos der ständige Export von Know-How und die wachsende Finanzierungskraft zur Erstellung eigener Produktionsanlagen in den Ländern mit wachsendem Industrialisierungsgrad beigetragen.

2. Strategische Überlegungen: Innovationen

Zunehmende Transparenz der Märkte und Standortnachteile können nur durch Produktdifferenzierung kompensiert werden. Mit anderen Worten – es wird notwendig sein, im Wettbewerbsgeschehen einen technischen Vorsprung geltend zu machen. Dies führt zu einer Verlagerung vom quantitativen zum qualitativen Wettbewerb, bei dem das Produkt funktional so aufgewertet wird, daß es entweder einen höheren Preis rechtfertigt oder zum gültigen Marktpreis mit besseren Funktionen ausgestattet ist.
Wie ist dieses Ziel zu erreichen? Nach Auffassung der Marketing-Experten ist ein solches Ziel nur durch die Kombination vielfältiger Faktoren zu erreichen. Einer dieser Parameter ist die Bedeutung, die man der Forschung und Entwicklung beimißt. Durch genaue Funktionsanalyse des Fertigprodukts und durch ständige wertanalytische Betrachtung des Herstellungsprozesses werden Produktionsfortschritte vorgeplant. Kybernetische Regelkreise sorgen bei einer Minimierung des Produktionsfaktors Arbeit für eine konstante Qualität des Produktes. Aber nicht nur die Kostenminimierung im Produktionsprozeß, sondern auch die Straffung der Organisation und die Pflege der sozio-kulturellen Umwelt des Unternehmens sind wichtig, letzteres im Konkurrenzkampf mit japanischen Herstellern. Es ist heute möglich, den Automatisierungsgrad der Anlagen so weit voranzutreiben, daß die Kosten der Herstellung eines Produktes absolut vergleichbar oder sogar günstiger als die der japanischen Konkurrenten sind. Was aber nicht ohne weiteres übertragbar ist, sind Arbeitsmotivation, Zusammenarbeit und Qualitätsbewußtsein der japanischen Arbeiter. Hier liegt eine wesentliche Aufgabe der strategischen Unternehmensplanung der nächsten Jahre, auf unsere Gesellschaftsordnung angepaßte Alternativlösungen auszuarbeiten, um den kostenmäßigen Wettbewerbsvorsprung japanischer Unternehmer wettzumachen.

R. G. Waldeck

Venus am Abendhimmel

Talleyrands letzte Geliebte

Roman

Deutsch von Maria Wolff

rororo

Rowohlt

Die Originalausgabe erschien unter dem Titel
«Lustre in the Sky» bei Doubleday & Co, New York
Umschlaggestaltung Susanne Müller
(Reproduktion des Umschlagbildes
nach einem im Besitz des Comte de Castellane
befindlichen Gemälde der Dorothée de Périgord/
Réalités, photo Pétrémand)

Veröffentlicht im Rowohlt Taschenbuch Verlag GmbH,
Reinbek bei Hamburg, Juli 1996

Satz Bembo (Linotronic 505)
Gesamtherstellung Clausen & Bosse, Leck
Printed in Germany
1690-ISBN 3 499 13915 4

Personen der Handlung

Charles Maurice, Fürst von Talleyrand, Fürst von Bénévent, Exbischof von Autun, vormals Abbé de Périgord	*französischer Minister des Auswärtigen und Erster Bevollmächtigter beim Wiener Kongreß*
Emmerich, Herzog von Dalberg Alexis, Graf de Noailles Marquis de la Tour du Pin	*französische Bevollmächtigte beim Kongreß*
Graf de la Besnardière	*hoher Beamter des französischen Auswärtigen Amts*
Courtiade	*Talleyrands Kammerdiener*
Carême	*Talleyrands Küchenchef*
Dorothea, Gräfin de Périgord, geb. Prinzessin von Kurland	*Gattin von Talleyrands Neffen und Erben Graf Edmond de Périgord*
Anja	*ihre Zofe*
Louise, Gräfin de Brionne, Prinzessin von Lothringen, geb. Prinzessin von Rohan-Montauban	*eine französische Refugié-Dame*
Charles, Prinz Lambesk	*ihr Urenkel*
Franzl	*ein Wiener Fiakerkutscher*
Baron Hager	*Chef der österreichischen Geheimpolizei*
Franz I. Kaiser von Österreich	*der Gastgeber des Kongresses*
Baron Friedrich von Oheimb	*ein deutscher Dichter*
Charles Joseph, Fürst de Ligne	*österreichischer Feldmarschall*
Kardinal Consalvi	*Bevollmächtigter des Heiligen Stuhls beim Kongreß*

Wilhelm von Humboldt	*Staatsmann und Schriftsteller, preußischer Bevollmächtigter beim Kongreß*
Daniel H. Sturgis	*ein junger Amerikaner*
Capitaine de Fréjus	*französischer Offizier*
Die Theres	*eine Wiener Handschuhmacherin*
Alexander I.	*Zar von Rußland*
Friedrich Wilhelm III.	*König von Preußen*
Wilhelmine, Herzogin von Sagan Pauline, von Hohen-zollern-Hechingen Jeanne, Herzogin d'Acerenza	*Dorotheas Schwestern*
Graf Schulenburg	*sächsischer Diplomat*
Graf Labrador	*spanischer Staatsmann und Bevollmächtigter beim Kongreß*
Fürst Adam Czartoryski	*polnischer Staatsmann*
Fürst Clemens Metternich	*österreichischer Kanzler*
Karl August, Fürst Hardenberg	*preußischer Staatsmann und Bevollmächtigter beim Kongreß*
Lord Castlereagh (Robert Stewart, zweiter Marquis von Londonderry)	*britischer Außenminister und Bevollmächtigter beim Kongreß*
Karl Robert, Graf Nesselrode	*russischer Außenminister und Bevollmächtigter beim Kongreß*
Friedrich von Gentz	*politischer Schriftsteller, Metternichs Pressechef und Sekretär des Kongresses*
Anna Dorothea, Herzogin von Kurland, geb. Gräfin Medem	*Dorotheas Mutter*
Mlles. Bigotini, Aimée und Petit	*französische Tänzerinnen*
Graf Razumoffsky	*russischer Botschafter in Wien und Bevollmächtigter beim Kongreß*

Maria Ludovica, Kaiserin von Österreich	*Gattin Franz' I.*
Baron de Ménéval	*Sekretär Napoleons und Marie Luises*
Madame de Montesquiou	*Gouvernante Napoleons II.*
Napoleon II., Exkönig von Rom, Prinz von Parma	*Sohn Napoleons I. und Marie Luises*
Marie Luise, Exkaiserin von Frankreich, Erzherzogin von Österreich, Herzogin von Parma	*Tochter Franz' I. von Österreich und Gattin Napoleons I.*
Dr. Koreff	*ein berühmter Arzt*
Herzog von Wellington	*britischer General und Staatsmann*
Casimir, Graf de Montrond	*Freund Talleyrands*

Prolog

Die Sonne versank als rote Scheibe im Fluß, als ein Wagen vor dem schönen Palais vorfuhr, das die französische Botschaft beherbergte. Ein älterer distinguierter Herr im Reiseanzug stieg heraus. Er hatte hohe Backenknochen, eine etwas anmaßende Stupsnase und einen verschwiegenen, sinnlichen Mund. Alles an diesem Gesicht wirkte blaß: die gespannte, pergamentartige Haut, die schläfrigen, saphirfarbenen Augen unter den zu schweren Lidern, die dichten Augenbrauen, die sie beschatteten.

Der Herr sagte etwas zu den Dienern und Sekretären, die herbeigeeilt kamen, um ihn zu begrüßen. Dann wandte er sich zurück, um einer jungen Frau aus dem Wagen zu helfen. Sie trug ein mit Zobel verbrämtes graues Complet und war jung und sehr schön. Das zarte Oval ihres kleinen Gesichtes wurde durch die modische Lockenfrisur betont, ihre kleine, leicht gebogene Nase war fein gemeißelt; ihr voller, schmollender, karmesinroter Mund erinnerte an zerdrückten Mohn.

Der Herr sah ihr lächelnd in die Augen. Ungewöhnlich große Augen, weit auseinanderstehend und leuchtend. Eigentlich waren sie blau, aber der dunkle Ring um die Iris war so groß, daß sie eher schwarz wirkten, mit einem blauen Schimmer. «Nun, meine Liebe», sagte der Herr mit einer sanften, intimen Stimme, «hier wären wir, und von hier aus werden wir Europa verführen müssen, Sie und ich.»

Sie lachte. «Europa verführen? Ich will doch nicht, daß mich ein ganzer Kontinent liebt, sondern nur ein einziger Mann.»

Indem sie einen Faden Altweibersommer von ihrer Wange blies, nahm sie rasch seinen Arm, und gemeinsam gingen sie auf die hohe, schmiedeiserne Tür zu. Den Neugierigen, die sich auf der Straße angesammelt hatten, boten sie ein Schauspiel der Gegensätze, das noch erhöht wurde durch die Eleganz, die beide auszeichnete. Seine Größe ließ ihre Erscheinung besonders klein und schwerelos wirken, und während sie sich mit lebhafter Bestimmtheit bewegte, verlieh ein leichtes Hinken seinem Gang etwas lässig Verhaltenes. Außerdem war er alt, und sie war sehr jung...

Es war ein warmer, feuchter Herbsttag gewesen. Zeitweise waren die rebenbewachsenen Hügel rings um die Stadt vom Nebel verhüllt, dann wieder peitschte ein heftiger Regenguß schräg über das Pflaster und verwandelte die Fahnen, die von vielen Fenstern wehten, in traurige Lappen. Aber gegen Abend klarte es auf, und die untergehende Sonne spiegelte sich als purpurner Ball im schmutzigen Wasser des Flusses, verlieh der grauen, durchbrochenen Fassade des gotischen Doms einen rosigen Schimmer, belebte das goldene Laub des Parks und liebkoste den flimmernden Palast, der am Horizont zu schweben schien. In diesem Augenblick entsprach die Stadt dem Phantasiebild, das Tausende von Menschen in ihrem Herzen trugen, für die die Stadt das «neue Jerusalem eines neuen Zeitalters» war: Hier nämlich sollte die Friedenskonferenz stattfinden.

Denn endlich war der Krieg vorüber. Er hatte plötzlich aufgehört, wie das bei großen Kriegen der Fall ist. Der Diktator, der seinen kolossalen Schatten über Königreiche und Nationen geworfen hatte, war besiegt. Die wissenschaftlich und genial ausgedachte Organisation der Gewalt, die er im rasenden Lauf seiner Macht den Völkern aufgezwungen hatte, war innerhalb weniger Tage zerbröckelt. Europa war wie ein Reiter, der vom durchgehenden Pferd abgeworfen wurde; behutsam versuchte es sein beschädigtes und verwundetes Selbst wiederaufzurichten und entdeckte zu seiner größten Verwunderung, daß es noch am Leben war. Lebendig, aber erschöpft und zutiefst an sich selbst zweifelnd.

Die große Leere, die dem System der Tyrannei gefolgt war, war nicht überzeugend. Die Menschen verlangten nach einer neuen Ordnung, die ihnen erlauben würde, wieder wie Menschen zu leben, ohne vor den erschreckenden Launen eines Angreifers zittern zu müssen; einer Ordnung, die, wie sich ein alliierter Herrscher ausdrückte, sich auf die größte moralische Macht, die Tugend, gründete.

Diese neue Ordnung aufzubauen war die Aufgabe der bevorstehenden Friedenskonferenz. Es war eine gigantische Aufgabe.

Alte Rivalitäten sollten ausgeglichen, die Schuldigen bestraft, die Bewährten belohnt werden; ebenso waren auch die nicht ganz Zuverlässigen, denen man in gewissen Krisenaugenblicken des großen Spieles Versprechungen gemacht hatte, zu beachten, und überall zeigte sich neuer Konfliktstoff. Die geschlagene Angreifernation mußte ständig unter Kontrolle gehalten werden; der Geist der Revolution, aus welchem der Diktator eine so furchtbare Angriffswaffe geschmiedet hatte, war aus dem politischen Leben Europas auszumerzen. Mittel und Wege mußten gefunden werden, um eine Wiederkehr aller der Übel, unter denen diese unglückliche Generation so schwer gelitten hatte, zu verhindern und ein für allemal die Wiederauferstehung des Geistes der Gewalt unmöglich zu machen.

Die Phantasie jedes denkenden Menschen war hingerissen von der Größe, Schönheit und den Möglichkeiten dieses Unternehmens, und die Gebete und Hoffnungen des ganzen weißgebluteten Kontinents suchten die Stadt, in der über das Schicksal Europas entschieden werden sollte. Es war eine liebliche Stadt. Dennoch trug auch sie die Kennzeichen der allgemeinen Verarmung, wie sie Krieg und Kontinentalsperre dem ganzen Kontinent gebracht hatten, und die kleinen Leute, die da lebten, waren weniger von der hohen Ehre der Gegenwart so vieler Fürstlichkeiten und Diplomaten beeindruckt als vielmehr durch das ständige Steigen der Lebenshaltungskosten. Die Preise für Lebensmittel verdoppelten und verdreifachten sich. Brathühner, die Spezialität der Stadt, waren nur noch um phantastische Summen zu haben. Zusammen mit der Verknappung aller Waren schuf die plötzliche große Nachfrage nach Bettzeug, Möbeln und Geschirr einen blühenden Schwarzmarkthandel. Die Hauptverdiener aus dieser Friedenskonferenz waren freilich die Wohnungsvermieter. Viele Jahre lang hatte der private Wohnungsbau fast völlig gestockt, und jeder Raum fand jetzt seinen Abnehmer; die elendeste Kammer erbrachte märchenhafte Mieten. Man schätzte, daß innerhalb von vier Monaten alle Hypotheken würden abgestoßen werden können.

Die Lage wäre nicht halb so schlimm gewesen, hätte die überfüllte Stadt nur die aufzunehmen brauchen, die tatsächlich amtlich mit dem Kongreß zu tun hatten. So aber waren die offiziellen Delegationen sogar noch in der Minderheit. Auf jeden Staatsmann, jeden politischen Führer, jeden Exilkönig, der ein Stück Land, einen Schadenersatz oder eine Krone zu erlangen hoffte, kam ein Vielfaches an Gaffern, Abenteurern und Glücksjägern, die hier die große Chance ihres Lebens witterten. Der Abschaum von ganz Europa drängte sich zu der Konferenz zusammen mit der Creme der Gesellschaft.

Es gab da jede Art von Frauen: große Damen, die nichts wollten als die Egeria eines Staatsmanns zu spielen; leichte Damen, die nichts wollten als sich einen Exkönig zu erjagen; geistreiche Damen, die nichts als Liebe wollten; schöne Damen, die nichts als politische Intrige wollten; tugendhafte Damen, die alles wollten und den Himmel obendrein.

An diesem Abend war die Friedenskonferenz noch nicht offiziell eröffnet worden, und doch summte die Stadt schon vor Wichtigkeit. Es war bekannt, daß der fähige britische Bevollmächtigte an diesem Nachmittag eine Unterredung mit den zwei berühmten und gelehrten Preußen über die Gestaltung Deutschlands hatte. Die kleine, aber beredte jüdische Kommission hatte ein kritisches Memorandum herausgeschickt. Ein paar enteignete Fürsten, die in der großen Eroberungsflut untergegangen waren, beschwerten sich darüber, daß die «Großen Vier» ihnen die kalte Schulter zeigten, während sie einem Satelliten des Diktators schmeichelten, dessen einziges Verdienst es war, von ihm abzufallen, bevor es zu spät war. Und da waren noch die Polen. Jeder machte sich Gedanken über die Polen. Man erkannte richtig, daß die polnische Frage schicksalhaft die Konferenz bestimmen werde, und das Schlimme war, daß die Russen keinen Zweifel darüber gelassen hatten, daß Polen endgültig ihrem Machtbereich angehöre.

Der russische Herrscher wurde in wenigen Tagen in der Stadt erwartet, eine Sensation ersten Ranges, jedoch nicht für alle gleich erfreulich. Zugegeben: Russische Truppen waren es, die einem Feind, dessen Armeen als unbesiegbar galten, die ersten entscheidenden Niederlagen zugefügt hatten. Die Verdienste des russischen Herrschers an der guten Sache wurden von den alliierten Staatsmännern anerkannt, aber sie trauten ihm nicht recht. Sie fürchteten, daß seine phantastischen politischen Ideen und sein territorialer Appetit Europa von neuem aus den Fugen bringen würden.

Es war der Abend des 23. September 1814, und die Stadt war Wien.

Erster Teil

Er ist immer noch der Mann, der am besten das Jahrhundert, die Welt, die Kabinette und die Völker kennt...

(Napoleon über Talleyrand)

1

Das Palais Kaunitz in der Johannesgasse war eines der schönsten in Wien. Das massige, dreiflügelige Barockgebäude mit seinen dicken grauen Mauern hatte etwas von der Reserviertheit eines italienischen Palazzos an sich. Innen jedoch herrschte eine heitere Überschwenglichkeit, die im Jahre 1814 nicht mehr ganz modern war, eine Überschwenglichkeit, die einer Zeit vor fünfzig Jahren angehörte, als noch kein revolutionärer Gedanke den arroganten Glauben an aristokratische Privilegien angenagt hatte. Rundliche Putten trugen fröhlich Wanduhren und Kronleuchter; es gab verblaßte, himbeerrote Damastbezüge, bauchige Rosenholzkommoden und ausladende Sessel; blasse Aubussonteppiche in Rosa und Beige, die von den dunklen, eingelegten Parkettböden nur die Ränder freiließen.

Eine helle Septembersonne strömte in das üppige Schlafzimmer, das Maria Theresias großer Kanzler, Fürst Kaunitz, einst bewohnt hatte. Sie spielte auf den silbernen Ornamenten, die die zitronenfarbenen Boisserien der Wände und Türen überrankten, die hohen Fenster einfaßten, den tiefen Alkoven umrahmten, in dem das prunkvolle Bett stand.

Hinter einem lebendigen Wandschirm von graulivrierten Lakaien hervor kam auf einer Welle von Eau d'Houbigant, Ambra und heißem Haar in Brennscheren eine tiefe, schläfrige Stimme, die Stimme von Charles Maurice de Talleyrand, der erst vor wenigen Tagen Fürst von Talleyrand geworden war, aber der Welt schon lange bekannt war als Fürst von Bénévent, früher als Bischof von Autun und noch früher als Abbé von Périgord.

«Nie war ich stolzer, Frankreich zu vertreten, als jetzt», sagte Talleyrand. «Unsere Sache ist superb. Vertreten wir nicht das einzige Land auf diesem Kongreß, das nichts für sich fordert, das seinen Ruhm in seiner Mäßigung sieht?»

Diese Worte richteten sich an eine kleine Gruppe von Herren, die den Stab der französischen Mission beim Wiener Kongreß bildeten. Einheitlich gekleidet, in dunkler Hofuniform, mit hohen Kragen, Ordenssternen auf der Brust, Federhüte unter den Arm geklemmt, Degen an der Seite, saßen und standen sie umher.

«Trotzdem ist es ein besiegtes Frankreich, das wir vertreten, ein Frankreich, das seit fünfundzwanzig Jahren unter der Revolution und Bonaparte der Angreifer gewesen ist», sagte spitzig der schöne, elegante Graf von Noailles. Ein französischer Royalist, der erst vor fünf Monaten mit den Bourbonen nach Frankreich zurückgekehrt war, war er der Ansicht der Refugiés, daß Frankreich sein Schicksal verdient habe.

«Es wird Ihrer besonderen Magie bedürfen, mein Fürst», warnte der Marquis de la Tour du Pin, ein vierschrötiger Fünfziger mit einem ängstlichen und konzentrierten Ausdruck in seinem freundlichen Nußknackergesicht, als ob er fürchte, daß ihm etwas in der Unterhaltung entgehen könnte.

«Ja, nur ein Wunder kann Frankreich aus seiner furchtbaren Isolierung retten, und nur Sie, Monsieur, können dieses Wunder vollbringen», stimmte der drahtige kleine Herzog von Dalberg ein, während ein nervöses Zucken über sein scharfes Vogelgesicht lief. Abenteurer, Verschwörer und Philosoph in einer Person, galt dieser süddeutsche Aristokrat, den Napoleon zu einem französischen Herzog gemacht hatte, als eine undurchsichtige Persönlichkeit, und so sah er auch aus. In Wirklichkeit jedoch war Dalberg viel zu emotionell, zu intolerant gegen Dummheit, zu sehr Mann des Bonmots, um ein Geheimnis wahren zu können.

Talleyrand lachte in sich hinein. «Magie! Wunder! Welche Worte aus dem Munde von Staatsmännern! Ich würde mich lieber auf Prinzipien und Ideen verlassen. Lesen Sie die Instruktionen, die ich für unseren Gebrauch auf dem Kongreß ausgearbeitet habe und die Seine Majestät gegengezeichnet hat. Aus ihnen können Sie lernen, was Frankreich für Vorschläge zur Neuorganisation Europas zu machen hat – eh?» Talleyrand hatte die Angewohnheit, ein fragendes «eh» an Sätze zu hängen, die gar nicht fragend gemeint waren, als ob er den Gesprächspartner verlocken wollte, ihm zuzustimmen.

«Ehe Frankreich Vorschläge macht, müssen die französischen Bevollmächtigten an den Konferenztisch geladen werden», sagte Noailles gereizt. «Bis jetzt sind wir nur boykottiert worden. Der Kongreß ist noch nicht eröffnet, und die vier Großmächte treffen sich bereits jeden Nachmittag am Ballhausplatz, nur wir sind noch nie dazugebeten worden.»

«Sie alle machen sich viel zuviel Gedanken, meine Herren! Frankreich *wird* an den Verhandlungstisch gebeten werden», sagte Talleyrand mit Überzeugung.

Der Fürst von Talleyrand war erst am Abend vorher aus Paris eingetroffen. Nun hielt er sein erstes Lever in Wien. Die feudale Gewohnheit, bei der Morgentoilette zu empfangen, hatte eigentlich mit dem alten Regime aufgehört, aber Talleyrand hatte immer daran festgehalten. Bei seinen Levers in Paris wurden Börsengeschäfte und internationale Abkommen angebahnt, Staatsgeheimnisse, die die Welt beunruhigten, ausgeheckt und amouröse Intrigen, die am Tag darauf vergessen waren. Heute jedoch waren seine Türen für jeden – außer seinem Botschaftsstab – geschlossen. Die Reise hatte ihn ermüdet. Sechshundert Meilen in sieben Tagen, nur durch Aufenthalte in Straßburg und München unterbrochen! Obgleich seine Kuriere und Diener alles getan hatten, ihm die Strapazen einer solchen Parforcetour zu erleichtern, fühlte er sie doch immer noch in den Knochen. Auch wollte er, ehe er Fremde empfing, mehr über die Situation in Wien wissen.

Auf dem Kaminsims schlug eine Uhr, die in den Leib einer vergoldeten Venus eingelassen war, die halbe Stunde. Es war zehn Uhr dreißig. Eine weiße Wolke stieg auf. Zwei Friseure stäubten Puder über die fürstlichen Haare. Dann öffnete sich die Reihe der Lakaien: Talleyrand, in einem Petit-point-Sessel, wurde sichtbar. Bekleidet mit einem weißen, spitzenbesetzten

Batisthemd und schwarzen Atlaskniehosen, saß er da, den großen schlanken Körper lässig zurückgelehnt, eines der weißseiden bestrumpften Beine – das kranke rechte – ruhte auf einem Schemel. Es hatte eine Zeit gegeben, wo der Anblick dieses kranken Beines, ja selbst der Widerhall des ungleichen Taktes seiner Schritte auf Marmor- und Parkettböden ihn zu Tränen der Verzweiflung brachten. Aber das war nun lange vorüber. Jetzt betrachtete er dieses kranke Bein als ein belangloses Übel, außer wenn das Wetter wechselte und es ihm weh tat.

«Courtiade» – er wandte sich zu dem älteren Kammerdiener, der schon dreißig Jahre bei ihm war –, «geh zu Madame Edmond und frage, ob ich mit ihr frühstücken kann.»

«In einer Stunde etwa, Ew. Durchlaucht?»

«Ja – ungefähr in einer Stunde», sagte Talleyrand, indem er sich wie eine Katze dehnte und die Wärme der Sonne angenehm durch sein dünnes Hemd fühlte.

Talleyrand war in seinen jungen Jahren ein berückend schöner Mann gewesen. Mit seinem üppigen blonden Haar, den blauen Augen und einer weißrosigen Haut sagte man von ihm, er habe ein «Engelsgesicht, das der Geist eines Teufels belebe». Nun war seine Schönheit verwelkt und vom Leben gezeichnet, aber dadurch nicht weniger faszinierend, denn neunundfünfzig Jahre eines bewegten Lebens hatten seiner Erscheinung ihren Stempel aufgedrückt. In ihr vereinigten sich der Grandseigneur, der Abbé, der Bischof, der Revolutionär und der hohe Würdenträger. Und der Grandseigneur und der Revolutionär dominierten. So jedenfalls erschien er der Welt, die sein turbulentes «curriculum vitae» kannte: Priester wider Willen, in seinen dreißiger Jahren Bischof von Autun, beim Ausbruch der Revolution gegen die Kirche rebellierend. Bedeutendes Mitglied der gesetzgebenden Versammlung, der, während Robespierre die Aristokratie und das Königshaus guillotinieren ließ, in Amerika ein Vermögen machte. Außenminister des Direktoriums nach seiner Rückkehr nach Frankreich, 1796, der sein Schicksal an das Bonapartes, des Siegers von Rivoli, band. Es war Talleyrand, der hinter den Kulissen den 18. Brumaire plante, mit Bonaparte am Steuer des Staatsschiffes, und der zuerst des Konsuls und dann des Kaisers auswärtige Politik bestimmte. Und paradoxerweise war es wiederum Talleyrand, der, nachdem Napoleon ihn mit Ehren und Reichtümern überhäuft, ihn zum Fürsten von Bénévent und Vice-Grand-Electeur des Kaiserreiches gemacht hatte, der der gesamten Welt gegenüber der verhaßten bonapartischen Politik eng verhaftet war, nun das Frankreich Ludwigs XVIII. beim Friedenskongreß in Wien repräsentierte.

Für die Welt war dieses Leben zweideutig und skandalös. Ihm selbst jedoch erschien es völlig naturgemäß: Ein begabter Mann, der in einer krisenreichen Epoche geboren war, mußte äußerst verschlungene Wege gehen. Manchmal überlegte er, was wohl aus ihm geworden wäre, wenn er den einen Pfad statt des anderen gewählt hätte. Angenommen, er wäre Priester geblieben, so wäre er vielleicht heute Kardinal oder Papst? Oder wenn er in Amerika geblieben wäre – er hätte Präsident oder ungeheuer reich werden können. Dies war ein Spiel mit vielen Variationen, das er gern mit sich selbst spielte, ein seltsam tröstliches Spiel. Denn am Ende stellte es sich immer heraus, daß, welchen Weg er auch wählte, er immer die letzte Höhe erreicht hätte.

Talleyrands große weiße Prälatenhand, umrahmt von Brüsseler Spitzen, griff nach der goldenen Krücke seines Ebenholzstockes. «Heute morgen fiel mir etwas ein, das Bonaparte nach der Schlacht von Austerlitz zu mir sagte. Es war hier in Wien, Bonaparte war gerade aus dem Hauptquartier zurückgekommen. Jeden Augenblick wurden österreichische und russische Fahnen, Botschaften der Erzherzöge, Botschaften des Kaisers von Österreich überbracht, prominente Gefangene hereingeführt. Und plötzlich wandte sich Bonaparte mir zu und sagte: ‹Herr von Talleyrand, heute sind Sie wieder einmal ein glänzender Diplomat, denn ich habe die Schlacht gewonnen – Sie stünden weniger glänzend da, hätte ich sie verloren.›»

Die Zuhörer lachten über Talleyrands Art, die abgehackte Sprechweise und den korsischen Akzent Napoleons wiederzugeben.

«Selbst damals», fuhr Talleyrand ernst fort, «wußte ich, daß er die Sache zu einfach sah. Es ist schwieriger, sich erfolgreiche Schlachten nicht zu Kopf steigen zu lassen, als richtig zu handeln, wenn die Niederlage einem den Wind aus den Segeln genommen hat.»

«Sie haben nie das Maß verloren – weder hier noch bei anderen Gelegenheiten, Monsieur, wenn ich mich so ausdrücken darf», sagte ein großer schlanker Mann mit blutlosem Gesicht und hoher Stirne. Es war De la Besnardière, Direktor der Abteilung für politische Angelegenheiten im französischen Auswärtigen Amt und des Fürsten engster Mitarbeiter.

«Ja, ich habe immer Mäßigung empfohlen – aber Bonaparte wollte nicht hören.»

Der Satz hing eine Sekunde bedeutungsvoll in der von Eau d'Houbigant und Ambra gesättigten Luft.

Seltsam, daß die Unterhaltung sich immer wieder mit dem Mann auf Elba beschäftigte, dachte Talleyrand. Natürlich, man sprach ja seit zwanzig Jahren von nichts anderem. Es gab niemand anderen. Und obgleich sie ihn heute «Bonaparte» nannten – «Napoleon» wäre illoyal gegen den König –, in ihren Gedanken war er immer noch der Kaiser.

Auch er hatte Napoleon vergöttert, das gab er offen zu. Nie würde er den Morgen nach dem Frieden von Campoformio vergessen, als er ihn zum erstenmal sah. Welchen Zauber hatte dieser nervöse kleine Soldat mit den langen schwarzen Haaren, die ihm über Stirne und Ohren fielen, auf ihn ausgeübt. Die zwanzig Siege, die er bereits errungen hatte, paßten so gut zu seiner Jugend, seinen schönen Augen, seiner Blässe und dem erschöpften Ausdruck. Damals war Bonaparte erst 28 Jahre alt und bereits von allem Ruhm umstrahlt – dem Ruhm des Kriegers, glanzvollen Friedens, der Großmut, des Maßhaltens –, ja, damals wußte er noch Maß zu halten. Und er glaubte, Herr seines Schicksals zu sein. Napoleons eigenes, erstaunliches Vertrauen in seinen Stern gab seinen Anhängern eine erstaunliche Sicherheit. Aber später hatte Napoleon aufgehört, die Schönheit des Maßhaltens zu pflegen. Und darum mußte er, zur Rettung Frankreichs, zur Rettung Europas, vernichtet werden. Er, Talleyrand, der als erster Napoleons Fähigkeiten erkannte, war auch der erste, der sah, daß er vernichtet werden müsse. Er machte sich zum Haupt der antinapoleonischen Bewegung, die ihre vorsichtige und geheime Arbeit im Jahre 1805 begann. Aber erst in Erfurt, im Jahre 1808, als die Fürsten Europas vor Napoleon in Demut wetteiferten – als jeder den sehen, sich dem nähern wollte, der

Throne austeilte, der Furcht und Hoffnung spendete –, damals in Erfurt war es, wo er unter den verzagten Alliierten Napoleons den Geist des Widerstandes zu wecken und zu schüren begann. Freimütig hatte er dem verblüfften Zaren Alexander erklärt, daß man etwas unternehmen sollte, ehe das einstürzende Gebäude des Kaiserreichs Frankreich und ganz Europa unter seinen Trümmern begrübe.

Talleyrand seufzte. Die dummen Leute, die ihn einen Verräter nannten, weil er von Erfurt an für die russische Regierung arbeitete, um den Untergang Napoleons und seiner Politik im geheimen vorzubereiten, während er nach außen hin dem Ruhm des Kaisers diente. Wie hätte er sonst handeln können? Die Diktatur machte ja jede legitime Operation unmöglich. Einem Staatsmann, der den Untergang Frankreichs voraussah, blieb keine andere Wahl, als mit dem Feind zu konspirieren. «Verrat ist edel, wenn er gegen die Tyrannen geht», hatte Corneille einmal gesagt. Es stimmte nicht, wenn man ihm nachsagte, daß er Napoleon verraten habe. Napoleon hatte sich in dem Augenblick, wo er die Maßstäbe verlor, selbst verraten. Schon seit Marengo und Hohenlinden hatte er Napoleon vor diesen demütigenden Friedensschlüssen gewarnt, die aus geschlagenen Feinden unverläßliche Alliierte machten. Immer hatte er ihm die zwei großen Grundsätze der französischen Außenpolitik gepredigt: Frankreich innerhalb seiner natürlichen Grenzen gesund und stark zu erhalten und Europa nicht übermäßig zu demütigen, damit man ihm sein Glück und seinen Ruhm vergeben könne. Seine Warnungen waren vergeblich gewesen. Deswegen saß er jetzt hier und hatte ein besiegtes Frankreich auf dem großen Kongreß zu vertreten.

«Die Frau Gräfin erwartet Seine Durchlaucht, sobald es ihm möglich sei. Sie sei halb verhungert», meldete Courtiade mit ernster Stimme und stellte eine Tasse Kamillentee neben den Fürsten auf den Tisch.

«Halb verhungert – eh?» sagte Talleyrand schmunzelnd. Er liebte Frauen, die mit Genuß aßen – vorausgesetzt natürlich, daß sie nicht fett wurden, wie Mme. de Talleyrand. Aber er verscheuchte schnell den Gedanken an die arme Dame. Die zierliche, schlanke Dorothée würde niemals fett werden. Einen Augenblick spielte er mit der Idee, das Lever abzukürzen und sofort zu ihr zu gehen. Männer langweilten ihn leicht, aber Frauen amüsierten ihn immer, seine besten Freunde waren immer Frauen gewesen.

Aber mit einigem Bedauern stellte er fest, daß jetzt nicht der Moment für Frivolität war. Seine jungen Herren brauchten dringend seinen Rat und seinen Trost an diesem seinem ersten Morgen in Wien. Wenn er an seinen Stab dachte, so waren es immer «seine jungen Herren», obgleich drei von ihnen, Dalberg, Noailles und La Tour du Pin, Gesandte und rangmäßig ihm gleichgestellt waren. Nur Noailles war jung. Über den Rand seiner Teetasse hinweg sah er sie wohlwollend an. Sie waren gute Jungen, aber zu weich. Eine Woche länger als er in Wien – und schon waren sie zu Defätisten geworden, sahen Frankreichs Lage als hoffnungslos an und dachten, daß nur er diese retten könnte. Es war zwar schmeichelhaft, für seine Mitarbeiter ein Übermensch zu sein, aber mühsam.

Seine Mitarbeiter waren immer durchs Feuer für ihn gegangen. Napoleon pflegte sich darüber zu wundern. Und natürlich hatte er sich seine Leute für Wien genau auf ihre Loyalität angesehen.

Da war, zum Beispiel, der bittere, geistreiche Dalberg, ein Nachkomme jener legendären Ersten Barone des Heiligen Römischen Reichs. Obwohl ein Günstling Napoleons, der ihn mit Ehren und Reichtümern überschüttete, hatte er doch unter seiner Nase gegen ihn konspiriert, aber ihn, Talleyrand, liebte er mit unwandelbarer Ergebenheit.

Auch der häßliche La Tour du Pin liebte ihn. Ihre Freundschaft ging zurück bis zu ihrem gemeinsamen Exil in den Staaten. Und als Napoleon sich später bemühte, die alte Aristokratie mit dem neuen Regime zu versöhnen, bekleidete La Tour du Pin verschiedene diplomatische Posten, obwohl er im Herzen ein Royalist blieb.

Es war nur zu offenbar, daß Alexis de Noailles nicht viel von La Tour du Pins Royalismus hielt. Jetzt, wo die Bourbonen auf ihren Thron zurückgekehrt waren, nahmen diese französischen Aristokraten, die sich nie von Napoleon hatten locken lassen, kein Blatt vor den Mund. Aber es bestand ein besonderer

Grund, warum er Noailles nach Wien mitgenommen hatte. Er brauchte jemanden, der ihn selber ausspionierte. Ludwig XVIII. traute ihm nicht recht und würde ihn auf alle Fälle beobachten lassen. Es war sicherer, sich seinen Spion selber auszusuchen. Noailles, der Adjutant von Monsieur, war der rechte Mann.

La Besnardière, der einzige Berufsdiplomat in der Gruppe, war der Zuverlässigste. Talleyrand selbst hatte ihn vor zwanzig Jahren entdeckt und nach seinem Grundsatz erzogen: *«Surtout pas de zèle»*. So war der kühl distanzierte La Besnardière der hervorragendste Diplomat geworden, den die Rue du Bac in Jahr und Tag hervorgebracht hatte. Niemand konnte seine, Talleyrands, Gedanken lesen wie er oder sie ähnlich wirksam zu Papier bringen.

«Nun, meine Herren», sagte Talleyrand heiter, «erzählen Sie einem Neuankömmling alles über den Boykott der Franzosen, der Sie so aufzuregen scheint.»

«Hier, Monsieur», Dalberg überreichte ihm mit triumphierender Geste ein Dokument. «Eine Abschrift des Protokolls der Konferenz der Großen Vier vom 22. September, also von vorgestern. Das Original ist von Castlereagh, Metternich, Hardenberg und Nesselrode unterschrieben.»

Talleyrand lachte: «Man muß schon wie Sie, Emmerich, durch Revolutionen und Verschwörungen erzogen sein, um Geheimdokumente in die Hand zu bekommen, ehe die Tinte trocken ist.»

«Es hat sich jedenfalls gelohnt, dieses Dokument in die Hand zu bekommen», sagte Dalberg, «die ganze Verschwörung gegen Frankreich ist darin enthalten.»

«Eine Verschwörung gegen Frankreich – eh? Klingt etwas dramatisch.» Talleyrand griff nach seinem Schildpattlorgnon und überflog die von Dalberg angemerkten Stellen.

Dieser hatte nicht zuviel gesagt. Die Großen Vier wollten also Europa wirklich ins Gleichgewicht bringen, ohne Frankreich eine andere Rolle als die eines Kommentators zuzubilligen. Die Entscheidungen lagen ausschließlich bei den Großen Vier. Eine Stelle überlas er zweimal: «Die Entscheidungen über die eroberten Provinzen liegen natürlich bei den Mächten, durch deren

Anstrengungen sie erobert wurden.» Ein abscheulich durchsichtiger Satz, der den Geist verletzte, in dem die Alliierten noch im Frühjahr übereingekommen waren, den Frieden zu schließen.

Talleyrands Gedanken schweiften sehnsüchtig zu den Ereignissen, die der französischen Niederlage im letzten Frühling gefolgt waren, dem Höhepunkt seiner politischen Existenz, dem Triumph seines politischen Glaubensbekenntnisses: Mäßigung. Bei ihrem Einzug in Paris waren die siegreichen Alliierten unvorbereitet für den Frieden gewesen wie alle Sieger und oh, so dankbar, daß er, Talleyrand, ihnen sagen konnte, wie der Frieden zu machen war. So kam es, daß am Morgen nach Napoleons Sturz, er, Napoleons Paladin, den Siegern die Friedensbedingungen entwarf und sie mit Visionen von Großmut und Edelmut blendete.

Der Friede von Paris am 30. Mai 1814 war ein Friede voller Wunder, sein Prinzip war Versöhnung mit dem Feinde von gestern, ohne Repressalien, ohne Rache, ohne demütigende Rückversicherungen, ohne Gebietsabtrennungen, ohne Reparationen. Wer hätte bessere Bedingungen erlangen können für eine Nation, die erschöpft darniederlag, überschwemmt von zahllosen Armeen, die nicht aus Söldnerheeren bestanden, sondern aus den haßerfüllten Freiwilligen aller Nationen?

Selbst das legitime Frankreich von 1792 erhielt einen Länderzuwachs. Die meisten Kolonien, die vor 1792 französisch gewesen waren, wurden von den Engländern zurückgegeben. Bedachte man, daß die Sieger 25 Jahre lang zugesehen hatten, wie die Franzosen ihre Länder anfielen und ausplünderten, daß sie von ihrem Diktator erpreßt, beleidigt und verachtet wurden, so hatten sie eine höchst anerkennenswerte Zurückhaltung gezeigt. Nicht einmal die Kunstwerke, die die französischen Armeen aus den europäischen Museen gestohlen hatten, forderten sie zurück. Sie hatten begriffen, daß sie Frankreich brauchten, um das europäische Gleichgewicht wiederherzustellen.

Wir haben einen Fehler gemacht, dachte Talleyrand, wir hätten damals das ganze europäische System in Ordnung bringen sollen, ehe jemand seine Großzügigkeit und seinen Idealismus bereuen konnte. Leider blieb es aber dem Wiener Kongreß vorbehalten, über das Schicksal der herrenlosen Masse der kleinen, vom französischen Kaiserreich annektierten Staaten zu entscheiden.

Er wurde sich der erwartungsvollen Stille im Raum bewußt und sagte mit einer schläfrigen Stimme, die nichts von der eigenen Entmutigung verriet, während er mit seinem Lorgnon spielte: «Die Sieger vom Herbst sind nicht mehr die vom Frühling, die Sieger vom Herbst haben die Devise der Revolution und Bonapartes ‹Macht geht vor Recht› übernommen, nachdem sie sie fünfundzwanzig Jahre lang bekämpft haben. Man fragt sich, wer eigentlich diesen Krieg gewonnen hat.»

Es war einen Augenblick still im Raum. Dann sagte La Besnardière trocken: «Sicher ist, daß der Artikel 6 des Pariser Vertrages im Papierkorb landete. Mehr noch, die Großen Vier machen jetzt Frankreich den Vorwurf, ihn ihnen aufgezwungen zu haben.»

«So, sagen sie das – eh?» Talleyrand lächelte. Der Artikel 6 war seinem Gehirn entsprungen. Es war seiner Initiative zu verdanken, daß man in Paris wenigstens die Prinzipien zur Verteilung der herrenlosen Länder angenommen hatte. Prinzipien, durch die die Sieger Frankreich und Europa garantierten, daß sie ihren Sieg nicht mißbrauchen würden. Diese Prinzipien hießen Legitimität und das Droit des gens des 18. Jahrhunderts, das eigentlich kein Gesetz war, sondern etwas viel Besseres – eine Reihe von weisen und humanen Bestimmungen, die den Mißbrauch der Macht in den Beziehungen der Nationen verhüten sollten.

Was für eine absurde Situation, in der sie sich befanden! Wieder stand Frankreich allein gegen einen ganzen Kontinent, mit dem Unterschied, daß Europa diesmal nicht die französische Aggression bekämpfte, sondern daß es die französische Mäßigung war, die seine Isolierung verursachte.

Da war Preußen, nur darauf bedacht, den Status quo ante wiederherzustellen, d. h. seine zehn Millionen Einwohner zurückzugewinnen, und das seinen Ehrgeiz von Frankreich bedroht sah. Es war, wie er selbst in seinen «Instruktionen» niedergelegt hatte: «Preußens physische Struktur macht eine Art Notwendigkeit aus seinem Ehrgeiz. Jeder Vorwand ist Preußen recht.

Kein Skrupel kann es zurückhalten. Jedes Mittel scheint ihm erlaubt. So hatte es im Lauf von dreiundsechzig Jahren seine Bevölkerung von vier auf zehn Millionen bringen und das Fachwerk einer preußischen Monarchie aufrichten können, indem es Länder, auf die es Appetit hatte, eroberte und dann die dazwischenliegenden sich einverleibte. Es hat nichts von seinem Sturz 1807 gelernt.» Das richtige wäre, die kleinen deutschen Staaten zu erhalten, die mittleren zu vergrößern und ein föderalistisches Deutschland zu bilden, um den Einfluß Preußens zu schwächen.

Vor allem aber war da Rußland. Zar Alexanders Plan, Polen zu annektieren und sich zu seinem konstitutionellen König zu machen, brachte das ganze europäische System in Verwirrung, indem es die Großen Vier zwang, Preußen für Territorium zu entschädigen, das es in Polen verlieren würde. Hier war der Punkt, wo Sachsen ins Spiel kam. Die Großen Vier gedachten Preußen dadurch zu entschädigen, daß sie den König von Sachsen enteigneten unter dem Vorwand, daß er, als einziger von den kleinen Mächten, Napoleon bis zuletzt die Treue gehalten hatte.

Nun war aber Ludwig XVIII. in der sächsischen Frage ganz besonders hartnäckig. Und das mit Recht. Jeder Strafakt gegen den König von Sachsen würde das Legitimitätsprinzip verletzen. Außerdem würde es höchst ungerecht sein, den König von Sachsen für etwas zu bestrafen, was alle anderen Fürsten auch getan hatten, nur mit weniger Treue. Was aber noch wichtiger war, der Besitz Sachsens würde Preußen zum Herren von Deutschland machen. Und hier war der springende Punkt: Wenn man einmal den Preußen erlaubte, Sachsen zu zerstükkeln, würde sich keiner mehr genieren. Jeder würde rauben, was er konnte...

Aber selbst wenn es keine sächsische Frage gegeben hätte, so waren die französischen Bevollmächtigten dahin instruiert, zu verhindern, daß Polen als Ganzes unter russische Oberhoheit käme. Für Talleyrand bedeutete diese vorsichtige Formulierung einen peinlichen Kompromiß. Er hatte seit langem die drei Teilungen Polens, wenn nicht direkt als die Ursache, so doch als das Vorspiel all der Gesetzlosigkeiten angesehen, die zum Unglück Europas in den letzten fünfundzwanzig Jahren vor sich gegangen waren, und er persönlich hatte die Wiedererrichtung eines selbständigen unabhängigen Polens befürwortet. Aber wie die Dinge jetzt lagen mit den alten österreichischen, preußischen und russischen Ansprüchen und deren langjährigen wirtschaftlichen Verflechtungen, hätte die Restauration Polens einen Opfersinn jener drei Mächte vorausgesetzt, mit dem ernsthaft überhaupt niemand rechnete – am wenigsten Polen selber –, und so war das einzige, auf das man vernünftigerweise hoffen konnte, eine neue, leidlich sinnvolle Teilung des vielgequälten Landes. Frankreich, augenblicklich zu sehr geschwächt, um sich auf große räumliche Entfernungen hin irgendwie politisch engagieren zu können, würde diese bedauerliche Lösung dulden müssen, vorausgesetzt, daß die Hauptbeteiligten unter sich übereinstimmten. Allerdings sahen die Dinge anders aus, wenn die Russen, wie es den Anschein hatte, allein ganz Polen oder doch den größten Teil davon verschlucken wollten, indem sie daraus ein Königreich zu schaffen vorschlugen, mit ihrem Zaren Alexander als Herrscher. Frankreich konnte nicht dulden, daß der russische Einfluß so tief in Europa eindränge und das neue europäische Gleichgewicht bedrohte. «Rußland über Europa» würde die größte Bedrohung Frankreichs darstellen, und nicht nur Frankreichs, sondern des ganzen Kontinents und Englands. In dieser Frage waren die französischen Interessen identisch mit den englischen, österreichischen und sogar den preußischen.

«Es sind hauptsächlich die Preußen, die hinter der Verschwörung gegen Frankreich stecken», sagte Dalberg. «Hardenberg und Humboldt reden die aggressive Sprache Bonapartes in seiner Glanzzeit. Und der Jakobinische Tugendbund, den sie hierhergebracht haben! Dieser Baron vom Stein zum Beispiel, das Schoßkind des Zaren, mit seinen verrückten liberalen Ideen von einer deutschen Verfassung! Und ein gewisser Herr von Varnhagen, der von den Juden beeinflußt wird! Er ist mit einer Berliner Jüdin verheiratet, und jeder Mensch weiß, wie nationalistisch diese preußischen Juden sind!»

«Meiner Meinung nach sind es hauptsächlich die Russen, die versuchen, uns von den Konferenzen fernzuhalten», bemerkte La Besnardière. «Nesselrode und Razumoffsky wissen, daß wir die Vergewaltigung Polens verhindern werden, wenn sich uns eine Möglichkeit bietet. Darum wollen sie natürlich, daß sich keine Möglichkeit bietet.»

Die Spitze von Talleyrands Ebenholzstock zeichnete eine Rose auf dem Teppich nach: «Sind die Polen wirklich so ergeben in ihr Schicksal, von Rußland verschluckt zu werden, wie es den Anschein hat?»

Dalberg zuckte verächtlich die Schultern: «Sie kennen die Polen. So heroisch, so unglücklich, solche politischen Pfuscher! Ihr kostbarer Fürst Adam Czartoryski hat sie fest davon überzeugt, daß ihr Heil bei Rußland liegt. Man erwartet ihn hier mit dem Zaren.»

Talleyrand überlegte, wieviel leichter das Geschäft des Friedenschließens wäre, wenn wenigstens jeder wüßte, wo seine wahren Interessen lägen: «Gibt es kein Anzeichen dafür, daß Metternich und Castlereagh von Alexander und seinem territorialen Ehrgeiz genug bekommen – eh?»

«Nicht das geringste», erwiderte La Besnardière mit Bestimmtheit.

«Ich glaube, doch nicht ganz», bemerkte Dalberg. «Ich treffe Herrn von Gentz häufig und kann Ihnen versichern, daß er sich der russischen Gefahr klar bewußt ist. Und da er Metternichs rechte Hand ist, werden seine Befürchtungen diesem nicht unbekannt sein.»

La Besnardière wiegte den Kopf: «Ich würde mich darauf doch nicht allzufest verlassen. Europa fürchtet Frankreich immer noch mehr, als es Rußland fürchtet. Das ist die Tatsache, der wir ins Gesicht sehen müssen – wenigstens für den Augenblick. Diese Angst vor Frankreich zusammen mit dem Wunsch, von den Prinzipien loszukommen, die sie sich im Mai auferlegt haben, das ist es, was die einstige antinapoleonische Koalition zusammenhält.»

«Sehr klar gesehen, mein Freund», sagte Talleyrand. Er lächelte. «Ich gebe zu, daß die Dinge nicht gerade rosig für uns aussehen. Mag sein, daß ich mich wirklich auf meine viel gerühmte Magie verlassen muß – eh?»

Er machte eine kleine Pause, um seinen jungen Herren Gelegenheit zum Lachen zu geben, was sie pflichtschuldigst taten, aber nicht besonders herzhaft. Dann sagte La Tour du Pin: «Da ist auch der Fall Neapel, wo Ihre Magie benötigt werden wird, mein Fürst. Die Österreicher scheinen entschlossen, Murat als König zu belassen.»

«Weil Metternich in der guten alten Zeit der Geliebte von Murats Frau war», höhnte Dalberg, «muß Bonapartes Schwager und Marionette beibehalten werden.»

«Um dem Fürst-Kanzler gerecht zu werden» – Talleyrand lächelte –, «ich glaube nicht, daß die Affäre mit Caroline Murat in der Angelegenheit viel zählt im Vergleich zu dem unseligen Vertrag vom vorigen Januar, in dem Österreich Murat seinen Staat garantierte, als er sich von Bonaparte auf die Alliierten umschaltete.»

Und La Besnardière: «Vor allem hat Metternich Angst Er ist der Ansicht, daß Murat in Italien so fest im Sattel sitzt, daß er nur mit Waffengewalt beseitigt werden könnte, und er befürchtet, daß eine militärische Einmischung in Neapel die österreichischen Besitzungen auf der Halbinsel in Unruhe versetzen würde. Auch die anderen Mächte scheuen militärische Interventionen und haben wohl auch kein besonderes Interesse daran, Murat zu beseitigen.»

«Das ist sehr schade», sagte Talleyrand ruhig. «Aber sei es, wie es sei, Murat muß gestürzt werden. Um des Prinzips willen und weil der rechtmäßige König von Neapel ein Bourbone ist, ein Verwandter des Königs von Frankreich. Unsere Instruktionen sind in dieser Beziehung sehr bestimmt.»

«Sie wollten etwas sagen, Herr von Noailles?» Er wandte sich dem hübschen jungen Mann zu, der offenbar vor Verlangen brannte, seinen Beitrag zu der Diskussion zu leisten.

«Ja, es gibt noch etwas, was man, glaube ich, in Rechnung stellen muß – die Abneigung der Großen Vier gegen die Person von Ew. Durchlaucht. Die Großen Vier haben nicht vergessen, daß Sie ein Teil von Napoleons Eroberungsmaschine waren – und noch dazu ein so nützlicher Teil!»

Wenn Blicke töten könnten, so wäre Noailles unter den wütenden Blicken seiner Kollegen tot zusammengebrochen.

«Wahrhaftig!» explodierte Dalberg. «Diese Großen Vier habe ich satt! Wo wären sie, wenn Herr von Talleyrand sich nicht bemüht hätte, ihr trauriges Los unter dem Konsulat und dem Kaiserreich zu mildern, und wenn er nicht nach Bonapartes Fall in Frankreich einen friedlichen Übergang zustande gebracht hätte? Außerdem, Herr von Noailles», seine Stimme wurde schrill, «wo wären die Bourbonen? Fürst Talleyrand – das ist vielleicht Ihrer Aufmerksamkeit entgangen – hat tatsächlich die Rückkehr der Bourbonen sehr gegen den Willen der Großen Vier erzwungen.»

Talleyrand gab ein fast unmerkliches Zeichen mit dem Kopf in Dalbergs Richtung. Ein Diplomat sollte fähig sein, unangenehme Dinge zu sagen, ohne selbst unangenehm zu werden. «Ich bin sehr froh, daß Sie diesen Punkt berührt haben, Monsieur.» Er lächelte dem unseligen Noailles zu. «Sie haben ganz recht. Die Großen Vier können mich selbstverständlich nicht leiden, und sei es auch nur aus dem Grunde, weil ich sie gekannt habe, als sie sehr klein waren, als sie vor Napoleon krochen, trotz allem, was er ihnen angetan hatte. Der König von Preußen und der Zar von Rußland im Wetteifer um seine Freundschaft! Kaiser Franz, der seine Tochter in des Usurpators Bett drängte! Man verzeiht nicht leicht dem Zeugen der eigenen Demütigung und Selbsterniedrigung.»

Noailles stammelte: «Ich bitte tausendmal um Entschuldigung. Ich hatte es nicht so gemeint –»

«Bitte entschuldigen Sie sich nicht», sagte Talleyrand leicht. «Tatsächlich spielt meine Person in all diesen Dingen eine Rolle. Zweifellos wäre es den Großen Vier lieber gewesen, wenn irgendein waschechter Royalist Frankreich auf diesem Kongreß vertreten würde, irgendein Refugié, unbefleckt von jeder Berührung mit der Revolution und Napoleon. Aber sie begreifen, daß einer, der dem Frankreich der letzten 25 Jahre fremd war, für sie ohne Nutzen sein würde. Die Franzosen würden seine Unterschrift nicht anerkennen, weil sie einem Manne mißtrauen würden, der nicht an dem teilgenommen hat, was sie, mit Recht oder Unrecht, immer noch als die große Zeit ihrer Geschichte ansehen. Darum müssen sie mich akzeptieren, sozusagen als ein notwendiges Übel – eh?» So! dachte er, ich hoffe, diese beiläufige Warnung wird das Palais Marsan im richtigen Augenblick erreichen und den Erzroyalisten rings um Monsieur etwas zu denken geben.

«Was gibt es?» Er wandte sich einem Lakaien zu, der sich ihm näherte.

«Die Frau Gräfin möchte Ew. Durchlaucht an das Frühstück erinnern. Sie ist...»

«Halb verhungert – ich weiß!» Der Fürst lachte. «Ich werde die Ehre haben, bei Madame zu sein, sobald ich eine dringende Angelegenheit mit Herrn de la Besnardière erledigt habe. Courtiade!», rief er, und plötzlich klirrten die Kristallkandelaber. Diener rannten und umdrängten den Fürsten, Courtiade begann mit dem komplizierten Ritus, die hohe Halsbinde seines Herrn zu knüpfen. Man brachte die Lederkästen voll von juwelenbesetzten Sternen und farbigen Bändern, die dankbare oder verängstigte Könige Talleyrand verliehen hatten. Courtiade, der alle Etikettefragen in den Fingerspitzen hatte, entschied, daß der Fürst, in Anbetracht einer Audienz bei Kaiser Franz am Nachmittag, nichts weiter tragen dürfe als das Goldene Vlies. (Der Kaiser von Österreich hatte Talleyrand den höchsten und ältesten europäischen Orden, der nur Fürsten und Staatsoberhäuptern gewährt wurde, unmittelbar nach Abschluß des Pariser Friedens verliehen, was die Spötter zu der Bemerkung veranlaßte, daß er sicherlich genug Schafe geschoren hatte, um das Goldene Vlies zu verdienen.) Die drei Bevollmächtigten verstanden, daß sie entlassen waren, und erhoben sich mit einem Klirren ihrer Degen.

«Also», erklärte Talleyrand nachlässig, «unser erstes Ziel muß es sein, Frankreich aus seiner fatalen Isolierung herauszuholen; die Koalition zu zerbrechen, die Bonaparte zerbrochen hat und die jetzt versucht, Frankreich von den großen europäischen Entscheidungen auszuschließen; Frankreich als Großmacht wiederherzustellen.»

«Wie optimistisch Sie sind!» bewunderte Dalberg.

Talleyrand schlüpfte in einen langen Rock aus dunkelgrünem Samt. Es lag nichts Persönliches in seinem Anspruch, einer der bestangezogenen Männer seiner Zeit zu sein. Er verschwendete nur selten einen Blick in den Spiegel. Aber elegant zu sein war nun einmal notwendig, genauso, wie es notwendig war, seinen Kopf zusammenzuhalten. Das alles war Teil seiner wichtigen und komplizierten Existenz. So harrte er geduldig aus, während

Courtiade das rote Band arrangierte, von dem ein sehr tot aussehender Widder auf das Spitzenjabot niederhing.

«Die Großen Vier werden bald dahinterkommen, daß sie von ihren widerstreitenden Interessen auseinandergerissen werden, jetzt, wo der Druck des gemeinsamen Feindes sie nicht länger zusammenhält. Es ist nur natürlich, daß sie sich nach jemand umsehen werden, der ihre Streitigkeiten schlichtet...»

Aufgeregt, weil er es von vornherein erraten hatte, platzte La Tour du Pin los: «Und dieser Jemand...»

«Werde ich sein, selbstverständlich», sagte Talleyrand, und seine weit geöffneten blassen Saphiraugen schweiften kurz von einem zum anderen.

2

In Wirklichkeit fühlte Talleyrand sich keineswegs zuversichtlich. Als er und La Besnardière sich in das kleine, walnußgetäfelte Kabinett zurückgezogen hatten, das an das Schlafzimmer anstieß, befiel ihn eine flüchtige Empfindung von Unzulänglichkeit, wie er sie in seiner diplomatischen Laufbahn selten erlebt hatte. Er fühlte sich betrüblich schlecht ausgerüstet, um der feindlichen Atmosphäre zu begegnen, die ihn in Wien ansprang. Nicht, als sei es ihm ungewohnt, gefürchtet und verwünscht zu werden. Während all der Jahre, in denen er die Pakte und Verträge, die sich aus Bonapartes militärischen Siegen ergaben, formulierte, verhandelte, ausführte, fürchteten und verwünschten die Besiegten den Paladin des mächtigen Angreifers. Aber da sie Besiegte waren, konnten sie es sich nicht erlauben, ihre Gefühle zu zeigen. Sein Platz am Verhandlungstisch war immer sicher gewesen, am Kopf des Tisches, um es genau zu sagen.

Den Blick auf ein Bild des Fürsten Kaunitz geheftet, sagte Talleyrand: «Der ‹Kutscher Europas› sieht aus, als hätte er in seinem ganzen Leben keine Sorgen gehabt. Wahrscheinlich hatte er keine. Er lebte in einer schönen, ruhigen Epoche, diente einem einzigen Regime – stellen Sie sich vor, was das für einen Minister bedeutet, La Besnardière, sich nicht alle paar Jahre an neue Anstandsregeln, an neue Wertbegriffe anpassen zu müssen. O Gott, ich beneide ihn!»

La Besnardière, betroffen, weil der Fürst nicht einmal versuchte, seine Entmutigung zu verbergen, sagte sanft: «Wenn Sie nur einer einzigen Beratung der Großen Vier beiwohnen könnten, mein Fürst, so bin ich sicher, daß Sie das ganze Bild verändern würden.»

«Sie wissen immer, wo bei mir der wunde Punkt ist, nicht wahr, mein Freund?» Talleyrand schenkte ihm ein dankbares Lächeln und fügte nachdenklich hinzu: «Ich glaube nicht, daß ich das ganze Bild in einer Beratung verändern könnte, aber ich könnte wenigstens versuchen, sie daran zu verhindern, den Frieden zu ruinieren.»

Immer noch starrte Talleyrand auf das Bild des Fürsten Kaunitz, aber er sah es nicht. Er sah eine schreckliche Vision von Europa, wie es sein würde, wenn die Großen Vier ihren Willen hätten: ein Europa, das in einer Flut von Raubgier ertrinken würde, in einer ebenso fürchterlichen, wie Napoleon sie entfesselt hatte, vielleicht in einer noch schlimmeren, weil die Russen nicht einmal Europäer waren. Ich muß sie daran hindern, den Frieden zu ruinieren, dachte er. Und weiter dachte er: Wie erstaunt die meisten Leute wären, wenn sie wüßten, wieviel Sorgen ich mir um diesen Frieden mache!

«Haben Sie eine Idee, mein Freund, wie ich es fertigbringe, zu einer Beratung der Großen Vier eingeladen zu werden – eh?»

La Besnardière zögerte, dann sagte er mit einer Stimme, der die Zuversicht fehlte: «Wie, wenn Sie Metternich geradeheraus fragten, warum die französischen Bevollmächtigten bisher noch nicht eingeladen worden sind, und bäten, daß dies künftig geschehe?»

Der Fürst saß eine Weile mit geshlossenen Augen und klopfte mit der Spitze seines Ebenholzstockes gegen seine Schuhe. Sich bei Siegern beschweren, die nur wußten, daß sie Europa in der Hand hielten? Die nur einen Gedanken hatten – Frankreich für fünfundzwanzig Jahre der Aggression zu strafen?

Er schüttelte mehrmals den Kopf: «Ich fürchte, damit ist es nichts. Ich kann mich nicht mit Metternich wegen einer Einladung herumstreiten. Stellen Sie sich den Triumph für ihn und seine Kollegen vor, wenn ich als Bittsteller käme! Nein, nein, das wäre ganz verkehrt. Ich werde die Angelegenheit nicht einmal erwähnen, wenn ich ihn heute nachmittag sehe. Ich werde so tun, als wäre alles in Ordnung.»

«Die Sache muß irgendwie angepackt werden.»

«Ja, aber indirekt. Es muß ein Druck auf die Großen Vier ausgeübt werden, der es für sie notwendig macht, uns einzuladen. Aber wir dürfen nach außen nichts mit dem Druck zu tun haben – Sie verstehen?»

«Ich verstehe. Aber wer kann solchen Druck ausüben?»

Ja, wer könnte Sieger beeinflusen, die in einer in den Annalen der Diplomatie noch nicht dagewesenen Eintracht handelten? Talleyrand grübelte. Und La Besnardière sagte: «Die Großen Vier sind gerade jetzt so stark, so jenseits aller Erpressung –» Und er fügte einen Nachgedanken hinzu: «Ob vielleicht Rom etwas machen könnte?»

Talleyrand schürzte die Lippen: «Der Heilige Stuhl hat viel von seinem Prestige verloren durch die Kompromisse, die Pius VII. während dieser letzten Jahre mit Napoleon geschlossen hat. Gott weiß, er konnte nicht anders, als Gefangener in Fontainebleau. Aber jedenfalls könnte dieser ausgezeichnete Kardinal Consalvi nicht viel ausrichten, selbst wenn er es wollte, was ich noch sehr bezweifle. Er hatte zu großen Anteil genommen an den Leiden des Heiligen Vaters, um uns nichts nachzutragen – eh? Dabei fällt mir ein, Mme. de Talleyrand hat mir einen Brief für den Kardinal gegeben. Sie hat ihn in Paris gut gekannt. Erinnern Sie mich daran, ihn heute nachmittag abzuschicken – eh?»

Mit einem inneren Stöhnen notierte La Besnadière sich dies. Wahrscheinlich würde es den Kardinal in unendliche Verlegenheit bringen, einen Brief von der berüchtigten ehemaligen Mme. Grand zu bekommen, deren Heirat mit dem ehemaligen Bischof von Autun die Kirche niemals anerkannt hatte, ein Umstand, der eher geeignet war, die Abneigung des Kardinals gegen die französische Botschaft zu verstärken als umgekehrt. La Besnadière hörte nie auf, sich über die Beiläufigkeit zu wundern, mit der Talleyrand sein peinliches Verhältnis zum Heiligen Stuhl behandelte. Er tat, als sei es ganz natürlich, ein früherer Bischof und noch dazu ein verheirateter zu sein, und so zwang er die Welt, es gleichfalls als normal zu akzeptieren.

«Von welcher Seite Sie es auch immer betrachten, Consalvi ist nach Lage der Dinge nicht wichtig genug», sagte Talleyrand. «Dennoch muß es irgend etwas geben, was wir tun können, um die Großen Vier zu überzeugen, daß man uns auf lange Sicht nicht links liegenlassen kann. Denken Sie nach, La Besnadière, denken Sie nach! Ich weiß, daß es etwas gibt.»

In diesem Augenblick läuteten Wiens unzählige Kirchenglokken die Mittagsstunde. Die Fensterscheiben zitterten, als der Fürst sich erhob und schuldbewußt sagte: «Ich wußte nicht, daß es schon so spät sei. Madame Edmond wird mich lebendig auffressen.» Er lachte, als er der Tür zuschritt. «Ich sehe Sie später, mein Freund, und überlegen Sie, überlegen Sie angestrengt. Wir müssen sie irgendwie dazu bringen, uns wenigstens einmal zu einer Beratung einzuladen. Wie können wir sonst überhaupt anfangen zu wirken?»

Draußen vor der Tür fand ein Wortwechsel statt. Eine schrille Stimme protestierte, daß Seine Durchlaucht niemals zu beschäftigt sei, um ihn zu empfangen, eine Tatsache, die jedem bekannt sei außer einem vollendeten Trottel.

«Das ist Carême», erklärte der Fürst, «und noch dazu in Wut. Ich muß ihn empfangen.» Resigniert ließ er sich in einen Sessel vor dem Kamin fallen. «Nein, gehen Sie nicht, La Besnadière, Carême in Wut muß man erlebt haben. Vielleicht werde ich Ihre moralische Unterstützung brauchen.» Und er rief: «Kommen Sie herein, Meister, nur immer herein!»

Die Tür öffnete sich, und eine kleine, runde Figur in blendendem Weiß schoß in den Raum. Eine weiße Mütze, die kokett ein paar braune Seitenlocken freigab, umrahmte ein wütendes Chorknabengesicht. Ein langes Küchenmesser steckte eindrucksvoll im Gürtel der weißen Schürze. Das war Carême. Das war der sagenhafte «Zwölftausend-im-Jahr-Chef», der während des Kaiserreichs das Haus Talleyrand zum ersten in Paris gemacht hatte, zum Neid von Marschällen und Würdenträgern, sogar von Napoleon selbst.

«Wo haben Sie den ganzen Morgen gesteckt, cher maitre? Ich brannte darauf, Sie zu sehen», sagte der Fürst in der behutsamen Art eines Lorenzo Medici, der Michelangelo begrüßt.

«Ich wurde von Euer Durchlaucht durch einen infamen Lakaien ferngehalten», rief Carême dramatisch aus.

«Der Mann ist neu. Ich bitte für ihn um Entschuldigung. Es soll nicht wieder vorkommen.»

«Wenn man mich so aufregt, kann ich meinen Geschmackssinn eine ganze Woche lang verlieren.» Carême schlug die Hände vor den Mund. «Da! ich fühle meine Zunge blind und taub im Gaumen liegen.»

Wie die meisten großen Künstler sah Carême das Leben eindimensional, seine Kunst und sich selbst im Mittelpunkt. Die Jahreszeiten waren für ihn eine aufregende Folge von neuen Kartoffeln, zarten Gemüsen, jungen Täubchen, reifen Trauben und Wild. Seine geistige Assoziation mit Deutschland waren Erdbeeren, mit Rußland Kaviar, mit Frankreich das Saftigste von allem. Die Weltgeschichte erschien ihm als die Annalen schicksalsvoller Mahlzeiten. Tallerand war ein großer Mann, weil er die Kostbarkeit der Tafel als wahrer Gourmand schätzte und bereit war, dafür zu zahlen. Da er aber überzeugt war, daß er eher ohne den Fürsten als der Fürst rohne ihn auskommen könnte, erlaubte er sich die Launen einer Primadonna, bekam kindische Wutanfälle, wenn ein Soufflé zusammengefallen war, und der Fürst mußte ihn oft besänftigen.

«Regen Sie sich nicht auf, Meister. Genie ist so empfindlich. Erzählen Sie mir lieber, wie Wien Sie bisher behandelt hat.» Er warf einen verstohlenen Blick auf La Besnardière, der so tat, als putze er sich die Nase.

Carêmes Miene hellte sich ein wenig auf: «Wien ist die Stadt von Großwild und Flußfischen. Und sie haben hier einen netten, einfachen Apfel, natürlich keinen Saint-Germain-Apfel, und es gibt eine Sorte von ausgezeichnetem dickem weißem Spargel das ganze Jahr über. Nur die Trüffel-Situation ist trostlos. Und die Trüffeln, die aus Italien kommen, sind sehr teuer und haben kein Aroma.»

«Das macht nichts. Der Kurier kann Trüffeln aus Frankreich bringen. Besprechen Sie die Einzelheiten mit Herrn de la Tour du Pin.»

«Ach, Euer Durchlaucht ist ein edler Amphitryon.» Carême seufzte.

«Ich bemühe mich, eines so großen Chefs würdig zu sein – eh?»

«Weiß ich's denn nicht! Würdige ich es denn nicht!» Carême rang aufgeregt die Hände. «Dennoch... ach, wie soll ich es Euer Durchlaucht eröffnen?»

«Was eröffnen, teurer Meister?»

«Ich habe ein Angebot, das ich mir nicht leisten kann abzulehnen.»

«Haben Sie? Wieder einmal der Prinz-Regent von England?»

«Nein, es ist nicht der Prinz-Regent, sondern Frau von Arnstein. Hier in Wien. Von Arnstein und Eskeles, dem Bankhaus.»

Talleyrand spielte mit der Krücke seines Stockes und dachte unfreundlich: Was soll aus einer Welt werden, in der eine Frau von Arnstein versucht, mir meinen Chef wegzunehmen? Aber dann besann er sich darauf, daß für Carême alle Menschen gleich waren, vorausgesetzt, daß sie von hunderttausend Francs aufwärts monatlich für ihre Küche ausgaben (die Weine natürlich nicht inbegriffen), und er sagte: «Wie könnten Sie bei Frau von Arnstein glücklich sein – Sie, der Sie gewöhnt sind, für Könige und Kaiser zu kochen?»

«Frau von Arnstein», erklärte Carême ihm ernsthaft, «wird während des Kongresses oft den König von Preußen und alle deutschen Fürsten empfangen, während, wie ich fürchte, die französische Botschaft arg danebensitzen wird. Und Euer Durchlaucht weiß, daß ich mich krank fühle, wenn ich nicht mindestens ein, zwei große Diners die Woche und ein, zwei große Bälle im Monat zu machen habe.»

«Aber Sie werden sie haben, Meister, machen Sie sich darüber keine Gedanken!»

«Ich bezweifle es, Euer Durchlaucht, ich bezweifle es», sagte Carême traurig, aber bestimmt. «Es wird keine Gelegenheit für Gesellschaften geben, weder für große noch für kleine. Die französische Botschaft wird in Wien nicht en vogue sein. Ach, wir werden ja nicht einmal zu den Beratungen eingeladen. Frau von Arnstein andererseits hat einen neuen Herd in ihre Küche einbauen lassen – dreißig zu sechs Fuß – ein herrlicher Herd!»

So, also Carême will das sinkende Schiff verlassen, dachte Talleyrand. Er gibt mir keine Chance in Wien. Und irgendwie war Carêmes Abfall das Tröpflein, das den Krug zum Überlaufen bringt.

«Gut.» Er stand langsam auf und stand über Carême. «Gehen Sie zu Ihrer Frau von Arnstein. Ich halte Sie nicht. Es wird sicher ein reizendes Kapitel in Ihrer Biographie ergeben, Ihr Verrat an Frankreich in der kritischen historischen Stunde des Wiener Kongresses. ‹In Wien verließ der große Carême, verlockt von einem Herd dreißig zu sechs und von der Aussicht, Diners für einen Haufen Preußen zu kochen, den Fürsten Talleyrand in dem Augenblick, als der alles einsetzte, um Europa von Frankreichs kultureller Überlegenheit zu überzeugen.› Nun, M. Carême, Sie werden in die Geschichte als ein Verräter eingehen – eh? Vatel wird sich im Grab herumdrehen!»

Der Fürst wanderte zweimal in dem stillen Raum auf und nieder und blickte streng über den erschreckten Carême hinweg. Er wußte, daß er seinen Chef an dessen empfindlichstem Punkt getroffen hatte. Carême war sehr viel an der Meinung der Nachwelt über ihn gelegen, und er träumte davon, im Tempel des Ruhms eine Nische für sich zu errichten, wie Vatel, der, als ein bestimmter Fisch nicht rechtzeitig für ein Festmahl Ludwigs XIV. eintraf, sich lieber umbrachte, als die Schande zu überleben.

«Das ist es nicht. Ich liebe mein Land und ich bin Euer Durchlaucht ergeben», sprach Carême an den abweisenden Rücken des Fürsten hin.

«Es ist also nur, daß Sie beschlossen haben, Ihre größere Chance zur Unsterblichkeit für Frau von Arnsteins Herd zu verkaufen.» Talleyrands Stimme war verächtlich.

«Meine größte Chance zur Unsterblichkeit? Wie meinen Euer Durchlaucht das?»

«Muß ich das wirklich erklären? Verstehen Sie das nicht?» Talleyrand wandte sich um. «Die Mächte sind hier versammelt, um Europa ohne Frankreich zu organisieren – eh? Und wir haben ihnen hier und jetzt zu beweisen, daß Europa ohne Frankreich eine Wüste wäre, daß Frankreich immer noch die Quelle aller Zivilisation ist, trotz der Revolution und trotz Bonaparte. Sie sagen, daß man die französische Botschaft hier links liegenlassen wird. Ich bin überzeugt, daß sie genau das vorhaben. Aber wie können sie uns links liegenlassen, wenn sie erst einmal wissen, daß man die erlesensten Genüsse nur in der französischen Botschaft kosten kann? Und auf diese Weise könnten Sie Unsterblichkeit gewonnen haben, M. Carême, einfach indem Sie Frankreich unwiderstehlich machen.»

Carêmes schwarze Augen erglänzten in Tränen. «Oh, Euer Durchlaucht, ich verstehe jetzt alles. Ich zittere in dem Gedanken, daß ich sie beinahe verkannt hätte – meine einmalige historische Mission. Ich werde die französische Botschaft zu einem Heiligtum der französischen Küche machen, wenn Euer Durchlaucht es mir nur erlauben wollen.» Er beugte sich nieder, um Talleyrands Hand zu küssen.

«Nun weiß ich, daß Frankreich sich wieder in voller Majestät erheben wird. Ich gehe stark mit der Absicht um, dem Palais Kaunitz ebenfalls einen Herd dreißig zu sechs zu geben. Wir werden morgen darüber sprechen, lieber Meister.»

Als die Tür sich hinter dem großen Chef geschlossen hatte, wandte Talleyrand sich zu Besnardière, der sich vor Lachen schüttelte. «Nun, für heute habe ich meinen kleinen Triumph gehabt – eh? Die Arnsteins werden ohne meinen Carême auskommen müssen.»

La Besnardière war froh, den Fürsten aufgeheitert zu sehen. «Was für ein Schauspieler Sie sind, mon Prince!» sagte er. «Wenn man Sie hört, könnte man wirklich glauben, daß Sie ohne Carême in Wien keine Politik machen können.»

Talleyrand warf La Besnardière einen Blick unverhohlener Überraschung zu: «Aber ich habe gar nicht geschauspielert! Ich war vollkommen aufrichtig, wenn ich mich auch in der etwas hochtrabenden Sprache ausgedrückt habe, die Carêmes Herzen teuer ist. Er ist so ganz grand siècle! Aber ich glaube in der Tat, daß Carême ein höchst wichtiger Zahn in unserem diplomatischen Rad ist.» Er lachte ein bißchen. «Entsetzen Sie sich nicht, mein Freund! Ich weiß, daß Sie Diplomatie für eine reine Wissenschaft halten. Aber Diplomatie ist ein Stück Leben. Diplomatie ist Verführung. Und mir scheint, in unserer gegenwärtigen Lage müssen wir alle Mittel anwenden, um verführerisch zu sein. Dazu gehört auch Carême.»

«Er wird uns nicht die Einladung zu einer einzigen Konferenz verschaffen», sagte La Besnardière skeptisch.

«Vielleicht nicht, aber seine Diners können dazu beitragen,

eine Atmosphäre zu schaffen, in der es den Mächten schwerfallen wird, uns nicht einzuladen. Sehen Sie, wir können es uns einfach nicht leisten, auch nur eine einzige Chance zu vernachlässigen, den Kongreß daran zu erinnern, was Frankreich darstellt. Das ist der Grund, warum ich auch Isabey gedrängt habe, nach Wien zu kommen und hier auf meine Kosten ein Atelier zu eröffnen. Jeder Mensch hier in Wien wird vor Verlangen brennen, sich von dem größten Miniaturmaler des Zeitalters malen zu lassen, und der eine oder andere wird sich daran erinnern, daß dieser größte Miniaturmaler ein Franzose ist.»

«Ein guter Maler kann niemals schaden.» La Besnardière hielt nicht viel von der Neigung seines Chefs, fremde, unzuverlässige Außenseiter ins ernste Joch der Staatskunst zu spannen, aber wenn es den Fürsten glücklich machte, sollte es ihm recht sein.

Talleyrand sagte gut gelaunt: «Ihr Mangel an Enthusiasmus ist entmutigend. Ich wage kaum, meine anderen Einfuhrartikel zu gestehen, obgleich ich ziemlich stolz auf sie bin. Kurz und gut, ich habe die Damen Petit, Aimée und Bigottini überredet, für die Dauer des Kongresses Wien mit ihrer Gegenwart zu beehren.»

«Die Tänzerinnen?» fragte La Besnardière kühl, denn er hatte nur recht nebelhafte Vorstellungen von den leichten Seiten des Pariser Lebens.

«Ja, tanzen tun sie auch – mittelmäßig, wenn ich ehrlich sein soll –, aber in der Liebe sind sie superb und nicht unter tausend Franc», Talleyrands Ton drückte hohe Anerkennung aus.

La Besnardière runzelte die Stirn: «Erwarten Sie interessante Informationen auf diesem Wege?»

«Mein armer Freund, ich muß schon bitten! Nichts derartig Rohes! Ich erwarte nichts, als daß jede ihr eigenes lockendes Selbst sein soll, und sie werden ein gut Teil dazu beitragen, die Welt mit Frankreich auszusöhnen. Man kann auf die Dauer nicht böse auf ein Land sein, das die begabtesten Kurtisanen der Welt hervorbringt, und die teuersten – eh?»

«Ich verstehe», sagte La Besnardière nüchtern, «aber die Damen werden es hier mit einer riesigen Amateur-Konkurrenz aufzunehmen haben. Wien ist voll von den schönsten Frauen

Europas – alle außerordentlich generös gesinnt, wie man mir sagt.»

«Das macht nichts! Männer sind solche Snobs. Wenn sie ein Dutzend vornehmer Dilettantinnen für einen Franc haben können, werden sie es bestimmt aufregend finden, tausend Franc zahlen zu müssen. Und schließlich läßt sich auch mancherlei für das Professionelle sagen.» Die beiden lachten.

In diesem Augenblick ließ sich hinter ihrem Rücken eine dritte Stimme vernehmen, eine warme, ein wenig rauhe Frauenstimme mit einem fast unmerklichen Anflug von slawischem und deutschem Tonfall: «Ich habe immer vermutet, daß dies die Dinge sind, über die Männer reden, wenn sie behaupten, dringende Geschäfte erledigen zu müssen.»

Die Männer fuhren herum. «Dorothée» rief Talleyrand aus. «Seit wann sind Sie hier? Sind Sie so hungrig, daß Sie gekommen sind, um mich zu holen? Wie sind Sie hereingekommen?» Tonfall und Miene verrieten Vergnügen, Überraschung, Verlegenheit, aber das Vergnügen überwog.

Dorothea, Gräfin von Périgord, trat aus der schattigen Nische hervor, die durch die Schlafzimmertür und die Kaminwand gebildet wurde. Sie war sich des Eindrucks, den sie machte, voll bewußt – eine junge Frau, in eine kleine Komödienszene hereinschneiend, ähnlich jenen, in denen sie in den Tuilerien so erfolgreich mitgespielt hatte. Sie schenkte Talleyrand ein spitzbübisches Lächeln.

«Courtiade hat mich durch das Schlafzimmer eintreten lassen, mon oncle, und ich bin gerade lange genug hier, um zu verstehen, warum Sie das Frühstück und mich vergessen haben.»

«Sie sind im Irrtum, Madame.» Er lachte. «Wir waren nicht halb so lustig, wie es schien.» Er beugte sich nieder, um ihre Wange zu küssen, die den Pfirsichflaum der Jugend hatte. Um sie war ein leichter Parfümduft, der zwar aus Blumen gezogen war, aber für ihn auch aus Jugend gewoben schien. Morgenlicht stand Dorothea gut, stellte er fest. Es brachte einen besonderen Glanz in ihre Augen, von denen man niemals wußte, ob sie schwarz oder blau waren, und entzündete die Mahagonilichter in ihren dunklen Locken.

In der sanften, vertraulichen Stimme, die er dem Umgang mit

Frauen vorbehielt, sagte er: «Ich brauche Sie nicht zu fragen, ob Sie sich von der Reise erholt haben, Madame. Sie sehen sehr hübsch aus.»

«Wirklich, mon noncle?» La Besnardière neigte sich gerade über ihre Hand, aber ihr leuchtender Blick ging über seinen kahlen Kopf hinweg zärtlich zu dem Fürsten.

«Sie sind nicht nur hübsch, Sie sind wunderschön, Madame», sagte La Besnardière galant, und dabei erinnerte er sich voller Staunen daran, wie enttäuscht er vor fünf Jahren von ihrer Erscheinung gewesen war, als er sie kurz nach ihrer Heirat mit Talleyrands Neffen Edmond zum erstenmal gesehen hatte. Er war neugierig auf diese kurländische Prinzessin gewesen, weil sie von einer Aura von ungeheurem Reichtum, einer bizarren Herkunft und verlorenen Herzogtümern umgeben war. Aber alles, was er fand, war ein schmächtiges Kind von sechzehn Jahren mit traurigen Augen, einer gelblichen Haut und einem zu großen Mund. Diesen Mund hatte sie noch, aber seltsamerweise war es jetzt ein herrlicher Mund, und seltsamerweise war sie jetzt eine auffallende Schönheit.

Als läse sie in seinen Gedanken, sagte Dorothea: «Ich danke Ihnen, Monsieur. Ich bin so lange ein häßliches Entlein in einer Familie gewesen, wo jeder schön war, daß ich mich über Lob keineswegs erhaben fühle. Und wie gefällt Ihnen Leroys letzte Schöpfung?» Sie deutete die Haltung eines Mannequins an und stellte ein beigefarbenes Ripskleid mit langen Ärmeln zur Schau, das unter den kleinen hohen Brüsten gegürtet war und gerade bis auf die spitzen braunen Schuhe herabfiel. «Bitte, beachten Sie die Falten im Rücken und den dreifach gefalteten Kragen und die Ärmel à la Mameluk. Mein Trousseau, falls Sie es nicht wissen sollten, Herr de la Besnardière, ist voll von Modellen, dazu bestimmt, den Kongreß davon zu überzeugen, daß die wahre Mode nur aus Paris kommt.»

«Der Fürst hat mich gerade darüber belehrt, wie wichtig solche Dinge sind, um die Welt Frankreichs Sünden vergessen zu lassen», sagte La Besnardière ernsthaft.

Während Talleyrands Blick über das beigefarbene Kleid schweifte, fragte er sich, wie ein so streng aussehendes Kleid es fertigbrachte, so viel zu enthüllen: die schmalen Schenkel und

Knie und die sanften Schatten dort, wo der Rock sich an den Körper schmiegte. Er gab sein Urteil in dem kompetenten Ton des Kenners: «Es ist ein schwieriges Kleid, aber Sie werden damit fertig. Ich hoffe, Leroy wird es nur an Frauen mit schmalen, hohen Köpfen und geraden Schultern verkaufen. Dieser dreifach gefaltete Kragen ist nicht für jede.»

«Dank für das Lob, trotz der Vorbehalte», lachte sie.

«Die Vorbehalte gelten nur dem Kleid, nicht der Trägerin», sagte Talleyrand und schob zärtlich seine Hand durch ihren Arm.

Dorotheas Eintritt in die Familie Périgord war eine der wenigen erfolgreichen Unternehmungen seines Lebens, die sich niemals gegen ihn gewandt hatten. Im Gegenteil, sie war über seine kühnsten Erwartungen hinaus herrlich gelungen. Als er große Anstrengungen machte, um Dorotheas Hand für seinen ältesten Neffen und Erben zu gewinnen, war es eine Angelegenheit reinen Familienstolzes für ihn gewesen. Da Napoleon die großen Erbinnen Frankreichs für seine Adjutanten mit Beschlag belegte, war eine Prinzessin von Kurland, eine der reichsten Erbinnen Europas, eine Partie ersten Ranges. Doch hatte er nicht vorausgesehen, daß diese Partie für sein persönliches Leben alles bedeuten würde. Gerade das aber war geschehen. Vor allen Dingen hatte es ihm die Herzogin von Kurland gebracht. Dorotheas Mutter, die entzückendste der Frauen, die verständnisvollste Geliebte. Seine Gedanken verweilten zärtlich bei ihrer anmutvollen Schönheit – schon ein klein wenig welk, gewiß, aber immer noch eine große Schönheit. Wahrhaftig, mahnte er sich selbst mit einem leisen Schuldgefühl, obwohl er nicht wußte, wessen er sich eigentlich schuldig fühlen sollte, keine Frau auf Erden war der Anbetung würdiger. Außer höchstens Dorothea selbst. Reizende Dorothea! Wie intelligent sie sich in die Rolle der «Mme. Edmond» gefunden! Nicht nur hatte sie zwei Söhne geboren, die die Fortdauer des edlen Hauses von Périgord gewährleisteten, sie hatte auch für sich selbst einen bedeutenden Platz in der Pariser Gesellschaft erobert. Für Talleyrand war ihr scharfer, beweglicher Geist eine Quelle steten Entzückens. Wie angenehm hatte sie diese Reise von Paris hierher gemacht, immer heiter, immer wohlgelaunt, ungeachtet des Staubes, der

Strapazen, der zahlreichen Unbequemlichkeiten einer solchen Fahrt. Und vor allen Dingen wußte sie, wann es Zeit zum Reden und wann zum Schweigen war.

Talleyrand wandte sich an La Besnardière. «Meinen Sie nicht, daß es eine gute Idee war, Madame hierher zu bringen und zur Herrin unserer Botschaft zu machen?»

«Ganz gewiß», erwiderte La Besnardière mit Überzeugung. «Madame ist die europäischste der Frauen, mit ausgezeichneten Beziehungen in Rußland, Polen und auch in Preußen.»

«Ja, Madame wird von großem Nutzen sein, um den Ruf Frankreichs in den Kreisen wiederherzustellen, wo er am meisten gelitten hat – in der großen europäischen Gesellschaft», sagte Talleyrand ernsthaft. «Sie wird ein großes Aktivum für uns sein.»

«Wie geschäftsmäßig das alles klingt! Ich bin nur gespannt, wo ich in Herrn von Talleyrands großer Strategie zur Verführung Europas eingesetzt werde: über Carême, aber unter den Damen Aimée, Bigottini und Petit, oder wo?» Und einen flüchtigen Augenblick machte Dorothea sich wirklich Gedanken. Man kannte sich mit Talleyrand nie aus. Hinter seinen liebevollen Allüren konnte er schrecklich unpersönlich sein. Vielleicht sah er in ihr wirklich nur eines seiner diplomatischen Instrumente. Der Gedanke ließ sie frösteln. Dann lachte sie. Sie hatte ihre eigenen Pläne, die sie gegen die seinen setzte, und sie hatte Waffen, um für ihre Pläne zu kämpfen, und für den Augenblick war sie überzeugt, daß ihre Waffen superb waren.

«Kommen Sie, meine hungrige Dame» – Talleyrand lächelte auf sie herab – «Sie brauchen Ihr Frühstück.» Er führte sie zur Tür, wandte sich aber noch einmal zu La Besnardière zurück: «Denken Sie inzwischen für mich nach, mein Freund! Denken Sie nach, wie wir eine Einladung zu einer Sitzung bekommen können!»

3

Der Frühstückstisch war in Dorotheas Wohnzimmer gedeckt, vor einem langen Fenster, das die stille Würde eines Hofes hinter dem Palais Kaunitz, ein Stück blauen Himmel mit einer dicken kleinen Wolke und zwei auf der Balustrade hockende Tauben umrahmte. Die Sonne glitzerte auf den silbernen Schüsseln, die vor Dorothea auf einem Réchaud standen, und sprenkelte die teefarbene Spitzendecke mit unregelmäßigen geometrischen Figuren.

Als Talleyrand ihr seine Tasse reichte, schöpfte Dorothea, ernsthaft und eifrig dreinblickend wie ein Kind vor einem Puppenhaus, Bouillon aus einer kleinen Terrine. Sie tat gern etwas mit ihren Händen. Es waren kleine, schmale Hände, wunderbar gepflegt und kostbar beringt, und ihr einziger Kummer war, daß die Finger rechteckig ausliefen, was ihnen eher einen Ausdruck von knabenhafter Geschicklichkeit als von Eleganz gab. Während sie mit blauem Sèvres und böhmischem Glas hantierte, fiel ihr plötzlich ein, daß sie sich als Kind vor Sehnsucht verzehrt hatte, den Messingofen aus ihrem Kinderzimmer bis zur strahlenden Vollendung putzen zu dürfen. Kein kleines Mädchen hatte je glühender davon geträumt, eine Prinzessin zu werden, als sie davon träumte, eine Scheuermagd zu sein. «Es ist Ihre Lebensgier, Duschka; Sie wollen auf jede Weise das Leben packen», pflegte Abbé Piattoli, ihr Erzieher, sie zu schelten. Und achselzuckend hatte er hinzugefügt: «Machen Sie sich keine Sorgen! Sie werden die Hände voll haben auch ohne Scheuerbürste. Wo Sie sind, wird immer etwas passieren!»

Dorothea strich sich nachdenklich eine Semmel mit Butter. Dinge passierten allerdings mit ihr. Es hatte schon vor ihrer Geburt angefangen, als die große Katharina von Rußland ihren Gesandten in Berlin beauftragte, das Kind, das die Gemahlin des Herzogs Peter von Kurland erwartete, zu rauben, falls es ein Knabe sein sollte. Die Kurlands hatten drei Töchter zwischen zehn und zwanzig; diese waren der Zarin gleichgültig. Aber sie war entschlossen, nicht die Gefahr eines männlichen Nachkommen jenes sagenhaften kurländischen Stallburschen, Johann Biron, zu riskieren, der, bis zum Wahnsinn von einer anderen Zarin geliebt, von dieser auf den Thron von Kurland erhoben worden war.

Nun, da das Kind ein Mädchen war, erübrigte sich die Entführung. Dorothea war zwei Jahre alt, als ihr Vater, Herzog Peter, Johann Birons Sohn, der Kämpfe mit dem sturen kurländischen

Adel müde, seine Krone für eine ungeheure Summe an Katharina verkaufte. Sie war sieben, als Herzog Peter starb und sie als eine der reichsten europäischen Erbinnen zurückließ. Als sie acht war, entdeckte ein Liebhaber ihrer Mutter zufällig, daß sie weder lesen noch schreiben konnte, und machte der Herzogin eine Szene, weil sie die Erziehung eines so erstaunlich begabten Kindes vernachlässigte. Worauf die Herzogin, hauptsächlich um ihren Geliebten zu beruhigen, den glänzenden und berühmten Abbé Piattoli als Dorotheas Erzieher gewann. Dieser voltairisch gesinnte Florentiner, der durch seinen früheren Zögling, Fürst Adam Czartoryski, seine Hände in der polnischen Unabhängigkeitsbewegung und in russischen Kabinettsangelegenheiten hatte, nährte ihren raschen, realistischen und unersättlichen Geist mit der Philosophie, der Geschichte, der Poesie, der Wissenschaft aller Zeitalter. Mit zwölf Jahren löste Dorothea zu ihrem Vergnügen Aufgaben der höheren Mathematik, verbrachte ihre Nächte im Berliner Planetarium, erstaunte Schiller, Goethe, Fichte und die Brüder Humboldt mit ihrer Konversation.

Sie war dreizehn, als Napoleon in Berlin einzog, und sie floh im Gefolge der schönen Königin Luise von Preußen ostwärts. Mit vierzehn Jahren wurde sie heimlich die Braut des Fürsten Adam Czartoryski – damals russischer Außenminister – zum höchsten Entzücken des Abbé Piattoli, der, Jahre bevor sie sich jemals sahen, klug und sorgfältig das romantische Interesse zwischen seinen beiden glänzenden Zöglingen geweckt und gefördert hatte.

Als Dorothea fünfzehn Jahre alt war, erbat Zar Alexander ihre Hand für Edmond de Périgord, den Neffen und Erben des Fürsten von Bénévent, und ließ diskret durchblicken, daß eine Weigerung möglicherweise die Konfiskation der kurländischen Besitzungen in Rußland bedeuten könnte. Dorothea hatte nicht den leisesten Schatten von Zuneigung für den jungen Mann, der ihr Gatte werden sollte, und haßte den Gedanken, ihr Leben im Umkreis des verabscheuten Bonaparte zubringen zu sollen. Eine Zeitlang hatte sie das Gefühl, daß alles, was sie vom Leben erwartete – Liebe, Erfolg, eine große Rolle auf der Bühne der Welt –, ihr für immer verloren war. Bald aber begriff sie, daß dies nicht so war.

Mit sechzehn Jahren bei ihrer Trauung mit Edmond de Périgord in Frankfurt am Main sah sie Talleyrand...

«Worüber lächeln Sie, mon oncle?»

Er betrachtete sie, wie sie mit beiden Händen ihre Bouillontasse zum Munde führte, die Ellbogen auf den Tisch gestützt, und aus einer plumpen Geste eine bezaubernd natürliche machte.

«Habe ich gelächelt? Dann kann es nur gewesen sein, weil ich es als sündhaft empfinde, tête-à-tête mit einer so schönen Frau zu frühstücken, und noch dazu ohne Lakaien. Zu meiner Zeit schickten die Damen die Lakaien nur hinaus, wenn ihre Absichten eindeutig waren.»

Röte überflog ihre Wangen: «Ich hasse Lakaien.»

«Das ist der Einfluß der Revolution. Er ist auch hinter Ihrer Vorliebe für den napoleonischen Stil.» Sein Blick umfing die geradlinigen, bronzebeschlagenen Mahagonimöbel, die strengen Stukkaturen der Wände und Decken, die lichtgrünen, mit dunklem Grün gemusterten Seidentapeten. In seiner nüchternen Zurückhaltung war dies Dekor sehr verschieden von der vergoldeten, ausladenden Barockpracht seiner eigenen Zimmerflucht. «Ich wußte, daß Sie für sich selbst die einzigen Zimmer wählen würden, die im letzten Jahrzehnt neu eingerichtet worden sind.»

«Es ist hübsch hier», sagte sie befriedigt. Bis tief in die Nacht hatte sie Möbel hin und her geschoben, so viel lag ihr daran, sich diese schmucken, freundlichen Räume zu eigen zu machen. Und wirklich, mit ihren Büchern und ihren Nippes auf dem Sekretär und einer großen Vase mit gelben Dahlien auf einer Konsole sah das Zimmer schon behaglich durchwohnt aus.

«Ich kann mich niemals ganz an diesen modernen décor gewöhnen. Aber mit Ihnen ist es etwas anderes. Sie sind Jahrgang 1793, Jahrgang des Terrors», neckte er sie. Und nachdenklich fügte er hinzu: «Man stelle sich vor! Sie waren ein neugeborenes Baby, als ich bereits der gewesene Bischof von Autun und ein Refugié von der Guillotine, unterwegs nach Amerika war. Ich habe das Gefühl, entsetzlich alt zu sein.»

«Und ich bewundere Sie, mon oncle.

«Bewundern – weshalb? Weil ich alt bin?»

«Ja, weil Sie alt sind; weil sechzig Jahre vergeblich gegen Sie gewütet haben; weil Sie allen Wechsel und Aufruhr überstanden haben!»

Er lachte: «Sie wollen sagen, daß ich ein alter Schirm bin, auf den es jahre- und jahrelang geregnet hat, so daß ein paar Tropfen mehr oder weniger nichts mehr ausmachen – eh? Aber was kann es für eine junge und schöne Frau Wunderbares an einem alten Regenschirm geben?»

Nach einer Pause sagte sie leichthin: «Ich glaube, ich bin verliebt in das Alter, wie andere Leute in Kraft oder Schönheit verliebt sind, ich liebe das Alter sogar in Tieren und Blumen.» Sie stand auf, um die leeren Tassen wegzuräumen, und machte sich dann wieder am Tisch mit den Schüsseln auf dem Réchaud zu schaffen.

Talleyrand füllte zwei Gläser mit leichtem Rotwein. Diese Liebe zum Alter, so dachte er milde, war nichts anderes als die Reaktion auf einen jungen Gatten, der sie langweilte. Edmond, sechsundzwanzig Jahre alt, war ein Narr und ein Verschwender und eine wahre Prüfung sowohl als Gatte wie als Erbe. Nur zwei Dinge konnte man zu seinen Gunsten sagen: Er sah gut aus und er hatte hübsche Kinder. Da er außerdem Soldat von Beruf war, hatte er den größten Teil ihrer fünf Ehejahre fern von ihr in Kriegen zugebracht. Und jetzt, wo es keine Kriege mehr gab, würde man auch nicht allzuviel Mühe mit ihm haben, denn er würde immer in dringender Geldnot und daher der Überredung zugänglich sein. Dorothea hatte sich mit allem wundervoll abgefunden, aber es war Zeit für sie, zu entdecken, daß es Entschädigungen für eine gleichgültige Ehe gab. Dies war der andere Grund, weshalb er sie nach Wien gebracht hatte (der Hauptgrund war natürlich sein Wunsch, die französische Botschaft zu schmücken).

Nicht, als ob sie sich in Paris nicht amüsiert haben könnte. Sie war ein ungeheurer Erfolg. Ständig verliebten sich Männer in sie. Nur sie verliebte sich in keinen, und wenn er versuchte, sie darüber auszuhorchen, lachte sie. Er hoffte, daß sie hier in Wien, fern von Familie und Babys und mitten in dem, was ein gigantischer Friedenskarneval zu werden versprach, doch endlich eine angenehme Affäre haben würde. Eine angenehme Affäre, mit

Diskretion behandelt – es sei denn, es handle sich um eine sehr hochgestellte Persönlichkeit, in welchem Fall es weniger auf Diskretion ankam –, das war es, was Dorothea brauchte.

«Sie dürfen aus Ihrer geringen Erfahrung nicht ein Vorurteil machen, Kind. Nicht alle jungen Männer sind wie Edmond», sagte er sanft und hob sein Glas gegen sie.

Auch sie hob ihr Glas. «Meine Vorliebe für das Alter hat wenig mit Edmond zu tun. Ich habe junge Männer nie gemocht. Schließlich war Adam Czartoryski fast fünfundzwanzig Jahre älter als ich. Es erschien mir immer, Jugend sei eine vergängliche, unzuverlässige Maske, und das Alter allein verkörpere Beständigkeit und Dauer in der Welt.»

Sie seufzt also immer noch nach Czartoryski, dachte Talleyrand. Das erklärt ihre Gleichgültigkeit gegen Männer. Czartoryski wird auf dem Kongreß sein. Es ist unvermeidlich, daß sie ihn fortwährend sehen wird. Das könnte interessant werden, intim, wie er mit dem Zaren ist. Es könnte auch fatal werden. Czartoryski wird in der polnischen Frage auf der anderen Seite stehen. Ja, der Gedanke war ihm entschieden unangenehm, daß von allen Leuten gerade Czartoryski Dorotheas Liebhaber werden könnte.

Laut sagte er mit einem Anflug von Spott: «Wahrhaftig, wenn man Sie so leidenschaftlich von Dauer und Beständigkeit reden hört, könnte man meinen, Sie hätten Ihr ganzes Leben in äußerster Unsicherheit gelebt.»

«Aber ich habe in äußerster Unsicherheit gelebt, mon oncle», sagte sie, und eine kleine Falte erschien in dem breiten Raum zwischen ihren Brauen. «Immer gab es Kriege und Aufruhr und Flucht und immer Aufstieg und Sturz von Reichen. Nichts war jemals sicher. So bin ich dazu gekommen, mich nach dem Starken und Beständigen zu sehnen.»

«Wie überraschend Sie sind, meine Dorothée», sagte er und forschte in ihrem Gesicht nach etwas, das ihm selbst noch fremd war. Zum erstenmal kam es ihm zum Bewußtsein, daß er sie nicht wirklich kannte. Er trug hundert Bilder von ihr im Geiste, und keines schien ganz auf die Person zu passen, die sie plötzlich enthüllte. Er sah sie auf den Bällen der Tuilerien tanzen, er sah sie mit ihren Kindern in Valençay spielen, er sah sie im Walde von Fontainebleau zur Jagd reiten. Vor allem aber sah er ihre schmale Silhouette sich gegen die dramatischen Ereignisse von Napoleons Zusammenbruch abzeichnen. Da stand sie, kalt und verächtlich dem Zorn des Kaisers vor dem versammelten Hof Trotz bietend, als der große Mann, dessen Verdacht gegen Talleyrand geweckt war, sie zur Zielscheibe seiner geschmacklosen Sticheleien und Spottreden machte. Und da stand sie, in jener schicksalsschweren Nacht des 18. Dezember 1812 in Hoftoilette vor seinem Bett, um ihm die entscheidende Nachricht von des Kaisers Rückkehr aus Rußland zu bringen. Als Palastdame Marie-Louises hatte sie in jener Nacht in den Tuilerien Dienst gehabt, und sie hatte Napoleon gesehen, wie er allein, halbtot vor Erschöpfung, durch das Vorzimmer der Kaiserin geschritten war, mit seiner Erscheinung alle Gerüchte der Katastrophe bestätigend. Und sie war aus dem Palast geschritten und in die Rue Saint-Florentin gestürzt, um es ihm mitzuteilen.

Dorothea räumte den Tisch ab und trug Teller und Schüsseln zu einer nahen Konsole. Dann servierte sie den Nachtisch. Er hat nichts von dem verstanden, was ich andeuten wollte, dachte sie, und fand es spaßig und rührend zugleich, daß ein so großer Diplomat so schwer von Begriff war. Nun, zumindest hatte er begonnen, über sie nachzudenken. Das war wenigstens etwas.

«Die Trauben sind herrlich. Darf ich Ihnen davon geben?» fragte sie.

«Danke. Und vergessen Sie nicht den Brie. Er ist gerade richtig. Der Brie ist doch der König der Käse.»

Er fuhr fort, die Züge ihres Gesichtes zu studieren, die vor einer Stunde so vertraut geschienen hatten. Es war erstaunlich, wie fremd sie in einer so kurzen Zeitspanne geworden war. Es beschäftigte ihn, aber es beunruhigte ihn auch ein wenig. Er hatte sie nach Wien gebracht um ihrer vollendeten Weltklugheit willen. Er hatte nicht an irgendwelche verborgenen Möglichkeiten gedacht, durch die Komplikationen persönlicher Art verursacht werden könnten.

Zum erstenmal bemerkte er, was für ein exotisches Geschöpf sie war. Es lag in den Winkeln dieser großen, langbewimperten Augen, von denen man niemals wußte, ob sie schwarz oder blau waren, in dem zarten Dreieck, das die Nüstern der kleinen Adlernase bildeten, in dem Bogen des Mundes, der zugleich fest und sanft, empfindsam und beherrscht war. Woher hatte sie das alles? Nicht von ihrer Mutter. Es war nichts Exotisches um die Grübchen der blauäugigen Herzogin von Kurland, geborenen Gräfin Medem. Die Medems stammten von jenen deutschen Rittern ab, die vor siebenhundert Jahren angefangen hatten, das Baltikum zu kolonisieren und zu beherrschen. Ihr Geschlecht war fast, nicht ganz, so alt wie das der Talleyrands, die in direkter Linie von den Grafen von Périgord herkamen, den rauhen Kriegern des 10. Jahrhunderts, deren stolze Devise «Re que Diou» (Rien que Dieu) noch immer die Devise dieses Hauses war. In altem Blut gab es etwas, wohlgeeignet zum Herrschen und Verwalten und Verantwortung tragen. Altes Blut hatte es weniger eilig, besaß bessere Nerven als junges Blut. Gewiß gab es Ausnahmen, aber seine Erfahrung mit Napoleon und der ganzen Bande von Königen und Hoheiten, die er aus Nichtsen gemacht hatte, hatte sein Vorurteil eher bestärkt. Selbst dem Fähigsten unter ihnen fehlte diese gewisse «mesure», mit der ein Aristokrat aus alter Familie geboren wurde. Sie wußten niemals ganz gewiß, was man tun und was man nicht tun und wie weit man gehen konnte. Sie fühlten sich ewig unsicher. So, hatte Dorothea gesagt, fühle sie sich, und das war es, was sie plötzlich so fremd erscheinen ließ. Er hätte niemals gedacht, daß gerade sie von allen Frauen sich unsicher fühlen könnte. Ihre Mutter hatte das bestimmt niemals getan, obwohl auch sie Zeiten schrecklicher Veränderungen durchgemacht hatte und halb so gescheit war wie Dorothea. War es, weil die Herzogin eine Medem war, ihre Tochter aber nur zur Hälfte eine Medem und zur anderen Hälfte – was?

Unwillkürlich wanderte sein Blick zu den Miniaturen auf dem Sekretär, und sich ein wenig vorbeugend, streckte er die Hand nach dem Doppelrahmen in rotem Samt aus, der auf der einen Seite das Bild Johann Birons, auf der anderen das von Herzog Peter enthielt.

«Ihr durchlauchtigster Großvater hat meine Phantasie immer gereizt.» Er schaute auf den Herrn mit dem rosigen Teint und der großen Puderperücke, der ihn aus hervortretenden Augen vom gleichen Blau wie sein silberbestickter Rock anstarrte.

«Schade, daß sein Porträt keinen Anhaltspunkt für sein außerordentliches Dasein gibt.»

«Er ist gewiß eine phantastische Figur», erwiderte Dorothea.

In der Tat, die steilen Kurven von Johann Birons Schicksal waren faszinierend. Als kleiner Stallbursche errang er die Liebe seiner Souveränin, der Herzogin Anna von Kurland, die, als sie Kaiserin von Rußland geworden war, ihn zum Herzog von Kurland, zur Macht hinter ihrem Thron erhob und versuchte, seiner Macht Dauer zu verleihen, indem sie ihn zum Regenten von Rußland für den unmündigen Zaren einsetzte. Aber kaum war sie tot, flammte die lang gestaute Opposition gegen den niedrig geborenen Favoriten offen auf, und ein Coup d'ètat kostete Johann Biron die Regentschaft und sein Herzogtum. Er wanderte ins Exil. Sibirien! Dies schien das Ende von Johann Biron. Es war es jedoch nicht. Und hier begann für Dorothea der wahrhaft aufregende Teil der Geschichte, weil er die Ausdauer dieses großartigen Parvenüs zeigte, der die Leidenschaft einer Kaiserin gewesen war und dennoch geduldig und zäh genug, zu warten und noch einmal sein Glück zu versuchen. Nach dreiundzwanzig Jahren in der Wildnis, als alter Mann, kehrte Johann Biron heim, gewann sein Herzogtum zurück und regierte noch einmal in seinem Schlosse zu Mitau, das ein Versailles im kleinen war.

Es amüsierte Talleyrand, daß sie nichts dagegen hatte, daß ihr Großvater ein Stallbursche war, sondern im Gegenteil stolz war, von diesem märchenhaften männlichen Aschenbrödel abzustammen. «Es ist sicherlich starkes Blut», sagte er, «das Blut Johann Birons.»

Es entstand eine Pause, dann sagte sie nüchtern: «Die Frage ist nur, habe ich Johann Birons Blut in meinen Adern?»

«Wie meinen Sie das, Kind?»

«Sie wissen sehr wohl, wie ich das meine, mon oncle.»

«Mein liebes Kind» – er warf ihr einen erschrockenen Blick zu –, «ich wußte nicht, daß Sie je von diesem lächerlichen Gerücht gehört haben.»

«Davon gehört? Oh, es hat mich fast umgebracht. Schon als Baby verstand ich vage aus Bemerkungen meiner Kinderfrau, daß irgendwas – natürlich wußte ich nicht was – mit mir nicht in Ordnung sei. Bis eines Tages meine Schwestern mir meine Ängste deuteten. Nie werde ich diesen furchtbaren Nachmittag vergessen. Wir waren in Sagan. Ich war erst fünf Jahre alt. Und doch sehe ich noch heute Wilhelmine und Pauline vor mir, damals schon junge Damen, wie sie ihre Köpfe ins Kinderzimmer steckten und riefen: ‹Wie geht's, Fräulein von Batowsky?› Dann kicherten sie und rannten weg. Wahrscheinlich hielten sie mich für zu jung, um zu verstehen. Aber ich verstand nur zu gut. Herr von Batowski – mein Vater! Alles in mir revoltierte dagegen, das Kind dieses polnischen Emigranten-Grafen sein zu sollen, einer von den zahllosen Verehrern meiner Mutter. Ich hatte nichts gegen ihn persönlich. Ich konnte nur den Gedanken nicht ertragen, nicht die Tochter Herzog Peters zu sein, des einzigen menschlichen Wesens, das ich wirklich liebte.»

Dorothea hatte obenhin gesprochen und sich bemüht, eine gute Geschichte daraus zu machen mit einem Anflug von Humor hier und da, aber ihre Augen brannten wie Kohlen in ihrem sehr bleichen Gesicht. Ich wünschte, sie hätte es mir nicht erzählt, dachte Talleyrand. Es gibt Dinge, über die man nicht einmal zu sich selbst spricht. Seine Gedanken schweiften flüchtig zu seinen eigenen Bastarden – dem Grafen von Flahaut, dessen begabte Mutter er so sehr geliebt hatte, und zu dem kleinen Delacroix – Eugène hieß er –, der ein so vielversprechender junger Maler und sein Abklatsch und sein Ebenbild war. Es gab eine ganz hübsche Anzahl Bastarde von ihm in der Welt – in Frankreich, in England, in den Staaten. Das Merkwürdige war nicht, daß man so viel Bastarde hatte, sondern so wenige.

Er betrachtete mit neuem Interesse das dunkeläugige, schwermütige Gesicht von Johann Birons Sohn. Es zeigte eine leichte Ähnlichkeit mit Dorothées Antlitz, aber schließlich war auch Herr von Batowski dunkeläugig und schwermütig. Herzog Peter war ein launischer, verbitterter, heftiger Mann gewesen. Die Kindheit in Sibirien, wo er das Exil seines Vaters geteilt, hatte ihn dazu gemacht. Das war auch der tiefste Grund seiner Leidenschaft für Schönheit. Er verzehrte sich nach Palästen und Parks und Bildern und Kunstwerken und schönen und glänzenden Menschen. Auf diese Weise hatte er seinen Thron verloren. Der kurländische Adel verzieh es ihm nicht, daß er so viel im Ausland lebte und ihnen die internationale Gesellschaft von Rom, London, Paris, Berlin vorzog.

«Herzog Peter (er konnte jetzt nicht mehr gut sagen ‹Ihr Vater›) muß ein schöner Mann gewesen sein», sagte Talleyrand.

«Das war er, und doch glaube ich, daß niemand ihn liebte außer mir. Ich war sicher, daß er mich auch liebte. Bis zu jenem schrecklichen Augenblick, als meine Schwestern mich Fräulein von Batowsky nannten. Seitdem quälten mich sein langes brütendes Schweigen und die prüfenden Blicke, die er auf mir ruhen ließ.» Nach einer kleinen Pause fügte sie hinzu: «Ich war zu stolz, um zu fragen. Die Unsicherheit schloß wenigstens noch einen hoffnungsvollen Zweifel ein.»

«O Gott, wie verletzbar man als Kind ist –» Talleyrands Empfinden, Dorothea nicht zu kennen, war so plötzlich vergangen, wie es gekommen war. Jetzt verstand er die Gründe ihrer Unsicherheit. Auch er kannte das Gefühl, daß etwas mit ihm nicht in Ordnung sei, wegen seines kranken Beins, das ihn seines Geburtsrechtes beraubte. Auch er hatte eine bohrende Unsicherheit aus seiner unglücklichen Kindheit in sein Erwachsenenleben geschleppt. Sie saß an der Wurzel seiner revolutionären Vergangenheit. Irgendwo mußte sie noch in ihm sein, tief unten, aber ausgebrannt, nicht mehr emotionell geladen. Darum hatte er Dorothea nicht sofort verstanden. Er war alt, und er hatte vergessen, daß man in diesem Alter ein Muster von Weltklugheit sein und doch mit einem Stück seiner Seele in den Spinnennetzen von Kindheitsängsten und -unsicherheiten verfangen sein konnte. Und auf einmal fühlte er sich Dorothea näher als je zuvor.

Dorothea lud sich den Rest der Weintrauben auf ihren Teller und steckte eine der schweren blauen Beeren nach der anderen in den Mund. Die Unterhaltung war ein bißchen ausgerutscht, dachte sie mit einem Anflug von Selbstspott. Sie hatte angefangen, mit ihm über Alter zu sprechen, um ihm klarzumachen, daß die vierzig Jahre zwischen ihnen kein Hemmnis für Liebe wären. Und sie hatte damit geendet, über Kindheit zu reden, Talleyrand hatte an dem einzigen wichtigen Punkt, an dem ihr lag, vollkommen vorbeigehört. Aber irgendwie schadete es nichts. Es hatte ihr gutgetan, endlich einmal diese frühen Kümmernisse und

Schrecken ausgesprochen zu haben, sie ihm anvertraut zu haben, der alles von ihr wissen sollte.

Ein Diener trat ein und überbrachte ihr einen Brief auf einem Silbertablett. «Von Wilhelmine», sagte sie zu Talleyrand, erbrach das weiße Siegel des blauen Bogens und las das kurze Schreiben. «Alle drei Schwestern kommen morgen früh an. Wilhelmine sagt, sie möchte zur Stelle sein, wenn der Zar später am Tage seinen Einzug hält», berichtete Dorothea mit einer kleinen Grimasse.

«Es lebe Wilhelmine! Ich nehme an, sie wird auf dem Kongreß große Figur machen – die schöne Herzogin von Sagan, vom Zaren geliebt wie auch vom Fürsten Metternich – eh?» Talleyrand lachte sein kleines trockenes Lachen, das wie ein Husten klang. Als Dorothea nicht antwortete, fragte er: «Sie mögen Wilhelmine nicht, nicht wahr?»

Nach einer kurzen Pause sagte Dorothea: «Nicht besonders. Aber sie ist fünfzehn Jahre älter als ich, und ich kenne sie kaum. In Wirklichkeit kenne ich keine meiner Schwestern. Alle drei heirateten, als ich noch ein Kind war, und ich habe sie seitdem kaum gesehen. Ehrlich gesagt, sie langweilen mich mit ihren Liebesgeschichten und ihren Ehewirren.»

«Sie sind eifersüchtig, meine Dorothée. Jüngere Schwestern sind das oft. Aber es ist schade. Wilhelmine wird sehr im Zentrum von allem sein. Wenn jetzt Ihre Mutter hier wäre, würde ich sie fortwährend sehen.»

«Sie brauchen Mama nicht, um Wilhelmine zu sehen», sagte Dorothea ein wenig scharf. «Sie können sie auch mit mir sehen, wenn Sie das wünschen.» Plötzlich befiel sie eine Panik. Wenn nur Talleyrand nicht auf die Idee kam, die Mutter nach Wien zu bitten, denn nur ein Wort von ihm, und Mama würde Hals über Kopf kommen. Das würde das Ende aller ihrer Pläne und Hoffnungen bedeuten, die auf der Voraussetzung beruhten, daß sie endlich Talleyrand für sich allein haben würde. Ohne diese lächerliche Mme. de Talleyrand, aber vor allen Dingen ohne Mutter. Die dicke Mme. Grand war ein Witz. Er hatte vergessen, daß er sie je geliebt hatte. Aber Mama war etwas ganz anderes. O Gott, laß ihn nicht mehr an Mama denken, betete sie leidenschaftlich.

«Ich weiß, Sie werden vernünftig sein, Kind», sagte Talleyrand. «In der Lage, in der wir uns in Wien befinden, ist es viel wert, einen wichtigen Salon wie Wilhelmines zur Verfügung zu haben. Die Tatsache ist, daß wir hier höchst unbeliebt sind – eh? Sie werden sich in der Gesellschaft ein wenig isoliert finden, weil Sie die Hausherrin der französischen Botschaft sind. Es tut Ihnen nicht leid, daß Sie gekommen sind?»

«Was für eine Frage, mon oncle! Es gibt keinen Ort auf der Welt, wo ich lieber sein würde.» Sie lachte ein bißchen, weil er nicht begriff, ein so gescheiter Mann wie er! «Sagen Sie mir», fügte sie eifrig hinzu, «haben Sie schon eine Idee, wie Sie Ihren Weg in die Beratungszimmer des Kongresses erzwingen wollen? Dalberg hat mich heute morgen besucht und mir alles von dem Boykott erzählt.»

Nicht umsonst hatte Dorothea politische Intrige mit der Muttermilch eingesogen und später atemlos jeden Zug in dem Drama von Napoleons Sturz verfolgt und auch die erstaunliche Lösung, wie Talleyrand den Frieden für die Sieger entwarf. Talleyrand unterhielt sich gern über Politik mit ihr. Sie verstand ihn noch intuitiver als selbst La Besnardière.

«Bis jetzt waren meine Ideen alle negativ – eh? Mir scheint nichts einzufallen, außer daß die Großen Vier durch einen Dreh in eine Lage gebracht werden müssen, wo sie nicht anders können, als uns einzuladen. Die traurige Wahrheit aber ist, daß ich nicht allzu lange warten kann. Sie kennen die Situation in Paris: Der König mißtraut mir, obwohl ich es besser um ihn verdient habe. Falls ein paar Wochen vergehen sollten, ohne daß es mir gelingt, zu den Beratungen eingeladen zu werden, könnte der König leicht den Intrigen seines Bruders erliegen, der gleich nicht wollte, daß ich nach Wien ging – eh? Das, meine kleine Dorothée, ist eine Sorge, die ich nur mit Ihnen besprechen kann. Meine jungen Herren sind schon ein bißchen enerviert von der Feindseligkeit, die uns hier umgibt. Die Erkenntnis, daß die Gefahren in unserem Rücken ebenso akut sind wie die vor uns, würde sie vollständig demoralisieren. Ich gestehe, daß ich niemals in einer prekäreren diplomatischen Situation gewesen bin.»

«Und Sie genießen es, mon oncle», sagte Dorothea mit einem

leuchtenden, zärtlichen Blick. Es war einer jener Augenblicke, da sie sehen konnte, wie seine Kühnheit, sein sang-froid, sein Geschmack an Gefahr in jeder Form durch die lässige Eleganz seiner Bewegungen, durch seine blassen schläfrigen Augen hindurchschienen. Es war dieser Grundsatz zwischen seiner Entscheidung und seinen Fähigkeiten, der ihn unwiderstehlich machte. In diesen Augenblicken liebte sie ihn über alles.

Talleyrand lachte, ihr schmeichelhafter Glaube an seine nie versagende Bravour überzeugte ihn, daß er tatsächlich die Gefährlichkeit seiner Position genieße. «Heute abend», sagte er und griff nach seinem Ebenholzstock, «werden wir uns unmittelbar in die Höhle des Löwen begeben und den alten Fürsten von Ligne besuchen, wenn es Ihnen recht ist. Ich bin sicher, ich werde alle meine Feinde dort treffen – eh?»

«Wie schade, Onkel, ich habe Dalberg versprochen, mit ihm in ein Konzert zu gehen. Eine Symphonie eines gewissen Herrn van Beethoven wird aufgeführt.»

«Gut. Gehen Sie zu Ihrem Konzert. Dalberg kann Sie nachher zu De Ligne bringen.» Er erhob sich. «Haben Sie irgendwelche Pläne für heute nachmittag?»

«Ich werde Mme. de Brionne besuchen.»

«Mme. de Brionne?! Sie meinen die Prinzessin von Lothringen?»

«Ja. Mein Schwiegervater hat mir einen Brief für sie gegeben, den ich ihr heute morgen geschickt habe. Sie hat mich gebeten, sie um drei Uhr zu besuchen. Sie kennen sie, Onkel? Aber natürlich müssen Sie sie gekannt haben.»

«Ob ich Louise de Brionne kenne! Mein Kind! Sie war ein Teil meiner Jugend – vor langer Zeit, lange bevor Sie geboren waren.»

«Aber sie muß viel älter sein als Sie.»

«Ja, sie ist jetzt über achtzig. Gott, was ich darum geben würde, sie zu sehen!»

«Warum kommen Sie dann nicht mit mir?»

Er stand und starrte an Dorothea vorbei auf die grüne Tapete, in die Vergangenheit hinein.

«Mme. de Brionne würde mich nicht empfangen», sagte er endlich. «Ich bin sogar erstaunt, daß sie Sie empfängt, in Anbetracht dessen, daß Sie meine Nichte sind und mit mir in der Botschaft wohnen. Sie hat mir nie verziehen, daß ich nicht ins Exil gegangen bin wie andere brave kleine Aristokraten. Sie hat mir noch weniger verziehen, daß ich Bonaparte gedient habe.»

«Refugiés! Sie leben aus ihren Ressentiments», sagte Dorothea verächtlich, aber Talleyrand hörte sie nicht.

«Mme. de Brionne», sagte er, «verdanke ich die schmerzlichste Erfahrung meines Lebens. Ich habe es nie irgend jemand erzählt. Es war 1805. Ich war im Gefolge der kaiserlichen Armeen nach Linz gekommen und erfuhr, daß Mme. de Brionne in einem Landschlößchen in der Nähe lebte. In heller Aufregung setzte ich mich hin und schrieb ihr einen Brief. Und was für einen Brief, Kind! Für seine Abfassung erweckte ich alle die halbvergessenen gesellschaftlichen Überlieferungen wieder, die einen Teil ihrer verlorenen Welt ausmachten, ich schmeichelte ihr durch jeden Ausdruck von Dankbarkeit, appellierte an die Erinnerung vergangener Tage. In diesem Brief kündigte ich ihr meine Absicht an, ihr am nächsten Tage meine Aufwartung zu machen, es sei denn, ich empfinge ihre Einladung, noch an demselben Abend bei ihr zu erscheinen. Nun, an diesem Abend kam keine Antwort, und um elf Uhr des folgenden Tages brach ich nach dem Schlößchen auf, ein wenig enttäuscht, daß ich keine Antwort empfangen hatte. Ich hatte viel Aufmerksamkeit auf meinen Anzug an diesem Tage verwandt und sorgfältig jedes Abzeichen meines Ranges am kaiserlichen Hof entfernt, um sie nicht zu verletzen. Als der Kutscher mir von fern ihr Schloß wies, schlug mein Herz so wild, daß ich mich versucht fühlte umzukehren. Endlich waren wir da. Alles sah einsam und verlassen aus. Es herrschte eine beunruhigende Stille. Dennoch zog ich die Glocke, und nach einer Weile erschien eine alte Beschließerin. Sie hatte rote, verschwollene Augen und fing an zu weinen, als sie mir berichtete, ihre Herrin sei mit dem ganzen Haushalt erst vor ein paar Stunden – und zwar ganz plötzlich – abgereist. Und, ach ja, falls ich der Herr sei, der aus Linz an die Prinzessin geschrieben habe, so sei hier ein Brief für mich, den die Prinzessin für mich übergeben habe. Sie zog den Brief heraus, und ich nahm ihn schweigend in Empfang. Ich stieg wieder in den Wagen, und erst als das Schloß außer Sicht war, fand ich den Mut, das Siegel zu erbrechen. Ich fand nichts als meinen eigenen Brief – uneröffnet. Alles, was sie getan hatte, war, ihn folgendermaßen umzuadressieren: – jedes Wort unterstrichen: ‹An den Fürsten von Bénévent, Minister Napoleons, Kaiser der Franzosen›. Das hieß: Solch ein Mensch ist der Prinzessin von Lothringen nicht bekannt.»

Dorothea sagte nichts. Und es gibt Leute, dachte sie, die ihn für kalt und undankbar halten, während er in Wirklichkeit der verletzbarste und treueste Mann ist. Und sie dachte, es würde ihr ein Vergnügen sein, Mme. de Brionne umzubringen.

Talleyrand beugte sich nieder, um ihre Wange zu küssen: «Besuchen Sie sie auf alle Fälle. Und wenn Sie eine Gelegenheit haben, so sagen Sie ihr, daß ich niemals aufgehört habe, sie zu lieben.»

Noch einige Minuten lang, nachdem sich die Tür schon hinter ihm geschlossen hatte, saß Dorothea am Tisch, ohne sich zu regen. Irgendwie war ihr der Gewinn dieser Stunde wieder entglitten. Sie hätte Madame De Brionne nicht erwähnen sollen. Er mußte sie ja einmal geliebt haben. Würde sie ihn jemals ganz für sich haben können, wenn es überall Erinnerungen an Liebe gab? Einen Augenblick lang wünschte sie wild, daß er nie vor ihr eine andere Frau gekannt hätte. Aber gleich wieder, mit einem für sie bezeichnenden Umschwung zur Selbstkritik, verspottete sie sich: Willst du nun einen alten Mann oder einen ohne Vergangenheit? Beides zusammen gibt es ja nicht.

Sie erhob sich mit der energischen Zielbewußtheit, derentwegen Talleyrand sie oft zu necken pflegte und die er ihrer preußischen Erziehung zuschrieb, und ging schnell aus dem Schlaf- ins Ankleidezimmer. Mitten im Raum stand eine massiv silberne Badewanne, und der Duft der Öle und Essenzen, die sie zum Morgenbad gebraucht hatte, hing noch in der Luft. Durch die offene Tür konnte Dorothea ihre Zofen hantieren sehen; sie hatte sich drei mitgenommen – die alte Sibirierin Anja (das Kind Birons und eines Bauernmädchens), die ihre Amme gewesen war, und ein französisches Schwesternpaar, Victoire und Elvire, die sich gut auf Kleider und Haartrachten verstanden. Sie waren nur wenig älter als Dorothea selbst und kicherten unaufhörlich, hauptsächlich auf Kosten Anjas, aber immer in sicherer Entfernung von der Alten.

Dorothea nahm vor dem Frisiertisch Platz und rief hinüber: «Sind meine Sachen von der Reise sehr zerdrückt?»

«Nicht zu schlimm, Euer Gnaden», sagte Anja, einen ganzen Hügel vielfarbiger Seiden und Spitzen auf den Armen, und erschien in der Tür. Sie war eine breite, rotbäckige Sechzigerin, die Dorothea wie ein geliebtes Kind behandelte, wenn sie allein, und mit der Servilität des russischen Leibeigenen, wenn Fremde anwesend waren. Sie war Analphabetin, aber absolut verläßlich und weltweise, und Dorothea schrieb ihr einen sechsten Sinn gegenüber ihren Wünschen und Bedürfnissen zu.

Sie lachte Anja zu, in den Spiegel hinein, während sie geschickt etwas Rot auflegte: Ihre Wangen waren immer allzu blaß. «Ich möchte heute abend das neue weiße Kleid anziehen.»

«Ich werde es bereithalten, Euer Gnaden», sagte Anja. Dann schloß sie die Tür zur Kleiderkammer, legte, was sie auf den Armen trug, auf einen Stuhl und trat hinter Dorothea: »Ich mache dir alle deine schönsten Kleider fertig, so daß du sie sofort anziehn kannst.»

Dorothea setzte einen bläulichen Schatten auf die Augenlider, so daß ihre großen Augen noch größer wirkten: «Das eilt nicht so sehr, Anja.»

«Doch, doch, mein Kleines. Es ist später, als du denkst. Du mußt ihm beibringen, daß er dich liebt, noch ehe er sich nach Ihrer Hoheit sehnen kann. Er ist an Ihre Hoheit gewöhnt wie an einen alten Schuh.»

Dorothea zog dem Spiegel eine spöttische Grimasse. «Mama würde dir etwas Schönes für deinen geschmackvollen Vergleich erzählen: ein alter Schuh!»

«Oh, gar nicht. Ihre Hoheit kennt die Männer. Sie weiß, daß ein alter Schuh bequem ist.»

Mit der einen Hand führte Dorothea sorgsam eine Puderquaste über ihre Nase, mit der anderen griff sie nach Anjas gestärkter Schürze. »Du machst mir angst, Anja», klagte sie.

«Er will, was er kennt, und mag keine Ungelegenheiten, Kind», warnte die alte Frau und bettete Dorotheas Kopf an ihre Brust.

Dorothea schloß die Augen: «Ich werde ihm keine Ungelegenheiten machen.»

«Aber er wird es fürchten. Ein alter Mann verliert nicht mehr so leicht den Kopf wegen einer Frau. Und er wird bestimmt sehr an M. Edmond und Ihre Hoheit denken. Ein alter Mann denkt viel, ehe er ins Ungewisse springt.»

«M. Edmond zählt doch gar nicht.»

«Vielleicht nicht. Aber Ihre Hoheit zählt. Seine Durchlaucht ist ein kalter Kopf. Er kann seine Liebe ein- und ausschalten. Wenn du ihm ins Herz schauen könntest, würdest du eins von diesen großen runden Dingern finden, auf das die Leute die Welt malen.»

«Du meinst einen Globus, Liebe? Nein, einen Globus würdest du nicht finden – höchstens eine Karte von Frankreich», sagte Dorothea und rieb ihren Kopf ein wenig an der Schürze. Sie mußte ein bißchen lachen. Sie dachte: Eines Tages werde ich dieses Gespräch Talleyrand erzählen, und wir werden zusammen darüber lachen.

«Das ist ganz dasselbe, mein Kleines. Ich wollte ja nur sagen, daß sein Herz mit wichtigen Dingen befaßt ist. Er will keine Ungelegenheiten.»

«Aber ich muß ihn haben, Anja, mehr als irgend etwas oder irgend jemanden in meinem ganzen Leben. Versprich mir, daß ich ihn bekommen werde, Anja!»

«Es ist ja sündhaft, aber ich will dich doch immer glücklich sehen, mein Kleines.»

Dorothea entzog sich den Händen der Alten. «Ich liebe ihn.» Sie sprühte sich einen Duftstoff ins Haar.

Natürlich war es sündhaft und schlecht, einen verheirateten Mann zu lieben, noch dazu den Onkel des eigenen Gatten. Aber wo fing die Schlechtigkeit an und wo hörte sie auf, wenn dieser eigene Gatte sich ständig anderswo und mit anderen Frauen getröstet hatte; wenn dieser Onkel ein verheirateter Priester war; wenn man ihn einer anderen wegnahm – nicht seiner Frau, die ja vor Gott nicht seine Frau sein konnte –, sondern seiner Geliebten, die nun zufälligerweise die eigene Mutter war? Dieses ganze Sündengeflecht hatte ja lange, lange zuvor begonnen; es war nicht ihr Werk. Dorothea verzog das Gesicht. In der großen Gesellschaft, in der sie ihr Leben bisher verbracht hatte, betrachtete man diese Art Sünden mit amüsierter Toleranz. Jedermann schien ständig in und aus Ehebetten zu hüpfen, in die er oder sie nicht hineingehörte. Nicht daß Dorothea dergleichen gebilligt hätte; sie verabscheute Zügellosigkeiten. Weil sie zu eigen und wählerisch war, um sich in eine jener raschen Liaisons ohne Leidenschaft, die sie überall um sich sah, einzulassen, war sie ihrem jungen Gatten bisher treu geblieben. Aber das hieß nicht etwa, daß ein Ehebruch auch moralische Konflikte mit sich gebracht hätte. Sie hätte sich ohne weiteres das Recht auf einen Liebhaber zugestanden, vorausgesetzt, daß sie selbst liebte. Der einzige Prüfstein bei solchen Verhältnissen war eben dieser: wirkliche Liebe. Da sie Talleyrand wirklich liebte, da sie keinen anderen liebte, war sie durchaus im Frieden mit ihrem Gewissen. Allerdings auch so noch ertappte sie sich manchmal bei dem Wunsch, in einer Welt leben zu können, wo man Schlechtigkeit nicht mit Schlechtigkeit zu vergelten brauchte, wo die menschlichen Beziehungen weniger verwickelt waren und, ja, jungfräulicher. Das müßte schön sein: in einer guten Welt gut zu sein!

Schweigend zog Dorothea den Blücher-Tschako (zu Ehren des Siegers von Leipzig) schräg über ihre dunklen Locken und befestigte den Riemen unterm Kinn. Schweigend ordnete Anja den Schleier in ihrem Nacken. Der Tschako war aus kastanienbraunem Lackleder, ebenso wie die Stulpen der beige Handschuhe und der große bauschige Beutel. Dorothea schlüpfte in die lange beige Redingote, die zu dem Kleid gehörte, und besah sich kritisch im Spiegel. Anja begutachtete sie von oben bis unten, nahm ihr einen Faden von der Schulter und sagte: «Manchmal glaube ich, du bringst alles fertig, was du dir in den Kopf setzt, Kleine.»

4

Um zwei Uhr dreißig, nach einem Gejage und Gehetze, das ihre alte Kammerfrau als Nervenbündel zurückließ, saß Louise, Gräfin von Brionne, Prinzessin von Lothringen, vor dem langen Spiegel in ihrem Schlafzimmer, bereit, ihre Gäste zu empfangen. Jedes weiße Haar war an seinem Platz, jede Locke fiel, wie sie sollte, jede Mouche saß, wo sie hingehörte.

«Bitte Prinz Charles zu mir.» Ihre helle, klare Stimme hatte trotz ihrer achtzig Jahre die herrischen Obertöne bewahrt, die sie zum Schrecken zweier Könige gemacht hatten. Und während das Mädchen davoneilte, maß sie ihr Bild im Spiegel mit kalter Aufmerksamkeit.

Mme. de Brionne war viel zu stolz, um auch nur sich selbst zu gestehen, wieviel ihr daran lag, sich der Nichte des Mannes, den sie nach wie vor den Bischof von Autun nannte, von der schönsten Seite zu zeigen. Nicht, um auf die junge Frau selbst Eindruck zu machen, sondern wegen des Bildes von ihr, das jene ihrem Oheim übermitteln würde. Sie hatte ihn ein Vierteljahrhundert lang nicht gesehen, und der Gedanke, ihm möglicherweise als Ruine geschildert zu werden, jagte ihr Entsetzen ein. Doch was sie im Spiegel sah, war ziemlich beruhigend. Ihr Profil mit der stolzen Nase und der sanft geschwungenen Braue hatte die Reinheit seiner Linie bewahrt. Das Gewebe der Haut über dem unzerstörbar vollkommenen Knochengerüst war so fein, daß sich unter der Schminke kaum eine Falte zeigte. Ihre Augen, wenn auch schwach, waren von einem tiefen, lebhaften Blau. In dem kleidsamen Helldunkel ihres Salons konnte sie immer noch für eine schöne Frau gelten, und niemand wußte, welche Anstrengungen es sie kostete. In zwei Stunden würde ihr Geist, eben noch so frisch und scharf, sich vor Erschöpfung auflösen, und sie würde nicht länger fähig sein, ihre Gedanken zu konzentrieren. Das war das Schlimmste am Alter – nicht, daß man seine Schönheit verlor, sondern daß man die Herrschaft über einen so ausgezeichneten Verstand wie den ihren verlor. Aber in zwei Stunden würde Frau von Périgord fort sein. Die Türen würden sich hinter allen geschlossen haben. Sie würde im Bett liegen, schlaflos, mit diesen schweifenden Fetzen von Gedanken, Erinnerung und Phantasie als ihren einzigen Gefährten. Sie schauderte ein wenig und warf ihrem eigenen Spiegelbild einen letzten ermutigenden Blick zu.

Mme. de Brionne hatte längst aufgehört, sich dem Wechsel der Mode anzupassen. Während aber andere Damen von unabhängigem Geschmack gern am Kostüm ihrer eigenen Glanzzeit festhielten, als ihre Schönheit und ihr Glück auf dem Höhepunkt waren, waren bei ihr streng historische Gesichtspunkte maßgeblich. Sie blieb dem Stil des untergehenden Königtums treu.

Ihr schwarzes Kleid, nur von einem sanft drapierten weißen Fichu geschmückt, der hohe, feste Pompadour ihrer Frisur, von dem rückwärts die Locken auf die Schultern fielen, die sehr weiße und rosa Schminke, das waren das Kleid, die Frisur, die Schminke, die Marie Antoinette als Gefangene im Temple getragen hatte. Nicht etwa, daß sie Marie Antoinette besonders geliebt hätte. Als geborene Rohan hatte sie der Königin nie die Brutalität verziehen, mit der ihr Vetter, der Kardinal, in der berühmten Halsbandaffäre behandelt worden war. Sie hatte damals schon vorausgesagt, ein Regime, das einer solchen Ungerechtigkeit fähig sei, könne nicht dauern. Sie hatte sich danach geweigert, je wieder zu Hofe zu gehen. Trotz alledem hatte Marie Antoinettes schreckliches Ende den Schlußstrich unter die Welt gesetzt, die sie kannte. Der Rest war das Exil.

In plötzlichen Aufwallungen von Realismus war Mme. de Brionne sich darüber klar, daß sie alles in allem im Exil nicht allzu schlecht gefahren war. Da die Prinzen von Lothringen mit dem Hause Habsburg verwandt waren, hatte der Kaiser von Österreich sie und ihre Kinder nach Wien eingeladen, und hier hatte sie seitdem gelebt. Eine jährliche Pension von 12000 Gulden wurde ihr durch das kaiserliche Schatzamt ausgezahlt. Ihr kleines Haus in der Josephstadt war aus den Lagerräumen der Hofburg in etwas verblichenem, aber immer noch luxuriösem theresianischem Glanz eingerichtet. Als die Vornehmste unter den Refugié-Damen der Hauptstadt genoß sie ungeheures Ansehen bei den anderen Refugiés, und die österreichische Gesellschaft betrachtete ihren Salon als das letzte Beispiel des erlesenen Tons und der Sitten, die mit dem Ancien régime in Frankreich ausgestorben waren. Dies hielt sie indessen nicht ab, ihre verhältnismäßig bescheidene und abhängige Gegenwart mit ihrer vergangenen Größe zu vergleichen. Zu keiner Zeit erlaubte sie irgend jemand – am wenigsten sich selbst – zu vergessen, wie reich und mächtig sie einst gewesen war. Auf diese Weise hielt sie den Haß gegen die Zerstörer der alten Ordnung lebendig, in der sie eine so wichtige und angenehme Stellung innegehabt hatte. Mit achtzig braucht man etwas, wofür man lebt. Für Mme. de Brionne war es ihr Haß gegen Jakobiner und Bonapartisten.

«Sie haben nach mir verlangt, Granny?» Prinz Charles von Lambesk kam rasch durch das Zimmer und küßte ihr die Hand.

«Ja, Liebling.» Mme. de Brionne lächelte ihrem Urenkel und einzigen überlebenden Nachkommen zärtlich zu und bemühte sich, ihrer Stimme einen beiläufigen Klang zu geben: «Ich wollte dir sagen, daß ich Mme. Edmond de Périgord erwarte, geborene Prinzessin von Kurland. Ich dachte, es wäre besser, du wüßtest es zuvor.»

«Granny – die Nichte des Bischofs von Autun?»

«Eben die», sagte die alte Dame. «Sie schickte mir einen Brief ihres Schwiegervaters. So habe ich der Form genügt und sie für heute nachmittag eingeladen. Das ist kein Grund, mich anzuschauen, als hätte ich den Verstand verloren.»

«Meine süße Granny, ich bin sprachlos. Sie, die nie ein Kompromiß machten, wollen eine ‹Dame de Palais› Bonapartes empfangen? Und wissen Sie, daß Bonaparte bei ihrem ältesten Sohn Pate stand?»

«Ach, wirklich? Sicher blieb dem armen Kind keine andere Wahl. Zufällig weiß ich, daß sie der Anti-Bonaparte-Opposition innerhalb und außerhalb Frankreichs sehr nützliche Dienste geleistet hat.»

Der junge Mann lachte amüsiert: «Was für eine Heuchlerin Sie sind, Granny! Sie geben keinen Deut darum, ob diese Périgord der Anti-Bonaparte-Opposition genützt hat oder nicht. Alles, was Sie wollen, ist, sie über den Bischof von Autun auszuhorchen. Sie sind ganz einfach neugierig», sagte er und küßte sie auf ihr Haar.

«Mach, daß du fortkommst, du böser Junge! Du bringst meine Locken in Unordnung. Hast du gar keinen Respekt vor meinen achtzig Jahren?»

Granny war nicht nur neugierig, dachte der junge Mann. Sie hatte auch Heimweh. Arme Granny! Er selbst sah dem Besuch Mme. de Périgords fast mit denselben gemischten Gefühlen entgegen. Kam sie nicht unmittelbar aus Frankreich? Im Exil geboren, hatte Charles Frankreich nie gesehen, aber sich sein ganzes Leben danach gesehnt. Er hatte eine heimliche Bewunderung für Napoleon in sich genährt, die um so glühender wurde, je mehr sie tabu in einer Welt war, die seinen Helden als Antichrist ansah. Und in den letzten Monaten hatte er sich völlig verwirrt gefühlt und nicht gewußt, ob er wütend war, weil sein unbesieglicher Held sich von den Alliierten hatte schlagen lassen, oder glücklich, weil der alliierte Sieg den Weg für seine eigene Rückkehr nach Frankreich ebnete. Was er aber ganz genau wußte, war, daß er jeden Franzosen beneiden würde, der jemals unter dem Kaiser für sein Vaterland fechten durfte. Er hatte sogar eine Offiziersstelle im österreichischen Heer abgelehnt, obwohl seine Urgroßmutter und deren Freunde ihn drängten, sie zu akzeptieren. Unter der alliierten Fahne, hatten sie ihm versichert, würde er für die Befreiung Frankreichs von seinem Diktator fechten. Aber diese Argumentation hatte ihn nicht überzeugt. Er, ein Franzose, konnte doch nicht gegen Franzosen fechten! Seine Entscheidung hatte Urgroßmutter recht enttäuscht, und das tat ihm weh, denn er liebte sie zärtlich.

Er lachte ihr zu: «Ich bin das einzige männliche Wesen in Ihrem Leben, das Sie anbetet, ohne Angst vor Ihnen zu haben. Und jetzt gestehen Sie! Was haben Sie vor mit dem Bischof von Autun – oder Herrn von Talleyrand, wie wir jetzt wagen dürfen, ihn zu nennen, seitdem er unseren rechtmäßigen König und Herrn repräsentiert?»

Mme. de Brionne betrachtete ihn nachsichtig, wie er da rittlings auf seinem Stuhl neben ihr saß. In seinen braunen Augen, die gewöhnlich ernst blickten, lachte der Schalk. Was für ein reizender Junge er war! Er hatte schönes Lockenhaar, das nach einer streichelnden Hand zu verlangen schien. Und obgleich sie die heutigen Männermoden für vulgär und aufdringlich hielt, mußte sie doch zugeben, daß der einfache dunkelblaue Rock, die eng anliegende helle Hose und die hohen Glanzlederstiefel seinen schlanken, geschmeidigen Körper gut zur Geltung brachten und ihm vortrefflich standen. Und plötzlich war es nicht mehr Charles' dunkles, empfindsames Antlitz, das sie sah, sondern das blonde, blauäugige, freche Gesicht des Abbé von Périgord oder vielmehr des Bischofs von Autun. So pflegte er dazusitzen und ihr zuzuschauen, wenn sie sich nach einem Schäferstündchen wieder zurechtmachte. Sie war damals schon über fünfzig, und ihre Schönheit war von dem reichen Gold eines vollkommenen Herbsttages. Und auch in ihrer Liebe zu ihm war etwas von herbstlicher Schärfe. Ihm schmeichelte es, einer Frau Leidenschaft einzuflößen, der man nachrühmte, von Ludwig XV. und von Herrn von Choiseul geliebt worden zu sein.

Noch immer lag hier in ihrem Juwelenkasten ein Armband mit einem Miniaturbild von ihm, so wie er damals ausgesehen hatte. Vor der Revolution hatte sie es stets getragen, und später konnte sie sich doch nicht entschließen, es zu vernichten. Manchmal, wenn sie allein war, nahm sie es heraus und betrachtete es. Und dann las sie auch den Brief, den sie zusammen mit seinem Bild verwahrt hatte – jenen Brief, datiert vom 9. Oktober 1789, in dem er seine Unterstützung der Revolution verteidigte. Sie wußte ganze Sätze daraus auswendig, besonders den folgenden: «Die Revolution, die heute in Frankreich gemacht wird, ist in der Ordnung der Dinge, in der wir leben, unvermeidlich, und diese Revolution wird letzten Endes nützlich sein.» Es war ein kluger Brief, und es war schwer gewesen, ihm zu widerstehen, weil er verriet, wieviel ihm an ihrer guten Meinung über ihn gelegen war. Doch sie hatte ihm widerstanden. Der Brief war unbeantwortet geblieben.

«Du kommst zu voreiligen Schlüssen, Charles. Ich habe niemals meine Meinung über den Bischof von Autun geändert. Er hat der Revolution und dem Usurpator gedient und sich dadurch zum Verräter gemacht.»

«Ludwig XVIII. scheint anders zu denken, Granny, sonst würde er ihn nicht damit betraut haben, ihn beim Kongreß zu vertreten.»

«Ludwig XVIII. wird seinen Fehler noch bereuen», erklärte Mme. de Brionne energisch. Und dann, teils weil es wirklich ihre Überzeugung war, und teils weil sie ein geistreiches Paradoxon einfach nicht unterdrücken konnte, fügte sie noch hinzu: «Es ist schon ein Kreuz mit Königen, mein kleiner Charles. Wenn sie im Exil sind, ist es verhältnismäßig leicht, ein guter Royalist zu sein; aber wenn sie an der Macht sind, wird es schwierig.»

Er dachte: Wie geschickt sie es wieder vermieden hat, mir auf meine offene Frage eine offene Antwort zu geben; aber vielleicht ergibt sich diese Antwort auch erst nach dem Besuch von Madame de Périgord. Es hat keinen Zweck, jetzt noch weiter in sie zu dringen. Sie dachte: Ich kann immer noch jeden Mann um den Finger wickeln, wie ich will; genau wie damals, als ich Ludwig XV. beredete, mich nach dem Tod meines Mannes zum Grand Ecurier de France zu machen, obgleich niemals vorher eine Frau Grand Ecurier de France gewesen war. In bester Laune stand sie auf und sagte: «Laß uns nun hinübergehen! Die ersten Gäste sind schon gekommen.»

Ein Vierteljahrhundert lang hatte sich die Creme der französischen Emigration jeden Nachmittag bei Mme. de Brionne versammelt, es kamen auch Mitglieder der großen österreichischen Gesellschaft. Doch nur die Refugiés gehörten wirklich hierher. Diese Palffys, Trautmannsdorffs, Lichtensteins, die gelegentlich bei der alten Dame hereinschneiten, blieben Außenseiter, fasziniert von einem Schauspiel, das an einen Akt aus «Robert der Teufel» erinnerte, wo die Toten ihre Gräber verlassen und mit den Lebenden tanzen. Diese Refugiés hatten eine Art zu reden, die einem die alte französische Monarchie wieder lebendig vor Augen brachte. Alles, was schon in Versailles der Gipfel der Eleganz gewesen war, große Damen im Reifrock, geschminkt und mit Schönheitspflästerchen, junge Herren, gepudert und parfümiert, das saß jetzt neben einem hier in diesem Wiener Vorstadtsalon. Ludwig XV. war der König dieses erstaunlichen Märchens. Sie sprachen vom Herzog von Choiseul, als hätten sie gestern abend mit ihm gespeist. Sie gerieten in Begeisterung über die Art, wie Choiseul sein Ordensband trug, die Hand mit jener unnachahmlichen Geste in die halboffene Weste gesteckt. Sie gingen so weit, zu behaupten, daß die ganze Revolution vermieden worden wäre, wenn nicht der Herzog von Vauguyon dem König eingeredet hätte, daß Choiseul den Dauphin vergiften wollte; eine infame Intrige, die aber Choiseuls Sturz veranlaßt hatte.

«Bonjour, mes amis, bonjour», sagte Mme. de Brionne lebhaft, während sie sich auf ihrem thronähnlichen vergoldeten Sessel niederließ und das erste Kontingent ihrer Getreuen, die sich bereits versammelt hatten, musterte. «Es ist nett von Ihnen, daß Sie gekommen sind. Worüber sprachen Sie gerade?»

Ein Marquis, dessen Bonmots noch den Beifall der Mme. de Pompadour gefunden hatten, sagte gewichtig: «Wir sprachen über den Marschall von Richelieu. Solch ein vollendeter Grandseigneur. Er hatte nur eine Schwäche – nämlich, daß er die roten Absätze aus der Zeit Ludwigs XIV. beibehielt. Sie finden doch auch, daß es eine Schwäche war, Prinzessin, nicht wahr?»

«Der gute Marschall!» Mme. de Brionne seufzte und versuchte sich zu erinnern, ob der längst verstorbene Herr irgendwann einmal ihr Liebhaber gewesen war, zu ihrem Kummer gelang es ihr nicht. Ach, die Jahre, die Jahre! Die wichtigsten Begebenheiten entfielen einem. Entschlossen schob sie diesen unangenehmen Gedanken beiseite und sagte beiläufig mit einem Seitenblick auf Charles, der hinter ihrem hochlehnigen Stuhl stand: «Ich habe heute etwas Besonderes für Sie, meine Freunde – einen Gast direkt aus Frankreich – nämlich Mme. Edmond de Périgord, geborene Kurland. Sie wird uns das Neueste aus Paris erzählen können.»

Wenn irgend jemand den Gästen erzählt hätte, ihre Prinzessin würde sich herablassen, jemanden zu empfangen, der in so nahen Beziehungen zum feindlichen Lager stand, so hätten sie es für eine Verleumdung gehalten. Da nun aber kein Zweifel möglich war, gestatteten sie ihrer Neugier den Sieg über ihre Entrüstung. Schließlich war der Ruf von Mme. de Brionnes Integrität durch die unnachgiebige Haltung eines Vierteljahrhunderts unangreifbar.

«Die Prinzessin weiß, was sie tut», erklärte der Marquis loyal. «Ludwig XVIII. hat ja auch eine Zeitlang eine großherzige Zuflucht in Mitau gefunden.»

Dagegen die dicke Herzoginwitwe von Méronville: «Natürlich sind die Kurlands Emporkömmlinge. Trotzdem bestand einmal ein Plan, die Kleine an den Herzog von Berry zu verheiraten, und sie war es, die ihn abwies. Sie wollte keinen Prinzen im Exil, stellen Sie sich vor!»

«Das wußte ich nicht.» Der Marquis hob seine Augen ob solchen Sakrilegs gen Himmel. Dann sagte er: «Ich möchte wissen, warum der Bischof von Autun sie hergebracht hat. Wäre es möglich, daß er eine Affäre mit der Tochter seiner Mätresse hat?»

«Das würde ihm jedenfalls ähnlich sehen», kicherte die Méronville.

«Ich würde das an Ihrer Stelle nicht glauben.» Mme. de

Brionne sprach mit ihrer hohen gebieterischen Stimme. Sie hatte eine peinliche Gewohnheit, die Gespräche anderer Leute zu hören, während sie ganz vertieft in ihr eigenes schien. «Glauben Sie wirklich, daß Sie mit den Bestimmungen der *Charte* fertig werden, Monsieur?» wandte sie sich wieder dem Baron Béglas zu, einem dunklen, kahlköpfigen Dandy, der kürzlich in Wien aufgetaucht war. Er wurde bei allen Refugiés empfangen, weil er behauptete, einen Plan zur Restituierung ihrer vorrevolutionären Vermögen in Frankreich zu haben. Dieser Plan enthielt auch einen Posten über einen Barvorschuß von zehntausend Gulden, um die dringendsten Ausgaben des Barons während der Zeit zu decken, die er benötigen würde, um der französischen Regierung die Ansprüche seiner Klienten überzeugend darzulegen. Genau besehen, war er ein bloßer Gauner. Zugegeben, er kannte auf Grund unsauberer Gefälligkeiten, die er ihm erwiesen hatte, den Bankier Ouvrard in Paris, und es mochte ihm vorschweben, durch diesen einflußreichen Mann einen Regierungsbeschluß zugunsten seiner Klienten zu erwirken. Sollte er damit Erfolg haben, war ja alles in Ordnung. Im Falle des Mißlingens, das weit wahrscheinlicher war, würde er wenigstens für sich selbst aus den verschiedenen Vorschüssen etwa hunderttausend Gulden gutgemacht haben. Solchergestalt konnte der Baron auf keinen Fall dabei verlieren.

Er sagte, was Madame de Brionne seiner Schätzung nach gerne hören würde:

«Ich habe Informationen, daß innerhalb der nächsten Monate die *Charte* außer Kraft gesetzt werden soll», sagte Béglas. «Sie war dem König durch den Bischof von Autun und andere Jakobiner aufgezwungen worden.»

«Unsinn!» rief Charles grob. «Die *Charte* wird nicht außer Kraft gesetzt werden. Alle diese Pläne, die darauf abzielen, Refugié-Vermögen in Frankreich wiederherzustellen, werden nur einen Erfolg haben, nämlich den letzten Gulden aus den Refugiés herauszupressen.»

«Sie sind übermißtrauisch, Prinz, aber das ist nur zum Besten», sagte der Baron in süßlichem Ton. Wenn die alte Dame in seinem Plan überhaupt irgendeine Chance sah, würde sie ja doch auf den jungen Mann nicht hören.

Und Mme. de Brionne: «Ich werde es mir überlegen, Baron, und es Sie wissen lassen.» Sie hatte immer das Geld sehr geliebt, und darum hätte auch die Vorstellung, noch einmal wieder reich zu sein, großen Reiz für sie gehabt. Jetzt aber waren ihre Gedanken ausschließlich von der Frage erfüllt, ob die junge Person, die jeden Augenblick hier sein mußte, wirklich die Mätresse des Bischofs von Autun war oder nicht. Diese Möglichkeit war ihr vorher nicht eingefallen, und sie fand sie seltsam beunruhigend. Ich bin eifersüchtig, dachte sie angewidert und fragte sich, warum. Gott mochte wissen, wie viele Frauen er nach ihr besessen hatte, und bisher hatte sie sich niemals etwas daraus gemacht. Aber die Vorstellung, daß er eine junge Frau haben könnte und noch dazu eine aus seiner eigenen Welt, empörte sie. Hörten die Männer denn niemals auf, liebenswert zu sein? Konnten sie in alle Ewigkeit fortfahren, das Leben mit all seinen Kostbarkeiten zu genießen? Es war ungerecht.

«Die Gräfin Edmond de Périgord», unterbrach die Stimme des alten Dieners den Lauf ihrer Gedanken.

Alle Unterhaltung stockte. Jedes Auge wandte sich Dorothea zu, als sie rasch und anmutig eintrat. Die unterdrückte Erregung im Salon hatte einen solchen Grad erreicht, daß der große Augenblick fast eine Enttäuschung war. Man sah eine junge Frau sehr leicht und aufrecht daherschreiten, den schmalen Kopf unter dem modischen Tschako à la Blücher trug sie hoch, ein kühles, fernes Lächeln war um den mohnroten Mund. Sie war schön und beherrscht und durch ihre vornehm ruhige Haltung entwaffnend. Vielleicht auch, weil ihr die Arroganz fehlte, die gewöhnlich mit solcher Schönheit verbunden ist und die man von jemandem erwartet hatte, der in so enger Beziehung zum feindlichen Lager stand.

Charles Lambesk ging ihr rasch entgegen, um sie zu begrüßen, und als er ihre Hand küßte, umfaßte ihr Blick über seinen gebeugten Kopf hinweg den dornröschenhaften Charakter dieses Salons: die schwer gestickten Velours- und Atlasröcke der Männer und ihre gepuderten Haarbeutel, die von breiten schwarzen Seidenschleifen gehalten wurden; die Frauen mit ihren langen, gepuderten Locken, ihren engtaillierten Kleidern, ihrem kleinen schwarzen Schönheitspflaster am Kinn. Kein Mensch trug mehr Schönheitspflaster. Wie eigensinnig diese Refugiés an der Mode des Ancien régime festhielten! Aber eindrucksvoll war es doch. Plötzlich wünschte Dorothea, sich formeller angezogen zu haben. Ihr betont schlichtes Kleid, neueste Mode in Paris, wo man erst zum Diner Toilette machte, könnte vielleicht für einen Besuch bei der Prinzessin von Lothringen als beleidigende Nichtachtung angesehen werden. Um Talleyrands willen war es wichtig, daß sie einen guten Eindruck machte. In der großen europäischen Gesellschaft waren die Refugiés immer noch tonangebend.

«Ich werde Sie nicht fragen, wie Ihnen Wien gefällt, ich vermute, es wirkt kaum hauptstadtmäßig auf jemanden, der aus Paris kommt», sagte Charles sehnsüchtig, als sie sich ihren Weg zu Mme. de Brionnes Sessel bahnten.

«Bisher habe ich noch nichts von Wien gesehen. Dies ist mein erster Ausgang», erwiderte Dorothea, und für einen jungen Mann fand sie ihn recht reizend.

Und dann fiel sie in einen tiefen Hofknicks vor Mme. de Brionne und küßte ihre dünnen, schlaff dargereichten Finger. Sie knickste, weil Mme. de Brionne als geborene Rohan eine «Prinzessin von Geblüt» war und weil sie wußte, daß eine Geste der Ehrerbietung einer jungen Frau gut stand.

Prinz Charles schob einen Stuhl für sie heran und kehrte zu seinem Platz hinter seiner Urgroßmutter zurück, einen Ellbogen auf der Lehne ihres thronähnlichen Fauteuils. Die anderen hielten sich in respektvoller Entfernung und erhoben ein wenig ihre Stimmen, als wären sie in lebhafter Unterhaltung begriffen, in Wirklichkeit aber waren alle Augen und Ohren gespannt auf jedes Wort und jede Bewegung des Trios gerichtet. Dorothea studierte Mme. de Brionne mit dem zärtlichen und begehrlichen Interesse, das das Alter stets in ihr erweckte. Nie schien dieses lohnender. Mit dem Rücken gegen das Fenster sitzend, das, mit Spitzen und blaßblauem Taft verhangen, ein sanftes, ungewisses Licht gab, war die Greisin immer noch schön. Kein Wunder, daß Talleyrand sie liebte. Dorothea fühlte sich von einer hilflosen Art von Eifersucht auf die Frau befangen, die seine Jugend besessen hatte.

Mit einem Blick hatte Mme. de Brionne Dorothea erfaßt, von

ihrem absurden Blücher-Tschako bis zu ihren braunen schmalen Schuhen. Diese Enkelin eines Stallburschen hatte großen Charme. Kein Wunder, daß er sie liebte. Aber sie war nicht eifersüchtig. Sie beneidete Talleyrand nur darum, etwas so Junges und Köstliches in seinem Leben zu haben.

Laut sagte sie: «Ich habe Ihren Gemahl gekannt, als er ein Baby war. Ein reizender kleiner Kerl! Und zu denken, daß er jetzt selber schon Kinderchen hat! Wie alt sind sie?»

«Der eine ist dreieinhalb Jahre und der andere sieben Monate, Madame. Und reizende kleine Kerle sind sie auch, wenn ich selbst das sagen darf. Es ist das erste Mal, daß wir getrennt sind, und ich habe ein bißchen Sehnsucht nach ihnen», sagte Dorothea. Sie war eine gute Mutter, obwohl die wilde Zärtlichkeit vergangen war, die sie für ihre Söhne empfand, als sie gerade geboren waren und sich wie flaumige kleine Vögel anfühlten. Jetzt gehörten sie nicht mehr so sehr ihr wie der Familie.

«Ihr Schwiegervater schreibt, daß er mich bald in Paris zu begrüßen hofft», sagte Mme. de Brionne. «Der gute Archambaud! Ich fürchte, das Exil ist meine Heimat geworden, und die Heimat wäre Exil. Ich wäre eine Fremde in Paris.»

«Ich bin sicher, Ihre Freunde, Prinzessin, würden miteinander wetteifern, um Ihnen Paris wieder zur Heimat zu machen», entgegnete Dorothea höflich und überlegte, ob dies der Augenblick sei, Talleyrand zu erwähnen.

«Ich wünsche mir sehr, nach Frankreich heimzukehren, wohin ich gehöre», mischte Charles sich ein.

«Wohin du gehörst – wohin du gehörst – du bist in Wien geboren und erzogen», sagte Mme. de Brionne schroff.

«Es macht nichts aus, wo ich geboren und erzogen bin», erwiderte er geduldig, «ich bin Franzose.»

«Ich weiß», rief Dorothea impulsiv. Vielleicht könnte Talleyrand etwas für diesen jungen Franzosen tun, der sich so sehr nach seinem Vaterland sehnte, daß es ihm aus jeder Pore drang. Das wäre vielleicht ein guter Weg, um ihn mit der alten Dame zu versöhnen. Als aber Mme. de Brionne sagte: «Warte, bis ich im Grab liege, Charles, dann kannst du gehen, wohin du willst», war Dorothea nicht mehr so sicher, ob es wirklich ein guter Weg wäre.

«Quälen Sie sich nicht, Granny», sagte Charles leichthin, und Dorothea gefiel seine Güte.

«Würden Sie uns ein wenig erzählen, wie die Dinge im nachbonapartistischen Paris stehen?» bat Mme. de Brionne. «Es würde meine Gäste interessieren.» Und ohne Dorotheas Antwort abzuwarten, klatschte sie in die Hände, um Stille zu gebieten. «Kommen Sie näher», befahl sie, «und hören Sie, was Mme. de Perigord von dem neuen Frankreich zu sagen hat, das Gott sei Dank das alte Frankreich ist.»

Rasch schwoll die kleine Gruppe rings um die Hausfrau an. Stühle wurden vorwärtsgeschoben. In einer allgemeinen Welle von Vorstellungen erhaschte Dorothea Namen des Grand siècle, ihr vertraut aus den Memoiren von St. Simon und den Briefen der Mme. de Sévigné.

Sie wußte genau, was die Zuhörer hören wollten. Wie leicht wäre es, diese Refugiés glücklich zu machen und ihnen zu erzählen, daß die Franzosen überfroh wären, die Bourbonen zurückzuhaben. Könnte sie nur dieses eine Mal ihren Respekt vor Tatsachen unterdrücken!

«Die Dinge lassen sich so gut an, wie es unter den Umständen zu erwarten ist», begann sie vorsichtig. «Seine Majestät weiß, daß es seine erste Aufgabe ist, die Franzosen vergessen zu lassen, daß seine Rückkehr der fremden Intervention und dem Unglück der Nation zu danken ist. Er tut sein möglichstes, um seine Dankbarkeit für die treuen Refugiés mit der Achtung gegenüber den Gruppen und Personen zu verbinden, die in den Augen des Volkes nicht weniger Anspruch darauf haben, weil sie Frankreich unter Bonaparte und sogar unter der Revolution dienten.»

An dieser Stelle gingen Augenbrauen in die Höhe. Die Refugiés hatten zwar gefürchtet, daß dies die Politik des Königs sei, aber niemals hatten sie es so unverhohlen und als Selbstverständlichkeit aussprechen können. Es gefiel ihnen ganz und gar nicht.

Die dicke Herzogin von Méronville sagte heftig: «Das öffentliche Leben in Frankreich sollte von all denen gesäubert werden, die dem Kaiserreich und der Revolution gedient haben, und ihr Vermögen sollte unter die Refugiés verteilt werden.»

«Es besteht ein großes Verlangen nach solcher Entnapoleonisierung in der Umgebung des Grafen von Artois», sagte Dorothea. «Aber ist es weise? Das französische Volk ist stolz auf Napoleon und die lange Reihe seiner Siege, obwohl das alles schlecht endete und so viel gekostet hat. Napoleon absorbiert ihre Phantasie über die Niederlage hinaus.»

«Sie meinen doch gewiß nicht, Madame, daß das französische Volk Bonaparte zurückwünschen könnte, jetzt, wo es seinen rechtmäßigen König hat?» fragte die dicke Herzogin indigniert.

«Madame meint, was sie sagt – nicht mehr und nicht weniger», entgegnete Charles Lambesk scharf.

Dorothea schenkte ihm ein dankbares Lächeln. «Was ich sagen wollte, ist dies», erklärte sie ernst, «daß eine Restauration nicht in ein paar Monaten vollendet werden kann. Es ist ein Wunder, daß bisher alles so glatt gegangen ist. Aber noch liegt eine lange Periode der Anpassung vor uns. Wie man auch immer zu der Revolution und zu Bonaparte stehen mag, sie haben Frankreich belebt und verjüngt. Es ist eine jugendliche Nation, die lernen muß, mit ihrer alten Dynastie zu leben.» Sie verstummte jäh. Es hatte keinen Sinn, Leuten, die in einem Narrenparadies lebten, mit Tatsachen zu kommen. Aus der Art, wie die dicke Herzogin die Schultern zuckte und der Marquis Blicke gen Himmel warf, konnte sie entnehmen, daß man sie für eine Bonapartistin hielt. Sie, die Napoleon immer verwünscht hatte! Nicht, daß es darauf ankam, was man über sie dachte, aber es würde Talleyrand schaden. Man würde annehmen, daß ihre Ansichten wirklich die Talleyrands waren. Und welch ein Fehler, das Mißfallen von Mme. de Brionne zu riskieren, die sie doch hatte für ihn gewinnen wollen!

Aber wenn Mme. de Brionne Mißfallen empfand, so zeigte sie es nicht.

«Ich habe gefürchtet, daß die Dinge so wären, wie Madame sie geschildert hat», sagte sie. «Sie hat sie sehr klar beschrieben. Es empfiehlt sich immer, die Dinge so zu sehen, wie sie sind – nicht, wie sie sein sollten.» Bei sich aber dachte sie: Sie hat einen guten, geschulten, unabhängigen Verstand, diese Kleine. Das ist etwas, was dem Bischof von Autun gefällt. Er mag Frauen, mit denen er gescheit reden kann. Und wiederum beneidete sie ihn. Mit einer kleinen Gebärde machte sie es deutlich, daß sie zu

Mme. de Périgord allein zu sprechen wünschte, und alle, sogar Charles Lambesk, entfernten sich zögernd.

«Ich kann eine allgemeine Unterhaltung nicht mehr lange aushalten», erklärte Mme. de Brionne. «Ich fühle, daß es nichts auf Erden gibt, das ich nicht irgendwann schon einmal gehört habe. Aber Menschen haben immer meine Neugier erregt, und jetzt, wo ich alt bin, gebe ich mir keine Mühe, meine Neugier zu verbergen. Ich möchte alles über Sie wissen.»

Dorothea strich die Handschuhe in ihrem Schoß glatt und lächelte: «Ich fürchte, ich bin zu jung, um schon interessant zu sein.»

«Aber natürlich ist eine junge Frau, die in so vielen Welten gelebt hat wie Sie in Ihrem kurzen Leben, interessant!»

«Ich war nur eine Zuschauerin. Ich habe nichts getan, niemand beeinflußt.»

«Und Sie möchten etwas tun, jemand beeinflussen, nicht wahr?»

«Ich glaube, ja.»

«Haben Sie keine Angst davor, ehrgeizig zu sein. Eine junge Frau von Ihrer Schönheit und Ihrem Geist hat das Recht dazu. In Ihrem Alter hatte ich vor, eine zweite Mme. de Maintenon zu werden, und es ist mir fast gelungen. Ludwig XV. war verliebt genug in mich. Doch zufällig hatte ich seinen Minister, den Herzog von Choiseul, lieber. Aber nein! Sie bringen es fertig, daß ich alles von mir selbst ausplaudere anstatt umgekehrt. Jetzt ist die Reihe an Ihnen. Wie kam es, daß Sie Mme. Edmond wurden?»

Dorothea lächelte. Sie würde eine reizende Geschichte daraus machen, um die alte Dame zu amüsieren: «Nun, es war einmal ein Zar, der auf seinem Rückweg vom Erfurter Kongreß die Herzogin von Kurland mit einem Besuch in ihrem Schloß Löbichau in Thüringen beehrte. Sie hatte drei schöne Töchter und noch eine kleine von fünfzehn Jahren. Die Kleine war heimlich mit dem nächsten Freunde des Zaren, dem Fürsten Adam Czartoryski, verlobt. Es gab ein prachtvolles Festmahl zu Ehren des Zaren, und beim Dessert wandte er sich plötzlich der jüngsten Tochter zu und fragte sie, ob sie nicht erstaunt sei über die Ähnlichkeit zwischen dem Fürsten Czartoryski und dem Grafen von

Périgord. ‹Von wem sprechen Euer Majestät?› fragte das junge Mädchen, überrumpelt. ‹Aber natürlich von dem jungen Manne da gegenüber, dem Neffen des Fürsten von Bénévent, der den Herzog von Vincence nach St. Petersburg begleitet...› Und so hörte ich zum erstenmal von dem Gatten, den das Schicksal mir bestimmt hatte.»

«Das Schicksal und der Bischof von Autun, wie ich annehme», bemerkte die alte Dame arglos.

«Gewiß, und Herr von Talleyrand», erwiderte Dorothea. Es war ihr ganz recht, daß Mme. de Brionne ihn zuerst erwähnt hatte, obwohl sie boshafterweise darauf bestand, ihn den Bischof von Autun zu nennen. «Die Bedeutung Herrn von Talleyrands in der Angelegenheit erfuhr ich aus der ersten Unterhaltung mit Edmond, als alles geregelt war. Meine Mutter ließ uns allein, mit einer listigen Bemerkung, daß wir einander gewiß viel zu sagen haben würden. Nun, das hatten wir nicht. Lange Zeit saßen wir in tiefstem Schweigen. Endlich nahm ich meinen Mut zusammen und sagte: ‹Ich hoffe, Monsieur, daß Sie in der für uns arrangierten Ehe glücklich werden. Aber ich muß Ihnen sagen, was Sie zweifellos bereits wissen, daß ich mich lediglich dem Wunsch meiner Mutter gefügt habe, zwar ohne Abneigung, doch mit der vollkommensten Gleichgültigkeit für Ihre Person.› Worauf Edmond erwiderte: ‹Ach Gott, das erscheint mir ganz natürlich. Ich heirate doch auch nur, weil mein Oheim es wünscht.›»

Mme. de Brionne hatte aufmerksam zugehört: «Ich dachte mir, daß es so eine Heirat ist. Aber Sie sind nicht unglücklich, nicht wahr?»

«Natürlich nicht. Ich habe die Kinder und neue Lebensinteressen.»

«Und den Bischof von Autun.»

Dorothea bückte sich, um ihre Ledertasche aufzuheben, die mit einem dumpfen Aufklatschen zu Boden gefallen war. Ihre Wangen brannten, und sie versuchte, den Riemen am Kinn ihres Blücher-Tschakos zu lockern, der plötzlich zu eng um ihr Kinn saß.

«Und Herrn von Talleyrand», sagte sie steif. «Er hat alles getan, um das Leben angenehm für mich zu machen.»

«Oh, es gibt nie einen langweiligen Augenblick in seiner Nähe, der Schurke!»

«Er ist kein Schurke, Madame...»

«Natürlich ist er ein Schurke», unterbrach Mme. de Brionne, den Zorn und die Enttäuschung eines Vierteljahrhunderts in ihrer Stimme. «Er ist frivol, treulos, habgierig und ganz und gar käuflich. Versuchen Sie nicht, mir zu erzählen, was der Bischof von Autun ist und was er nicht ist. Ich habe ihn gekannt, als Sie noch gar nicht geboren waren. Ich habe ihn geliebt, bevor ich dazu kam, ihn zu verachten. Ich bin alt genug, zuzugeben, daß ich ihn geliebt habe.»

Dorothea fühlte eine Welle von Erregung. Sie wußte dunkel, daß sie jetzt Talleyrand verteidigen müßte, erklären, daß er nicht frivol oder habgierig oder treulos sei – nicht wirklich; bestreiten, daß er käuflich sei – ein Punkt, über den sie selbst lieber nicht nachdachte; die alte Dame zwingen, ihre Worte zurückzunehmen. Doch trotz ihrer Erregung brachte sie es nicht fertig. Hier bot sich eine Gelegenheit, ihrem Bilde von Talleyrand einen neuen Aspekt zuzufügen – Mme. de Briones Erinnerung von ihm als jungem Liebhaber.

Sie schob ihren Stuhl näher an den von Mme. de Brionne, so daß ihre Knie sich fast berührten: «Wie war er in seiner Jugend?» fragte sie.

Mme. de Brionne beugte sich vor und senkte die Stimme: «Er war unwiderstehlich. Er war wie eine Figur aus den ‹Liaisons dangereuses›. Er war – er war der ideale Liebhaber für eine reife Frau, die Art von jungem Liebhaber, dessen Bild sie ins Alter mit hinübernehmen konnte, um die Erinnerung an die Liebe in ihrer Vollkommenheit zu bewahren.»

«Ich sehe ihn vor mir», sagte Dorothea sanft. Und wirklich, so lebendig war das Bild des Abbés, das die alte Dame in Herz und Geist trug, daß sie es mehr durch die Magie ihres Gefühls zu vermitteln schien als durch ihre Worte. Dorothea sah dieses durch und durch verführerische Geschöpf, blond, die blauen Augen belustigt und zärtlich, der anmutige Leib stark und geschickt. Und plötzlich wurde sie zornig. Warum haßte diese alte Frau den Mann, der sie so sehr geliebt hatte? Er hatte sie glücklich gemacht. Sie sollte dankbar sein...

«Ich habe versucht, dem Abbé Périgord einen Kardinalshut zu verschaffen», fuhr Mme. de Brionne gedankenvoll fort. «Pius VI. war entgegenkommend, aber es war die Zeit der Halsbandaffäre, und Marie Antoinette sorgte dafür, daß kein Freund eines Rohan Kardinal würde. Ob ein Kardinalshut ihn wohl abgehalten hätte, sich mit der Revolution zu verbinden? Das überlege ich mir manchmal.»

«Macht das einen so großen Unterschied, Prinzessin? Er ist wundervoll, so wie er ist. Überzeugen Sie sich selbst. Nehmen Sie nicht das, was seine Feinde über ihn erzählen, für bare Münze. Wie er selber oft sagt: ‹Man spricht immer zu schlecht oder zu gut von mir. Ich genieße die Ehre der Übertreibung.›»

Dorotheas Stimme klang drängend und bittend, aber Mme. de Brionne lachte: «Wahrhaftig, gebraucht der Bischof von Autun immer noch dasselbe alte Bonmot, um sein skandalöses Benehmen zu bemänteln? Es scheint wirklich, daß er Sie mit den gleichen Konversationsperlen blendet, die er vor mir auszustreuen beliebte.»

«Solange es Perlen sind, kann es mir nur recht sein.»

Die zwei Frauen, die eine so alt und die andere so jung, maßen einander hinter dem Schein gesellschaftlichen Lächelns. Dorothea dachte: Wie sie ihn haßt! Sie kann dem Mann, den sie zum Kardinal machen wollte, nicht verzeihen, daß er ein Revolutionär wurde. Und plötzlich tat sie ihr leid. Es war tragisch für eine Frau, die Jugend eines Mannes zu besitzen und dann mit ansehen zu müssen, wie er sich ganz anders entwickelte, als man gehofft hatte. Und Mme. de Brionne dachte: Kein Zweifel, daß sie ihn liebt, obwohl sie vielleicht nicht seine Mätresse ist, noch nicht. Sie war sich darüber klar, daß sie versucht hatte, diesem jungen Menschenkind weh zu tun, nicht etwa, weil es ihr mißfiel – im Gegenteil, seit langem hatte ihr niemand besser gefallen –, sondern weil sie vor Verlangen brannte, ihn dadurch zu strafen, daß sie diese Quelle von Liebe und Ergebenheit für ihn verdarb. Wenn nur nicht eben jetzt diese schreckliche Müdigkeit sie ergriffe!

«Es war nett von Ihnen zu kommen, Madame. Bitte kommen Sie bald wieder. Ich bin immer zu Haus.» Sie nutzte ihren Rang und ihr Alter, um den Besuch zu beenden, solange sie noch die volle Herrschaft über ihren Geist hatte.

Dorothea erhob sich sofort, knickste tief und küßte wieder die alte Hand. Und Mme. de Briones unfreundliche Bemerkungen absichtlich ignorierend, sagte sie: «Herr von Talleyrand hat mir aufgetragen, Madame zu versichern, daß er nie aufgehört habe, sie zu lieben. Darf ich eine Botschaft für ihn mit heimnehmen?»

«Der Fall des Bischofs von Autun ist in meinen Büchern längst geschlossen.»

5

Dorotheas Wagen bog scharf um die Ecke und fuhr dann in raschem Tempo durch die bösartig holprigen Gassen der Josephstadt. Die Kutsche war von jener Art, die die Wiener «Fiaker» nennen, eine lokale Eigentümlichkeit dieser Stadt. Zwischen den sehr kleinen Vorder- und den ungewöhnlich großen Hinterrädern schwankte ein hoher geräumiger Wagenkasten. Diesen hier zogen zwei vorzüglich gepflegte, kastanienbraune Gäule.

Dorothea ließ sich mit einem Seufzer der Erleichterung in das saubere blaue Polster sinken. Dieser Besuch bei Madame de Brionne war in einer Hinsicht eine ernüchternde Erfahrung für sie gewesen. Die traurige Wahrheit war, daß sie die alte Dame nicht hatte für Talleyrand gewinnen können. Natürlich war die Hoffnung, daß sie den Haß eines Vierteljahrhunderts in einer Stunde würde besiegen können, töricht gewesen. Sie hatte vorgehabt, ihm heute abend noch eine Einladung zu der alten Dame zu Füßen legen zu können – sozusagen als Trostpreis für die ausgebliebene Einladung zu der Konferenz. In den Schoß fiel einem wohl nichts. Aber Charles Lambesk wollte sie trotzdem zum Diner in der Gesandtschaft einladen. Wenn er es überhaupt anzunehmen wagen würde (und seinem ganzen Auftreten nach glaubte sie daran), würde auch die alte Frau von Brionne es sich noch einmal überlegen.

«Ich werde Euer Gnaden über die Schlagbrücke fahren; das ist die bedeutendste Brücke von der Josephsvorstadt ins Stadtinnere.» Der Kutscher wandte sich zurück, und sein rotes Gesicht spaltete sich in einem zahnlosen Grinsen.

«Ja schön, Franzl», sagte Dorothea, als sie über die schwarz-gelb gestrichene Brücke klapperten, und dachte, was für ein brühiges, trübsinniges Gewässer diese berühmte Donau doch sei. Dennoch, «Wien ist eine schöne Stadt für diesen Friedenskongreß», komplimentierte sie Franzls Rücken.

«Geb es Gott! Für die Armen ist es schlimm. Die Preise steigen immer noch grauslich.»

«Aber all diese vielen tausend Fremden werden doch auch tüchtig Geld hier ausgeben.»

«Hoffen wir's, Euer Gnaden.»

Franzl hatte vielerlei Sorgen. Und zwei davon überschatteten alles andere – die drei Gulden Steuer, die er jeden Monat für seinen Fiaker zu zahlen hatte, eine Unmasse Steuer, behauptete er ständig; und die zwei Vorderzähne, die er bei Austerlitz verloren hatte und die, er war sich dessen sicher, seine Chancen in der Liebe über Gebühr beeinträchtigten. Franzl war ohnehin nie ein begeisterter Soldat gewesen. Er wäre immer lieber fünf Minuten ein Feigling gewesen als ein ganzes Leben lang tot. Soldat sein mochten Franzosen und Russen, aber nicht die Deutschen; ausgenommen natürlich die Preußen. Die unselige Lücke in seinem Munde hatte nun vollends einen Pazifisten aus ihm gemacht. Krieg war schrecklich, und Boney – so nannte er Bonaparte – hatte sein Schicksal verdient, und vielleicht noch mehr. Aber gerade weil er so ausgesprochen friedliebend war, betrachtete Franzl diesen ganzen Kongreß mit trüben Vorahnungen. Soweit er Diplomaten kannte – und er fuhr ja tagsüber Dutzende von ihnen, von der Nacht ganz zu schweigen –, hatte er keine Hoffnung, daß von ihnen irgend etwas zu erhoffen sei. Und während der Zustrom von so viel Fremden unleugbar einen Segen für das Fiakergeschäft darstellte, bedeutete er andererseits eine ernsthafte Bedrohung seines privaten Glücks. Es blieb traurig, aber wahr, daß die Mädchen verrückt nach diesen Fremden waren, und wenn Franzl «die Mädchen» sagte, meinte er damit speziell seine Braut, die Theres.

«Vergangene Nacht», sagte er gereizt nach hinten zu Dorothea, «fuhr ich ein paar Engländer erst zu einer Dame und dann zu einer anderen. Aber es waren gar keine Damen; Euer Gnaden versteht, was ich meine. Und zum Schluß waren sie so betrunken vom Ungarwein, daß ich sie wie kleine Kinder aus der Kutsche heben mußte.»

«Wen? Die Damen?» fragte Dorothea.

«Nein, die Herren. Und solche Leute wollen uns den ewigen Frieden bringen, sagen Euer Gnaden selbst?»

Ehe Dorothea noch antworten konnte, machte der Wagen einen Sprung und gewann, wie es ihr schien, sein Gleichgewicht nur durch eine Art Wunder wieder.

«Laß dir Zeit, Franzl. Ich hab's nicht eilig», rief sie.

«Zu Befehl, Euer Gnaden.» Es hatte ja keinen Sinn, dieser hübschen jungen Dame lang und breit zu erklären, daß man in Wien grundsätzlich Eile hatte, weil es so viele Fiaker gab und so enge Gassen; man mußte halt schnell fahren, um das bißchen Platz auszunützen. «Euer Gnaden ist in meinem Fiaker so sicher wie in Ihrem Bett. Das weiß ganz Wien. Die Liechtenstein würde lieber zu Fuß gehen, als einen anderen Wagen benützen.»

«Das glaub ich gern», sagte Dorothea. Sie war wirklich froh, daß sie Franzl hatte. Der Kaiser von Österreich hatte zwar in dem Bestreben, der untadelige Gastgeber des Kongresses zu sein, dreihundert absolut gleich aussehende Zwei- und Vierspänner für die verschiedenen Delegationen bereitgestellt. Aber wie es sich eben trifft, waren die für die französische Gesandtschaft bestimmten heute nachmittag schon alle unterwegs, so daß der Türsteher einen Fiaker hatte heranholen müssen, und so war Franzl in ihr Leben gekommen.

Franzl gehörte zu den kleinen Leuten Wiens, und die im Sinne Jean-Jacques Rousseaus erzogene Dorothea hielt viel von kleinen Leuten. Genau wie Talleyrand übrigens. Da die öffentliche Meinung nun einmal ein immer wichtigerer politischer Faktor würde, pflegte er zu sagen, war es gut zu wissen, wie der Mann auf der Straße dachte. Seine Bedienten und Friseure durften frei zu ihm sprechen; seine verächtliche Höflichkeit wendete er nur daran, regierende Fürstinnen oder Diplomaten zum Schweigen zu bringen. Talleyrand würde es bestimmt sehr interessieren, was Franzl über den Kongreß dachte. So kam sie wenigstens nicht ganz mit leeren Händen von ihrem Nachmittagsausflug zurück... plötzlich schütterte die Luft unter Geschützsalven. Franzl rief: «Hundertmal schießen sie heute. Für den König von Dänemark, der eben seinen Einzug hält. Morgen kommt der Zar, und da schießen sie tausendmal.»

Dorothea nickte nur. Auch die Glocken hatten begonnen, für den König von Dänemark zu läuten. Wenn Lärm für verlorengegangene Gebietsteile entschädigen konnte, hatte er sich nicht zu beklagen.

Eine Zeitlang sah sie zu, wie Wien so an ihr vorbeizog. Der erste Eindruck war für Dorothea enttäuschend gewesen. Sie vermißte die elegante großzügige Weiträumigkeit von Paris und hatte das Gefühl, daß Wien keine organisch gewachsene Hauptstadt sei. Eher eine große Festung und ein großes Kloster, beide durcheinandergeknetet. Da war die alte Stadtmauer, ein wahrer Bergzug von Maurerarbeit, zwei Stockwerke hoch, die jetzt als Promenade diente. Die Hofburg, ebenso wie die anderen Paläste im massiven italienischen Stil, erinnerte beständig daran, daß die Stadt im sechzehnten und siebzehnten Jahrhundert schwere Befestigungen gegen die Türken gebraucht hatte. Aber mehr noch als eine Festung war Wien ein Kloster. Es schien mehr Klöster und Kirchen als Wohnhäuser zu geben. Und der Stephansdom, inmitten der Stadt, war die majestätische Krönung.

Aber alles in allem hatte Dorothea das Empfinden, als würde sie Wien liebgewinnen. Das Treiben war doch wohl farbiger als in Paris; Wien war der große Durchgangsplatz zwischen Orient und Okzident. Und über allem hing die Atmosphäre üppigster Feudalherrschaft. Vor den großen Palästen standen die Torhüter mit ihren mächtigen Stäben und Bandelieren. Heiducken trugen den Herrinnen Gebetbuch und Kissen in die Messe nach. Unerschütterlich thronten Husaren auf Kutschböcken. Läufer, bunt wie Opernstatisten, Silberkugeln auf ihren schwarzen Stäben, tänzelten vor den Karossen wie Seilkünstler. Da gab es die rotröckigen Garden mit schwarzen Samtaufschlägen und Gardesoldaten mit Silberaufschlägen und umgehängten Tigerfellen und wieder hellblau uniformierte Garden mit schwarzen Aufschlägen, aber weißen Westen und Hosen. Alles war sehr lustig anzusehen und wie im Theater.

Als die Kanonen verstummt waren, wandte sich Franzl wieder um.

«Der Kongreß wird den Staat viele Millionen kosten», erklärte er anklagend.

«Aber es ist doch eine große Ehre für Wien, daß der Kongreß hier tagt», versuchte Dorothea ihn zu beschwichtigen.

«Eine Ehr schon», knurrte Franzl, «aber auch ein großer Ärger!»

«Zum Beispiel?»

«Wenn's Euer Gnaden denn wissen wollen: Der Kongreß setzt unsern Mädeln Raupen in die Köpfe. Da ist meine Theres. Drei Jahre lang ist es gutgegangen. Jetzt, mit meinem neuen Fiaker und dem ganzen Geld, was ich während des Kongresses verdienen werde, dachte ich, wir würden endlich heiraten können. Aber nicht die Theres: die nicht! Seitdem sie vom Kongreß gehört hat, hält sie mich nur noch hin. Denkt wohl auch, sie kann ein' König abkriegen oder sonstwas.» Und er grunzte entrüstet.

«Ich die Theres hübsch?»

«Ich denk schon. Und dumm ist sie auch nicht. Arbeitet für die großen Damen. Die Bagration läßt sich all ihre Hauben nur von ihr machen. Aber jetzt hat sie nur noch den Kongreß im Kopf.»

«Laß Er ihr nur Zeit; sie wird schon wieder vernünftig werden», sagte Dorothea mit geheuchelter Überzeugung. Franzl tat ihr ja leid, aber sie war auf seiten der Theres, die erwartete, daß der Kongreß ihr Leben von Grund auf ändern werde.

6

Zur gleichen Stunde, als Dorothea das tat, was ihr das Liebste war – nämlich für Talleyrand zu denken und zu arbeiten –, beschäftigte sich Baron Hager, Präsident der Hohen Kaiserlichen Polizei und Zensur, mit derselben Persönlichkeit, mit dem Unterschied, daß diese Beschäftigung dem Präsidenten nicht das geringste Vergnügen machte. Er saß unter einem großen gestochenen Porträt Kaiser Franz' I., das zur festen Einrichtung aller österreichischen Regierungsbüros gehörte, in einem engen Raum, dessen Dürftigkeit in scharfem Gegensatz zu der Bedeutung seines Inhabers stand. Da war ein Schreibpult, Aktenschränke, ein paar harte Stühle und ein schmaler Kleiderschrank. Das Pult war bedeckt mit Dossiers. Dem Baron gegenüber, auf der anderen Seite des Pultes, stand ein Mann mittleren Alters, mit sandfarbenem Haar, dessen knochige Hände verlegen an dem Rand seines Hutes zupften.

«Ich bin enttäuscht von Ihnen, Brandt. Sie wissen, wie wichtig es für uns ist, einen zuverlässigen Agenten in der französischen Botschaft zu haben. Ich habe Sie angewiesen, Ihre Stellung dort um jeden Preis zu halten», sagte der Baron.

«Es tut mir leid, daß ich Euer Exzellenz enttäuscht habe. Aber dieser Chef Carême hat mich angeschrien und die Fäuste unter meiner Nase geschüttelt, weil ihm meine Art des Spargelputzens mißfiel. Es sei weder Liebe noch Respekt für den Spargel darin, behauptete er, und kein Essen schmecke, wenn es nicht von Anfang bis Ende mit Liebe und Respekt behandelt würde. Hat man je so etwas Verrücktes gehört? So flog ich hinaus.»

«Zu dumm. Dieser Mann Carême ist schwierig. Ich hoffe nur, Sie haben ihm nicht für alle Zeiten den Geschmack an unseren einheimischen Talenten verdorben?»

«Ich fürchte doch. Dieser Irre entschloß sich, den Rest des Pariser Küchenstabes nachkommen zu lassen. Als ob die sechs Köche, die er schon hergebracht hat, nicht genug wären.»

«Sechs Köche? Das sieht ja aus, als ob die Franzosen die Absicht hätten, hier groß aufzutreten!» Der Baron machte sich eine Notiz, dann schüttete er ein grünliches Pulver in einen Löffel und trank es rasch mit einem Glas Wasser hinunter.

Ein Fünfziger und von schwacher Gesundheit, trug Baron Hager sich zwar wie ein Soldat, aber sein Gesicht gehörte fraglos hinter ein Pult. Es war ein durchfurchtes graues Gesicht mit müden grauen Augen, spärlichem grauem Haar und einem grauen Schnurrbärtchen über einem schmalen, empfindsamen, blassen Mund. Er war kein glücklicher Mensch. Eine schmerzhafte, aber unerkannte Krankheit nagte an seiner Leber, und hinter seinem trockenen, hochmütigen Wesen verbarg er eine verzehrende Leidenschaft für eine junge Frau, die kaum wußte, daß er existierte. Aber niemand wäre auf den Gedanken gekommen, Baron Hagers graue Unpersönlichkeit mit schlechter Gesundheit oder unerwiderter Liebe in Zusammenhang zu bringen. Solche schlichten Leiden paßten einfach nicht zu dem Bilde, das man sich von einem Fouché machte, und Baron Hager war der

Fouché des österreichischen Kaiserreiches. Obwohl Hagers Methoden die Erbarmungslosigkeit fehlte, die den Chef von Napoleons Polizei zum Schrecken des napoleonischen Europa gemacht hatte, so hatte er doch in seiner diskreten bürokratischen Art sein hohes Polizei- und Zensuramt zu einem sehr wirksamen Ohr und Auge für Kaiser Franz und sein Kabinett geformt.

Am Vorabend des Kongresses war dieser gebrechliche, grauhaarige Bürokrat einer der mächtigsten Männer des Reiches und wahrscheinlich einer der angestrengtesten. Die Aufgabe, deren Erfüllung man von ihm erwartete, war eine doppelte. Zunächst war er verantwortlich für die Sicherheit der Souveräne, Staatsmänner und Diplomaten, die während des Kongresses die Gäste des österreichischen Kaisers waren; und zweitens war er verantwortlich für die wirksame Überwachung der gleichen Souveräne, Staatsmänner und Diplomaten. Man konnte das fragwürdige Unternehmen, seine Gäste auszuspionieren, mit den vielen konträren politischen Interessen entschuldigen, die beim Kongreß ausgespielt wurden. Hagers tägliche Berichte an den Kaiser würden diesem und Fürst Metternich wertvolle Hinweise auf verborgene Absichten und geheime Machenschaften geben. Aber der wahre Grund war ein mehr persönlicher. Der Kaiser von Österreich interessierte sich besonders lebhaft für anderer Leute Privatleben. Tag für Tag zu wissen, was jeder seiner Gäste getan und gesagt und geschrieben hatte und wo er gewesen war und mit wem, das war eine Entschädigung für die ungeheuren Kosten, die er als Gastgeber des Kongresses zu tragen hatte. Seit Monaten war Hager atemlos tätig, um seine Polizeimaschine für den Kongreß in Gang zu setzen. Er hatte seine Leute in den Botschaften und sogar in der Hofburg selbst untergebracht; er hatte seine Agenten in Hotels und Restaurants, Postämtern, Banken und Bordellen sitzen. Er war jetzt *ganz* bereit zur Aktion, aber in seinem Geschäft war man nie ganz sicher. Und die französische Gesandtschaft würde sicherlich eine harte Nuß sein.

«Ist irgend jemand im Palais Kaunitz käuflich?» fragte er barsch.

«Nein, Euer Exellenz. Alle sind Franzosen, und die meisten sind schon lange bei Fürst Talleyrand und ihm ergeben. Sie sind auch gut bezahlt. Es ist nur ein neuer Lakai da, der heute morgen auf irgendeine Weise mit Carême in die Haare geriet. Den möchte ich seinem Aussehen nach für einen Agenten der französischen Polizei halten. Nur die Scheuerfrauen und die Nachtwächter wurden von der Familie Kaunitz übernommen. Sie sind zu alt und nicht beweglich genug für unsere Zwecke, aber vielleicht könnten wir den einen oder anderen von ihnen überreden, sich krank zu stellen, und ihn oder sie durch einen von unseren Leuten ersetzen.»

«Es ist nicht viel, aber es würde uns wenigstens ihre ‹chiffons› verschaffen.» Baron Hager machte sich wieder eine Notiz.

«Oh, die ‹chiffons›! Ich vergaß zu sagen, daß es auf der französischen Botschaft keine gibt. Ihre Papierkörbe sind immer leer. Sie verbrennen jeden Fetzen Papier sofort.»

Der Baron lächelte dünn: «Die Franzosen haben nicht umsonst unter Fouchés Geheimpolizei gelebt.»

Es entstand eine Pause. Hager ergriff ein Lineal und trommelte einen Marsch gegen die Kante des Pultes. Dann sagte er: «Der Freiherr vom Stein sucht einen Diener. Er hat eine unangenehme preußische Art, aber er ist ein wichtiger Mann wegen seiner Verbindungen mit dem Tugendbund und mit dem Zaren. Versuchen Sie die Stelle zu erhalten, und kommen Sie wieder her, um sich Instruktionen zu holen.»

«Euer Exellenz...», begann Brandt mutlos. Eine Versetzung zu dem vertriebenen preußischen Staatsmann war eine deutliche Bestrafung für seinen Mißerfolg bei den Franzosen. Aber der Baron hatte ihn bereits vergessen. Er nahm einen Dossier von dem hohen Stoß, und noch ehe Brandt das Zimmer verlassen hatte, war er in den Inhalt vertieft. Es betraf die Zensursache des Dr. Koreff, einer internationalen medizinischen Berühmtheit, der sich erst seit ein paar Monaten in Wien aufhielt. Dieser Dr. Koreff, der sich nebenbei als Schriftsteller betätigte, hatte eine Ode über Kaiser Franz' triumphalen Einzug in seine Hauptstadt nach Bonapartes Niederlage geschrieben. Als sein Antrag um Druckerlaubnis abgelehnt wurde, beschwerte Koreff sich bei Hager, in der Annahme, daß irgendein untergeordneter Beamter, unfähig, die enthusiastischen Gefühle seines Meisterwerkes zu verstehen, den Schnitzer gemacht hätte. Tatsächlich war es Hager selbst, der die Druckerlaubnis verweigert hatte. Die österreichische Regierung war aus Prinzip gegen jeden Enthusiasmus, ganz gleich, ob es ein regierungsfreundlicher oder ein regierungsfeindlicher Enthusiasmus war. Einst war es in Wien bei Todesstrafe verboten gewesen, von der Regierung zu sprechen – selbst auf freundliche Weise. Hager schrieb zu dem Betreff ein kurzes höfliches Billett an Dr. Koreff, der wenigstens so viel Takt hatte, ihn nicht persönlich zu belästigen.

«Was gibt es schon wieder?» brummte er, als es an seiner Tür klopfte.

«Ein Bote von der Burg. Seine Majestät wünscht Euer Exellenz sofort zu sprechen», sagte der Sekretär bedeutungsvoll.

Das strenge Zeremoniell des österreichischen Hofes, das jede Bewegung, jede Geste regelte, verlieh einer Audienz beim Kaiser den Anschein einer sorgfältig einstudierten langsamen Pantomime. Es war selbstverständlich, daß man stehenblieb, niemals sprach, wenn man nicht angeredet wurde, und nichts sagte, was etwa Mißfallen erregen könnte. Aufrecht vor dem Schreibtisch des Kaisers, in der Haltung des erfahrenen Höflings, dachte Baron Hager, daß dieses Ritual eine beträchtliche Anstrengung für Franz I. sein müßte. Obwohl er zweiundzwanzig seiner sechsundvierzig Jahre Kaiser war, wußte er immer noch nicht, zur Sache zu kommen. Wie gewöhnlich war eine dieser peinlichen Pausen entstanden, unmittelbar nach der üblichen Bemerkung des Kaisers über das Wetter. Und obwohl sein hoher Vertrauensposten (einmal war es seine unangenehme Pflicht gewesen, im Interesse des Kaisers die indiskreten Briefe seiner eigenen Kaiserin Maria Ludovica an seinen Bruder zu öffnen) Hager ungewöhnliche Freiheiten im Verkehr mit seinem Souverän gab, durfte er es doch nicht wagen, die Sache durch die einfache Frage zu erleichtern, warum man ihn hatte rufen lassen.

«Wie kommen Sie mit Ihren Vorbereitungen für den Kongreß voran?» fragte der Kaiser endlich.

Hager dachte an seine Schwierigkeiten mit der französischen Botschaft, sah aber keinen Grund, sie zu erwähnen.

«Zur Zufriedenheit, Sire. Die Agenten zum Schutz der Fürsten stehen alle bereit. Es sind sehr gute Leute.»

«Wer? Die Agenten – oder die Fürsten?»

Hager verbeugte sich respektvoll zur Anerkennung des kleinen Scherzes. «In bezug auf die Fürsten, Sire...» Er stockte.

«Sprechen Sie offen, Baron.»

«Sobald sie es irgendwie können, entlassen die Fürsten ihre Leibwachen und gehen inkognito aus.»

Ein Lächeln huschte über das längliche Florentiner Gesicht des Kaisers: «Armer Hager, Sie haben keine Vorliebe für Inkognito-Majestäten, nicht wahr? Hat es irgendwelche Zwischenfälle gegeben?» In seinen Augen leuchtete die blanke Neugier auf.

«Mit Eurer Majestät Erlaubnis... Der König von Württemberg hat sich gestern abend ein blaues Auge zugezogen, als er einem Gardeleutnant zu nahe trat.»

«Was Sie nicht sagen...» Der Kaiser zeiget sich erschreckt, doch Hager vermutete, daß er im Innern entzückt war. «Der König von Württemberg ist ein schwieriger Fall», gab der Kaiser zu. «Prinz Anton Radziwill hat sich beklagt, daß er ihn in einem dunklen Korridor der Hofburg für einen Diener gehalten und attackiert habe.»

«Der König wurde erkannt», berichtete Hager.

«Kein Wunder – mit diesem enormen Embonpoint!» Der Kaiser kicherte geradeheraus, aber Hager sagte frostig: «Mit Eurer Majestät Erlaubnis... ein solches Benehmen ist dem königlichen Ansehen höchst schädlich.»

«Das wissen wir, Hager, das wissen wir. Aber was können wir dagegen tun?»

Hager hatte Mühe, ein Lächeln zu unterdrücken. Er sagte mit ernster Eindringlichkeit: «Wenn Euer Majestät den Souveränen unter der Hand sagen ließen, daß Sie als Gastgeber keine Inkognito-Eskapaden gutheißen könnten... Sonst ist es unmöglich, für ihre Sicherheit einzustehen.»

«Gut, Baron, nur fürchten wir, daß es nicht viel helfen wird. Souveräne wollen sich auch mal amüsieren.»

Der Kaiser hatte angefangen, auf einem Bogen Pergamentpapier zu kritzeln. Er liebte es, Wappentiere und Kronen zu zeichnen. «Wir sind überzeugt, daß Sie Ihr möglichstes für die Sicherheit unserer Gäste tun», sagte er, ohne aufzublicken. «Machen Sie sich darüber keine unnötigen Sorgen. Es gibt etwas anderes, was wir mit Ihnen besprechen möchten.»

Es entstand eine lange Pause. Franz fand es nicht nur schwierig, eine Unterhaltung zu eröffnen, er hatte auch Mühe, zu dem springenden Punkt zu kommen. Als er endlich in einen seiner erregten Monologe ausbrach, streifte er nur sein Thema.

«Wie kann irgend jemand, der bei Sinnen ist, glauben, die militärische Niederlage der französischen Armee und Napoleons habe ein für allemal die Kräfte des Bösen zerstört? Keineswegs. Jakobinertum und Bonapartismus liegen zur Zeit bloß darnieder, aber sie können jeden Augenblick wiederaufleben. Bisher haben wir Sieger dummerweise darauf bestanden, diese Gefahr zu ignorieren. Wir waren so froh, Napoleon geschlagen zu haben, daß wir nicht weiter sahen, als unsere Nasen reichen. Aber gerade weil diese Revolution eine militärische Niederlage erlitten hat, wird sie nicht für immer ihre Ideen und ihre Hoffnungen begraben. Sie wird ihre Gedanken verbergen, aber sie wird fortfahren, für ihr Ziel zu arbeiten...»

Der Kaiser redete weiter und kritzelte dabei erregt auf seinem Pergamentbogen. Hager stand mit dem vorschriftsmäßigen Ausdruck von Aufmerksamkeit im Gesicht, aber er hörte nur mit halbem Ohr zu. Er versuchte sich vorzustellen, wie oft er Franzens länglich schmales Gesicht gegen die rotgoldene Düsterheit dieses Arbeitszimmers gesehen hatte. Er erinnerte sich an den Franz vor zweiundzwanzig Jahren, einen verwirrten Herzog von Toskana, durch einen dynastischen Zufall auf den deutschen Kaiserthron geschleudert. Schon damals war er von dieser Angst vor dem Jakobinertum besessen. Sieben Wochen nach seiner Thronbesteigung brach der Krieg gegen Frankreich aus, und von da an hatte er mit Ausnahme von kurzen Waffenstillständen siebzehn Jahre lang Jakobinertum und Bonapartismus in Europa bekämpft. Bis im Jahre 1810 – gerade in dem Augenblick, als die Revolution am Rande des Zusammenbruchs war, als Napoleon verzweifelte Anstrengungen machte, um seine Hegemonie über den Kontinent aufrechtzuerhalten – Franz plötzlich die Front wechselte, seine Tochter an den französischen Usurpator verheiratete und mit ihm in das Bündnis gegen Rußland eintrat. Niemals hatte es einen sinnloseren Selbstverrat gegeben, und doch rechtfertigte der Erfolg den Kaiser auf die verblüffendste Weise. Napoleons Fehler und die Verwirrung der Zeit ermöglichten es ihm, Napoleon gerade im richtigen Augenblick preiszugeben und sich an die Spitze der antinapoleonischen Koalition zu stellen.

Und diese siegte. Das Unwahrscheinliche geschah: Der Korse, der Franz bei Austerlitz, Preßburg und Wagram geschlagen hatte, saß in Elba, während der schwache, widerspruchsvolle Kaiser von Österreich ungeahnte Höhen der Macht erreicht hatte. Und doch hatte er noch ebensoviel Angst vor den Jakobinern als zur Zeit seiner Anfänge.

«Das Jakobinertum», sagte der Kaiser, «hat erschreckende Fortschritte in Deutschland gemacht, besonders in Preußen. Der Tugendbund ist im wesentlichen jakobinisch, trotz der Tatsache, daß er ursprünglich die nationale preußische Widerstandsbewegung gegen Napoleon gewesen ist, geführt von königlichen Prinzen, Generalen und Gelehrten – oder sollen wir sagen, wegen dieser Tatsache? Nun erstrebt der Tugendbund die Einigung Deutschlands unter preußischer Vorherrschaft – und nach liberalen Richtlinien mit einer liberalen Verfassung.»

Und was haben Sie anderes erwartet? dachte Hager. Meinten Sie, eine Widerstandsbewegung, die solche Opfer gebracht hat, würde sich nach errungenem Sieg in Luft auflösen, würde die Früchte der Befreiung fahrenlassen? Er fühlte plötzlich Erbitterung über die Blindheit des Fürsten.

«Die Ideen, die der Tugendbund beim Kongreß verbreiten will, können Österreichs Position und Interessen unterminieren. Der Tugendbund hat Anhänger in ganz Deutschland und in den höchsten Kreisen. Er hat sogar Anhänger in Rußland; Zar Alexander selbst ist unter dem Einfluß des polnischen Fürsten Czartoryski und des preußischen Barons Stein eine Art Jakobiner geworden.»

Nicht jeder, der die Folgen der Reaktion fürchtet, ist ein Jakobiner, dachte Hager. Das Wort «Jakobiner» wird heutzutage schrecklich mißbraucht.

«Da ist auch noch die bonapartistische Gefahr», sagte Franz. «Die Bonapartisten sammeln sich nach wie vor um ihren vertriebenen Führer, nicht zu reden von all den Napoleoniden, von denen manche jetzt in und um Wien stecken.» (Hager überlegte flüchtig, ob Franz seine eigene Tochter, Marie Louise, Bonapartes Gattin, und ihr Kind, den kleinen Exkönig von Rom, auch unter die Napoleoniden rechnete.) «Es ist durchaus möglich, daß die Bonapartisten sich das enttäuschte Jakobinertum des Zaren und der preußischen Staatsmänner zunutze machen werden.»

Hier endete der Monolog des Kaisers so unvermittelt, wie er angefangen hatte. Eine Zeitlang war kein anderes Geräusch in dem Raum zu hören als das Kratzen des rastlosen Federkiels auf dem Pergament. Siehe da den Sieger! dachte Hager zynisch – Angst vor seinem eigenen Schatten! Seine Füße fingen an, ihm weh zu tun, und er wußte, daß, falls er nicht bald eines von seinen grünen Pulvern nehmen könne, dieser stechende Schmerz seine Eingeweide zerreißen würde.

Aber da hörte das Kratzen auf, der Kaiser blickte Hager geradewegs in die Augen und platzte heraus: «Wir haben eben den Fürsten von Bénévent empfangen – oder vielmehr den Fürsten von Talleyrand, wie Ludwig XVIII. ihn betitelt hat, ehe er ihn nach Wien schickte. Wahrscheinlich fand er, daß Bénévent zu sehr an Napoleon erinnere und geeignet sei, den Kongreß zu verletzen! Wie auch immer, jedenfalls ist Talleyrand unergründlicher denn je. Nicht einmal Metternich weiß, was er aus ihm machen soll. Er hatte erwartet, daß er ihm eine Szene machen würde, weil die Mächte die französischen Bevollmächtigten nicht zu den Sitzungen eingeladen haben. Statt dessen benahm sich Talleyrand, als ob nichts fehle – so zufrieden wie nur möglich. Was führt er im Schilde? Was geht im Palais Kaunitz vor?»

Hager dachte: So ist es also der alte Talley, der meinem Kaiser angst vor der Revolution gemacht hat! Und mit der Aufrichtigkeit, mit der nur ein erfolgreicher und vertrauenswürdiger Beamter eine Niederlage eingestehen kann, sagte er: «Sire, die französische Botschaft ist so unzugänglich wie eine Festung. Keiner unserer Versuche, dort einzudringen, hat Erfolg gehabt. Ich muß gestehen, daß ich nicht weiß, was dort vorgeht, außer daß der Küchenchef des Fürsten sechs Köche mitgebracht hat.»

«Aber, mein lieber Baron, die Überwachung der französischen Botschaft ist eine Angelegenheit äußerster Dringlichkeit.

Wer weiß, vielleicht intrigieren sie schon in ganz Deutschland herum. Können Sie nicht wenigstens ihrer Post habhaft werden?»

«Bisher haben sie alles durch Sonderkuriere geschickt, Sire.»

Der Kaiser seufzte. «Vielleicht sind wir unnötig alarmiert. Schließlich hat Talleyrand den Alliierten vor und nach Napoleons Sturz gut gedient. Wir wissen nicht, was wir ohne ihn getan haben würden. Er hat sich als der stärkste Verteidiger der Legitimität erwiesen, er bestand darauf, die Bourbonen zurückzurufen. Es besteht kein wirklicher Grund, anzunehmen, daß er jakobinische und bonapartistische Interessen unterstützen wird, es sei denn, er täte es aus Groll. Wir haben Metternich erklärt, daß wir es für keine gute Idee halten, ihn zu verschnupfen. Auf jeden Fall verdienen er und seine Mission Ihre vollste Aufmerksamkeit, Baron. Alles, was im Zusammenhang mit ihm steht, ist wichtig. Nebenbei, warum hat er die kleine Mme. de Périgord hergebracht?»

Hager hatte darüber noch niemals nachgedacht: «Sie ist seine Nichte, Sire.»

«Gewiß, und wie er selbst es uns gegenüber ausgedrückt hat, ein Schmuck für jede Botschaft. Doch selbst dann... Wir sind ihr im Frühjahr häufig in Paris begegnet, und wir fragen uns, ob er seine Verehrung von der schönen Herzogin von Kurland auf ihre geradezu hinreißende Tochter übertragen hat. Bitte, bringen Sie das heraus!»

Wieder war der Ausdruck brennender Neugier in den Augen des Kaisers. So, dachte Hager, was also der Kaiser wirklich von mir wissen will, das ist, wie es um den alten Talley und seine Nichte steht. Und er fühlte sich ganz unsinnig mißbraucht und verärgert.

Aber Hager war ein zu wohlerzogener Beamter, als daß er sich gestattet hätte, seinem Groll nachzugeben. Selbst der absurdeste Wunsch des Kaisers mußte erfüllt werden, wenn es menschenmöglich war.

Als er in sein Amtszimmer zurückkehrte – die Audienz war hastig beendet worden, weil der Kaiser zur Begrüßung des Königs von Dänemark reiten mußte –, hatte er einen Plan fertig in seinem Kopf. Es war kein brillanter Plan, aber der beste, der ihm im Moment einfiel. Noch in seiner Hofuniform setzte er sich und schrieb ein kurzes Billett, siegelte es und ließ einen Kurier kommen: «Überbringe dies sofort dem Baron Friedrich von Oheimb persönlich. Verliere keine Zeit, es ist dringend.»

Erst als der Kurier fortgeeilt war, nahm Hager eines von seinen grünen Pulvern und gönnte sich Entspannung.

7

Eine Stunde später bahnte sich ein mittelgroßer, schlanker junger Mann in modischem schokoladenfarbenem Rock über gelber Atlasweste seinen Weg durch die kleinen Tische von Cortis gedrängt vollen, kerzenerhellten Räumen. Er war Anfang der Zwanzig, und sein liebenswürdiger Eifer verriet den Provinzler, wenn auch einen außerordentlich wohlerzogenen. In einem Kaffeehaus, wo nur Männer saßen, blieb er fast unbeachtet, aber seinen Eindruck auf Frauen konnte er nicht verfehlen. Friedrich von Oheimb besaß jene anmutige Zartheit, die an Goethes und Kleists jugendliche Helden denken ließ. Die ungesunden roten Flecke auf seinen Backenknochen, der sehr rote, sanfte Mund, das helle, knabenhafte Haar, das immer windzerzaust schien, waren dazu geschaffen, weibliche Herzen zu rühren. Dennoch hatte sein Ausdruck nichts von dem Weltschmerz eines Werther oder Prinzen von Homburg. Er schien im Gegenteil in einer merkwürdig naiven Art zufrieden mit dem Leben. Und seine glänzenden blauen Augen, die die schwarzen Lederbänke an den glatt gebeizten, helleichenen Wänden absuchten, waren erwartungsvoll und fröhlich.

Corti, an der Ecke der Nagler- und Bogengasse, war das beliebteste von Wiens fünfundsiebzig Kaffeehäusern. Man konnte es nicht verfehlen, weil sein aromatischer Duft die ganze Straße beherrschte. In den späten Nachmittagsstunden fanden sich hier aristokratische Hofuniformen, Schulter an Schulter mit bescheidenen grauen Tuchröcken. Alles verkehrte bei Corti – Erzherzöge und Staatsmänner, Bankiers und Journalisten – und augenblicklich selbstverständlich die auswärtigen Gäste des Kongresses. Es hatte ein Spielzimmer mit Billard, Schach- und anderen Brettspielen. Auch Zeitungen lagen aus – die Wiener

Zeitung, die Augsburger NB Mollsche Politische Zeitung und der Beobachter, in dem der Ritter von Gentz seine geistvollen Artikel veröffentlichte.

Friedrich von Oheimb blieb einen Augenblick neugierig an der Tür eines kleinen Separatzimmers stehen, wo man den neumodischen Sitten frönen konnte, Pfeife oder sogar amerikanische Zigarren zu rauchen, einer Sitte, die in dem Hauptraum streng verpönt war. Und als er sich dem Hauptraum wieder zuwandte, fiel sein Blick endlich auf Baron Hagers graue, gebrechliche Gestalt, der in einer Ecke saß.

«Na, Friedrich, da bist du ja!» In Hagers Begrüßung lag wirklich Wärme.

«Ich hoffe, ich bin nicht zu spät, Vetter?» Der junge Mann schlüpfte auf den Platz neben ihm.

«Ganz und gar nicht. Ich bin dankbar, daß du kommen konntest, so in letzter Minute und nachdem du heute umgezogen bist. Wie ist deine Wohnung?»

«Recht hübsch. Ich habe Glück gehabt, sie in dieser überfüllten Stadt zu bekommen. Meine Wirtin ist ein bißchen kurz angebunden, aber sie hat eine junge, appetitliche Schwester.»

«Wie angenehm», sagte Hager trocken.

Friedrich warf lachend seinen Kopf zurück: «Die Theres – so heißt sie – ist ganz und gar fürs Militär. Hauptmann Fréjus ist ihre Wonne, nicht ein armer, kleiner Poet wie ich.»

«Dieser Franzose, mit dem du die Wohnung teilst? War es nicht ein bißchen vorschnell, gemeinsame Menage mit einem bonapartistischen Offizier zu machen, der dich in der ‹Kaiserin von Österreich› aufgelesen hat?»

«Wir haben Gott sei Dank Frieden, und er ist ein interessanter Bursche. Hat in ganz Europa unter Napoleon gekämpft. Immerhin hat er die Wohnung ausfindig gemacht, nicht ich. Ich bin ihm dankbar, daß er mich mit hineingenommen hat.»

«Das verstehe ich, aber werden andere Leute es auch tun? Es ist noch nicht Mode, als profranzösisch zu gelten, weißt du. Deine enge Verbindung mit Fréjus kann leicht mißverstanden werden und deiner Karriere schaden.»

Friedrich streifte den Baron mit einem amüsierten Seitenblick: «Du vergißt, daß ich mir um keine Karriere Sorgen zu machen brauche. Was ich mit den sechs Monaten – höchstens acht Monaten – anfange, die ich noch vor mir habe, ist ohne Konsequenz. Das ist das Herrliche daran.»

Hager murmelte: «Verzeih», und war froh, daß gerade in diesem Augenblick der Kellner eine Ablenkung schuf, indem er mit einem «Gehorsamster Diener, Herr Baron» Messingkannen mit Kaffee und Milch vor sie auf den Tisch stellte, Aqua d'Oro aus der strohumflochtenen Flasche in große Gläser goß und die Kerzen schneuzte, die, hoch über ihnen, in zinnernen Armleuchtern an der Wand steckten und Talg tropften.

Über den Rand seiner Kaffeetasse hinweg beobachtete Hager seinen jungen Verwandten fast mit Bewunderung. Hager war der Sohn eines Feldmarschalls, war selbst im Kriege gewesen und wußte dem Tod gegenüberzutreten, aber dieser Junge, der wußte, daß er so bald sterben würde, und dem so kühl entgegensah, machte ihm Eindruck. Bis vor drei Tagen hatte er kaum um Friedrichs Existenz gewußt. Bei Hagers letztem Besuch auf dem Oheimbschen Gut in der Steiermark war er ein Kind gewesen. Seitdem, soviel wußte Hager, hatte er einen schmalen Gedichtband («Nachtgedichte») veröffentlicht, die kein Geringerer als Herr von Goethe vielversprechend fand. Baron Hager hatte für die schöne Literatur viel übrig, und ihm gefiel der Gedanke, einen Dichter in der Familie zu haben, in der es einen Überfluß an Soldaten und Beamten gab. Um so größer war sein Schock, als der Junge plötzlich in Wien auftauchte, ein bezaubernder Bursche, und ihm mitteilte, daß er nur noch wenige Monate zu leben hätte. Nachdem ein paar Schlucke Kaffee ihm das Herz erwärmt hatten, fühlte sich Hager fähig, eine angemessene Bemerkung zu machen: «Solltest du nicht einen Arzt hier konsultieren? Der berühmte Dr. Koreff hält sich augenblicklich hier auf. Warum gehst du nicht zu ihm?»

«Er kann mir nichts Neues sagen», erwiderte Friedrich obenhin, «und höchstwahrscheinlich würde er mir den Kongreß verderben.» Und wieder warf er den Kopf zurück und lachte.

«Ich fange an, dich für einen beneidenswerten Burschen zu halten – frei wie die Luft, mit keiner anderen Sorge, als das Leben möglichst zu genießen, solange es dauert. Fast wäre ich bereit, mit dir zu tauschen.»

Friedrich lächelte, seine Augen auf die kleinen goldenen Blätter geheftet, die in seinem Glas Aqua d'Oro schwammen. Er setzte es an die Lippen und ließ mit zurückgelehntem Kopf die Flüssigkeit die Kehle hinunterfließen, bis das Glas leer war: «Es macht Spaß, mit dem Leben zu verfahren, wie ich mit diesem Glas Aqua d'Oro verfahren bin – *es* mit all seinen kleinen goldenen Blättern in einem einzigen Zug herunterzustürzen – und dann Schluß!»

«Du bist ein tapferer Junge», sagte Hager mit Wärme.

«Bin ich das? Als ich vor sechs Wochen Blut zu spucken begann und der Doktor in Graz mir sagte, daß ich die Auszehrung und höchstens noch ein paar Monate zu leben hätte, war ich wie rasend. Es ist eine merkwürdige Sensation, zu wissen, daß man alles, was das Leben zu geben hat, in so kurzer Zeit aus ihm herauspressen muß. Ich wußte nicht, wo anfangen. Aber dann las ich eines Tages eine Nachricht vom Wiener Kongreß, von den Kaisern und Königen und all den schönen Frauen und glänzenden Männern, die hier zusammenkommen würden. Das, dachte ich, ist für mich die Lösung. Wo sonst könnte ich ein ganzes Leben randvoll von Intrige, Plänen, Gegenplänen, Idealismus, Gemeinheit und Liebe in ein paar Monaten zusammendrängen als bei dem Kongreß, wo der ewige Friede begründet werden soll? Und so kam ich her.» Wiederum warf er den Kopf zurück und lachte entzückt.

Der Junge meint offenbar jedes Wort, das er sagt, dachte Hager. «Das ist ja ein schönes Konzept vom Friedenstiften, das du hast», schalt er ihn sanft. «Ich wußte nicht, daß Graz so zynische Seelen beherbergt. Oder ist es nur der Poet in dir?»

Friedrich schaute ein bißchen zerknirscht drein, und Hager fuhr ernst fort: «Ich habe dich heute sehen wollen, weil ich dir einen Vorschlag machen möchte, der dich, falls du ihn annimmst, in engeren und aufregenderen Kontakt mit den Intrigen, Plänen und Gegenplänen des Kongresses bringen könnte, als du dir je träumen ließest.»

«Was ist es?» fragte Friedrich begierig.

«Ich kann es dir hier nicht erzählen. Es sitzen zu viele Leute ringsum. Komm mit mir heim zum Essen.»

«Ich weiß nicht, ob ich Zeit habe», sagte Friedrich wichtig.

«Ich habe eine Einladung für den Empfang des Prince de Ligne heute abend, von ihm selbst auf seinem berühmten rosenfarbenen Papier geschrieben. Es ist natürlich Herrn von Goethes Empfehlung, die so rasche Ergebnisse gezeitigt hat. Denke nur, Vetter! Ich bin erst drei Tage in Wien und bin schon beim Fürsten von Ligne eingeladen! Das möchte ich um keinen Preis der Welt versäumen.»

«Du sollst es nicht versäumen», versprach Hager und bedachte, wie ausgezeichnet diese Einladung in seine Pläne paßte. «De Ligne empfängt zwischen acht und zwölf? Das läßt uns noch reichlich Zeit fürs Diner und eine Unterhaltung.»

Er zahlte seine Kreuzer auf den Tisch, und sie brachen auf.

«Und nun...» Hager führte seiner Nase ein Klümpchen Tabak zu und blickte seinen jungen Verwandten bedeutungsvoll an.

«Dein Vorschlag», rief Friedrich, vor Vergnügen und Neugier glühend wie ein Kind am Weihnachtsabend. Sie saßen in Hagers Bibliothek, einem kleinen, geschmackvoll mit Mahagoni und dunkelgrünem Rips ausgestatteten Raum. Eine Voltaire-Büste blickte vom Kamin hernieder. Eine grün verschleierte Studierlampe tauchte einen Stoß Aktendeckel auf dem Schreibtisch in ihren Lichtkreis. Hier zu sitzen mit dem Mann, der alle Geheimnisse des Reiches kannte, gab Friedrich das Gefühl, an dieser wichtigen Welt teilzuhaben. Während des einfachen Essens hatte sein Gastgeber sich bemüht, ihm ein Bild von den Funktionen der österreichischen Polizei und Zensur während des Kongresses zu geben. Er hatte jetzt eine ungefähre Vorstellung davon, was es bedeutete, über Dutzende von Kaisern, Königen, Großherzögen und geringeren Fürstlichkeiten zu wachen, die alle scharf darauf waren, inkognito auszugehen, besonders aber, was es bedeutete, Tag für Tag dem Kaiser Berichte über alles zu liefern, was seine Gäste gesagt, getan und geschrieben hatten, wo sie gewesen waren und mit wem.

Zuerst war Friedrich aufrichtig schockiert gewesen, daß der Kaiser seine eigenen Gäste ausspionierte. Solche Dinge ließ man sich in Graz nicht träumen. Das heißt, in Graz glaubte man, daß nur Bonaparte sich auf solche niedrigen Praktiken einließ, weshalb ganz Europa sich gegen ihn erhoben hatte. Daß die legitime

Habsburger Monarchie sich zu so etwas hergab, brachte ihn einigermaßen außer Fassung. Es erschien ihm auch durch die jakobinische und bonapartistische Gefahr nicht gerechtfertigt. Er konnte an die Existenz einer jakobinischen und bonapartistischen Gefahr einfach nicht glauben. Erst als Hager andeutete, daß die persönliche Neugier des Kaisers eine große Rolle in all diesen Dingen spielte, verstand Friedrich. Er selbst hatte die unbegrenzte Neugier des Dichters in bezug auf Menschen, und er konnte sich gut vorstellen, daß er, wenn er Kaiser wäre, seine Macht brauchen würde, um alles von ihnen zu erfahren.

«Ja, mein Vorschlag», sagte Hager nachdenklich, und seine müden grauen Augen hefteten sich auf Friedrichs lebhafte blaue. «Ich bin keineswegs sicher, daß er dir gefallen wird. Vielleicht lehnst du ihn ab. Doch ob du nun annimmst oder ablehnst, einer Sache muß ich absolut sicher sein: daß kein Wort dieser Unterhaltung jemals bekannt wird. Kann ich mich darauf verlassen?»

«Ganz gewiß.» Friedrich war ein wenig nervös.

«Nun denn», der Baron lehnte sich in seinem Stuhl zurück und schloß die Augen gegen das Licht, «ich brauche einen Mann von Welt, der mir berichtet, was in der Gesellschaft gesprochen und getan wird, weil alles einen Bezug auf die diplomatischen Angelegenheiten des Kongresses haben kann – einfach alles. Ich habe das Gefühl, daß du ideal für eine solche Aufgabe passen würdest. Die Damen werden alles tun, um einen hübschen jungen Mann, der ein Enthusiast und ein Dichter ist, zu verwöhnen. Und ich muß sagen, daß du für einen Provinzler und einen Romantiker einen erstaunlichen Sinn für das Opportune bewiesen hast, als du je ein Gedicht der Herzogin von Sagan und ihrer großen Rivalin, der Prinzessin Bagration, gewidmet und dir so in diesen beiden wichtigen Salons einen guten Empfang gesichert hast. Außerdem bist du neu hier und verhältnismäßig unvoreingenommen. Drittens hast du ein Ohr für den Dialog und für das, was hinter dem Dialog ist, weil du ein Schriftsteller bist. Was meinst du zu der Idee, mit mir zu arbeiten?»

«Ich weiß wirklich nicht, was ich sagen soll. Es kommt mir so überraschend. Ich hatte nicht die Absicht, in Wien zu arbeiten. Ich wollte mich eben nur amüsieren. Ich habe so wenig Zeit...» Friedrich stotterte ein wenig in seiner Erregung.

Ich sollte ihn in Ruhe lassen, dachte Hager. Er hat recht. Warum soll man ihn belästigen! Er hat kein Interesse an der Zukunft. Er wird tot sein. Statt dessen sagte er: «Deine Arbeit, so wie ich sie sehe, würde dein Vergnügen nicht im geringsten stören. Du brauchtest nur deine Beobachtungen jeden Tag niederzuschreiben oder jedesmal, wenn du Beobachtungen aufzuzeichnen hast. Gerade so, als ob du Briefe oder ein Tagebuch schriebst. Im übrigen würde ich indirekt dafür sorgen, daß du eine Menge Dinge zu sehen und zu hören bekommst, die du ohne das nicht sehen oder hören würdest. Reizt es dich nicht, das Nützliche und das Angenehme zu verbinden? Ich weiß, daß du dich nützlich machen würdest.»

Eine Weile war es ganz still in dem Zimmer, aus dem die herabgelassenen grünen Vorhänge auch die Straßengeräusche ausschlossen. Dann sagte Friedrich mit plötzlicher Entschlossenheit: «Ja, ich will gern für dich arbeiten, Vetter. Ich glaube, es wird besser sein, als nichts zu tun. Ich werde das Gefühl haben, dazuzugehören.»

«Gut», sagte Hager, ehrlich erfreut, daß der Handel zu einem befriedigenden Abschluß gekommen war. «Du bekommst 300 Gulden im Monat und alle Auslagen.»

«Aber, Vetter, ich brauche kein Geld. Ich habe das Erbteil meines Großvaters, mit dem ich bequem sechs bis acht Monate auskommen kann. Natürlich kann ich es mir nicht leisten, auch nur vierzehn Tage länger zu leben.» Friedrich lachte wie über einen prachtvollen Witz.

«Das macht nichts», sagte Hager schnell. «Spare dein Geld oder gib es aus, ganz wie du magst. Aber du sollst dein Gehalt haben. Du mußt in angemessenem Stil leben, dich gut anziehen, Freunde zum Frühstück in die ‹Kaiserin von Österreich› einladen, den Damen gelegentlich ein Buch oder einen Blumenstrauß verehren. Ich werde dir auch einen Wagen zur Verfügung stellen. Ich möchte dich nicht überanstrengen.»

«Das ist großartig ...», stammelte Friedrich, überwältigt von der Vision seiner selbst, in einer eleganten Equipage durch Wien fahrend, mit einem livrierten Kutscher zu seiner ständigen Verfügung. Er fühlte sich versucht, sich selbst zu kneifen.

«Und nun», fuhr Hager fort, «über deine Arbeit. Sie ist wirklich sehr leicht. Halte deine Augen und Ohren offen und denke immer daran, daß jedes bißchen Geschwätz möglicherweise bedeutungsvoll sein kann, selbst wenn es dir ganz sinnlos scheint. Für mich kann es einen Sinn haben. Schreibe es also auf. Es gibt ein paar Schlüsselfiguren beim Kongreß. Alles, was sie tun und sagen und sogar, was sie angeblich tun und sagen und wie sie in den Salons beurteilt werden, ist von vitalem Interesse für uns. Zur Zeit ist der rätselhafteste und wichtigste von ihnen Fürst Talleyrand. Und deine besondere Aufgabe betrifft eine Dame, die in naher Verbindung mit ihm steht. Die Franzosen sind augenblicklich meine Hauptsorge. Sie entziehen sich allen meinen gewöhnlichen Mitteln der Überwachung. Wenn es dir gelingt, dieser Dame näherzukommen, wirst du vielleicht viel davon erfahren, was im Palais Kaunitz vor sich geht und was Talleyrand im Schilde führt. Außerdem scheint die Dame selbst nicht ohne Interesse. Sie ist Talleyrands Nichte, die er angeblich herbrachte, damit sie die Dame des Hauses bei der französischen Botschaft spielt, was plausibel genug klingt, da sie schön, elegant und klug ist. Dennoch steckt vielleicht mehr dahinter, als es auf den ersten Blick scheint.»

Er erhob sich, holte einen Dossier vom Schreibtisch und reichte ihn Friedrich: «Hier sind ein paar Angaben über sie, die ich in der Eile zusammengestellt habe. Es ist nicht viel.»

Friedrichs Augen überflogen rasch das einzelne Blatt in dem Deckel. Er las:

Périgord, Gräfin Edmond (Dorothea), geborene Prinzessin von Kurland, 21 Jahre, jüngste Tochter der Herzogin von Kurland, Schwester der Herzogin von Sagan, der Prinzessin von Hohenzollern-Hechingen, der Herzogin von Acerenza..., Konvenienzheirat, vom Zaren protegiert... Mitgift von zehn Millionen Francs, zum größten Teil in Ländereien in Preußen... Zwei Söhne (drei und ein Jahr); keine Liebhaber... Erzogen von Abbé Piattoli, bekanntem Freimaurer... Hat angeblich starke preußische Sympathien... Frühere Palastdame der Kaiserin Marie Louise; ältester Sohn Napoleon getauft nach seinem Paten, damals Kaiser der Franzosen... Trägt angeblich ein Medaillon mit Napoleons Haar... Soll in Ostpreußen auf Napoleons Bild gespien haben, als sie seine Besetzung Berlins erfuhr...

Talleyrand, der seit vier Jahren der Liebhaber ihrer Mutter ist, behandelt sie als seine Lieblingsnichte.

Friedrich blickte auf und lachte: «Und wie denkst du dir, daß ich diese widerspruchsvolle Dame fesseln soll, die Napoleons Haar in einem Medaillon trägt und auf sein Bild spuckt?»

«Davon sieh im Augenblick ab. Das ist diese Sorte von widersprechendem Geschwätz, mit dem die Agenten die Akten füllen. Es muß geprüft und nachgeprüft werden, ehe man es verwerten kann. Bisher besagt es weiter nichts, als daß die Dame politische Passionen hat, was sie überall zu einer interessanten Figur machen würde, vor allem aber an der französischen Botschaft. Aber es ist noch etwas anderes: Der Kaiser meint, daß sie Talleyrands Geliebte ist, und er möchte alles darüber wissen.»

«Was, die Geliebte des alten Talley – dieses Mädchen von einundzwanzig? Ist nicht Talleyrand der Liebhaber ihrer Mutter?»

«Das ist er. Das würde es ja grade so pikant machen, wenn er gleichzeitig der Liebhaber der Tochter wäre. Oder wenn er die Mutter wegen der Tochter verlassen hätte. Versuche es herauszubringen. Vielleicht gelingt es dir, heute abend beim Fürsten Ligne ein bißchen Klatsch darüber aufzuschnappen.»

Friedrich war entsetzt: «Aber, Vetter, das kann doch nicht sein. Man kann von Talleyrand denken, was man will, aber er ist einer der Männer, die die Geschicke Europas bestimmen. Er kann doch unmöglich etwas mit der Frau seines Neffen haben, die zugleich die Tochter seiner Geliebten ist.»

«Es schmeckt ein bißchen nach Inzest, nicht wahr? Aber das bedeutet nicht, daß es nicht wahr ist. Hier ist eine Wahrheit des heutigen Lebens, die einem in Graz wahrscheinlich nicht ganz bewußt ist, aber du tust gut daran, sie in Wien im Auge zu behalten. Es ist die Tatsache, daß Europa in Wirklichkeit aus fünfhundert Leuten besteht, die auf Grund ihrer Geburt, ihres Reichtums und ihrer Geschicklichkeit alle Macht und allen Ruhm besitzen. Nur für sie malen die Maler, schreiben die Dichter, bauen die Architekten. Sie geben sich selbst ihr Gesetz und fragen nicht nach unseren kleinen Bedenken und Skrupeln...» Hager hielt inne, denn ihm fiel ein, daß ein Mann wie Talleyrand sicherlich niemals wegen einer jungen Frau langsam an gebrochenem Herzen sterben würde, wie er es tat.

«Ich dachte, das Zeitalter des Bürgers wäre angebrochen», warf Friedrich ein.

«Das ist alles Jakobiner-Propaganda, mein Junge. Vielleicht entwickelt sich das neunzehnte Jahrhundert noch einmal zum Zeitalter der Bürgertugend. Aber die Männer und Frauen, die jetzt und hier den Ton angeben, stehen mit einem Fuß in der Laxheit des Ancien régime und mit dem anderen in der Gesetzlosigkeit des Terrors.»

«Ich verstehe.» Friedrich hätte diese misanthropische These gern noch länger diskutiert, aber es war spät geworden. «Was ich aber nicht verstehen kann, ist deine schmeichelhafte Annahme, daß sich Mme. de Périgord mit mir anfreunden könnte. Warum sollte sie? Sie ist von so vielen berühmten und glänzenden Männern umgeben.»

«Hier ist eine weitere Lebenswahrheit: Schöne Frauen sind die einsamsten Geschöpfe auf Erden. Sie sind ständig auf der Suche nach Männern, die sie verstehen, ohne etwas von ihnen zu wollen. Das ist der Grund, warum sie so sehr auf Dichter aus sind. Die Herzogin von Kurland sammelt Dichter, zahlt ihnen Pensionen und hat sie monatelang auf ihren Schlössern.»

«Und du meinst, die Tochter schlägt nach der Mutter?»

«Sie ist schön, nicht wahr?» sagte der Baron einfach. Sie schwiegen eine Zeitlang, dann fuhr Hager ermutigend fort: «Es ist ein Wagnis, aber es kann gelingen. Auf keinen Fall kann es Schaden tun.» Er sah auf seine Uhr. Er hatte noch Zeit, ins Konzert zu gehen. «Nun, alles ist klar. Es bleibt uns jetzt nur noch übrig, die Signatur zu vereinbaren, unter der du deine Berichte einschickst, denn dein Name darf nicht erscheinen. Hast du einen Vorschlag?»

«Wenn dies genügt ...» Friedrich warf ein Zeichen auf das Papier, zwei durch eine Linie halbierte Kreise: ∅∅.

Betrifft den Empfang im Hôtel de Ligne
am 24. September 1814 ...

Friedrich von Oheimb legte seinen Federkiel nieder, blickte auf die Worte, die er auf das sonst noch leere Blatt geschrieben hatte, und überlegte, ob er lieber schreiben sollte «beim Fürsten de Ligne» als «im Hôtel de Ligne». Hôtel de Ligne klang ein bißchen prätentiös für das kleine Haus an der Mölkerbastion, ein rosenrot gestrichenes Haus, rosenrot wie die Ställe und die rückwärtigen Gebäude für die Dienerschaft; rosenrot wie de Lignes Briefpapier, wie seine Livreen und wie die Kissen seiner Kutsche. Rosenrot war de Lignes Lieblingsfarbe. Friedrich fand, es paßte zu seinen glänzenden Bäckchen, zu seiner Gemütsart und seiner Redeweise.

Er nahm ein neues Blatt von einem Stoß Papier und schrieb:

Betrifft den Empfang beim Fürsten de Ligne
am 24. September 1814...

Ja, das war besser. Sorgfältig unterstrich er die Worte mit einem Lineal. Dann schrieb er in die linke obere Ecke des Blattes: Bericht Nummer 1 von ∅∅. Er lächelte und schüttelte den Kopf. Wenn jemand ihm vor einem Monat gesagt hätte, daß er, Friedrich von Oheimb aus der Steiermark, je einen Bericht an das mächtige Kaiserliche Polizei- und Zensuramt schreiben würde! In einer angenehmen Reihe von Vorstellungen sah er den Kaiser, wie er höchstselbst die Beobachtungen von ∅∅ studierte und, noch bevor er zu Ende gelesen hatte, Metternich kommen ließ, um seine Politik darauf zu gründen; und dann hundert Jahre später einen aufgeregten Historiker, der den vergilbten Akt ∅∅ in den Staatsarchiven entdeckte – einen unbezahlbaren Schatz, geeignet, der Geschichte des Kongresses Farbe und Authentizität zu verleihen. Er lachte sich selbst aus, denn in Wirklichkeit war er ein bescheidener junger Mann, stand auf, zog seinen schokoladenbraunen Rock und seine gelbe Satinweste aus und hing sie liebevoll in den Schrank, wo schon ein ebenso neuer erbsengrüner Anzug und ein rehfarbener hingen. Er wollte nicht seine hübschen neuen Anzüge am Schreibtisch auftragen. Sein ganzes Leben lang hatte er davon geträumt, Anzüge vom besten Schneider in Wien zu besitzen, die schönsten Damast- und gesteppten Piquéwesten, die erlesenste Wäsche vom ersten Hemdenmacher, die glänzendsten Lackstiefel vom feinsten Schuhmacher. Und jetzt besaß er sie tatsächlich.

Wie die meisten österreichischen Edelleute mit kleinem Grundbesitz, war Friedrich von Oheimb arm. Er hatte seine Kindheit und Jugend in einem alten Schloß verbracht, das die

Kuppe eines Hügels krönte und dessen graues Gemäuer traumhaft schön erschien, wenn es von der untergehenden Sonne vergoldet wurde, das aber ein kalter und zugiger Ort war, wenn man darin leben mußte. Er war ein einziger Sohn. Sein Vater, den er sich gern als lustigen Draufgänger vorstellte, war gestorben, als Friedrich ein Baby war. Seine forsche, energische Mutter hatte tapfer gekämpft, um das Gut zusammenzuhalten und ihn standesgemäß zu erziehen. Aber je mehr Friedrich über den Lauf der Welt lernte, um so mehr langweilten ihn seine schwerfälligen steirischen Gutsnachbarn. Den Großen und den Berühmten zu begegnen, zu reisen, sich in der Anonymität der Weltstädte zu verlieren, dies wurde der Traum seiner wachen Stunden. Ein Traum, der wenig Aussicht zu haben schien, sich jemals zu verwirklichen. Seine Mutter wies ihn hartnäckig darauf hin, daß kein Geld vorhanden sei, um eine Reise in dem Stil zu finanzieren, der eines Barons von Oheimb würdig war.

Und dann hatte ihm vor sechs Wochen der Doktor in Graz gesagt, daß er innerhalb weniger Monate an der Auszehrung sterben würde. Er gestand seiner Mutter das Urteil des Arztes nicht. Wenn es ihm aber an Mut fehlte, ihre Verzweiflung zu ertragen, so nahm er es doch auf sich, ihrem Zorn zu trotzen; er beschloß, das Erbe seines Großvaters in sechs oder acht herrlichen Monaten in Wien zu vertun. So würde er doch wenigstens das Leben kennenlernen, bevor er es verlassen mußte.

Friedrich schloß den Schrank und trug zwei Kerzen zum Schreibpult. Er beobachtete den Flackerschein, den sie auf die graublaue, mit Medaillons von weißen Leiern und Lorbeer gemusterte Tapete warfen, und sammelte seine Gedanken auf den Bericht. Es war sehr still in dem kleinen sauberen Schlafzimmer, das schlicht, aber behaglich mit soliden, hochpolierten Kirschbaummöbeln eingerichtet war. Das Wohnzimmer, das er mit Hauptmann de Fréjus teilte, lag daneben, aber kein Laut kam von dort. Der Hauptmann war entweder aus oder in seinem eigenen Zimmer. Energisch tauchte Friedrich den Federkiel in die Tinte. Wie in aller Welt könnte man einen Bericht an die Polizei anfangen? Hager hatte gesagt, er solle ihn schreiben wie ein Tagebuch oder einen Brief. Danach würde er sich also richten. Er schrieb:

Mein ganzes Leben habe ich vom Fürsten von Ligne gehört oder gelesen. Ich wußte, er wäre ein in vielen Ländern beheimateter Mann. Frankreich wäre das Vaterland seiner Sitten und Wallonien das Vaterland seines Herzens, aber er liebte den Zustand des ewigen Fremden; in Österreich ein Franzose, in Frankreich ein Österreicher, in Rußland ein Franzose und Österreicher zu sein, das wäre seine Art, sich überall behaglich und nirgends abhängig zu fühlen. Im übrigen würde er sagen: «Es hat immer zum guten Ton gehört, mich in allen Ländern gut zu behandeln.»

Der Fürst war, wie ich aus seinen Büchern weiß, enthusiastisch, dabei realistisch, skeptisch und ein Gefühlsmensch. Er hat nur eine große Liebe gehabt – seinen Sohn Charles, der vor vielen Jahren sehr jung gestorben ist – und nur zwei große Passionen: Krieg und Landschaftsgärtnerei. Eine Schlacht zu gewinnen schien ihm der höchsten Anstrengung eines Genius würdig, und er glaubte stets, daß man, einen Feldzug zu gewinnen, die «zwei großen Kühnheiten» des Geistes und des Körpers benötigte. Dennoch war ihm niemals ein hohes Kommando anvertraut worden, weil er als ein Mann galt, der Menschen nicht schonte. Seine berühmten Besitzungen bei Beloeil in Belgien hatte er während der Französischen Revolution und der napoleonischen Kriege verloren.

So war ich, als ich mich vor dem majestätischen Achtziger verneigte, mir ehrfürchtig bewußt, einer Legende gegenüberzustehen. Hier sah ich leibhaftig den Liebhaber der großen Katharina von Rußland und den geehrten Freund des großen Friedrich von Preußen. Hier stand der Mann, der Europa in seinem höchsten Glanze, die Höfe auf dem Gipfel ihres Ruhmes gesehen hatte, der Augenzeuge der letzten Pracht Augusts des Starken gewesen war, der Ludwig XV. gekannt hatte, als er sich noch in der Größe Ludwigs XIV. sonnte, und Mme. de Pompadour, als sie noch die Allüren der Mme. de Montespan hatte. Er machte großen Eindruck auf mich mit seinen dunklen Feueraugen, dem energischen Kinn und der großen Mähne losen, weißgepuderten Haares. Er stand und bewegte sich mit natürlicher Grazie; als österreichischer Feldmarschall trug er heute die Uniform eines Hauptmanns der persönlichen Leibwache des Kaisers und auf der Brust den Mariatheresienorden und den des goldenen Vlies es. Alle diese Bänder und Sterne erfüllen ihn noch mit liebenswürdiger Eitelkeit, er ordnet sie oft und nennt sie gern sein «Ehrenbouquet».

Friedrich hielt inne und überlas seine ersten Sätze ein wenig beunruhigt. Es war zu viel vom Fürsten de Ligne die Rede, der schließlich eine charakteristische Erscheinung von Wien war und über den Hager wahrscheinlich alles wußte. Aber er sollte nun einmal seine Eindrücke dieses Abends wiedergeben, und die Gedanken, die ihm beim Anblick seines außerordentlichen Gastgebers durch den Sinn schossen, gehörten untrennbar dazu. So schrieb er weiter:

«Ich bin entzückt, Monsieur», sagte de Ligne mit seinem berühmten Lächeln. «Ein Freund von Herrn von Goethe ist auch mein Freund.» Dann stellte er mich einer Dame vor, die er «seinen kleinen Papagei» nannte und die die Fürstin de Ligne war. Sie ist viel jünger als ihr Gatte und merkwürdig schattenhaft. Der Fürst ergriff meinen Arm. «Ich werde Sie ein paar Freunden vorstellen. Dort ist der Herzog von Weimar und Herr von Humboldt.» De Ligne wies auf einen hochgewachsenen, stattlichen Mann, der mit großer Autorität sprach – den Herzog –, und auf seinen gelehrten Freund und Begleiter – den preußischen Minister.

Es rührte mich fast zu Tränen, Goethes Herzog zu sehen, den einstigen Anführer dieser herrlichen Schar von «Götterkindern», die in mondhellen Sommernächten nackt in der Ilm badeten, den Mann, der seinen Hof zu einem Musensitz machte. Und dazu noch Wilhelm von Humboldt, den preußischen Bevollmächtigten beim Kongreß, den großen Gelehrten und Staatsmann und Deutschlands ersten Liberalen! Ich glaube, er ist das, was man heutzutage einen Jakobiner nennt, wegen seines Anteils an dem preußischen Freiheitskampf und weil er einer der ursprünglichen Gründer des Tugendbundes war. Aber was für ein Mann! Da preßte der Fürst meinen Arm und sagte: «Der Kardinal Consalvi – sollen wir ihn begrüßen?»

Wir standen vor einer kleinen Gruppe, die von den Purpurgewändern des päpstlichen Nuntius beherrscht war. Es wurde mir ein Amethystring an einer purpurbehandschuhten Hand gereicht, und als ich mich vom Ringkuß wieder aufrichtete, gewahrte ich ein scharf gezeichnetes Prälatengesicht unter dem Purpurkäppchen.

«Ich habe soeben zu Herrn und Frau von Varnhagen gesagt», wandte Kardinal Consalvi sich mit bekümmerter Miene an de Ligne, «daß die Situation in Italien viel zu wünschen übrig läßt. Das Volk ist unruhig. Die österreichische Restauration schlägt nicht gut an.»

«Welche Restauration schlägt je gut an?» De Ligne zuckte fatalistisch die Schultern.

«Ich bin beunruhigt über Rom», fuhr der Kardinal mit erstaunlicher Offenheit fort. «Jedes Kleinste und Größte wird dort verkehrt angefangen. Es ist ein Fehler, die Juden zu plagen. Nun verlassen alle reichen Juden Italien, und Seine Heiligkeit hat keinen Pfennig. Es ist absurd, die Rückkehr der alten Ordnung erzwingen zu wollen.»

«Wie recht Euer Eminenz hat!» Eine schmale, hexenhafte Frau von unbestimmbarem Alter und ein wenig irrem Ausdruck sprach. «Die Reaktion ist die wirklich scheußliche Seite der Revolution.»

«Unübertrefflich!» De Ligne küßte seine Fingerspitzen. «Sie sind die geistreichste Frau der Welt, Frau von Varnhagen!» Die Hexenhafte sah befangen drein, aber ihr Gatte strahlte. Varnhagen hat ein enges, unzufriedenes Intellektuellengesicht, das sich nur aufhellt, wenn er seine Frau anschaut. «Preußen», sagte er zu dem Kardinal, «kann für seine Leiden gar nicht genug entschädigt werden. Preußen hat den Weg nach Paris geebnet.»

«Sicher, sicher!» stimmte der Kardinal zu, während der Fürst de Ligne, auf mich weisend, sagte: «Der Herr ist ein Dichter, Rahel, ein Schützling Ihres Gottes, des Herrn von Goethe.»

«Ist es nicht ganz wunderbar», sagte sie zu mir, «daß Goethe selbst das Festspiel für die Siegesfeierlichkeiten geschrieben hat? Es hat ihn schließlich mit der jungdeutschen vaterländischen Intelligenz ausgesöhnt, die seine Teilnahmslosigkeit an der großen Erhebung immer so sehr bedauert hat.»

«Goethe», wagte ich einzuwenden, «steht doch über allem Nationalismus; für ihn ist Napoleon eben die größte Erscheinung unserer Zeit.»

«Ganz mit Recht», sagte de Ligne träumerisch. «Was für ein Mann war doch Napoleon – oder wäre es nicht besser zu sagen: ist er noch? Wie er damals die Stufen zum Dresdener Schloß emporstieg! Er hatte den edlen Anstand, den der Krieg seinen großen Soldaten verleiht.»

«Letzten Endes ist es Rahel zu verdanken, daß Goethe sich mit dem Jungen Deutschland ausgesöhnt hat», belehrte mich Varnhagen. «Die Idee, daß Goethe das Festspiel schreiben solle, stammt von ihr. Leider ist es eine der geringeren Leistungen des Altmeisters.»

Rahel! Der Name schlug eine Glocke in meinem Gedächtnis an, und was für eine Glocke! Frau von Varnhagen war die berühmte Jüdin, in deren Salon in Berlin sich königliche Prinzen und Generale und Philo-

sophen sammelten. Ich habe Briefe von ihr gelesen, herrliche Briefe, die in ganz Deutschland zirkulierten und zitiert wurden. Ich erinnerte mich nun, daß sie kürzlich einen preußischen Diplomaten geheiratet hatte, jünger als sie und in jeder Beziehung ihr unterlegen, aber einen Mann, der sie viele Jahre umworben hatte.

«Sie müssen mich besuchen und mir etwas aus Ihrem Werk vorlesen», wandte sich Frau von Varnhagen mit ihrem schönen Lächeln an mich.

«Nichts könnte mich mehr freuen», erwiderte ich, berauscht von meinem Glück, das mir eine Einladung zu dieser berühmten Frau schenkte, die ich so lange aus der Ferne wie einen Stern am Firmament bewundert hatte.

De Lige sagte: «Frau von Varnhagen hat viele junge Dichter ermutigt... Was gibt es, Ismail?» unterbrach er sich, zu *einem herantretenden Heiducken gewandt. Fürst Potemkin hatte den riesigen Türken de Ligne bei der Belagerung von Ismail geschenkt, und er wurde nach der eroberten Stadt genannt.*

«Der Fürst von Talleyrand ist soeben gekommen», meldete Ismail.

Beim Niederschreiben dieser Worte erlebte Friedrich noch einmal die gemischten Gefühle, die ihn ergriffen hatten, als er hörte: «Der Fürst von Talleyrand ist soeben gekommen.» Sein erstes Gefühl war gewesen: welch ein Glücksfall für mich, dieser großen, aber widerspruchsvollen Gestalt auf meiner ersten Gesellschaft in Wien zu begegnen, und er war erfreut und erregt. Einen Augenblick später aber fand er es schwierig zu atmen, denn plötzlich war die Luft des Salons, die bisher hell und freundlich gewesen war, so voll Traurigkeit und Scham und Zorn und Hilflosigkeit, daß es schien, als müsse im nächsten Augenblick irgendeine schwefelige Explosion erfolgen. Noch jetzt verstand er nicht, daß nichts dergleichen geschehen war.

Und da stand er in der Tür, leicht auf seinen Ebenholzstock gestützt, vollkommen ruhig und abwartend – das willfährige Werkzeug jenes Teufels, der fast zwanzig Jahre lang unsere Welt geschlagen und gequält hat, der Mann, der am meisten mitgeholfen, die Ketten für Europas Unterjochung und Demütigung zu schmieden.

Da stand der Genosse von Bonapartes Verbrechen, der Urheber so vieler unserer Leiden, für ihn aber gibt es kein Exil, keine Strafe. Im Gegenteil, er darf zum Kongreß kommen und an der neuen Ära des ewigen Friedens und Wohlergehens mitschaffen.

Bestürzung und Zorn zeichneten jedes Antlitz, verrieten sich in jeder Haltung, untermischt mit einer seltsamen Empfindung von Trauer, die sich nicht ausdrücken ließ, die man aber fühlte. Und die Frage lag greifbar in der Luft: Haben dafür unsere Söhne und Brüder gekämpft und sind gestorben, daß Talleyrand nach Wien kommt und den Frieden macht? Desillusion malte sich in allen Gesichtern.

Ich sah sie auf Frau von Varnhagens Gesicht, vermischt mit einer Art Mitleid, als dächte sie: Was für ein armseliges Geschöpf ist der Mensch. Und ich sah sie auf Humboldts Gesicht, das trotz all seiner Beherrschung den schrecklichen Frieden von Tilsit und Bonapartes Hohn gegen die schöne, unglückliche Königin Luise spiegelte. Und ich sah sie in Consalvis Gesicht und überlegte, an welche Station aus dem Leidensweg der Kirche unter dem Konsulat und dem Kaiserreich er sich in diesem Augenblick wohl erinnerte. Dachte er an die Zeit, als Bonaparte seinem Gesandten befahl, «den Papst zu behandeln, als habe er eine Armee von 200000 Mann», oder an die Zeit, als das Schmettern einer Trompete der Bevölkerung von Rom verkündete, die päpstliche Herrschaft sei zu Ende – «consummatum est»? Dachte er an das Exil des Papstes in Savona, wo ihm sogar sein Brevier und der Fischerring fortgenommen wurden? Und an Napoleons Drohung, ihn, Consalvi, erschießen zu lassen, weil er sich weigerte, an seiner Trauung mit Marie Louise teilzunehmen? Und an das Konkordat mit Napoleon in Fontainebleau, das der gequälte, zermürbte Papst zu widerrufen versuchte, noch bevor seine Tinte trocken war? Und erinnerte er sich, daß Talleyrand bei den meisten dieser Geschehnisse die Hand im Spiele gehabt, und daß das Fürstentum Bénévent, das Bonaparte ihm verliehen hatte, ein päpstlicher Staat gewesen war?

«Mein Freund» – der Fürst de Ligne, der ihm rasch entgegengeschritten war, umfaßte Talleyrands Schulter in einer Art Umarmung –, «da sind Sie also, ein bißchen König von Frankreich!»

«Dessen hat mich Bonaparte während der letzten sieben Jahre beschuldigt – eh?» Talleyrands Stimme klang gelassen und selbstsicher.

«Was, nur sieben Jahre? Ich habe Sie zwanzig Jahre lang deswegen verdächtigt!»

Die beiden Männer lachten in vollkommen gegenseitigem Verständ-

nis, so wie Leute lachen, die sich seit langer Zeit kennen und es nicht nötig haben, sich einander zu erklären.

Talleyrand ließ sich zu einem leeren Sofa geleiten. «Dorothée,» sagte er, «kommt nach dem Konzert.»

Während de Ligne und Talleyrand sich mit gedämpften Stimmen unterhielten, lebte das Schwatzen und Lachen, der Austausch von Neuigkeiten, Klatsch und Scherzen in dem Salon neu auf, Gesprächsfetzen umschwirrten mich: «Zu traurig die Taubheit des armen van Beethoven... Lord Castlereagh hat ein Konto von einer Million Gulden eröffnet... Jeder Mensch weiß, daß Gentz Päderast ist... Das Neueste von Elba... Der Zar und der König von Preußen sind die dicksten Freunde, mein Lieber... Haben wir uns nicht zuletzt in Karlsbad gesehen?... Die neueste Mode in Shawls... Marie Louise nimmt wieder Zeichenstunden bei Isabey... Metternich... Fürst Hardenberg läßt sich von Dr. Koreff hypnotisieren... Der kleine König von Rom... Polen... Der König von Sachsen... Murat... Der Frieden... Aber die Fürstin Bagration versagt sich niemandem... Die päpstlichen Legate... Bonaparte... Die Jakobiner... Die deutsche Frage... Der Frieden... Die Franzosen werden es von neuem versuchen... Der Frieden...»

Dabei beobachtete jeder Talleyrand hinter gesenkten Augenlidern. Auch ich, völlig mir selbst überlassen, beobachtete den ersten Diplomaten des Jahrhunderts, wie er lässig dasaß, ein Bein hoch über das andere geschlagen. Der Aufruhr, den sein Erscheinen erregt hatte, berührte ihn nicht. Seine hellen, halb geschlossenen Augen waren unergründlich.

Mein Scharfblick reicht nicht aus, meine Erfahrung, meine Einbildungskraft sind zu beschränkt, um einen solchen Mann ergründen zu können, sagte ich mir selbst. De Ligne ist doch noch zwanzig Jahre älter als Talleyrand und ebenfalls ein Mann der Großen Welt. Aber im Vergleich zu jenem ist er naiv und einfach.

Ich ließ mich zu einem Tisch treiben, wo ein Diener Erfrischungen reichte, und nahm eine Tasse Tee. Neben mir stand der Kardinal, eine Limonade schlürfend, mit einem dienstbeflissenen Preußen mittleren Alters. Der Kardinal schien in einem Dilemma zu sein. Erst diesen Nachmittag hatte Talleyrand ihm einen außerordentlich liebenswürdigen Brief der Fürstin Talleyrand geschickt, die der Kardinal von Paris her kannte.

«Sie verstehen, die bekannte Mme. Grand – wirklich eine gute Dame

und sehr fromm, auch sehr schön, bevor sie so dick wurde.» Der Kardinal sprach rasch. «Aber dieser Brief bringt mich in eine höchst peinliche Lage. Wie soll ich ihn beantworten? Wenn ich sie als Fürstin Talleyrand anrede, so würde es bedeuten, daß die Kirche die Legalität ihrer Ehe mit einem früheren Bischof anerkennt. Wenn ich sie als Mme. Grand anrede, beleidige ich einen mächtigen Staatsmann, der der Sache Roms nützlich sein kann.»

«Meines Wissens steht der Fürst der Dame jetzt vollkommen gleichgültig gegenüber», warf der Preuße wichtig dazwischen.

«Möglicherweise ja. Aber immerhin wird er von mir erwarten, daß ich seine Frau – ich meine die Dame, die er als seine Frau betrachtet – mit entsprechender Achtung behandle. Ich muß die Sache dem Kardinal-Staatssekretär vorlegen», murmelte der Kirchenfürst düster, dann hellte sich sein Gesicht plötzlich auf. «Immerhin bleibt es interessant genug, daß er weder die dicke Madame Grand noch die Herzogin von Kurland, die seine Geliebte sein soll, mit nach Wien gebracht hat, sondern deren jüngste Tochter, seine Nichte. Was soll das nun wieder heißen?»

Er verstummte, dann schüttelte er mißbilligend den Kopf und entfernte sich mit einem Rauschen seiner Purpurgewänder. Der beflissene Preuße folgte ihm.

«Ich habe auch die Ohren gespitzt», sagte ein junger Mann hinter mir, «aber ich habe nicht ganz begriffen, was den Kardinal so aus der Fassung gebracht hat. Meistens verstehe ich nicht, worüber die Leute sich hier aufregen. Ich bin Amerikaner, müssen Sie wissen.»

Ich schüttelte ihm begeistert die Hand: «Heute abend passiert mir lauter Gutes. Ich begegne sogar einem Amerikaner.»

Mr. Daniel H. Sturgis aus Philadelphia ist auf einer großen Europatour, aber vielleicht entschließt er sich, hier zu bleiben, weil ja ganz Europa zum Kongreß herkommt. Er scheint ausgezeichnete Verbindungen zu haben. Teils verdankt er sie seinem Vater, einem Bankier mit bedeutenden europäischen Kunden, die ihr Geld in verschiedenen Unternehmungen in der Neuen Welt investieren, teils der Tatsache, daß er ein Amerikaner und damit eine Sonderklasse für sich ist, den jeder neugierig betrachtet.

Ein plötzliches Klopfen ließ sich an der Wand hören, als ob Nägel eingeschlagen würden. Es klang sehr laut in der Stille der

Nacht. Der Hauptmann, dachte Friedrich. Er versuchte, sich durch das Geräusch nicht ablenken zu lassen, und fuhr fort, an seinem Bericht zu schreiben:

Des Amerikaners zwanglose Art zu reden faszinierte mich. Es war etwas so Losgelöstes darin, ein Freisein von den engen Sorgen und Ängsten, von denen wir Europäer besessen sind, und es erweckte eine Vision von den majestätischen Strömen und unermeßlichen Wäldern, die Herr von Chateaubriand beschrieben hat, von jener glücklichen Weite, in der der Mensch sich verlieren und groß und frei werden kann...

Klopf, klopf, klopf... Wieder durchbrach das Hämmern die Stille. Dieser Franzose wird das ganze Haus aufwecken, dachte Friedrich ärgerlich. Er kam jetzt zum Höhepunkt seines Berichtes und brauchte Stille. Unentschlossen sortierte er die beschriebenen Blätter. Sollte er dem Hauptmann etwas sagen oder nicht? Er stand auf und bog seine steif gewordenen Finger. Der kleine Raum war voll Mondlicht. Draußen lag der Platz bleich und schweigend. Die Dichter waren allzu bereit, den Mond nur mit Wiesen und Wäldern in Zusammenhang zu bringen. Der Mond war herrlich in einer großen Stadt. Alles war herrlich in einer großen Stadt. Und er wußte schon genau, wie er Mme. de Périgord beschreiben wollte. Aber gerade da klang das Klopf, klopf, klopf mit einem scharfen Crescendo durch die Wand.

Friedrich stieß die Tür auf und fragte gutmütig: «Müssen Sie Ihre Bilder, oder was es sonst ist, mitten in der Nacht aufhängen?»

«Oh!» Hauptmann de Fréjus drehte sich nach ihm um, eine kleine, stämmige Gestalt in Hemdsärmeln auf einer Leiter mit einem Hammer in der Hand. «Ich schloß aus dem Lichtschein aus Ihrer Tür, daß Sie noch nicht schliefen.»

«Ich arbeite», erklärte Friedrich würdevoll.

«Das tut mir leid. Warum haben Sie nicht früher geschrien? Aber ich bin jetzt fertig.» Der Franzose kletterte von seiner Leiter herunter und wies auf den Stich, den er soeben an die Wand genagelt hatte. Er war groß und goldgerahmt und durch seinen Platz über dem Kamin offenbar dazu bestimmt, das kleine, saubere Wohnzimmer mit seinen glänzenden Kirschbaummöbeln zu beherrschen.

Von der Stelle, an der er stand, konnte Friedrich nur den Widerschein der Kerzen auf dem Glas sehen und trat näher. «Ach, Bonaparte!» rief er aus und gab sich keine Mühe, den Unwillen in seiner Stimme zu unterdrücken.

«Der Kaiser», korrigierte ihn Fréjus streng. Eine Weile blickten sie beide schweigend auf das Bild des Mannes, der bis vor kurzem als furchtbare, unwiderstehliche Naturkraft angesehen wurde, als elementares Ereignis, das nicht mit menschlichen Normen gemessen werden konnte. Das Porträt zeigte die offizielle und idealisierte Auffassung des Soldatenkaisers, dessen in Wirklichkeit ziemlich gewöhnliches Profil und plumpe Gestalt zu diesem Zweck in Linien von einfachem Adel und Kraft umgeformt waren. «Ich hoffe, Sie haben nichts dagegen, daß ich sein Bild hier aufhänge», sagte Fréjus herausfordernd.

Was denken Sie! nichts dagegen haben! wollte Friedrich sagen. Ich habe sehr viel dagegen. Das geht doch wirklich zu weit, daß ein Franzose Bonapartes Porträt in einem Wohnzimmer aufhängt, das er mit einem Deutschen teilt – und das während der Friedenskonferenz, die dazu bestimmt ist, endlich alle Taten des Angreifers rückgängig zu machen! Hager hatte recht. Er hätte nicht mit diesem unbekannten Franzosen zusammenziehen sollen auf Grund einer zufälligen Bekanntschaft an einer Table d'hôte. Was tat Fréjus überhaupt in Wien? Gehörte er wirklich zum Gefolge von Bonapartes Stiefsohn, Eugène Beauharnais, wie er beiläufig erwähnt hatte, und wenn es so war, was bedeutete das? Wahrhaftig, Bonapartes Bild in seiner Wohnung konnte ihm ernstliche Ungelegenheiten machen. Doch halt – konnte es das wirklich? Friedrichs Groll schmolz so rasch dahin, wie er gekommen war. Wie töricht waren alle diese Reaktionen! In sechs bis acht Monaten würde er tot sein, also was konnten Dinge dieser Art für ihn bedeuten?

«Wenn es Sie glücklich macht, sein Bild hier zu haben, Capitaine», sagte er freundlich, «soll es mir recht sein. Aber offen gesagt, ich kann mir nicht vorstellen, warum es Sie glücklich machen sollte, nach all den Opfern an Gut und Blut, die dieser Mann Ihrem Lande gekostet hat, und nachdem er Sie zum endgültigen Zusammenbruch geführt hat...»

Fréjus unterbrach ihn scharf: «Er hat uns nicht zum Zusammenbruch geführt. Er ist verraten worden. Verraten von seinen Marschällen und von Talleyrand.»

«Nun, nun –», begann Friedrich, verstummte aber jäh. Selbst unter gewöhnlichen Umständen war der Franzose ein bißchen verdächtig. Es hatte etwas mit der langen, roten Narbe quer über sein ganzes Gesicht zu tun, die den Eindruck erweckte, als sei sein Kopf entzweigeschnitten und achtlos wieder zusammengesetzt worden. Es hatte auch etwas mit den kleinen, dunklen, stechenden Augen zu tun und mit den zwei fehlenden Fingern an seiner linken Hand, die, an der Beresina erfroren, hatten amputiert werden müssen. In diesem Augenblick aber war die Narbe dunkelrot, und die Augen brannten in einer leidenschaftlichen Erbitterung, die Friedrich verwirrte. Der Hauptmann war nur wenige Jahre älter als er, aber plötzlich fühlte er sich jung und unerprobt. Diese verstümmelte Hand gemahnte an schreckliches und herrliches Wissen um bestandene Gefahren, die Friedrich sich nicht einmal vorstellen konnte.

Fréjus, immer noch den Hammer in der Hand, warf sich in einen Stuhl. «Glauben Sie mir, er würde immer noch an der Macht sein, wäre er nicht von diesen Bastarden verraten worden. Er war stärker als die ganze Welt.»

«Vielleicht war Bonaparte stärker als die ganze Welt, aber nicht stärker als seine eigenen Taten. Er vergaß, daß auch der Größte nur für die Menschheit lebt.»

«Ihr und euer verdammter Idealismus!»

«Das ist gerade das, was eurem Kaiser fehlte, mein verdammter Idealismus. Er glaubte nicht an die realste Kraft in der Welt – nämlich menschliche Ideale. Eben das trug ihm die tödliche Feindschaft der Welt ein.»

«Unsinn! Was ihm die tödliche Feindschaft der Welt eintrug, war die Kontinentalsperre. Die Welt würde ihm gern die Verletzung jedes einzelnen Ideals verziehen haben, aber sie verzieh ihm nicht die Schädigung des Geschäftes, die die Kontinentalsperre nach sich zog – oder vielmehr England verzieh ihm das nicht –, aber ohne England hätte die Koalition gegen ihn keine Chance gehabt.» Fréjus' Stiefel stieß so heftig gegen eine Kommode, daß die kleinen weißen Biskuitfiguren verschiedener Habsburger auf ihr verdächtig klirrten.

Friedrich fing eine auf, bevor sie umstürzen konnte. «Sie machen den gleichen Fehler, den auch Ihr Bonaparte machte», sagte er mild. «Er dachte, nur die Franzosen liebten ihr Land, und alle anderen wären schwach und ohne Patriotismus. Er verstand nicht, daß, wie schwach die Menschen auch immer sein mögen, die Liebe zur Freiheit und die Bereitschaft zum Opfer sich unweigerlich in ihnen durchsetzen werden.»

Doch der Hauptmann, der niemals ein Mann der Theorie gewesen war, hörte schon nicht mehr zu. «Warten Sie nur», murmelte er. «Unser Père la Violette hat noch nicht das letzte Wort gesprochen.» – «Père la Violette?»

«So nennen die französischen Soldaten unseren Kaiser. Und wollen Sie wissen, warum? Weil wir ihn in Paris zurückerwarten mit den Märzveilchen.» Fréjus lachte laut, in heller Freude über die heftige Schreckensbewegung des anderen. Er war ganz weiß geworden, der kleine Dichter, und seine vertrauensvollen blauen Augen verglasten vor Entsetzen. Ja, die bloße Vorstellung, der Kaiser könnte aus Elba zurückkehren, jagte ihnen allen lähmende Angst ein. Fréjus fühlte fast Mitleid mit Friedrich. Solch ein netter Junge! Er hatte ihn aufrichtig gern, was einer der Gründe war, weshalb er ihm angeboten hatte, die Wohnung mit ihm zu teilen. Der andere Grund war, daß die offenbare Unschuld dieses wohlgeborenen kleinen Deutschen dazu dienen würde, sein eigenes Tun und Treiben vor der Aufmerksamkeit der österreichischen Polizei zu verschleiern.

«Was für ein vollkommener Unsinn!» sagte Friedrich endlich. Die unerwartete Vorstellung von Bonapartes Rückkehr und all dem Elend, das mit ihm über Europa kommen würde, hatte ihm einen Augenblick den Atem verschlagen, aber dann schalt er sich selbst, daß er sich von Fréjus Prahlerei einschüchtern ließ. Denn darauf lief doch schließlich diese ganze «Père la Violette»-Sache hinaus – leere Prahlerei. Er fügte hinzu: «Sie wissen sehr gut, daß die Alliierten Bonaparte niemals erlauben werden, zurückzukehren.»

«Napoleon wird sie nicht um Erlaubnis fragen», erwiderte der Franzose mit einer Sicherheit, die Friedrich klarmachte, daß einem, der unter Ihm gedient und mit Ihm die Welt erschüttert hatte, nichts unmöglich erschien.

Friedrich ging im Raum auf und nieder. Konnte am Ende an dieser bonapartistischen und jakobinischen Gefahr doch etwas daran sein? Oder war Fréjus ein bißchen betrunken? Aber selbst dann könnte er diese «Père la Violette»-Sache nicht im Augenblick erfunden haben. Ob Hager davon wüßte, überlegte er.

Der Hauptmann streckte sich und gähnte. «Die Welt ist unerträglich öde ohne ihn. Nichts geschieht mehr.»

Dies war zuviel für Friedrich. «Wahrhaftig!» rief er mit einem zornigen Blick auf die stämmige Gestalt, «ich fange an zu glauben, daß die Preußen recht haben, mit dem milden Frieden, den ihr bekommen habt, unzufrieden zu sein. Ihr Franzosen seid unverbesserlich.»

Aber Frèjus achtete gar nicht auf diese Tirade. «Denken Sie an meine Worte, die Verräter werden nichts zu lachen haben, wenn Napoleon einmal zurück ist. Sie werden ihren gerechten Lohn empfangen, diese Marmonts und Berthiers und Murats. Und selbstverständlich Talleyrand. Er war der Kopf der ganzen Bande.»

«Nun, ich glaube, ich gehe besser wieder an meine Arbeit», sagte Friedrich kurz. Er war empört über Fréjus und wußte nicht, was er aus ihm machen sollte. Aber eben jetzt öffnete sich die Tür, und die Theres erschien. «Ich hörte Sie noch sprechen und dachte, Sie könnten vielleicht etwas essen wollen –», sagte sie und setzte das große Tablett ab, auf dem sich Weine, Brot und Käsesorten drängten.

«Sie sind ein Engel, Mademoiselle.» Fréjus sprang auf und ging durch den ganzen Raum, um ihr die Hand zu küssen; er sah auf einmal nicht mehr gelangweilt, noch verbittert aus.

Die kleine Handschuhmacherin errötete vor Verwirrung und Vergnügen über das neue Gefühl, daß man ihr wie einer großen Dame die Hand küßte. An so etwas würde Franzl niemals denken. Aber diese Fremden waren eben ganz anders und zumal die Franzosen so galant. Und jetzt, wo es mit Boney endgültig aus war, Gott sei Dank, konnte man die Franzosen doch wieder gern haben, oder nicht? Sie lächelte unsicher zu Friedrich hinüber, der ihr ermunternd zurücklächelte. Hübsch war die Theres, obwohl von jener rundlichen, fruchtigen Art, wie sie Friedrich eigentlich gar nicht mochte. Sie hatte dunkle, schnippische Augen, und braunes Gelock quoll aus der weißen schicken Haube. Ein großes blumengemustertes Tuch lag um das V ihres schwarzen Mieders und unterfing die festen Brüste. Und ein appetitliches Stück weißbestrumpfter Beine zeigte sich unter dem kurzen, weiten, rot-weiß gestreiften Rock.

«Sie sorgen aber gut für uns, Fräulein Theres», sagte Friedrich etwas förmlich, während er sich aus Wein und Wasser einen Gespritzten mischte.

Die Theres knickste: «Gute Nacht, Herr Baron. Gute Nacht, Herr Hauptmann. Meine Schwester wartet auf mich.» Sie entschlüpfte kichernd, ließ sich aber von Fréjus im dunklen Korridor einholen. Sie wisperten lange zusammen, und Friedrich wunderte sich, wie sich die beiden wohl verständigen mochten, denn Theres sprach nicht Französisch und Fréjus nur das notdürftigste Deutsch. Aber wer, wie der Capitaine, ganz Europa als Soldat durchwandert hatte, wußte, wie man sich mit Mädchen verständigen konnte. Also schlürfte Friedrich seinen Gespritzten, und da der Capitaine nicht zurückkehrte, ging er wieder in sein Zimmer.

Er setzte sich wieder an sein Schreibpult, doch er brauchte einige Zeit, bis er sich auf seinen Bericht konzentrieren konnte. Fréjus hatte ihn unruhig gemacht. Diese Franzosen waren überhaupt eine beunruhigende Nation – eine Nation von Extremen. Man wußte nie, woran man mit ihnen war. Welche andere Nation auf der Welt hatte in ihrer Geschichte sowohl eine Bartholomäusnacht wie ein Fest der Göttin Vernunft, sowohl den Absolutismus Ludwigs XIV. wie die Zügellosigkeit der Sansculotten, sowohl einen Capitaine de Fréjus wie einen Fürsten von Talleyrand? Es war eine anregende Nation; wahrhaftig so anregend, daß es seiner Besorgnis über die Bemerkungen des Hauptmanns die Schärfe nahm. Er würde gelegentlich zu Hager davon sprechen, aber es eilte nicht.

Und mit neuem Eifer nahm er den Faden seines Berichtes über den Empfang beim Fürsten von Ligne dort wieder auf, wo er ihn abgebrochen hatte.

Schon waren einige Gäste gegangen, und die Zurückbleibenden schienen sich in festen Gruppen niedergelassen zu haben. Eine Whist-Partie hatte sich um die schattenhafte Fürstin de Ligne und den Kardinal gebildet. Humboldt war tief im Gespräch mit den Varnhagens. De Ligne und Talleyrand waren immer noch sicher geborgen auf der kleinen Insel ihres Sofas. De Ligne unterstrich seine Worte mit weiten Gesten, während Talleyrand, fast regungslos, mit der goldenen Krücke seines Stokkes spielte. Keine Seele hatte sich ihnen während der ganzen Zeit genaht.

Da packte plötzlich der Amerikaner meinen Arm und flüsterte: «Schauen Sie, ist das Mädchen da nicht wunderschön?» Ich folgte der Richtung seines Blickes und sah in der Tür eine kleine, dunkelhaarige Dame in einem weißen Abendkleid, das zu dem Zweck entworfen schien, jede Linie ihres schlanken Körpers zu zeigen. Ich habe bestimmt noch nie ein solches Meisterwerk von Kleid gesehen. Alles daran war vollkommen – die kleine Schleppe und die tiefe Dekolletage, die herrliche kleine Brüste zeigte. Die Handschuhe, die bis zu den kurzen Ärmeln heraufreichten, waren vom gleichen Smaragdgrün wie der Pompadour und die Sandalen. Um den Hals liefen Perlenschnüre, und zwei große, birnenförmige Perlen hingen von ihren Ohren hernieder.

De Ligne und Talleyrand hatten sich erhoben. De Ligne küßte ihr beide Hände und empfing von ihr, als er sich niederbeugte, einen Kuß auf die Stirn.

Der Amerikaner sagte: «Hoffentlich macht sie das immer – es ist freundlich.»

Nun ging Talleyrand langsam auf sie zu und küßte sie auf die Wange. Das gleiche tat, ihre Whist-Partie unterbrechend, die Fürstin de Ligne. Ich hörte, daß sie etwas über das Konzert sagte und wie herrlich die Symphonie des Herrn van Beethoven wäre. Dann entführten de Ligne und Talleyrand sie zu ihrem Sofa und setzten sie zwischen sich.

«Die Gräfin von Périgord», hörte ich jemanden wispern. Sie war entzückend, und der Gedanke, mich ihr zu nähern, wie Ew. Exzellenz es von mir erwarten, war der verführerischste Gedanke der Welt. Aber wie es anfangen, ihr überhaupt vorgestellt zu werden?

Aber der Amerikaner nahm die Sache in die Hand. Er sah, daß die Varnhagens und Humboldt Mme. de Périgord auf eine Weise beobachteten, aus der man entnehmen konnte, sie kennten sie. Auf die Möglichkeit hin, daß eine Begrüßung zwischen ihnen stattfinden würde und wir mit hineingezogen werden könnten, gesellten wir uns zu ihnen.

Und tatsächlich sagte Humboldt gerade: «Und so, meine liebe Rahel, werden Sie es erleben, daß ich, ein preußischer Minister, den Fürsten von Bénévent begrüße, einfach weil ich mit der kleinen Dorothea von Kurland reden möchte. Ich bin entzückt, sie nach all den Jahren wiederzusehen.»

«Und so werden Sie, ein preußischer Minister, genau das tun, was der Fürst von Bénévent von Ihnen erhofft», spottete Frau von Varnhagen.

Humboldt lachte: «Natürlich ist es ein schlauer Trick von dem alten Fuchs, seine Nichte als Köder nach Wien zu bringen, und was das Schlimme dabei ist, er wird wie gewöhnlich Erfolg damit haben!»

«Dorothea ist nicht ganz so schön wie ihre Schwestern», wandte Frau von Varnhagen ein, «aber beseelter.»

«Ich weiß nicht, ob wir so vollständig Herrn von Bénévents Spiel spielen sollten – selbst aus Neugier», sagte Varnhagen mürrisch. «Wir wollen doch an Tilsit denken und an unsere arme Königin Luise.»

«Sie können das nicht wissen, mein lieber Varnhagen» erwiderte Humboldt herablassend, «aber Rahel und ich wissen, daß Dorothea von Kurland Preußen in seinem Unglück eine treue Freundin war. Gerade wegen Tilsit und unserer Königin werde ich Dorothea begrüßen.»

Rahel nickte als Antwort auf die hochgezogenen Augenbrauen ihres Gatten: «Ja. Während der Besetzung von Berlin trug sie Trauer und vermied jede Berührung mit den Siegern. Die Türen des Kurland-Palais Unter den Linden standen immer für alle offen, die sich weigerten, die Niederlage hinzunehmen.»

«Und bedenken Sie», sagte Humboldt sich erhebend, «sie war höchstens dreizehn Jahre und tat alles aus eigenem Antrieb. Ihre Mutter war zu der Zeit ganz und gar für Bonaparte.»

«Ich fange tatsächlich an, den Fürsten von Bénévent zu *bewundern und seine Art, wie er eine Frau benutzt, um Türen aufzusprengen, die ihm sonst verschlossen bleiben würden», bemerkte Varnhagen spitzig.*

Humboldt lachte: «Das ist nichts Neues. Sein ganzes Leben lang hat er Frauen benutzt, Dutzende von ihnen: die Prinzessin von Lothringen, Mme. de Staël, Mme. de Souza, die Fürstin Tyszkiewicz, seine eigene Mme. Grand, bevor sie dick wurde, Hortense Beauharnais, die Herzogin von Kurland, um nur ein paar zu nennen. ‹Mais les femmes – c'est la politique!›, erwiderte er einem Diplomaten, der darüber klagte, daß er nie über Politik, sondern immer über Frauen spräche. Es ist ziemlich abscheulich, aber äußerst wirksam.»

Jeder Blick folgte Humboldts hochgewachsener Gestalt, wie er auf das schicksalhafte Sofa zuging. Hätte irgendein anderer den ersten Schritt auf Talleyrand hin gemacht, so wäre die Sensation lange nicht so groß gewesen. Wäre es zum Beispiel der Herzog von Weimar gewesen, der sich zu gewissen Zeiten nur allzusehr mit Bonapartes Herrschaft über Europa abgefunden hatte, so hätte man gesagt: «Das ist ganz er.» Daß aber ein preußischer Staatsmann, daß Humboldt, daß einer der Vordersten im Widerstandskampf gegen Bonaparte den ersten Schritt tat, Talleyrand zu begrüßen, das mußte man gesehen haben, um es zu glauben.

Alle Gespräche brachen jäh ab. Der Kardinal hielt die Karte, die er gerade ausspielen wollte, mitten in der Luft und verfolgte die Schritte des Preußen mit einem nachdenklichen halben Lächeln auf den Lippen. Keiner wollte sich die Begegnung des Preußen mit Talleyrand entgehen lassen, und gerade weil sie so einfach und leicht zustande kam, schien sie dramatisch geladen. Talleyrand und de Ligne standen auf, und Humboldt küßte Dorothea die Hand. Dann wechselten Humboldt und Talleyrand eine zeremonielle Verbeugung. Es gab einen kleinen Höflichkeitsstreit zwischen de Ligne und Humboldt, in dem de Ligne den Preußen auf seinen Sitz nötigte. Und auf einmal befanden sich Humboldt und Talleyrand tief im Gespräch, mit der jungen Frau als schlankem Bindestrich zwischen sich. Für jeden, der die letzten zwanzig Jahre erlebt hat, mußte das Bild, das diese drei Menschen boten, als eine fast mirakelhafte Lösung erscheinen. Frau von Varnhagen flüsterte ihrem empörten Gatten zu: «Es ist ein Ende und ein Anfang.»

Der Amerikaner aber, in munterer Unbefangenheit gegenüber allen diesen historischen Verwicklungen, sagte: «Dies ist unsere Chance», und noch bevor ich wußte, wie mir geschah, hatte er mich mit sich zum Fürsten de Ligne gezogen, der so tat, als sei es das einfachste von der Welt, und uns Herrn von Talleyrand und seiner Nichte vorstellte.

Ich war über die Begegnung mit dem berühmten Mann so aufgeregt, daß ich mich nur noch dunkel an einen bezaubernd aufmerksamen Blick erinnere, mit dem er mich streifte, und an irgend etwas, was er über ‹Herrn von Goeth› sagte (so sprach er den Namen aus), den er in Erfurt kennengelernt hätte. Aber noch ehe ich mich auf eine Antwort besinnen konnte, hatte er sich schon an Sturgis gewandt mit einer Bemerkung über die Schönheit Amerikas. Die Gräfin von Périgord ihrerseits hatte unsere tiefen Verbeugungen mit einem Neigen des Hauptes und einem lächelnden Blick erwidert. Und so automatisch dieses Lächeln auch war, mir erschien es wunderbar.

«Ich kann Ihnen nicht sagen, wie froh ich bin, Sie wiederzusehen», hörte ich sie zu Humboldt sagen. «Während dieser letzten Jahre in Frankreich habe ich mich oft gefragt, ob ich nach der Sintflut dieses Krieges jemals meine alten deutschen Freunde wiedersehen würde.»

Und Humboldt erwiderte traurig: «Allzu viele haben den Anbruch des neuen Tages nicht mehr erlebt. Die tapfersten Streiter für die Freiheit sind tot: Königin Luise, Schiller, Fichte, Prinz Louis Ferdinand – die Herzen und Hirne und Schwerter im Kampfe gegen Bonaparte.»

Mit bewegter Stimme sagte Mme. de Périgord: «Ich werde keinen von ihnen je vergessen. Sie waren meine Freunde.»

«Ich weiß», erwiderte Humboldt mit einem Blick voll wirklicher Wärme.

«Können Sie sich eine Welt ohne Krieg vorstellen?» fragte sie. «Ich nicht. Ich habe immer nur Kriege erlebt.»

Hier war es Talleyrand, der sich einmischte: «Wir müssen hoffen, daß Europa aufhören wird, Macht als Recht gelten zu lassen und das Zweckdienliche der Gerechtigkeit vorzuziehen.» Talleyrand sprach leicht und natürlich, als hätte er sein ganzes Leben lang auf seiten der Engel gekämpft. Es war vermessen, denn niemand hat Bonaparte wirksamer geholfen, der Macht den Schein des Rechtes zu geben, als er. Aber er schien diese Tatsache so heiteren Gewissens vergessen zu haben, daß es roh gewesen wäre, ihn daran zu erinnern, und auf jeden Fall waren alle zu höflich, um ihn zu erinnern. Humboldt schaute zwar ein wenig gequält drein, aber de Ligne strahlte, stolz wie ein Vater auf sein frühreifes Kind, und murmelte begeistert: «Ach, unser Fürst von Bénévent!» Und wenn Mme. de Périgord sich einer Widersinnigkeit bewußt war, zeigte sie es jedenfalls nicht. Während ich noch mit dem Gedanken beschäftigt war, warum manche Leute sich alles erlauben dürfen und andere nichts, setzte Talleyrand seiner Unbefangenheit die Krone auf: Er begann nämlich von seiner Begegnung mit der Königin Luise von Preußen in Tilsit zu erzählen.

«Die Königin», sagte Talleyrand, «machte tiefen Eindruck auf mich. Ich besinne mich auf jedes Wort, das zwischen ihr und Bonaparte

gewechselt wurde. ‹Wie durften Sie es wagen, mir den Krieg zu erklären, Madame, mit so schwachen Kräften, wie sie Ihnen zur Verfügung standen?› höhnte Bonaparte. Und die unvergleichliche Königin entgegnete: ‹Sire, ich muß Euer Majestät zugeben, daß der Ruhm Friedrichs II. uns unsere Kräfte überschätzen ließ.› Wie herrlich war dieses Wort ‹Ruhm›, das sie Bonaparte ins Gesicht schleuderte in der Stunde, als ihr halbes Königreich ihr genommen war! Ich habe das so oft wiederholt, daß Bonaparte eines Tages die Geduld verlor und mich anschrie: ‹Ich weiß nicht, was Sie an diesem Wort der Königin von Preußen so Besonderes finden. Zur Abwechslung könnten sie einmal von etwas anderem sprechen!› Ich kann Ihnen nicht sagen, wie empört ich über alles war, was ich in Tilsit sah und hörte. Aber ich mußte meine Entrüstung ja verbergen – eh? Ich muß der Königin ewig dankbar sein, daß sie mich verstand und daß sie die Güte hatte, es auszusprechen. Als ich sie zum letztenmal zu ihrem Wagen geleitete, sagte sie zu mir: ‹Fürst von Bénévent, es gibt hier nur zwei Menschen, die bedauern, daß ich kam: Sie und ich. Sie zürnen mir doch nicht, daß ich diesen Eindruck mit mir nehme?› Tränen des Stolzes und Mitleids waren meine einzige Antwort.»

Einen Augenblick lang war die schöne, unglückliche Königin, so anmutig in ihrem berühmten weißen Kleid, den Schleier lose um den Hals geschlungen, selbst mir gegenwärtig, der ich sie nie gesehen habe.

De Ligne strahlte Herrn von Humboldt an, als wolle er sagen: ‹Habe ich Ihnen nicht gesagt, daß unser Fürst von Bénévent ein Herz von Gold hat?› Humboldt jedoch sagte unverbindlich: «Sie war eine große Frau, die Königin.» Das war alles.

Da aber ließ Mme. de Périgord sich vernehmen: «Ich weiß, die Königin hat mir das alles selbst erzählt. Sie sagte, daß in Tilsit nur Herr von Talleyrand sich wie ein menschliches Wesen aufführte.»

Es grenzte ans Wunderbare, wie diese eine Bemerkung alles in Ordnung brachte. Humboldts Blick, eben noch kalt und grüblerisch, erwärmte sich freundlich. Vielleicht mißtraute er Talleyrand, aber er vertraute Mme. de Périgord blindlings.

War Herr von Talleyrand sich des Wechsels in der Atmosphäre bewußt? Verstand er, daß er diesen ausschließlich dem Engel verdankte, der seine Nichte ist? Ich sah, wie er flüchtig seine Hand auf ihre legte. Vielleicht bedeutete dies eine Gebärde der Dankbarkeit – vielleicht auch nicht.

Von da an war alles Harmonie und freundliches Verstehen rings um das kleine Sofa. Humboldt war eitel Liebenswürdigkeit gegen Talleyrand. Sie schwatzten über Erstausgaben, Humboldt nannte Talleyrand die besten Buchhändler in Wien, und Talleyrand machte Humboldt ein hübsches Kompliment über seine Schriftstellerei. Ihre Fröhlichkeit bewirkte eine Art neidischen Staunens in dem ganzen Salon. Humboldt mit Talleyrand lachen zu hören – man stelle sich vor, lachen! –, das war fast zuviel. Denn wen in aller Welt sollte man noch hassen, wenn man aufhörte, Herrn von Talleyrand zu hassen, und statt dessen mit ihm lachte! Ich bin sicher, daß die meisten Leute dachten: Wie hat er das fertiggebracht? Und: Er ist ein Teufel. Ich aber wußte, daß in Wirklichkeit sie es fertiggebracht hatte, diese wahrhaft göttliche Frau, seine Nichte.

Der weitere Verlauf lehrte mich die Wahrheit des alten Sprichwortes, daß nichts so erfolgreich ist wie der Erfolg. Wenn ein waschechter Preuße mit Bonapartes Paladin lachen durfte, so war nicht einzusehen, warum nicht jeder andere dasselbe tun sollte. Kardinal Consalvi in Person eröffnete den Pilgerzug in Richtung des Sofas. Hätte ich es nicht mit eigenen Augen gesehen, so würde ich es nicht glauben.

Unglücklicherweise bekam ich einen meiner dummen Hustenanfälle und mußte gehen. Das letzte, was ich von der Tür aus erblickte, als ich auf meinen Mantel wartete, war der Kardinal in fast vertraulichem Gespräch mit Talleyrand, während die Varnhagens in lebhafter Unterhaltung mit Mme. de Périgord begriffen waren.

Mein Bedauern, so frühzeitig gehen zu müssen, wurde durch die wundervolle Gewißheit gemildert, daß ich sie wiedersehen werde – ich meine Mme. de Périgord. Es war ein wirklicher Zauberabend für mich, an dem alles mir zum Guten ausschlug. Ich verdanke es dem Amerikaner, denn es trug sich folgendermaßen zu: an einem Punkt der Unterhaltung bat Talleyrand Sturgis, Mme. de Párigord und ihn zu besuchen, da er gern viel von Amerika hören wollte. Und wahrscheinlich nur um der Höflichkeit willen bat Mme. de Périgord mich, ebenfalls zu kommen. «Wissen Sie», sagte sie, «als junges Mädchen habe ich Herrn von Goethe oft in Karlsbad gesehen. Sie müssen mir mehr von ihm erzählen. Er ist einer dieser herrlichen alten Männer.»

Ich werde nie vergessen, wie sie mich während dieser Worte mit ihren unglaublich schönen Augen anblickte. Wie kann irgend jemand so verdorben sein, zu glauben, dieses engelhafte Geschöpf könne eine Liaison mit einem alten Manne haben, der der Onkel ihres Gatten und der Liebhaber ihrer Mutter ist!

Ich bin, mein Herr, Ihr ganz ergebener und gehorsamer Diener.

ØØ

9

In einer Atmosphäre allseitigen guten Willens, würdig des beginnenden Friedenskongresses, näherte der Empfang beim Fürsten von Ligne sich seinem Ende. Jedes Bonmot war gefallen, jeder letzte Klatsch war ausgetauscht, jeder letzte Tropfen Information war aus den flüchtigsten Andeutungen der Eingeweihten herausgepreßt.

«Gehen Sie noch nicht!» rief de Ligne, eine Hand auf Talleyrands, die andere auf Humboldts Arm, und in dieser ungezwungenen Geste leuchtete das große Ereignis des Abends auf: die unerwartete Annäherung zwischen dem Preußen und Talleyrand, eine Annäherung, die alle jene, die davon Zeuge gewesen waren, noch nicht ganz geschluckt hatten und die noch auf lange hinaus diskutiert werden würde.

«Es ist spät geworden», sagte Talleyrand mit einem Lächeln, «und es ist unser erster Tag in Wien – Dorothées und meiner.»

«Es bleibt noch so viel zu reden», protestierte de Ligne, der es haßte, allein gelassen zu werden.

Dorothea hatte sich von den Varnhagens verabschiedet und dem Kardinal den Ring geküßt. Jetzt trat sie zu ihnen: «Wir werden uns bestimmt morgen oder übermorgen bei Wilhelmine wiedersehen.»

«Jeder wird jeden während des Kongresses ständig wiedersehen», sagte de Ligne. «Das Gewebe der Politik wird mit Festen bestickt sein. Sie werden nicht müßig gehen, das verspreche ich Ihnen.» Er vollführte einen anmutigen Menuettschritt, ergriff Dorotheas Arm und geleitete sie in die enge Eingangshalle. «Stellen Sie sich vor», sagte er zu ihr, «dies ist mein erster Friedenskongreß! Ich hatte nicht geglaubt, daß es noch irgend etwas Erstes für mich gäbe – ausgenommen den Tod.» Und er lachte sein großes, sorgloses Lachen, das Katharina die Große bezaubert und Friedrich von Preußen besänftigt hatte. Alle lachten mit ihm.

Wien bei Nacht war eine vielfache Schnur strahlender Perlen auf schwarzem Samt. Die dreitausendzweihundert Laternen aus weißem Glas in der Form umgestülpter Birnen waren Wiens Stolz. Mit einer Mischung aus Leinöl und Schweineschmalz gefüllt, stanken sie zum Himmel, gaben aber ein schönes Licht. So war es wirklich ganz unnötig, daß ein Läufer mit zwei Fackeln dem Wagen vorauseilte, der Dorothea und Talleyrand zu der Botschaft zurücktrug. Aber in Wien mußte eine Botschaftsequipage nun einmal einen Läufer haben, selbst wenn der Mond so hell schien wie in dieser Nacht.

Die Luft, die Dorothea begierig durch das offene Fenster einatmete, war kalt und klar. Talleyrand lehnte sich in die Kissen zurück und bemühte sich, den Stößen des Wagens so wenig Widerstand wie möglich zu bieten. Er betrachtete Dorotheas süßes, leicht adlerhaftes Profil im Aufflackern der Laternen. Sie hatte sich heute abend ausgezeichnet bewährt. Wie sie mit Humboldt fertig wurde! Niemand hatte für ihn tun können, was sie heute abend getan, nicht einmal ihre Mutter.

«Es war ein guter Abend – dank Ihnen, Madame», sagte er mit seiner sanftesten Stimme. «Sie müssen wissen, bevor Sie kamen, fühlte ich mich ziemlich isoliert. Mißtrauen und Haß umgaben mich wie eine Mauer. Aber sie haben alles in Ordnung gebracht.»

«Merci, mon oncle», sagte sie eifrig, wandte sich vom Fenster ab und ließ sich in die Kissen zurückfallen. «Ich glaube, nach diesem Liebesfest kann Humboldt kaum noch Ihrer Zulassung zu den Beratungen Widerstand entgegensetzen.»

«So weit würde ich nicht gehen, Kind. Wie ich diesen steifnackigen Preußen kenne, wird er sich selbst und der Welt beweisen wollen, daß eine gesellschaftliche Geste nichts mit seinen politischen Prinzipien zu tun hat.»

«Oh...» Es klang enttäuscht.

«Das macht nichts, meine Dorothée, dieser Abend hat die Atmosphäre für mich erheblich geklärt, und ich verdanke alles Ihnen. Nebenbei bemerkt» – er lachte –, «hat Königin Luise Ihnen wirklich erzählt, was Sie behaupten, aus ihrem Munde zu haben?»

«Ach...» Dorothea errötete im Dunkeln.

«Gestehen Sie!»

«Also nein. Sie hat mit mir nie über Tilsit gesprochen. Aber macht das etwas aus? Ich fühlte, daß Humboldt die Geschichte Ihrer Begegnung mit der Königin für zu glatt hielt, um glaubwürdig zu sein. Und darum...»

«Und darum fand meine kleine Dorothée es angezeigt, sich zusätzlich dafür zu verbürgen.»

«Ich wußte doch, daß die Geschichte wahr ist. Ich habe Sie nie anders von der Königin Luise sprechen hören als mit echter Rührung. Es ärgerte mich, daß Humboldt Ihnen nicht glaubte.»

«Und so haben Sie ein bißchen die Geschichte korrigiert, um mir aus der Verlegenheit zu helfen», neckte er.

«Ich fürchte, ich würde viel schlimmere Dinge tun, um Ihnen aus der Verlegenheit zu helfen, als ein bißchen Geschichte korrigieren.» Sie lachte lautlos, plötzlich vor sich selbst erschreckend und vor den Dingen, die sie für ihn tun würde, sollte es je notwendig sein, und zu gleicher Zeit erheitert. Es war ein großartiger Abend gewesen. Rückblickend genoß sie seine verschiedenen Höhepunkte – den Augenblick, als Humboldt sich bei ihnen niederließ, und den Augenblick, als er in so erfreulicher Weise auftaute, und den Augenblick, als die anderen es nicht länger aushielten und jeder Talleyrand begrüßen wollte. Und sie war es, die das bewirkt hatte.

Ein plötzlicher Stoß des Wagens schleuderte sie gegen ihn, so daß ihr Kopf auf seiner Schulter zu ruhen kam.

«Sie frieren, Kind!» Er legte den Arm um sie.

«Ein bißchen», log sie, weil sie wünschte, von ihm umsorgt zu werden.

Er zog den Kaschmirschal fester um ihren Hals und ihre Schultern. Es war ein besonders schöner Schal, sehr groß und sehr zart in Muster und Farbe, und er hatte zwanzigtausend Francs gekostet. Er wußte es, weil er ihn ihr nach der Geburt ihres zweiten Sohnes geschenkt hatte. Es freute ihn, daß sie ihn lieber trug als alle ihre anderen Schals.

Wie sie so durch die mondhellen Straßen rollten, fühlte Talleyrand Dorotheas jungen Körper an sich geschmiegt, wenn die Stöße des Wagens sie gegen ihn warfen. Und dann schien ihm, er fühle ihren Körper auch an sich geschmiegt, wenn der Wagen sie keineswegs gegen ihn warf, was natürlich reine Einbildung war. Er blickte auf ihr Gesicht herab, das sich als blasser Fleck gegen seinen Mantel abhob. Sie hielt die Augen geschlossen. So also sah sie im Schlafe aus – so unerhört jung und wehrlos. Einen Augenblick stellte er sich vor, wie es sein müßte, ihre langen dichten Augenwimpern seine Wange streicheln zu fühlen. Es war eine so kleine Liebkosung und eine so keusche, und man könnte es so leicht zustande bringen. Er brauchte nur sein Gesicht über das ihre zu neigen, dann würde sie die Augen öffnen, und dabei würde ihn das Streicheln ihrer Wimpern treffen. Er seufzte. Auf was für absurde Ideen man kam, wenn man mit einer jungen Frau durch die Nacht fuhr. Ihr Blumenparfüm war stark in der Dunkelheit. Ihr Haar kitzelte seine Nase. Es war ein besonderer Duft um junges Haar –

«Ein Kurier von Löbichau ist gekommen...» Der neue Lakai machte diese Meldung, als Talleyrand Dorothea in die Halle des Palais Kaunitz geleitete. Dorothea hörte den raschen Trab der Pferde auf den Pflastersteinen der Johannesgasse verhallen, und ihre gehobene Stimmung wich von ihr. Briefe von Mama – an ihrem ersten Tage hier! Und sie hatte gedacht, sie könnte Talleyrand die Mutter vergessen lassen! Eine heiße Zorneserregung schoß ihr durch den Kopf. Schweigend folgten sie zwei Lakaien, die, jeder mit einem dreiarmigen Leuchter, ihnen die breite Treppe voranschritten. Das Mondlicht ergoß sich in gebrochenen Kaskaden über die Marmorstufen. Als sie das obere Stockwerk erreicht hatten, sagte Dorothea ruhig: «Ich werde mit Ihnen kommen, um zu hören, ob es besondere Neuigkeiten von Mama gibt – wenn Sie nichts dagegen haben, mon oncle!»

«Selbstverständlich habe ich nichts dagegen, obwohl ich überzeugt bin, daß man sich wegen Ihrer Mutter nicht zu beunruhigen braucht.» Talleyrand hatte vollständig die seltsame Erregung vergessen, die Dorotheas Nähe im Dunkel des Wagens in ihm erweckt hatte. Er sah sie, wie er sie immer gesehen hatte – eine entzückende, kluge junge Frau, seine Nichte, die ihre Nützlichkeit schon am ersten Tage ihres Hierseins erwiesen hatte. Das war mehr, als man von seinen jungen Herren behaupten konnte. Keiner von ihnen hatte bisher eine Idee gehabt, wie sie zu den Beratungen eingeladen werden könnten. Ohne etwas zu sehen, ganz davon in Anspruch genommen, die Stellung der Großen Vier nach schwachen Punkten zu sondieren, ging er im Licht der Kerzen, das launenhaft über Tapisserien und Bilder flackerte, hier die Diamanten am Halse einer Dame, dort das rote Ordensband eines Königs erhellte oder ein ernst mit der Weltkugel spielendes Kind in plötzlichen Glanz tauchte und es dann, weitergleitend, wieder ins Dunkel stieß.

Dorothea war von Kindheit an zu sehr an die exklusive Welt schlafender Paläste gewöhnt, um den träumerischen Zauber zu empfinden; und zumal heute nacht war sie viel zu tief in Gedanken, um überhaupt darauf zu achten.

Ein Kurier aus Löbichau! Er hatte Dorothea wieder daran erinnert, daß sie nicht allein auf der Welt mit Talleyrand und seiner durchaus noch nicht sicher war. Anja hatte vollkommen recht. Sie mußte ihm als erstes beibringen, daß er sie liebte, bevor er Zeit hatte, sich nach Mama zu sehnen.

Ein Feuer brannte in Talleyrands kleinem, walnußgetäfeltem Arbeitszimmer, und eine grün beschirmte Lampe stand auf dem Boule-Tisch. Der Lakai entzündete die Kerzen in den Armleuchtern, entfernte ein Tuch von einem Tablett mit belegten Brötchen und einer Karaffe Limonade und verließ das Zimmer.

Talleyrand ging geradenwegs zu dem Boule-Tisch, und Dorothea stand vor dem Kamin. Sie trug noch den Kaschmirschal, aus dessen kunstreicher Drapierung ihre Schönheit blütengleich hervorwuchs.

«Machen Sie es sich behaglich, Dorothée, und nehmen Sie etwas zu essen.» Er lächelte, als er den großen, gefalteten Brief aus Löbichau erbrach.

«Hier ist auch ein Brief für Sie.»

Sie trat zu ihm und nahm das kleine Blatt in Empfang. Dann streifte sie ihre smaragdgrünen Handschuhe ab und durchflog die zwei Seiten. Mama war also glücklich in dem Gedanken, daß ihre vier kleinen Mädchen in dem schönen Wien vereint sein würden. Wahrscheinlich war sie es wirklich. Mama konnte sich jederzeit zu dem Glauben überreden, daß sie nur für das Glück ihrer Kinder lebe.

Dorothea ging zu der Bibliothek hinüber, die einen Teil der

Wand bildete, und zog wahllos hier und da ein in Kalbleder gebundenes Buch heraus. Sie war fast froh, daß Talleyrand vollständig in Mutters Mitteilungen vertieft schien, wobei er ab und zu lachte und kurze Geräusche der Überraschung hervorstieß. Es gab ihr eine Frist, und sie brauchte sie. Ihre Erinnerung eilte zu vergangenen Stunden bedachtsamen Planens zurück, in denen sie diesen Augenblick vorauserlebt hatte. Aber sie fand keine Beziehung zwischen der Wirklichkeit und ihrer Vorstellung. Sie fühlte sich verwirrt und überrascht.

«Ihrer Mutter geht es gut – ein ganz klein bißchen eifersüchtig ist sie, daß wir in Wien sind, während sie in Löbichau sitzt.» Talleyrand blickte endlich auf. «Herr Tiedge hat ein neues Gedicht auf sie gemacht, das sie beilegt. Sie finde es so gut wie die besten von Goethe. Sie müssen es für mich übersetzen.»

Er lachte, stand auf und ging zum Kamin hinüber. Ganz gleich, was sie schreibt oder sagt, sie versetzt ihn immer in gute Laune, dachte Dorothea. «Herr Tiedge ist hoffnungslos zweitrangig», sagte sie scharf und ließ so ihre Eifersucht an dem unglücklichen Dichter aus. «Er benimmt sich, als ob das Leben nach dem Tode seine persönliche Entdeckung sei.»

Talleyrand untersuchte mehrere der belegten Brötchen, wählte schließlich eines mit Schinken und stopfte es in den Mund. «Ich wünschte, ich könnte auch auf lange Sicht philosophieren und über meine unsterbliche Seele nachdenken, anstatt darüber zu grübeln, wie ich mir eine Einladung zu diesen Beratungen verschaffen kann», sagte er mit einer Grimasse.

So, dachte Dorothea, das ist nun der Augenblick, für den der ganze Abend nur Vorbereitung war. Ach, nicht nur der Abend, der ganze Tag, die Woche der Reise, die ganzen Monate vor dieser Reise und die langen Jahre vor diesen Monaten. Aber wie kann man einem Mann seine Liebe erklären, der keine Ahnung davon hat? Sollte sie nicht doch lieber auf eine bessere Gelegenheit warten? Aber – würde eine bessere Gelegenheit jemals kommen? Freilich, der Zauber der Nacht, so wie sie ihn im Wagen gefühlt, hatte sich erschöpft, doch immer noch erfüllte sie die Empfindung, daß ihr alles gelingen müsse, was sie unternahm, gemischt mit einer neuen Empfindung schmerzhafter Eile.

Sie ging zu ihm und setzte sich auf die Lehne seines Sessels. Ihr

Kaschmirschal blieb auf dem Teppich liegen, wo er hingefallen war. «Ich liebe Sie, und ich habe nie irgendeinen anderen geliebt», sagte sie mit einer Leidenschaftlichkeit, die den slawischen und deutschen Tonfall ihrer Stimme stärker mitschwingen ließ als gewöhnlich. Und noch während sie sprach, fühlte sie zornig, daß sie ihn nie weniger geliebt hatte als in diesem Augenblick, den sie so oft in Gedanken vorweggenommen. Ihre Erregungen, ihr Verlangen, ihm ihre Gefühle verständlich zu machen, waren übersteigert, sie empfand es als Demütigung, um sein Verständnis werben zu müssen, und sie wußte, daß dies einer der niederträchtigen Tricks war, die die Liebe einem gerade dann spielte, wenn es darauf ankam, überzeugend zu wirken. Hastig fuhr sie fort: «Schon auf meiner Hochzeit in Frankfurt habe ich gewußt, daß ich Sie liebe. Ich war entsetzlich unglücklich. Als man mich in die Kirche führte, hatte ich das Gefühl, alles sei zu Ende. Nie hat es eine unglücklichere Braut gegeben. Aber einmal während der Zeremonie habe ich aufgeschaut, und da waren Sie und lächelten. Ich bildete mir ein, Sie lächelten mir zu. Vielleicht taten Sie es. Jedenfalls hatte ich plötzlich das Gefühl, daß jetzt alles einen Sinn hätte, weil ich Sie gefunden. Auf einmal war ich stark genug, diese Ehe zu ertragen, weil sie der Weg zu Ihnen war; Edmonds Kinder zu gebären, weil es Ihnen Freude machte. Und ich wappnete mich mit Geduld für den Tag, da Sie mich wiederlieben würden.»

«Das alles war vor fünf Jahren – eh?» sagte Talleyrand, vor sich hin starrend. Der große Smaragd ihres Ringes schnitt ihm scharf ins Fleisch, wo ihre Finger sich mit den seinen verflochten, aber er nahm es kaum wahr. Wenn Dorothea fürchtete, nicht überzeugend zu wirken, so durfte sie beruhigt sein. Er glaubte ihr. Während sie sprach, überwältigte ihn das Gefühl, daß endlich die Stücke sich zusammenfügten. Endlich war sie für ihn eine Einheit. Aus dem Gestammel ihrer Liebeserklärung verstand er endlich diese junge Mme. Edmond, die ihren Gatten nicht liebte, aber alles tat, was man von ihr verlangte, es strahlend, lächelnd, klagelos tat. Er erfuhr den wonnevollen Schock eines Mannes, der unerwartet auf die Lösung eines großen Rätsels stößt. Das war seine erste, fast unpersönliche Reaktion auf ihre Liebeserklärung.

Seine zweite Reaktion war eine bestürzte und zärtliche Demut, und als diese ihn überkam, zog er sie sanft von der Lehne des Sessels auf den Sitz neben sich nieder. Er war von vielen Frauen geliebt worden, und es war nicht das erste Mal, daß die Frau die Initiative ergriff. Er war öfter der Verführte als der Verführer gewesen. Daß aber dieses hinreißende Geschöpf, das Schönheit, Reichtum, Klugheit, Jugend – alles besaß, ihm sozusagen fünf Jahre lang gedient hatte, fast so lange wie Jakob in der Bibel, das überwältigte ihn. Beinahe ungläubig starrte er sie an. Hier war das Ende aller Langeweile, allen Kummers, aller Einsamkeit, und er hatte es nicht bemerkt. Es hatte seine Handlungen nicht bestimmt. Als er sie mit nach Wien nahm, tat er es aus einem Instinkt, für den er keinen Namen wußte.

Es ist ungewiß, ob Dorothea begriff, wie nahe sie einem vollkommenen Sieg war. Denn in diesem Augenblick war er überzeugt, sie zu lieben, wie er noch nie eine Frau geliebt hatte – und sie von je geliebt zu haben. Er ließ sich von dem Wunder dieser Stunde hinreißen und fühlte sich jenseits jeden Zweifels. Jetzt würde er sie küssen, und dann würde er sie in das andere Zimmer führen. Und er verlor sich in eine Vision von Tagen und Nächten mit ihr – von Tagen und Nächten, die in einem nie endenden Zauberkreis von Gesprächen zu Küssen, zu Vereinigung und Schlaf und wieder zurück zu Gesprächen führen würden.

Er lächelte, und sie lächelte zurück, und ihre Lippen begegneten sich in einem langen Kuß des Erkennens, und alles war, wie Dorothea immer gewußt hatte, daß es sein würde. Als Talleyrand ihr ins Antlitz schaute, fand er es verwandelt in eine herrlich-befremdliche Maske vollkommener und blinder Hingabe. Diese Maske war es, die ihn erschreckte.

Nackte Angst rief ihn zur Nüchternheit zurück und löste die endgültige und entscheidende Reaktion in ihm aus, die ihn veranlaßte, sie zu verschmähen, noch während er sie an sich gedrückt hielt. Angst, viele Ängste, verworrene Ängste, eine Schicht von Angst über der anderen. Er hatte Angst, eine Frau zu lieben, die vierzig Jahre jünger war als er, eine Frau, die seine Tochter, sogar seine Enkelin sein könnte, die Frau seines Neffen, die Tochter seiner Geliebten. Aber obgleich jeder dieser Umstände schon für sich allein ungezählte Verwicklungen in sich begriff, hätte er sich vielleicht fähig gefühlt, mit ihnen fertig zu werden, wäre nicht eine andere Angst dazugekommen. Talleyrand hatte Angst vor der Liebe – vor der Art von Liebe, die jene Maske voll blinder, leidenschaftlicher Hingabe formte, zu der Dorotheas Gesicht sich verwandelt hatte.

In seiner Jugend hatte er einen Grundsatz aufgestellt, den er sein ganzes Leben lang mit religiöser Treue befolgt hatte, den Grundsatz, daß man niemals sein Herz bedingungslos binden, niemals zu sehr lieben sollte – und dies bezog sich auf die Politik sowohl wie auf die Frauen. Leidenschaft hatte die Tendenz, einen zu verwirren; sie verwirrte die Klarsicht und führte zu Mißverständnissen. Dieses ausschließliche Beschäftigtsein mit dem anderen Menschen, diese selbstvergessene Hingabe verwundete oft den Geliebten und immer den Liebenden, den sie seines Maßes, seiner Sicherheit, seiner Überzeugungskraft beraubte.

Flüchtig schoß es ihm durch den Sinn, daß er, so viel älter und erfahrener als sie, ihrer Liebe die Leichtigkeit – eine zärtliche, anmutige, sinnliche Leichtigkeit – geben könnte, die sein Element war. Aber er verwarf diesen Gedanken sofort. Er würde Wachs in den Händen dieses Kindes sein, das ihn fünf Jahre lang mit stummer, wartender Zähigkeit geliebt hatte. Ihr einer Kuß hatte ihm das klargemacht. Er hatte ihm die unbarmherzige Kraft der Jugend enthüllt, die keine Widerstände kennt. Es gab keinen Zweifel: Sie würde ihn vollständig aus dem Gleichgewicht bringen.

«Sie sind leicht zu lieben, meine Dorothée», sagte er und küßte sie wieder, aber diesmal sanft, und sanft löste er sich von ihr. Als er aufstand, fiel sein Blick auf das Porträt des Fürsten Kaunitz, und im flackernden Kerzenlicht glaubte er ein Grinsen auf seinem Gesicht zu erkennen, so, als warte jener nur darauf, daß er sich zum Narren machen würde. Talleyrand zog eine goldene, diamantenbesetzte Dose aus der Tasche und nahm eine Prise Schnupftabak. Es gab nichts, was einem so gut half zu improvisieren.

«Sie sind leicht zu lieben, meine Dorothée», sagte er noch einmal und wandte Kaunitz' Porträt entschlossen den Rücken, «aber ist es jetzt Zeit für Liebe? Vor mir liegt diese ungeheure Aufgabe...»

«Europa zu verführen», sagte Dorothea ruhig.

«Ja, Europa zu verführen», nahm er dankbar das Stichwort auf. «Sie haben mir heute abend bei de Ligne geholfen, den ersten Stoß zu führen. Aber es ist nur ein Anfang. Ich muß alle meine Gedanken, meine ganze Phantasie auf diese Aufgabe richten.»

Er sprach ernst und sah im Geist alle Schwierigkeiten und Hindernisse vor sich aufsteigen, und doch fühlte er die ganze Zeit, wie gekünstelt und geschwollen ihr das klingen mußte.

«Ich verstehe», sagte Dorothea mit einem verlorenen Lächeln. Sie begriff, daß jener Kuß ohne Folgen bleiben würde, daß ihre Absichten einander kreuzten, daß er versuchte, ihr auszuweichen. So sicher, wie sie den Druck seines Mundes noch auf ihren Lippen spürte, ihr Blut noch von der Vollkommenheit dieser ersten Umarmung sang, wußte sie, daß er sich jetzt hinter die schützende Mauer seiner Stellung und Bedeutung zurückgezogen hatte. Und sie wußte, daß ein Versuch, jetzt durch diese Mauer zu brechen, alles verderben würde.

Sie erhob sich, nahm ihren Schal und legte ihn um die Schultern. «Ja, es bleibt noch sehr viel zu tun.»

«Wir wollen es gemeinsam tun.» Er küßte ihre Hand, behielt sie in der seinen und lächelte auf sie herab. Seine sanften Worte, die in die Zukunft wiesen, erfüllten sie mit Hoffnung und Trost, und sie lächelte zurück.

Nachdem er sie in ihr Gemach begleitet hatte und zurückgekehrt war, schritt er lange Zeit in dem kleinen Raum auf und nieder. Die Ruhe, mit der sie seine Zurückweisung aufgenommen hatte, täuschte ihn nicht einen Augenblick. Die Enkelin Johann Birons (selbstverständlich war sie seine Enkelin), der nach fünfundzwanzig Jahren Sibirien wiederkam, ließ sich nicht so leicht abschrecken.

Nach einer Weile setzte er sich an den Boule-Tisch nieder, griff nach einem Bogen seines blauen, wappengeschmückten Briefpapiers und füllte ihn rasch mit seiner winzigen, unleserlichen Handschrift, deren Zeilen ein wenig nach rechts anstiegen. Er schrieb einen Brief an die Herzogin von Kurland. Oder vielmehr, der Brief schrieb sich selbst. Das taten seine Liebesbriefe gewöhnlich, weshalb ihre Glut im allgemeinen seine wahren

Gefühle weit überstieg. Aber die Herzogin von Kurland wußte Bescheid. Sie wußte, daß eine gewisse Zurschaustellung zärtlicher Gefühle zu einer wohlgefühlten Liebesaffäre gehörte, und daß die Tiefe dieser Empfindungen von sekundärer Bedeutung war.

«Mein Engel», schrieb der Federkiel, «wieviel Mut gehört dazu, täglich Widrigkeiten und neue Leiden zu ertragen. Ich liebe Dich. Das ist der einzige Trost auf der Welt.» Er berührte flüchtig seine politischen Probleme und die unklare Atmosphäre in Wien, dann hielt er inne. Wäre die Herzogin jetzt in Wien, so würde die Situation zwischen Dorothea und ihm sich in kürzester Zeit wieder normal gestalten. Das Kind wußte selbstverständlich, daß er der Liebhaber ihrer Mutter war. Wie mußte sie gelitten haben, sie alle die Jahre über zusammen zu sehen! Dieser Gedanke war ihm bisher gar nicht gekommen, und er erschreckte ihn. Arme kleine Dorothée, dachte er, arme kleine Dorothée! Und einen Augenblick lang war die Versuchung fast unwiderstehlich, zu ihr zu gehen und sie alles vergessen zu lassen, was sie gelitten. Aber nein: Alle Argumente dagegen hielten stand. Dorothea würde ihn zu tief in Anspruch nehmen.

Diese neue Welle von Versuchung ließ ihn schwach und mit dem Gefühl von Schutzbedürftigkeit zurück – von Schutzbedürftigkeit gegenüber Dorothea, gegenüber sich selbst. «Ich kann alles nur ertragen, wenn Du in meiner Nähe bist», schrieb der Federkiel weiter. «Du, Du, Du! Dich liebe ich am meisten auf der Welt.»

So. Er faltete und siegelte den Brief, ohne ihn noch einmal zu lesen. Er wußte, daß die Herzogin von Kurland dieses Brieflein als einen Appell betrachten würde, zu ihm nach Wien zu kommen, und wenn er sie richtig kannte, so würde sie keine Zeit verlieren. Arme, kleine Dorothée, dachte er voller Mitleid und mit einem Anflug von Reue.

Zweiter Teil

Bonapartes Erfolg war nicht das einzige Verabscheuungswerte an ihm. Es sind seine scheußlichen Grundsätze, die für immer von Europa verbannt werden müssen. Ich weiß nicht, was wir hier erreichen werden, aber ich verspreche Ihnen eine noble Sprache.

Talleyrand an Mme. de Staël

1

Am frühen Nachmittag des 25. September hielt Zar Alexander I. von Rußland seinen feierlichen Einzug in Wien. Mit ihm zusammen kam der König von Preußen, ein Faktum voll hoher politischer Bedeutung, denn er bewies, wie intim die beiden Herren des Nordens standen und wie sehr sie gewillt waren, auf dem Kongreß eng zusammenzuarbeiten. Als Wien sich aber für die Empfangsfeierlichkeiten der zwei Herrscher rüstete, dachte es weit mehr an Alexander als an den langweiligen Witwer der schönen Königin Luise.

Alexander war zur Stunde das Idol und die Hoffnung Europas. Die Kräfte, die er an die gute Sache gesetzt, die Wagnisse, die er dafür auf sich genommen, seine jugendliche Begeisterung für den Weltfrieden, eine Atmosphäre von Humanität, die ihm aus jeder Pore drang – alles das hatte die Phantasie der europäischen Völker gefangengenommen. Er würde helfen, die Träume zu verwirklichen, die sie in den langen Nächten des Krieges geträumt. Er von allen alliierten Herrschern war der Liberator.

So war Alexanders Ankunft in Wien ein ungeheures Ereignis. Abteilungen von Ehrengarden säumten die Straßen, die der kaiserliche Zug nehmen sollte, und alle Truppen unter Waffen bewachten die Zugänge der Stadt. Umgeben von Feldmarschällen, Erzherzögen und Fürsten, erwartete Franz von Österreich seine Gäste auf dem linken Ufer des Flusses Tabor, und die drei Monarchen begrüßten einander mit offenbar aufrichtiger Herzlichkeit. Die riesige Menge, die sich an den Flußufern drängte, war von dem Anblick gerührt, und die Luft hallte von Zurufen.

«Davon können wir später mal unseren Enkelkindern erzählen», sagte Franzl, der Kutscher, feierlich, den Arm um die gedrungene Taille der Theres. «Aber bestimmt, du», erwiderte die Theres herzlich, die es für den Augenblick vorzog, zu vergessen, daß sie über diese Heirat mit dem Franzl bei sich durchaus noch nichts abgemacht hatte. Heute gefiel er ihr eigentlich ganz gut. Es war ja charmant von ihm, sie in seinem Fiaker zum Einzug des Zaren mitzunehmen, heute, wo man für eine Kutsche jeden Preis zahlte. Das hätte sie Franzl nicht zugetraut, daß er eine glänzende Verdienstchance fahrenlassen könnte, nur um ihr zu gefallen. So ein Opfer mußte wohl jedes Mädchen anerkennen.

Franzl hatte es geschickt verstanden, seinen Fiaker bis ganz dicht an die Absperrung heranzulenken. Und wie sie so neben ihm auf dem Kutschbock saß, hatte die Theres eine wunderbare Gelegenheit, den historischen Moment mitzuerleben.

«Guck, der alte Fürst von Ligne – auf dem schwarzen Pferd dort.» Und sie zeigte aufgeregt in die Richtung.

Franzl grunzte: «Wieso kennst du denn den alten Schürzenjäger?»

«Er kommt doch manchmal rein, wenn ich seiner Frau, der Fürstin, meine Sachen zeige!»

«Der hat noch keinen Unterrock in Frieden gelassen.»

«Aber, Franzl», und sie lachte kokett, «er kneift einen doch höchstens unters Kinn.»

Es schwebte Franzl gerade auf der Zunge zu sagen, daß das eine Einleitung zu weiterem sein könnte, so gut wie jede andere, aber die Theres schrie: «Sieh doch, sieh!» kniff ihn in den Arm und hüpfte auf ihrem Sitz vor Entzücken. Auch Franzl vergaß auf einen Augenblick die Gefahren für die weibliche Tugend, die rundum in Gestalt von alten und jungen Männern lauerten.

Aufmerksam betrachtete er die drei Könige, die in ihren

dunklen Uniformen unbeweglich wie Standbilder verharrten; die hohen Schaftstiefel aus schwarzem Glanzleder hoben sich grell von den weißen Lederhosen ab und kontrastierten scharf mit den Farben der goldenen Epauletten und den funkelnden besternten Brüsten. Die Menge geriet in Ekstase beim Anblick dieser Männer, die lange Jahre so viel gelitten hatten und die jetzt, als Sieger über Ihn, der so lange siegreich gewesen war, bescheiden erstaunt auszusehen versuchten; so teuer bezahlt war ihr Triumph gewesen, und immer noch so unerwartet gekommen.

«Wie jung sie noch sind! Ich dachte, sie würden älter aussehn, wo sie doch mit Boney so schwere Arbeit gehabt haben», bemerkte die Theres.

Aber Franzl fiel plötzlich wieder Austerlitz ein, alle Schrecken des Krieges, und seine zwei fehlenden Vorderzähne. «Wenn du meine Ansicht wissen willst», sagte er wütend, «ich glaube, wir hatten deswegen so lange Krieg: Die Leute, die in Europa regierten, waren alle zu jung! Boney; unser Kaiser; der König von Preußen; Alexander: Sie waren alle in den Zwanzigern, als sie anfingen, zuerst gefiel ihnen das Kriegsspielen, und dann wußten sie nicht mehr, wie man damit aufhören könnte.»

«Du bist schlau», sagte die Theres bewundernd. «Was du alles so denken kannst!»

Solches Lob schmeichelte ihm mächtig und ließ ihn die Welt etwas freundlicher ansehen; deswegen sagte er nachdenklich: «Ich glaube, jetzt werden sie so das richtige Alter zum Regieren haben. Unser Kaiser mit seinen sechsundvierzig ist der Älteste, Alexander der Jüngste mit siebenunddreißig; und der König von Preußen gerade in der Mitte mit vierundvierzig.»

«Wenn man sich vorstellt, daß die zukünftigen Geschicke der Welt von diesen drei Männern abhängen», sagte die Theres sentimental.

Wenn jemals Männer vom Geschick auserlesen waren, so waren es wohl diese drei Herrscher, die sich jetzt bei den Händen gefaßt hatten – ein Anblick, über den die Menge erneut in wilde Freudenrufe ausbrach. Das vornehme blaue Blut war wohl am ausgeprägtesten im schmalen, hageren Italienerkopf des Kaisers Franz. Friedrich Wilhelm sah mehr soldatisch als fürstlich aus.

Seine Gesichtszüge waren zwar regelmäßig und nicht unschön, aber die gehobene Stimmung selbst dieser Stunde konnte nicht ganz die tiefen Linien verwischen, die Unglück, Mißtrauen und Herzenshärte ihnen eingegraben hatten. Wegen seiner steifen, hölzernen Gangart hatten ihn die Witzbolde «eine Figur aus dem Zeughaus» getauft. Er war ein anständiger Charakter, aber die eigentliche Seele der Freiheitskriege war die Königin Luise gewesen, nicht er. Trocken, schüchtern und unbeständig, fehlte ihm der Schwung für ein solches Unternehmen durchaus, und die Königin hatte ihn beständig antreiben müssen. Sie hatte es nicht gut bei ihm gehabt, die Arme, denn er hatte sie ohne Zärtlichkeit geliebt und war im geheimen neidisch auf den Kultus, der jetzt mit ihr getrieben wurde. Eine Anekdote über ihn machte allerwärts die Runde, die bewies, wie von Grund aus fremd und feindselig er dem Geiste gegenüberstand, der die Befreiung überhaupt möglich gemacht hatte. Vor ein paar Wochen erst, im Gespräch über all das Elend, das Napoleon ihm verursacht hatte, hatte der Preußenkönig es ausgeplaudert: «Und das Schlimmste war, daß ich mich selbst zum Jakobiner machen mußte!» Er meinte damit, daß er zu seinen Preußen, die ihre Schlachten gegen Napoleon mit den Idealen der Französischen Revolution geschlagen hatten, von Freiheit und Menschenrechten hatte sprechen müssen.

«So einer hat natürlich alle seine Zähne noch.» Franzl dachte wieder laut über seinen ewigen Kummer nach.

«Ja, natürlich hat er das», tadelte ihn die Theres. «Du redest auch grad wie ein Jakobiner.» Es gefiel ihr gar nicht, wenn er so die bestehende aristokratische Weltordnung anzuzweifeln schien. Sie hatte wohl auch einmal das dunkle Gerücht gehört, daß alle Menschen gleich wären, aber sie war sich ganz sicher, daß das heller Blödsinn sei. Ein König war immer etwas ganz Seltenes und Apartes, und es wäre die blanke Verschwendung gewesen, ihn der Gefahr auszusetzen, seine Zähne zu verlieren; Franzl war doch nur einer von Hunderttausenden.

«Immerhin, Schatzerl, manchmal wird auch so einer geköpft, und die Welt befindet sich deswegen nicht schlechter dabei», sagte Franzl gut gelaunt. Nicht daß er irgend etwas für die Jakobiner übrig gehabt hätte. Trotz manchen zeitweiligen Murrens war er ein guter Untertan des Kaisers. Aber in seinem Beruf war es halt unvermeidlich, daß man hier und da alle möglichen Ideen aufschnappte, und er erschreckte die Theres gern mit solchen gefährlichen Ideen.

Aber diesmal blieb sie seltsamerweise unberührt. «Gelt, wie komisch», sagte sie versonnen, «Hauptmann de Fréjus hat heute morgen, wie ich ihm das Frühstück brachte, etwa dasselbe gesagt.»

Franzl, dem keine Gelegenheit zur Eifersucht entging, schnappte sofort zu: «Der bei deiner Schwester wohnt? So, du bringst ihm jetzt das Frühstück? Ans Bett vielleicht?»

«Falls es dich interessiert: Ich habe den beiden Herren ihr Frühstück ins Eßzimmer gebracht», sagte sie überlegen und in einem Ton, der eine Kränkung aus dieser Bemerkung machen sollte. Was für ein Recht hatte Franzl, eifersüchtig zu sein, dachte sie, bloß weil er sie mal heiraten wollte. Dann gab sie doch wieder etwas nach, weil sie ja sein Gast war und ihn heute viel Geld kostete, und fügte versöhnlicher hinzu: «Meine Schwester war gerade beim Einkaufen, und jemand mußte ja wohl das Frühstück bringen.»

«Du hättest gar nicht nötig, Fremde zu bedienen, wenn du mich endlich heiraten wolltest», sagte Franzl sehnsüchtig.

«Ach, Franzl, wie oft haben wir das nun schon besprochen. Es ist doch viel vernünftiger zu warten. In den nächsten paar Monaten kann ich mir die gesamte Aussteuer zusammenverdienen. Du hast ja keine Ahnung, wie man sich um meine Handschuhe reißt – und um die Hauben und meine Bouquets.»

«Ich nehm dich auch ohne Aussteuer – das weißt du ganz genau.»

«Natürlich weiß ich das, Dummerle.» Sie kniff ihn einmal flüchtig in den Arm. Es war für ein Mädchen ja sehr schmeichelhaft, wenn ein Mann sie liebte; aber wenn sie ihn nicht ausgesprochen wiederliebte, konnte es manchmal doch recht langweilig werden. Dennoch fühlte sie sich immer etwas im Unrecht. Nicht, daß sie etwas zu bereuen gehabt hätte. Es war ja nicht ihre Schuld, daß sie der französische Hauptmann gestern abend in dem dunklen Korridor abgeküßt hatte – oder doch?

Einen Augenblick lang verweilten ihre Gedanken bei diesem

feurigen Franzosen. Er war Soldat, und Soldaten konnten das Höchste erreichen, ohne für einen Thron geboren zu sein. Fiakerkutscher konnten das nicht; aber Soldaten bestimmt. Es gab ja genügend Beispiele: Boney, Murat und viele andere, deren Namen ihr jetzt gerade nicht einfielen. Sie kämpfte einen Augenblick mit der Versuchung, Franzl zu erzählen, daß ihr Franzose Boneys Bild in seinem Zimmer hängen hatte. Aber nein, lieber nicht, er haßte Boney und würde nur unnötigen Lärm schlagen; und auch ihre Schwester, die den gut zahlenden, anspruchslosen Mietsmann ungern verlieren wollte, hatte beschlossen, das Porträt zu übersehen. Der Hauptmann! Sie überließ sich einem kurzen, glänzenden, berauschenden Traum, in dem de Fréjus, häßlich, narbig und düster, wie er war, aber mit seiner goldbetreßten, ordensbebänderten Uniform, sich inmitten einer farbenprächtigen Menge befand, ähnlich der, die sie jetzt vor sich sah. Und sie hörte das Geflüster der Menge: «Da – unser Marschall de Fréjus – er hat nur für seine junge Frau Augen!» Ja, ein Mädchen, das der Hauptmann heiratete, konnte es noch weit bringen.

«Da – der Zar!» Franzl rief sie zurück in die Wirklichkeit des großen Augenblicks. Alexander war hübsch; blond, mit kleinen, feinen Gesichtszügen, mit seinen hohen Backenknochen ein wenig exotisch wirkend, der Kalmückennase und dem winzigen Mund mit den vollkommenen Reihen schneeweißer Zähne darin. Wenn er so still stand, wirkte er wie ein Halbgott, groß und breitschultrig, mit schmalen Hüften und langen schöngeformten Beinen; aber wenn er ging, fing er merkwürdig an zu schwingen, wahrscheinlich nur aus Furcht, steif zu erscheinen. Ein Ausdruck natürlicher Vornehmheit und erzwungener Leutseligkeit war um ihn. Seine tiefliegenden Augen waren von hartem Blau, aber sein Lächeln wirkte hinreißend. Es war das Lächeln einer schönen Frau, süß und zart und schwermütig. Und dabei ließ irgend etwas – man wußte nicht was – ahnen, daß dieser Zar aller Reußen schrecklich und grausam, gefährlich und unsinnig launenhaft sein konnte.

«Ohne diese Russen hätten wir Boney niemals schlagen können», sagte Franzl feierlich.

«Das sagt die Bagration auch immer. Gestern erst brachte ich ihr Rosen – wunderbare Rosen, du, ganz große, alle in verschiedenen Schattierungen von Rosa. Wenn der große Ball für den Zaren gegeben wird, wird sie sie im Haar tragen. – Ja, was wollte ich denn sagen? Ach so, ja, die Bagration beklagte sich auch, daß es einfach schrecklich von den Leuten wäre, dem guten Zaren seine gerechte Belohnung so vorzuenthalten.»

«Ich nicht. Ich bin ganz für den Zaren. Das ist ein friedliebender Mann.»

«Ach du und dein ewiger Friede immer!» neckte sie ihn und verachtete ihn im Grunde ihres Herzens ein wenig darum.

Gerade jetzt entstand ein kurze Verwirrung unten, als die Monarchen ihre Pferde besteigen wollten. Das des Königs von Preußen wollte nicht ganz so wie er an der linken Seite von Franzens Rappen bleiben, so daß schließlich der österreichische Kaiser zwischen Alexander zur linken und dem Preußenkönig zur Rechten ritt, anstatt umgekehrt, wie beabsichtigt. Aber zuletzt entfernten sie sich doch nach der Stadt, gefolgt von dem endlosen Strom der Marschälle und Generale sämtlicher europäischen Nationen. Alle Kirchenglocken begannen zu läuten, und die Kanonen lösten ihre tausend Salutschüsse.

2

Zu eben der Zeit, als die freudigen Menschenmassen die Rückkehr des Friedens bejubelten, die in diesem Augenblick in der Freundschaft der drei Herrscher verkörpert schien, saß Dorothea mit ihren drei Schwestern beim Frühstück. Diese waren bekannt als «die drei kurländischen Grazien», überschwenglich bewunderte Schönheiten, deren Porträts, auf Kaffeetassen und Dessertteller gemalt, manches deutsche Heim zierten. Dieses Frühstück wurde von der Herzogin von Sagan gegeben, der ältesten Schwester, die eine Wohnung im Palmschen Palais in der Schenkengasse hatte. Moreau, der Innendekorateur der Kaiserin Maria Ludovica, hatte sie in einem Stil eingerichtet, der ein Mischmasch aus allen Stilen war, gedämpft durch eine Flut von Taffet und Lamés – aber irgendwie war es ihm gelungen, einen prachtvoll passenden Hintergrund für die üppige, blonde Schönheit der Besitzerin zu schaffen.

«Ich wünschte immer noch, du Wärest nicht mit Talley gekommen, Duschka», sagte Wilhelmine von Sagan. «Wir hätten es dir ohne ihn so hübsch machen können. Aber mit ihm...»

Pauline zerlegte geschickt ihre gefüllte Taube: «Ich will mit dir wetten, Liebling, dieser Gauner Talley wird die Sensation von Wien sein, noch ehe der Kongreß richtig angefangen hat.» Die Fürstin von Hohenzollern-Hechingen tat wie immer ihr Bestes, um ihre älteste Schwester aufzubringen.

«Unsinn», gab die Sagan grob zurück. «Die Franzosen sind für alle Zeiten erledigt. Es ist auch hohe Zeit. Metternich hat mir erst heute morgen versichert, daß man sie nicht eher zu den Beratungen zuziehen wird, als bis alles zwischen den Großen Vier geregelt ist.»

«Wer fragt danach, was Metternich dir erzählt hat, mein Süßes?» mischte Jeanne, die jüngste der drei, sich ein. «Der arme Clemens irrt sich gewohnheitsmäßig. Noch im Februar war er überzeugt, daß Bonaparte unbesieglich sei.»

Dorothea fragte sich, ob Jeanne manchmal noch an den Musiklehrer dachte, mit dem sie als Fünfzehnjährige davongelaufen war. Sie erinnerte sich genau an den Wutausbruch des Vaters, an Jeannes eigene tränenreiche Heimkehr, nachdem die sächsische Polizei das unglückliche Paar aufgespürt hatte, und an die allgemeine Erleichterung, als Jeanne ein paar Wochen später hastig an den Herzog von Acerenza aus dem edlen Hause Pignatelli-Belmonte in Neapel verheiratet wurde.

Wilhelmine stellte voller Autorität fest: «Denke an meine Worte, Duschka, niemand wird ein Stück Brot in deiner französischen Botschaft brechen.»

«Das ist möglich.» Dorothea lächelte ihrer Schwester zu. «Carême, Talleyrands Chef, hat eine Menge anderer Spezialitäten als Brot.»

«Bravo, Duschka», unterstützte Pauline sie, «Wilhelmine ist einfach krankhaft antifranzösisch. Sie glaubt, ihr Regiment von getreuen Saganern hätte Bonaparte allein besiegt, und nun sei es ihr Recht, den Frieden zu diktieren.»

«Meine Saganer waren großartig», protestierte Wilhelmine. Wenn sie darauf zu sprechen kam, nahm sie ihre Pflichten als regierende Herzogin sehr ernst und genoß es tief, von ihren Untertanen «Unsere gute Herzogin» genannt zu werden.

«Zu dumm, daß man dir nicht erlaubt, an der Spitze deiner Truppen zu reiten, Liebste, aber –» Pauline wandte ihre trägen, arglosen Augen Dorothea zu – «Blücher traf fast der Schlag, als er hörte, daß Wilhelmine das wünschte. Er meinte, es sei schlecht für die Moral.» Worauf alle in stürmisches Gelächter ausbrachen. Selbst Wilhelmine lachte, als sie sich verteidigte: «Pauline ist eine Lügnerin. Blücher war durchaus eingenommen für die Idee.»

Und Dorothea sagte, noch lachend: «Es ist lustig, wieder mit euch zusammenzusein!» Sie hatte der Begegnung mit ihren sagenhaften Schwestern, die sie seit ihrer Heirat nicht mehr gesehen, voller Besorgnis entgegengeblickt. Jene waren zu antifranzösisch, um den Fuß auf französischen Boden zu setzen, und sie selbst war durch ihre kleinen Kinder verhindert gewesen zu reisen. Sie hatte zu dieser Begegnung das Gefühl von Inferiorität mitgebracht, mit dem sie als Kind das glänzende, in seiner Schönheit unerreichbare und in seiner Solidarität exklusive Trio beobachtet, und die Verachtung, mit der sie von fern ihr lärmendes Tun und Treiben verfolgt hatte. Sie war in kämpferischer Stimmung gekommen, entschlossen, sich nichts gefallen zu lassen. Statt dessen entdeckte sie, daß sie sie gern hatte. Sie betrachtete sie über den Frühstückstisch und fand, sie seien einander so ähnlich wie Drillinge und obwohl alle um die Dreißig, noch immer glänzende Erscheinungen, langbeinig, schlank, mit hohen, kleinen Köpfen und sanft gerundeten Armen und Schultern. Alle drei hatten die gleiche perlmutterfarbene, rosig überhauchte Haut, Grübchen, da wie sie hingehörten, die gleichen vollen aschblonden Locken à la Titus und die gleichen Veilchenaugen – Augen, die bei Männern immer Neugier erweckten, wie sie im entscheidenen Augenblick aussehen würden.

Beim Kaffee und Nachtisch sprachen sie über Mynheer Borel, Jeannes Liebhaber. Die Schwestern hatten keine Geheimnisse voreinander und waren, obgleich sie sich ständig zankten, leidenschaftlich loyal. Soweit irgend möglich erschienen sie in der Öffentlichkeit gemeinsam, teils weil ihnen das Gelegenheit gab, wirkungsvolle Gruppenbilder zu stellen, hauptsächlich aber, weil sie unbedingte Anhänger vereinter Operationen waren.

«Du wirst Mynheer Borel kennenlernen, Duschka», sagte Jeanne. «Weißt du, er hat neuerdings einen Trick entdeckt, im rechten Auge ein Glas durch Muskelkontraktion festzuhalten. Den lieben langen Tag denkt er an nichts anderes mehr.»

«Und nachts?» fragte Pauline.

«Nachts denkt er auch daran. Ich gebe zu, es ist langweilig. Aber andererseits sieht er so komisch aus, wenn er im Bett aufrecht sitzt und sein Einglas anprobiert. Er hat nämlich die Absicht, es beim Kongreß einzuführen.»

Alle lachten schallend, und Dorothea dachte überrascht; nein, sie sind wirklich gutartig. Sie haben immer alles gehabt, was sie wollten, alle Schönheit, alles Geld, alle Protektion, die halbkönigliche Geburt verleiht, und so haben sie nie Gelegenheit gehabt, sich häßlich zu benehmen; gedankenlos, ja, aber nicht häßlich. Sie war ganz unerwartet froh über die Natürlichkeit, mit der sie von ihnen aufgenommen wurde, und zum erstenmal fühlte sie sich ihnen nicht unterlegen. Sie waren große Damen, das war richtig, dennoch lag in ihrem Wesen eine fast unmerkliche Lokalfärbung, ein leichter Provinzialismus. Nicht, daß es ihrem Charme Abbruch tat. Es war sogar ein Teil davon, ebenso wie ihre lustige, leichtlebige Behandlung von Herzensangelegenheiten, ihre törichten politischen Ansichten und ihr oberflächliches Wissen. Dennoch, irgend etwas fehlte ihnen, ein letzter internationaler Schliff, den sie selbst, obwohl viele Jahre jünger, erworben hatte.

Sie erkannten es selbst, zum mindesten Wilhelmine. Es hatte einen peinlichen Augenblick gegeben, als Jeanne, im ersten Begrüßungswirrwarr, sie zu ihrem Aussehen beglückwünscht hatte: «Du bist so hübsch geworden, und niemand würde dich für unsere Schwester halten.» Herrn von Batowskis Gespenst war durchs Zimmer geschritten, da hatte Wilhelmine schroff gesagt: «Wir sind Provinzlerinnen im Vergleich zu ihr, kleine deutsche Prinzessinnen mit einem tatarischen Einschlag.» Dorothea hatte es aufs lebhafteste abgestritten, aber sie wußte, daß Wilhelmine recht hatte. Es war nicht nur Paris und die Erfahrung der Tuilerien, auch nicht der Couturier Leroy, von dem

Wilhelmine erbittert behauptete, nach Deutschland schicke er nur seine vorjährige Kollektion. Dorotheas tabakbraunes Ensemble mit seinen Epaulets von Marderschwänzen auf dem kleinen Bolero war zwar sehr gelungen, aber nicht eigentlich den pastellfarbigen Kleidern ihrer Schwestern überlegen. Weder Kleider noch französische Hofsitten hatten jenen Schliff bewirkt, dessen sie sich plötzlich bewußt wurde. Es war die Prägung durch Talleyrands große und bedeutende Existenz, an der sie in der Rue Saint-Florentin und Valençay so eng teilgenommen. Nein, dachte sie, sie beneidete ihre Schwestern nicht länger.

«Es gibt einen neuen Mann in meinem Leben, Duschka, Graf Wallmoden, den General – du hast doch sicher von ihm gehört?» sagte Pauline.

«Ist er nett?» fragte Dorothea mechanisch.

«Sehr. Wir sind überglücklich miteinander, nachdem wir uns beide vorher gründlich umgesehen haben», erklärte Pauline und fügte mit einem herausfordernden Blick gegen Wilhelmine hinzu: «Wer tut das nicht?»

Doch Wilhelmine ließ sich nicht provozieren: «Ich ruiniere mich mit Ehemännern», sagte sie mürrisch.

Arme Wilhelmine! Wie anders hätte ihr Leben werden können, hätte man ihr erlaubt, den Geliebten ihrer frühen Jugend, Louis Ferdinand von Preußen, zu heiraten! Aber die Hohenzollern, die nicht wünschten, den Einfluß dieses beängstigend nonkonformistischen Prinzen durch das kurländische Geld gesteigert zu sehen, verboten die Heirat. Seitdem stand, das begriff Dorothea plötzlich, hinter der Sorglosigkeit, mit der Wilhelmine Liebhaber und Ehegatten wie Hemden wechselte, die vergebliche Suche nach etwas, das der Leidenschaft ihrer Jugend gleichkäme.

Während die Schwestern sich über die hohen Alimente unterhielten, die Wilhelmine ihren zwei Ex-Gatten zahlen mußte, erlebte Dorothea mit klopfendem Herzen zum hundertsten Male die denkwürdige Szene wieder, die sie am Abend zuvor mit Talleyrand gehabt hatte. In den langen schlaflosen Nachtstunden hatte sie sie nach allen Seiten durchdacht, hier ein Wort neu geschmeckt, dort eine Geste geprüft und vor allem versucht herauszufinden, wo sie einen Fehler gemacht – falls sie einen gemacht hatte. Sie wurde hin- und hergerissen zwischen einer Verzweiflung, die alles verlorengab, und einer Hoffnung, die ihr vorspiegelte, jeden Augenblick könne er zu ihr kommen. Im nüchternen Morgenlicht kam sie dann zu dem Schluß, es sei nicht ganz so gut gegangen, wie sie gehofft, und nicht ganz so schlimm, wie sie gefürchtet. Sie war überzeugt, es käme jetzt hauptsächlich darauf an, ihn für sich allein zu behalten, ohne Mutter.

«Ach, Alexander ist göttlich», hörte sie Wilhelmine sagen. «Wir hatten herrliche Tage zusammen in Ratiborsitz.»

«Würde er auch göttlich sein, wenn er nicht der Zar aller Reußen wäre?» stichelte Pauline.

«Er wäre auch als der letzte seiner Untertanen der anziehendste aller Männer», behauptete die Herzogin von Sagan mit Überzeugung.

«Ich nehme an, er wird dich hier oft besuchen», meinte Dorothea.

«Leider ist in Wien die Konkurrenz größer als in Ratiborsitz», warf Pauline eine. «Da ist zum Beispiel die Bagration, die eine Wohnung eben hier im Palmschen Palais gemietet hat.»

«Wirklich?» rief Dorothea amüsiert. Sie wußte alles über die Witwe des russischen Feldmarschalls, der in der Schlacht an der Moskwa gefallen war. Obwohl als Großnichte einerseits Katharinas, andererseits Potemkins auf den Stufen des Thrones geboren, mußte man sie eher der Halbwelt zurechnen, umgeistert von Helden, die unmittelbar aus ihrem Schlafzimmer in Schlacht und Tod gingen, und von Staatsmännern, deren Bastarde sie mit heiterem Gleichmut zur Welt brachte. «Der schöne nackte Engel» genannt, hatte sie mehrere große Vermögen durchgebracht, ihr eigenes und das ihrer Liebhaber, und wurde jetzt vom Petersburger Kabinett bezahlt, das sie gelegentlich als Spionin benutzte. Ihre Fehden mit Wilhelmine waren legendär. Irgendwie schien die Welt zu klein für diese beiden Frauen, die immer auf dieselben Männer verfielen. So war es mit Prinz Louis Ferdinand gewesen, der, so hieß es, die Nacht vor Saalfeld mit der Bagration verbracht haben sollte. Und so war es mit Metternich gewesen, von dem die Bagration eine Tochter besaß und der jetzt nur Augen für Wilhelmine hatte. Ging der Kampf jetzt um Alexander?

«Ich fürchte mich nicht vor der Bagration», erklärte Wilhelmine. «Was ich fürchte, sind Peinlichkeiten zwischen Alexander und Metternich. In London gerieten sie im Juni hart aneinander.»

Dorothea spitzte die Ohren, um vielleicht Informationen zu erhaschen, die Talleyrand interessieren könnten. «Zankten sie sich deinetwegen?» fragte sie.

«Nein, wegen Polen. Alexander behauptet, Clemens habe den britischen Hof gegen seine polnischen Projekte aufgehetzt. Clemens will nicht, daß Alexander Polen bekommt.» Wilhelmine sprach, als sei Europa eine Bonbonnière und Staatsmänner und Fürsten kleine Jungen, die sich um eine kandierte Nuß zankten.

«Wie unartig von Clemens!» sagte Pauline. «Höre, Wilhelmine, ist es wahr, daß Alexander seine culotte de peau so eng trägt, daß er sich von vier Dienern hoch in die Luft heben und buchstäblich von oben in die culotte werfen läßt?»

«Natürlich nicht», erwiderte Wilhelmine ungeduldig.

«Oh, es ist also nicht wahr! Also, Kinder, jetzt haben wir es aus bester Quelle.» Sie lachten.

«In Paris fangen die Männer an, die culotte de peau mit langen Hosen zu vertauschen. Sie werden zweifellos große Mode», trug Dorothea zur Unterhaltung bei.

«Was, keine culotte de peau mehr? Aber das ist ja entsetzlich! Wie langweilig!» protestierte Jeanne.

Sie lachten wieder. Sie waren eine freche Bande, die drei kurländischen Grazien, aber sie konnten es sich leisten. Wenn man wie ein Engel aussieht, konnte man sich schlechthin alles leisten.

Als sie sich beruhigt hatten, sagte Wilhelmine: «Sind wir nicht schrecklich, Duschka! Ich hoffe, du bist nicht schockiert?»

«Duschka kennt sich aus, nicht wahr, Liebling?» meinte Pauline, und im gleichen Atem fragte sie: «Was sagt Mme. Grand dazu, daß du mit ihrem Mann durchgebrannt bist?»

Dorothea erhob spöttisch die Augenbrauen über Paulines Gedankenverbindungen. Wilhelmine antwortete für sie: «Ich nehme an, die arme Dame ist an Kummer gewöhnt. Mutter hat sie immer schlecht behandelt, nicht wahr! Aber es ist wirklich merkwürdig, daß der anspruchsvolle Talley Madame Malapropos in Person zur Frau hat. Doch ich liebe die Geschichten über sie. Zum Beispiel folgende: Als einmal ein Juwelier ihr einen besonders kostbaren Schmuck anbot, lehnte sie ihn ab mit den Worten: ‹Was denken Sie denn, wen ich geheiratet habe – den Papst?›»

Dorothea lachte mit ihnen, und Wilhelmine fragte: «Wie kann Talleyrand solchen Unsinn ertragen?»

«Oh, Talleyrand macht sich gar nichts daraus», erwiderte Dorothea wahrheitsgemäß. «Er ist von vollkommener Höflichkeit gegen sie, aber gänzlich gleichgültig. Im Anfang habe ich sie verabscheut. Sie ist wirklich peinlich. Aber als ich sah, wie Talleyrand sie auf die leichte Achsel nimmt, habe ich mich entschlossen, dasselbe zu tun. Er pflegt zu sagen, sie sei ihm in einer allgemeinen Unordnung passiert, als es auf gar nichts ankam und alles völlig zufällig geschah.» Sie verriet keine Geheimnisse, wenn sie in dieser Weise über Talleyrands Frau sprach. Die dicke Mme. Grand war eine Berühmtheit, der jeder Witz angehängt wurde, der völlige Unbildung ausdrückte, auch wenn sie wirklich nicht das geringste damit zu tun hatte.

Kurz darauf hoben die Kurland die Tafel auf, und in einem Anfall ungewohnter Diskretion nahm Wilhelmine Dorothea allein in eine Fensternische. «Ich bin nicht sicher, ob Mama über dein Zusammensein mit Talley glücklich ist», sagte sie leise.

«Warum nicht?»

«Es ist so eine Ahnung von mir. Mama selbst hat nie ein Wort darüber geschrieben. Nebenbei bemerkt, du hast eine Eroberung gemacht – die alte Mme. Brionne. Sie ist ganz hingerissen von dir.»

«Wer hat dir das erzählt?»

«Louis Rohan, meine Nummer eins. Alles, was ich für die Alimente bekomme, die ich an ihn verschwende, ist hin und wieder ein Stückchen Klatsch. Da er mit der alten Dame verwandt ist, sieht er sie dauernd. Heute morgen hat sie ihn kommen lassen und versucht, ihn über dich und Talley auszuhorchen. Natürlich wußte er nichts. Louis weiß nie etwas.»

«Es gibt nichts über Herrn von Talleyrand und mich zu wissen, außer daß er mein Onkel ist und wir gute Freunde sind.»

«Wie du willst, Duschka. Aber du wirst mir nicht einreden, daß dieser alte Wüstling mit einer schönen Frau leben kann, ohne den Versuch zu machen...

Dorothea schnitt ihr mit einer kleinen Grimasse das Wort ab: «Scheinbar sind alte Wüstlinge heute nicht mehr, was sie waren.»

«Du bist enttäuscht, was?»

«Unsinn!» protestierte Dorothea zu hastig.

«So, du *bist* also enttäuscht. Ich habe dich entlarvt.» Wilhelmine war entzückt, auf das Geheimnis ihrer Schwester gekommen zu sein. Diese neugefundene Schwester, stellte sie bei sich fest, war reizend, und sie wünschte ihr das Beste. Das Beste für eine Frau aber war, verliebt zu sein. In wen, das war nicht so wichtig, wenn sie jung war, obwohl Talley in vielfacher Hinsicht eine bedauerliche Wahl darstellte. Wirklich, eine sehr bedauerliche Wahl. Sie schlug eine Hand vor den Mund und sagte: «Wenn das nicht eine schöne Bescherung ist – du und Talleyrand – Mama wird Zustände bekommen. Aber», fügte sie hinzu und umarmte ihre Schwester impulsiv, «ich halte zu dir, Liebling, was du auch immer anstellst, und wenn ich zu dir halte, tun die Schwestern es auch.»

Dorothea berührte das Grübchen an der Wange ihrer Schwester. «Du bist ein Prachtkerl, Wilhelmine, aber deine Phantasie geht mit dir durch. Es ist nichts geschehen, worüber Mama Zustände bekommen könnte. Aber ich danke dir trotzdem. Es ist gut, zu wissen, daß ich auf dich zählen kann.»

«Natürlich kannst du das, Duschka – sogar bis zu dem Punkt, daß Talley mir willkommen sein soll, obwohl ich wünschte, er wäre in Elba, wie er es verdient. Aber deinetwegen...»

In diesem Augenblick erdröhnte die Luft vom Getöse der Artillerie und der Kirchenglocken zu Ehren der drei Monarchen.

3

In dem walnußgetäfelten Arbeitszimmer des verstorbenen Fürsten Kaunitz strengte La Besnardière vergeblich seine Stimme an, um sich trotz dem Lärm der Geschütze verständlich zu machen. «Warum», so fragte er, «gab Alexander die Ideale auf, die er im Frühjahr verteidigte, und verlangt Polen?»

Talleyrand wies auf die zitternden Fensterscheiben: «Lassen Sie uns warten, bis das vorbei ist.»

Während La Besnardière zu einer mit Büchern und Zeitschriften bedeckten Kommode hinüberschlenderte, blieb Talleyrand sitzen und klopfte mit seinem in Schildpatt und Gold gefaßten Lorgnon gegen seine Handfläche. Er bemühte sich, ein ganz unangebrachtes Gefühl von Depression niederzukämpfen. Es kam von diesem Gichtanfall, selbstverständlich, aber die Kanonen, die mit aller Macht donnerten, und die Menge, die in den Straßen Beifall brüllte, hatten auch etwas damit zu tun. Das alles für diesen russischen Unheilstifter.

Widerspruchsvoller Alexander – Sohn eines Wahnsinnigen, Enkel einer Nymphomanin, Vatermörder gegen seinen Willen, ein Liberaler, gezwungen, als Autokrat zu regieren, ein Wüstling, nach Heiligkeit strebend, Retter Europas durch Zufall! Talleyrand hatte ihm nie ganz getraut. Und doch war Alexander letztes Frühjahr wirklich der Retter Europas. Als er siegreich in Paris einzog, war es ihm tödlicher Ernst damit, einen allgemeinen, dauerhaften Frieden zu machen, der der Welt die Möglichkeit einer Erneuerung geben sollte. Es schadete nichts, daß er keine Idee hatte, wie ein solcher Frieden zu stiften war. Die Idee hatte er, Talleyrand, geliefert. «Um etwas Dauerhaftes zu begründen, das ohne Widerspruch annehmbar ist», so hatte er zum Zaren gesagt, «muß man nach einem Prinzip handeln. Nur mit einem Prinzip sind wir stark, und es gibt nur ein Prinzip: Louis XVIII – der legitime König von Frankreich.»

«Alexander ist zum Teil ein Opfer der Verhältnisse», sagte Talleyrand, als der Lärm nachließ und eine Stille hinterließ, die seltsam groß und lebensleer schien.

La Besnardière kam wieder zum Tisch zurück und setzte sich in den Sessel, dem Fürsten gegenüber. «Sie sollten einmal mit ihm sprechen, Durchlaucht. Sie sollten ihm klarmachen, daß er durch diesen Anspruch auf Polen jede Hoffnung auf einen dauerhaften Frieden zerstört. Früher pflegte er auf Sie zu hören.»

«Ich kann es versuchen, mein Freund. Aber wird er mir Gehör schenken? Er ist überzeugt, daß seine Krone und sogar sein Leben gefährdet sind, wenn er ohne beträchtlichen Ländergewinn aus Wien heimkommt. Deshalb braucht er Polen.»

«Das paßt zu dem, was Nesselrode mir gestern sagte, als ich ihn besuchte», berichtete La Besnardière. «‹Sie wollten eine asiatische Macht aus uns machen›, sagte er. ‹Polen wird uns zu Europäern machen.› Er war ganz fasziniert von der Vorstellung Rußlands als europäischer Macht.»

«Und das mit Recht. Es wäre ein entscheidender russischer Triumph.»

«Aber warum besteht der Zar darauf, aus Polen ein konstitutionelles Königreich zu machen? Es klingt so chimärisch – in Rußland ein autokratischer Zar und in Polen ein konstitutioneller König sein zu wollen. Oder ist es nur, daß er irgendwo ein Liberaler sein will, da es zu Hause nicht möglich ist?»

«So etwas Ähnliches. Alexander ist vollkommen undurchsichtig in seinem Ehrgeiz. Er ist gerade dadurch so gefährlich, daß er nicht einfach auf russische Expansion ausgeht, sondern daß er dabei auch ein Idealist ist. Er möchte Europa reif für den Liberalismus machen. Von Anfang an seit seiner Thronbesteigung und sogar schon vorher hat er Adam Czartoryski versprochen, Polen zum konstitutionellen Königreich zu machen. Es ist ein Teil des großen Plans, der auf den berühmten Abbé Piattoli zurückgeht. Sie wissen, Mme. Edmonds Erzieher. Vorher war er Czartoryskis Erzieher gewesen und hatte großen Einfluß auf ihn. Seine Ideen spuken immer noch in Alexanders Kopf herum.»

La Besnardière nickte nachdenklich. Piattolis berühmter Plan einer europäischen Föderation unter russischer Führung war insbesondere darauf berechnet gewesen, die französische Macht zu brechen. Czartoryski hatte sich den Plan seines Lehrers zu eigen gemacht und benutzte ihn, um Alexanders leicht entzündliche Phantasie anzureizen. Eine russische Weltherrschaft, selbstverständlich eine librale – das war gerade das Richtige, um diesen jungen, labilen Herrscher zu blenden. Polen sollte, nach Piattoli, der erste Schritt sein.

«Was für ein grausamer Witz ist das alles!» sagte La Besnardière. «Draußen in den Straßen rast das Volk über den Friedensfürsten, den Befreier, der in Wirklichkeit entschlossen ist, den Kontinent erneut zu versklaven.»

«Was es noch grausamer macht, ist die Tatsache, daß die Staatsmänner Alexanders dunklen und ungeheuren Ehrgeiz unter dem oberflächlichen Firnis seines Humanismus wohl kennen, und doch spielen sie Vogel Strauß gegenüber der russischen Bedrohung Europas.»

Eine Weile herrschte Stille. Die russischen Interessen allein, dachte Talleyrand, waren den Interessen Frankreichs und Europas diametral entgegengesetzt. Die britischen und österreichischen Interessen waren praktisch mit den französischen identisch. Alexander aber, sowie er jetzt gesonnen war, war ein Feind! Alexander unter dem Einfluß des Czartoryski- und Piattoli-Planes! Er müßte ein langes Gespräch mit Dorothée über Czartoryski und den Piattoli-Plan haben.

Talleyrand ließ seinen Geist abschweifen. Dorothée! Die ganze Zeit hatte er nicht an sie gedacht, außer in den gewöhnlichen Zusammenhängen. Das verdankte man dem Alter. Man hatte Selbstbeherrschung und Gefühl für das Maß gewonnen. Er verlachte die Vorstellung, seine gedrückte Stimmung könnte ebensoviel mit Dorothée zu tun haben wie mit seinem Gichtanfall und mit seinen politischen Sorgen. Selbstverständlich war das Unsinn. Gestern abend, unter dem Einfluß von Dorothées Nähe, hatte er sich selbst in den Glauben an eine schicksalhafte Verknüpfung hineingesteigert. Was für eine seltsame Laune hatte ihn angewandelt? Es hatte viele zärtliche Situationen in seinem Leben gegeben, und er war mit allen fertig geworden. Er würde auch mit dieser fertig werden. Selbst wenn die Herzogin es aus irgendeinem Grunde ablehnen sollte, nach Wien zu kommen, so würde er doch damit fertig werden. Er würde Dorothée in Atem halten. Er würde in ihr ein Gefühl der Wichtigkeit als Gastgeberin in seiner Botschaft und als seine diplomatische Gehilfin erwecken. Das würde sie freuen. Zu seiner Verwirrung gefiel ihm der Gedanke gar nicht, daß Dorothée sich mit solcher

Lösung zufriedengeben würde. Aber in ein paar Tagen würde er sein Bedauern überwunden haben. In seinem Alter schmachtete man nicht. Es gab zu viele wichtige Dinge, die seinen Geist beschäftigten. Gleich als erstes mußte er einen Einfall haben, der den Großen Vier einen solchen Schrecken einjagte, daß sie ihn zu den Beratungen einlüden. Aber wie? Bisher war es ihm nicht gelungen, einen schwachen Punkt in ihrer Stellung zu entdekken. Es würde Zeit und Geduld kosten, die Österreicher und Engländer zu zwingen, die russische Gefahr zu erkennen. Zeit! Das war die kostbarste Ware in der Politik. Wenn man Zeit hatte, konnte man nie einen schweren Fehler machen. Die traurige Wahrheit aber war, daß er keine hatte. Gott allein mochte wissen, was Noailles bereits an den Grafen von Artois geschrieben hatte. Und Gott allein wußte, wie Ludwig XVIII. reagieren würde, wenn er in Wien nicht vom Fleck kam.

«Ich kann nicht glauben, mein Freund», sagte Talleyrand endlich mit seiner trägen Stimme, «daß Sie und ich allein übriggeblieben sind, um das Droit des gens und das Prinzip der Legitimität zu verteidigen. Sie können doch nicht alle von Bonapartes ‹Macht-schafft-Recht›-Prinzip berauscht sein.»

La Besnardière, an die Methode seines Meisters gewöhnt, jeden möglichen Zugang zu einem Problem zu prüfen, sagte eifrig: «Nein, wir sind keineswegs die einzigen, Monsieur, Sie sollten nur den Spanier hören, Labrador. Er schäumt vor Wut über das, was er den Verrat der Großen Vier an den Idealen nennt, die den Krieg gewonnen haben. Er hat zu Dalberg gesagt, er würde lieber packen und heimreisen, anstatt sich in den Vorzimmern des Ballhausplatzes herumzudrücken. Natürlich wird er nichts dergleichen tun. Aber die Großen Vier sind ihm wahrhaftig auf die Füße getreten.»

«Sind sie das – eh?» meinte Talleyrand. Labrador und er hatten vitale gemeinsame Interessen. Zum Beispiel die Entthronung von Murat. Während keiner der Großen Vier ein besonderes Interesse daran hatte, diese Marionette Napoleons von der politischen Bühne verschwinden zu sehen, wünschten die spanischen Bourbonen, ihren Verwandten, Ferdinand von Sizilien, auch auf dem Thron von Neapel zu sehen.

«Wenn ich es mir überlege», sagte La Besnardière, «so sind

die Großen Vier eigentlich den Bevollmächtigten aller kleinen Nationen auf die Füße getreten. Die Spanier, Portugiesen, Schweden sind hauptsächlich beleidigt, weil sie nicht zu den Beratungen zugezogen werden, und die Gesandten der kleinen deutschen und italienischen Höfe empfinden mit Recht, daß die geplante Aktion gegen Sachsen für sie nichts Gutes verspricht.»

«Es müßte demnach leicht sein, den Vertretern der kleinen Nationen klarzumachen, daß in unseren Prinzipien des Droit des gens und der Legitimität ihre einzige Rettung liegt – eh?»

«In der Tat, sehr leicht. Wie die Dinge liegen, sind die kleinen Nationen geneigt, nach jedem Strohhalm zu greifen, um sich vor einer neuen Welle von Raubgier zu schützen, die, wie sie fürchten, noch schlimmer sein könnte als unter Bonaparte. Nicht, daß ich unsere Prinzipien als einen Strohhalm ansehe...»

Talleyrand saß mit geschlossenen Augen, sein Ebenholzstock klopfte gegen seinen langen Schnallenschuh. Ein abwesendes Lächeln spielte um seine dünnen, verschwiegenen Lippen. Er sah aus wie ein Mann in Trance. La Besnardière fühlte eine freudige Aufregung. So sah der Fürst aus, wenn er im Begriff war, ein schwieriges Problem zu lösen.

Endlich seufzte Talleyrand auf und gönnte La Besnardière den seltenen Anblick seiner weit offenen, blaßblauen Saphiraugen: «Ich hab's, mein Freund, mit Ihrer Hilfe. Es könnte nicht einfacher sein. Wir sollten uns alle schämen, nicht früher daran gedacht zu haben. Die kleinen Nationen! Wir werden die kleinen Nationen ausspielen. Das wird die Großen Vier Gottesfurcht lehren.»

4

Eine große goldene Platte wurde vor Talleyrand niedergesetzt. Es war seine Gewohnheit, bei Tisch zum mindesten eine Pièce de résistance selbst zu tranchieren.

«Herr Herzog, wollen Euer Gnaden mir die Ehre antun, ein Stück Fleisch zu akzeptieren?... Mein Fürst, darf ich mich beehren, Ihnen ein Stück Fleisch zu reichen... Herr Marquis, gewähren Sie mir die Ehre, Ihnen ein Stück Fleisch anzubieten... Herr Graf, darf ich das Vergnügen haben, Ihnen ein Stück Fleisch zu reichen?... Herr Baron, ist Ihnen ein Stück Fleisch angenehm?... Ein Stück Fleisch?» Mit dieser arroganten Gradierung seiner Höflichkeit schickte er die Scheiben an die Gäste, die er besonders zu ehren wünschte.

Der große Speisesaal war von Hunderten von Wachskerzen in zwei Kristall-Kronleuchtern erhellt. Auf einer Galerie spielte ein kleines Orchester, dirigiert von Herrn Neukomm, dem Kapellmeister des Fürsten, Stücke aus Mozarts «Figaros Hochzeit». An den Wänden hingen vier Gobelins, den Triumph der Venus darstellend, und unter diesen Gobelins voll von behaarten Göttern und rosigen Göttinnen breitete sich das große damastene Oval des Tischtuches in voller Üppigkeit aus. Die ganze Breite und Länge dieses Ovals, mit Ausnahme der Ränder, die von den einzelnen Gedecken in Anspruch genommen waren, bildete ein verschlungenes, symmetrisches Muster von goldenen Schüsseln, Schalen und Platten, um große Tafelaufsätze angeordnet, deren Dekorationen den Zeichnungen von Vignolo und Palladio entnommen waren. Carême verbrachte den größten Teil seiner Freizeit in Kupferstich-Kabinetten.

Mit dem Ausdruck eines Feldmarschalls, der eine planmäßig sich entwickelnde Schlacht beobachtet, präsidierte der berühmte Chef in blendendem Weiß, ein langes Messer im Gürtel seiner Schürze, am Anrichtetisch. Er liebte es, der glorreichen Verzehrung seines Werkes zu assistieren, obwohl selbst solche erhabenen Momente nicht unvermischt mit Bitterkeit waren. Sein Hauptkummer war es, daß der Fürst nicht mehr als eine Stunde für die Tafel bewilligte, als ob man seinen vierundzwanzig Entrées und seinen vierundzwanzig Entremets in einer Stunde gerecht werden könnte, noch dazu bei dem Ungeschick dieser schurkischen Lakaien. Schüchterne Gäste oder solche, die die Gewohnheiten des Hauses nicht kannten, waren in Gefahr, hungrig von seinen, Carêmes, Festmählern aufzustehen – eine Tatsache, die ihn viele schlaflose Nächte und hitzige Szenen mit Butlern, Lakaien und mit dem Fürsten selbst kostete.

Zwischen dem alten Fürsten de Ligne und dem hübschen jungen Kronprinzen von Württemberg präsidierte Dorothea an einem Ende der Tafel, gegenüber Talleyrand, der von Wilhelmine und dem grecohaften spanischen Staatsmann, dem Marquis von Labrador, flankiert wurde. Sie und ihre Schwestern waren die einzigen Frauen. Vier schöne Kurland-Schwestern, hatte Talleyrand gesagt, genügten, um die Männer zu verwirren. Schließlich war es ein politisches Diner, eine kleine Gesellschaft von nur fünfundzwanzig Gästen, meistens deutsche Fürsten und Bevollmächtigte der kleinen Nationen.

Mit leiser Stimme dicht an Dorothées Ohr sagte de Ligne: «Ich brauche die Gäste nicht anzusehen, um zu wissen, daß die Gelegenheit besonders dazu bestimmt ist, die Vergessenen des Kongresses zu verführen. Unser Fürst läßt heute abend Orden sprechen. Kein Band der großen Mächte. Statt dessen: der Elefant von Dänemark, der Karl III. von Spanien, der Orden der Empfängnis von Portugal, der Kronen-Orden von Sachsen und ausgewählte Sterne italienischer und deutscher Höfe. Man könnte die Absicht auf keine subtilere Weise ausdrücken.»

Talleyrand hatte Dorothea über die Rolle informiert, die dieses Diner in seinem Plan spielen sollte, den diplomatischen Boykott gegen Frankreich zu brechen, aber sie heuchelte Unwissenheit. «Oh, ich glaube nicht, daß da irgendeine Absicht besteht. Wahrscheinlich fühlte mein Onkel einen plötzlichen Wunsch, sich herauszuputzen wie einen Christbaum. Und Sie wissen ja, je kleiner der Staat, um so größer die Diamanten. Schließlich sind heute abend doch auch eine Reihe von Leuten hier, die nichts mit Politik zu tun haben.»

«Zum Beispiel ich.» De Ligne kicherte und hob sein Glas gegen sie. «Aber wissen Sie nicht, daß ich nur eingeladen bin, weil ich dazu tauge, die Sage dieses Diners über ganz Wien zu verbreiten? Unser Fürst von Bénévent braucht ein Publikum für dieses Fest, Leute, die bei Hofe und in den Salons darüber reden. Das ist einer der Gründe, warum Charles Lambesk und dieser junge Protegé des Herrn von Goethe sowie dieser Amerikaner ebenfalls eingeladen wurden. Der zweite Grund dafür ist natürlich, daß ihre Gegenwart dem Diner eine mehr zufällige Atmosphäre gibt, und der dritte Grund, daß ihre Visitenkarten zuoberst auf dem Tablett lagen, als die Liste der Gäste zusammengestellt wurde. Habe ich nicht recht?»

Wie himmlisch sie ist, wenn sie lacht, dachte Friedrich von Oheimb. Er saß entfernt von Dorothea zwischen dem Herzog von Dalberg und dem Prinzen von Lambesk, aber seine Augen ließen sie nicht los. Er konnte es immer noch nicht ganz glauben, daß er, Friedrich von Oheimb aus Steiermark, tatsächlich hier zwischen Fürsten und Diplomaten an Talleyrands eigener Tafel saß. Es war wie im Märchen, und Mme. de Périgord war die Fee dieses Märchens. Es gab keine andere Frau neben ihr, nicht einmal ihre schönen Schwestern. Das Kleid, das sie heute abend trug, war eines Sonetts würdig. Er hatte gehört, wie sie der Herzogin von Sagan erzählte, es sei eigens dafür gemacht, den Hintergrund für einen Rubinenschmuck zu bilden, ein Geschenk indischer Fürsten an Johann Biron in den Glanztagen seiner Macht. Große Büschel der ungeschliffenen Steine befestigten den hochgegürteten Überwurf von schwarzen Spitzen an dem tief ausgeschnittenen rosa Satinkleid darunter; Ketten umwanden die langen Ärmel, und ein mit Cabrochons besetztes Bandeau verschwand halb in ihren hochgetürmten Locken.

«Ich fühlte mich heute sehr stolz, ein Franzose zu sein.» Charles Lambesk sprach über Friedrich hinweg zu Dalberg. «Es ist das erste Mal, daß ich einen Fuß in eine Botschaft meines Landes setzte. Ununterbrochen sage ich mir: ‹Dies ist Frankreich!›, und es beglückt mich, mein Land in so wahrhaft königlichem Stil repräsentiert zu sehen.»

«Bitte sagen Sie das Herrn von Talleyrand direkt, Prinz, wollen Sie so gut sein? Es wird ihn freuen.» Ein Lächeln kämpfte mit dem nervösen Zucken in Dalbergs scharfem, vogelähnlichem Gesicht. Dann wandte er sich an Friedrich: «Welche Art von Büchern werden im nachbonapartistischen Europa geschrieben werden?»

Wie Talleyrands ganzer Stab – sogar der übellaunige Noailles – war Dalberg wild entschlossen, «das Diner der kleinen Nationen», wie sie es unter sich nannten, zu einem Erfolg zu machen. Und es war notwendig, daß alle Gäste sich wohl fühlten, sogar ein unbedeutender junger Mann wie Oheimb, der vielleicht gar nicht so unbedeutend war. Dalberg hatte sich die Mühe gemacht, Nachforschungen über ihn anzustellen, bevor die Einladung abgeschickt wurde. Und er hatte ziemlich ins Schwarze getroffen. «Wenn ich Hager wäre», hatte Dalberg zu Talleyrand gesagt, «würde ich diesen jungen Vetter als Agenten benutzen.

Alle Welt liebt einen Dichter.» Worauf Talleyrand erwidert hatte: «Durchaus möglich, daß Hager ihn benutzt, Emmerich, ein Grund mehr, den jungen Mann einzuladen – eh? Auf diese Weise können wir wenigstens sicher sein, daß Metternich so bald wie möglich alles über das Diner erfahren wird.»

Tatsächlich aber hatte Friedrich bis zu diesem Augenblick die politische Bedeutung des Diners noch nicht entdeckt. Immerhin dachte er sich, es würde den Großen Vier außerordentlich mißfallen, zu hören, daß deutsche Fürsten wie der Kronprinz von Württemberg, der als Verlobter der Lieblingsschwester des Zaren galt, und der elegante, ehrgeizige Herzog von Coburg die erste Gelegenheit ergriffen, um zur französischen Botschaft zu rennen, nicht zu reden von den spanischen, portugiesischen, sächsischen, dänischen Bevollmächtigten und ein paar Schweizer und italienischen Diplomaten. Es kam ihm vor, als ob einige Gäste glaubten, sich entschuldigen zu müssen, daß sie bei Talleyrand waren, und als ob andere – und dies erschien ihm schlechthin komisch – sich selbst zwar durchaus berechtigt fühlten, hier zu sein, das gleiche aber ihren Mitgästen absprachen. So hatte die Herzogin von Sagan, ehe man zu Tisch ging, Charles Lambesk gegenüber ihr Erstaunen ausgedrückt, daß seine Urgroßmutter ihm erlaubte, bei dem alten Talley zu speisen. «Sie hat mit Recht angenommen, daß ich mich in ausgezeichneter Gesellschaft befinden würde, nämlich in der Ihren, Madame», hatte der junge Prinz in höflich frechem Ton entgegnet.

«Gut gebrüllt, mein kleiner Charles», hatte Pauline Hohenzollern sich fröhlich eingemischt. «Da wir selbst hier sind, haben wir keinen Grund, die Moralisten zu spielen.»

Wilhelmine jedoch, mit einem Aufflammen ihrer schönen Veilchenaugen, sagte: «Unsinn! Jeder Mensch weiß, daß wir nicht vermeiden können, in der französischen Botschaft zu speisen, unserer Schwester wegen.»

Friedrich hatte auch die rasche Bemerkung aufgefangen, die der Herzog von Coburg zum Grafen Schulenburg, dem sächsischen Bevollmächtigten beim Kongreß, machte: «Wenn Humboldt bei de Ligne den ganzen Abend mit Talleyrand zusammenhockt, habe ich nicht nötig, eine Einladung in die französische Botschaft abzulehnen.»

«Wie recht haben Euer Durchlaucht», erwiderte der große, blonde, wohlbeleibte Sachse. «Ich kam zum selben Schluß, um so mehr, als ich nichts zu verlieren habe, da die Großen Vier sowieso entschlossen sind, mein armes Land den Preußen auszuliefern.» Eine Ahnung überkam Friedrich, daß dieses Stück Dialog Hager interessieren würde.

Talleyrand hatte seinem Stab eingeschärft, bei Tisch nicht über Politik zu reden. Er selbst wandte, als der Spanier Labrador anfing, seinem Kummer über die schändliche Tolerierung Murats durch die Großen Vier Luft zu machen, die Unterhaltung sogleich auf Wilhelmines Sammlung seltener Kameen und bewies dadurch, daß die diplomatischen Fragen des Augenblicks ihn nicht interessierten.

Auch Wilhelmine ließ heute abend Orden sprechen. Als subtile Herausforderung ihres Gastgebers trug sie an schwarzweißem Bande ein Kreuz mit dem Initial L in der Mitte. Es war der Königin-Luise-Orden, frisch geschaffen für Frauen, die durch Rat und Tat zur Befreiung Preußens vom französischen Joch beigetragen hatten.

«Ihr Chef ist einzig, mein Fürst», sagte sie gerade. «Ich werde versuchen, ihn Ihnen abspenstig zu machen.»

«Wie unnett von Ihnen – eh?» sagte Talleyrand liebenswürdig. Er fand diese große schöne Blondine mit ihrem anmaßenden Benehmen höchst amüsant. Was für eine Befriedigung gewährte es ihr, grob zu ihm zu sein! Sie fühlte sich dadurch so tugendhaft. «Ich habe dem alten Talley in seinem eigenen Haus ins Gesicht gesagt, wie ich über ihn denke», so würde sie gegenüber Metternich und dem Zaren prahlen. Es war eine Art moralisches Alibi dafür, daß sie überhaupt bei ihm speiste. In Wirklichkeit jedoch strafte die Botschaft, die ihre tiefen, langsamen Blicke überbrachten, ihre Feindseligkeit Lügen. Du bist ein Mann, und ich bin eine Frau, und das Beste auf der Welt ist Liebe, und du und ich könnten einander ausgezeichnet verstehen, und warum nicht? so lautete diese Botschaft. Es war nicht einmal besonders persönlich gemeint. Es war ein automatischer Reflex auf jeden halbwegs begehrenswerten Mann, aber es enthüllte eine beiläufige, allumfassende Freude an der Liebe, die er reizend fand. Alle Frauen des Hauses Kurland hatten das, mit

Ausnahme von Dorothea. Nichts war beiläufig oder allumfassend an Dorotheas Leidenschaften, sonst würden die Dinge anders stehen.

«Nur um Ihnen zu beweisen, daß ich mich nicht vor Ihnen fürchte, werde ich Ihnen meinen Chef persönlich vorstellen», sagte er und winkte Carême.

«Ihre Gnaden wünscht Ihre Bekanntschaft zu machen, Meister», sagte Talleyrand, als Carême an seine Seite eilte.

«Sie sind ein großer Künstler, Herr Carême», sagte Wilhelmine huldvoll. Carême strahlte. Er liebte es, von schönen großen Damen gelobt zu werden.

«Was würden Sie Ihrer Gnaden besonders empfehlen?» fragte Talleyrand.

«Ich denke, meine pigeons innocents au monarque sind eines Versuches wert.» Während Carême davoneilte, um das Gericht selbst zu holen, erklärte Wilhelmine anzüglich: «Ich kann die Gelegenheit, eine unschuldige Taube à la monarque in Ihrem Hause zu essen, unmöglich vorübergehen lassen, und wenn ich danach sterben müßte. Es ist so passend! A la welchem Monarchen meint er wohl, möchte ich wissen.»

Talleyrand äugte interessiert in ihren Ausschnitt. «Nur sich nie mit Namen festlegen. Es führt zu Komplikationen – eh? Das ist die Regel des Hauses.»

«Eine sehr gute Regel», rief de Ligne, der nur die letzten Worte gehört hatte, über den Tisch herüber. «Fangen Sie nicht erst an, sie mit Namen zu nennen, dann können Sie sie nicht erzürnen, wenn Sie den falschen im Schlaf murmeln.»

Talleyrand und Wilhelmine sahen einander an und lachten.

Sie verstehen sich vorzüglich, dachte Dorothea und wandte dem Kronprinzen ein strahlendes, nichtssagendes Lächeln zu. Sie war froh und ein bißchen eifersüchtig.

Ich werde niemals glauben, daß sie etwas mit ihrem Onkel hat – niemals, dachte Friedrich kriegerisch. Hagers zynische Bemerkungen über diesen Punkt nagten noch an ihm. Hager! Er hatte den Bericht über den Empfang bei dem Fürsten von Ligne mit den schmeichelhaftesten Ausdrücken bestätigt. Trotz gelegentlicher Lyrismen, die eigentlich nicht in einen Bericht an die Geheimpolizei gehörten, hatte er ihn doch interessant genug gefunden, um ihn an den Kaiser persönlich weiterzureichen. Friedrich war erfreut gewesen. Dann aber hatte Hager alles durch seine säuerliche Warnung verdorben, nicht die Hand für Mme. de Périgords Tugend ins Feuer zu legen. Daraus, daß eine Frau aussah wie eine Madonna, folgte noch nicht, daß sie wirklich eine sei, hatte Hager ihn belehrt. Er möge sich nicht zu sehr auf seine dichterische Intuition verlassen. Zufällig hatte Hager gerade einen Bericht aus Paris bekommen, der besagte, man spräche dort viel über die Tatsache, daß Mme. de Périgord Talleyrand nach Wien begleitete. Es hieß, Mme. Grand wäre krank vor Kummer, besonders da sie erst im letzten Augenblick davon erfahren hätte. Was, wie Hager zugab, nur bedeutete, daß die Dame nicht das Vertrauen ihres Gatten besaß. Kein Mensch konnte ernstlich glauben, daß Talleyrand versuchen würde, in Paris geheimzuhalten, wer die Dame des Hauses der französischen Botschaft in Wien sein sollte.

Friedrich schlürfte vorsichtig seinen Wein, um keinen Hustenanfall hervorzurufen. Er fühlte sich verwirrt. Alles schien eitel Zufriedenheit und ungezwungene Fröhlichkeit rund um das breite Oval des Tisches. Kein Mensch schien eine Sorge auf der Welt zu haben. Und doch fühlte Friedrich Zweifel, ja beinahe Angst gegen die elegante Oberfläche von Mozart-Musik, herrlichem Essen und vollendeten Manieren branden. Es lag in dem halb geflüsterten Austausch kleiner Bemerkungen, die ohne Anfang und ohne Ende in der Luft hingen, und in der entschiedenen Gleichförmigkeit, mit der die Mitglieder der französischen Botschaft politische Fragen parierten. Es lag vor allem in der hoffnungsvollen Erwartung, die aller Auge erhellte, wenn sie von Zeit zu Zeit Talleyrands undurchsichtiges Gesicht suchten.

Eben jetzt kam Talleyrands träge Stimme über die Tafel hergeweht: «In Elba ist Bonaparte immer noch viel zu nahe an Europa für die Sicherheit des Kontinents. Man sollte ihn weiter entfernen, auf irgendeine Insel im Atlantik – wie? – die Azoren, oder so; oder, noch besser, Sankt Helena.»

«Also haben alle noch Angst vor ihm», sagte Lambesk, obwohl niemanden speziell anredend; bei dem befriedigten Stimmklang mußte Friedrich an Capitaine de Fréjus denken.

Friedrich hatte Hager nichts von dem Gespräch mit dem Kapitän vor ein paar Tagen erzählt. Einerseits schien diese Napoleon-Affäre zu luftig, um damit einen überarbeiteten Beamten wie Hager zu ennuyieren; andererseits fürchtete er wieder, sein Cousin könnte sie doch ernst nehmen, und verabscheute den Gedanken, einem Manne Unannehmlichkeiten zu bereiten, mit dem er die Wohnung teilte. Er hatte viel über das Dilemma nachgedacht und freute sich, daß Talleyrand die geheimnisvolle Gefahr nicht übersah. Seine Bemerkung schien auch anzudeuten, daß hinter Fréjus' mysteriösem Geschwätz mehr steckte als bloßer Wortschwall; aber sie gab auch zugleich die Gewißheit, daß die Angelegenheit in den besten Händen lag und daß er, Friedrich, sich darum nicht zu sorgen brauchte.

Sehr erleichtert wandte Friedrich seine Aufmerksamkeit de Ligne zu, der anfing, seine erste Begegnung mit dem kleinen König von Rom zu erzählen.

Alle lauschten hingerissen. Es gab kein romantischeres Kind auf der Welt als diesen unschuldigen Sohn des Eroberers, der geboren war, die Welt zu erben, und mit drei Jahren als Refugié am Hofe seines Großvaters lebte. Was Napoleons Feinde, nicht zu reden von seinen Bewunderern, ergriff, war die Tatsache, daß «der kleine Adler» sich auf seine kindliche Weise völlig bewußt war, seine Zukunft hinter sich zu haben. «Ich sehe, daß ich kein König mehr bin», hatte er während seiner Reise von Frankreich ins Exil wiederholt gesagt, «ich habe keine Pagen mehr.» Und de Lignes Erzählung erläuterte, wie stark das Gefühl des Kindes für seinen Vater und die Umstände seines Sturzes war.

Als er Napoleons Sohn als ‹Feldmarschall Fürst von Ligne› gemeldet wurde, sagte der kleine Knabe zu seiner Erzieherin:

«Ist er einer der Marschälle, die meinen Vater verraten haben? Er soll nicht hereinkommen.» Es kostete Mühe, dem Kind verständlich zu machen, daß es auch in anderen Ländern Marschälle gab und daß de Ligne nichts mit der französischen Armee zu tun hatte. «Wir sind sehr gute Freunde geworden», sagte de Ligne, «und spielen zusammen Soldaten. Er ist ein kluges Kind. Ich gehe oft nach Schönbrunn, um ihn zu besuchen.»

Die meisten Gäste warfen einen verstohlenen Blick auf Talleyrand und versuchten vergeblich, einen Zug der Verlegenheit auf seinem Gesicht zu entdecken. Aber Talleyrand lauschte der Erzählung mit der heiteren Gelassenheit eines Menschen, der um den Verrat an Napoleon nur aus den Zeitungen wußte. Und schließlich verstanden sie, daß dies nicht eine Pose war, sondern daß alle Begebenheiten, die ihn in den Augen der Welt verlegen machen müßten, einer für ihn so fernen Vergangenheit angehörten, als wären sie nie gewesen – so vollständig war sein ganzes Sein der Zukunft zugewandt.

«Armer kleiner Kerl, er tut mir leid», beschloß die Sagan robust das Gespräch über Napoleons Sohn. «Trotzdem gibt es mir immer einen Schock, wenn ich Marie Louises Wagen in den Straßen von Wien sehe mit jenem großen N und dem kaiserlichen Wappen von Frankreich auf den Kutschenschlägen und den Livreeknöpfen ihrer Diener.»

«Ich stimme ganz mit Ihnen überein, Madame, es ist sehr taktlos» – das war wiederum Talleyrands träge Stimme –, «aber ihre Umgebung ist mehr zu tadeln als sie selbst – eh? Diese Fürstin ist so daran gewöhnt, sich in allen Dingen, großen oder kleinen, nach der Entscheidung anderer zu richten, daß es ihr nie einfallen würde, etwas zu tun, ohne daß sie es geheißen würde. Hat man sie aber einmal etwas geheißen, so wird sie sich ohne Widerspruch fügen.»

«Genauso ist es», fiel Dorothea ein. «Und Sie können sicher sein, ich habe meine Kaiserin studiert, während ich ihr als ‹Dame de Palais› diente. Sie schien Bonaparte leidenschaftlich zu lieben. Zuerst glaubte ich, es sei Komödie, aber das war es keineswegs. Man erwartete von ihr, ihren Gemahl zu lieben, und so liebte sie ihn. Es war die einfachste Sache von der Welt. Und nun, da sie ihn nach seiner Niederlage nicht länger lieben soll, hört sie prompt auf, ihn zu lieben. Solch ein anpassungsfähiges Temperament!»

«Eine Fürstin, die das Pfand großer Politik ist wie die arme Marie Louise, ist besser daran, wenn sie ein anpassungsfähiges Temperament hat», sagte Talleyrand sanft und lächelte Dorothea zu.

«Das erklärt, warum Marie Louise jetzt ebenso verrückt mit

Neipperg ist, wie sie je mit Napoleon war. Metternich hat ihn just für diesen Zweck in ihren Haushalt eingeführt», sagte Pauline Hohenzollern mit vernehmlichem Bühnenflüstern.

Charles Lambesk, zu dem sie sprach, erwiderte heftig: «Sie ist schlimmer als eine Dirne. Eine Frau, die Napoleons Kind geboren hat, die immer noch Napoleons Gattin ist, läßt sich von einem Parketthelden trösten!»

«General Neipperg ist kein Parkettheld, Prinz», korrigierte ihn Dalberg. «Er ist ein ausgezeichneter Soldat und ein bemerkenswerter Diplomat. Er war es, der Bernadotte überredete, sich der Koalition anzuschließen, und er war es auch, der vorigen Januar Murats Schwenkung zu den Alliierten zustande brachte. In einer stillen, unauffälligen Art war Neipperg einer der gefährlichsten und erfolgreichsten Feinde des bonapartistischen Frankreich.»

«Woraus folgt, daß Marie Louise noch mehr Dirne ist, als ich dachte», sagte Lambesk.

Pauline machte ein entrüstetes Gesicht: «Aber Neipperg ist ein Edelmann. Das ist mehr, als man von Bonaparte sagen kann. Und er ist wirklich ungewöhnlich anziehend mit seinem schwarzen Pflaster über dem Auge. Was in aller Welt ist in Sie gefahren, mein kleiner Charles?»

Darauf Lambesk: «Sie würden es doch nicht verstehen, Madame.»

Armer Junge! dachte Talleyrand, während er mit einem goldenen Quirl in seinem Champagnerglas rührte. Wie schwer muß er es unter den Emigranten haben! Er hob sein Glas: «Ich kann Ihnen nicht sagen, Prinz Lambesk, wie glücklich es mich macht, Mme. de Brionnes Urenkel in meinem Hause zu sehen. Es gibt keinen Menschen, den ich mehr geliebt und bewundert hätte als sie, und es ist eines meiner größten Kümmernisse, daß die Umstürze unserer Zeit den Bruch zwischen uns verursacht haben.»

Alle hatten aufgehört zu sprechen und hingen an Talleyrands Worten.

Nach ein paar Zügen aus seinem Glas fuhr er fort: «Es klafft ein schmerzlicher Riß zwischen den französischen Refugiés und den Franzosen, die in Frankreich blieben, ein Riß, den nur ge-

genseitiges Verständnis und guter Wille überbrücken kann. Ich schmeichle mir, daß ich es an beiden nie fehlen ließ. Ich habe immer den größten Respekt vor jenen gehabt, die der heimischen Erde abschworen, indem sie sich an das Schicksal des Königs im Exil banden und sich unwiderruflich seiner Sache verpflichteten. Nur gehörte ich zufällig zu denen, für die das Land, nicht der Herrscher oder die Form der Regierung das Höchste ist. Frankreich, so fühlte ich, hatte immer und unter allen Umständen Anspruch darauf, verteidigt, regiert, geliebt zu werden. Zu allen Zeiten kann etwas Gutes getan und etwas Böses verhindert werden. Das ist der Grund, warum man, wenn man sein Land liebt, ihm unter jeder Regierung dienen kann und nach meiner Überzeugung dienen muß.»

Wie menschlich er ist! dachte Dorothea mit zärtlichem Mitleid. Er sagt das nur für Lambesk, damit er es an Mme. de Brionne weitergibt. Er fühlte noch immer das Bedürfnis, sich der Geliebten seiner Jugend zu erklären, damit sie seine Handlungen billigt, zum mindesten sie versteht.

Gereizt von den Zeichen begeisterter Zustimmung rund um den Tisch, sagte Wilhelmine trocken: «Trotz alledem, mein Fürst, haben sogar Sie Frankreich verlassen, als die Sache zu schwierig wurde.»

Talleyrand lächelte: «Ja, Madame, sogar ich» – er ahmte sie leicht nach – «mußte irgendwo die Grenze ziehen. Da ich weder guillotiniert zu werden noch die Scheußlichkeiten des Terrors zu decken wünschte, ging ich ins Exil. Aber ich kehrte so rasch wie möglich zurück.»

Die Worte hingen noch in der Luft, als de Ligne sein Glas erhob und mit seiner beherrschenden Stimme sagte: «Auf unseren Fürsten von Bénévent, den Mann Frankreichs.» Alle tranken ihm zu.

«Der Mann Frankreichs – der habe ich immer sein wollen.» Talleyrand leerte sein Glas.

Sobald die Gäste sich in den sogenannten Chinesischen Salon begeben hatten, wich die oberflächliche Munterkeit, die bei Tisch geherrscht hatte, einer nervösen Unruhe, so dicht, daß man die Luft hätte mit dem Messer schneiden können. So schien es wenigstens Friedrich, der anfangs diese Spannung in der Atmosphäre dem Fehlen der Mozartschen Musik zuschrieb, die viel zu der beschwingten Heiterkeit während des Essens beigetragen hatte. Erst später wurde ihm klar, daß der Wechsel der Stimmung durch die Erwartung ausgelöst wurde, mit der die meisten Gäste der Botschaft entgegensahen, die Talleyrand für sie hatte. Sie wußten, daß sie nicht aus rein gesellschaftlichen Gründen hier waren.

Talleyrand führte Wilhelmine in den Salon, ging aber dann unmittelbar zu Dorothea, die in einer Gruppe mit dem Kronprinzen stand, und schob seinen Arm durch den ihren: «Setzen Sie sich zu mir, wie es sich für die Dame meines Hauses schickt – eh?» Er lächelte auf sie herab und geleitete sie zu einem Sofa vor dem Kamin.

Es wird ihr Freude machen, an der bevorstehenden entscheidenden Unterhaltung teilzunehmen, dachte er, und anfangs war er überzeugt, daß er sie deswegen bei sich zu haben wünschte. Dann aber gestand er sich, der wahre Grund, warum er sie in seiner Nähe haben wollte, sei, daß er selbst sich glänzender und überzeugender fühlte, wenn er den Widerschein seiner Worte auf ihrem Gesicht sehen konnte.

«Sie sind besonders schön heute abend, Madame.» Er sah ihr zu, wie sie ihre schwarze Spitzenschleppe um ihre kleinen rosa Satinschuhe ordnete.

«Das kommt davon, daß ich so aufgeregt bin wie in einer Erstaufführung zu Beginn der großen Verführungsszene», flüsterte sie und liebkoste ihn mit den Augen.

Er nahm eine kleine blau und goldene Kaffeetasse von einem Lakaien und flüsterte zurück: «Halten Sie mir den Daumen, damit die Verführung gelingt.»

«Das will ich tun», versprach sie. «Sie haben sie schon alle in der Tasche. Es kann Ihnen nicht fehlgehen.»

Es war Dorotheas Einfall gewesen, für die Gelegenheit einen verhältnismäßig kleinen Salon zu wählen, einen, in dem fünfundzwanzig Personen nicht einmal sitzen konnten. Sie meinte, es sei ein Vorteil, daß die vorhandenen Sessel eine einzige Gruppe bildeten, so daß jeder gezwungen wäre zu hören, was Talleyrand zu sagen hatte – eine etwas einfache List, über die Talleyrand lachte, die er aber trotzdem akzeptierte. Für den

Augenblick indessen standen die Gäste noch in kleinen Gruppen verstreut, während die Lakaien hin und her gingen und Kaffee und Benediktiner anboten. Nur die Kurlands saßen auf einem Sofa auf der anderen Seite des Kamins, und ihre blonden Köpfe und dunklen, metallbestickten Gazekleider kontrastierten prachtvoll mit dem schwarz und goldenen Lackdekor der Wände. Sie sprachen mit dem Kronprinzen und de Ligne, die hinter ihnen Aufstellung genommen hatten.

Talleyrand gab immer noch kein Anzeichen, daß er irgend etwas von Bedeutung zu sagen hätte. Im Gegenteil, er rief den jungen Amerikaner zu sich und verwickelte ihn in ein Gespräch über die Staaten, ein Thema, das besorgten Fürsten und Staatsmännern des europäischen Kontinents außerordentlich entlegen vorkommen mußte.

«Um seine Erziehung als Staatsmann zu vollenden», erklärte Talleyrand, «muß man nach Amerika gehen. Es hilft einem, seine Gedanken über das alte Europa zu straffen – eh? Ich kann Ihnen nicht sagen, mit welcher Dankbarkeit ich an mein kleines Zimmer in Philadelphia zurückdenke, dort habe ich meinen Geist darauf vorbereitet, große Politik zu machen und die Welt zu ordnen. Und was für ein schönes Land ist Amerika! Was für Ströme! Der Potomac zum Beispiel. Es gibt nichts Schöneres als den Potomac... Sagen Sie mir, mein Herr Amerikaner, liebt man Frankreich noch in Ihrem Lande?»

«Amerikas Dankbarkeit und Liebe für Frankreich sind so frisch wie je, Euer Durchlaucht», sagte Sturgis mit Wärme.

«Ja», meinte Talleyrand nachdenklich, «die Amerikaner wissen, daß sie ohne Frankreich nicht die Unabhängigkeit errungen hätten, aber sie verstehen zu viel von Politik, um zu glauben, daß Dankbarkeit eine Tugend von Nation zu Nation ist.»

«Aber Amerika ist Frankreich aufrichtig dankbar», protestierte Sturgis.

«Gewiß, gewiß, aber trotz allem ist Amerika wesentlich englisch. Davon bin ich immer überzeugt gewesen. Das habe ich auch stets meinem großen betrauerten Freunde, dem General Hamilton, gesagt. Schütteln Sie nicht so zornig Ihren Kopf, mein Herr Amerikaner. Ich weiß, es ist Krieg zwischen Ihrem Lande und England – eh? Dennoch wird auf die Dauer, denken

Sie an meine Worte, England alle Vorteile von den Vereinigten Staaten haben, die eine Nation von der Existenz einer anderen Nation überhaupt haben kann.»

Talleyrand nickte dem jungen Amerikaner leicht zu, zum Zeichen, daß wenigstens für den Augenblick die Angelegenheit erledigt sei. Sein unfehlbarer Takt sagte ihm, daß die Erwartung im Raum sich gerade zur richtigen Konsistenz verdichtet hatte. Über einer neuen Tasse Kaffee murmelte er Dorothea zu: «Was ich jetzt brauche, ist ein Stichwort für die Verführungsszene.»

«Soll ich...?»

«Schon gut. Ich glaube, hier ist es.» Er wies mit dem Kinn in die Richtung von Noailles und Lambesk, die in der Nähe standen und über Savoyen sprachen.

«Frankreich muß den Rest von Savoyen wiederbekommen», beharrte Lambesk.

«Keineswegs», erwiderte Noailles bestimmt. «Lassen Sie uns mit dem zufrieden sein, was wir haben, und nicht noch die Schwierigkeiten des Kongresses vergrößern. Der König von Frankreich braucht keinen Länderzuwachs.»

«Bravo, Herr von Noailles, hier spricht das neue Frankreich – eh?» sagte Talleyrand und schenkte dem jungen Ultra-Royalisten ein anerkennendes Lächeln. Er schwieg einen Augenblick, dann begann er seine Werbung um die französische Führerschaft der kleinen Nationen und damit um die Anerkennung Frankreichs als Großmacht. «Wir verlangen hier nichts für uns selbst», sagte er mit Bedacht. «Wir sind einzig und allein hier, um die Schwachen zu schützen und zu verhindern, daß ein neuer Koloß entsteht. Wir arbeiten für die Befriedung Europas.»

Etwas in Talleyrands Stimme sagte seinen Gästen noch mehr als seine Worte, daß dies der Augenblick sei, auf den sie gewartet hatten. Die Gespräche verstummten, und alles drängte sich um ihn. Der Kronprinz und de Ligne verließen ihre Plätze hinter den Kurlands und suchten sich Stühle mehr in der Nähe ihres Gastgebers. Die meisten anderen blieben stehen. Dorothea, ein kleines Lächeln um ihren mohnroten Mund, sank gegen die dunklen Satinkissen.

Es war der Spanier Labrador, der, mit trostlosem Ausdruck auf seinem langen, großäugigen Grandengesicht mit dem dunklen Spitzbart, den Gesprächsball aufnahm. «Ach, mein Fürst», sagte er, «die Sprache der Mäßigung, die Sie sprechen, ist eine tote Sprache in Wien.»

«Dann werden wir sie wieder zum Leben erwecken müssen, Sie und ich», sagte Talleyrand zuversichtlich und gab dem Spanier einen bedeutungsvollen Blick. Ein glänzender Mann und stolz auf Spaniens heroische Haltung im Kriege gegen Napoleon, war Labrador der wichtigste unter den Bevollmächtigten der kleinen Nationen, und viel würde gewonnen sein, hätte man ihn einmal vollkommen davon überzeugt, daß die spanischen und französischen Interessen identisch seien.

Der sächsische Bevollmächtigte sagte bitter: «Die Großen Vier haben sich zu Schiedsrichtern der Welt aufgeworfen. Macht allein zählt – genau wie unter Bonaparte. Die kleinen Nationen sind hilflos.»

«Ganz richtig – und bei der Art, wie die Großen Vier jetzt vorgehen, wird es bald kein Deutschland mehr geben, weil Preußen es ganz schlucken wird.» Der hübsche junge Herzog von Coburg heftete auf Talleyrand den flehenden Blick eines Patienten, der von seinem Arzt zu hören wünscht, er sei nicht so krank, wie er sich fühlt.

Talleyrands große weiße Prälatenhand spielte mit der goldenen Krücke seines Stockes. «Es gibt immer noch Frankreich», sagte er. «Frankreich wird Preußen nicht gestatten, Deutschland zu schlucken – eh? Ebensowenig wird Frankreich der Zerstükkelung Sachsens zustimmen.›

«Oh, ich danke Ihnen, Monseigneur, aus tiefstem Herzen», rief der Sachse freudig, als hätten Talleyrands Worte allein bereits die Gefahr von seinem Lande abgewendet.

«Die Vernichtung Sachsens», sagte Talleyrand ernst, «wäre eine unbillige, folgenschwere Sache. Das hieße handeln à la Bonaparte. Der König von Sachsen ist nicht schuldiger als andere. Vielleicht war er schwächer, aber nach der Schlacht von Lützen mußte er an Bonapartes Stern glauben – eh? – und ist nicht Sachsen immer von französischen Truppen besetzt gewesen? Ist der König je sein eigener Herr gewesen? ‹Richter nicht, auf daß ihr nicht gerichtet werdet.›»

Diesmal gab es lebhafte Zustimmung, und Graf Schulenburg,

Tränen in seinen hellen, leicht hervortretenden Augen, sagte noch einmal: «Ich danke Ihnen, oh, ich danke Ihnen, Monseigneur.»

Friedrich stand mit dem Amerikaner am Rande des Kreises, wo er alles sehen und hören konnte, und genau wie beim Empfang des Fürsten von Ligne vermochte er sich eines unwiderstehlichen Gefühls von Furcht vor diesem Manne nicht zu erwehren. Da saß er, der Vertreter Frankreichs, der Minister Bonapartes, der vor noch nicht langer Zeit ein so wichtiger Teil der Eroberungsmaschinerie gewesen war, und jetzt hingen die Fürsten und Diplomaten, die er terrorisiert hatte, an seinen Worten wie Schüler an denen eines geliebten Lehrers. In Friedrich taucht der Gedanke auf, daß irgend etwas am Siege nicht stimmen konnte – oder war es an den Siegern? –, wenn die «Befreiten» sich an die Unterdrücker von gestern um Trost wandten. Oder war es der reine Triumph der Persönlichkeit? Friedrich konnte seine Augen nicht von Talleyrand lösen, er ließ die lässige Unbefangenheit seiner Haltung, den ironischen Blick seiner blassen, halbgeschlossenen Augen, das Lächeln auf seinen Lippen, das zugleich sardonisch und verführerisch war, auf sich einwirken. Er spielt mit den Menschen, indem er sie bezaubert und beherrscht, dachte Friedrich. So sollte man es machen, aber wie wenige verstehen es! Wie wenige Köpfe überragen so die Banalität des Zeitalters!

Und zum erstenmal schoß ihm die unbehagliche Frage durch den Sinn: Kann eine Frau einem Manne widerstehen, der das personifizierte «Odi profanum vulgus» ist und bei dem diese Verachtung des Vulgären den Schein einer Tugend annimmt? Er konnte Dorotheas süßes, leicht adlerhaftes Profil sehen. Sie saß sehr still und drehte mechanisch den großen Rubin an ihrem Finger, so daß er das Kerzenlicht einfing. Sie blickte Talleyrand nicht an, und doch gab es keinen Zweifel darüber, daß ihr ganzes Sein auf jedes seiner Worte und Gesten konzentriert war. Aber bei ihr ist das nicht Liebe, sagte sich Friedrich leidenschaftlich – Bewunderung, ja, aber nicht Liebe.

«Frankreich», sagte Talleyrand, «verlangt nichts für sich selbst, aber um Europas willen widersetzt es sich der russischen Vergrößerung. Wir können nicht dulden, daß das europäische

Gleichgewicht der Mächte von neuem gestört wird – diesmal von Rußland – eh? Wir werden gern der Restauration eines unabhängigen Polen zustimmen, aber die Vereinigung ganz Polens mit dem Zarenreich werden wir nicht dulden.» Er machte eine Pause und fixierte einen nach dem anderen mit seinen weit geöffneten Augen. «Ich habe bewiesen, daß ich ein Gegner von Bonapartes System der Aggression war», sagte er feierlich, «aber wenn es einen Koloß in Europa geben soll, so wäre mir der Koloß an der Seine immer noch lieber als der an der Newa.» Er hielt inne, um seiner Herausforderung Zeit zu geben, sich einzuprägen, einer Herausforderung, die nur wenige Menschen in Wien wagen würden, vor sich selber laut werden zu lassen, geschweige denn vor anderen. Es war nicht einmal so sehr die Furcht, den bestehenden Mächten zu mißfallen. Es war vielmehr, daß man menschlich war. Zu lange war Bonaparte der Teufel und der Feind des Menschengeschlechts gewesen, zu viel Blut war vergossen worden, um ihn zu besiegen. Noch konnte man nicht ertragen, sich einzugestehen, daß noch andere Teufel in der Welt übriggeblieben waren; daß ein neuer Feind des Menschengeschlechts im Begriff war, mitten unter den Siegern über den alten aufzustehen; daß der schwere, teure Sieg über Frankreich den Geist des Angriffs und der Gewalt in Europa nicht getötet, sondern nur von Westen nach Osten verschoben hatte. Mit einem Wort, man konnte der eigenen Enttäuschung an dem Opfer noch nicht ins Gesicht sehen. Zwei Kerzen flackerten schwach und verlöschten in atemloser Stille.

Wilhelmine machte eine ungeduldige Bewegung und war im Begriff, Talleyrand in seine Schranken zu verweisen, als Pauline eine warnende Hand auf ihren Arm legte. De Lignes Augen waren belustigt, aber wachsam. Die meisten der Fürsten und Diplomaten sahen aus, als fänden sie das doch zu stark. Einen Augenblick lang schien der Ausgang in der Schwebe zu hängen. Mein Liebster, dachte Dorothea, den Rubin an ihrem Finger drehend, du bist zu weit gegangen. Bitte, bitte, lieber Gott, hilf ihm!

Dann zerbrach die Spannung. Jemand rief «Bravo!», und von allen Seiten erhob sich gemurmelte Zustimmung. Der Herzog von Coburg ging so weit, in die Hände zu klatschen, und der

Kronprinz war dicht daran, dem Beispiel zu folgen, als ihm einfiel, daß er die Schwester des Kolosses an der Newa heiraten sollte. Dorothea fühlte sich schwach vor Erleichterung. Der Sinn von Talleyrands Botschaft war verstanden worden, und die Antwort ließ keinen Zweifel offen, daß sie angenommen worden war.

«Ja», schloß Talleyrand mit einem kleinen Lächeln, «wir müssen diese triumphierenden Bajonette überzeugen, daß es gewisse unveräußerliche Rechte gibt, etwas, das weder Säbel noch Armeen noch Generale noch Schatzkammern heißt und das trotzdem mächtig ist – eh? Rechte, sage ich, Rechte.»

Was folgte, war eine Art Ovation. In einer Woge von Enthusiasmus umdrängten die Fürsten und Bevollmächtigten Talleyrand und sprachen ihr Vertrauen in seine Führung durch das Labyrinth der Wiener Machtpolitik aus.

«Nun, Liebste», höhnte Pauline ihre ältere Schwester, «habe ich dir nicht gesagt, daß alle Talley aus der Hand fressen würden, bevor der Kongreß recht angefangen hat?»

«Bisher fressen ihm nur ein paar malcontente kleine Fürsten und untergeordnete Diplomaten aus der Hand», korrigierte Wilhelmine sie scharf, sah aber bestürzt und ein bißchen nervös aus. «Schließlich, was ist schon ein besiegtes Frankreich?»

Da aber steckte de Ligne seinen schönen alten Löwenkopf zwischen die beiden Schwestern und lachte: «Glauben Sie es, schöne Wilhelmine, ein besiegtes Frankreich ist nicht viel, ein besiegtes Frankreich aber, das die kleinen Nationen hinter sich hat, wird die Großen Vier schlaflose Nächte kosten. Ach, unser Herr von Bénévent!»

Im gleichen Augenblick ergriff der sächsische Bevollmächtigte Talleyrands Hand und drückte sie gegen sein Herz. «Alles ist anders jetzt, da wir den Mann gefunden haben, der uns gegen russische und preußische Raubgier verteidigen wird!» rief er begeistert aus.

«Ich danke Ihnen.» Talleyrands belustigter Blick ging über ihn hinweg zu Dorothea mit der Frage: War ich gut? Sie nickte fast unmerklich und versicherte damit, daß er sich selbst übertroffen habe. Es war ein leuchtender Augenblick für sie. Sie konnte sich nicht vorstellen, daß sie sich je wieder unsicher fühlen würde. Sie fürchtete weder die Launen des Schicksals noch den Tod. Sie teilte mit ihm eine Macht, die sie über die Gesetze der Natur zu erheben schien, nicht zu reden von den Gesetzen der Menschen.

5

Mitternacht war vorüber, und das Palais Kaunitz hatte sich zur Ruhe begeben, doch aus dem Fenster ihres Wohnzimmers sah Dorothea Licht in Talleyrands Arbeitsraum. Als die Gesellschaft aufbrach, hatte Talleyrand Labrador zurückgehalten, und sie saßen noch zusammen hinter verschlossenen Türen, wahrscheinlich damit beschäftigt, einen gemeinsamen Aktionsplan auszuarbeiten. Einen Augenblick spielte Dorothea mit dem Gedanken, ihm eine Zeile zu schicken, er möge zu ihr kommen, wenn Labrador fort sei. Aber sie besann sich eines Besseren. Seit jenem denkwürdigen Gespräch, als sie ihm seine Liebe gestanden hatte, herrschte zwischen ihr und Talleyrand, sobald sie sich allein sahen, eine gewisse Spannung – eine Spannung, die fast unerträglich wurde zur Nachtzeit, in der suggestiven Abgeschlossenheit dieses weiten hallenden Palastes. Es entstanden lange Pausen, geladen mit einer Bedeutsamkeit, die keiner von ihnen mit Namen zu nennen wagte, und sie machten ihr «Gute Nacht» so kurz wie möglich, wenn er sie zu ihrem Zimmer begleitete. Für Dorothea war diese Spannung zwischen ihnen, so unbehaglich sie im Augenblick war, ermutigend. Es zeigte, daß er ihr gewahr war; es bewies ihre Anziehungskraft auf ihn. Eines Tages würde seine Selbstdisziplin zerbrechen, und nichts auf Erden könnte sie länger voneinander fernhalten.

Einen der Walzer summend, die man von kleinen Musikkapellen an jeder Wiener Straßenecke hörte, ging sie zum Bücherbrett, um sich eine Lektüre zum Einschlafen zu suchen. Die Tür zum Ankleidezimmer stand offen, und bei ihrem Schritt fuhr Anja, ihre Kammerfrau, hastig von dem Stuhl auf, in dem sie vor dem Feuer geschlummert hatte.

«Du weißt, ich will nicht, daß du nachts auf mich wartest», sagte Dorothea streng. «Dafür sind Victoire und Elvire da.»

«Es ist wegen der Rubine – die Mädchen sind so nachlässig.»

«Sorge dich nicht um die Rubine. Es hat keinen Sinn, daß du ihretwegen deinen Schlaf versäumst.» Dorothea stand vor dem langen Spiegel, während Anja liebevoll die leuchtenden Schmuckstücke von ihrem Ausschnitt löste und sie in ihre samtgefütterten Lederkästen verwahrte. Sie setzte sich an den Toilettentisch und überließ ihr Haar Anjas raschen hundert Bürstenstrichen. «Das Diner war ein großartiger Erfolg, Anja», plauderte sie währenddessen fröhlich, «ich freue mich für Seine Durchlaucht.»

«Mmmm», war die einzige Antwort der Alten.

«Warum bist du so brummig? Hast du mich nicht mehr lieb?» Dorothea lachte ihr im Spiegel zu.

«Unsinn, Kind. Natürlich habe ich dich lieb. Das ist es gerade. Ich sorge mich.»

«Sorgen – warum?»

Anja wand um Dorotheas Locken ein Bandeau vom gleichen bleu Natier wie der Gürtel ihres Nachtgewandes. Endlich sagte sie: «Ein Kurier aus Löbichau ist heute abend gekommen. Ich war unten, als er eintraf.»

«Schon wieder?» fragte Dorothea, noch ahnungslos.

«Ihre Hoheit hat den Jungen ihres ersten Stallknechtes geschickt, Ferdinand. Nur ist er kein Junge mehr, obwohl es mir wie gestern vorkommt, daß ich auf seiner Taufe in Sagan war. Nun, Ferdinand erzählte, daß die Reisekutsche instand gesetzt wird, und die Mädchen packen wie die Wilden. Ihre Hoheit will nächste Woche nach Wien abreisen.»

Dorothea saß stocksteif, ihr Gesicht war plötzlich ohne einen Blutstropfen: «Ich glaube es nicht. Bringe ihn her. Ich will selbst mit ihm sprechen – sofort!»

«Er ist nicht mehr im Hause. Er hatte einen Brief für die Herzogin von Sagan und meinte, er könne ebensogut dort zur Nacht bleiben.»

«Mama kann nicht kommen – sie kann nicht – nicht jetzt!» Dorotheas Faust trommelte auf die Armlehne ihres Stuhles.

«Rege dich nicht auf, ich bitte dich, Kind», sagte Anja ängstlich und drückte sie an ihren großen gestärkten Busen. «Vielleicht ist es nicht wahr. Vielleicht reist Ihre Hoheit nach Paris oder Berlin oder Warschau – irgendwohin. Es muß ja nicht gerade Wien sein. Geh jetzt zu Bett, und ich bringe dir ein schönes Glas Milch.»

Aber Dorothea wand sich aus Anjas Umarmung, stürzte zum Fenster und zog die Vorhänge zurück. Das Licht brannte noch in Talleyrands Arbeitszimmer. «Stelle fest, ob der Fürst noch Besuch hat oder ob er allein ist», befahl sie und warf den Frisiermantel ab.

«Sei ein gutes Kind, geh zu Bett», flehte die alte Frau.

«Geh!» schrie Dorothea und stampfte mit dem Fuß, der in einem dafür ungeeigneten weißen Satinpantoffel steckte.

Während Anja davoneilte, riß Dorothea ein Hauskleid von einem Stuhl und warf es über. Es war ein langes, streng geschnittenes weißes Kaschmirgewand mit einer hermelingefütterten Kapuze im Rücken und weiten hermelinverbrämten Ärmeln. Ich muß ruhig sein, befahl sie sich, als ihre zitternden Finger an den Schließen herumhantierten.

«Seine Durchlaucht ist allein», meldete Anja atemlos. «Ich sah den anderen Herrn fortgehn.»

«Gut!» Dorothea nahm den Leuchter aus Anjas zögernder Hand und schritt zur Tür.

Der rötliche Schein des ersterbenden Feuers im Kamin, das flakkernde Licht der niedergebrannten Wachskerzen, die halbgeleerten Gläser mit Orangeade gaben Talleyrands Kabinett ein müdes Aussehen. Eine welkende Rose in einem schlanken böhmischen Kelchglas streute gelbe Blütenblätter über die Papiere auf dem Boule-Tisch. Talleyrands eigene Erscheinung jedoch hatte keinen Teil an dieser allgemeinen Auflösung. Noch völlig angezogen, die Brust mit den edelsteinflimmernden Ordenssternen der kleinen Nationen bedeckt, die hohe Halsbinde und das gekräuselte Spitzenjabot so untadelig wie zu Beginn des Abends, so saß er vor dem Tisch. Nie war ein Gesicht weniger ein Barometer als das seine.

«Oh, Sie sind es, meine Liebe, wie reizend – eh?» Er begrüßte Dorothea heiter, obwohl irgend etwas an ihrem unangemeldeten Erscheinen ihn mit Besorgnis erfüllte. «Gerade überlegte ich mir, ob es zu spät sei oder nicht, Ihnen das Ergebnis dieses denkwürdigen Diners zu berichten.»

Dorothea blies ihre Kerze aus und stellte sie auf den Kaminsims: «Das Ergebnis war ausgezeichnet, nehme ich an.» Sie schritt zum Boule-Tisch hinüber und blieb dort stehen, seine papierbedeckte Breite zwischen sich und ihm.

«Über meine höchsten Erwartungen hinaus», erklärte er, ihren spröden Ton ignorierend. «Labrador ist vollständig gewonnen, und mit ihm gehen der Portugiese und die übrigen Bevollmächtigten der kleinen Nationen. Was Frankreich praktisch zum Haupt einer neuen Koalition von Staaten macht, jeder einzelne von ihnen allerdings klein, aber gemeinsam nicht zu verachten, besonders unter einer starken Führung – eh? Es ist eine vollständig neue Konstellation, die den Großen Vier gegenübersteht.»

«Meinen Glückwunsch», sagte sie im selben spröden Ton und dann ohne Übergang: «Ist es wahr, daß Mama nach Wien kommt?»

«Ihre Mutter? Nach Wien? Wirklich – eh?» fragte er unschuldig, und da in diesem Augenblick die Herzogin von Kurland wirklich fern von seinen Gedanken war, so war seine Überraschung nicht einmal geheuchelt.

«Lieber Himmel, jetzt fällt es mir wieder ein, man sagte mir, während Labrador hier war, ein Kurier sei gekommen – der Brief muß irgendwo stecken.» Er wühlte unter seinen Papieren und förderte ein versiegeltes Schreiben zutage.

Dorothea beobachtete ihn, wie er das Siegel erbrach. Es lag ein schwacher Trost in der Tatsache, daß er über seiner Beschäftigung mit den kleinen Nationen Mamas Brief vollständig vergessen hatte. Wenn er sie wirklich liebte, würde das nicht passieren.

Talleyrand durchflog das Schreiben durch sein gold- und schildpattbesetztes Lorgnon und sagte mit gerade der richtigen Schattierung von Enthusiasmus: «Was für eine Überraschung! Ihre Mutter kündigt ihre Ankunft hier für nächste Woche an. Das ist alles, was sie schreibt. Für Einzelheiten weist sie uns an Wilhelmine. Sie gedenkt bei ihr zu wohnen.»

Er lehnte sich in seinen Stuhl zurück, wirbelte das Lorgnon an seinem langen Stiel und lächelte Dorothea ermutigend zu. Beim Anblick ihres steifen weißen Gesichtes fühlte er einen plötzlichen Stich von Reue. Die Nachricht hatte sie arg getroffen. Wenn sie nur etwas sagen wollte. Gewöhnlich gelang es ihr rasch, sich zusammenzunehmen und ihre Enttäuschung zu verbergen. Er brauchte nur an neulich abend zu denken. Nein, lieber nicht an neulich abend denken!

Das Knistern der verglimmenden Asche auf dem Rost und das leise Klirren der Ordenssterne auf seiner Brust waren die einzigen Geräusche im Raum. Dorothea stand regungslos, die Arme in den weiten pelzbesetzten Ärmeln ihres Gewandes gekreuzt. Etwas würgte ihr in der Kehle und machte das Atmen schwer. Endlich zwang sie die Worte über ihre kalten trockenen Lippen.

«Sie müssen Mama bitten, nicht nach Wien zu kommen, mon oncle, oder ich werde abreisen.»

Obgleich er nun schon an Unerwartetes von ihr gewöhnt war, konnte er zuerst doch kaum glauben, recht gehört zu haben. Nach einer kleinen Pause sagte er geduldig: «Es würde mir nicht möglich sein, die Pläne Ihrer Mutter zu durchkreuzen, selbst wenn ich es wollte, und ich sehe nicht ein, warum ich es tun sollte – eh?»

Bei seinem leicht belustigten Ton flammte ihr Zorn auf: «Wenn Sie und Mama Lust haben, zur Erheiterung der Nationen beizutragen, indem Sie Ihre mottenzerfressene Liebesgeschichte dem Kongreß vorführen, kann ich Sie nicht daran hindern. Aber ohne mich. Ich will mich nicht zum Gespött machen lassen.»

Kaum waren diese Worte ihrem Munde entfahren, so hätte sie viel darum gegeben, sie ungesagt zu machen. Es machte ihr nichts, Talleyrand zu verletzen. Im Gegenteil, das genoß sie in diesem Augenblick. Auch störte sie es nicht, daß sie roh eines der Tabus guter Manieren verletzt hatte, die Talleyrand so teuer waren, indem sie sein Verhältnis zu ihrer Mutter beim wahren Namen genannt hatte, noch dazu in so verletzenden Ausdrükken. Sie war jenseits von Geschmacksfragen. Was sie aber wirklich erschreckte, war, daß sie den dümmsten, nichtigsten Grund für ihre Erregung angegeben und dadurch alles auf eine falsche Ebene geschoben hatte. Tatsächlich war Talleyrands Affäre mit ihrer Mutter, jederzeit mit dem größten Decorum geführt, zu wohlbekannt, um in der europäischen Gesellschaft Interesse zu erwecken. Wenn sie wirklich vermeiden wollte, in Wien ins Gerede zu kommen, woran ihr aber gar nichts lag, so war die Gegenwart der Mutter in Wien eher zu begrüßen, insofern, als sie geeignet war, umlaufende Spekulationen über ihre eigenen Beziehungen zu Talleyrand zum Schweigen zu bringen. In Wahrheit gab es nur einen Grund für ihre Panik – denn Panik war es –, nämlich Eifersucht. Sie liebte Talleyrand schon so lange, hatte so ungeduldig auf ihn gewartet, hatte alles auf die eine Karte gesetzt, ihn endlich einmal für sich allein zu haben. Aber mit der Mutter in der Nähe hätte sie nicht einmal die Chance, um ihn zu kämpfen. Und sie wußte, daß Talleyrand es wußte. Sie hatte sich vollständig ausgeliefert. Das überwältigende Gefühl von Scham und Demütigung, Selbstmitleid über das Zerbrechen fast schon verwirklichter Hoffnungen, das herrlich wilde Freiheitsgefühl, das von äußerster Verzweiflung ausgelöst wird, zerstörte die letzten Bollwerke ihrer schon schwer erschütterten Selbstbeherrschung.

«Warum sagen Sie nichts?» höhnte sie und klammerte sich an den Tisch, so daß die scharfen Bronzebeschläge ihr in die Handflächen schnitten. «Oder versuchen Sie an mir das berühmte verächtliche Schweigen, das Napoleon in seine Schranken weisen sollte? Es gelang allerdings nicht. Er gab Ihnen alle Schimpfnamen unter der Sonne, bevor er mit Ihnen fertig war. Verräter nannte er Sie. Verräter, der jeden unglücklich macht, der Ihnen vertraut. Und das tun Sie, das tun Sie...» Atemlos hielt sie inne, und ehe sie wußte, was sie tat, hatte sie das böhmische Glas mit der welkenden gelben Rose ergriffen. Das kreischende Splittern von Glas gegen Marmor, ein dünnes Wassertröpfeln den Kamin herunter, und die Rose verkohlte auf der Asche.

Noch immer sagte Talleyrand nichts, sondern wirbelte nur das Lorgnon rund und rund um seinen langen Stiel. Nie hatte er eine Frau so außer sich vor Zorn gesehen, nicht einmal auf der Straße. Von Kopf zu Füßen zitternd, die riesigen schwarzen Augen wie Kohlen in ihrem weißen Gesicht, sah sie aus, wie er sich die Furien der Mythen vorstellte. Und nie war sie ihm so schön und so begehrenswert erschienen. Die Schmähungen, die sie auf ihn häufte, verletzten ihn nicht im geringsten. Im Gegenteil, sie rührten ihn unsagbar. Die Süße! Wie sie ihn liebte! Ihn verlangte, sie an sich zu reißen, sie in seinen Armen vergessen zu lassen, was sie durch ihn gelitten. Warum gegen eine so sublime und so unentrinnbare Liebe kämpfen? Warum sich ihr nicht ergeben? Doch dann erinnerte er sich, daß er es nicht wagte.

Endlich sagte er mit seiner trägen Stimme: «Da Sie selber davon sprechen, Madame, muß ich zugeben, daß ich mich an Bonapartes shakespearische Ausbrüche erinnert fühle. ‹Wie schade, daß ein so großer Mann so schlecht erzogen ist!› kommentierte ich nach einem von ihnen. Und er warf nicht einmal mit Gegenständen – eh? Ich nehme an, das ist eine slawische Zutat...»

«Hören Sie auf! Hören Sie auf!» Sie brach in leidenschaftliches Weinen aus.

«Dorothée, Kind, dies sollte ein kleiner Scherz sein, um Sie zum Lachen zu bringen. Verzeihen Sie mir!» Ach, sie in seine Arme nehmen, ihr die Tränen wegküssen! Er machte eine Bewegung, um aufzustehen, sank jedoch zurück. Er wußte, er würde sie nie gehenlassen können, wenn er sie nur berührte.

Dorothea war zu einem weißen Häuflein in dem Stuhl zusammengesunken, in dem sonst La Besnardière so würdig saß. Seit Jahren hatte sie nicht mehr geweint – nicht mehr, seitdem die Mutter sie gezwungen, Adam Czartoryski aufzugeben und Edmond zu heiraten. Aber jetzt war es, als könnte sie nicht mehr aufhören. Kleine salzige Bäche rannen ihre Wangen und ihre Nase herab, hin und wieder trocknete sie sie mit ihrem Pelzärmel, aber immer waren frische da.

«Nehmen Sie mein Taschentuch, ich habe es nicht benutzt.» Er schob es ihr hilfreich über den Tisch zu.

«Danke.» Sie schnaubte ihre Nase in dem großen Quadrat von dünnem, ambraduftendem Batist. Ihr Zorn war verraucht. An seiner Stelle war eine große Leere und eine grausame, hoffnungslose Klarheit, und jeder Versuch zu heucheln schien völlig sinnlos. Im Ton ruhiger Resignation sagte sie: «Sie selbst haben Mama kommen lassen. Ich weiß es.

Sie haben es an jenem Abend getan...»

«Nein, das habe ich nicht», unterbrach er sie, sich kaum seiner Lüge bewußt. «Ich weiß nicht, was Sie auf solche Gedanken bringt – eh? Schließlich gibt es Hunderte Gründe für Ihre Mutter, nach Wien zu kommen, nicht als letzten die Tatsache, daß ihre vier Töchter hier sind und daß Wien – zumal jetzt – amüsanter ist als Löbichau – eh?»

«Sie meinten», fuhr sie fort, als hätte er überhaupt nicht gesprochen, «daß, wenn Mama hier wäre, Sie unsere eigene Beziehung zu – wie soll ich sagen? – zum Status quo ante zurückdrehen könnten. Nun, das können Sie nicht. Wenn Mama wirklich kommt, reise ich ab, aber ich gehe nicht nach Frankreich zurück. Ich werde nach Berlin gehen. Ich habe immer das Kurland-Palais Unter den Linden geliebt, und es ist mein persönliches Eigentum. Von da aus werde ich die Annullierung meiner Ehe betreiben und rechne darauf, daß die Gerichte mir die Kinder lassen werden, mindestens solange sie klein sind.»

«Solche Repressalien, meine Dorothée! Sie werden nicht erwarten, daß ich sie einen Augenblick ernst nehme, nicht wahr? Morgen früh werden Sie selbst darüber lachen, einen Berg aus einem Maulwurfshügel gemacht zu haben.»

«Es handelt sich nicht um Repressalien, mon oncle. Wie ich Ihnen neulich abend sagte, bin ich nur bei Edmond geblieben, weil ich Sie liebte und weil ich hoffte, daß eines Tages ...» Sie zuckte die Schultern.

Eine Weile herrschte Schweigen. Welch eine lächerliche Rolle für mich, dachte Talleyrand, die Rolle eines alten vorsichtigen Joseph gegenüber dieser jungen entschlossenen Mme. Potiphar. Aber ich werde mich nicht in irgend etwas hineinmanövrieren lassen, nicht einmal durch meinen Horror vor dem Lächerlichen. Er blickte standhaft von ihr weg.

«Verzeihen Sie meine Unbeherrschtheit», sagte Dorothea endlich. Sie ging zum Kamin hinüber. «Ihr Wort über Bonaparte paßt nur zu gut auf mich. Meine einzige Entschuldigung ist der Schock. Ich hatte so viel von Wien erhofft.» Sie sprach über ihre Schulter, während sie ihre Kerze anzündete.

«Dorothée, warten Sie, ich begleite Sie.» Er erhob sich, aber ehe er noch um den Tisch herum war, stand sie schon an der Tür.

«Ich finde meinen Weg allein, danke.» Die kleine weiße Gestalt mit dem großen Leuchter in der Hand wandte sich einen

Augenblick um, erstarrt in der Haltung, wie die frühen deutschen Bildhauer sie den kindhaften Engeln gaben, die sie in die Pfeiler ihrer Kathedralen einfügten. Dann war sie fort.

6

Im morgendlichen Helldunkel von Fürst Kaunitz' üppigem Schlafzimmer sah Talleyrand sehr wie ein Abbé des 18. Jahrhunderts aus. Spitzen schmückten seine Hemdkrause, Spitzen überfielen seine Handgelenke, und die Weiträumigkeit des Riesenbettes unterstrich noch die zähe Schlankheit seines Körpers. Die Vorhänge waren zwar zurückgezogen, aber nur seltene Sonnenstrahlen filterten durch die halbgeschlossenen Rolläden. Einer davon tupfte einen hellen Fleck in sein volles Haar. Ungepudert war der Fürst immer noch blond.

«Courtiade», rief er und bewegte schon zur gleichen Zeit ungeduldig die kleine Silberschelle auf dem Nachttisch.

Der alte Diener eilte herein. «Ich dachte, die sächsische Exellenz sei immer noch bei Euer Durchlaucht», flüsterte er entschuldigend.

«Wie oft habe ich dir gesagt, du sollst nicht denken?! Aber das ist jetzt gleich – geh sofort zu Mme. Edmond: meine Aufwartung, und ob ich mit ihr frühstücken könnte.»

«Das heißt, zu Mittag, Durchlaucht?»

«Nein, so bald wie möglich. Wie spät ist es überhaupt? Neun Uhr dreißig? Ich könnte also um zehn Uhr dreißig frühstükken.»

«In einer Stunde Toilette machen?» fragte der entsetzte Diener.

«Ganze Völkerschaften sollen das angeblich können, wie es heißt – oder?»

«Aber das haben Euer Durchlaucht noch nie getan; nicht einmal während der Revolution oder in Amerika. Zwei Stunden –: das ist das mindeste, was ich brauche, um Euer Durchlaucht richtig zu bedienen.»

«Du fragst Mme. Edmond, ob ihr das Frühstück um zehn Uhr dreißig passen würde, und jetzt geh! Langweile mich nicht länger!»

Und während der Diener verschwand, Mißbilligung in jeder Falte seines Gesichtes, legte sich Talleyrand wieder in die hohen Kissen zurück und schloß die Augen. Diesen Morgen hatte es noch mehr als die gewöhnlichen Störungen und Unannehmlichkeiten gegeben. Der Bevollmächtigte Sachsens hatte darauf bestanden, ihn zu so unchristlicher Stunde sprechen zu wollen, und das Ergebnis seines Besuches war, daß Talleyrand sich jetzt um drei Millionen reicher fand als vorher – ein ermunterndes Zeichen, was seine finanzielle Ausbeute bei diesem Kongreß anbetraf. Nicht nur, daß seine sächsische Majestät mehr in Aussicht gestellt hatte, vorausgesetzt, daß es Talleyrand gelingen würde, sein Land vor den Preußen zu retten; es bestand auch begründete Hoffnung, daß die deutschen Fürsten vom zweiten und dritten Range, die ihre Miniaturthrone so leidenschaftlich zu erhalten wünschten, mit «diplomatischen Trinkgeldern» nicht geizen würden. Auch die Angelegenheit mit dem Königreich Neapel versprach einiges abzuwerfen. Falls, wie zu hoffen stand, der Kongreß Murat fortjagen und durch Ferdinand IV. ersetzen würde, sollte dieser unappetitliche Bourbone ihn, Talleyrand, für seine Bemühungen entsprechend entlohnen. Natürlich hätte sich Talleyrand auch ohne Bezahlung nachdrücklich für die Rechte des Königs beider Sizilien eingesetzt, genauso wie für den König von Sachsen und dessen kleinere deutsche Kollegen; finanzielle Erwägungen beeinflußten seinen Glauben an das Legitimitätsprinzip nicht. Dennoch war Geld ein recht wünschenswertes Nebenergebnis bei politischen Bemühungen und Erfolgen. Man muß grundsätzlich ein großes Vermögen besitzen; das war immer seine Überzeugung gewesen, und er hatte auch wirklich danach gehandelt. Seine beträchtlichen Einkünfte aus den jahrelang von ihm verwalteten hohen Staatsämtern, die großen Geschenke – oder Bestechungsgelder, gleichgültig, wie man sie nennen wollte –, die er von dankbaren oder erschreckten Regenten entgegengenommen hatte, umfassende Wechselgeschäfte, die ihm seine Kenntnis kommender politischer Veränderungen ermöglicht hatte, all das hatte sich zu märchenhaftem Reichtum summiert. Trotz großer Verluste durch Bankerotte von Bankhäusern, trotz einiger eigener Fehlkalkulationen – er hatte sein Vermögen dreimal neu aufbauen müssen –

verfügte er zur Stunde wieder über etwa hundert Millionen Franken. Und es hatte ganz den Anschein, daß er gar nicht vermeiden könnte, auch aus diesem Kongreß viel Geld zu schlagen, selbst wenn er es zu vermeiden gesucht hätte. Was er indessen gar nicht beabsichtigte. Trotzdem war er nicht halb so befriedigt, wie er es eigentlich hätte sein müssen. Die Unruhe wegen Dorothea, und was sie vorhaben könnte, lauerte immer im Hintergrund seiner Gedanken. Er hatte den Geschenke bringenden Sachsen verabschiedet, so schnell er konnte, ohne direkt undankbar zu erscheinen. Er mußte unbedingt Dorothea sehen...

«Mme. Edmond ist in den Prater ausgeritten. Die Zofe weiß nicht, wann sie zurück sein wird. Madame folgte einer Verabredung zum Frühstück in einem der Pratercafés», meldete Courtiade feierlich.

«Ah, gut.» Noch einmal schloß Talleyrand die Augen. Die kleine Hexe, dachte er ärgerlich, peinigt mich halb zu Tode und reitet dann im Prater umher, als sei nichts geschehen. Er fühlte sich plötzlich recht übermüdet, und nach einer so schlecht verbrachten Nacht war das ja auch kein Wunder. Wach gelegen hatte er, sich mit allen möglichen niederdrückenden Gedanken herumgeschlagen und endlich beschlossen, der Herzogin von Kurland einen Brief zu schreiben: Sie möge lieber nicht nach Wien kommen. Aber auch dabei kam er nicht über die ersten Zeilen hinaus. Ihm fiel einfach kein einziger einigermaßen stichhaltiger Grund ein, oder keiner, der nicht eine Kränkung bedeutet hätte. Als er endlich das Licht löschte und schlafen wollte, kam dann wieder Dorotheas Drohung, ihn zu verlassen, und er fühlte die Beklemmung wie einen Alp. Es war durchaus zweierlei: ihr ins Gesicht hinein über solche Drohung zu lachen oder mit dem quälenden Gedanken daran hier die ganze lange Nacht wach zu liegen. Gegen halb sechs war er soweit, daß er fest davon überzeugt war, es würden jetzt drüben bei ihr die Koffer gepackt. Der Gedanke beunruhigte ihn so, daß er aufstand, den Schlafrock überwarf und hinauseilte. Diener in grünen Friesschürzen traf er, mit wespenhaft schwarz-gelb gestreiften Westen, die auf lappenumwickelten Schuhen die Parkettböden polierten und ihm verblüfft nachsahen, wie er zu Dorotheas Zimmer hinüberging. Von drinnen war kein Laut zu hören. Unermeßlich erleichtert, kehrte er wieder um und fand dann doch noch einigen Schlaf. Es war keine Art, eine Nacht so zu verbringen. Talleyrand fühlte sich zerschlagen und erbittert, und der Gedanke, daß Dorothea unterdessen im Prater herumritt und frühstückte, besserte seine Laune nicht. Wie hatte er ihre Worte nur buchstäblich ernst nehmen können! Wahrscheinlich hatte sie ihre Drohung schon wieder vergessen, noch ehe sie die Tür zwischen ihnen zugeworfen hatte, und die ganze Nacht wie ein Murmeltier geschlafen. Seine Ungewißheiten wurden von Courtiade unterbrochen, der ihm auf silbernem Tablett einen lavendelfarbenen Briefumschlag brachte. «Von der Herzogin von Sagan – der Diener wartet unten auf Antwort», erklärte er und reichte dem Fürsten ein anderes Tablett mit den Schreibutensilien.

Auch das hat sicher mit Dorothea zu tun, dachte Talleyrand und überflog hastig Wilhelmines Billett. Aber er war enttäuscht, es handelte sich nicht um Dorothea. Wilhelmine wollte mir ihrem *lieben* Fürsten sprechen; sobald es ihm nur irgend möglich wäre; heute, jetzt gleich. So schrieb Talleyrand denn eine kurze, aber nachdrückliche Antwort. Nichts auf Erden, schrieb er, würde ihn daran verhindern, sich der schönen Herzogin noch heute vormittag zu Füßen zu werfen. Und es war nicht einmal übertrieben: Wilhelmines so nachdrückliches Begehr hatte seine Neugier ungemein erregt. An sich mochte sie ihn gar nicht – wenigstens grundsätzlich. Was sollte also diese plötzliche Freundschaftsouvertüre? Sollte sie ihm etwas von Metternich oder vom Zaren ausrichten? Oder würden ihre Mitteilungen schließlich doch Dorothea betreffen?

Als Talleyrand sich zwei Stunden später bei Wilhelmine einfand, traf er sie auf einem hochlehnigen Sofa in der Pose, die Madame Recamier in Mode gebracht hatte. Sie trug ein weißes, golden gegürtetes Gewand in dem, was man damals für griechischen Stil hielt; es legte sich eng um ihre hohe, schöne Gestalt, und ihre bloßen Füße – schmal und mit hohem Spann – staken in Kothurnen aus vergoldetem Glacéleder. Sie war scheinbar in ein Buch vertieft und heuchelte beim Anblick Talleyrands ein süßes, kindliches Erstaunen – als ob sie ihn und seinen angeforderten Besuch gänzlich vergessen hätte. Dann hauchte sie vornehm und träge: «Ach, Fürst, man hätte Sie tatsächlich mit Ihrem Napoleon nach Elba schicken sollen.»

Ihre künstliche Grobheit amüsierte ihn, und er beschloß mitzumachen. «Was habe ich nun wieder verbrochen?» fragte er ernst, indem er sich über die lässig dargebotene Hand beugte.

«Setzen Sie sich, und ich will's Ihnen sofort sagen. Ein Glas Tokaier? Schenken Sie sich bitte selbst ein, und mir auch eins. Die Bisquits kann ich empfehlen, obgleich ich fürchte, ihr Carême würde nicht viel davon halten.»

Sie winkte ihn in einen Sessel, der von zwei Sphinxen getragen wurde. Weinkaraffe und Gläser standen auf dem kleinen Tischchen zwischen ihnen. Nach einiger Überlegung hatte Wilhelmine beschlossen, ihren alten Talley in dem sogenannten Frühstückszimmer zu empfangen, einem kleinen Salon, den die Landschaften seiner Wandgemälde luftiger und größer machten, als er wirklich war. Durch einen perspektivischen Trick hatte der Maler erreicht, daß man sich auf der Lichtung eines romantischen, jungfräulichen Waldes glaubte, mitten zwischen üppigem Laubwerk und einem Gewirr exotischer Blumen.

«Ich bin wirklich sehr böse auf Sie, Fürst», begann sie die Unterhaltung. «Warum mußten Sie Mama den Gedanken in den Kopf setzen, auch nach Wien zu kommen?»

«Wer sagte Ihnen, daß ich das war, Madame?» fragte er behutsam.

«Mama selbst. Sie schreibt, daß Ihre Briefe ganz deutlich erkennen lassen, daß Sie sie zu Ihrer Unterstützung hier in Wien unbedingt benötigen.» Sie machte eine Pause, und als er immer noch schwieg, fügte sie streng hinzu: «Ich brauche wohl nicht zu sagen, daß Sie meiner Ansicht nach hier schon viel zuviel Erfolg haben – auch ohne jemanden zur Unterstützung.»

«Ihr Lob ermutigt mich ungemein.» Er schnippte ein Bisquitkrümchen vom Aufschlag seines langen pflaumenfarbenen Überrockes.

Aber sie ignorierte seinen Spott. «Ich bete Mama natürlich an. Das tun wir ja alle. Aber, ganz offen: daß sie jetzt kommt, ist zu ärgerlich! Dazu will sie noch bei mir wohnen, wo doch jetzt schon alles hier überfüllt ist. Und mit wenig Raum ist Mama ja nicht zufrieden. Sie wird ihren ganzen Haushalt wieder mitbringen wollen. Sie kennen sie ja. Niemand darf jemals vergessen, und am allerwenigsten sie selbst, daß sie einmal die regierende Herzogin von Kurland war.»

«Ihre Mutter würde sich wahrscheinlich in einem eigenen Haus oder Palais wohler fühlen, wie?» deutete er verständnisvoll an, und fragte sich immer noch, worauf Wilhelmine nun eigentlich hinauswollte.

«Ja, das ist es doch eben!» klagte sie, «ein Haus oder selbst eine Suite von Zimmern ist doch unmöglich zu finden. Die Leute schlafen in den Gasthäusern auf den Billards und Tischen. Wir sind in einer abscheulichen Lage, und daran sind nur Sie schuld – ich meine, daß Mama auf einmal auch noch kommen will, daran sind Sie schuld. Und weil das so ist, müßten Sie sie eigentlich bei sich im Palais Kaunitz aufnehmen.»

Ach so, dachte er, das will sie oder sagt wenigstens zunächst so. Aber das kommt gar nicht in Frage. Das kann ich Dorothea nicht antun, und ich habe überhaupt keine Lust dazu. Laut antwortete er geschmeidig: «Nichts wäre Dorothea und mir lieber, als Ihre Mutter bei uns in der französischen Gesandtschaft aufzunehmen. Aber ich fürchte, das können wir um ihrer selbst willen nicht tun. Ihre Mutter darf auf keinen Fall das Mißfallen des Zaren herausfordern; Sie wissen ja, daß ihre Besitzungen hauptsächlich in Rußland liegen. Da ist es wohl besser, daß sie sich nicht allzu eng mit den Franzosen engagiert. Wie die Dinge sich zur Zeit anzulassen scheinen, wird der Zar im Verlauf des Kongresses den Franzosen ja nicht allzu hold werden – oder?»

«Ach, ich fürchte, Sie haben recht, Fürst. Von dieser Seite hatte ich es noch nicht betrachtet.» Wieder ein Punkt für Talley, dachte sie ärgerlich. Wo der größte Teil ihrer Güter in Rußland lag, waren sie tatsächlich völlig vom Zaren abhängig – mit Ausnahme Duschkas natürlich, deren Besitzungen meist in Preußen lagen, die Glückliche! Man wußte niemals, woran man mit Alexander war; es war ja nicht das erste Mal, daß das Damoklesschwert der Güterkonfiskation über ihnen hing. Wilhelmine seufzte ein bißchen. Der Zar war schwierig genug, schon ohne daß Mama den Fall noch mehr komplizierte.

Bis jetzt hatte das Idyll von Ratiborsitz noch keine Fortsetzung gefunden. Alexander hatte sie seitdem erst einmal besucht und dabei noch die ganze Zeit ständig gegen Metternich geredet. Die Bagration sah er dagegen andauernd, und vorgestern nacht erst hatte er drei Stunden mit ihr in ihrem Boudoir verbracht «im Negligé». Die Bagration hatte ihr die Freudenbotschaft persönlich mitgeteilt und unschuldig hinzugefügt: «Honny soit qui mal y pense.» Das war allerdings zuviel für Wilhelmine gewesen. «Ach, das ist aber schade, Liebste», hatte sie mitfühlend gemeint, «aber da mußt du doch schuld sein: Du weißt, es gibt eigentlich gar keine schwachen Männer – höchstens ungeschickte Frauen.» Ihr Gespräch mit dem Zaren dagegen hatte sich bloß um Wien gedreht, aber Alexanders Abfall von ihr war leider eine Tatsache. Das nützte die Bagration jetzt natürlich aus, und wie die Menge ja immer den Erfolg anbetet, war man jetzt schon allgemein für die «russische Andromeda» und gegen die «Kleopatra von Kurland» (so wurden die beiden von den Klatschbasen genannt). Natürlich blieb ihr als letzte Zuflucht immer noch Metternich übrig. Der liebe Clemens! Er betete sie an, und er war der hübscheste Mensch in der ganzen Christenheit – und Staatskanzler von Österreich war er auch und ein angenehmer Liebhaber, ja – und langweilig war er ihr schon, buchstäblich zum Weinen.

Und plötzlich begann Wilhelmine zu kichern. An sich ging es Talley gar nichts an, aber warum sollte sie es ihm eigentlich nicht sagen? Mit Zurückhaltung und Verschwiegenheit kam man immer nur bis zu einem bestimmten Punkt und dann nicht weiter. Sie hatte die Zurückhaltung satt. «Ich will ganz offen sein, Fürst», sagte sie mit einer neuen, vertraulichen Stimme und wandte ihm den Veilchenglanz ihrer Augen voll zu. «Ich war eigentlich sehr froh, daß Mamas Ankunft mir einen Vorwand gab, nach Ihnen zu schicken.»

«Die Tochter der Herzogin von Kurland, die Schwester Dorotheas, braucht doch keinen Vorwand, um mich zu jeder Tages- oder Nachtzeit sprechen zu können.»

«Aber ich brauchte einen Vorwand, mir selbst gegenüber.»

Ein erwartungsvolles Schweigen folgte. Irgendwo zirpte eine Uhr, und ein Straßenhändler rief seine Waren aus. Also das will sie, dachte er und ließ den Blick auf einer besonders herausfordernd roten Blume an der Wand ruhen.

Plötzlich sagte sie rasch und sachlich: «Können Sie nicht etwas näher kommen? Dann brauchten wir nicht so zu schreien.»

«Aber mit Vergnügen», er erhob sich gehorsam und lehnte seinen Stock in den Sessel. Von Schreien war natürlich ohnehin keine Rede gewesen. Wie prachtvoll sachlich sie doch war. Diese eigentlich etwas unerwartete Enthüllung gefiel ihm durchaus. Er bedurfte wirklich der Entspannung nach dieser letzten schrecklichen Nacht. Und er lächelte ihr zu, als er sich zu ihrer Chaiselongue herabbeugte und sich an ihre Seite setzte, so daß er ihr ins Gesicht sah. «Nur zu meiner persönlichen Information: Warum war denn nun erst ein Vorwand nötig, um mich zu rufen?»

Ihr Spezialparfüm, weißer Flieder, hüllte sie beide ein: «Sie wissen, wie ich zu Bonaparte stehe. Ich konnte mir selbst nicht eingestehen, daß ich Sie sehen will, weil Sie mich aufregen; und Sie haben mich aufgeregt, seit ich Sie vergangenen Abend das erste Mal richtig an der Arbeit gesehen habe.»

«Ich bin entzückt. Aber was Napoleon damit zu tun haben soll, sehe ich noch nicht ein», sagte er mit seiner trägen Stimme.

Sie warf den Kopf zurück und lachte. «Sie sind tatsächlich der unverschämteste Mensch unter der Sonne, Fürst, und der gewissenloseste dazu. Ich glaube tatsächlich, Sie haben vergessen, daß Sie jemals Napoleons Helfershelfer waren. Und deswegen können Sie das wohl auch jedem anderen ausreden. Gestern abend, als ich von Ihrem Diner nach Hause kam, sagte ich gleich zu Clemens: Liebling, Ihr seid alle Waisenknaben im Vergleich zu Talley...» Sie schlug entsetzt die kleine Hand vor den Mund. «Oh, Sie entschuldigen, aber ich habe wirklich Talley gesagt. Ich habe Clemens erzählt, wie Sie mit Labrador und Schulenburg und der ganzen Gesellschaft umgesprungen sind...»

Sie hielt inne und erschauerte ein wenig unter der Berührung seiner kühlen Finger, die jetzt ihren bloßen Fuß streichelten. Es war eine kalte, entdeckerhafte Art von Liebkosung, eine Liebkosung, die man auch wieder unterlassen konnte, falls sie Einwände finden sollte; eine Liebkosung, bei der sein Gesicht so leer und undurchsichtig blieb wie immer. Und das faszinierte sie am meisten an ihm – diese schläfrige Unnahbarkeit, diese überlegene Gleichgültigkeit. Was für ein Mensch war er eigentlich?

«Und war der Kanzler nun auch beeindruckt von Ihrem Bericht?»

«Beeindruckt, natürlich, und er mißfiel ihm gar nicht», sagte sie und richtete sich ein bißchen auf, um das Goldene Vließ auf seiner Brust geradezurücken. «Ich dürfte es ja eigentlich nicht sagen, aber Clemens denkt über Alexanders Ansprüche auf Polen fast genau wie Sie. Bloß, da Clemens eben Clemens ist, will er einen offenen Kampf vermeiden. Er will alles glatt und liebenswürdig erledigen. Aber wenn Sie gegen Alexander vorgingen, wäre das schon etwas ganz anderes; das würde ihm gefallen, und es könnte sein, daß er Ihnen dann den Rücken stärkte.»

«Das würde er also tun – so?» Seine Lippen glitten über ihre Finger, die immer noch an seinem Jabot nestelten. Diese kleine Morgenvisite wurde ja von Minute zu Minute vielversprechender.

Was für wichtige Informationen diese hochgewachsene hübsche Blondine ihm so beiläufig in den Schoß warf!

Ihre Stirn runzelte sich ein wenig. «Persönlich meine ich ja, Clemens ist da im Unrecht. Warum soll Alexander Polen nicht bekommen, wenn er es durchaus will? Wo wären wir heut ohne diese prachtvolle russische Armee? Ohne sie hätten wir Frankreich niemals schlagen können. Die Alliierten könnten ihre Dankbarkeit wohl etwas mehr zeigen. Aber ich weiß schon. Ich habe es ja gestern abend gehört. Die russische Drohung – das ist der neue Popanz, mit dem Sie die kleinen Nationen erschrecken und die großen wenn möglich auch. Nun, ich hoffe, daß Sie damit am Ende doch nicht durchkommen werden. Das habe ich auch Clemens gestern abend gesagt: Laßt euch das von Talley nicht einreden. Vergeßt niemals, was die Franzosen Europa angetan haben. Und paß auf, sie versuchen es noch einmal.» Sie dehnte sich wohlig und preßte ihren Körper noch etwas näher an ihn.

«Aber, Sie sind ja eine sehr gefährliche Frau! Und Fürst Metternich, der Wachs in Ihren Händen ist...»

Nun fühlte sie nur noch seine Hand, die sie liebkoste. «Aber Clemens ist gar nicht Wachs in meinen Händen – das ist es doch eben! Clemens verabscheut Alexander aufs tiefste und Alexander wiederum ihn. Deswegen ist er auch so böse auf mich. Sie können sich gar nicht vorstellen, was ich manchmal für Schwierigkeiten habe.»

So, dachte Talleyrand, die Abneigung zwischen Metternich und dem Zaren ist also noch größer, als Dorothea mir damals schon gesagt hatte. Das war eine ganz wichtige Information, die beste, die er bisher in Wien erhalten hatte. Die persönlichen Beziehungen zwischen den Führern der Alliierten waren von der äußersten politischen Wichtigkeit. Laut sagte er: «Ja, Liebe macht immer Unannehmlichkeiten», und, nein doch, rief er sich zu, jetzt wollte er nicht an Dorothea denken. «Was heißt Liebe; liebe ich Clemens denn?» Wilhelmine sprach es mit träger, verhangener Stimme. «Da spricht man immer soviel von Liebe, aber gibt es sie wirklich? Wünsche ja – Begierden, ja. Die sind Realitäten. Jetzt zum Beispiel sehne ich mich nach einem Mann, das ist eine Tatsache. Jetzt will ich glücklich sein – wird das auch eine Tatsache werden, wie? Und dann ist es wieder vorbei. Aber Liebe?»

«Wie weise Sie sind.» Er zog sie an sich und bedeckte ihr das Gesicht mit einem Crescendo kleiner Küsse. Nach einer Weile sagte er: «Mme. Dubarry hatte dasselbe sternförmige Muttermal wie Sie.»

«Sie haben die Dubarry gekannt, während sie noch königliche Favoritin war?»

«Damals, ja – und auch nach Ludwigs XV. Tode, als sie in Ungnade war», antwortete er aus Erinnerungen. «Zuletzt habe ich sie 1780 gesehen, am 16. August. Ich weiß das Datum zufällig genau, weil ich damals von der Geistlichkeit zum Generalvertreter ernannt wurde. Sie war immer noch sehr schön und nach den endlosen Predigten, die mir mein Onkel, der Erzbischof von Reims, über meine neue Würde hielt, immer eine rechte Erfrischung.»

«Sie sind ein unmöglicher Mensch, Fürst», murmelte sie, im Genuß der Vorstellung, daß er schon drei Generationen von Frauen verführt und jeder unvergeßliche Erinnerungen hinterlassen hatte. Er war allwissend. Und man war völlig sicher bei ihm.

Und wenn sie jemals ernstlich hatte Widerstand leisten wollen, so war jetzt kein Gedanke mehr daran. Mit zurückgeworfenem Kopf, geschlossenen Augen, die blonden Locken über das Kissen vergossen, ergab sich Wilhelmine seinen Liebkosungen.

Das nenne ich noch einen wohl angewandten Vormittag, dachte Talleyrand zufrieden, als er eine Stunde später wieder in die Kissen seiner Kalesche sank und den Stößen des Gefährtes möglichst geringen Widerstand entgegenzusetzen suchte. Liebe noch vor dem Frühstück war stets besonders begrüßenswert. Und Wilhelmine war entrückend. Oh, diese Kurlands! Sie konnten einen Toten lebendig machen.

Eine Zeitlang überkam ihn eine angenehme Leere. Als er wieder zu denken begann, war es natürlich an Dorothea. Wie wütend würde Dorothea sein, wenn sie das wüßte! Und wirklich, was hätte er schon zu seiner Verteidigung anführen können, wenn sie herausbekam, daß er sich nach der Szene von gestern abend wegen ihrer Mutter am nächsten Morgen mit der Schwester eingelassen hatte? Dann war alles zu Ende. Aber Dorothea würde es niemals erfahren. Solange Wilhelmine überhaupt noch bei Sinnen war, würde sie diese Episode niemandem erzählen, nicht einmal ihren Schwestern. Das konnte sie sich einfach nicht leisten, die Legende zu zerstören, die sich um sie gebildet hatte: Die große Dame der preußischen Widerstandsbewegung konnte ja nicht zugeben, daß der alte Talley jetzt ihre Umarmungen genossen hatte. Und als der Wagen vor dem Palais Kaunitz anhielt, faßte er alle Vorgänge noch einmal dahin zusammen, daß man manchmal eben mehr Glück als Verstand habe, daß man aber auch das Glück nicht zu sehr versuchen dürfe.

«Courtiade», rief er beim Eintritt in sein Arbeitszimmer, «bringe die Sachen, die der Hofjuwelier zur Ansicht hiergelassen hat.»

Gleich darauf setzte der Diener Lederetuis und Pappkästchen auf den Tisch, und der Fürst öffnete eins nach dem anderen. Er liebte Juwelen und kaufte viel und gern – einige für seine Sammlungen, andere als bedeutsame Geschenke. Der Wiener Juwelier kannte Talleyrand als wertvollen Kunden, er hatte ihm mehrere goldene Schnupftabakdosen gesandt, ein paar Schuhschnallen mit Diamanten, ein Amethysthalsband, zwei Broschen, eine Kollektion Kameen, eine samtene Schreibmappe mit Halbedelsteinen besetzt und eine Schäferin aus Dresdner Porzellan. Zuerst zögerte Talleyrand zwischen dem Halsband und einer grünen Kamee. Verwarf den Gedanken dann aber wieder. Das Halsband war ein zu auffälliges Geschenk, und die grüne Kamee sah doch wohl nicht untadelig aus. Schließlich entschied er, daß die Mappe das Richtige sein würde – hübsch und recht kostbar und gar nicht persönlich.

«Courtiade, dies hier wird eingepackt!» Er zog einen Bogen seines bläulichen rauhen Briefpapieres zu sich heran und fragte sich, schon mit der Feder in der Hand, was er eigentlich noch Wilhelmine zu sagen habe. Dann kritzelte er in seiner winzigen, kaum leserlichen Handschrift, und die Zeilen stiegen leicht nach rechts hin an: «Was heute früh auch geschehen sein mag», schrieb er einfach, «ist nicht geschehen. Gestatten Sie mir, es als eine liebenswürdige Geste von Ihrer Seite zu betrachten, die mir großes Vergnügen gemacht hat und mir stets eine kostbare Erinnerung sein wird.»

7

Zur selben Zeit galoppierte Dorothea, Charles Lambesk ihr zur Seite, auf einem Reitpfad durch den Prater. Der blaue Himmel hing tief herab, und ein Duft nach welkenden Blättern und Pferdeleibern lag in der Luft. Tiefe Stille, nur dann und wann das Schnauben eines Pferdes oder der leichte Schlag einer Reitgerte.

Der Prater war eine der großartigsten Parkanlagen in ganz Europa. Er lag auf einer Donauinsel und hatte sich großenteils noch den Reiz ursprünglicher Natürlichkeit erhalten, obwohl auch überall die Kennzeichen der Zivilisation zu spüren waren. Ein wahrer Irrgarten von Läden, Kaffeestuben, Restaurants, Schaustellungen und Buden bildeten einen ewigen Jahrmarkt; in einer großen Arena konnten Tausende von Zuschauern Platz finden; aber sobald man von der breiten Hauptallee abbog, warfen jahrhundertealte Bäume ihre Prachtschatten über den Rasen, den die Sonne niemals vergilben konnte, und ganze Herden von

Rehen und Rotwild tummelten sich auf den Wiesen und belebten aufs zierlichste die köstliche Einsamkeit.

«Wie herrlich das ist!» rief Dorothea aus, als sie eine Straße überquerten und ihre Pferde langsamer gingen. Sie klopfte ihrer grauen Stute «Lady» zärtlich den Hals; sie ritt *en amazone* und lenkte das Tier mit leichter, sicherer Hand.

«Sie sind eine vorzügliche Reiterin, Madame.» Lambesk sah beifällig auf die schlanke Gestalt an seiner Seite, welcher der flaschengrüne Reitanzug mit seinen halbmilitärischen Verschnürungen, bequasteten Achselstücken und der hohen rosaseidenen Halsbinde wie angegossen saß. Ihre Augen sprühten unter dem Husarentschako. «Reiten bedeutet für mich reine Glückseligkeit. Geritten bin ich immer gern, obwohl ich wirklich jede andere körperliche Anstrengung hasse. Aber müssen wir nicht umkehren? Wir können doch Madame de Brionne nicht so allein beim Papperl warten lassen.»

Lambesk zog seine Uhr zu Rate. «Wir haben noch eine halbe Stunde. Zufälligerweise ist Großmama nicht allein bei Papperl. Sie ist in Begleitung.»

«Jemand Bekanntes?» täuschte sie höflich ein Interesse vor, das sie nicht fühlte.

Er lachte. «Ich habe keine Ahnung. Großmama tut gern geheimnisvoll. Das muß wohl noch aus den Zeiten des Ancien régime in ihr stecken. Sie glaubt wahrscheinlich, daß die Gesellschaften, die sie arrangiert, die Geschicke der Welt ändern. Vor allem heut morgen tat sie so geheimnisvoll mit ihrem anderen Frühstücksgast, als ob sie ein Rendezvous zwischen Marie Antoinette und Graf Fersen arrangieren müsse.»

«Wie aufregend.» Und Dorothea lachte, ohne weiter daran zu denken.

Sie waren an einem langen, schmalen Wiesenstreifen angelangt, der vor ihnen wie ein smaragdener See lag und weit, weit drüben in Ferne und Wiesenduft verschwamm. Ein Reh erschien nur wenige Schritte seitlich von ihnen, betrachtete sie ruhig und verschwand wieder in seinem Dickicht. Ein Bienenschwarm wirbelte in den flachen blauen Himmel.

«Wir schneiden einfach querdurch ab», sagte Charles und wies in die Ferne.

«Fein. Um die Wette, ja?»

Lambesk lachte und zügelte seinen Rappen, bis er auf gleicher Höhe mit ihrer Stute stand. «Sie geben das Startzeichen!»

«Los!» und sie flog davon, im Rechtsgalopp, sich im Steigbügel erhebend, ein Knie fest um das Sattelhorn gehakt.

Im Augenblick wenigstens dachte sie überhaupt nicht mehr an die Szene von gestern abend. Sie genoß nur noch die Bewegung, die freie Luft, wurde eins mit dem federnden Tier unter ihr und hatte ein köstliches Gefühl der Losgelöstheit und Freiheit. Lambesk flog hinter ihr her, und sie stieß einen Schrei aus, gab die Zügel frei, bog sich nach vorn und spornte ihre Stute noch mehr. Das muß gleich nach dem Fliegen kommen, dachte sie, und das Gefühl, wie lebendig und jung sie doch war, verwischte die Erinnerung an die Qualen der Nacht.

Denn auch Dorothea hatte eine böse Nacht hinter sich. Die Uhr hatte die Minuten weggetickt, und sie lag im Dunkeln und grübelte über den Entschluß, Talleyrand zu verlassen; sie zweifelte nicht im geringsten daran, daß es ein Entschluß war und nicht nur bloße Worte, in Ärger und Eifersucht gesprochen. Sie ließ sich in eine Art von Wachtraum versinken, eine endlose Zukunft, mit sich selbst als einer Art ewiger Witwe. Funkelnd, wie die Bilder einer Laterna magica, traten ganze Szenen des neuen Lebens, das sie künftig in der Welt, aber nicht mit der Welt führen würde, eine nach der anderen vor ihr inneres Auge. Jetzt erzog sie ihre Söhne, tat Werke der Barmherzigkeit, trank Tee mit berühmten Männern, die sie bewunderten, die ihr aber nichts bedeuteten. Dann kam das Bild, wo sie, noch immer jung und schön, aber mit ernstem Gesicht, der Hochzeit ihres ältesten Sohnes beiwohnte. Und schließlich der Augenblick, wo sie die Nachricht von Talleyrands Tod empfangen würde: Das war natürlich ein Winterabend, und sie saß allein in ihrer Biliothek im Kurlandpalais. Als sie die bedeutungsschwere Depesche las, und obgleich sie ihn lange Jahre nicht mehr gesehen und ihn niemals mehr zu sehen erwartet hatte, wußte sie, daß auch ihr Leben jetzt zu Ende war. Und wild schluchzend, ohne Hoffnung für sich selbst und ihr auf ewig verlorenes Glück, aber auch um ihn und was er versäumt hatte, weil er sie nicht geliebt hatte, schlief sie endlich ein.

Unerfrischt von diesem Schlummer, hatte sie sich dann rasch angekleidet. Kein Gedanke daran, daß sie den Morgenritt mit Charles Lambesk absagen würde, obwohl er äonenlang früher, in jenem goldenen Zeitalter der Hoffnung verabredet worden war, oder um genau zu sein, gestern abend. Die Fassade der Formalität, der Normalität, mußte auf jeden Fall aufrechterhalten werden. Man war nicht umsonst in Preußen erzogen worden. Das war das Wort: Ordnung! Selbst Katastrophen mußten organisiert werden. Natürlich würde sie auch Mme. de Brionnes Einladung zum Frühstück annehmen. Ein Einladung bei der alten Fürstin war so gut wie ein Befehl. Außerdem wollte sie auch die Frau noch einmal sehen, die Talleyrands Jugend genossen hatte.

«Sie haben gewonnen, Madame», rief Lambesk von hinten und kam an ihre Seite geritten.

Sie drehte den Kopf ihrer Stute zu ihm hin. «Sie haben mich aus reiner Höflichkeit gewinnen lassen», protestierte sie atemlos.

«Aber eine Dame muß doch grundsätzlich gewinnen, nicht wahr?»

«Ja, das ist wohl unvermeidlich; aber ich finde es nicht richtig. Ich hätte sicher auch so gewonnen. Ach Gott, wenn ich doch nur ein Mann wäre!»

Und beide lachten, als sie die Zügel wieder anzogen und in gemächlichem Schritt durch das kleine Gehölz ritten, gerade auf die Hauptallee zu.

Charles lehnte sich ein wenig zu ihr hinüber und sagte sachlich: «Ich möchte nicht gerade behaupten, daß ich unbedingt eine Frau sein möchte; aber gestern abend in der französischen Gesandtschaft gab es tatsächlich Augenblicke, wo ich gewünscht hätte, Talleyrands Nichte zu sein.»

«Tatsächlich? Und warum?» Sie fühlte, wie die Freude plötzlich aus ihrem Gemüt verschwand, schon war sie wieder müde und lustlos und spürte die Qualen der Nacht zurückkehren.

«Weil es wundervoll sein muß, das rückhaltlose Vertrauen eines so großen Mannes zu besitzen.»

Sie duckte sich unter einem tauschweren niederhängenden Zweig hindurch. «Ja, es ist wunderbar», gab sie zu und fühlte wieder den ganzen Druck ihrer verzweifelten Lage.

«Ich kann Ihnen gar nicht ausdrücken, wie sehr ich ihn bewundere. Glauben Sie mir, ich bin beinahe im Begriff, ein guter Royalist zu werden, nur weil Ludwig XVIII. Einsicht genug hatte, sich Talleyrands Dienste zu sichern.»

«Sie müssen bald einmal zu uns kommen, wenn wir ganz unter uns sind und man sich ungezwungener unterhalten kann als gestern abend. Talleyrand ist sehr gütig und verständnisvoll jungen Leuten gegenüber», bemerkte sie liebenswürdig und dachte dabei: Ich muß doch gleich einen Kurier an Herrn Hennenberg schicken. (Das war ihr Geschäftsträger in Berlin, ein ungewöhnlich fähiger Mann.) Das Kurlandpalais muß sofort hergerichtet werden und Güntersdorf am besten auch gleich mit. Ich will mich in Schlesien in der ländlichen Einsamkeit vergraben, bis ich mich an den Gedanken gewöhnt habe, daß ich nicht mehr Talleyrands Nichte bin. Aber ich werde mich niemals daran gewöhnen. In ihre Gedanken verloren, beachtete sie kaum, daß sie das Gehölz hinter sich hatten und eine breite Kastanienallee entlangritten.

«Von jetzt an wird's schwierig», warnte Lambesk. «Wir müssen uns unseren Weg durch den dicksten Vormittagsverkehr bahnen. Bleiben Sie bitte eng an meiner Seite.»

Sie bogen nach rechts und waren einen Augenblick später nur noch Teile einer großen Menge von Wagen und Pferden, die unter erschreckendem Lärm und rücksichtslos dahinströmte.

«Dort: Kaiser Franz.» Und Lambesk lüftete seinen Hut ehrerbietig in Richtung einer bescheidenen Equipage, die der österreichische Monarch in bürgerlicher Einfachheit selbst lenkte. Dorothea blieb das Herz stehen, als ein Fiakerkutscher, ohne sich an die Verkehrsvorschriften zu halten, dicht vor dem Kaiser über den Weg bog, und zu allem mußten Regent und Untertan noch dem ungarischen Fürsten Esterhazy ausweichen, der mit seinem feurigen Viergespann die Straße heruntergebraust kam.

«Ihre Schwestern!» Und Lambesk zeigte auf etwas, das von fern aussah wie ein großer Blumenkorb auf Rädern. Man winkte hin und her, und Pauline und Jeanne, ganz in Weiß und Rosa, glitten vorbei, leicht in die Kissen ihrer Kalesche gelehnt. General Graf Wallmoden und Mynheer Borel ritten neben dem Wagen her, der letztere tapfer das Monokel im rechten Auge. Dorothea fragte sich kurz, warum Wilhelmine heute nicht dabei war, die dritte der kurländischen Grazien, wurde aber sogleich wieder durch den Anblick einer gewaltigen Berline abgelenkt, deren Wandfüllungen mit großen Flaggen geschmückt waren.

«Sir Sidney Smith stellt seine Trophäen aus», erläuterte Lambesk.

«Diese Engländer...», wollte sie eben beginnen, verstummte aber wieder, denn der König von Preußen grüßte eben herüber, und zu gleicher Zeit flog ein eleganter Garrick vorbei, mit dem Zaren und seiner Lieblingsschwester darin und Eugène Beauharnais. Lambesk sah tief befriedigt drein. «Alexander und Eugène Beauharnais sind unzertrennlich», plauderte er glücklich und bog sich wieder zu ihr. «Seine Leidenschaft für Napoleons Stiefsohn übertrifft tatsächlich noch die für die Bagration. Alexander empfiehlt ihn immer wieder nachdrücklichst den anderen Souveränen. Natürlich ist Beauharnais auch der Schwiegersohn des Königs von Bayern; aber er bleibt eben für alle Regierenden ein peinliches Memento an den Mann auf Elba, und gern sieht ihn keiner bei sich.»

8

«Gelobt sei Jesus Christus.» Der dicke hemdärmelige Besitzer des «Papperl› watschelte auf sie zu, als Dorothea und Charles Lambesk vom Pferd stiegen, und berichtete, die alte Prinzessin wäre eben gekommen.

Dorothea schlang die lange Schleppe ihres Reitkleides über den Arm und enthüllte dabei einen kleinen spitzen Lackstiefel. Dann folgte sie Lambesk durch ein Gewirr von rot und weiß gedeckten Tischen, Kellnerinnen und Musikanten. Ganz Wien war an diesem herrlichen Herbsttage aus, und simple Bürger saßen Seite an Seite mit der Creme des österreichischen Kaiserreiches im warmen Sonnenschein. Charles wies auf zwei Herren, die fröhlich Bier aus Zinnbechern tranken und enorme Portionen von Knödeln vertilgten. Es waren die Erzherzöge Johann und Karl, die Brüder des Kaisers. Ein paar Tische weiter saßen die Königinnen der neuen Geldaristokratie, die Baroninnen Arnstein und Eskeles, zwei hübsche Schwestern, umringt von ihrem gewöhnlichen Hofstaat preußischer Diplomaten und Offiziere. Dorothea jedoch interessierte sich weniger für diese prominenten Persönlichkeiten als für das, was sie liebevoll das kleine Volk nannte. Es lag ein gewisser heiterer Ernst in der Luft, der seinen Ursprung in einem Gefühl der Sicherheit und des Wohlbefindens hatte. Dorothea hatte dergleichen in Paris und Berlin nie gesehen. Talleyrand hatte neulich gesagt, daß nur die Wiener Regierung diesen gewissen patriarchalischen Charakter erreicht hätte – despotisch freilich, aber wohlwollend –, der das Volk glücklich macht. Talleyrand! Er würde das «Papperl» interessant finden. Sie müßten einmal zusammen hierhergehen. Es gab so viel, was sie zusammen tun müßten. Plötzlich wurde der Gedanke, ihn zu verlassen, unerträglich.

In diesem Augenblick sah sie Mme. de Brionne unter einem Kastanienbaum sitzen. Ein Mann saß bei ihr, aber er kehrte ihnen den Rücken zu. Für die alte Dame hatte man einen bequemen Stuhl aus der Privatwohnung des Besitzers herausgetragen. Sie trug einen breitkrempigen, bebänderten Hut auf ihrer hochgetürmten Frisur, und ihre gepuderten Locken hingen auf die Schultern eines langen schwarzen Capes herab. Und obwohl das Tageslicht ihrer kunstvollen Pastellbemalung weniger günstig war als das geschickte Hell-Dunkel ihres Salons, bot sie immer noch ein glaubwürdiges Faksimile großer Schönheit. Wie so oft, erschien Dorothea das Alter wieder einmal wundervoll.

«Ich hoffe, wir sind nicht zu spät, Madame», sagte sie mit abgekürztem Knicks und Handkuß.

«Durchaus nicht. Zum mindesten habe ich es nicht bemerkt, in der angenehmen Gesellschaft, in der ich mich befinde.»

Erst jetzt blickte Dorothea Mme. de Briónnes Begleiter an. Er hatte sich erhoben – ein schlanker Mann mit ein bißchen kurzen Beinen und mit düsterer Eleganz gekleidet. Das Gesicht war ein seltsam stark-schwaches, klug-trauriges, jung-altes Gesicht. Ein scharf vorspringender Unterkiefer schien die bewölkten Augen unter schweren dunklen Brauen Lügen zu strafen; ein müder, verächtlicher Mund widersprach der kraftvollen Biegung der Nase; das reiche schwarze Haar war mit viel Grau gemischt. Was aber dem Gesicht seine Besonderheit gab, waren die tiefen Falten, die von der Nase zum Mund liefen. Sie waren wie Narben von Enttäuschungen und Leiden.

«Fürst Adam Czartoryski», sagte Dorothea leichthin und gab ihm die Hand. «Ich habe mir manchmal überlegt, ob ich Sie erkennen würde, wenn ich Sie wiedersähe. Nun, ich habe Sie erkannt. Sie haben sich nicht verändert.»

Czartoryski beugte sich über ihre Hand: «Sie haben sich von einem Kind in eine Frau verwandelt, Madame. Trotzdem habe auch ich Sie wiedererkannt.»

«Das war leicht, nehme ich an.» Dorothea lächelte, als sie sich in den Stuhl fallen ließ, den Lambesk ihr hinschob. «Sie wußten, daß ich erwartet wurde.»

«Nein, er wußte es nicht», erklärte Mme. de Brionne, einen boshaften kleinen Glanz in den immer noch schönen blauen Augen, mit denen sie von einem zum anderen blickte. «Ich bin gern Zeugin von überraschenden Begegnungen, obwohl sie selten meinen Erwartungen entsprechen, weil alle Leute so viel Selbstbeherrschung haben.»

Sie lachten, und Charles Lambesk, die mouche am Kinn seiner Urgroßmutter küssend, neckte sie: «Granny, wie oft habe ich Ihnen gesagt, daß Intrigen sich nicht bezahlt machen!»

Die alte Dame funkelte ihn an: «Dieser ungeschliffene Junge, Fürst Adam, ist mein Urenkel.»

Die zwei Männer schüttelten sich die Hände und setzten sich, und die nächsten Minuten vergingen in Diskussion mit dem Besitzer des «Papperl», der herbeikam, um ihre Bestellung entgegenzunehmen. Während dieser Zeit beobachtete Dorothea den Mann, der, dreiundzwanzig Jahre älter als sie, ihre Phantasie völlig gefangengenommen hatte, als sie ein Kind und ein sehr junges Mädchen gewesen war, den sie verehrt, noch bevor sie ihn je gesehen, der nach einer unglaublich unklaren Bewerbung ihr Verlobter geworden war, als sie vierzehn war – Fürst Adam Czartoryski, der tragische Held dieser tragischen polnischen Nation, einer der wenigen, die sich niemals dazu erniedrigten, mit dem Diktator Kompromisse zu schließen, die Hoffnung des getretenen Europa.

Dorothea war darauf vorbereitet gewesen, Czartoryski in Wien zu sehen. Diese Erwartung hatte sie keineswegs beunruhigt. Ihre Liebe zu ihm gehörte vollständig der Vergangenheit an. Diese Liebe hatte sich zuerst in verwundeten Stolz verwandelt, als sie erfuhr, daß Fürst Adam in Begriff sei, ein Mädchen zu heiraten, daß seiner Mutter angenehmer war. Als es schließlich herauskam, daß er weder das betreffende Mädchen noch irgendeine andere geheiratet hatte, liebte Dorothea bereits Talleyrand und hatte Czartoryskis Existenz fast vergessen. Aber als sie jetzt Czartoryski über dem rot und weiß gewürfelten Tischtuch gegenübersaß, fühlte sie sich doch merkwürdig bewegt. Sie war bewegt, weil er die hohen Begeisterungen, Träume und Hoffnungen ihrer frühen Jugend verkörperte, weil sie fühlte, daß die Verwirklichung dieser Begeisterungen, Träume und Hoffnungen ihr verlorengegangen war, und weil sie heute weniger sicher war denn je, was sie dafür eingetauscht hatte.

«Ich kann Sie nicht ansehen, ohne an Abbé Piattoli zu denken», wandte sie sich an Czartoryski, während die anderen immer noch das Menü erörterten. «Ich vermisse ihn jeden Tag meines Lebens.»

«Ich vermisse ihn auch, besonders hier in Wien. Was für einen Zeugen des Kongresses hätte er abgegeben und was für eine Anregung!»

Dorothea umfaßte das heitere Bild des Gartens, seine kräftigen, in der milden, laubduftenden Spätsommerluft leuchtenden Farben, und beschwor das Bild des scharfgesichtigen, sich selbst auslöschenden Florentiners, dessen Ideen, Pläne und Systeme, in zugleich gelehrten und eleganten Memoranden niedergelegt, ihn zur Macht hinter verschiedenen Thronen machten. Sie sagte: «Ich vermisse seine Güte mehr als irgend etwas anderes – und sein Entzücken. Wissen Sie noch, wie entzückt er immer war, wenn man begriff und etwas Gescheites sagte? Man konnte ihn so glücklich machen, einfach dadurch, daß man sein Bestes gab.»

«Er hielt Sie für das begabteste junge Geschöpf der Welt.» Er stellte eine Tatsache fest, ohne die Absicht, ihr zu schmeicheln.

Sie wehrte ab: «Nein, Sie sind immer sein Liebling geblieben.»

Sie lächelten einander zu.

Ja, alles hatte damit angefangen, daß Abbé Piattoli seinem neuen Zögling von einem glänzenden früheren Zögling erzählte. Lehrer und Erzieherinnen versuchen immer, einen mit Berichten von der Vollkommenheit früherer Schüler zu begeistern, und Dorothea war anfangs entsprechend skeptisch in bezug auf Fürst Adam. Aber sie entdeckte bald, daß seine Geschichte zweifellos echt und Adam wirklich ein schwermütiger und wunderbarer Märchenprinz war.

Adam Czartoryski war der älteste Sohn aus dem Hause, das die Polen einfach «die Familie» nannten. Sie lebten in königlichem Stil auf ihrer Besitzung, Pulawy, und sowohl ihr Reichtum wie ihr Patriotismus waren sprichwörtlich. Adam war dreiundzwanzig, als Polen im Jahre 1793 zum zweitenmal geteilt wurde, und die Czartoryskis wanderten nach Österreich aus. Er war fünfundzwanzig, als Polen zum drittenmal geteilt wurde und Katharina von Rußland ihn und seinen Bruder als Geiseln forderte. Gleichzeitig beschlagnahmte sie die Czartoryskischen Besitzungen unter dem Vorwand, sie hätten Hochverrat begangen. Um ein ungeheures Vermögen zu retten, das eine Angelegenheit von nationaler Bedeutung war, gingen Adam und sein Bruder nach St. Petersburg. Und nun begann für Adam die Karriere eines Joseph in Ägypten und eines Marquis Posa in einem. Als Adjutant Alexanders, der damals ein achtzehnjähriger Großfürst war, erschreckte und bezauberte der Pole den zukünftigen Zaren durch seine stolze und wilde Melancholie. Eine romantische Freundschaft entwickelte sich zwischen dem Enkel Katharinas und ihrer vornehmen Geisel, und eines Tages versprach Alexander seinem Freunde feierlich, die Unabhängigkeit Polens wiederherzustellen.

Abbé Piattoli war immer dafür eingetreten, daß der Kampf für Polens Unabhängigkeit nur heimlich geführt werden könnte. Er hatte ein Netz von befähigten, patriotischen und hervorragenden Geheimagenten im Sinne, deren Aufgabe es wäre, an den wichtigen europäischen Höfen Fuß zu fassen, das Vertrauen von Königen und Staatsmännern zu erringen und die europäische Politik unmerklich in propolnische Kanäle zu lenken. Die Beziehung, in der Fürst Adam sich plötzlich zum Erben der russischen Krone fand – einem jungen Manne von liberalen

Sympathien und leicht entflammbar durch humanitäre Ideale –, hatte ihn plötzlich in die Schlüsselstellung einer solchen polnischen Untergrundpolitik gebracht.

Die hoffnungsvolle Konstellation dauerte jedoch nicht lange. 1796 starb Katharina, und als Paul I. Zar wurde, entschloß er sich, der Freundschaft seines Sohnes mit dem faszinierenden Polen ein Ende zu machen. Czartoryski wurde als Gesandter nach Turin geschickt. Aber dieses verbrämte Exil fand ein unerwartetes und hochdramatisches Ende. Paul I. wurde ermordet, Alexander bestieg den Thron, und seine erste Handlung war es, Czartoryski von Italien zurückzuberufen. Ein paar Wochen später war ein großes Paradoxon Wirklichkeit geworden: Ein polnischer Patriot war der erste Ratgeber des Zaren aller Reußen. Dies war 1801, als Czartoryski einunddreißig war. Und im Schulzimmer des Palais Kurland in Berlin verfolgte Dorothea, damals achtjährig, mit leidenschaftlichem Interesse jede Phase dieser phantastischen Laufbahn, wie sie ihr durch seine Verbindung mit Abbé Piattoli bekannt wurde.

Czartoryski kehrte nach St. Petersburg zurück in der Annahme, daß Alexander sofort seine Versprechungen in bezug auf Polen einlösen würde. Alexander aber zögerte. Erst müsse er sich mit einem Programm heimischer Reformen populär machen. Die Wiederherstellung von Polens Unabhängigkeit sollte später kommen – quasi als Krönung seines Ruhmes. Czartoryski war beunruhigt und gestand es dem Zaren. «Was wird», fragte er, «falls ein Unglück die Restauration Polens verhindern sollte? Wer wird mein Geheimnis kennen? Wer wird wissen, daß meine Anstrengungen für Rußland, in der innigsten Hoffnung meiner Seele, nur Anstrengungen für Polen gewesen sind? Wer wird nicht glauben, daß ich mein unglückliches Land vergessen und daß ich mein Gewissen dem Sieger verkauft habe?»

Doch trotz solchen bösen Ahnungen tat Czartoryski sein Bestes, um Alexander zu dienen, teils weil er fühlte daß er es dem unbegrenzten Vertrauen seines jungen Souveräns schuldig sei, und hauptsächlich, weil er immer noch glaubte, die Befreiung seines Vaterlandes zu beschleunigen, indem er Alexander helfe, ein großer und erfolgreicher Herrscher zu werden.

Er kam auf die von Abbé Piattoli empfohlene indirekte Methode zurück und nahm Piattolis Plan einer föderalistischen Organisation Europas unter russischer Führung auf. Dieser Plan gab Alexander eine grandiose Rolle; er machte ihn zum Beschützer der Schwachen, zum Urheber einer Ära von Recht und Wahrheit. Vor allem aber hatte der Plan den Vorteil, die Emanzipation aller unterdrückten Völker in Europa vorzusehen und damit automatisch die Befreiung Polens einzuschließen.

In seinem Entzücken tat Alexander einen Schritt, der Rußland entsetzte und Europa erstaunte. Er machte den polnischen Fürsten Czartoryski zum russischen Minister des Auswärtigen. Das war 1804. Czartoryski war vierunddreißig, Dorothea elf und verliebt in ihn.

«Wünschen Sie Wein oder Bier, Madame?» brach Czartoryski in Dorotheas Gedanken.

«Wein mit Wasser bitte.» Er reichte ihr den Zinnbecher, und sie tat einen langen Zug.

«Ich hoffe, Sie sind ebenso hungrig wie durstig», sagte Mme. de Brionne, die ihr belustigt zugeschaut hatte.

Dorothea lachte. «Das bin ich. Es ist der Ritt oder das Vergnügen, Fürst Adam wiederzusehen. Oder beides. Alles ist geeignet, mir Appetit zu machen.»

«Das hätten Sie mir nicht erzählen sollen, Madame. Ich bin in dem empfänglichen Alter, wo man sich einbildet, Frauen leben von der Luft», neckte Lambesk sie, während er eine Bouillon mit Nudeln aus einer großen Terrine löffelte.

Nach wenigen Schlucken legte Mme. de Brionne ihren Löffel nieder. Ach, noch einmal jung und hungrig sein, dachte sie, ihre Augen auf Dorothea gerichtet, die ihren Teller mit Appetit angriff. Die Begegnung der Nichte des Bischofs von Autun mit ihrem früheren Verlobten verlief nicht ganz nach ihrem Plan. Nicht, daß sie von dieser selbstbeherrschten jungen Person einen Gefühlsausbruch erwartet hatte, aber sie hatte doch nicht gedacht, daß sie das Wiedersehen so völlig gelassen hinnehmen würde. Während der letzten Tage hatte die alte Dame viel über Dorothea nachgedacht. Sie hatte jeden ausgefragt, der etwas über die junge Frau und ihre Beziehungen zum Bischof von Autun wissen konnte. Ihr Verlangen nach einem Bericht aus erster

Hand trieb sie sogar dazu, Charles in der französischen Botschaft speisen zu lassen. Tatsächlich aber hatte ihr die Hellsichtigkeit ihres eigenen Hasses die zutreffendsten Informationen geliefert. Sie hatte vom ersten Augenblick an gespürt, daß Dorothea ihren Onkel bis zum Wahnsinn liebte und daß ihre Nähe und Zuneigung ihm mehr bedeutete, als er sich selbst einzugestehen wagte. Und je mehr sie darüber nachdachte, um so fester wurde ihr Entschluß, ihm Dorothea wegzunehmen. Es war wie ein Fieber. Sie fühlte sich als das von der Vorsehung auserwählte Werkzeug, den Bischof von Autun für alle seine Verrätereien zu strafen, indem sie die Liebe dieses jungen Menschenkindes zu ihm zerstörte. Und als sie den Besuch von Czartoryski empfing, wußte sie sofort, daß er die Lösung bedeute. Wie konnte Dorothea anders, als sich von neuem in diesen düsteren Helden zu verlieben, von dem die Politik sie so grausam getrennt hatte! Und obwohl ihre Reaktion bisher enttäuschend gewesen war, fühlte die alte Dame sich nicht entmutigt. Es kam nur darauf an, Czartoryski ins rechte Licht zu setzen. Und auf diesem Gebiet besaß sie Erfahrung.

«Charles», sagte Mme. de Brionne mit ihrer hohen, gebieterischen Stimme, «du mußt dir den Fürsten Czartoryski sehr genau ansehen. Er war der einzige Staatsmann, der die richtigen Schlüsse aus der Ermordung des Herzogs von Enghien zog.»

«Ach?» sagte Charles höflich und gab damit seiner Urgroßmutter das Stichwort, auf das sie wartete.

«Ihr beiden seid zu jung, um euch zu erinnern» – sie sprach zugleich zu ihrem Urenkel und zu Dorothea –, «aber glaubt mir, im Jahre 1804 war Fürst Adams Name in aller Munde. Der Grund? Die russische Regierung brach die diplomatischen Beziehungen mit Bonaparte ab, und jeder wußte, es war Fürst Adam, der russische Minister des Auswärtigen, der den Zaren zu einem so entscheidenen Schritt nötigte.»

«Aber ich erinnere mich sehr wohl», wandte Dorothea leicht errötend ein, «ich sah Fürst Adam als einen neuen David, der ganz allein auszog, um die Philister zu zerschmettern.»

«Sie sahen ihn ganz richtig», sagte die alte Dame mit Nachdruck. «Was diesen diplomatischen Bruch so sensationell machte, war die Tatsache, daß sein einziges Motiv die französische Verletzung des internationalen Rechts war. Denn schließlich war d'Enghien kein russischer Fürst, und das Kabinett in St. Petersburg war nicht unmittelbar interessiert. Rußland handelte aus rein moralischer Indignation, etwas vollkommen Neues in den Annalen der Diplomatie.»

Czartoryski sagte wehmütig: «Wie gut von Ihnen, so freundlich über einen Schritt zu sprechen, der mich als unpraktischen Idealisten und Träumer und gleichzeitig als Kriegshetzer abgestempelt hat.» Zu Dorothea gewandt, fuhr er fort: «Tatsächlich war dieser diplomatische Bruch mit Bonaparte eine logische Konsequenz von Piattolis und meinem Plan, Alexander zum Haupt einer liberalen, antifranzösischen Ordnung zu machen. Eine Macht, die nach der nationalen Befreiung und Befriedung ganz Europas strebte, durfte es sich nicht leisten, eine Ungeheuerlichkeit, die die elementarsten Rechtsgrundsätze so verletzte, wie die Ermordung des Herzogs von Enghien, gleichgültig hinzunehmen. Der Zar verstand dies vollkommen – zum mindesten damals. Er war nur enttäuscht, daß keine der anderen Kontinentalmächte seinem Beispiel folgte.»

«Sie hatten Angst, die Feiglinge», brach es verächtlich aus Mme. de Brionne. «Sie stellten sich auf den Standpunkt, die Ermordung Enghiens sei interne französische Angelegenheit.»

Charles Lambesk hörte interessiert zu: «Wie nahm der Kaiser –», er verbesserte sich schnell, aus Rücksicht auf seine Urgroßmutter, «ich wollte sagen, Bonaparte, es auf?»

Nach einer kleinen Pause sagte Czartoryski ruhig: «Herr von Talleyrand sandte uns eine Note, in der er daran erinnerte, daß Frankreich sich bei der Ermordung Pauls I. nicht für berechtigt hielt, Erklärungen zu verlangen oder diplomatische Beziehungen abzubrechen.»

«Tatsächlich? Das wußte ich nicht.» Dorothea lachte.

«Was ist daran so komisch, Madame?» fragte die alte Dame streng. «Das ist der Bischof von Autun in seiner ganzen monumentalen Frechheit.»

Dorothea bemühte sich, ihre Heiterkeit zu verbergen, weil sie merkte, daß sie ihre Gastgeberin irritierte, aber sie gab nicht nach: «Es ist komisch, weil es so ganz ins Schwarze trifft», beharrte sie.

«Es war eine sehr eindrucksvolle Antwort», sagte Czartoryski mild, «und eine sehr grausame. Herr von Talleyrand wußte, wie schuldig der Zar sich an der Ermordung seines Vaters fühlte, obgleich er nicht das geringste damit zu tun hatte.»

«Trotzdem», sagte Mme. de Brionne. «Alexander blieb Ihrer kompromißlosen antibonapartistischen Politik treu. Sie wurden der Held der dritten Koalition.»

Es entstand eine Pause in der Unterhaltung, während die Kellnerin das gekochte Rindfleisch servierte. Es war zu jener Zeit, dachte Dorothea, daß der erste persönliche Kontakt zwischen Czartoryski und ihr zustande kam. Und zwar geschah es in der Weise, daß Abbe Piattoli, von der Herzogin von Kurland nach St. Petersburg geschickt, um eine komplizierte finanzielle Angelegenheit für sie zu ordnen, seinem früheren Schüler erzählte, er hätte eine Frau für ihn bereit, fern von hier im Schulzimmer des Palais Kurland in Berlin. Er erzählte ihm von ihrer außerordentlichen Begabung, ihrer vielversprechenden Schönheit. Und irgendwie mußte er die Worte gefunden haben, um Czartoryskis Phantasie zu fesseln. Es folgte ein Austausch von Miniaturen zwischen dem Polen, damals einem der bedeutendsten Staatsmänner Europas, und dem zwölfjährigen Kinde. Vorsichtige Botschaften gingen hin und her durch die Verbindung des Abbés.

Da begann Dorothea ihre Zukunft in Form einer Heirat mit dem Manne zu sehen, der sein Leben der Befreiung nicht nur seines eigenen Landes, sondern Europas gewidmet hatte. Czartoryskis Stellung war damals bereits gefährdet. Die russische Oberschicht sah in ihm einen Eindringling, dem sie mißtraute. Und die Tatsache, daß Czartoryski weder das Gehalt annahm, das zu seiner Stellung gehörte, noch die Auszeichnungen, die seiner Stellung geziemten, verstärkte noch ihren Verdacht. Überdies hetzten die Beschwichtiger in ganz Europa gegen den Mann, der versuchte, die Flammen sittlicher Empörung gegen den allmächtigen Diktator lebendig zu halten. Aber Dorothea verachtete ein leichtes Leben. Der Gedanke, Czartoryski in seinem mühsamen Kampf zu unterstützen und ihn in seinen Niederlagen zu trösten, faszinierte sie noch mehr als die Aussicht, seinen endlichen Triumph zu teilen. Als Abbé Piattoli bei seiner

Rückkehr von St. Petersburg berichtete, Czartoryskis einziger Freund gegen ihre Pläne sei die Furcht, zu alt für sie zu sein, versicherte sie ihm, daß nur Reife ihrem Geschmack entspräche. Es war die Wahrheit. Sie liebte damals schon das Alter, wie sie noch heute tat.

Mme. de Brionne zerzupfte ein großes gelbes Blatt, das von dem Baum hinter ihnen auf den Tisch geflattert war. Wie ermüdend war die Jugend! Wie besessen! Diese Mme. de Périgord lächelte und sprach zu Czartoryski, aber sie sah ihn gar nicht wirklich, weil jeder Gedanke und jedes Gefühl bei ihr mit dem Bischof von Autun anfing und endete. Sie war tiefer beeindruckt von einem seiner unverschämten diplomatischen Tricks als von Czartoryskis sittlichem Mut. Immerhin gab es noch einen Weg zu ihr – nämlich den durch ihre eigene Erinnerung an ihre Jugendliebe. Noch immer mit dem Blatt spielend, fragte Mme. de Brionne:

«Wann haben Sie und Fürst Adam sich zum letztenmal gesehen?»

«Im Sommer 1807», sagte Dorothea mit einem ernsten Blick auf Czartoryski. «Übrigens war das letzte Mal auch das erste Mal. Wir begegneten uns in Mitau. Berlin war von den Franzosen besetzt, so mußte ich meine Mutter dort treffen. Ich fühlte mich schrecklich unglücklich und gelangweilt, da tauchte eines Tages plötzlich Fürst Adam auf.»

«Und da flogen Unglück und Langeweile davon», sagte die alte Dame erwartungsvoll. Doch bevor Dorothea antworten konnte, nahm Czartoryski das Wort: «Ich fürchte, daß ich nicht viel zur Heiterkeit in Mitau beitrug. Es war der Augenblick, als Bonaparte den Zaren in Tilsit traf.»

«Haben Sie den Zaren nach Tilsit begleitet?» fragte Charles Lambesk eifrig, in der Hoffnung auf einen intimen Einblick in diesen Höhepunkt von Napoleons politischer Karriere.

«Nein, ich habe den Zaren nicht begleitet. Ich hätte doch an den Entscheidungen von Tilsit nichts ändern können. Als Minister des Auswärtigen war ich zurückgetreten. Nach drei unglücklichen Feldzügen gegen die Franzosen hatte Alexander vollständig das Vertrauen in meine Politik verloren und war zur Versöhnung geneigt. Ich ging nach Mitau, weil es nahe genug an Tilsit war, um so rasch wie möglich zu erfahren, was dort vor sich ging.»

Dorothea sah, wie Czartoryskis Hand sich um seinen Becher schloß. Er hatte eine kleine, schmale, weibliche Hand mit Büscheln schwarzer Haare auf den Fingern. Bei jenem unvergeßlichen Mittagessen in Mitau, als sie ihn zum erstenmal sah, hatte sie diese Büschel schwarzer Haare ein wenig abstoßend gefunden. Noch nie in ihrem kurzen Leben war sie so verschüchtert und nervös gewesen. Wenn sie ihn etwa nicht lieben könnte? Es würde eine schreckliche Enttäuschung sein nach diesen hochgespannten Erwartungen von Liebe. Es gab nur eine noch schlimmere Möglichkeit – daß er sie nicht liebenswert finden könnte. Aber im Augenblick, da sie ihn sah, wußte sie, daß sie sich keine Sorgen zu machen brauchte. Er war düster. Sie begriff, daß er litt, und sie bewunderte ihn, weil sein Leiden edler Art war. Sie hatte das Gefühl, als hätten sie einander von jeher gekannt in dieser und in vielen früheren Welten, und es bedürfte keiner Worte zwischen ihnen, denn dieser eigenartige Liebhaber sprach während des ganzen Essens nicht unmittelbar mit ihr. Es schien ihm zu genügen, sie mit seinen dunklen, schwermütigen Augen zu betrachten. Und während seines dreiwöchigen Aufenthaltes im Schloß zu Mitau verharrte er bei dieser wortlosen Werbung. Das düstere Schweigen und die seltsame Prüfung, der er sie unterwarf, würde jedes Mädchen zurückgestoßen haben, das weniger im voraus für ihn eingenommen war. Bei ihr hatte es die umgekehrte Wirkung. In den tiefen Falten seines Gesichtes sah sie Spuren großer Leidenschaft und herzzerreißenden Unglücks und in seinen prüfenden Blicken Zeichen schmeichelhaften Interesses. Sie entschied sich dahin, daß er einer der seltenen opferbereiten Menschen war, die ihr Leben für die Befreiung ihres Volkes gegeben hatten. Er war ein großer Mann. Es war der große Mann, den sie in ihm liebte.

Dorothea nahm etwas von den Beilagen, die zum Fleisch gehörten. «Ich werde nie vergessen, wie kalt Alexander Sie behandelte, als er Mama auf seinem Heimweg von Tilsit besuchte», sagte sie zu Czartoryski. «Er war sonst so charmant, aber ich mochte ihn nicht wegen seiner Kälte gegen Sie.»

Czartoryski lächelte ihr zu: «Haben Sie es wirklich gemerkt? Ich war dessen nicht sicher.»

«Gemerkt? Ich habe für Sie gelitten, wußte ich doch, daß Alexanders Kälte im Zusammenhang mit dem schrecklichen Frieden von Tilsit den Zusammenbruch aller Ihrer Hoffnungen bedeutete.»

Er blickte sie lange an: «Ja, ich war am Ende mit meiner Wissenschaft. Das Schlimmste war, daß ich durch den Verlust von Alexanders Freundschaft auch die Möglichkeit verloren hatte, Polen zu nützen.» Nach kurzer Pause fügte er hinzu: «Piattoli behauptete, daß Sie es verständen, aber ich dachte, Sie wären zu jung.»

«Nein, ich war nicht zu jung», sagte sie sanft, und dabei dachte sie: Ich verstand alle Ihre unausgesprochenen Worte und auch Ihre wenigen gesprochenen Worte. Denn am Abend seiner Abreise – er fuhr mit dem Zaren nach St. Petersburg – sprach Czartoryski endlich zu ihr und bat sie mit großer Eindringlichkeit, über Warschau nach Berlin zurückzukehren. Die Bedeutung dieses Wunsches war klar. Er wollte, daß seine Mutter sie kennenlernte. In seiner außerordentlichen Anhänglichkeit an seine Mutter wollte er, daß seine Braut ihr gefiele.

So geht es schon besser, dachte Mme. de Brionne und beglückwünschte sich dazu, die Unterhaltungso geschickt gelenkt zu haben: «Man stelle es sich nur vor!» sagte sie. «Damals, 1807, in Mitau saß Fürst Adam praktisch auf den Ruinen seines politischen Lebens, und heute ist er und alles, wofür er je eingetreten ist, siegreich!» Sie hielt inne, mit der Versuchung kämpfend, ob sie auf den Bischof von Autun als den besiegten Protagonisten des Antichristen hinweisen sollte. Doch entschloß sie sich lieber, das Per-aspera-ad-astra-Thema von Czartoryskis Laufbahn weiter auszuschmücken. «Ist es wahr, Fürst Adam», fragte sie heiter, «daß Alexander die Absicht hat, Sie zum König von Polen zu machen?»

«Ganz gewiß nicht, Madame», entgegnete Czartoryski, aufrichtig bestürzt. «Niemals hat ein solcher Plan bestanden, und die Vorstellung, daß er in meinem Kopf bestehen könnte, würde der polnischen Sache nur schaden.»

«Aber die ganze Kongreß-Gesellschaft spricht darüber»,

sagte die alte Dame, ein unbestimmtes, in polnischen Kreisen umlaufendes Gerücht vergrößernd. «Und warum nicht? Fürst Adam würde einen guten König abgeben, nicht wahr?»

«Das würde er gewiß», sagte Dorothea höflich. Sie aßen jetzt Marillenknödel, ein sehr wienerisches Gericht. Sie schmeckten wunderbar. Während sie sich vornahm, Carême zu bitten, er möge sich das Rezept verschaffen, weil Talleyrand Marillenknödel mögen werde, eröffnete sich vor ihr plötzlich ein unerwarteter Aspekt.

Es wurde ihr auf einmal klar, daß in allen wichtigen Fragen Czartoryski Talleyrands Gegenspieler auf dem Kongreß war. Zum mindesten würde Talleyrand ihn so sehen, da er wußte, daß Czartoryski seinen früheren Einfluß auf den Zaren wiedergewonnen hatte. Dorothea hatte keine Erfahrung in den kleinen Listen der Liebe und eine große Verachtung für sie. Aber dennoch – wie wäre es, wenn sie Talleyrand glauben machen könnte, ihre alten Gefühle für Czartoryski wären wieder aufgelebt? Wenn sie ihn eifersüchtig machen könnte? Zum mindesten könnte sie einen Versuch unternehmen, anstatt ihrer Mutter das Feld kampflos zu überlassen...

9

«Ich kann noch immer nicht einsehen, warum wir uns erpressen lassen sollen, Talleyrand zu den Beratungen einzuladen. Haben wir die Franzosen geschlagen oder nicht?» So sprach Fürst Hardenberg, der preußische Bevollmächtigte.

«Nun, wir haben dies alles schon hin und her überlegt», sagte Fürst Metternich beschwichtigend und leicht gelangweilt. «Wir sind übereingekommen, es wäre das beste, Talleyrand einzuladen und so die Sache ein für allemal zu erledigen.»

Hardenberg beugte sich vor, die Hand um die Ohrmuschel: «Wie? Was sagen Sie da?»

«Der Fürst-Kanzler sagt, daß nach Talleyrands Diner...», wiederholte Humboldt fast tonlos, aber mit so deutlicher Artikulation, daß sein Kollege ihm von den Lippen lesen konnte.

«O Gott, dieses ewige Diner!» rief Hardenberg ärgerlich.

«Wir sind ja ein schönes Bündel Sieger, daß wir uns durch ein Diner um unseren Verstand bringen lassen! Setzen Sie einfach unter den Fürsten und Bevollmächtigten der kleinen Staaten eine Botschaft in Umlauf, wir wünschten nicht, daß sie an der französischen Botschaft verkehren, und sie werden in Zukunft fortbleiben.»

Wieder sprach Metternich, beschwichtigend, aber mit einem Anflug von Ironie: «Das wäre vielleicht eine wirksame Maßnahme gewesen, ehe das berühmte Diner stattfand, obwohl ich persönlich es bezweifle. In diesem Augenblick aber wäre es, als deckten wir den Brunnen zu, nachdem das Kind hineingefallen ist. Das Unglück ist geschehen. Talleyrand hat sich zum Schutzpatron der kleinen Nationen gemacht.» Und er fügte hinzu: «Es wird Sie vielleicht interessieren, daß Labradors Antwort auf meine Einladung mit der Herrn von Talleyrands identisch ist. Erkennen Sie Talleyrands feine Hand? Er will uns zeigen, in welchem Ausmaß der Spanier sein Schicksal an das seine geknüpft hat.»

Graf Nesselrode, der russische Bevollmächtigte, fiel nervös ein: «Ich teile Fürst Hardenbergs Abneigung. Aber etwas mußte geschehen. Die Franzosen intrigieren in ganz Wien gegen die Politik der Großen Vier – insbesondere gegen Rußland. Verschiedene kleine Fürsten und ihr Gefolge, so höre ich, beklagen sich, daß alle Ehren dem Zaren gelten, der, wie sie behaupten, schließlich nur ein Wilder sei. Da steckt etwas dahinter.»

«Da steckt Talleyrand dahinter», sagte Metternich fast fröhlich. «Darum täten wir besser daran, ihn zu beschwichtigen, bevor er das Schlimmste anrichtet.»

Lord Castlereagh unterstützte ihn: «Ich muß gestehen, daß ich von Anfang an nicht viel von unserem Boykott der Franzosen gehalten habe. Ich glaube, es wäre gut, wenn wir es gleich aufgäben.»

«Mein Souverän ist ziemlich aufgebracht darüber, daß wir Talleyrand in diesem frühen Stadium der Verhandlungen zuziehen», klagte Nesselrode.

Dunkle, geschnitzte Täfelung und schwerer, grüner Damast, der Glanz vergoldeter Beschläge, das Weiß und Grau der Marmorbüsten, die purpurnen und fleischfarbenen Töne eines riesigen Porträts Josephs II., das bescheidene grüne Oval eines Tisches – das war der Konferenzraum am Ballhausplatz.

Fürst Metternich saß an einem Ende des Ovals. Einundvierzigjährig, war er der Kanzler des österreichischen Kaiserreiches. Er hatte den Kopf und Körper eines Antonius und eine große natürliche Eleganz in bezug auf Kleidung und Manieren. Die beiden Preußen, Hardenberg und Humboldt, saßen zu Metternichs Rechten. Hardenberg mit seinen fünfundsechzig Jahren und dem einsamen, hilflosen Ausdruck des Schwerhörigen auf seinem sensitiven Aristokratengesicht führte die preußische Delegation beim Kongreß. Aber der gewandte, unschöne Wilhelm von Humboldt, die eine Hälfte des berühmten, gelehrten und liberalen Brüderpaares, war ihm gleichgeordnet. Metternich gegenüber, am anderen Ende des Ovals, saß Lord Castlereagh, groß, kräftig, mit frischer Gesichtsfarbe, steif wie ein Granitblock und mit dem insularen, abweisenden Blick des Briten. Sein Nachbar, aber durch einen leeren Stuhl von ihm getrennt, war Graf Nesselrode. Er hatte eine lange Nase, schläfrige Augen, rotes Haar und Bartkoteletten. Als arbeitsamer Deutscher gehörte er zu dem Kreis junger Ausländer um Alexander. Er hatte eine rasche Karriere hinter sich. Mit noch nicht vierzig Jahren war er russischer Außenminister. Das waren die Bevollmächtigten der Großen Vier. Der Sekretär des Kongresses saß zwischen Nesselrode und Metternich. Sein runzliges, zeitloses Gesicht ruhte auf einer hohen schwarzen Halsbinde. Sein gebrechlicher Körper zitterte ständig. Er war stark parfümiert. Das war der Ritter von Gentz, Metternichs Pressechef und engster politischer Berater.

Gentz war es, der jetzt sagte: «Eben kommt er. Sehr pünktlich. Es ist noch nicht zwei.»

Metternich sagte heiter: «Wie kalt es plötzlich ist, und dieser schreckliche Regen! So ist nun mal unser Wiener Herbst.» Aber niemand fing den Gesprächsball auf.

Tiefe Stille herrschte in dem düster ernsten Raum, als Talleyrand, den Spanier Labrador im Schlepptau, eintrat. Mit seinem leichten Hinken, das bei ihm merkwürdig elegant wirkte, ging er direkt zu dem leeren Stuhl rechts neben Lord Castlereagh. Auf seinen Ebenholzstock gestützt, machte er eine kleine Verbeugung, die alle einschloß, und gewährte ihnen den seltenen Anblick seiner weit geöffneten blassen Augen. Die anderen erhoben sich und erwiderten die Verbeugung, worauf alle sich wieder niedersetzten mit einem leichten Klirren von Degen und Ordenssternen.

Diplomaten stöhnen nicht, und doch füllte, aus dem gemeinsamen Unterbewußtsein der Sieger aufsteigend, so etwas wie ein Stöhnen die Luft. Sie alle wußten verstandesmäßig, daß sie nicht erwarten könnten, Talleyrand wesentlich verändert zu sehen. Aber in ihrem Innersten, wo das Gefühl vom Verstand nicht berührt wird, waren sie bestürzt, ihn so vollständig als den gleichen wiederzufinden. Hier saß er, der Vertreter des besiegten Frankreich, aber er war immer noch der Mann von Erfurt und von Tilsit, seiner Macht so sicher wie je und wenn möglich noch ein wenig stolzer. In seiner Manier war immer noch dieselbe, sanft freche Herausforderung, dieselbe abweisende Unergründlichkeit. Niemand hätte aus seinem Benehmen schließen können, daß er einem Herrn diente, dessen unsicherer Thron kaum sechs Monate alt war. Alles an ihm gemahnte auf die unangenehmste Weise daran, daß Frankreich, obwohl endlich besiegt, vielleicht neue Kräfte eben aus seiner Niederlage schöpfen könnte.

Talleyrand war sich der Bestürzung um ihn herum wohl bewußt, aber weder belustigte noch belästigte sie ihn. Er nahm es als selbstverständlich hin, daß die Anwesenden keine besonders freundlichen Gefühle für ihn hegten. Um so bemerkenswerter, daß sie mit so erfreulicher Schnelligkeit Vernunft angenommen hatten. Tatsächlich hatte er kaum erwartet, daß er nur eine Woche brauchen würde, um den Boykott zu brechen, mit dem sie versucht hatten, ihn von den Beratungen auszuschließen. Als er heute am frühen Morgen Metternichs Einladung erhalten hatte, war er überrascht. Schon vorher waren Gerüchte zu ihm gedrungen, daß die Großen Vier über seinen Einfluß auf die kleinen Nationen – besonders auf Labrador – nervös waren, aber er hatte nicht gedacht, daß diese Nervosität so rasche Früchte tragen würde.

Metternich sagte leichthin: «Sie kennen alle hier, mit Ausnahme von Herrn von Gentz, der bei unseren Sitzungen die Feder führt.»

«Wie sollte ich den größten politischen Schriftsteller unserer Zeit nicht kennen», erwiderte Talleyrand mit einem Lächeln zu Gentz hin. «Ich kenne Chevalier de Gentz seit zwanzig Jahren und bin hocherfreut, ihm endlich persönlich zu begegnen.»

Gentz errötete vor Vergnügen, und Talleyrand dachte: Also dieser merkwürdige kleine Mann ist «le misérable scribe», dem Napoleon vorwarf, zusammen mit Königin Luise und Prinz Louis Ferdinand den Krieg von 1806 bis 1807 angezettelt zu haben. Eine höchst sonderbare Gestalt, zusammengesetzt aus körperlichen und moralischen Schwächen, Lastern und Idiosynkrasien – und doch hat er die machtvollste Feder gegen den Diktator geschwungen. Niemand wußte mehr von dem großen Kampf gegen Napoleon und die Revolution als er, denn niemand war vertrauter mit allen Parteien und Gestalten dieses Kampfes. Als Vertrauter Metternichs war er eine wichtige Figur auf dem Kongreß. Es wäre nützlich, ihn zum Freund zu haben, und leicht, ihn als solchen zu gewinnen. Ein unseliger Hang für Knaben – und noch dazu für die niedrigste Kanaille – kostete ihn eine Unmenge Geld. Im übrigen war er ein leidenschaftlicher Snob, ein von der großen Welt geblendeter Intellektueller. Er würde für Talleyrands gesellschaftliche wie für seine finanziellen Angebote zugänglich sein.

Talleyrand lehnte sich behaglich in seinem Stuhl zurück und lauschte mit halbem Ohr auf das Gesumm verlegenen Geplauders, das vorsichtig das Persönliche und Politische vermied.

«Das große Händel-Oratorium ‹Samson› – ein bißchen geräuschvoll, finden Sie nicht auch?... Grandios... van Beethoven... offen gesagt langweilig...»

Das waren Labrador und Humboldt im Gespräch. Humboldt, dachte Talleyrand, ist wie Preußen. Man weiß nie ganz, woran man mit ihm ist. Wenn sie einander gesellschaftlich trafen, war er charmant, aber da er zuallererst Preuße war, so war es zweifellos ein Schlag für ihn, daß Talleyrand zu den Beratungen zugezogen wurde. Für Hardenberg war der Schlag noch schwerer. Er sah aus wie eine leibhaftige Gewitterwolke. Wahrscheinlich gedachte er bei seinem, Talleyrands, Anblick aller der Demütigungen, die er von Napoleon hinnehmen mußte. Armer Hardenberg! Die preußischen Fanatiker hatten ihn einen Verräter geheißen, als er während der französischen Besetzung am Steuer des preußischen Staatsschiffes blieb, anstatt zu emigrieren wie der Freiherr vom Stein. Fanatiker hetzten immer gegen zivilisierte, geschmeidige, patriotische Männer vom Schlage Hardenbergs. Aber Talleyrand hatte sich gut mit ihm verstanden, eine Tatsache, die Hardenberg jetzt wahrscheinlich lieber vergessen würde, da Talleyrand entschlossen war, den preußischen Plan der Einverleibung Sachsens zu stören. Es war auch noch ein anderer früherer Freund hier zugegen, der jetzt nicht viel Zuneigung für ihn hatte – Nesselrode! Nach Erfurt war er mehrere Jahre lang Alexanders persönlicher Gesandter bei ihm, Talleyrand, gewesen. Niemand wußte besser als er, was für ein Wagnis Talleyrand auf sich genommen hatte, als er der antibonapartistischen Sache direkt unter den Augen von Fouchés Geheimpolizei diente. Jetzt aber, in der Erkenntnis, daß er in der polnischen Frage dem Zaren allerhand Ungelegenheiten bereiten würde, war er Nesselrode unbequem.

«Die Diana-Bäder... ausgezeichnet für Rheuma . . Dr. Koreff sagt es auch... Man kann dort Mädchen bekommen...»

Er war ihnen allen unbequem, sogar Metternich, dessen Ansichten und Interessen den seinen so nahe standen. Ein Liebling der Götter, dieser Metternich – human, schön, intelligent, unglaublich erfolgreich. Sie hatten zusammengearbeitet, seit Metternich vor zehn Jahren als Gesandter nach Paris kam. Wie hatte Metternich oft über die Narrheiten der neuen napoleonischen Aristokratie gelacht und über die Marschälle mit ihren unmöglichen Frauen! Aber gerade weil er so zivilisiert war, hatte er einen ungeheuren Respekt vor der Gewalt. (Gelegentlich, wenn er lachte, geriet Metternichs Gesicht in allzugroße Beweglichkeit und bekam unversehens mephistophelische Züge.) Napoleon hielt er für unbesiegbar. Deswegen hatte er auch seinen Kaiser überredet, die enge Allianz mit ihm einzugehen und ihm sogar seine Tochter zur Frau zu geben, zu einem Zeitpunkt, da es nur noch einer kräftigen Anstrengung bedurft hätte, ihn zu beseitigen. Noch vor wenigen Monaten – genauer zwischem dem 17. Februar und 18. März – war Metternich noch entschlossen gewesen, Napoleon auf dem Thron zu erhalten. Und er hätte trotz des Geschreis aller derer, die Napoleon am liebsten aufs

Schafott gebracht hätten, sein Ziel fast erreicht, wäre Napoleon selbst nicht allzu störrisch gewesen. Ja, der Macht hatte Metternich sich noch immer gebeugt. Aus diesem Grunde würde er auch, obwohl er in der polnischen und sächsischen Frage mit Talleyrand am gleichen Strange zog, grundsätzlich zaudern, sich in einen Kampf verwickeln zu lassen. Der «Ministre Papillon» war weich, weil er Angst hatte, daß sein Glück ihn verlassen könnte.

«... sind endlich in unsere neue Wohnung am Minoritenplatz eingezogen... ganz behaglich... Glück, überhaupt eine zu bekommen. Lady Emily sagt... vierundzwanzig Zimmer...»

Da war Lord Castlereagh ein ganz anderer Mensch. Man brauchte ihm nur in die kalten blauen Augen zu schauen – Augen eines Mannes, der während der Rebellion in Dublin dem Tod ins Antlitz gesehen hatte, der einer Krisis mit unbeugsamem Willen entgegentreten konnte. Von 1800 bis 1814 hielt London den Schlüssel zum Krieg auf dem Kontinent in der Hand, und Castlereagh saß in London. Es war er – und natürlich die englische Schatzkammer –, der während der letzten kritischen Monate vor Napoleons Zusammenbruch die antinapoleonische Koalition zusammen- und den Krieg in Gang hielt. Ach, diese Briten! Seit seinen frühesten politischen Anfängen hatte Talleyrand eine französisch-britische Allianz erstrebt. Aber er konnte Napoleon niemals überzeugen. Castlereaghs Konzeption eines europäischen Gleichgewichts der Mächte harmonierte mit seinen eigenen Ideen über diesen Gegenstand. Anders aber war es mit Castlereaghs anderer Lieblingsidee: nämlich Preußen so zu stärken, daß es eine Barriere sowohl gegen Frankreich wie gegen Rußland bilden könnte. In bezug auf dieses Groß-Preußen war Talleyrand sein heftiger Gegner, und Castlereagh wußte das...

Das Stimmengewirr war ein bißchen abgeflaut, aber niemand schien willens, zur Sache zu kommen. Diese sogenannten Staatsmänner scheuten sich immer, zur Sache zu kommen. Nun, so war dies seine, Talleyrands, Chance, die Beratung auf seine Weise in Gang zu bringen.

«Warum», fragte er in eine plötzliche Gesprächspause hinein, «bin ich als einziger von den Delegierten Seiner Allerchristlichsten Majestät eingeladen worden?» Nicht, als hätte er einen

Deut darum gegeben, ob seine jungen Herren eingeladen wurden oder nicht, aber es war eine Möglichkeit, die Großen Vier in die Defensive zu drängen.

Metternich war augenscheinlich überrumpelt von diesem unerwarteten Angriff. «Es wurde gewünscht, daß nur die Staatssekretäre zu den einleitenden Beratungen zusammenkommen sollten», sagte er.

Talleyrand verwies auf den Spanier: «Herr von Labrador ist kein Staatssekretär, und trotzdem wurde er eingeladen.»

«Das stimmt, aber der spanische Staatssekretär ist nicht in Wien», entgegnete Metternich.

Geduldig sagte Talleyrand: «Aber neben Fürst Hardenberg sehe ich Herrn von Humboldt – eh? Er ist kein Staatssekretär.»

«Das ist eine Ausnahme, die durch das Gebrechen notwendig wird, an dem, wie Sie wissen, Fürst Hardenberg leidet», erklärte Metternich.

Talleyrand seufzte mit einem Blick auf den Preußen, der, die Hand an der Ohrmuschel, sich vergeblich bemühte, dem Gespräch zu folgen: «Ach, wenn es sich um ein Gebrechen handelt, so hat wohl jeder von uns das seine und das gleiche Recht, davon Gebrauch zu machen – eh?» Sein Ebenholzstock klopfte bedeutsam an sein lahmes Bein.

Metternich sagte nichts. Offenbar fand er Talleyrands Argument noch lahmer als sein Bein, hielt es aber für unter seiner Würde, es auszusprechen.

Dagegen beeilte sich Lord Castlereagh, vorzuschlagen: «Ich bin dafür, daß jeder Staatssekretär einen Kollegen mitbringt.»

Die anderen stimmten zu. Talleyrand hatte sein erstes Treffen gewonnen, ein Scharmützel mit dem begrenzten Ziel, eine Stimmung zu schaffen. Er wollte, daß die Großen Vier sich in die Verteidigung gedrängt fühlen sollten, und das taten sie.

Unter seinen zu langen Augenlidern hervor beobachtete Talleyrand Labrador, wie er seinen kleinen Ziegenbart strich und stillvergnügt dreinschaute. Das Kratzen von Gentz' Federkiel klang laut durch die Stille des Raumes. Wiederum war es Lord Castlereagh, der die Spannung brach, indem er einen Brief des portugiesischen Gesandten vorlas. Der Portugiese beklagte sich, von den Beratungen ausgeschlossen zu sein, und verlangte, alle acht Mächte, die den Frieden von Paris unterzeichnet hatten, sollten die vorbereitende Kommission des Kongresses bilden. Der Brief war für Talleyrand nichts Neues. Er hatte ihn angeregt. Es war ein starker Brief, charakteristisch für die Versteifung der kleinen Nationen unter Talleyrands Führung, und die Großen Vier waren sich ärgerlich darüber klar.

«Warum nicht den Fürsten von Liechtenstein und von Layen eine Stimme in der Organisation Europas einräumen?» fragte Hardenberg böse, nachdem er den Kern der Sache von Humboldts Lippen abgelesen hatte.

«Ich unterstütze die portugiesische Forderung», sagte Labrador.

«Sie ist vollkommen berechtigt», erklärte Talleyrand.

«Ich schlage vor, die Entscheidung über diese Frage bis zur nächsten Sitzung zu verschieben», sagte Metternich, Talleyrand anblickend.

Dieser lächelte freundlich: «Das ist mir durchaus recht.» Es kam nicht darauf an, wann der Portugiese eingeladen wurde. Worauf es ankam, war, daß er seinen Stich gewann. Es entstand eine verlegene Pause.

Dann wandte Lord Castlereagh sich an Talleyrand: «Der Zweck dieser Sitzung ist, Sie über das zu informieren, was die vier Höfe bisher getan haben.» Er hustete nervös und fügte hinzu: «Das Protokoll – wo ist das Protokoll?»

Ein Dokument wanderte von Metternich zu Castlereagh, der es Talleyrand überreichte. Mit einem Blick sah Talleyrand, daß es das Protokoll der Sitzung vom 22. September war, das Protokoll, das, nach Dalberg, die Verschwörung gegen Frankreich enthielt. Sein Gold-und-Schildpatt-Lorgnon vor den Augen, tat er, als ob er läse, und fragte sich, warum die Großen Vier ihm ein so herausforderndes Dokument zeigten. War es eine List oder waren sie einfach so naiv? Er entschied sich dafür, daß es Naivität sei.

«Alliierte!» rief er schließlich mit allen Anzeichen schmerzlichen Erstaunens: «Ich finde das Wort ‹Alliierte› hier in jedem Absatz. Wo sind wir? Immer noch in Chaumont? Ist nicht Friede geschlossen worden? Ist der Krieg noch im Gange und gegen wen, bitte?»

Die Großen Vier blickten einander an, und Metternich sagte beschwichtigend: «Das Wort hat jetzt keine aktuelle Bedeutung mehr. Wir brauchten es nur der Kürze wegen.»

Talleyrand sagte scharf: «Kürze ist eine gute Sache, nur sollte man dafür nicht mit Präzision bezahlen.»

Da hatte er sie wieder. Diesmal sahen sie schuldbewußt drein. Das heißt, Castlereagh, Nesselrode und Metternich sahen schuldbewußt drein, während Hardenberg wütend zum Bersten schien. Für ihn war die Existenz der Allianz noch immer Wirklichkeit, und er war empört, daß die anderen deswegen verlegen wurden.

«Was den Inhalt dieses Protokolls betrifft», sagte Talleyrand und klopfte mit seinem Lorgnon auf das Dokument, «so bin ich leider unfähig, seinen metaphysischen Gedankengängen zu folgen, die offenbar dazu bestimmt sind, Forderungen, die ich nicht kenne, Rechtsgültigkeit zu verleihen. Sie zu erörtern, würde uns in einen Ozean von Disputen stürzen, nicht wahr?»

Wie um seinen Standpunkt zu beweisen, nahm er sein Lorgnon auf und las einige Sätze des Protokolls auf leise, verwirrte Art, wobei er es fertigbrachte, sie völlig sinnlos klingen zu lassen.

«Ich verstehe nicht.» Er sah sich vorwurfsvoll um und begann dann dieselben Sätze noch einmal zu lesen, wobei sie noch absurder klangen. «Ich verstehe noch immer nicht», wiederholte er im gleichen klagenden Ton.

Er legte das Dokument hin und wirbelte das Lorgnon um seinen langen Stiel. «Für mich gibt es nur zwei Daten: den 30. Mai 1814, als der Kongreß beschlossen wurde, und den 1. Oktober, an dem der Kongreß eröffnet werden soll. Was zwischen diesen beiden Daten geschehen ist, geht mich nichts an.»

Es entstand eine verblüffte Stille, und er dachte: Jetzt sammeln sie ihre Kräfte für ein Gegenargument. Aber gleich darauf stellte er fest, daß er die Situation falsch beurteilt hatte. Es gab kein Gegenargument.

«Ich habe niemals viel von diesem Papier gehalten», bekannte Lord Castlereagh und griff nach dem Protokoll. «Mir wäre nichts lieber, als es zurückzuziehen.»

Nach kurzem Besinnen stimmten die anderen zu: «Durchaus

einverstanden – viel besser – warum nicht? – Es bedeutet nichts.»

«Es wundert mich, daß Sie ein Dokument unterschrieben haben, von dem Sie so gering denken», bemerkte Labrador arglos.

Guter Mann, dieser Labrador, dachte Talleyrand. Würden die Großen Vier das schlucken? Bei Gott, sie taten es. Castlereagh gab das Protokoll an Metternich zurück. Das war wahrscheinlich das letzte, was man davon hören würde. Erstaunlich. Und auch ein wenig bestürzend. Als ob man gegen etwas stieß, was wie eine Steinmauer aussah und dann aus Plüsch war. Was für ein peinliches Schauspiel! Vom beruflichen Standpunkt aus höchst bedauerlich. Und zu denken, daß dies die Männer waren, die Europa in der Hand hielten. Wenn ich es unter Napoleon jemals gewagt hätte, in dieser Weise Geschäfte zu führen! Er hätte Hackfleisch aus mir gemacht... Vielleicht ist es letzten Endes doch ein Vorteil, durch die strenge Schule von Diktatur und Revolution gegangen zu sein.

«Noch ein Protokoll, das ich lesen soll?» fragte er scherzend, als er ein Papier bemerkte, das in Lord Castlereaghs Hand knisterte.

«Kein Protokoll – der Entwurf einer Erklärung, die Sie und Herr von Labrador mit uns gemeinsam unterschreiben sollen», sagte Castlereagh eifrig. «Ich werde sie Ihnen vorlesen.»

Er begann eine langatmige Präambel zu verlesen über die Notwendigkeit, die Arbeit des Kongresses zu vereinfachen und abzukürzen, gefolgt von einer Erklärung, daß niemand wünschte, die Rechte irgendeines anderen zu schmälern.

Castlereaghs unangenehme Stimme dröhnte eintönig in eine gelangweilte Stille. Ein plötzlicher Regenschauer schlug gegen die Fensterscheiben.

Gentz dachte: Wenn sie diese Besprechung doch nur verschieben wollten. Die Denkschrift für die Gospodare der Wallachei muß heute unbedingt noch hinausgehen. Sie zahlen gut, diese Gospodare, und Max ist sehr hinter Geld her. Max... hoffentlich kommen Buchholtz und Laemel rechtzeitig mit dem Vorschuß. Die Juden sollen nur nicht denken, daß ich mich ohne Vorschuß für ihre Interessen einsetzen werde. Daß Humboldt sich geweigert hat, Sporteln von ihnen anzunehmen! Bloß weil er und sein Bruder sich immer als die Beschützer der Juden aufgespielt haben, braucht er uns andern doch nicht das ganze Geschäft zu verderben... Talleyrand spielt mit uns wie die Katze mit der Maus. Metternich sollte es nicht dulden. Aber Metternich kann nur noch an Wilhelmine denken. Verdammtes Weib. Es steht schlecht um Europa – nicht so wie vorher, wenn Bonapartes zermalmendes Gewicht auf uns lastete, sondern wegen der Mittelmäßigkeit und Unfähigkeit fast aller der Männer, die das Schicksal der Welt in der Hand halten...

Metternich dachte: Ich wünschte, Castlereagh würde aufhören, die Erklärung vorzulesen. Sie klingt fürchterlich...

Hardenberg dachte: Was für ein Schwächling Metternich ist! Aber es ist Methode in seiner Schwäche. Er wünscht Talleyrands Unterstützung gegen uns. Vielleicht ist er sich selbst noch nicht einmal klar darüber, aber er will nicht, daß Preußen Sachsen bekommt. Nach Napoleons Niederlage ist die alte Eifersucht zwischen Österreich und Preußen mit neuer Kraft erwacht...

Nesselrode dachte: Das kann mich mein Portefeuille kosten. Alexander ist schon wütend auf mich, weil es mir nicht gelungen ist, die Einladung an Talleyrand zu verhindern. Was wird er tun, wenn er erfährt, was der sich auf der ersten Sitzung alles gegen uns herausnehmen durfte.

Castlereagh las immer noch. Talleyrand dachte: Also zwei Unterausschüsse wollen sie einsetzen, und erst wenn die mit ihrer Arbeit fertig sind, soll der Kongreß zusammenberufen werden! Das würde die Großen Vier zu absoluten Beherrschern des Kongresses machen, obgleich der Entwurf hier mit Fleiß immer von den *sechs* Mächten spricht, die die Zusammensetzung der Ausschüsse regeln und die Tagesordnungen festsetzen sollen. Der Kniff dabei ist, daß Frankreich und Spanien dann immer wie zwei gegen vier stehen würden. Die Großen Vier behielten stets die Mehrheit.

«Was halten Sie davon?» fragte Castlereagh, als er endlich zu Ende war.

Talleyrand sagte mild: «Eine erste Lektüre genügt nicht, um sich eine endgültige Meinung über eine Erklärung dieser Art zu bilden – eh? Ich werde darüber nachdenken müssen. Vor allem werde ich mich davon überzeugen müssen, daß die Erklärung mit den Rechten vereinbar ist, die wir alle zu respektieren haben. Wir sind hierhergekommen, um die Rechte aller zu garantieren – eh? Es wäre höchst bedauerlich, wenn wir damit anfingen, sie zu verletzen, nicht wahr?» Er hielt inne, und als niemand sprach, fuhr er in noch milderem Ton fort: «Die Idee, alles von Ausschüssen ausarbeiten zu lassen, bevor der Kongreß zusammentritt, ist für mich neu. Aus dem Stegreif würde ich sagen, daß wir da anfangen sollten, wo diese Erklärung wünscht, daß wir aufhören – eh? Nach meiner Meinung sollte zuerst der Kongreß sich konstituieren, nicht die Ausschüsse, denn mir scheint, nur der Kongreß kann auf die sechs Mächte die Autorität übertragen, die Sie in ihrer Hand sehen möchten.»

Die unmittelbare Reaktion auf Talleyrands Bekenntnis zu dem höheren Recht Europas war ein peinliches Schweigen. Die Großen Vier fühlten sich schuldig, und das Ärgste war, daß es Talleyrand war, der ihnen ihr Schuldgefühl und ihre Verlegenheit zum Bewußtsein brachte.

«Ich muß gestehen», platzte Castlereagh heraus, «daß ähnliche Bedenken mir auch schon gekommen sind. Aber wissen Sie irgendeinen anderen Weg, die Dinge zu beschleunigen?»

«Warum nicht einfach den Kongreß sofort zusammentreten lassen? Worin liegen die Schwierigkeiten?» fragte Talleyrand.

«Wie? Was? Was sagen Sie?» fragte Hardenberg besorgt, die Hand an der Ohrmuschel.

«Kongreß ... zusammentreten ... Schwierigkeiten ...», wiederholte Humboldt nur mit den Lippen.

Ungeduldig sagte Hardenberg: «Wir müssen einen Modus finden, der die Fürsten von Layen und Liechtenstein daran verhindert, sich in die allgemeine Neuordnung Europas zu mischen.»

Plötzlich redeten alle gleichzeitig: «... Fürst Hardenberg hat recht ... Ausschüsse ... Vereinfachung ... Wir können nicht all den kleinen Fürsten eine Stimme in den Angelegenheiten der großen Mächte einräumen ... vorbereitende Abmachungen ... die großen Mächte ... die kleinen Mächte ... Vereinfachungen ...»

Niemand wußte später genau, wer in diesem Augenblick Murat, Napoleons Schwager, erwähnte. Jedenfalls sagte irgend jemand, vielleicht war es Metternich, beiläufig: «Da ist noch die Angelegenheit des Königs von Neapel.»

Und hier erreichte Talleyrands Frechheit eine Höhe, die buchstäblich jeden Atem stocken ließ. Der einstige Paladin Napoleons blickte unschuldig umher und fragte freundlich: «Von welchem König von Neapel sprechen Sie – eh? Wir kennen den Herrn nicht.»

Jeder starrte an jedem vorbei, aber alle dachten dasselbe. Sie dachten: Das ist zuviel. Wir können uns nicht in dieser Weise durch Talleyrand ins Unrecht setzen lassen. Er kann sich hier nicht als den einzigen Verteidiger der Legitimität aufspielen und uns in der Folge beschuldigen, die Grundsätze zu verletzen, für die wir gekämpft haben. Eine solche Frechheit von diesem Mann! Jemand müßte sagen: ‹Alles, was recht ist, Herr von Bénévent! Ich erinnere mich sehr wohl der Zeit, als Sie vor Bonaparte krochen.› Es ist widerlich, aber tatsächlich ist keiner von uns in der Lage, auch nur sarkastisch gegen den Kerl auftreten zu können. Wir alle haben uns irgendwann einmal vor dem Diktator gedemütigt und mit seinen Marionetten Kompromisse geschlossen. Wir haben alle unsere Mäntel nach dem Winde gehängt – mit Ausnahme von Castlereagh.

Nur Humboldt versuchte, den Handschuh aufzunehmen: «Murat», sagte er, «hat, wie Sie wohl wissen, im Kampf gegen Bonaparte nützliche Dienste geleistet, und es gibt Mächte, die ihn anerkannt und ihm seinen Staat garantiert haben.»

«Diese Mächte hätten das nicht tun sollen», erklärte Talleyrand kalt und fest.

Er schwieg einen Augenblick. Er sah keinen Vorteil darin, die Dinge zu weit zu treiben. So fuhr er verbindlicher fort: «Aber das steht ja nicht heute zur Entscheidung – eh? In bezug auf den beschleunigten Zusammentritt des Kongresses halte ich die Schwierigkeiten nicht für so unüberwindlich, wie Sie zu fürchten scheinen.»

Danach löste die Sitzung sich mehr auf, als daß sie aufgehoben wurde.

«Was für eine Szene!» sagte Gentz zu Humboldt, als sie das Konferenzzimmer verließen. «Ich werde sie nie vergessen, solange ich lebe. Wahrhaftig, Talleyrand hat uns zwei geschlagene Stunden lang ausgezankt und unsere sämtlichen Pläne umgeworfen.» Er tupfte sich die Stirn mit einem parfümierten Taschentuch.

«Ja, es war großes Theater», gab Humboldt mit schiefem Gesicht zu, «und dabei hat er nur markiert.»

Talleyrand stieg die breiten Marmorstufen herab, als Castlereagh sich zu ihm gesellte: «Ich bedaure, daß Sie einen so kompromißlosen Standpunkt einnehmen, Fürst», sagte der Engländer. «Eine gewisse Angelegenheit, die Ihren Hof außerordentlich interessiert, könnte sehr wohl zu Ihrer Zufriedenheit geregelt werden.»

Talleyrand lächelte ihm von der Seite zu. Die «gewisse Angelegenheit», auf die Castlereagh anspielte, war Neapel. Die Engländer hatten kein Abkommen mit Murat und kein Interesse daran, ihn an der Macht zu halten. So schlug Castlereagh einen Handel vor: Ich werde dafür sorgen, daß ein Bourbone Neapel bekommt, und Sie werden so freundlich sein und nichts dagegen einwenden, daß die Preußen Sachsen erhalten. Aber es war noch nicht an der Zeit für solche Geschäfte.

«Es handelt sich jetzt nicht um Angelegenheiten, die meinen Hof interessieren, Mylord», erwiderte Talleyrand heiter, «es handelt sich um die Prinzipien, die das Ganze unterbauen sollen – eh? Wir schulden dem Willen Europas Rechenschaft. Was werden wir geleistet haben, wenn wir nicht die Grundsätze wiederherstellen, deren Verletzung das ganze Unheil angerichtet hat – eh?»

Castlereagh nickte gedankenverloren. Dieser Gauner Talleyrand hatte ein Geschick, ihn an sein eigenes, so lange genährtes, aber schon halb aufgegebenes Ideal eines vollkommen befriedeten Europa zu erinnern. Eines Europa, wo es nur wenige und mild aristokratische Regierungen gab, wo die Grenzen natürlich verliefen und Gründe für Kriege nicht existierten und wo kleinere Berichtigungen auf periodischen Konferenzen verhandelt werden konnten. Das englische Ideal eines befriedeten Europa. Dafür hatten sie den langen Krieg geführt. Dafür – und natürlich auch für das kontinentale Gleichgewicht, Conditio sine qua non von Englands Existenz. Aber gerade in diesen letzten paar Tagen hatte er angefangen zu begreifen, in welchem Ausmaß beides von Alexanders polnischen Plänen bedroht war. Gott! Es wäre eine Katastrophe für die Welt, wenn Alexander seinen Willen bekäme. Trotzdem war es notwendig, die Einigkeit der Großen Vier zu bewahren. Die Einigkeit der Sieger in dem großen Kampf gegen Frankreich war die wesentliche Bedingung eines dauerhaften Friedens. Selbstverständlich konnte man von Talleyrand kein Verständnis für diesen Standpunkt erwarten.

Sie hatten das Erdgeschoß erreicht, und ein Lakai half ihnen in die Mäntel. «Eine Ära wie die gegenwärtige», fuhr Talleyrand fort, «kommt einmal in Jahrhunderten. Eine vollkommenere Gelegenheit, Europa zu befrieden, wird sich uns nie mehr bieten. Warum ihrer nicht würdig sein – eh?»

Lord Castlereagh spielte mit dem Rand seines Federhutes: «Es gibt Schwierigkeiten, die Sie nicht kennen.»

«Nein, ich kenne sie nicht», erwiderte Talleyrand in dem bestimmten Ton eines Mannes, der nicht die geringste Neugier hat, sie kennenzulernen.

Es regnete immer noch, als Talleyrand allein – denn Castlereagh war zu einem Gespräch mit Metternich zurückgeblieben – die Staatskanzlei verließ. Er schlug den Kragen seines langen grauen Mantels gegen die feuchte Schärfe der Luft hoch und überquerte ohne Eile den Bürgersteig, wobei er sorgfältig den schlammigen Pfützen aus dem Wege ging, die sich zwischen den großen, schlüpfrigen Pflastersteinen bildeten. Ein Lakai hielt einen Schirm über ihn. Was für ein Tag! dachte er voll Widerwillen, als er in seinen Wagen tauchte.

«Endlich! Ich fing an zu glauben, es sei Ihnen etwas zugestoßen», begrüßte ihn Dorotheas etwas rauhe Stimme.

Viel später, als er versuchte, sich an jede Einzelheit seiner Beziehung zu Dorothea zu erinnern, um sie auf ihre Bedeutung zu prüfen, fragte er sich oft, warum dieser Augenblick, da er sie im Wagen fand, in ihm ein solches Gefühl vollkommenen Glückes auslöste.

«Sie warten auf mich – hier im Regen!» Er war gerührt, als

hätte sie sich wirklich seinetwegen den Elementen ausgesetzt, anstatt in der geschützten, parfümierten Wärme eines eleganten Coupés zu sitzen. Er, glitt auf den Sitz neben sie, ergriff ihre Hand und küßte sie.

«Ich war so neugierig, zu erfahren, wie die Sitzung verlaufen ist – ich mußte kommen. Erzählen Sie mir alles – rasch!» Sie lächelte ihm zu.

«Von Anfang an?» fragte er, noch immer ihre Hand haltend.

«Von Anfang an – und wagen Sie es nicht, irgend etwas auszulassen!»

Beide lachten. Sie dachte: Es freut ihn, daß ich gekommen bin. Und er dachte: Keine Frau hat mich je so intelligent geliebt.

«Gut, ich werde Ihnen alles erzählen. Ich bin gespannt zu hören, was Sie daraus machen.»

Leicht mit den Bewegungen des Wagens schwankend, begann er zu erzählen. Schritt für Schritt ließ er die Sitzung wiedererstehen und erwärmte sich an dem Gegenstand, weil sie so aufmerksam zuhörte, ihn hier und da mit der richtigen Frage unterbrach, an allen richtigen Stellen lachte. Es war etwas an der Art ihres Zuhörens – ein Zauber, der allem, was man zu sagen hatte, eine leuchtende Vollendung gab, die es aus sich selbst nicht besaß. Und wie entzückend sie aussah in diesem lächerlich männlich schwarz und weiß karierten Redingote! Ein Kostüm, das unter tausend Frauen eine tragen konnte, aber Dorothea war diese eine. Und wie gut stand ihr dieser Dreispitz aus rehfarbenem Filz.

Als er geendet hatte, sagte sie bewundernd: «Es scheint mir, Sie haben einen Riesenerfolg gehabt, mon oncle. Es ist erstaunlich, daß sie nicht mehr Widerstand geleistet haben, die Großen Vier.»

«Ja, nicht wahr!» Er war erfreut, daß sie erfaßte, was auch ihm einer der auffallendsten Züge der Sitzung schien.

Nachdenklich fuhr sie fort: «Ich fürchte, Castlereagh hat nur eine sehr unvollständige Kenntnis der unendlichen Komplikationen europäischer Diplomatie. Was Metternich angeht, so ist es aus Wilhelmines Erzählungen klar, daß er vor den russischen Absichten auf Polen Angst hat und noch größere Angst vor den preußischen Absichten auf Sachsen. Aber er wird versuchen die Sache hinzuhalten, in der Hoffnung, daß ein anderer die Initiative ergreift. Habe ich recht?»

«Absolut. Es gibt immer noch viel, das die Großen Vier zusammenhält – die Erinnerung an gemeinsame Leiden, die abergläubische Angst, daß die Auflösung einer so siegreichen großen Allianz eine Katastrophe für jeden von ihnen und für die Welt bedeuten würde. Das Mißtrauen gegen die alte Angreifer-Nation Frankreich – ja vor allem das Mißtrauen gegen Frankreich. Unsere Stellung ist noch nicht leicht.»

Nach einem Weilchen sagte sie: «Aber Sie haben heute eine Schlacht gewonnen. Die Vier können es sich nicht länger erlauben, Sie zu übersehen. Obwohl ich vermute, nach dem Schock, den Sie ihnen heute versetzt haben, werden sie noch einmal versuchen, ihre Reihen zu schließen und Ihnen eine verstärkte gemeinsame Front entgegenzusetzen. Es wäre nur menschlich.»

Er lachte entzückt: «Genauso ist es, meine Dorothée. Ich wünschte, meine jungen Herren hätten Ihren hartköpfigen Realismus. Aber nein, auf Grund meines Anfangserfolges werden sie meinen, ich hätte den Kongreß schon in der Tasche, um dann nur entsetzlich enttäuscht zu sein, wenn sie nach ein paar Tagen entdecken, daß dies nicht der Fall ist. Wie begabt Sie für Politik sind!»

Hat Talent für eine Frau einen anderen Zweck, als daß sie dadurch ein bißchen liebenswerter wird? So hatte Frau von Staël es damals auf dem Diner formuliert, das Talleyrand ihr anläßlich ihrer Rückkehr aus dem Exil gab. Madame de Staël, vielleicht die begabteste aller Frauen. Sie hatte es damals gesagt, traurig, anklagend und schon etwas gealtert und verwüstet aussehend. Herausfordernd wohl auch. Sie hatte, viele Jahre früher, auch einmal Talleyrand geliebt, aber er sie nicht. Aber ich bin nicht Frau von Staël; mich wird er lieben, dachte Dorothea. Laut fragte sie: «Und was werden Sie als nächstes unternehmen?»

«Ich werde ihnen eine kleine Note überreichen lassen. Oh, durchaus nichts Sensationelles: Ich werde ihnen lediglich den Vorschlag machen, gemäß unserem Abkommen vom 31. Mai eine Achtmächtekommission zu bilden (nicht *sechs*, wie sie es so gern möchten), die ihrerseits dem Kongreß die Bildung von Unterausschüssen vorschlagen soll. Ich werde drei solcher Ausschüsse anregen – einen für die deutschen Angelegenheiten, einen für Italien, den dritten für die Schweiz –, aber die Ausschußmitglieder sollen direkt vom Kongreß ernannt werden. Ich werde ausdrücklich auf der Feststellung bestehen, daß diese Ausschüsse sich keinerlei Rechte anmaßen dürfen, die nur dem Kongreß selbst zustehen sollen. Deshalb müsse auch der Kongreß sogleich einberufen werden.»

«Also nur eine ganz kleine Note, die aber wie eine Bombe einschlagen soll.» Und Dorothea lachte.

Sie lachten gemeinsam in einer vertrauten, verschwörerischen Art, dicht nebeneinander sitzend, aber ohne sich zu berühren. Sie ist der einzige Mensch auf der Welt, mit dem ich vollkommen ungezwungen und frei reden kann, dachte Talleyrand und starrte in die nassen, lauten Straßen hinaus, die an ihnen vorüberglitten. Gott sei Dank, daß sie sich entschlossen hat zu bleiben. Was für eine Erleichterung war es, als sie mich bat, die Szene zu vergessen, die sie wegen ihrer Mutter gemacht hatte, und versprach zu bleiben, wenigstens für den Augenblick. Seitdem hat sie offenbar ihren Kummer und ihren Groll begraben. Ich habe sie nie fröhlicher und auch nie liebevoller gesehen.

«Was haben Sie den ganzen Tag getrieben?» fragte er.

«Ich habe mit den Schwestern gefrühstückt. Es war sehr lustig, da Wilhelmine in strahlender Laune über einen Streich war, den sie der Bagration gespielt hat. Augenscheinlich ist Alexander gestern abend gekommen, um die Bagration zu besuchen, aber als er eine Menge Wagen im Hof sah, ist er umgekehrt, in der Annahme, die Bagration hätte Gesellschaft. Tatsächlich war die Gesellschaft bei Wilhelmine, und die arme Bagration saß ganz allein zu Hause, in Erwartung des großen Liebhabers.»

«Oh, ich erkenne Wilhelmines Raffinesse», lachte Talleyrand.

«Nun, ich glaube, es war mehr eine Glückssache», erwiderte Dorothea trocken. «Aber warten Sie auf die Fortsetzung der Geschichte: Alexander ging also wieder fort, und da er offenbar nicht wußte, was er mit dem angefangenen Abend machen sollte, holte er sich seinen Busenfreund, Eugène Beauharnais, und die beiden entwischten ihren Wachen und besuchten eine billige Grisette. Unseligerweise hatte das Mädchen gerade ihren

Liebhaber, einen Husaren, bei sich, der die beiden vermeintlichen Rivalen prompt die Treppe hinunterwarf.»

«Ich kann es nicht glauben.»

«Es ist wahr. Die Burg spricht heute von nichts anderem. Radziwill hat es den Schwestern erzählt. Sie wissen sogar den Namen des Mädchens, Maria Kleinhardt. Kaiser Franz und die Kaiserin sollen entrüstet sein.»

Talleyrand schüttelte den Kopf: «Er ist unbalanciert, Alexander – das macht ihn so gefährlich.»

«Genau das habe ich eben zu Czartoryski gesagt. Nach dem Frühstück brachte ich Czartoryski in Isabeys Atelier und überredete ihn, eine Miniatur von sich machen zu lassen. Übrigens, Isabey ist im siebten Himmel. Sein Atelier in der Josephstadt ist vollkommen, und er hat bereits mehr Aufträge, als er ausführen kann, außerdem gibt er Marie Louise Malstunden. Er dankt Ihnen auf den Knien, daß Sie ihn dazu bewogen haben. Er...»

Talleyrand unterbrach ihr Geplauder: «Waren Sie allein mit Czartoryski bei Isabey?» fragte er ein wenig scharf.

«Natürlich nicht, Pauline und Jeanne haben uns begleitet. Sie wollen auch Miniaturen von sich haben, obwohl sie den Preis ein bißchen hoch fanden. Fünfzig Dukaten für eine Miniatur! Isabey wird hier ein Vermögen machen. Wilhelmine ist ein bißchen empört, daß es gerade Bonapartes Hofmaler sein soll, der durch den Friedenskongreß so gutes Geld verdient.»

«Wilhelmine ist eine Moralistin – eh?» sagte Talleyrand mechanisch. Und dann fügte er hinzu: «Was hatte Czartoryski zu sagen?»

«Er war reizend. Ich bin sicher, Sie werden ihn mögen.»

Ich bin sicher, ich werde ihn nicht mögen, dachte Talleyrand gereizt. Er ist ein Narr. Eine Art männliche Walewska, mit dem Unterschied, daß er das Heil Polens bei Alexander sieht, während die Walewska es bei Napoleon sah. Er hat einen schlechten Einfluß auf die europäischen Angelegenheiten. Er und ich werden immer einander gegenüberstehen. Das ist schicksalhaft. Damals, in der Affäre mit dem Herzog von Enghien, sprudelte er förmlich über von moralischer Entrüstung, während ich es mit Napoleon halten mußte; jetzt kämpfe ich für Völkerrecht und politische Mäßigung, und er unterstützt wieder Alexanders

Eroberungsgelüste oder bringt ihn vielleicht überhaupt erst auf solche Gedankengänge. Er ist immer auf der falschen Seite. Ob Dorotheas Entschluß, zu bleiben, irgend etwas mit ihm zu tun hat? Czartoryski ist ihr vielleicht wie ein Deus ex machina gekommen. Sie hat ihn ja schließlich einmal geliebt. Er sagte leichthin: «Ich freue mich in der Tat darauf, Czartoryski kennenzulernen. Wir wollen ihn zum Essen einladen.» Ich darf sie nicht merken lassen, dachte er, daß ich die Sache mit Czartoryski ernst nehme. Aber ich tue es. Jeder andere Liebhaber, den sie wählte, wäre mir recht. Nein, das ist nicht wahr. Kein Liebhaber, den sie wählte, wäre mir recht. Aber Czartoryski ist weniger erträglich als irgendein anderer.

Dritter Teil

«Le congrès danse, mais il ne marche pas.» (Der Kongreß tanzt, aber er kommt nicht von der Stelle.)

Fürst de Ligne

1

Oktober in Wien, das hieß, wie es der Fürst von Ligne formulierte: «Das geschieht auch zum erstenmal: Das Amüsement erobert den Frieden.»

Oktober in Wien: Händels Oratorium «Samson» wurde von 500 Sängern aufgeführt, danach Beethovens «Fidelio» und ein Ballett «Zephir und Flora», in der Reitschule der Hofburg fand ein Maskenfest statt mit 10000 Teilnehmern sowie ein anderer großer Ball; bei Metternich sah man auf einem Fest die Volkstrachten aller Länder, die unter der österreichischen Krone standen; Sir Sidney Smith gab ein Mammutfrühstück zum Besten der leidenden Negersklaven.

Oktober in Wien, und der Fürst von Ligne formulierte es so: «Das Hübscheste dabei ist, wie so viele Diplomaten, die Europa in Ordnung bringen wollen, so viel Unordnung in das normale schlechte Benehmen der Frauen bringen.»

Im Oktober war die große Welt rasend verliebt in den Zaren Alexander und seine originellen Gewohnheiten, wie er sich jeden Morgen Gesicht und Hände mit einem großen Stück Eis abrieb und wie reizend stürmisch er den Frauen gegenüber war.

Oktober in Wien, das war das kolossale Nationalfest im Augarten, mit einem Zirkus, viel Feuerwerk und einer bemerkenswerten Sehenswürdigkeitenschau.

Oktober in Wien, das war das noch kolossalere Praterfest zur Erinnerung an die Völkerschlacht von Leipzig – bemerkenswert durch die Messe unter freiem Himmel, wo ungezählte Tausende kniend die Friedenshymnen absangen; mit einer Festtafel, die vom Praterstern bis zum Lusthaus reichte, wo 14000 Grenadiere in hohen Bärenmützen aßen und tranken; auch ließ man einen Fesselballon von ungeheuren Ausmaßen steigen.

Oktober in Wien, und der Fürst von Ligne kommentierte: «Das Volk hat ja schließlich so viel für uns getan, daß wir auch etwas fürs Volk tun müssen.»

In den Hauptverkehrsstraßen warteten im Oktober die Wiener stundenlang, um die neue goldbetreßte und titelgeschmückte Bevölkerung ihrer Stadt zu besehen, und erfanden das Witzwort: «Der Kaiser von Rußland liebt für alle; der Preußenkönig denkt für alle; der König von Dänemark schwatzt für alle; der Bayernkönig trinkt für alle; der König von Württemberg ißt für alle, und unser Kaiser Franz zahlt für alle.»

Aber der Oktober kam und ging, der November erschien, und im November hatten die Flitterwochen ein Ende.

November – noch tanzte Wien, dinierte und soupierte, ging ins Konzert und ins Theater, aber all das charmante Freudengetöse konnte nicht länger die todernste Frage betäuben, die Frage, die ein hungriges, verarmtes, von 25 Jahren Krieg und Revolution erschüttertes Europa immer lauter stellte: Wird der Kongreß imstande sein, das von Napoleon hinterlassene Chaos zu entwirren und Dämme gegen jede künftige Drohung von Gewalt und Tyrannei zu errichten?

November – und die vornehme Welt, urplötzlich ernüchtert, nahm entrüstet Abstand von Alexanders Unsitten. Die Wiener, all ihrer Besucher, ob König oder Bürgersmann, herzlich müde, klagten laut, daß es den österreichischen Staatsschatz täglich 50000 Gulden koste, einen Kongreß zu unterhalten, der noch gar nicht einmal begonnen hatte. Und Wilhelm von Humboldt, den man fragte, wann der Kongreß schätzungsweise zu Ende sein würde, seufzte nur, «ich wollte, ich wüßte, wann er beginnen wird».

November – und man munkelte, daß der Kongreß sich auflösen und Könige und Diplomaten alsbald abreisen würden; daß Marie Luise und ihr Sohn demnächst nach Elba gehen würden; daß Marie Luise jetzt bald den König von Preußen heiraten solle.

November, und ein Wort Talleyrands machte die Runde:

«Das Diner scheint vorüber zu sein; zum Nachtisch wird es, fürchte ich sehr, Kanonenschüsse geben.»

«Was für ein schreckliches Durcheinander überall herrscht!» Die Herzogin von Kurland seufzte in den langen Spiegel von Dorotheas Ankleidezimmer, während sie unzufrieden die unmutigen Linien ihres perlenbestickten Abendkleides aus mauvefarbenem Crepe betrachtete. Talleyrand liebte sie in Mauve, aber trotzdem war es eine Farbe, die alt machte, und sie wünschte, sie hätte heute etwas weniger Gefährliches gewählt.

Dorothea saß in ihrer silbernen Badewanne, eine Kompresse von Kamille, Holunder und Lindenblüten vor ihrem Gesicht. «Ja», sagte sie durch den wohlriechenden Dampf hindurch, «der Kongreß ist auf schlechtem Wege.»

«Ich habe nicht an den Kongreß gedacht», sagte ihre Mutter, und ein wahreres Wort wurde nie gesprochen. Die Herzogin von Kurland hatte niemals nach den allgemeinen Aspekten einer Situation gefragt, sondern nur nach den persönlichen. Sie war eine kleine, schlanke Blondine mit jenem ewig erstaunten Blick in ihren herrlichen blauen Augen, der die Männer zu Phantasien, gewöhnlich zu falschen, anregte. Sie galt als eine Art politischer Sibylle und als feinsinnige Patronin der Künste. In Wirklichkeit war sie nichts dergleichen. Sie bewunderte Dichter leidenschaftlich – sie waren so verständnisvoll und standen einer Frau so gut! –, aber sie hätte ihr ganzes Leben glücklich verbringen können, ohne je einen Vers zu lesen. Politik nun gar war für sie nichts als eine einzige große, aufregende Intrige, in der ihre Freunde und Liebhaber mitspielten.

Es war nun über sechsunddreißig Jahre her, daß Herzog Peter von Kurland sich entschloß, dem Prestige seiner neuen Dynastie durch Verbindung mit einer der alten kurländischen Adelsfamilien aufzuhelfen, und die schöne, damals siebzehnjährige Anna Dorothea Gräfin Medem heiratete, das Produkt von siebenhundert Jahren unverfälschten Adels. Von dieser Zeit an hatte die Herzogin stets ihre Hand im politischen Spiel gehabt. Ihr eigener Gatte gab ihr den Start. Johann Birons schöner, aber heftiger Sohn, der nicht gut mit Menschen umgehen konnte und klug genug war, es zu wissen, begriff bald, daß die Dinge glatter gingen, wenn er seine junge Herzogin delegierte, seine schwierigen politischen und finanziellen Verhältnisse zu ordnen. Als seine spezielle Botschafterin war sie ständig unterwegs zwischen St. Petersburg, Warschau, Berlin und Mitau. Ehe sie dreißig war, genoß sie den Ruf einer erfahrenen Geschäftsfrau, die den hartköpfigsten Staatsmann überlisten könnte. In Wirklichkeit überlistete sie sie nicht, sie übermüdete sie. Was sie unwiderstehlich machte, war ein gewisser hilfloser Charme, verbunden mit einer herzhaften Besitzgier, vor allem aber der feste Glaube, daß die ganze Welt um ihre Person kreiste. So stark, so energisch, so nie versagend war dieser Glaube, daß er es ihr ermöglichte, strahlend und ohne zu erröten alle und jeden wegen ihrer Interessen zu belästigen – mit dem Ergebnis, daß sie schließlich aus reiner Erschöpfung ihren Wünschen nachgaben.

Auch war ihre Dankbarkeit in allen Abstufungen, angefangen von ihrem vielbesungenen zärtlichen, schmelzenden Lächeln bis zu den vollständigsten Beweisen weiblicher Gunst, begehrte Belohnung. Es lag auch nichts Käufliches darin. Die Herzogin konnte sich immer leicht überreden, in Männer, die eine Rolle in den großen Angelegenheiten der Welt spielten, leidenschaftlich verliebt zu sein. Als schließlich Herzog Peter im Jahre 1800 starb, nahm sie an der Politik jenes persönliche Interesse, das so charakteristisch ist für Frauen, die wissen, was viele der Hauptdarsteller in ihren intimen Augenblicken sagen; dieses Interesse hatte sie bis heute bewahrt.

So war in den Augen der Herzogin der Wiener Kongreß in der Hauptsache eine Intrige zwischen diesem listigen und charmanten Alexander, der eine aufreizende Art hatte, ihr bei jeder Gelegenheit mit der Konfiskation ihres ungeheuren Vermögens zu drohen, und dem hübschen und klugen Clemens Metternich, der wegen Wilhelmine so eifersüchtig auf Alexander war, daß er ihm Polen nicht gönnte. Polen! Die Herzogin war ganz Partei für dieses gemarterte Land in Erinnerung an eine rührende Ovation, die das polnische Parlament ihr in den frühen neunziger Jahren gebracht hatte – und auch in Erinnerung an Batowski. *Er* war ihr in seiner schwermütigen polnischen Art so ergeben gewesen, obwohl er zuletzt ziemlich schwierig wurde. Aber vor allem Talleyrands wegen! Auch er war gegen Alexanders Griff nach Polen, wegen etwas, das er das Gleichgewicht der Mächte nannte. Damit war nach Ansicht der Herzogin die Frage endgültig entschieden. Talleyrand hatte immer recht. Er war der weiseste Mann unter der Sonne. Sie liebte ihn, wie sie nie einen Mann zuvor geliebt hatte. Und in diesem einen Fall machte sich die Herzogin nichts vor. Seit fünf Jahren war sie Talleyrands Geliebte, aber noch immer wachte sie morgens mit einem ungewohnt demütigen Staunen über ihr Glück auf, das ihr diesen herrlichen Liebhaber geschenkt hatte – geschenkt im Herbste ihres Lebens. Und weil er ihr letzter Liebhaber sein würde – nie würde sie seinesgleichen finden, und sie glaubte, zuviel Geschmack zu haben, um sich mit einem Geringeren zufriedenzugeben –, hatte sie tödliche Angst, ihn zu verlieren.

«Weißt du, Liebling» – die Herzogin sprach immer noch in den Spiegel –, «es wurde mir heute klar, daß ich alt werde.»

Dorotheas Gesicht, nun mit einer dicken Masse Kräutern, Moos und Honig bestrichen, glich einer grotesken dunkelgrünen Maske. «Aber nein, liebste Mama», sagte sie ehrlich, «Sie sehen nicht einen Tag älter aus als vierzig.»

«Nein», beharrte die Herzogin düster, «ich habe heute entdeckt, daß für mich alles aus ist. Es war bei der Probe in der Hofburg, als ich diesen hübschen jungen Grafen Wrbna sah und begriff, daß ich ihn nicht mehr haben könnte.»

«Wünschen Sie sich denn den Grafen Wrbna?» Dorothea bewegte sich ein bißchen in dem heißen, duftenden Wasser.

«Natürlich nicht, Dummchen. Dennoch überkam es mich als großer Schreck, plötzlich zu begreifen, daß ich ihn nicht haben könnte, *wenn* ich ihn wollte. Verstehst du das nicht?»

Dorothea horchte interessiert auf: «Wollen Sie damit sagen, daß Sie bis heute immer sicher gewesen sind, jeden Mann haben zu können, den Sie wollten?»

«Selbstverständlich. Bist du das nicht?»

Dorothea umschlang ihre hochgezogenen Knie: «Nein», sagte sie nüchtern. «Gar nicht. Ich fühle mich durchaus nicht unwiderstehlich.»

«Wie absurd, mein Kleines. Alexander hat erst gestern gesagt, daß du zu den zehn schönsten Frauen des Kongresses gehörst», erklärte ihre Mutter zerstreut. Sie dachte gar nicht an Dorothea. Aber auch nicht mehr an diesen jungen hübschen Grafen Wrbna.

Sie hatte einfach das Bedürfnis, um ihre Angst, Talleyrand zu verlieren, herumzureden, ohne direkt davon zu sprechen.

Bis vor ein paar Wochen hatte Talleyrand ihrer Angst niemals Nahrung gegeben. Gewiß gab es hier und da das Intermezzo eines Flirts, aber die Herzogin fand es selbstverständlich, daß ein Mann, der ihr so gut gefiel, auch anderen gefiel, und solange sie die zentrale Gestalt in seinem Leben blieb, ertrug sie es tapfer. Und bevor sie nach Wien kam, hatte Talleyrand sie auch immer in ihrem Glauben bestärkt, daß neben ihr keine andere Frau wirklich für ihn existiere. In Wien aber war alles anders. Es war ein so feiner Unterschied, daß sie nicht direkt den Finger darauf legen konnte; daß sie zeitweise sogar glaubte, es sei alles nur Einbildung. Talleyrand war so aufmerksam wie immer, wenn sie sich sahen, und vielleicht noch ein bißchen aufmerksamer. Und sie sahen sich täglich, in seiner Botschaft und bei Wilhelmine und bei den unzähligen Festen, bei denen die Kongreß-Gesellschaft sich versammelte. Es war nur dies; in all den Wochen waren sie kaum allein zusammen gewesen. Sitzungen, entschuldigte sich Talleyrand, oder ein Memorandum, das nach Paris geschickt werden mußte. Und er gab offen zu, daß Tête-à-têtes im Palmschen Palais, wo sie wohnte, schwierig seien wegen Wilhelmine, die ständig aus und ein ging, während in der Botschaft Dorotheas Anwesenheit ihn ein bißchen hemmte. War das nur Vernunft, oder mied er sie absichtlich? Und wenn es nur Vernunft war, warum war er dann so sehr vernünftig? Und vorausgesetzt, er mied sie – war er ihrer müde, oder gab es eine andere Frau? Sie mußte das wissen. Sie konnte die Ungewißheit nicht länger ertragen. Sie war heute so früh gekommen, um ihn vor Tisch allein zu erwischen. Doch er war zum Ballhausplatz gerufen worden.

Die Herzogin sagte verstimmt: «Ich weiß nicht, was heute abend mit mir los ist. Ich sehe aus wie ein Osterhäschen.»

«Aber, liebste Mama, Sie fischen wirklich nach Komplimenten.» Dorothea betrachtete ihre Mutter, die immer noch vor dem Spiegel stand und einen Kaschmirschal um ihre Schultern drapierte. Tatsächlich, stellte sie plötzlich fest, war immer ein bißchen etwas Osterhäschenhaftes um Mama. Sie erweckte immer den Eindruck, als trüge sie Schleifchen in ihren blonden

Locken und ein Glöckchen um den Hals. Da sie keines von beiden trug und sich vielmehr mit ausgezeichnetem Geschmack kleidete, so mußte der Eindruck durch irgend etwas in ihrem Geist oder Gefühl, was Schleifchen und Glöckchen entsprach, hervorgerufen werden.

Dorothea begann die dunkelgrüne Maske abzuwaschen. Ihre Haut war weich und prickelte. ‹Ich bin boshaft, weil ich eifersüchtig bin›, schalt sie sich selbst, ‹und jedenfalls steht das Osterhäschenhafte der Mama. Zum mindesten scheinen die Männer das zu finden.›

Endlich wandte die Herzogin sich vom Spiegel ab und blickte auf ihre Tochter, deren Gesicht, von der Maske und der Hitze gerötet, in dem Dampf zu schweben schien – ein Bild der Jugend. Zerstreut begann die Herzogin ihr Kinn mit dem Handrücken zu klopfen. Seit kurzem war sie dazu übergegangen, ihre sagenhaften Perlen als hohes Halsband zu tragen. Sie sagte mit einiger Schärfe: «Willst du dich nicht anziehen, Liebling? Es kann nicht mehr lange bis zum Essen sein.»

«Oh, ich habe Zeit. Es wird spät werden mit dem Essen, weil Onkel wahrscheinlich ewig bei Metternich aufgehalten werden wird», sagte Dorothea, tränkte einen Wattebausch in Mandelmilch und fuhr sich damit über Gesicht und Hals.

So werde ich keine Gelegenheit haben, ihn vor dem Essen allein zu sehen, dachte die Herzogin. Aber ich werde nachher eine finden.

Dorothea stieg aus der Wanne in das gewärmte Laken, das Anja für sie bereithielt. Während sie sich vor dem Feuer abtrocknen ließ, fühlte sie plötzlich ihr ganzes altes Elend wieder über sich kommen, und sie wußte auf einmal, daß sie nicht nur eifersüchtig auf die Mutter war. So einfach war es nicht. Ihr Groll saß viel tiefer. Es war mit dem Gefühl von Ungewißheit verknüpft, das ihre Kindheit beschattet hatte und das unter der Oberfläche von Selbstsicherheit noch immer auf der Lauer lag. Mutter hat mich als Bastard zur Welt gebracht, sagte sie sich, oder zum mindesten hat sie sich so aufgeführt, daß die Leute ein Recht hatten, mich für einen Bastard zu halten. Flüchtig überlegte sie, was geschehen würde, wenn sie ihr jetzt und hier diese Anklage offen ins Gesicht schleuderte. «Rasch, Anja, ich friere», sagte sie mit einem kleinen Schauder, als die Alte das Laken fallen ließ und anfing, sie mit Eau de Cologne abzureiben.

Die Herzogin trat zum Fenster, ließ sich in einen Stuhl fallen und betrachtete den rosig leuchtenden Körper ihres jüngsten Kindes. «Wie hübsch du bist, mein Kleines», sagte sie in überschwenglichem Ton, der Dorothea zusammenfahren ließ. «Aber du warst schon ein wunderschön geformtes Baby. Schrecklich häßlich, aber mit einem wunderhübschen Körper – entsinnst du dich, Anja?»

«Gewiß, Eure Hoheit», sagte Anja dienstbeflissen.

«Du warst immer mein Lieblingskind, das weißt du.» Die Herzogin schenkte ihrer Tochter ihr zärtliches, schmelzendes Lächeln.

«War ich das?» Dorothea blickte an ihrer Mutter vorbei.

«Ob du das warst! Sieh einer das undankbare Geschöpf! Ich habe nur für dich gelebt, als du ein Kind warst, nicht wahr, Anja?»

«Gewiß, Hoheit», erwiderte Anja in ihrer unterwürfigsten Art. Dorothea gab ihr einen kleinen boshaften Stoß mit dem Ellbogen. Und das Schlimmste ist, daß Mama es wirklich glaubt, dachte sie zornig, und doch war ich das einsamste, vernachlässigste Kind unter der Sonne, bis Armfeldt sie zwang, endlich etwas für meine Erziehung zu tun, und Piattoli in mein Leben kam.

«Ich weiß, ich sollte so etwas nicht aussprechen, aber ich fühle mich dir viel näher als deinen Schwestern», sagte die Herzogin träumerisch. Weil, so blitzte es in ihr auf, du das Kind meiner Liebe bist, und die anderen sind die Kinder meiner Pflicht, aber sie löschte den Gedanken sofort aus. Sie hatte keinem Menschen – nicht einmal sich selbst – je eingestanden, daß Dorothea Batowskis Tochter war, und Gott sei Dank war es auch möglich, daß sie es nicht war.

«Die anderen sind auch gute Kinder», fuhr sie rasch fort, «aber du hast mir buchstäblich das Leben neu geschenkt, als du Edmond heiratetest und mich überredetest, mit dir nach Paris zu ziehen.»

Dorothea strich eine Falte in ihrem weißen Seidentrikot glatt. «Ich dachte immer, es sei umgekehrt gewesen, liebste Mama», bemerkte sie mild. «Ich dachte immer, Sie hätten mich Edmond heiraten lassen, weil Sie in Paris leben wollten und glaubten, Talleyrand sei das Nächstbeste nach Napoleon selber.»

Die Herzogin kicherte. «Ich war bis zu einem gewissen Grade Probonapartistin», gab sie heiter zu. «Das habe ich nie geleugnet.»

«Dann fangen Sie auf keinen Fall an, es jetzt zu leugnen. Es wird bald große Mode sein, als probonapartistisch zu gelten. Erst neulich hat Lord Stewart bei einem Diner Schlaganfälle ausgelöst, als er unschuldig fragte, wie bald eine günstige Biographie von Napoleon geschrieben und in London und Wien veröffentlicht werden könnte. Als aber seine Gäste sich erholt hatten, gaben verschiedene zu, daß Boney der Verteidiger westlicher Zivilisation gegen die Barbarei der Asiaten gewesen war.»

Die Herzogin lachte: «Diese unartigen Engländer... Immerhin, es ist lächerlich von Wilhelmine, zu behaupten, daß ich die Absicht hatte, Boney zu heiraten. Wilhelmine hat sich in der ganzen Sache äußerst unfair gegen mich benommen.» Sie runzelte die Stirn und fuhr dann heiter fort, ohne sich klar zu sein, daß sie ihren früheren Behauptungen widersprach: «Wilhelmine und ihre preußischen Freunde wollten monatelang nicht mit mir sprechen, nachdem ich dich an Edmond verheiratet hatte. Und jetzt müssen sie alles zurücknehmen, denn zu guter Letzt habe ich mehr getan, Boney zu stürzen, als die meisten von ihnen, etwa nicht?»

«Das war reiner Zufall, liebe Mama», sagte Dorothea, während sie ein weißes, langärmeliges Abendkleid überstreifte. «Was Ihnen meine Verbindung mit den Périgords anziehend machte, war Ihr fester Glaube, daß Talleyrand Napoleons erster Paladin sei und Ihnen helfen könnte, eine große Rolle am kaiserlichen Hof zu spielen. Als Sie entdeckten, daß er in Wirklichkeit der Verschwörer Nummer eins gegen Napoleon war, da war ich schon verheiratet, und Sie hatten angefangen, Onkel zu – bewundern, und alles, was er tat, schien Ihnen richtig, sogar ein bißchen Verschwörung.»

«Wahrscheinlich war es so.» Die Herzogin lachte in sich hinein, die Spitze großmütig ignorierend. «Aber warum sich über Motive streiten? Die Tatsache bleibt bestehen, daß ich der antibonapartistischen Koalition große Dienste erwiesen habe, indem ich zwischen Talleyrand und Alexander vermittelte.»

Dorothea, in den Frisiermantel gehüllt, setzte sich an ihren Toilettentisch. «Gewiß. Aber lassen Sie uns wenigstens voreinander nicht so tun, als hätten Sie mich mit dem Gedanken verheiratet, für die Befreiung Europas zu wirken.»

Danach wurde es still im Zimmer bis auf das Prasseln des Holzes im Kamin. Anja war von Victoire abgelöst worden, einer dunklen, lebhaften Französin, die anfing, Dorotheas Haar zu locken.

Armes Kind, dachte die Herzogin ungeduldig, sie hat sich von neuem in Adam Czartoryski verliebt. Darum ist sie voller Groll über ihre Heirat mit Edmond. Sie sagte auf deutsch, um nicht von Victoire verstanden zu werden: «Ich wollte es dir schon früher sagen, aber es bot sich keine Gelegenheit: Dein Onkel scheint nicht allzu glücklich darüber, daß du soviel mit Fürst Adam zusammenkommst.»

«Wirklich?» fragte Dorothea mit gespielter Überraschung. «Wie kommen Sie darauf?»

«Er machte vor ein paar Tagen eine Bemerkung darüber – ach, nur so nebenbei –, aber es ging doch daraus hervor, daß deine Freundschaft mit Czartoryski ihn nervös macht.»

«Was hat er genau gesagt? Erzählen Sie es mir?» fragte Dorothea gierig. War es möglich, daß ihr Plan wirkte?

«Ich besinne mich nicht auf den genauen Wortlaut, Kind. Wie gesagt, es war nur so nebenbei bemerkt.» Die Herzogin verstummte, und in Gedanken an ihre eigenen Sorgen fuhr sie verdrießlich fort: «Dein Onkel hat gegenwärtig nur Seitenbemerkungen für mich. Er weicht mir aus. In den sechs Wochen hier habe ich ihn nicht öfter als zweimal allein gesehen.»

«Onkel ist sehr beschäftigt», sagte Dorothea sanft. Sie hatte vermutet, daß die Mutter nicht allzuviel von Talleyrand zu sehen bekäme, aber das Geständnis beglückte sie über alle Maßen. «Trotzdem möchte ich wissen, was er gegen Czartoryski hat.»

«Ich nehme an, politische Gründe – was könnte es sonst sein?»

«Wirklich, was könnte es sonst sein? Fürst Adam ist ein wichtiger Cicisbeo – sogar für Herrn von Talleyrands Nichte –, und Onkel möchte, daß ich mich in Wien amüsiere.»

Die Herzogin stand auf und begann, im Zimmer auf und ab zu gehen. Sie sprach jetzt mit Emphase: «Du kannst dich vielleicht auch amüsieren, ohne ganz soviel mit Fürst Adam zusammenzusein. Sei nicht töricht, Kind. Es ist eine der wenigen großen Freuden meines Lebens, zu sehen, wie ergeben dein Onkel dir ist. Bewahre ihn dir so!»

«Ich tue mein möglichstes, liebe Mama. Sie wissen doch wohl, daß ich sogar angefangen habe, als Onkels Sekretärin zu arbeiten? Er schreibt alle seine Briefe an den König durch mich.»

«Ja, das hat er mir erzählt. Er findet dich besser als La Besnardière, und wenn man weiß, wieviel er von La Besnardière hält, bedeutet das eine Menge. Trotzdem, Liebling, irrtiere deinen Onkel nicht auf andere Weise. Wenn er deine Freundschaft mit Czartoryski nicht mag, laß ihn fallen. Vergiß nie, daß dein Onkel der wichtigste Mensch in deinem Leben ist!»

Dorothea hielt den Atem an. «Wie meinen Sie das – der wichtigste Mensch in *meinem* Leben?»

«Sei nicht naiv, Kind. Du weißt sehr wohl, daß dein Onkel reich wie Krösus ist. Wenn du fortfährst, dich so gut mit ihm zu stellen, wie du es bisher getan hast, wird er dich bestimmt zu seiner Erbin einsetzen – dich, Kind –, nicht Edmond oder die Kinder – sondern dich.»

Dorothea stieß Victoires Brennschere weg, schwang sich herum und starrte ihre Mutter an: «So meinen Sie, ich bemühe mich um Onkel wegen seiner Erbschaft? Ich schwöre Ihnen, ich habe noch nie daran gedacht.»

«Dann ist es gut, daß du deine Mutter hast, die nur dein Glück im Sinne hat. Ich will, daß mein kleines Mädchen glücklich ist.» Sie nahm die Pose schmachtenden Desinteressements an, unter der sie gelernt hatte, den harten Kern ihrer Geldgier zu verbergen, und sagte: «Gott weiß, Reichtum hat mir nie irgend etwas bedeutet. Ich hätte von der Liebe allein leben können. Aber du nicht. Du bist gescheit und ehrgeizig. Du brauchst Macht. Reichtum, großer Reichtum ist da viel wert. Es genügt nicht, daß du für deinen Onkel Briefe schreibst. Es gibt tausend und eine Möglichkeit, dich ihm hier in Wien unentbehrlich zu machen. Tätest du nicht besser, von dieser Chance zu profitieren, anstatt dich ihm zu widersetzen?»

«Viel besser», gab Dorothea zu. Sie staunte über ihrer Mutter Mangel an Intuition. Dann wandte sie sich wieder dem Spiegel zu und gab dem Mädchen ein Zeichen, mit der Coiffure fortzufahren, indessen sie murmelte: «Sie sind so praktisch für eine Frau von großen Leidenschaften, liebe Mama!»

2

«Mein lieber Fürst», sagte zur gleichen Zeit Metternich, «wir sind an einem guten Einvernehmen mit Frankreich interessiert und wünschen nichts ohne es zu unternehmen. Lassen wir doch alle Gefühle der Verärgerung beiseite; helfen Sie uns, diese Angelegenheit etwas voranzutreiben, damit wir aus den Schwierigkeiten herauskommen.»

«Der Kanzler spricht vollkommen in unserem Sinne», sagte Castlereagh, und sein handfestes rotes Gesicht sah recht ungehalten aus.

Nesselrode nickte ebenfalls.

In Metternichs Arbeitszimmer am Ballhausplatz wurde es sehr still. Der große Raum mit seinen einfachen Möbeln und den schweren Vorhängen war immer düster, und die tapfer flakkernden Kandelaber auf dem Kaminsims und das knisternde Feuer kämpften vergeblich dagegen an. Die grün abgeschirmte Lampe warf gelbliches Licht über den Tisch und beleuchtete unzulänglich die vier Männer, die sich da inoffiziell zusammengefunden hatten.

Talleyrand, undurchdringlich wie immer, spielte langsam mit der Krücke seines Ebenholzstockes. Das verwirrendste dabei ist, dachte ein Teil seiner Persönlichkeit, diese Ruhe an Dorothea, diese Heiterkeit, mit der sie mich wie einen Lieblingsonkel behandelt; scheinbar ist sie völlig auf diesen Czartoryski versessen. Wer hätte denken können, daß sie so unbeständig wäre? Oh, ich bin durchaus nicht eifersüchtig; eigentlich bloß enttäuscht, daß auch sie solche Launen hat. Der andere Teil seiner Persönlichkeit dachte: So, also sind die Großen Vier endlich soweit, zuzugeben, daß sie ohne meine Hilfe den verfahrenen Karren nicht wieder flottbekommen. Es wird ja auch allmählich Zeit.

Milde sagte er: «Wenn nur Ihre Haltung gegen mich nicht so verschieden wäre von meiner Haltung gegen Sie – eh? Was ich treibe und tue, verhandle und vorschlage, wissen Sie genausogut wie ich; aber Sie betreiben ständig Dinge, von denen ich erst durch den Stadtklatsch erfahre.»

Da! Das tat ihnen ganz gut, daß man sie einmal daran erinnerte, wie sehr sie sich bisher bemüht hatten, ihn von allen internen Besprechungen auszuschließen. Anfang Oktober hatte er einen Teilsieg errungen. Die Großen Vier hatten ihre Furcht vor Europa so weit überwunden, daß sie sich zur Entscheidung durchrangen, den Kongreß für den 1. November einzuberufen. Und was noch schwerer wog: Nach einer stürmischen Debatte, in der Gentz ihn nachdrücklich unterstützt hatte, war es ihm gelungen, die Formulierung «entsprechend dem allgemeinen Völkerrecht» bei Abfassung des Dokumentes durchzusetzen. Aber der 1. November war bereits vorbei, und wieder hatte man Vorwände gefunden, die Eröffnung des Kongresses auf unbestimmte Zeit zu verschieben. Anstatt dessen hatte Metternich eine Technik vertraulicher Diplomatie entwickelt, welche hinter dem Rücken der offiziellen Kongreßorgane alle wichtigen schwebenden Fragen halbamtlich in Boudoirs und Salons und Theaterpassagen behandelte. Der Hauptzweck war natürlich auch hier gewesen, Frankreich noch mehr zu isolieren.

Metternich sagte mit beschwörendem Stimmklang: «Lieber Freund, könnten wir nicht das Geschehene geschehen sein lassen und unsere gegenseitigen Beschwerden jetzt zurückstellen?» Er hatte das Wort «gegenseitigen» betont. Ach, wirklich, dachte Talleyrand sarkastisch, hat Metternich endlich zu seiner Bekümmernis herausbekommen, daß auch andere Leute diese Hintertreppendiplomatie beherrschen können? Ich und meine jungen Leute haben ja schließlich auch Zutritt zu Boudoirs und Salons. Auch wir können in Theaterpassagen die Leute bearbeiten. Und wir haben das Unsrige darin geleistet. Unsere Kampagne hinter den Kulissen gegen die Großen Vier hat ganz schön dazu beigetragen, besonders unter den kleinen und mittleren

Mächten eine Atmosphäre der Unsicherheit und Furcht zu schaffen. Die Diplomaten der Klein- und Mittelmächte, unbegabte Müßiggänger meist und zu sparsam beim Ankauf von Nachrichten, glauben nur allzugern das Schlimmste. So lächelte er Metternich wohl gewinnend an, sprach aber kein Wort.

«Das wichtigste ist jetzt, den Frieden zu sichern», sagte Metternich schmeichelnd.

Talleyrand hob nur ironisch die Augenbrauen in Metternichs Richtung. «Sagten Sie nicht erst neulich, daß die Zeit für Sie arbeite und Ihre eigentliche Waffe die Geduld sei?» fragte er in bester Laune. Er war sehr zufrieden mit sich selbst. Er hatte jetzt bestimmt schon ein paar Minuten nicht an Dorothea gedacht. Jedenfalls lange genug, redete er sich ein, um mir zu beweisen, daß ich sie vergessen kann, wenn ich will. Das war jetzt die Hauptsache: sich selbst zu beweisen, daß er nicht von Dorothea besessen war.

Metternich wand sich ein bißchen und wiederholte: «Das wichtigste ist jetzt, den Frieden zu sichern.»

«Das habe ich schon immer gesagt», erinnerte Talleyrand ihn sanft. Nein, dachte er, mir kann das nicht mehr passieren. Ich bin viel zu alt, viel zu weise für Leidenschaften. Ich habe viele Frauen geliebt, aber jede hat mir nur immer so lange etwas bedeutet, als sie körperlich zugegen war. Und, Gott sei Dank, auch Dorothea bildet hiervon keine Ausnahme. Ich werde mich also jetzt auf unsere Besprechung konzentrieren. Sie kann vielleicht entscheidende Bedeutung haben.

Denn die Beziehungen zwischen den Siegermächten verschlechterten sich rapide. Durch seine Vergrößerungsprojekte nach Westen hatte es Rußland endlich fertiggebracht, Castlereagh und Metternich tödlich zu erschrecken. Selbst Hardenberg und Humboldt deuteten schon gelegentlich an, daß sie diese russischen Expansionsbestrebungen keinesfalls billigten und daß die Annexion Sachsen ihnen selbst bitter weh tat; aber wenn Preußen nichts von Polen erhalten sollte, blieb ja schließlich keine andere Kompensation übrig. Auf der anderen Seite hatte Alexander bei der unerwarteten Opposition seiner Verbündeten jetzt alle Geduld verloren; sie wollten wohl seinen Thron und sein Leben gefährden, wo er doch den Krieg für sie gewonnen hatte! Er machte ihnen abwechselnd der Reihe nach die schrecklichsten Szenen. Sein besonderer Sündenbock war Metternich. Beim Kaiser Franz hatte Alexander versucht, die Abdankung Metternichs durchzusetzen, und als dieser sich zu stolz zeigte, einem Druck von außen nachzugeben, hatte er wenigstens Wilhelmine zum Bruch mit dem Kanzler bewogen: ein Schritt, den der österreichische Antinous dem Zaren niemals vergeben würde.

Was Castlereagh anbelangte, so hatte auch er einsehen gelernt, daß er die Stärke seiner Stellung überschätzt hatte. So fest er davon überzeugt war, daß durch die beabsichtigte Personalunion Polens und Rußlands die Welt einer neuen Katastrophe entgegengeführt würde, sah er doch ein, daß Alexander durch die englische Opposition allein nicht davon abzubringen wäre. Er hatte begriffen, daß man Alexander ganz Europa geschlossen entgegensetzen müsse, das hieß also im Augenblick: den ganzen Kongreß – genauso, wie Talleyrand es vorgeschlagen hatte. Aber andererseits hielt Castlereagh noch zu seinem größeren Preußen und begünstigte die preußische Annexion Sachsens.

Und an ihn wandte sich Talleyrand nun. «Meiner Meinung nach befinden Sie sich jetzt in dieser unseligen Lage nur, weil Sie sich bisher geweigert haben, den Kongreß einzuberufen. Irgendwann in der nächsten Zeit wird das doch geschehen müssen. Je länger Sie zögern, desto mehr werden Sie der öffentlichen Meinung Europas verdächtig erscheinen, als vertrügen Ihre Absichten nicht das Licht des Tages – eh?»

«Ja, Sie haben recht», sagte Castlereagh düster, «aber wir müssen auch Preußen berücksichtigen. Die Preußen, besonders Hardenberg, erschrecken bei dem bloßen Wort ‹Kongreß›.»

«Verständlicherweise. Denn wenn der Kongreß einmal offiziell eröffnet ist, haben auch die kleinsten Nationen die Gelegenheit, neue Komplikationen heraufzubeschwören», wandte Nesselrode ein. Er wußte genau, wie man in den Klein- und Mittelstaaten über Rußland dachte, und wünschte ihre Deklamationen durchaus nicht auf einem öffentlichen Forum zu hören.

Auch Metternich war nichts weniger als befriedigt, daß Talleyrand wiederum nur sein Allheilmittel anpries – den Zusammentritt des Kongresses. Den Blick zufrieden über seine Hände gleiten lassend, die weiß und schlank aus den unschätzbaren Spitzenmanschetten kamen, jede eine Schönheit für sich, bemerkte er lustlos:

«Ich habe durchaus nichts gegen eine Eröffnung des Kongresses, nur scheint es mir, es wäre gut, wenn wir uns wenigstens zuvor über die Hauptpunkte geeinigt hätten.»

«Ja aber –», wandte Talleyrand ein, «sehen Sie denn den logischen Zirkel nicht, in dem Sie sich bewegen? Sie wollen den Kongreß nicht einberufen, weil Sie die Hauptpunkte nicht geklärt haben; und Sie können die Hauptpunkte nicht klären, weil der Kongreß nicht einberufen ist.»

«Ganz meine Meinung!» fiel Castlereagh ein, der alles gern auf eine kurze, handfeste Formel brachte. «Und aus diesem Zirkel müssen wir einmal herauskommen.»

Nur Furcht und Unsicherheit können einen in solch einen Circulus vitiosus treiben, dachte Talleyrand. Nur Furcht! Wenn ich mich nicht vor Dorotheas Liebe gefürchtet hätte, hätte ich ihre Mutter nicht nach Wien gerufen und brauchte jetzt nicht wegen Czartoryski eifersüchtig zu sein. Dieser Pole wäre gar nicht erst aufgetaucht. Wenn ich jetzt noch einmal von neuem beginnen könnte – von jener Septembernacht an –, würde ich alles ganz anders machen. Ich würde es noch einmal mit der jungen leidenschaftlichen Liebe dieses Kindes wagen, ehe ich mich ihrem Verlust aussetzte. Ich würde...

«Wovor haben Sie eigentlich Angst?» fragte er ungeduldig. «Sie brauchen doch nur die Bevollmächtigten aller Regierungen zusammenzurufen, nachdem Sie ihre Beglaubigungsschreiben geprüft haben. Auf dieser Tagung wird der Hauptausschuß ernannt werden. Man wird bekanntgeben, daß jedermann seine Beschwerden und Ansprüche anmelden könne, und dann gehen die Leute wieder auseinander. Was ist daran so Fürchterliches? Danach beginnt dann die Arbeit der Ausschüsse, und der geordnete Geschäftsgang kann sogleich einsetzen.»

«Und das wäre etwas sehr Wünschenswertes», sagte Castlereagh inbrünstig. Er hatte heute die Geheimdiplomatie besonders satt, nachdem ihm ein recht kostspieliger Vorstoß, Alexander umzustimmen, fehlgeschlagen war. Er hatte die Bagration eingeschaltet, die wie immer in Geldverlegenheiten war und leicht zu dem Versuch bewogen werden konnte, Alexander das polnische Projekt zu verleiden. Aber obgleich der Zar noch vergangene Nacht dreieinhalb Stunden im Boudoir des «lieben nackten Engelchens» verbracht hatte, war die politische Ausbeute gleich Null gewesen. Die Dame selbst hatte bedauernd zugeben müssen, daß sie ihm keine Vernunft hatte beibringen können.

«Ganz so einfach liegt der Fall doch nicht», sagte Nesselrode und zupfte nervös an seinen rötlichen Koteletten. «Wenn wir den Kongreß erst einmal einberufen, können wir ihn nicht gleich wieder nach Hause schicken. Jede Nation, auch die allerkleinste, wird glauben, zu jeder Frage etwas sagen zu müssen.»

Talleyrand sah zu seinem alten Freund hinüber und sogleich wieder fort. Armer Nesselrode! Er war ein herzensguter Mann und klug dazu, aber viel zu jung und ungefestigt, um hier mehr als das Mundstück des Zaren sein zu können. Deswegen hatte ihn der Zar ja auch zum ersten Bevollmächtigten Rußlands in Wien gemacht. Alexander wollte in Wirklichkeit gar keinen Außenminister. Irgendein Bullenbeißer mit einem Schild um den Hals «Ich will Polen», der jeden ansprang, der eine Einwendung machte, war ihm viel lieber. Nesselrode war es ja auch gewesen, der auf Betreiben seines Herrn und Meisters die Verschiebung des Kongresses am Tage vor seinem Zusammentritt verlangt hatte.

«Der Unterausschuß für die deutschen Angelegenheiten hat sich recht befriedigend eingearbeitet», sagte Metternich eben, um das Gespräch endlich von der Einberufung des Kongresses wegzulenken.

«In der Tat?» antwortete Talleyrand höflich.

«Die vier Regierungen», sagte Metternich, «sind tatsächlich von der geleisteten Arbeit so beeindruckt, daß man auch den Ausschuß für die schweizerischen Angelegenheiten so bald wie möglich zusammenstellen wird.» Und mit einem bezaubernden Lächeln zu Talleyrand hinüber fuhr er bedeutsam fort: «Natürlich nur unter Teilnahme Frankreichs, das ist selbstverständlich.»

Talleyrand dankte ihm mit einem höflichen, aber unverbindlichen Nicken. So, verstand sich die Teilnahme Frankreichs von selbst? Also hatte er endlich sein erstes Hauptziel erreicht, nämlich Frankreich aus seiner gefährlichen Isolierung herauszulösen. Die Großen Vier wagten nicht mehr, ihn aus den großen europäischen Entscheidungen herauszuhalten.

Er meinte Metternich und die anderen fast sagen zu hören: Mit Talley wird sich viel leichter reden lassen, wenn wir ihn zunächst wie unseresgleichen behandeln. Weiter will er nichts; er hängt den Mantel nach dem Wind; im Grunde kümmern ihn der Kongreß und all diese Rechte der kleinen Nationen gar nicht.

Aber davon konnte keine Rede sein. Obwohl ihm die kleinen Nationen jetzt und hier nur Mittel zum Zweck waren, glaubte er doch an den Grundsatz selbst. Das Gleichgewicht Europas würde niemals durch Machtpolitik und Interessengemeinschaften unter den Großen Vier (oder, seinetwegen, den Großen Fünf) herbeigeführt werden können. Und nach 25 Jahren Krieg und Unordnung mußte man schließlich von allgemeinverständlichen und anerkannten Prinzipien ausgehen: also dem Völkerrecht.

«Was die italienischen Affären angeht», sagte Metternich mit der zärtlichen Stimme einer Mutter, die eine besondere Überraschung für ihre Kleinen vorhat, «so könnten wir eigentlich jetzt gleich damit beginnen, wie?» Und er lächelte wieder zu Talleyrand hinüber: «Natürlich Ihr Einverständnis vorausgesetzt, lieber Fürst.»

Talleyrand zögerte. Hier war ein erster Entschluß zu fassen. Wenn er sich jetzt weigerte, zusammen mit den Großen Vier die schweizerischen und italienischen Angelegenheiten zu beraten...? Wenn er jetzt darauf bestand, daß nur der Kongreß das Recht haben sollte, Ausschüsse für solche Fragen zu ernennen...? Aber würde das irgendeinen Zweck haben? Auf solchen Ansichten hatte er jetzt sechs Wochen lang bestanden mit dem Ergebnis, daß man dem Frieden um keinen Schritt näher gekommen war. Wenn er jetzt eine Zusammenarbeit mit den Großmächten ablehnte, war das gleichbedeutend mit einer Rückkehr in die frühere Isolation. Und das wiederum würde der europäischen Sache nur schaden, zumal, falls der Kongreß, wie es manchmal den Anschein hatte, niemals zusammentreten würde. Schade wäre es. Der Kongreß, und man hätte eine Art

Europaparlament daraus machen können, wäre das beste Instrument gewesen, nach der jetzigen Verwirrung eine dauerhafte Ordnung in Europa zu schaffen. Er freute sich, daß er immerhin bis zuletzt dafür eingetreten war. Aber ein Fanatiker war er nicht. Es war ja der erste Grundsatz aller Diplomatie, sich nicht nur auf *eine* Lösung festzulegen. Es gab immer und überall mehrere Lösungen.

Und während er so im Geiste von seinem geliebten Kongreß Abschied nahm, trat auch das Bild Dorotheas, das sonst immer gegenwärtige, auf eine Weile in den Hintergrund vor den nun auftauchenden faszinierenden politischen Möglichkeiten und Kombinationen. Wie gut, daß er auch für diese neue Lage so trefflich vorbereitet war. Gestern noch hatte er die vom König erbetenen zusätzlichen Instruktionen empfangen – Instruktionen, die ihm jetzt freie Hand für Andeutungen gaben, daß Frankreich gegen die russischen und preußischen Annexionsgelüste gegebenenfalls auch aktiv auftreten würde. Instruktionen, auf Grund deren er endlich Metternichs Befürchtungen würde zerstreuen können, daß Frankreich sich auf große Worte beschränkte. Er hoffte, daß Metternich, eventueller französischer militärischer Hilfe sicher, sich nunmehr zum Widerstand gegen die Gier Preußens und Rußlands aufraffen würde. Nicht daß Talleyrand etwa Krieg wollte. Er hatte immer den Krieg verabscheut. Aber zur Zeit bestand die Möglichkeit, daß man durch kriegerisches Auftreten ihn selbst würde vermeiden können.

«Gewiß, wir könnten die italienischen Angelegenheiten auch jetzt und hier besprechen», sagte er und schlug die blassen Saphiraugen auf.

3

An diesem Abend wurde Beethovens B-Dur-Trio Opus 97 beim Diner in der französischen Botschaft gespielt, ein viel zu bedeutendes Werk, um sich mit Essen und Plaudern zu vertragen. Aber da Beethovens Kompositionen nächst der sächsischen und polnischen Frage das große Streitthema von Wien waren und die Wiedergabe eines seiner Werke bestimmt eine lebhafte Unterhaltung auslösen würde, gestattete Talleyrand Herrn Neukomm, seinem Kapellmeister, damit herauszukommen. Neukomm, gleich Beethoven ein Schüler von Haydn, glühte vor Verlangen, den Klavierpart zu übernehmen, den der Komponist selbst kürzlich in einem Konzert gespielt hatte – sein letztes öffentliches Erscheinen als Klavierspieler, wie man hoffte. Das war wenigstens die Ansicht der Herzogin von Kurland. Zur Rechten des Hausherrn sitzend – zu seiner Linken hatte er den Ritter von Gentz –, sagte die Herzogin in dem Ton leicht herablassender Vertraulichkeit, den sie künstlerischen Fragen vorbehielt: «Ich habe nie etwas Rührenderes gesehen als den armen Beethoven am Klavier – unfähig, seine eigene Musik zu hören. Zuweilen, wenn er glaubte, pianissimo zu spielen, war kein Ton zu hören, während seine Fortes viel zu laut waren.»

Die Herzogin kannte Beethoven von Karlsbad her, wo Goethe ihn ihr vorgestellt hatte. Sie hatte versucht, ihn zum Löwen ihres Salons zu machen in der Hoffnung, daß er ihr eine kleine Sonate widmen würde, aber nein, er wollte kein Salonlöwe sein. Das einzige, worüber er je mit ihr gesprochen hatte, war die Entwertung der österreichischen Währung, die ihn maßlos zu beunruhigen schien.

Eine Zeitlang kreiste die Tischunterhaltung um Beethoven und um die Frage, ob er wirklich ein Großer war, so wie Mozart und Haydn Große waren. «Ich entsinne mich der Zeit», sagte der Fürst de Ligne zur Rechten Dorotheas, «wo man dessen bei Mozart und Haydn auch nicht sicher war.» Und Fürst Czartoryski, der ein Musikkenner war, links von Dorothea, sagte: «Nichts von solcher Bedeutung hat sich je in der Musik ereignet wie Beethoven.»

Über den riesigen Tafelaufsatz hinweg blickte Gentz auf Czartoryski: «Wenn das der Fall ist, Fürst Adam», bemerkte er trocken, «so wird man höchstwahrscheinlich heute in hundert Jahren vom Wiener Kongreß nichts mehr wissen, außer daß er eine Gelegenheit bot, Beethovens Werke vor den versammelten Fürsten Europas aufzuführen.»

Der Graf von Noailles aber, der als Spion für das Palais Marsan bei Talleyrand wirken sollte, darüber jedoch zu seinem bewundernden Sklaven geworden war, gab das nicht zu: «Sie sind zu pessimistisch, Herr von Gentz», sagte er mit Überzeugung.

«Heute in hundert Jahren wird man wissen, daß Herr von Talleyrand in Wien war und daß er allein versuchte, eine Ordnung der Gerechtigkeit und des Maßes wiederherzustellen.»

«Oh, ich danke Ihnen, mon ami», sagte Talleyrand und hob sein Weinglas gegen den jungen Royalisten. «Sie widerlegen wahrhaftig das Wort, daß der Prophet nichts in seinem Vaterlande gilt. Ich möchte eher sagen, er gilt nur etwas in seinem Vaterlande oder vielmehr in seiner eigenen Botschaft – eh?»

«Durchaus nicht, durchaus nicht», mischte de Ligne sich mit geheuchelter Unschuld ein. «Wo ich dieser Tage auch hinkomme, überall höre ich, daß Monsieur de Talleyrand allein in Wien Vernunft und Frieden predigt und daß das Evangelium, selbst wenn es vom Teufel verkündet wird, doch nicht aufhört, das Evangelium zu sein.»

Worauf die ganze Tafel lachte, Talleyrand am meisten von allen. Sogar Carême, der, ganz in Weiß, mit seinem langen Messer im Gürtel der Schürze, am Serviertisch präsidierte, ließ ein winterliches Lächeln über sein verdrießliches Chorknabengesicht huschen. Der große Chef war heute abend dicht an einem nervösen Zusammenbruch, weil die verspätete Rückkehr des Fürsten vom Ballhausplatz das Essen um mehr als eine Stunde verschoben hatte, ein Verbrechen, das Carême nicht gesonnen war, leicht zu verzeihen, obwohl der Fürst sich gebührend zerknirscht zeigte und um Entschuldigung bat.

Allerdings handelte es sich um ein inoffizielles Diner. Sie saßen nur zu zwölft um den strahlenden Tisch. Abgesehen von Talleyrands Stab, vertreten durch Noailles, Dalberg und La Besnardière, und von Dorothea und ihrer Mutter, waren da noch de Ligne, Gentz und Czartoryski, der in den letzten Wochen ein häufiger Gast im Palais Kaunitz gewesen war; ferner Oheimb, Lambesk und Sturgis, die man jedesmal einlud, wenn die Botschaft repräsentable junge Männer brauchte, die nicht bei jeder Gelegenheit einen Plan für den ewigen Frieden aus der Tasche zogen. Heute abend sollten sie helfen, eine der Logen zu füllen, die Talleyrand für das erste Auftreten der französischen Ballerinen genommen hatte – ein Ereignis, das von ganz Wien mit großer Neugier erwartet wurde, nicht weil die Damen Bigottini, Aimée und Petit große Tänzerinnen waren, sondern (und die Franzosen hatten wochenlang eine Flüsterkampagne geführt, um diesen Punkt zu betonen) weil sie augenblicklich die vollendetsten und teuersten professionellen Amoureusen der zivilisierten Welt waren.

«Ich habe Sie seit Ewigkeiten nicht mehr gesehen, Madame», sagte Czartoryski mit einem langen düsteren Blick auf Dorothea.

«Aber wir haben uns erst neulich abend bei Wilhelmine gesehen», erwiderte Dorothea lächelnd.

«Das war vor zwei Tagen», sagte Czartoryski. Es klang, als hätte er gesagt: das war im vorigen Jahrhundert.

Dorothea überlegte, ob er wirklich zwei Tage ohne sie so lang finden könnte. Sie konnte nicht umhin, sich zu erinnern, daß er zur Zeit ihrer Verlobung nicht so ungeduldig gewesen war. Aber natürlich, damals war sie ein Kind, und jetzt war sie eine Frau, und es bestand kein Zweifel, daß er sich von neuem in sie verliebt hatte – nicht in die potentielle Dorothea, die er in Mitau liebte, sondern in die Dorothea, die sie heute war. Plötzlich fühlte sie Gewissensbisse. Sie hatte alles getan, um seine Leidenschaft zu ermutigen. Es war schlecht, mit einem Mann zu spielen, nur um die Eifersucht eines anderen zu erregen. Aber, dachte sie kalt, wenn es je einen Mann gab, der es verdiente, von ihr so benutzt zu werden, so war es Czartoryski, der sie auf so demütigende Weise enttäuscht hatte, als sie sehr jung war.

Mit einem liebkosenden Blick ihrer großen leuchtenden Augen neckte sie ihn: «Ich glaube nicht, daß Sie jemals irgend jemand vermissen, Fürst Adam. Sie haben immer Polen zum Lieben und Hegen.»

Dieser leise Dialog verlor sich in der Unterhaltung, die über den Tisch hin- und herflutete, doch das hieß nicht, daß er unbemerkt blieb. Friedrich von Oheimb, der die Dame seines Herzens nie länger als eine Minute aus den Augen ließ, wenn er das Glück hatte, mit ihr im gleichen Raum zu sein, dachte unglücklich: Hager war ganz gewiß auf der falschen Fährte in bezug auf Mme. de Périgord und Talleyrand. Ich habe es ihm immer gesagt. Aber jetzt ist sie in Czartoryski verliebt. Man braucht sie nur zusammen zu sehen, um zu wissen, daß sie ineinander verliebt sind. Nicht, daß ich eifersüchtig wäre. Man ist nicht eifersüchtig auf das Unerreichbare. Ich habe nie eine Illusion in diesem Punkt gehabt. Für sie bin ich nur eben einer von ihren Kavalieren. Lambesk und Sturgis sind die anderen. Sie hat gern einen Hofstaat um sich. Dennoch, sie schien nicht ganz so unerreichbar, bevor Czartoryski auftauchte.

Dalbergs Stimme weckte ihn aus seinen Gedanken: «Sie sehen jeden Tag mehr aus wie der Held einer romantischen Erzählung, Baron.» Ein Lächeln kämpfte mit dem nervösen Zucken, das kreuz und quer über sein scharfes, kluges Gesicht lief, während er beifällig Friedrichs vollendet geschnittenen Rock aus grauem Tuch betrachtete. Er trug ihn zu grauen, mit schwarzer Litze besetzten langen Hosen, dem absolut Neuesten in der Herrenmode.

«Ich bin nicht sicher, daß das ein Kompliment ist», sagte Friedrich.

«Oh, gewiß ist es das», erwiderte Dalberg rasch. Nicht um die Welt wollte er den Vetter des gefürchteten Chefs der österreichischen Geheimpolizei verletzen. «Haben die Helden romantischer Erzählungen nicht immer großen Erfolg bei Damen?»

«Nicht immer – denken Sie nur an Goethes Werther.» Friedrich warf seinen blonden Kopf zurück und lachte wie über einen großartigen Witz. Trotz dem Fürsten Czartoryski war es ein herrliches Leben, und noch lagen fünf bis sieben Monate davon vor ihm. Noch fünf bis sieben Monate, in denen er Männern wie Talleyrand oder dem Ritter von Gentz zuhören, sublime Speisen von goldenen Tellern essen, Mme. de Périgord von fern anbeten konnte.

Im gleichen Augenblick sah die Herzogin von Kurland Talleyrand vorwurfsvoll an und sagte: «Wie präokkupiert Sie sind, mon ami. Sie haben nicht einmal gehört, was ich sagte.»

«Verzeihen Sie, Madame», sagte Talleyrand schuldbewußt. «Ich habe noch einmal mein Tête-à-tête mit Metternich überdacht. Als Castlereagh und Nesselrode gingen, blieb ich allein bei ihm und hatte ein bemerkenswertes Gespräch.»

Aber es interessierte die Herzogin nicht, was Metternich zu Talleyrand oder was Talleyrand zu Metternich gesagt hatte. Sie hatte nur Interesse für das, was Talleyrand ihr zu sagen hatte.

«Sie haben mich verwöhnt durch Ihre wundervolle Fähigkeit, nach den Arbeitsstunden die Geschäfte zu vergessen», sagte sie spitz.

«Ich scheine diese Fähigkeit verloren zu haben – eh?» Talleyrand seufzte. «Heutzutage höre ich nie auf, mich zu sorgen. Meine einzige Entschuldigung ist, daß es so viel Grund zur Sorge gibt.» Und heimlich Dorothea und Czartoryski über den Tisch beobachtend, dachte er: Sie haben sich verständigt, ich bin dessen sicher. Ich kenne die Zeichen. So eine Frechheit von diesem Polen, direkt unter meiner Nase der Frau meines Neffen seine düsteren Schafsaugen zu machen! Vielleicht ist sie schon seine Geliebte. Nein, das ist sie nicht – noch nicht. Noch ist diese Spannung unerfüllter Liebe zwischen ihnen. Aber es ist jetzt nur noch die Frage von Tagen. Was soll ich tun? Ich glaube nicht, daß ich es ertragen kann.

Die Herzogin dachte: Es gibt also nichts, was ihn von mir fernhält als Staatsgeschäfte, Gott sei Dank. Und in einem Sturm freudiger Erleichterung sagte sie: «Ich wünschte, Sie ließen mich helfen wie in anderen Krisen. Wir sind gemeinsam durch eine ganze Reihe von Krisen gegangen, nicht wahr? Aber seit Wochen sind Sie nicht mehr zu mir gekommen. Ich vermisse Sie, Liebster.» Ihr leiser, dringender Ton strafte den gesellig heiteren Ausdruck Lügen, in dem ihre Züge geordnet waren. Die Herzogin hatte seit langem entdeckt, daß man überall alles sagen kann, vorausgesetzt, daß man dabei aussah, als spräche man über das Wetter.

«Mein Engel», sagte er mit der sanften, vertraulichen Stimme, deren er sich gegenüber Frauen bediente, «ich vermisse Sie auch.» Er zwang sich, seine Augen von Dorothea loszureißen und ihrer Mutter einen zärtlichen Blick zu schenken.

«Lassen Sie uns nach dem Ballett zusammen soupieren, nur wir zwei, in meiner Wohnung, so, wie Sie es gern haben», schlug die Herzogin vor. Alles würde wieder in Ordnung sein, wenn sie ihn nur einmal wieder für sich hätte.

Er zögerte. Souper à deux und alles, was es in sich schloß, könnte vielleicht die Lösung bringen. Wenn es jemals eine köstliche Geliebte gab, so war es Anna Dorothee, Herzogin von Kurland. Einen Augenblick lang fühlte er die wilde Hoffnung eines schiffbrüchigen Seemanns beim Anblick von Land. In Anna Dorothees Armen würde er ihre Tochter vergessen, und nachher würde er alles wieder unter normaler Perspektive sehen. Er würde gerettet sein, frei von dieser krankhaften Eifersucht, die durch irgendein merkwürdiges Versehen eine Prüfung war, die Gott Hiob erspart hatte. Er lächelte, im voraus seine Befreiung kostend. Und dann verließ die freudige Stimmung ihn so rasch, wie sie gekommen war. Wie, wenn Anna Dorothee ihn nicht vergessen lassen könnte? Wie, wenn er heute abend entdecken müßte, daß es für ihn kein Vergessen in den Armen einer anderen Frau gäbe? Aus Angst vor eben dieser Entdeckung hatte er alle diese Wochen lang die Herzogin vernachlässigt.

«Ich muß nach dem Ballett zum Ball bei Razumoffsky gehen, aber vielleicht kann ich mich früh davonmachen und nachher zu Ihnen kommen», sagte er und ließ so vorsichtig eine Rückzugslinie offen. Dann stürzte er sich in die allgemeine Unterhaltung.

«Sagen Sie mir, Herr von Gentz», fragte Dorothea über den großen Tafelaufsatz hinüber, «ich habe mir oft überlegt, wie einem Manne, der die Revolution und Bonaparte von Anfang an bekämpft hat, wohl zumute war, als Bonaparte endlich zusammenbrach. War die Welt nicht plötzlich leer? Waren Sie nicht enttäuscht? Hatten Sie das Gefühl, es sei der Mühe wert gewesen?» Sie beugte sich vor, die Ellbogen auf den Tisch gestützt, und blickte Gentz mit ernsten, forschenden Augen an. Mit bösen Ahnungen hatte sie Talleyrands intimes Gespräch mit ihrer Mutter beobachtet und war erleichtert gewesen, als er endlich seine Aufmerksamkeit wieder seinen anderen Gästen zuwandte. Ihr Entschluß, einen aktiven Anteil an der allgemeinen Unterhaltung zu nehmen, war hauptsächlich durch den Wunsch bedingt, Talleyrand abzulenken. Mit einem Teil ihres Geistes aber war sie auch wirklich aufrichtig interessiert an dem großen Schriftsteller für die gute Sache.

Nach kurzem Besinnen erwiderte Gentz: «Ja, Madame, es hat einen oder zwei herrliche Augenblicke gegeben, als 1813 die Sache, für die ich zwanzig Jahre lang gekämpft habe, endlich die Oberhand zu gewinnen schien. Die Umstände machten mich zu einem der ersten Werkzeuge, die diesen glücklichen Umschwung verkünden durften. Der Zusammenbruch des monströsen Reiches und des Mannes, der es geschaffen, war für mich ein reiner Triumph. Und da ich nie einen Augenblick an diesem kommenden Zusammenbruch gezweifelt und infolgedessen entsprechend gehandelt hatte, war meine Freude ungetrübt von Reue.»

Ich habe das falsche Thema angerührt, dachte Dorothea, denn jetzt wird jeder hier die untadelige politische Vergangenheit von Gentz mit Talleyrands schuldbeladener vergleichen. Und in dem Bemühen, die Unterhaltung abzulenken, fragte sie rasch: «Und hat Ihr Triumph den endlichen Sieg überlebt, Herr von Gentz?»

«Ich bereue nicht einen Augenblick, mein Leben dem Kampf gegen die Mächte der Revolution und für die Erhaltung oder Wiederherstellung des Status quo gewidmet zu haben. Aber ich weiß, daß der Kampf jetzt, da Bonaparte besiegt ist, erst anfängt. Die Grande Armée ist geschlagen, aber das Jakobinertum lebt überall und stärker denn je.»

«Immerhin nicht in Frankreich», warf Noailles selbstgerecht ein. Talleyrand, den die Unterhaltung genügend interessierte, um vorübergehend seine persönlichen Probleme zu vergessen, hatte auf der Zunge, dem jungen Royalisten zu sagen, er möge dessen nicht allzu sicher sein. Die letzten Nachrichten aus Paris waren beunruhigend. Fouché hatte kürzlich geschrieben, alle Parteien in Frankreich seien nur in einem Punkt einig, nämlich, daß die Restauration sich auf die Dauer nicht halten könnte. Es kamen auch seltsame Nachrichten aus Elba, die besagten, daß Napoleon nachts oft aufstünde, Depeschen schriebe und sehr beschäftigt schiene, während er die ganze Zeit davon redete, wie ruhig er sei und alle Tätigkeit vergesse. Hätten die Großen Vier nur Talleyrands dringenden Rat beachtet, Bonaparte nach den Azoren oder nach St. Helena zu bringen! Aber je weniger man über diese Dinge sprach, um so besser. Nichts könnte seiner, Talleyrands, Stellung in Wien mehr schaden, als wenn der Kongreß eine Ahnung davon bekäme, daß die Bourbonen sich vielleicht nicht halten würden.

So sagte er nur: «Ich teile Ihre Besorgnisse, mein lieber Chevalier, zumal im Hinblick auf das revolutionäre Ferment in

Deutschland. Was es dort so verhängnisvoll und so unberechenbar macht, ist die Tatsache, daß das Jakobinertum nicht unter den mittleren und niederen Klassen vorherrscht wie vor fünfundzwanzig Jahren in Frankreich, sondern unter der höchsten Aristokratie, dem hohen Militär und der Intelligenz. Die Einheit des deutschen Vaterlandes ist bei ihnen zur fanatischen Religion geworden, und dieser Fanatismus hat sogar die Unterstützung von regierenden deutschen Fürsten gewonnen. Es ist unmöglich zu prophezeien, wo eine Explosion dieses revolutionären Dynamismus in Deutschland enden wird, wenn diese verschiedenen Elemente einmal verschmelzen und in Bewegung geraten.»

«Dieser revolutionäre Dynamismus in Deutschland hat wesentlich dazu beigetragen, den Krieg gegen Bonaparte zu gewinnen, mon oncle», sagte Dorothea mit Festigkeit.

«Ach, Sie und Ihre Begeisterung für alles Preußische!» neckte Talleyrand sie.

Sie lachte. Es war ein alter Scherz zwischen ihnen. Sie fühlte sich in vollkommener Übereinstimmung mit ihm. «Wie kann man anders, als sich für ein Land begeistern, wo die Generale Philosophen sind? Aber es ist gar nicht eine Frage der Begeisterung. Ich verstehe nicht, wie man erwarten kann, eine so tief verwurzelte Kraft wie die preußische Widerstandsbewegung werde auf ihren Siegespreis verzichten.»

«Ein Grund mehr, sie zu bekämpfen, Madame», sagte Gentz und attackierte seine Brioche à la crème.

Hier mischte sich der junge Prinz Lambesk vom Ende des Tisches her ein: «Sie können den Zeitgeist nicht bekämpfen, Chevalier; Sie können die Uhr nicht zurückstellen.»

Talleyrand lächelte Lambesk zu. Er hätte gern gesagt: Eben das habe ich Ihrer Urgroßmutter vor vielen Jahren erzählt, aber es gefiel ihr gar nicht. Gerade in diesem Augenblick aber, als hätte sie Talleyrands Gedankengang erraten, stellte Dorothea Gentz eine andere Frage: «Sagen Sie mir, haben Sie sich nie in Versuchung gefühlt, dem Zeitgeist selbst zu dienen?»

«Niemals, Madame», sagte Gentz ernst, «und doch bin ich mir immer bewußt gewesen, daß, so eindrucksvoll die Kräfte des Status quo auch sein mögen und so glänzend ihre sporadischen Siege, auf die Dauer der Zeitgeist doch der stärkere sein wird.»

Es folgte ein Augenblick nachdenklichen Schweigens, weniger durch die Feststellung als solche verursacht als vielmehr durch die Tatsache, daß ausgerechnet Gentz, der Mann, der die Arbeit seines ganzen Lebens für die Sache des Status quo eingesetzt hatte, öffentlich so pessimistische Ansichten vertrat. Die Herzogin von Kurland brach die Stille: «Lieber Himmel», sagte sie naiv, «wie haben Sie es ertragen können, alle die Jahre für etwas zu kämpfen, was Sie für eine verlorene Sache halten?» Da sie Erfolg zum einzigen Maßstab jedes Unternehmens machte, war sie aufrichtig erschrocken. Dorothea glaubte, einen Schimmer von Belustigung über Talleyrands bleiches Gesicht fliegen zu sehen, aber vielleicht war es nur Einbildung.

«Nur ein schlechter Soldat desertiert von seiner Fahne, wenn das Glück sie zu verlassen droht, Madame», entgegnete Gentz.

Das geht auf Talleyrand, dachte Dorothea, durchaus mit Unrecht, denn nichts lag Gentz ferner. «Wenn ich ein Mann wäre, so würde ich glauben, ich sei es meinen Talenten schuldig, dem Zeitgeist zu dienen», forderte sie Gentz heraus.

«Da würden Sie einen schweren Fehler begehen, Madame», sagte Gentz. «Es gibt immer eine so erdrückende Überzahl von Talenten, die sich darum reißen, der Revolution zum Siege zu verhelfen. Eine kleine Zahl von Talenten wird dringend gebraucht, um den Status quo aufrechtzuerhalten. Selbst wenn sie den Zeitgeist auf die Dauer nicht zum Stehen bringen können, so können sie doch wenigstens seine rasende Fahrt verlangsamen und ihn so daran verhindern, alles zu ruinieren. Schließlich» – er kam jetzt auf seine Lieblingstheorie – «wird die moralische und geistige Welt ewig von zwei Lebensprinzipien getragen, vom Fortschritt und von der Reaktion gegen diesen Fortschritt. Wenn die Reaktion allein herrschte, würde alles erstarren, aber wenn der Fortschritt allein herrschte, würde der gesamte Bestand der Gesellschaft in Trümmer gehen. Die besten Perioden der Geschichte sind immer jene gewesen, in denen die zwei Prinzipien ein glückliches Gleichgewicht gefunden haben.»

«Ein Grund, warum wir uns ständig bemühen müssen, das

Neue in die alte Ordnung zu verweben – das ist wenigstens die Folgerung, die ich aus Ihrer Theorie ziehe», ergriff Czartoryski, der gespannt zugehört hatte, das Wort.

«Ja, so ist es», sagte Dorothea dankbar, weil Czartoryski (unwissentlich, wie sie annahm) Talleyrands Partei genommen. Denn war es nicht dies, was Talleyrand gewollt, als er sich der Revolution und Bonaparte anschloß: das Neue in die alte Ordnung zu verweben?

Doch Gentz belehrte sie streng: «Nein, wir müssen nicht ständig das Neue in die alte Ordnung verweben. Nur in Perioden glücklichen Gleichgewichtes darf das Individuum es sich erlauben, beide Prinzipien in sein Denken und Handeln aufzunehmen, mit der einen Hand zu entwickeln, was er kann, und mit der anderen zu zügeln, was er muß. Aber in stürmischen, wilden Zeiten, wenn das Gleichgewicht erschüttert ist, muß das Individuum sozusagen einseitig werden. Das heißt, wenn Verfolgung, Aberglaube, Dummheit darauf zielen, den menschlichen Verstand und Geist zu unterdrücken, müssen die Besten bis zum Martyrium für Aufklärung und Fortschritt arbeiten. Wenn aber die Zerstörung alles Überlieferten der beherrschende Zug wird wie in unserem Jahrhundert, dann müssen wenigstens einige der Besten ihr Leben der Aufrechterhaltung der alten Ordnung weihen.»

Talleyrand dachte nicht daran, Gentz' Theorien auf sich zu beziehen. Im Gegenteil, in seiner Vorliebe für abstrakte und philosophische Argumente hatte er vorübergehend seine Eifersucht vergessen und fühlte sich beinahe glücklich. Zu Gentz gewendet sagte er ohne die geringste Befangenheit: «In den letzten Jahren bin ich Ihrer Art zu denken sehr nahe gekommen, sogar in bezug auf Ihre Forderung für eine einseitig konservative Entscheidung. Das Schwierige ist nur, daß der Kampf zwischen fortschrittlichen und reaktionären Prinzipien nicht auf den historischen Prozeß beschränkt bleibt. Er dringt in die Herzen und Geister und Instinkte des Individuums, das, wie mir scheint, nicht schlechthin konservativ oder revolutionär ist, sondern beides. Es gibt Zeiten, wenn seine revolutionäre Seite nach oben drängt und es ihm unmöglich ist, der machtvollen Verführung des Zeitgeistes zu widerstehen.» Er lächelte ein zufriedenes

Lächeln, als hätte er soeben eine erfreuliche Entdeckung gemacht. Dann zuckte er die Achseln und fügte hinzu: «Das beantwortet manche Frage – eh?»

Er sagte nicht: das erklärt, warum ich der Revolution gedient habe und Bonapartes Paladin geworden bin. Noch sagte er: ich wünschte, ich hätte es nicht getan. Aber irgendwie erweckte er den Eindruck, als hätte er beides gesagt, mit dem Erfolg, daß sogar jene, die am wenigstens geneigt waren, seine verschiedenen Kapitulationen vor dem Zeitgeist zu verzeihen, plötzlich das Gefühl hatten, daß der alte Talley nicht anders gekonnt hatte. Armer alter Talley! Hätten sie es gewagt, so würden sie ihm geraten haben, Vergangenes vergangen sein zu lassen und nicht mehr daran zu denken.

Dorothea war erschreckt und entzückt und erheitert. Sie dachte: Talleyrand war dem gefährlichen Gentz überlegen, weil er alles auf eine Ebene brachte, wo die menschlichen Schwächen, einschließlich seiner eigenen, den gebührenden Raum fanden. Oh, mein Geliebter, mein herrlicher Geliebter!

Sei es, daß Dorotheas Entzücken sich auf ihn übertragen hatte, oder sei es, daß er selbst Talleyrands Äußerung entsprechend würdigte, jedenfalls war Fürst Adam Czartoryski in freundlicher Stimmung, als er ein paar Minuten später im chinesischen Salon sich zu einem Gespräch mit seinem Gastgeber entschloß. Während die Damen herausgegangen waren, um ihre Nasen zu pudern, standen die Herren, Kaffeetassen in den Händen, in kleinen Gruppen umher. Nur Talleyrand hatte sich gesetzt – man hatte ihn taktvollerweise allein gelassen, als sein Sekretär ihm einige Papiere zum Unterschreiben brachte – jetzt schlürfte er seinen Benediktiner, bemüht, einen neuen Anfall von Depression abzuschütteln. Seine Augenbrauen hoben sich unmerklich, als er Czartoryski auf sich zukommen sah. Obwohl der Pole ständig im Palais Kaunitz speiste, hatte er doch kein einziges Mal die Gelegenheit gesucht, mit ihm zu sprechen. Dies, so dachte Talleyrand bitter, war kein Zufall. Czartoryski kam nur wegen Dorothea und machte sich nichts daraus, daß er es wußte.

Talleyrand fand es schwierig, kein finsteres Gesicht zu machen, als er Czartoryski höflich auf den Sitz neben sich winkte.

Er war überzeugt, daß der Pole mit ihm über Dorothea zu sprechen wünschte, und plötzlich hatte er eine Vision von sich selbst und Czartoryski, sich beim Morgengrauen, Pistolen in Händen, im Prater gegenüberstehend. Ein Duell. Es war eines der großen Kümmernisse seiner Jugend gewesen, daß er als Priester keine Duelle ausfechten konnte, und das erste, was er nach seinem Austritt aus der Kirche tat, war gewesen, sich nach jemandem umzusehen, den er fordern könnte. Ein langweiliger Kerl, den er von seinem Klub her kannte, schien ihm ein würdiges Objekt, und er tat sein möglichstes, um ihn zu einer beleidigenden Handlung anzustacheln, aber der Kerl verließ einfach das Zimmer. Er war enttäuscht und erleichtert gewesen. Duelle entschieden gar nichts. Seither hatte er nie mehr daran gedacht, eins auszufechten. Aber Czartoryski war ein anderer Fall. Etwas würde sich entscheiden, wenn Czartoryski... Er riß sich scharf zusammen.

In Wirklichkeit hatte Czartoryski nicht die leiseste Absicht, zu Talleyrand über Dorothea zu sprechen. Er wollte mit Talleyrand über Polen sprechen. Vielmehr, Alexander wünschte, daß er es täte. Bisher hatte Alexander von den häufigen Besuchen seines Freundes im Palais Kaunitz nur wenig Notiz genommen. Da er Talleyrand für seinen Hauptgegner hielt, hatte er den Russen und deren Satelliten in Wien befohlen, bis auf weiteres die französische Botschaft zu meiden. Aber er wußte, daß es keinen Sinn hatte, Czartoryski einen solchen Befehl zu geben. Der war zu unabhängig. So hatte Alexander die Sache einfach ignoriert, bis er vor zwei Tagen Czartoryski bat, herauszufinden, wie Talleyrand nun wirklich zu seiner Sache stünde. Er erklärte seine Absichten nicht weiter, doch Czartoryski glaubte, daß er, in Anbetracht der Entfremdung zwischen ihm und seinen Alliierten, eine Annäherung an die Franzosen erwog.

«Dies ist vielleicht nicht der Augenblick, um eine politische Frage zu erörtern», eröffnete Czartoryski die Unterhaltung ein bißchen ungeschickt.

«Es ist ein ausgezeichneter Augenblick.» Talleyrand fühlte sich lächerlich erleichtert, daß der Pole schließlich nur über Politik sprechen wollte. Als ob anzunehmen wäre, daß er über irgend etwas anderes sprechen würde! Seine Phantasie spielte ihm wahrhaftig Streiche!

Czartoryski sagte ohne Umschweife: «Ich wollte schon längst mit Ihnen sprechen, habe es jedoch nicht gewagt, da mir jeder Mensch sagt, wie ablehnend Sie in der polnischen Frage eingestellt seien.»

«Ich weiß nicht, wer Ihnen so etwas erzählt haben kann. Ich bin wohlwollender eingestellt als irgend jemand. Frankreich wünscht Polens Integrität und Unabhängigkeit.»

«Das ist eine Chimäre, mein Fürst. Die Mächte werden es nie zugeben.»

Just in diesem Augenblick betraten die Herzogin und Dorothea das Zimmer. Sie hatten schon ihre Pelze an, und Dorothea trug ihre Smaragdtiara für den großen Ball bei Razumoffsky.

«Ich fürchte, Sie müssen gehen», Czartoryski erhob sich.

«Noch nicht gleich», sagte Talleyrand, auf seine Uhr blikkend. Und, zu den beiden Frauen gewendet, fügte er hinzu: «Erlauben Sie mir, mein kleines Gespräch mit Fürst Adam zu Ende zu führen. Wir haben noch ein paar Minuten Zeit.»

«Lassen Sie uns aber nicht zu spät kommen, mon oncle», mahnte Dorothea. «Es wäre nicht höflich gegen die Künstler.» Der Anblick der beiden Männer allein zusammen war für sie eine Überraschung, die ihr gar nicht gefiel. Es paßte nicht in ihre Pläne, daß Czartoryski und Talleyrand an der gegenseitigen Gesellschaft Freude finden könnten.

Als die zwei Frauen sich einer Gruppe am andern Ende des Salons anschlossen, spielte Talleyrand ein zerstreutes Spiel mit der Krücke seines Stockes. Für den Augenblick hatte er seine bittere persönliche Empfindung gegen den Polen vergessen. Er betrachtete ihn einzig als Mittel für seine eigenen politischen Zwecke und überlegte, ob er an ihm die veränderte Taktik ausprobieren sollte, zu der er sich auf Grund seiner heutigen Aussprache mit Metternich entschlossen hatte.

Metternich, unendlich gestärkt durch Talleyrands klare Andeutung, daß Frankreich sich an jeder notwendigen militärischen Aktion gegen jeden Störer des europäischen Gleichgewichtes beteiligen würde, hatte ihm endlich die unzweideutige Zusicherung gegeben, daß er mit ihm in der sächsischen Frage einig wäre. Österreich, so schwor er, würde den König von Sachsen nicht im Stich lassen. Das war eine sehr erfreuliche

Eröffnung, denn wenn die Preußen erst einmal einsähen, daß sie keine Entschädigung für den Verlust ihres polnischen Territoriums durch Sachsen erhalten würden, so würde der Anreiz fehlen, Alexanders Griff nach Polen zu unterstützen. Und was noch wichtiger war: Indem sie Preußen an der Annexion Sachsens verhinderten, würden die Mächte ihre Entschlossenheit beweisen, das Völkerrecht hochzuhalten. So würden sie einen Präzedenzfall schaffen, auf den man einen wirksamen Widerstand gegen Alexanders polnische Pläne gründen konnte. Kurz und gut: War Sachsen einmal gerettet, so könnte man vielleicht Alexander zwingen, einen Kompromiß in bezug auf Polen anzunehmen. Aber es war notwendig, zuerst Sachsen zu retten.

Ein pikanter Gedanke durchzuckte Talleyrand – nämlich Alexander selbst zum Frontwechsel in der sächsischen Sache zu verlocken. Da war Czartoryski gerade der Mann, den er brauchte.

«Polen», sagte Talleyrand mild, «ist nicht Frankreichs Hauptsorge. Die Erhaltung Sachsens interessiert uns mehr. Die sächsische Frage rangiert für uns an erster Stelle, Polen rangiert an zweiter Stelle.» Er machte eine kleine Pause und fuhr dann bedeutungsvoll fort, während er sich erhob: «Wir werden dem Kaiser von Rußland kein Hindernis in den Weg legen, dem Territorium, das ihm abgetreten werden wird, die Regierungsform zu geben, die ihm zusagt. Für diese Bereitschaft auf unserer Seite verlange ich nur eins – die Erhaltung des Königreichs Sachsen.»

Czartoryski stand ebenfalls auf: «Soll das bedeuten ... ?»

«Es bedeutet, was ich sagte», unterbrach ihn Talleyrand. «Es tut mir leid; jetzt muß ich wirklich gehen.»

Talleyrand hatte ein wenig Gewissensbisse, als er sah, wie zufrieden Czartoryski ausschaute, zufrieden und ein bißchen betäubt, offenbar durchschaute er sein Spiel ganz und gar nicht. Czartoryski war beschränkt. Polen war alles, was er sah. Polen bildete seine ganze Welt. Wie absurd von ihm, auf so einen romantischen Träumer eifersüchtig zu sein!

Als er aber Dorotheas leuchtenden Blick auffing, der Czartoryski liebkoste, fühlte Talleyrand von neuem leidenschaftliche Eifersucht und nicht die geringste Reue, den Polen an der Nase herumgeführt zu haben.

4

Die Tanzpantomine «Nina ou la Folle d'Amour» (von Millon, mit Musik von Persius) näherte sich ihrem Ende. Dorothea rieb die Gläser ihres elfenbeinernen Binoculars mit behandschuhten Fingern und führte es rasch wieder an die Augen. Es lag etwas außerordentlich Rührendes in der stummen Beredsamkeit, mit der Mlle. Bigottini Ninas Wahnsinn als die schwermütige Verirrung eines Geistes darstellte, der eine sanfte Heiterkeit sogar in der Zerstörung bewahrte. Der Augenblick, als sie ihren langverlorenen Bräutigam nicht wiedererkannte, sondern mit ihm flirtete, als sei er ein Fremder, hatte Dorothea zum Weinen gebracht. Aber jetzt würde alles gut ausgehen. Jetzt küßte der Bräutigam Mlle. Bigottini, und plötzlich erinnerte sie sich. Sie machte auch das sehr schön, ohne eine einzige Gebärde oder Bewegung zu verschwenden. Und nun gab der strenge Vater, hocherfreut über die wiedergewonnene Gesundheit seiner Tochter, dem Paar seinen Segen, und der Gouverneur, der ungewollt so viel Not verursacht hatte, versprach ihnen seinen Schutz.

Der Vorhang fiel vor einem freudigen Fest und hob sich wieder, als das Haus in rasenden Applaus ausbrach. Die Bigottini, umringt von der übrigen Truppe, versank in einer schönen runden Verneigung, die jeden einzelnen im Theater einzuschließen schien. Sie war eine kindliche Gestalt in einem durchscheinenden weißen Gewand, das, unter der Brust zusammengerafft, kaum bis zu den Waden reichte. Wie alle großen Ballerinen trug sie ihre eigenen Juwelen, ein herrliches, dreischnüriges Perlenhalsband, ein Geschenk von Eugène Beauharnais, der einer ihrer Liebhaber war, und Perlenbänder um den Arm oberhalb des Ellenbogens. An ihrer Brust glühte der Halbmond aus Diamanten, den Talleyrand ihr aus Anlaß des heutigen Abends geschickt hatte.

«Ein großer Erfolg und wohlverdient», sagte die Herzogin von Kurland, kräftig in die Hände klatschend.

«Ja, es war schön. Sind Sie zufrieden, mon oncle?» fragte Dorothea lächelnd. Er nickte. Gleichfalls klatschend und lächelnd stand er zwischen der Herzogin und Dorothea. Sein Blick wanderte über das glänzende Publikum, das durch den roten Plüsch und die vergoldete Stukkatur der Logen in einzelne Tableaux vivants gerahmt war. Die ganze Wiener Gesellschaft war erschienen, von den Erzherzögen angefangen. Eugène Beauharnais hatte seinen Schwiegervater, den König von Bayern, mitgebracht. Die Briten waren wie ein Mann vertreten. Sogar die Preußen, die zu eifrig mit dem Schreiben von Memoranden beschäftigt waren, um viel auszugehen, waren heute abend hier. Hardenberg, Humboldt, die Varnhagens – sie saßen alle in Frau von Arnsteins Loge und waren augenscheinlich sehr begeistert, besonders Hardenberg. Von allen Theatervorstellungen war das Ballett jenes, das ein tauber Mann am meisten genießen konnte.

Es gab eine neue Welle von Applaus, als die Damen Petit und Aimée, die in dem ersten Teil der Vorstellung ihre Sache außerordentlich gut gemacht hatten, sich zu der Bigottini gesellten. Alle drei verneigten sich gemeinsam inmitten von Blumenarrangements, die die Bühne in eine Laube von Rosen und Nelken verwandelten. Ja, entschied Talleyrand, er war zufrieden. Wenn man es sich recht überlegte, so grenzte es ans Wunderbare, daß Frankreich, endlich geschlagen, nachdem es fünfundzwanzig Jahre ungezählte Leiden über Europa gebracht, seine Hegemonie im Reich der Kultur aufrechterhalten hatte, daß Paris, die besiegte Stadt, in der Welt der Mode und der Künste immer noch den Ton angab, daß immer noch jeder gebildete Mensch sich bemühte, französischem Savoir vivre nachzueifern. Der Erfolg der drei Mädchen hier hob das französische Prestige in Wien, und, wie skeptisch La Besnardière auch darüber denken mochte, er half, eine günstige diplomatische Atmosphäre für ihre Mission zu schaffen.

Könnte er sich nur auf den erfreulichen Aspekt des Abends konzentrieren! Statt dessen war er in Gedanken unausgesetzt mit Dorothea beschäftigt und mit dem Eindruck, den diese alberne Geschichte von Nina auf sie gemacht hatte, die den Verstand verlor, weil sie ihrem Liebhaber entsagen und den Sohn des Gouverneurs heiraten sollte. Unter normalen Umständen würde Dorothea kaum einen Blick für solchen melodramatischen Kitsch übrig haben. Wenn sie davon gerührt war, so war es nur, weil es sie an ihr eigenes gebrochenes Verlöbnis mit

Czartoryski erinnerte, jetzt, wo Czartoryski eine so neue Bedeutung für sie gewonnen hatte.

Der Applaus war immer noch stark, als die Damen Bigottini, Aimée und Petit sich ein letztes Mal in Richtung der französischen Loge verneigten und der Vorhang endgültig fiel.

Talleyrand wandte sich um und sagte: «Wer will so gut sein und die Künstlerinnen hierher bringen? Wir möchten ihnen sagen, wie gut sie uns gefallen haben, nicht wahr?»

«Ich werde gehen – Ballerinen haben mich immer gern gehabt», erklärte de Ligne begeistert, aber die «jungen Herren» bestanden darauf, ihn zu begleiten. Einen Augenblick blieben nur Dorothea, die Herzogin und Talleyrand in der Loge zurück. Dorothea stand auf und sagte eifrig: «Oh, Onkel, lassen Sie uns selbst zu ihnen gehen.» Sie liebte die Atmosphäre hinter den Kulissen von ihrer Kindheit in Berlin her, wo sie und Piattoli die große Mme. Unzelmann in ihrer Garderobe zu besuchen pflegten.

«Nicht heute, Kind. Ich möchte sie Ihrer Mutter vorstellen.» Auf sie herablächelnd schob Talleyrand seinen Arm durch den ihren. Er mußte sie berühren.

Sie lehnte sich an ihn und sagte mit einem kleinen Runzeln der Brauen: «Czartoryski ist nicht gekommen, obwohl er es versprochen hat. Warum mußte er den Zaren sofort sprechen? Was haben Sie ihm erzählt?»

Talleyrand ließ sie so plötzlich los, daß sie an einem Stuhl Halt suchen mußte. «Es tut mir leid. Ich dachte nicht, daß Sie ihn so schwer vermissen würden, Madame.»

«Es kann doch nicht so dringend gewesen sein. Er könnte doch wirklich bis morgen gewartet haben», schmollte Dorothea.

Die Herzogin warf ihrer Tochter empörte Blicke zu. Was war nur über das Kind gekommen, sich so taktlos zu benehmen, trotz allem, was sie ihr erst vor ein paar Stunden gesagt hatte, und trotz Talleyrands offenbarem Mißvergnügen!

«Nina würde Fürst Adam gefallen haben. Es tut mir leid, daß er es versäumt hat», sagte Dorothea, als bemühe sie sich, ihre Ungeschicklichkeit wiedergutzumachen. Aber Talleyrand beachtete sie nicht mehr. Er sprach zu den Schwestern, denen er die nächste Loge gegeben hatte. Die drei Kurland-Grazien waren von ihren Liebhabern und Verehrern umringt. Da war der General Graf Wallmoden, der Pauline mit einer Art phlegmatischen Furors liebte, und da war Jeannes Mynheer Borel, der, schwach in seinen Stuhl zurückgelehnt wie eine vom vorigen Karneval übriggebliebene Maske, seine letzten Kräfte dem Bemühen zu widmen schien, sein Einglas in der Augenhöhle festgeklemmt zu halten. Und da war dieser exzentrische Lord Charles Stewart, der britische Botschafter in Wien und Lord Castlereaghs Stiefbruder, der Wilhelmines jüngste Caprice war.

Wilhelmine sagte in dem strengen Ton, der ihr natürlich geworden war, wenn sie in der Öffentlichkeit zu Talleyrand sprach: «Es hat mir gefallen, mein Fürst, obwohl ich sagen muß, es ist ein bißchen ärgerlich, daß die Franzosen alles Geld auf dem Kongreß verdienen. Da ist Isabey, der hier zum reichen Mann wird, da jeder seine Miniatur von ihm gemalt haben will. Leroy hat seine Kollektion von Kleidern geschickt, die wie heiße Semmeln abgehen, hauptsächlich weil alle diese albernen Frauen sich einbilden, sie würden darin aussehen wie Duschka. Und nun sind da noch diese drei kleinen Kokotten. Ich höre, daß die Bigottini von Graf Ferdinand Palffy ausgehalten wird, einem der reichsten Männer in Wien.»

«Schon?» fragte Talleyrand, entzückte Überraschung heuchelnd. «Wenn Sie mich nicht über die Neuigkeiten auf dem laufenden hielten, Madame, würde ich niemals wissen, was in Wien vorgeht.»

«Es sollte ein Gesetz dagegen geben», erklärte Wilhelmine. «Sind unsere Söhne und Brüder dafür gestorben, daß ein paar dekadente Aristokraten sich mit französischen Kokotten amüsieren können?»

«Nun, nun», sagte Pauline, mit ihrem Lieblingsspiel beschäftigt, ihre ältere Schwester in Harnisch zu bringen, «warum sich wegen Palffy ärgern? Es gibt so viele Männer auf der Welt, daß selbst du sie nicht alle verschleißen kannst.»

Wilhelmine biß prompt an dem Köder an: «Du weißt sehr gut, Pauline, daß von mir aus die Bigottini alle Palffys haben kann, die sie will», erklärte sie mit Würde. «Es handelt sich um den Grundsatz. Ich finde es empörend, daß die Franzosen hier das große Wort führen, als seien ihre Aggressionen und Abscheulichkeiten nie gewesen.»

Die Herzogin von Kurland dachte voll Erbitterung, daß Töchter wirklich eine Prüfung waren. Erst tat Dorothea ihr möglichstes, um Talleyrand zu reizen – und nun betrug sich Wilhelmine unverschämt gegen ihn. Sie war plötzlich überzeugt, daß ihre Töchter die Schuld an seiner Entfremdung trügen. Sie würde mit ihnen zu reden haben. Sie würde ihren Töchtern nicht erlauben, den Mann zu beleidigen, den sie liebte. Während sie Freunden und Bekannten zunickte und -winkte, sagte sie mit süßer Stimme: «Wilhelmines Bellen ist schlimmer als ihr Beißen, mon ami. In Wirklichkeit hat sie Leroys ganze Kollektion gekauft, all ihrem Gerede von einer ‹deutschen Mode› zum Trotz. Das war ja auch das Ende, eine deutsche Mode!»

Noch ehe Wilhelmine diesen mütterlichen Angriff parieren konnte, ging die Tür von Talleyrands Loge auf, und die Damen Bigottini, Petit und Aimée, Kaschmirschals über ihren Kostümen, traten mit ihrer Eskorte ein. Das Publikum hatte gezögert, das Theater zu verlassen, sogar nach dem Fallen des Vorhangs, als warte es noch auf etwas. Als Talleyrand den Ballerinen gratulierte, begann man von neuem zu klatschen. Und als sie der Herzogin von Kurland die huldvoll dargebotene Hand küßten, erhob sich eine neue große Ovation, eine Ovation, die den Tänzerinnen galt, die jedoch, da sie die Aufmerksamkeit des ganzen Theaters auf die französische Loge lenkte, die französische Delegation beim Kongreß einschloß. Darum also sind wir nicht hinter die Kulissen gegangen, wußte Dorothea sofort. Talleyrand hatte es bis zum letzten feinen Detail ausgedacht. Er wünschte eine Demonstration, die die Tänzerinnen mit der Delegation Seiner Allerchristlichen Majestät hier identifizierte. Ach, mein Kluger, mein Raffinierter, ich liebe dich, wollte sie ihm sagen. Aber sie sagte es nicht. Sie hatte ihm zweimal gestanden, daß sie ihn liebte, und es hatte nicht gutgetan. Wenn das nächste Mal von Liebe zwischen ihnen die Rede sein würde, müßte er es sein, der ihr seine Liebe gestand.

Neben Talleyrand hinter den Ballerinen stehend, die dem begeisterten Hause zuwinkten und Kußhände zuwarfen, flüsterte Dorothea ihm lachend zu: «Warum verbeugen Sie sich nicht ein bißchen mit den Damen?» Er schnitt eine Grimasse wie ein kleiner Junge, dem man auf seine Schliche gekommen ist. Er hatte nichts dagegen, daß Dorothea ihm auf seine Schliche kam. Im Gegenteil, es gefiel ihm. Es bewies, wie vollkommen sie ihn verstand, trotz Czartoryski.

«Vielen Dank für den Abend, Fürst», sagte ein paar Minuten später Wilhelmine zu Talleyrand, während sie im Theaterfoyer auf ihre Wagen warteten. Ein Menschenstrom, der gerade die Treppen herunterkam, hatte sie für einen Augenblick von den anderen getrennt, und Wilhelmine fügte hinzu: «Meinen Sie, daß diese Bigottini, Aimée und Petit mehr können als ich – abgesehen vom Tanzen natürlich?»

«Aber niemals, Madame», murmelte Talleyrand.

«Oh, Sie machen mich ganz stolz; aber ich möchte noch mehr darüber hören. Wollen Sie heute abend nach der Gesellschaft bei Razumoffsky nicht noch etwas zu mir kommen? Wir werden ganz allein sein.» Ihr hübsches Gesicht im Rahmen des Blaufuchskragens war sehr nahe und auf der gleichen Höhe mit seinem; dazu das Parfüm von weißem Flieder. Ihre Veilchenaugen blickten klar und einladend, und Talleyrand wußte, daß sie jetzt in Gedanken jene Szene von damals wieder genoß und daß es sie nach mehr gelüstete. Wilhelmine war jetzt vom Unglück verfolgt. Sie hatte Alexander nachgegeben und mit Metternich gebrochen. Aber obgleich sie überall rückhaltlos im Sinne Alexanders verkündete, daß ein Minister, der das Vertrauen der Nachbarmächte nicht mehr genösse, doch besser seine Demission einreichen sollte (was natürlich unsinnig war und Kaiser Franz' Vertrauen zu Metternich nur bestärken konnte), hatte sie auch Alexander nicht ganz zurückgewonnen. Die Bagration war und blieb seine Favoritin im Schwarm all der kleineren Liaisons, deren sein erotischer Tatendrang bedurfte. Die neueste Affäre, mit Lord Charles Stewart, war für sie auch nicht das richtige.

Wilhelmine liebt, wie man zu essen pflegt, versuchte Talleyrand es sich zurechtzulegen. Und der Gedanke, in ihren Armen Vergessen zu finden, war an sich recht verführerisch. Mit Wilhelmine würde es niemals Aufregungen und Verwicklungen geben. Aber wie, wenn die Herzogin davon erführe – oder gar Dorothea?

«Sie sind heute abend viel zu unausstehlich gewesen; Sie haben viel zu sehr auf die Franzosen geschimpft. Das kann ich so schnell nicht verzeihen», improvisierte er rasch, während er denken mußte: Den halben Tag verbringe ich neuerdings damit, zu einer Kurlanddame nach der andern nein zu sagen, und die andere Hälfte bedaure ich es dann.

«Kommen Sie doch – ich will alles wiedergutmachen», versprach Wilhelmine, aber gerade da kamen die anderen wieder zum Vorschein, und ehe man herausgefunden hatte, wer zu Razumoffsky mitging und wer nicht, wurde Talleyrand einer Antwort überhoben.

5

Fürst Andreas Razumoffsky, der russische Botschafter in Wien, hatte zwanzig Jahre gebraucht, um aus seinem Palais ein Schaustück asiatischen Prunkes und europäischen Geschmacks zu machen. Die Wände waren bedeckt mit Raffaels, Rubens', Van Dycks und Correggios. Die Bibliothek enthielt die seltensten Bücher und Handschriften. Es gab ein Antiquitätenkabinett und eine Galerie moderner Skulpturen. Was jedoch die verwöhnte Kongreßgesellschaft am meisten beeindruckte, war der intime Luxus der Badezimmer, die nicht nur massiv silbernes Zubehör und fließendes Wasser hatten, sondern auch Blasebälge, die die Wohlgerüche Arabiens zerstäubten, und Regale mit pornographischen Büchern.

Razumoffsky war Anfang Sechzig und Witwer. Sein ungeheures Vermögen hatte wie die meisten russischen Riesenvermögen, einschließlich das der Kurlands, seinen Ursprung in dem Glück eines virilen jungen Mannes, einer Zarin zu gefallen. Es hatte einmal einen gewissen Gregory Razumoffsky gegeben, der Sänger in einem kaiserlichen Chor war, dann der Liebhaber, später der Minister und endlich der Gatte der Zarin Elisabeth wurde. Der Botschafter, sein Neffe, war ein etwas schwermütiger Grandseigneur mit buschigen Brauen und einer Passion für die Entdeckung und Förderung von Talenten, unter denen sich auch Beethoven befand. Abgesehen davon wollte er nichts vom Leben als einen Platz in der Sonne seines Herrschers. Er war kindlich stolz darauf, daß Alexander das Palais Razumoffsky zu seinem gesellschaftlichen Hauptquartier gemacht hatte und dort Feste «befahl», als ob er zu Hause wäre.

Heute abend war ein solches Fest. Der Ballsaal, in dem alle Kaiser, Könige und Prinzen Europas mit den schönsten Frauen Europas tanzten, erstrahlte von Tausenden von Kerzen, erklang von Walzern und Polonaisen.

«Wissen Sie», sagte der alte Fürst von Ligne zu Gentz und Friedrich von Oheimb, während sie den Tänzern zuschauten, «nicht einmal auf der Höhe der Revolution war ich so überzeugt, daß das Ancien régime zu Ende ist, wie ich es auf den Festen des Kongresses bin, der danach strebt, es wiederherzustellen. Es sind herrliche Feste. Sie gefallen mir. Aber es ist rührend, zu denken, sie hätten mehr als eine ganz oberflächliche Ähnlichkeit mit den Festen vor der Sintflut. Nein, der ganze Abstand ist verschwunden, womit das Ancien régime sich sogar von seinen Vergnügungen distanzierte. In den alten Zeiten betrachteten die Herrscher die Belustigungen der anderen, während sie selbst höflich gelangweilte Zuschauer blieben, während jetzt die Könige und Kaiser sich selber auf dem Tanzboden herumstoßen lassen. Sehen Sie nur, wie sie sich an unterschiedlos gemischte Tische von zwanzig und mehr Personen setzen!»

«Es ist die Revolution der Könige gegen die Langeweile», meinte Gentz.

«Aber, mein lieber junger Mann, das ist es ja gerade. Ein König muß sich langweilen können. Wenn das Königtum keinen Abstand mehr wahrt, verliert es seine Magie.»

«Da, schauen Sie, der Zar und Mme. de Périgord! Aber er wird nicht gestoßen», sagte Oheimb.

Tatsächlich hörten die meisten Paare auf zu tanzen und gesellten sich zu den Zuschauern an der Peripherie des Ballsaals, als Alexander Dorothea zur Mitte der Tanzfläche führte. Sie waren als hervorragende Tänzer bekannt; man erwartete ein sehenswertes Schauspiel. Außerdem war er der Zar, und sie war Talleyrands Nichte, und jeder wußte, daß Talleyrand der zäheste

Gegner des Zaren in der polnischen Frage war. Vor allem aber waren sie ein auffallend schönes Paar – die dunkle, anmutige junge Frau in Weiß mit den herrlichen Smaragden im Haar und am Halse und der blonde, leicht kalmückische Halbgott in seiner dunkelgrünen Uniform, auf der er nur den schwedischen Schwertorden in Diamanten trug. Man sah, daß Dorothea etwas sagte, ohne Eile ihre lange Schleppe über den Arm ordnete und sich ihm überließ. Dann schwebten sie behutsam, und leicht gegen die behandschuhte Hand an ihrer Taille gelehnt, lächelte sie zu ihm empor.

Eine Zeitlang tanzten sie schweigend. Dann sagte Alexander: «Ein herrlicher Ball, Madame, nicht wahr? Aber ich sehe zu viele Diplomaten. Diplomaten langweilen mich.»

«Ich vermute, Euer Majestät, Diplomaten sind auf einer Friedenskonferenz unvermeidlich.»

Er schwang sie herum, und sie begannen nach der anderen Seite zu walzen. Er sagte: «Sie wissen nichts – diese Diplomaten. Sie verstehen nicht, daß, wenn ich darauf bestehe, Polen zu bekommen, es nur zum Besten Polens ist. Ich bin der einzige Freund, den Polen hat. Aber Sie wissen das alles von Adam Czartoryski.» Sein Arm schloß sich fester um ihre Taille. «Ein großer Mensch, Adam. Sind Sie froh, daß Sie ihn wiedergefunden haben?»

«Sehr froh, Euer Majestät.»

«Kleine Dorothea – ich darf Sie kleine Dorothea nennen, nicht wahr? – Ich habe Sie gekannt, als Sie noch ein Kind waren. Ich...» Er betrachtete sie mit seinen tiefliegenden, unruhigen Augen und zog sie näher an sich. Wie peinlich, dachte sie. Jetzt wird er gleich sagen, daß ich ihm diese Nacht schenken soll, und ich muß ein Wort für «Nein» finden, das nicht die russisch-französischen Beziehungen für alle Zeiten verdirbt. Doch dieses eine Mal versagte es sich Alexander, der Frau, mit der er tanzte, eine Liebeserklärung zu machen. Dagegen erlaubte er sich, noch immer in enger Tanzumschlingung, eines seiner häufigen non sequiturs, aus denen einige Leute schlossen, daß er auf dem Wege sei, verrückt zu werden wie sein Vater.

«Chère amie», sagte er eindringlich, «denken Sie an Gott. An Ihn zu denken, verhindert einen nicht, liebenswert zu sein.»

Und wer wünscht nicht, liebenswert zu sein? dachte Dorothea. Ernst sagte sie: «Ich bemühe mich, immer an Ihn zu denken, Sire.»

Worauf er sie noch näher an sich zog, so daß Dorothea dachte: Es ist klar, der Zar aller Reußen ist mehrere Männer zur gleichen Zeit, und der eine weiß nicht, was der andere tut. Es war ziemlich widerlich, aber es war auch komisch. Sie würde eine hübsche Geschichte für Talleyrand daraus machen bei ihrer Heimfahrt heute abend. Und plötzlich schenkte sie dem Zaren ein ekstatisches Lächeln, das er nicht versäumte, auf sich zu beziehen. Aber Dorothea dachte nicht an den Zaren. Sie dachte: Heute abend, wenn wir von Razumoffsky nach Hause fahren, wird Talleyrand sagen, daß er mich liebt.

In einem kleinen Salon neben dem Ballsaal sagte Kaiserin Maria Ludovica von Österreich über den Whisttisch hinweg zu Talleyrand: «Ihre Nichte tanzt mit dem Zaren.»

«Wirklich?» Talleyrand wandte den Kopf für einen flüchtigen Blick nach dem Ballsaal. Ja, da waren Dorothea und Alexander, und Dorothea schenkte ihm einen so leuchtenden, liebkosenden Blick, als ob sie es wirklich meinte, die kleine Hexe!

«Mme. de Périgord ist eine wunderbare Tänzerin...» Die Kaiserin mußte innehalten, weil ein trockener Husten ihren zu dünnen Körper schüttelte.

«Ja, das ist sie. Ich habe sie bei den Proben für das Karussell beobachtet», nahm Razumoffsky rasch das Wort, um der Kaiserin Gelegenheit zu geben, wieder zu Atem zu kommen.

«Das Karussell wird, wie ich höre, das Fest aller Feste sein – dank Eurer Majestät künstlerischer Phantasie», sagte Talleyrand.

«Ihr wundervoller Isabey und seine Kollegen tun die Arbeit», sagte die Kaiserin immer noch ein wenig hustend. Sie sprach von der Kommission, die eigens gebildet worden war, um die unendlichen Schauspiele und Feste, mit denen der Kongreß die Befreiung Europas von der Revolution und Bonaparte feierte, zu organisieren.

«Die fröhliche Kommission, der Eure Majestät alle Anregung gibt, ist, wenn ich so sagen darf, die einzige Kommission, die beim Kongreß funktioniert», sagte Talleyrand.

Die Kaiserin machte ein erfreutes Gesicht, aber es wurde nicht weitergesprochen, da sie ihre Karten aufnahmen. Das Beste am Whist, dachte Talleyrand, ist, daß es in religiösem Schweigen gespielt wird. Er bewunderte die Kaiserin mit ihrem rötlichen Haar und ihren grünen Augen. Als Prinzessin von Este hatte sie die Passion für Kunst von ihren Renaissancevorfahren geerbt. Ein Jammer, daß sie so leidend war. Es gab indessen einen besonderen Grund, warum Talleyrand heute abend gern mit der Kaiserin spielte: Es war die wirksamste Art, Alexander aus dem Wege zu gehen. Czartoryski, das mußte man ihm lassen, hatte gut und rasch gearbeitet. Alexander brannte offensichtlich vor Verlangen, herauszubekommen, ob die Franzosen wirklich anfingen, in der polnischen Frage Vernunft anzunehmen. Vom Augenblick seiner Ankunft bei Razumoffsky an hatte er Talleyrand durch die Salons verfolgt. Gott sei Dank mußte er davon abstehen, nachdem Talleyrand sich mit der Kaiserin am Whisttisch niedergelassen hatte. In vertraulichem Gespräch mit dem Zaren gesehen zu werden war das letzte, was Talleyrand wünschte. Es würde sofort das Mißtrauen Castlereaghs und Metternichs erregen. Auch sollte Alexander ruhig eine Weile länger Rätsel raten.

«Jetzt tanzt Ihre Nichte mit dem Fürsten Czartoryski», berichtete die Kaiserin, die Regel des Schweigens brechend.

«Ein schönes Paar», murmelte Kardinal Consalvi.

Talleyrand hielt die Augen auf seine Karten geheftet. Er wußte auswendig, wie Dorothea und Czartoryski zusammen aussahen; er hatte sie oft genug beobachtet. Ach Gott, was für eine jämmerliche Hand hatte er, nicht eine Karte außer dem Trumpfkönig und -buben. Mit einer solchen Hand konnte man nichts anfangen. Der Pole würde Dorothea in einer besitzerischen Weise umschlungen halten, die doppelt anstößig war, weil sie nie die Grenzen des Anstandes überschritt, und ihr Körper würde sich in besonders hingebender Weise an seinen schmiegen. Er versuchte, sich auf das Spiel zu konzentrieren, in dem es hart zuging, doch statt dessen lebte aller Kummer seiner Jugend über sein lahmes Bein in ihm auf, das ihm nicht erlaubte, zu tanzen. Ich würde auch nicht tanzen, wenn mein Bein nicht lahm wäre, verwies er sich selbst. Man tanzt nicht in meinen

Jahren. Es ist lächerlich, sich in meinem Alter über so etwas zu grämen. Aber es war vergeblich. Hier saß er und spielte Whist mit der Kaiserin von Österreich – ein Mann, der auf dem Schachbrett der Welt Völker und Kronen hin und her geschoben hatte, ein Mann, der von vielen Frauen geliebt worden war, ein unermeßlich reicher Mann – und wie der einsame Seminarist, der er vor über vierzig Jahren gewesen, fühlte er sich vom Schicksal verstoßen, weil er nicht tanzen konnte...

Er spielte absichtlich den Trumpfbuben aus, und seine Gegner machten sich sofort den scheinbar eklatanten Fehler zunutze. Er schlug sich an die Stirn und sagte mit der mechanischen Artigkeit des alten Höflings: «Ich bitte Euer Majestät auf den Knien meines Herzens um Entschuldigung.» Alles, was er dachte, aber war: Gott sei Dank, das beendet das Spiel, und ich kann gehen. Ich werde wieder zur Vernunft kommen, wenn ich sie nicht ständig vor Augen habe, denn ich habe sie ja auch vor Augen, wenn ich sie nicht leibhaftig sehe. Die Musik macht das. Sobald ich diese Walzer höre, muß ich sie mir tanzend vorstellen... Und nun war alles vorüber, und die Kaiserin hatte verloren.

«Der Fürst Talleyrand ist zerstreut heute abend?» schalt ihn Maria Ludovica freundlich.

Der Kardinal Consalvi machte das Maß voll. Er sagte in vollem Ernst: «Es wird mich eine schlaflose Nacht kosten, zu ergründen, weshalb Fürst Talleyrand so zerstreut ist.»

Razumoffsky spottete herüber: «Was bezwecken Sie heute mit dieser Zerstreutheit, Fürst? Die Leute sagen doch, daß Sie für alles, was Sie tun, einen Grund haben.»

«Und auch für alles, was ich nicht tue, vergessen Sie das nicht», sagte Talleyrand träge.

So – ein paar Minuten noch, und die Quälerei würde für heute wieder vorüber sein. Er schwankte einen Augenblick, ob er noch zur Herzogin von Kurland fahren sollte oder nicht, aber verschob die Entscheidung noch. Jetzt war es nur wichtig, hier herauszukommen, damit man Dorothea mit Czartoryski nicht länger zu beobachten brauchte.

Maria Ludovica stand auf und bedachte ihn mit ihrem grünäugigen Lächeln. «Warum gestehen Sie nicht? Sie wollten

Unglück im Spiel haben, um Glück in der Liebe zu gewinnen – habe ich recht?»

«Euer Majestät haben recht wie gewöhnlich.» Talleyrand beugte sich über die dünnen wächsernen Finger der Kaiserin.

Ein Adjutant war plötzlich zur Stelle und eskortierte die Kaiserin hinaus. Sie ging immer früh und ohne Aufsehen zu machen. Razumoffsky begleitete sie. Talleyrand blickte um sich. Die Zeit für das Souper nahte, und über den Ballsaal hatte sich Stille gelegt. Das Orchester spielte noch, aber nur wenige Paare tanzten, und auch die meisten Zuschauer hatten sich in die Salons verzogen. Dorothea und Czartoryski waren nirgends zu sehen. Wenn er sich beeilte, konnte er vielleicht hinausgelangen, ohne ihnen wieder zu begegnen. Aber er hatte ohne den Kardinal gerechnet. Der Kardinal war zu begierig nach Neuigkeiten, um ihn gehen zu lassen, nachdem er ihn einmal für sich hatte.

«Wie geht der Kongreß, mein Fürst», fragte er gespannt.

«Es sieht nicht aus, als ob der Kongreß je in Gang kommen wird, Eminenz», sagte Talleyrand.

«Sehr bedauerlich», meinte der Kardinal, während er mit raschelnden Purpurgewändern neben Talleyrand dem Ballsaal zuschritt. «Niemand kann das mehr bedauern als ich», sagte Talleyrand aufrichtig, «um so mehr, als es meinen Lieblingsplan zunichte macht, seine Heiligkeit zum Präsidenten der Generalkommission des Kongresses zu machen.»

«Und ich muß sagen, ich freue mich, daß dieser Ihr Plan – er mag bewundernswert sein, gewiß – sich nicht verwirklicht», sagte der Kardinal mit Nachdruck.

«Das ist mir bekannt, Eminenz», sagte Talleyrand. Er hatte wenig Geduld mit diesem Kardinal, der kein Verständnis für die große Rolle, die er, Talleyrand, dem Papst zugedacht hatte, aufbringen konnte, sondern nur die Schwierigkeiten sah, die von allen Seiten auftreten würden, gerade jetzt, wo der Heilige Stuhl viele verläßliche Freunde brauchte, um die verlorenen Gebiete wiederzuerlangen. Talleyrand hatte beabsichtigt, den Kongreß, mit dem Papst als Präsidenten, zum weithin leuchtenden Symbol der Restauration überhaupt zu machen. Das hätte den durch Reformation und französische Revolution sehr matt gewordenen Glanz der päpstlichen Theokratie entscheidend wiederherstellen können, und den Heiligen Vater wieder zu dem gemacht, was er einst im Mittelalter gewesen war – Hort und Schützer aller überkommenen Legitimität. Aber dieser Kardinal hatte von Anfang an lieber die Wiederherstellung des Kirchenstaates gewollt als das machtvolle Bild von Gottes Stellvertreter auf Erden.

«Was ist mit Murat? Es tauchen ständig Gerüchte auf, daß man ihm einen Teil der päpstlichen Staaten abtreten will.»

«Gerüchte, Eminenz. Ich bin überzeugt, daß wir Murat rechtzeitig loswerden.» An der Tür des Ballsaals blieb Talleyrand stehen. «Wenn ich mir erlauben darf, mich jetzt zu verabschieden...»

Der Kardinal machte ein enttäuschtes Gesicht: «Oh, Sie bleiben nicht zum Souper? Ich hörte, es soll eine phantastische Mahlzeit werden, mit Delikatessen aus allen Ecken Europas. Frische Kirschen sollen aus St. Petersburg gebracht worden sein – im November, man stelle sich vor! –, die den Fürsten einen Silberrubel das Stück kosten.»

«Es tut mir leid, ich kann nicht bleiben.» Talleyrand küßte den Amethystring.

Der Ballsaal, den Talleyrand rasch durchquerte, war fast leer, bis auf die blau- und silberlivrierten Lakaien, die umhergingen und die unzähligen Kerzen in den Kristallkandelabern schneuzten. Er erreichte glücklich das Vorzimmer und schritt, scheinbar eilig und zerstreut, an Gruppen von Bekannten vorüber. Er war schon an der Tür, als sein Glück ihn verließ. Eine Hand legte sich auf seine Schulter. Er wandte sich um. Es war Alexander. Er hatte den Zaren völlig vergessen und auch seinen Wunsch, ihm nicht zu begegnen.

«Sie sind für mich vollkommen unsichtbar und unerreichbar geworden, mon ami», sagte Alexander mit seinem hinreißenden Frauenlächeln.

«Ich weiß, wie beschäftigt Sie sind, Sire, und habe nicht gewagt, mich aufzudrängen», sagte Talleyrand und dachte an die zwei unerfreulichen Audienzen, die er im Oktober beim Zaren gehabt hatte.

Alexander umarmte ihn herzlich: «Sie sollten wissen, daß ich niemals zu beschäftigt bin, um Sie zu sehen. Es ist doch wirklich unvorstellbar, daß Sie und ich in derselben Stadt sind und wir uns endlose Wochen lang nicht sprechen. Ich habe unsere Gespräche im letzten Frühjahr so genossen. Ich glaube, es war das Schönste an Paris, daß Sie mich in Ihrem Hause wohnen ließen, so daß ich Sie sehen konnte, sooft ich Lust danach hatte – also ständig.»

«Sie sind zu gütig, Sire», sagte Talleyrand und überlegte, was Metternich denken würde, wenn er diese Liebesszene sähe oder davon hörte.

«Versprechen Sie mir, mich Montag früh zu besuchen.» (Es war jetzt Samstag.) Alexander, die Hand immer noch auf Talleyrands Arm, sprach in dem dringlichen Ton einer Frau, die ein Zusammensein mit einem zögernden Liebhaber erzwingt.

«Euer Majestät brauchen nur zu befehlen», sagte Talleyrand mit frostiger Förmlichkeit.

«Aber ich befehle nicht. Ich möchte, daß Sie als Freund kommen – ganz unoffiziell, en frac, wie in Paris. Versprechen Sie es!» flehte der Zar, wohl wissend, daß, mit oder ohne Versprechen, nur ein Eingreifen Gottes Talleyrand erlauben würde, wegzubleiben.

«Ich werde mich überglücklich schätzen», sagte Talleyrand und deutete eine leichte Verbeugung an.

«Gut, also Montag – ich freue mich so darauf, Sie zu sehen!» Der Zar umarmte ihn noch einmal, bevor er verschwand.

Soviel Gnade! dachte Talleyrand, als er in die Galerie hinaustrat, die zur Treppe führte. Czartoryski hat wahrhaftig ganze Arbeit gemacht. Immerhin wünschte ich, Alexander hätte mich heute abend nicht erwischt. Ich werde Metternich und Castlereagh erklären müssen, daß nicht ich um die Audienz gebeten habe, sondern umgekehrt. Und selbst dann wird es ihnen nicht sonderlich gefallen. Aber das soll mich jetzt nicht beunruhigen. Jetzt handelt es sich nur darum, fortzukommen.

«Onkel! Warten Sie...» Er war schon halb die Treppe herunter, als Dorothea hinter ihm herrief. Einen Augenblick dachte er daran, weiterzugehen, als hätte er nichts gehört. Aber ihre dunkle, etwas rauhe Stimme klang zu laut in dem marmornen Treppenhaus, um mit einem Anschein von Wahrscheinlichkeit überhört zu werden. Und außerdem konnte er überhaupt nicht

Dorotheas Ruf mißachten. Er blieb stehen, und auf die primitive Weise aller Liebenden würfelte er rasch mit dem Schicksal, indem er sich sagte, alles wäre gut, wenn er sie, jetzt aufschauend, allein fände, und alles wäre verloren, wenn er sie mit Czartoryski zusammen sähe.

«Ja, Madame?» fragte er kühl. Sie war heruntergekommen, um ihn auf halbem Wege zu treffen, und im ersten Augenblick dachte er tatsächlich, sie sei allein. Aber dann bemerkte er, daß Czartoryski in der Galerie auf sie wartete. Es war natürlich. Er hatte damit rechnen müssen, und er verachtete sich, weil er es nicht ertragen konnte.

Dorothea legte die Hand auf seinen Arm. «Ich sah Sie fortgehen, mon oncle – haben Sie mich vergessen?» fragte sie ein wenig außer Atem.

«Selbstverständlich habe ich Sie nicht vergessen, meine Liebe, aber warum sollten Sie den Abend vorzeitig abbrechen? Es ist noch früh.» Er sprach jetzt mit seiner gewöhnlichen Freundlichkeit, aber das machte die Mitteilung, zu der er sich plötzlich entschloß, nur zu einem um so größeren Schock für sie. «Ich selbst gehe nur», sagte er, «weil ich bei Ihrer Mutter soupiere.»

Im Augenblick, als die Worte zwischen ihnen in der Luft hingen, hätte er sie gern zurückgenommen. Er begriff, daß er sie in der unbewußten Absicht gesagt hatte, ihr wehe zu tun, als Vergelt für die Qualen der Eifersucht, die sie ihn leiden ließ. Und er haßte sich, weil er grausam zu ihr war.

«Dann will ich Sie nicht zurückhalten, mon oncle.» Es lag etwas entsetzlich Endgültiges in der Art, wie sie die Hand von seinem Arm fallen ließ, sich ohne ein weiteres Wort umwandte und in die Galerie zurückging, wo Czartoryski auf sie wartete.

Talleyrand rief: «Fürst Adam, Sie werden wohl dafür sorgen, daß Madame gut nach Hause kommt. Ich lasse ihr den Wagen hier.»

«Sie können sich auf mich verlassen.»

Talleyrand wartete, in der Hoffnung, daß sie sich noch einmal umschauen möge, aber sie ging unmittelbar zu dem Polen, ergriff seinen Arm und verschwand, ohne zurückzublicken. Eine Weile starrte Talleyrand auf die Tür, die sich hinter ihr geschlossen hatte, und wieder, wie während der Whistpartie, nur noch stärker, fühlte er sich unwiderruflich vom Schicksal verworfen und ausgestoßen, ein ewiger Außenseiter, abgeschnitten von allen Freuden des Lebens. Endlich begann er aufs neue die Treppen hinabzusteigen. Er haßte den unregelmäßigen Takt seiner Schritte und ihr Echo in der weiten Marmorhalle. Er haßte auch die süße Melodie, die aus jenem verschlossenen Zimmer kam und seinen peinlichen Rückzug begleitete. Zu der gleichen süßen Melodie dinierte Dorothea jetzt und plauderte und lachte mit diesem Czartoryski. Dorothea...

Dorothea hatte Czartoryski vorgeschlagen, auf das Souper zu verzichten, und durch die verlassenen Salons wandernd, waren sie endlich in eine Galerie gelangt, wo Alabasterlampen sanft die marmorne Vollendung von Canovas Skulpturen beschienen. Hier war man außerhalb des Bereiches der Festgeräusche. Selbst der süße Wohlklang der Geigen drang nur in gelegentlichen, zerflatternden Fragmenten durch.

«Hier ist es schön und still», seufzte Dorothea und ließ sich mit geschlossenen Augen auf ein Sofa fallen.

«Was ist's, chère amie?» fragte Czartoryski mit zärtlicher Besorgnis in der Stimme und schob seinen Stuhl so, daß er sie anblickte.

«Was ist was?» fragte sie scharf, doch ohne die Augen zu öffnen.

«Etwas hat Sie verstört. Sie sind unglücklich, seit...» Er unterbrach sich, bevor er sagte: seit Sie mit Ihrem Onkel gesprochen haben. Er hatte keine Ahnung, was Talleyrand ihr gesagt haben könnte, um sie zu verstören. Aber es würde jedenfalls nicht taktvoll sein, ihn in diesem persönlichen Zusammenhang zu erwähnen.

Sie bemühte sich, den wahren Grund für ihre Verzweiflung zu verbergen. «Ich glaube, es ist nur, weil ich allmählich genug von Festen habe.»

Er betrachtete sie, verwirrt und gerührt von ihrer plötzlichen düsteren Stimmung und erfreut, daß sie sich keine Mühe gab, sie vor ihm zu verheimlichen. Nie war sie ihm liebenswerter erschienen als in diesem Augenblick, da sie die schmalen weißen Schultern hängen ließ und die Smaragdtiara ein bißchen schief auf ihrem Kopf saß. Es war schwer, ein Mädchen nicht zu küssen, das die Tiara ein bißchen schief auf dem Kopf trug, zumal wenn es die Augen geschlossen hielt und lange dunkle Wimpern über blasse Wangen schatteten. Er gelobte sich, daß er sie noch vor Ablauf des Abends küssen würde, aber nicht gerade jetzt. Es war nicht nötig, die Dinge so zu beschleunigen. Sanft sagte er: «Wenn es irgend etwas gibt, was ich tun kann, Madame – Sie wissen, ich bin sehr erfahren in Kummer.»

Langsam öffnete sie die Augen. Sie leuchteten von ungeweinten Tränen. «Ich weiß», sagte sie. «Ich weiß.» Und in jäher Auflehnung dachte sie: Warum kann ich diese wahnsinnige Liebe zu Talleyrand nicht vergessen? Warum muß ich Sklavin einer hoffnungslosen Besessenheit bleiben? Sie studierte Czartoryski. Er sah großartig aus in seinem dunklen Abendanzug, der von einem einzigen Orden aus Diamanten und Rubinen geschmückt war, einem polnischen selbstverständlich. Sein Profil war edel und sein Lächeln herzwärmend. Die Büschel schwarzen Haares auf seinen Fingern störten sie nicht mehr. Und die tiefen Falten von der Nase zum Mund forderten Mitleid. Ein kindliches Grübeln kam in ihren Blick. Warum kann ich Czartoryski nicht noch einmal lieben? fragte sie sich. Ich habe ihn so lange geliebt, und es muß himmlisch sein, einen guten Mann zu lieben – einen guten Mann, der einen wiederliebt. *Falls* er mich wirklich liebt.

«Sagen Sie mir, Fürst Adam», fragte sie plötzlich, «warum haben Sie unsere Verlobung aufgelöst? Ohne ein Wort der Erklärung. Ohne irgend etwas?»

Er blickte sie bestürzt an: «Hat man Sie das glauben gemacht? Guter Gott!»

«Lassen Sie uns offen darüber sprechen!» sagte sie rauh, und ihre Augen folgten ihm, als er aufstand und erregt zwischen den Statuen auf und ab zu wandern begann. «Als der Zar im Oktober 1808 nach Löbichau kam und um meine Hand für Edmond de Périgord warb, weigerte ich mich mit der Begründung, daß ich mich an Sie gebunden fühle, worauf meine Mutter mir mitteilte, daß Ihre Mutter sich unserer Heirat widersetze und Sie im Begriff wären, ein Mädchen zu heiraten, das Ihrer Mutter besser gefiele. Ich glaubte meiner Mutter nicht und fuhr zu Piattoli. Er war seit Wochen krank und lebte in der Stadt, um in der Nähe seines Arztes zu sein. Er lag zu Bett, als ich kam, und auf meine Frage, ob er von Ihnen gehört hätte, drehte er sich zur Wand und sagte, nein, das hätte er nicht, aber ich sollte nicht länger auf die Verlobung mit Ihnen rechnen. Ich versuchte, mehr aus ihm herauszubekommen, aber er bat mich zu gehen, da er zu krank sei, um meine Gegenwart länger zu ertragen.» Ihre Stimme schwankte ein wenig, wurde aber sogleich wieder fest. «Ich ging. Ich wußte nicht, daß ich Piattoli nie wiedersehen würde. Er starb ein paar Tage später. Ich erinnere mich noch, daß ich von meinem Besuch bei Piattoli unmittelbar nach Löbichau zurückfuhr – und als ich in Mutters Salon trat, fand ich dort eine Dame aus Warschau, die im Laufe der Unterhaltung beiläufig erwähnte, daß Fürst Adam Czartoryski sich mit dem Schützling seiner Mutter verlobt hätte.»

«Und damit war die Sache für Sie erledigt, nehme ich an?»

«Ja. Als die Dame aus Warschau fort war, sagte ich meiner Mutter, ich sei bereit, Edmond zu heiraten.» Sie schluckte und fuhr fort, sich selbst nichts ersparend: «Mutter rief den Grafen Batowski herein, der mysteriöserweise in Löbichau aufgetaucht war, während diese Heiratspläne erörtert wurden. Sie waren beide entzückt, daß ich endlich Vernunft annahm.»

Einen Augenblick wehte die Tafelmusik in den Raum. Dann war es still. Czartoryski wanderte immer noch auf und nieder. Sein Gesicht war grau.

Endlich sagte er, als spräche er zu sich selbst: «Also das hat man Ihnen erzählt. Und Sie haben es geglaubt. Ich hätte es wissen müssen. Sie waren nur ein Kind. Sie konnten nicht anders, als ihnen glauben.» Er blieb stehen und blickte mit zornigen Augen auf sie herab. «Man hat Sie schamlos belogen. Ich habe niemals die Absicht gehabt, irgend jemand anders zu heiraten als Sie.»

«Warum sind Sie dann nicht entschiedener gewesen in dem Jahr zwischen unserem Zusammensein in Mitau und dem Besuch des Zaren in Löbichau?» fragte sie herb.

«Weil ich bis zum Halse in einem furchtbaren politischen Kampf steckte und nicht das Recht fühlte, Sie hineinzuziehen. Erst im Herbst 1808, unmittelbar nach Erfurt, war ich einigermaßen frei. Damals habe ich Piattoli geschrieben, meine Mutter sei mit unserer Heirat einverstanden, und ich hätte die Absicht, Sie noch vor Ende des Jahres in Löbichau oder in Berlin zu besuchen. Piattoli starb, ehe der Brief ihn erreichte.» Er schwieg unentschlossen. Was er jetzt zu sagen hatte, würde ihr einen Schock versetzen, aber es war nicht zu ändern. Mit fester Stimme fuhr er fort: «Mein Brief an Piattoli wurde mir durch Ihre Mutter zurückgeschickt mit einer Zeile von ihr, die mir Ihre Verlobung mit Périgord anzeigte.»

«Von diesem Brief hat Mama mir nie erzählt», sagte Dorothea mit steifen, kalten Lippen.

«Selbstverständlich nicht. Die Herzogin von Kurland fand eine Verbindung mit dem zweiten Manne des französischen Kaiserreiches viel zu verlockend, um sie für eine Heirat mit einem polnischen Refugié aufzugeben.»

«Mama stand unter schwerem Druck des Zaren», warf Dorothea ein, nicht um sie zu entschuldigen, sondern nur um das Bild abzurunden.

«Der Herzogin kam dieser Druck durchaus nicht unerwünscht. Sie mögen wissen, daß Piattoli mir auf dem Sterbebett schrieb, die Herzogin habe ihn bei der Erinnerung an alles, was sie für ihn getan, beschworen, die französische Heirat möglich zu machen. Vielleicht wäre es schließlich doch das Beste, schrieb Piattoli. Er war zu krank und zu alt, um solchem Zwang zu widerstehen.»

Dorothea saß ganz still. Es schien eine lange Weile. Dann sagte sie weich: «Armer Piattoli! Wie mag er bei dem Gedanken gelitten haben, seine eigene liebste Hoffnung zu zerstören! Er hatte unsere Heirat so sehr gewünscht...»

Und plötzlich begann sie zu weinen, mit wildem kindlichem Schluchzen, den Kopf in die Sofakissen vergraben. Sie weinte über Piattolis Enttäuschung und über seinen Tod und über die betrügerische Selbstsucht ihrer Mutter. Sie weinte, weil sie mit Czartoryski hätte glücklich sein können und weil sie Talleyrand liebte, der jetzt bei ihrer Mutter war, obwohl Mutter der Feind war, und sie weinte, weil Mutter immer alles bekam, was sie wollte, während sie selbst nie etwas bekam.

«Dorothea, weinen Sie nicht so!» Czartoryski ließ sich neben ihr nieder und zog sie an sich. «Alles wird wieder gut werden,

Liebste!» Er schob die tränennassen Locken aus ihrem Gesicht und fing an, ihre salzigen Wangen zu küssen. Er war selbst den Tränen nahe. Es rührte ihn unbeschreiblich, daß sie so litt. «Wir werden die verlorenen Jahre wieder einbringen, mein Liebstes», murmelte er. «Nichts kann uns noch einmal trennen, solange wir einander lieben.»

Ebenso jäh wie Dorothea angefangen hatte zu weinen, hörte sie auf. Sie hob den Kopf von Czartoryskis Schulter, setzte sich kerzengerade auf und starrte ihn aus verschwollenen Augen an. Was habe ich getan! dachte sie entsetzt. Sechs Wochen lang habe ich Czartoryski vorgespielt, ich liebte ihn, um Talleyrand eifersüchtig zu machen. Ich sprach mir das Recht zu, ihn zu benutzen wegen der Art, wie er unsere Verlobung gelöst hatte. Und nun kommt heraus, daß er es gar nicht war. Er ist unschuldig. Nicht einen Augenblick länger darf ich ihn betrügen, jetzt, wo ich das weiß.

«Fürst Adam, es ist alles so verworren...» Sie begann ihr Geständnis und hielt plötzlich inne. Vielleicht könnte sie lernen, Czartoryski noch einmal zu lieben. Sie wünschte sich so sehr, einen guten Mann zu lieben, der sie wiederliebte. Wenn sie ihm jetzt die Wahrheit sagte, würde alles zwischen ihnen aus sein. Warum sollte sie sich nicht noch eine Chance gönnen? «Das Souper muß jeden Augenblick zu Ende sein», damit griff sie nach ihrem smaragdgrünen Pompadour und durchwühlte ihn nach einem Spiegel. «Ich sehe sicher schrecklich aus.»

«Das ist hier das Palais Palm in der Schenkenstraße, Euer Gnaden», sagte Franzl, der Kutscher, nervös und lugte dabei verstohlen zu Talleyrand hinüber, der, in seinen beigefarbenen Garrick gehüllt, den Federhut tief ins Gesicht gedrückt, in der Ecke seines Fiakers lehnte.

Franzl war der Ansicht gewesen, daß er so ziemlich alles an ausländischen Manieren gesehen hätte. Er verzog keine Miene mehr bei munteren Betrunkenen, streitsüchtigen Betrunkenen, stumpfen Betrunkenen, glücklichen Liebenden, eifersüchtigen Liebenden, Andenkenjägern, Dieben. Aber dieser Fahrgast hier, den er vorm Palais Razumoffsky aufgenommen hatte, war doch wieder einzigartig. «Fahr Seine Gnaden hier zum Palais Palm», hatte der Türhüter bei Razumoffsky gesagt. Und Franzl war sehr einverstanden gewesen. Herren, die sich, zumal um Mitternacht, zum Palais Palm fahren ließen, kargten im allgemeinen nicht mit Trinkgeldern. Und warum auch? Ganz Wien kannte ja die Sagan und die Bagration, die beiden ausländischen Damen, die so gerne von den in Wien versammelten Fürsten besucht wurden. Franzl war für sich persönlich der Ansicht, daß man sie wieder dahin schicken sollte, woher sie gekommen waren; aber die großen Herren waren anscheinend entzückt von ihnen. Und sein eleganter Fahrgast – Franzl konnte ihn im Halbdunkel des Fiakers nicht erkennen – war augenscheinlich gewöhnt, mit Fürstinnen zu verkehren; er war von Klasse. Aber warum, in aller Heiligen Namen, stieg er dann nicht aus? Auf was wartete er noch? Franzl stand jetzt schon zehn Minuten so – seit dem Augenblick, wo er dem Herrn den Wagenschlag geöffnet hatte. Aber der Herr geruhten nicht, sich zu bewegen. Da saß er, starrte vor sich hin und drehte den Griff seines Ebenholzstockes. So hatte sich ein vernünftiger Fahrgast niemals zu benehmen, vor allem nicht mitten in einer kalten Novembernacht. Allmählich wurde Franzl ungeduldig. Er wollte auch noch wieder zurück zum Palais Razumoffsky. Da konnte man heute etwas verdienen.

So schob er wiederum den Kopf in das Fiakerinnere und lächelte ein wenig mit zahnlosem Munde: «Euer Gnaden: das Palais Palm; da wollten Euer Gnaden doch hin, nicht wahr?»

«Wie?... ja, ja gewiß! Eben da wollte ich hin», sagte Talleyrand abwesend und erwachte ein wenig aus seiner Elendsstimmung. Wollte er wirklich dahin? Natürlich wollte er nicht dahin. Anna Dorothea! Er konnte jetzt kein Tête-à-tête mit Anna Dorothea brauchen.

«Es steht kein Wagen draußen, aber man sieht hin und wieder noch Licht.» Franzl sagte es überredend. Wahrscheinlich war sich der Herr nicht sicher, ob er seine Dame zu so später Stunde noch stören dürfte. Als ob diesen ausländischen Frauenzimmern nicht Tag und Nacht gleich wären!

Talleyrand beugte sich ein wenig vor, um an Franzls Gestalt vorbei die Eckfenster im zweiten Stock beobachten zu können, wo die Herzogin von Kurland ihre Zimmer hatte.

«Ja, man sieht noch Licht», sagte er und sank wieder rasch zurück in die Polster. Er hatte Anna Dorotheas Schatten am Fenster gesehen. Sie hielt Ausschau nach ihm, sie wartete auf ihn. Die Gute! Es war noch gar nicht so lange her, da hatte es ihm Vergnügen bereitet, zu wissen, daß Anna Dorothea auf ihn wartete. Er versuchte sich einzureden, daß er sich auch jetzt noch freue, aber vergeblich. Er sah jetzt ganz klar: Er konnte sich nicht wieder mit Dorotheas Mutter einlassen. Es war unsinnig von ihm gewesen, zu hoffen, daß er über ihr Dorothea würde vergessen können. Keine konnte ihn Dorothea vergessen machen – ihre Mutter am allerwenigsten.

Wieder vergingen Minuten. «Es fängt an zu schneien, Euer Gnaden», sagte Franzl in klagendem Ton. Jetzt glaubte er es zu wissen: Der Herr war ängstlich. Er wußte zwar nicht, warum er Angst hatte, aber es gab wohl viele Gründe, vor Frauen Angst zu haben. Das wußte Franzl nur allzugut. Er hatte vor der Theres auch Angst.

Talleyrand sah die großen weißen Flocken, wie sie da um den Kutscher flatterten. Schnee. Winter. Trübsal. Er hatte nicht gedacht, daß er sich noch jemals so unglücklich fühlen könnte. Nein, Anna Dorothea konnte nichts für ihn tun – und er für sie erst recht nicht.

«Zum Palais Kaunitz in der Johannesgasse», befahl er.

«Zu Befehl, Euer Gnaden.»

Und Franzl schüttelte verwundert den Kopf, während er wieder langsam zu seinem Kutschbock hinaufstieg. Was sich diese großen Herren, die doch wirklich keine echten Sorgen hatten, so in den Kopf setzen mochten!

6

Hauptmann Fréjus schloß für einen Augenblick die Augen und sah sofort wieder die Brücke über die Beresina. Er schleppte sich mühsam vorwärts, einer von einer kleinen Kolonne Offiziere, die mit erfrorenen Füßen und halbtot vor Hunger, die Adler ihrer Regimenter in den Fäusten, in tiefstem Schweigen marschierten. Vor ihm und ebenfalls zu Fuß, in weitem, pelzgefüttertem Mantel und einer dunkelroten Kappe mit schwarzem Rauchwerk, ging der Kaiser; er hatte einen Stock, zu seiner Rechten ging Murat, zu seiner Linken Eugène Beauharnais. Und so lange er da war, war noch nichts verloren. Aber auf einmal verschlang eine wild stäubende Schneewolke den Kaiser, und Fréjus wurde von dem eisigen Wind an den Brückenrand gedrängt; er kletterte über die Toten, die den Weg versperrten, und fühlte mit Schrecken, wie einige der sterbenden Soldaten seine Beine festhielten; dann rollten sie alle zusammen in den Fluß, und er war daran zu ertrinken, eingekeilt zwischen Eisschollen, Pferdekadavern und Leichen von Soldaten.

«Aber, Schatzerl», hörte er die Theres sagen und war froh, daß sie ihn da herausgeholt hatte. Das erlebte er immer und immer wieder: die Brücke, Schnee, den Eiswind, den stählernen Griff der Toten und die splitternden Eisschollen, die sich über ihm schlossen. Sobald er einschlief, fing die Bilderjagd an.

«Ein Alptraum», murmelte er und zog sie näher zu sich. In ihrem handfesten warmen Körper fand er Trost und Vergessen.

Die Theres war zu ihm ins Bett geschlüpft, wie jeden Abend, sobald ihre Schwester sich schlafen gelegt hatte. Ein gutes Ding, die Theres. Nachdem sie die üblichen einleitenden Schwierigkeiten gemacht hatte, hatte sie seinen Umarmungen einen anerkennenswerten Geschmack abgewonnen. Ja, diese Wienerinnen! Er hatte ja die Frauen fast aller Länder im Laufe seiner mannigfachen Feldzüge kennengelernt, aber die Wienerinnen waren etwas Besonderes – kräftig, zärtlich, dankbar. Ja, dankbar.

«Du, was heißt vivlamprör?» fragte die Theres und kuschelte sich an ihn.

«Du meinst: Vive l'Empereur – lang lebe der Kaiser –?»

«Das hast du eben im Traum gesagt. Der Kaiser – du meinst natürlich Boney. Du denkst immer an ihn, nicht?»

«Frag nicht soviel, mon petit chou», sagte er und gab ihr einen kleinen Klaps. Vive l'Empereur... ja, selbst während er noch in jenen eisigen Fluten versank, dachte er noch an Ihn, er liebte Ihn; alle liebten sie Ihn – seine Soldaten. Selbst auf diesem schrecklichen Rückzug aus Rußland flüsterten die Sterbenden stets noch: «Bleibt ja beim Kaiser.»

Die Theres stützte sich auf den Ellenbogen hoch und fuhr

beim unsicheren Schein des Nachtlichts mit zärtlichem Finger die rote, zornige Narbe nach, die sein Gesicht in zwei unregelmäßige Hälften teilte. Er war häßlich wie die Sünde, ihr Hauptmann, und unzufrieden in einer bösen unergründlichen Art, daß man manchmal das Grausen kriegen konnte, und selbst wenn sie sich liebten, schien er immer etwas abwesend. Aber sie bereute nichts. Ihr ganzes Leben lang hatte sie darauf gewartet, daß sie einmal etwas Aufregendes erleben würde. Das war der eigentliche Grund, warum sie Franzl nicht so geschwind hatte heiraten wollen. Und jetzt war's der Hauptmann gewesen. Sie fühlte eine große Zärtlichkeit für ihn, wie er so dalag, den Kopf zurückgeworfen, das Haar schweißverklebt, der kurze vierkantige Nakken: Er sah seltsam jung und unschuldig aus. Seine Augen schienen nach irgend etwas zu suchen.

Noch während sie in die weichen Federkissen zurücksank, murmelte sie schwärmerisch: «Bist du süß, Schatzerl!» Denn ihre Erfahrungen mit Männern waren noch begrenzt; abgesehen von einem Onkel, der ihre Unerfahrenheit ausgenützt hatte, als sie noch ein Kind war, war der Hauptmann hier ihr erster. Aber sie fühlte, und es gab ihr einen leichten Stich, daß er wohl mit dem Körper, doch nicht mit dem Herzen bei ihr war.

«Selbst so tief im Unglück waren wir noch großmütig – wir gaben den widrigen Elementen die Schuld, aber niemals Ihm», sprach der Capitaine vor sich hin.

Theres verstand kaum zwei von zehn seiner französischen Worte, aber aus dem Tonfall erriet sie, daß es sich wieder um Boney handelte. «Kannst du ihn niemals vergessen?» seufzte sie und mußte doch kichern, daß sie, die Theres, eifersüchtig auf Napoleon sein sollte.

«Ihn vergessen? Ach, du Dummes, Dickes...» er packte sie rauh um die Taille. Sie lachte und schluchzte gleichzeitig über seine konzentrierte, fast verzweifelte Wut, die allerdings, wie sie fühlte, wenig mit ihr zu tun hatte und darum nur desto aufregender war. Diesmal fiel Fréjus in einen tiefen Schlaf und träumte nicht vom Übergang über die Beresina. Statt dessen hielt Pèra la Violette eine große Parade der Garderegimenter in Paris ab: ein prachtvoller Traum.

Mit 26 Jahren hatte Capitaine de Fréjus nur eine einzige Leidenschaft noch, und das war seine Liebe zu Napoleon. Strenggenommen hatte er niemals irgend jemand anderen geliebt. Er war der uneheliche Sohn eines Vicomte und einer Schauspielerin und hatte seinen Vater gehaßt und seine Mutter verabscheut, solange er nur denken konnte. Fünf Jahre war er gewesen, als er seinen Vater zum ersten und letzten Male sah. Als Landmann verkleidet, war der Vicomte eines Nachts im Zimmer seiner Mutter erschienen. Die Schreckensherrschaft hatte eben erst begonnen, und der Vicomte dachte, daß im bescheidenen Kämmerchen einer unbedeutenden Schauspielerin niemand einen Aristokraten suchen würde. Nur hatte er nicht mit seinem Sohn gerechnet, dessen winziges Gedächtnis übervoll war von den Tränen seiner Mutter und ihren Anklagen gegen den Nichtswürdigen, der sie und ihr Kind ohne einen Pfennig dem Elend überlassen hatte. Aber selbst so wäre weiter nichts geschehen, hätte seine Mutter den Vicomte mit entsprechender Zurückhaltung empfangen. Statt dessen hielt sie seine Rückkehr für ein durch ihre Liebe bewirktes Wunder und war fast wahnsinnig vor Freude. Mit der nicht zu täuschenden Hellsichtigkeit des verschüchterten Kindes hatte Fréjus augenblicklich erkannt, daß seine Mutter sich zum Narren halten ließ und daß sein Vater nur infolge einer Zwangslage eine Verständigung mit ihr suchte. Der Vicomte war noch immer eine gute Erscheinung, wohlgenährt und stattlich, während die Mutter im Kampf um das tägliche Brot frühzeitig verwelkt und gealtert war. Der kleine Junge fand die Demütigung abscheulich und unerträglich. Als die Mutter ihm eine Hängematte in der Küche zurechtmachte – denn der Vicomte sollte natürlich bei ihr im Bett schlafen –, schlich sich Fréjus heimlich aus der Tür. Im Erdgeschoß war ein Bäckerladen, und sein Eigentümer pflegte sich der Freundschaft mit Robespierre zu rühmen. Zu diesem ging der Junge und erzählte ihm, daß sich ein Aristokrat bei seiner Mutter versteckte. Eine Stunde später holte man seine Mutter und den Vicomte ab. Die Mutter wurde schließlich wieder entlassen, aber der Vicomte mußte auf die Guillotine. Fréjus hatte niemals Gewissensbisse darüber verspürt. Sein Vater hatte die ihm zukommende Quittung bekommen. Robespierre hatte vollkommen recht. Aristokraten waren vom Übel. Er hätte den Vorfall überhaupt auf der Stelle vergessen, hätte ihn nicht seine Mutter manchmal verwirrt und erschreckt ein «kleines Ungeheuer» genannt. Fréjus war sich bis auf den heutigen Tag nicht sicher, ob sie wußte, daß er es war, der seinen Vater verraten hatte; aber auf jeden Fall hatte sie Angst vor ihm. Es war also eine rechte Erleichterung für alle, als ein neuer Liebhaber, ein Offizier, dem Jungen einen Platz in der Kadettenanstalt vermittelte. Hier fing für Fréjus das Leben eigentlich an.

Es war die Zeit des Direktoriums. Die Revolution machte ihre früheren Grausamkeiten durch die erstaunlichen Siege ihrer Armeen wieder gut. Der Name des Generals Bonaparte war in aller Munde. Die jungen Franzosen träumten davon, unter seiner Führung die Welt zu erobern. Für Fréjus wurde dieser Traum Wirklichkeit – beinahe. Mit Siebzehn kam er das erstemal ins Feuer. Er focht bei Austerlitz mit und marschierte in Wien ein. Ein Jahr später kämpfte er bei Jena und zog durch Berlin. Krieg und Sieg waren wundervoll; das Leben war wundervoll, Napoleon war wundervoll. In Spanien erlebte er zum erstenmal auch die Niederlage; aber er glaubte nie an die Möglichkeit einer endgültigen Niederlage. Selbst nach dem russischen Feldzug noch, wo von sechshunderttausend Mann nur fünfzigtausend heimkehrten, verlor er die Hoffnung nicht. 1813, bei Leipzig, fiel er in Feindeshand und wurde Kriegsgefangener. Obwohl ganz Europa gegen seinen Kaiser aufgestanden war, glaubte er immer noch, daß der große Zauberer, wie so oft, einen Ausweg finden würde. Er glaubte immer noch an ihn, als er im Frühsommer 1814 nach Frankreich zurückkehrte und dort den Umsturz des Regimes und eine Exilierung des Kaisers erlebte.

«Voyez ce vieux Marquis
Vous traiter en peuple conquis
Son coursier décharné
De loin chez nous l'a ramené
Vers son vieux castel
Ce noble mortel
Marche en brandissant
Un sabre innocent

Chapeau bas! Chapeau bas!
Gloire au Marquis de Carabas!»

So sang Fréjus am nächsten Morgen mit all der Unbekümmertheit des völlig Unmusikalischen, als Friedrich von Oheimb in ihr gemeinsames Wohnzimmer trat. Er ließ sich an dem kleinen Frühstückstisch dem Franzosen gegenüber nieder und fragte mit beruflichem Interesse: «Ein neues Lied, Capitaine? Wer ist der Verfasser?»

Fréjus kicherte bissig. «Béranger. Lediglich eine kleine Satire auf unsere glorreiche Restauration. In Paris hört man es überall. Irgendeiner stimmt es im Café an, und alle singen den Refrain mit.»

«Der Verfasser des Roi d'Yvetot hat anscheinend seine Meinung geändert», sagte Friedrich sachlich. «Vor einem Jahr noch deklamierte er nur gegen Napoleon!» Und er zitierte:

«Terreur des nuits, trouble des jours,
Tambours, tambours, tambours, tambours,
Tambours, tambours, maudits tambours.

außerdem viel bessere Verse, muß ich sagen, als Ihr Marquis von Carabas.»

«Ja, Béranger hat seine Meinung geändert», gestand Fréjus ohne Zögern, «und mit ihm eine große Anzahl von Franzosen, die ihr Heil erst erkannten, als es zu spät war.» Er seufzte ein bißchen, fuhr aber angeregt fort: «Ich hörte neulich, Béranger habe wieder ein neues Chanson geschrieben, wie Er an der Seine erscheint und mit eisernem Besenstrich alle die Priester und Emigranten wegfegt, die unsere glorreiche Nation jetzt beschmutzen.»

«Und wer ist das: Er?» fragte Friedrich kalt, obgleich er die Antwort schon wußte.

«Natürlich Père la Violette – wer sonst?» Fréjus wies auf den goldgerahmten Porträtstich Napoleons und biß heiter in sein Butterkipfel. Das Frühstück schmeckte ihm wunderbar, und er war überhaupt in glänzender Laune. Das Gefühl, daß Sonntag war, hatte auch sein Teil daran, der Duft frischgebrannten Kaffees, der das warme reinliche Wohnzimmer erfüllte, und eben jetzt der Anblick der Theres. «Mon Capitaine – Herr Baron», sagte die Theres unnahbar, während sie den Tisch wieder abräumte. Sie sah sehr sauber und schmuck aus in dem schwarzen Samtmieder und dem schwingenden weiß-rot gestreiften Rock, aus dem unten die weißbestrumpften Beine kamen. Süß war sie, die Theres.

Friedrich ließ den Honig nachdenklich aus seinem Löffel auf den Teller tröpfeln. «Man kann sich eigentlich nicht vorstellen, daß die Bourbonen nichts dagegen unternehmen sollten, wenn solche revolutionären Lieder öffentlich gesungen werden.»

«Aber, mein Lieber», sagte Fréjus und zwinkerte rasch einmal der Theres zu, die eben das Zimmer verließ, «was kann eine Regierung denn tun, die von den Feinden eingesetzt wurde und die schmähliche Niederlage mit ihrer Unterschrift besiegelt hat? Selbst wenn die Leute intelligent genug wären, hätten sie es immer noch schwer. Aber es sind ja nur dumme Emigranten, die in dem Vierteljahrhundert jede Fühlung mit ihrem Lande verloren haben; sie werden von Tag zu Tag dümmer, und jeder ihrer Mißgriffe ist ein wahres Geschenk Gottes für die Bonapartisten.»

«Ja, ja, ich weiß», sagte Friedrich hastig über seiner Kaffeetasse. Er hatte Fréjus' Ansicht über die Restauration nun oft genug gehört und leider jedesmal gefunden, daß sie nur allzu überzeugend war. Die Hauptschwierigkeit für die Bourbonen war allem Anschein nach, daß sie, um öffentliche Gelder einzusparen, zwei Drittel des Heeres entlassen und zwölftausend Offiziere auf Halbsold gesetzt hatten – wie zum Beispiel Fréjus. Außerdem mußten alle aktiven Truppen eine weiße Kokarde tragen, anstatt der Trikolore. In Anbetracht dessen, daß während einer ganzen Generation die Armee – eben unter diesem Zeichen der Trikolore – der entscheidende Machtfaktor in Frankreich gewesen war, daß sie jedem Franzosen Ehrenstellen und die Gelegenheit zu Verdienst gegeben hatte, war der Ärger der hunderttausend, die sich so plötzlich ohne Beruf und Brot fanden, nur zu verständlich. Auch waren es nicht die Soldaten allein, die sich nach ihren alten Regimentsadlern und dem Kaiser sehnten. Eine riesige Bürokratie war durch den Zusammenbruch des Kaisertums pensions- und brotlos geworden. Das napoleonische Regime hatte, wie Friedrich immer mehr einsah, eine Unzahl von Einzelschicksalen fest mit dem seinen verkettet. Mehr als ein Fünftel der ganzen französischen Nation waren in irgendeiner Form vom Staate abhängig gewesen und bildeten nun ein furchtbares Heer von Unzufriedenen.

«Ich kann es noch immer nicht glauben», sagte Friedrich nach einigem Nachdenken, «daß die Franzosen das Gesetz von Ursache und Wirkung so absolut aus dem Auge verlieren können, wie Sie andeuten. Selbst wenn wir einmal annehmen, daß der Friede für sie so untragbar ist, wie Sie es darzustellen belieben – was ich nebenbei bestreite; denn verglichen mit dem unnennbaren Elend, das sie fünfundzwanzig Jahre lang über Europa gebracht haben, geht es den Franzosen immer noch leidlich genug –, aber wir wollen einmal wirklich annehmen, daß Frankreich leidet: Wer ist an diesem Leiden schuld, wenn nicht Bonaparte allein? Überlegen Sie doch selbst: Nicht einmal, nein, hundertmal war ihm die Gelegenheit geboten, in Frieden und allen Ehren sein Land zu regieren. Bis zum letzten Augenblick hatte er diese Chance.» Friedrich erwärmte sich an seinem Gegenstande. «Es klingt so phantastisch, daß Bonaparte sich erst zum Kaiser machte und dann nicht eher Ruhe hatte, bis er sich selbst wieder vom Throne stieß. Er allein. Niemand hätte ihn doch angegriffen. Er hatte die Tochter des ältesten Herrschergeschlechtes Europas zur Gattin. Seine Brüder und Schwestern waren Könige und Fürstinnen. Warum mußte er Rußland angreifen?»

Friedrich hatte das letzte nur als rhetorisches Argument gemeint, aber Fréjus ließ ihn damit nicht durchkommen. «Der Krieg gegen Rußland», widersprach er feierlich, «wurde lediglich im Interesse Europas und der Zivilisation unternommen. Europa hätte Napoleon auf den Knien danken müssen, daß er den russischen Koloß anfaßte, anstatt ihm in den Rücken zu fallen.»

«Ja, ja, schon gut, schon gut», sagte Friedrich ungeduldig. Das war das einzige, worüber sich alle Franzosen einig zu sein schienen, daß Rußland der eigentliche Feind sei – und da war auch nicht einer, der dies Argument nicht benützt hätte, um einen Keil zwischen die Alliierten zu treiben. «Lassen wir die russische Drohung einmal beiseite. Sie tut nichts zur Sache. Ich wollte lediglich sagen, daß Bonaparte noch heute auf seinem Thron sitzen könnte, wenn er das geringste bißchen Vernunft gehabt hätte. Vergangenes Jahr noch hat sich England geweigert, die Wiedereinsetzung der Bourbonen zu unterstützen; und jedes Kind weiß ja, daß Metternich Napoleon unbedingt am Ruder halten wollte. Aber der Kaiser mußte das Drama bis zum fünften Akt durchspielen, wie Macbeth. Man sagt den Franzosen nach, daß sie die logische Rasse par excellence seien: Wie können sie sich dann nur die Rückkehr des Mannes wünschen, der die Ursache aller ihrer jetzigen Leiden ist?»

Fréjus lachte nachsichtig. Er mochte Friedrich leiden. «Gut gesprochen, Herr Dichter. Ich kann Ihnen aber nur sagen, daß von uns aus gesehen sich Ursache und Wirkung ganz anders darstellen. Wir meinen, daß der Kaiser besiegt wurde, weil Talleyrand und einige der Marschälle ihn verraten haben. Und schließlich sind wir der Ansicht, daß alles ganz wundervoll ging, solange er regierte, und daß alles abscheulich geworden ist, seitdem er gehen mußte. So einfach liegt die Sache für uns.»

«So etwas Dummes!» Friedrich war ganz aufgeregt. «Die Franzosen können doch nicht so dumm sein. Und gleich nach dem Zusammenbruch sahen sie ja auch wohl alles ein. Auf dem Wege nach Elba sah Napoleon zum erstenmal geschwungene Messer. In einer Stadt warf ihm der Pöbel die Wagenfenster ein, und in einer anderen mußte er sein Porträt am Galgen hängen sehen. Er aß und trank nicht, aus Furcht, vergiftet zu werden. Gott, was für Angst er hatte! Und wie schäbig er sich benahm! Durchaus nicht wie ein großer Mann. Sein abscheuliches Benehmen auf dieser Fahrt allein müßte eigentlich hinreichen, um die Franzosen auf immer von ihm zu heilen. Warum machen die Bourbonen nicht bekannt, daß der Halbgott so viel Angst vor seinem Volke hatte, daß er sich die weiße Kokarde ansteckte und wie ein Kurier vor dem Zug hergaloppierte? Und als selbst das nicht mehr sicher genug erschien, zog er eine österreichische Offiziersuniform an und einen Russenmantel darüber!»

«Aber mein bester Freund», sagte Fréjus fast mitleidig, «die Bourbonen tun ja ihr Bestes, um durch solche und ähnliche

Anekdoten die Franzosen ihrem Kaiser zu entfremden. Sie tun ihr Bestes, um ihn in jeder Hinsicht als Feigling und blutdürstiges Ungeheuer hinzustellen. Mit dem Ergebnis, daß ihnen kein Mensch diese Sachen glaubt; und die paar, welche es glauben, finden ausreichend Entschuldigungen für ihn.» Nach einem Augenblick lenkte er ein: «Natürlich haben Sie insofern recht – in der ersten Verwirrung des Zusammenbruchs neigten die Leute dazu, dem Kaiser die Schuld zu geben. Aber damals waren sie dumm, nicht jetzt. Sie glaubten, die Alliierten seien gekommen, die «bösen» Franzosen zu bestrafen und die «guten» zu befreien. Die Restauration wurde als die große Amnestie für alle Sünden der Vergangenheit, als ein Generalpardon angekündigt. So etwas! Nun, hauptsächlich die Fehler der Bourbonen selber haben die Franzosen wieder zur Vernunft gebracht, obgleich die Armee eigentlich immer kaisertreu war. Heute ersehnen die meisten Franzosen die Rückkehr des Kaisers.»

«Glücklicherweise ist immer noch ein Unterschied zwischen zurückwünschen und tatsächlich zurückkommen», sagte Friedrich. Ursprünglich hatte er Fréjus nichts davon sagen wollen, aber sein Unwille über die unverbesserlichen Franzosen ließ ihn für einen Augenblick die Vorsicht vergessen: Wollten sie nicht Europa nochmals versklaven? Er sagte: «Es besteht wohl kaum Aussicht, daß Napoleon jemals wieder den französischen Thron besteigen wird, wenn die Mächte ihn erst einmal von Elba nach St. Helena entfernt haben.»

Friedrich konnte mit dem Effekt dieser seiner Worte durchaus zufrieden sein. Das Gesicht des Hauptmanns wurde weiß und schien hinter der scharlachfarbenen Narbe zu klaffen. Er gab sich auch gar keine Mühe, seine Erregung zu verbergen. Er schluckte wild und sagte dann, aber ohne Überlegung: «Das wagen die Alliierten nicht; es wäre auch gegen den Vertrag von Fontainebleau.»

«Die Sicherheit geht vor allem.» Friedrich zuckte nur die Achseln. Er hätte Fréjus ja darauf hinweisen können, daß auch Napoleon nur Verträge gehalten hatte, solange es ihm paßte; aber er unterdrückte die Anmerkung. Fréjus sprang auf und begann zwischen den schweren gebohnerten Möbeln aus Kirschbaumholz unruhig auf und ab zu gehen. «Woher wissen Sie denn, daß die Großen Vier den Kaiser nach St. Helena abschieben wollen?» fragte er erregt.

«Oh, man spricht ziemlich oft davon.»

«Ich setze meinen Kopf, daß Talleyrand dahintersteckt. Der Verräter weiß, daß er das Schlimmste zu fürchten hat, falls der Kaiser zurückkehren sollte.» Fréjus blieb stehen und zischte: «Erledigen sollte man ihn, ehe er seine Gemeinheiten in die Tat umsetzen kann.»

«Wer ist das: man?» fragte Friedrich scharf.

Fréjus' kleine schwarze Funkelaugen verschanzten sich wachsam: «Ach, niemand Besonderes – wir Franzosen eben», sagte er bedächtig. Einen Augenblick lang starrten sich die beiden jungen Männer an. Dann wandte sich Fréjus lässig zum Fenster.

Friedrich schenkte sich den Rest aus der Kaffeekanne ein. Das Getränk war schon kalt und abgestanden, aber er trank es in durstigen Zügen. Wie schon bei früheren Gelegenheiten, warnte ihn sein gesunder Instinkt, daß hier etwas gar nicht stimmte; daß der Capitaine der Exponent irgendeiner untergründigen Machtgruppe war; daß er, Friedrich von Oheimb aus Steiermark, seinen Verdacht nicht bei sich behalten durfte. Wer war dieser Capitaine de Fréjus? Was tat er hier in Wien? Wieso steckte er öfters mit Eugène Beauharnais zusammen? Aber zur gleichen Zeit sagte er sich wieder, daß er wahrscheinlich nur Gespenster sehe. Leute, mit denen man morgens frühstückte, waren keine Verschwörer. Zweifellos konnte ein Kaiserreich wie das Bonapartes nicht ganz zerfallen, ohne überall ihm ergebene Splittergrüppchen zu hinterlassen; aber vom bloßen Kaisertreuen war noch ein weiter Schritt bis zum aktiven Verschwörer. Wäre Fréjus wirklich in irgendein geheimes Komplott verwickelt, würde er seine Passion für Bonaparte wohl nicht so unverhohlen an den Tag legen. Sicher, er sah nur Gespenster. Man konnte ja nicht harmloser leben als dieser Fréjus hier in Wien. Er verkehrte mit den paar Franzosen und widmete sich im übrigen der Theres. Wenn er zu Hager ginge und ihn mit solch unzusammenhängenden Gesprächsfetzen belästigte, würde er sich letzten Endes nur lächerlich machen – dieselben Worte und Gesinnungen konnte ja jedermann tagtäglich auch vom Prinzen von Lambesk hören, der bestimmt kein Verschwörer war, sondern offenkundig zu den französischen Emigranten gehörte.

Und unzufrieden mit sich selbst, begann er nervös zu plaudern: «Nun, es ist für mich Zeit zum Umkleiden geworden. Dieser Schnee vergangene Nacht hat alles wieder in abscheulichen Matsch verwandelt. Von mir aus würde ich bei solchem Wetter niemals ausgehen, aber ich habe Frau von Varnhagen versprochen, sie in die Ursulinenkirche zu begleiten. Zacharias Werner predigt dort. Kommen Sie doch auch mit. Dieser Werner ist der Savonarola des Kongresses.»

Fréjus wandte sich ihm zu und lächelte verbindlich: «Heute geht es leider nicht, Baron; ich muß gleich anschließend nach Schönbrunn reiten, um dem König von Rom meine Aufwartung zu machen. Wir sehen uns dann noch.» Er nickte freundlich und ging in sein Zimmer, noch bevor Friedrich etwas sagen konnte. Und was war denn auch zu sagen, fragte Friedrich sich entschlossen. Warum sollte schließlich ein französischer Offizier dem kleinen Jungen im Exil nicht seine Aufwartung machen? Zumindest ging es ihn, Friedrich, nichts an. Er wußte, daß Hager auch in Marie Luisens Haushalt seine Spitzel hatte. Sollte an Préjus' Besuch tatsächlich etwas verdächtig sein, würden sie Hager schon davon informieren.

7

Capitaine de Fréjus galoppierte in Richtung Schloß Schönbrunn. Das lag an dem rechten Ufer der Donau und war eine der anmutigsten Residenzen in ganz Europa. Aber Fréjus, der nie viel auf seine Umgebung sah und zumal heute völlig in Gedanken verloren war, achtete nicht auf die kunstvollen Anlagen, die zu kleinen romantischen Landschaften gruppierten Büsche oder die kostbaren Marmor- und Bronzestatuen. Die Nachricht, daß der Kaiser nach St. Helena gebracht werden sollte, mußte unbedingt Elba erreichen, bevor es zu spät war. Vermutlich war es wieder nur ein Gerücht, aber es klang verdammt wahrscheinlich. Dieser kleine deutsche Dichterling kam weit herum; andauernd dinierte er auch bei der französischen Gesandtschaft. Verständlicherweise war Talleyrand an des Kaisers Entfernung alles gelegen; und nur zu leicht könnte es ihm gelingen, den anderen angst zu machen: eine Möglichkeit, die des Kaisers Pläne beschleunigen sollte.

Einen Augenblick lang ruhte sein Auge auf einem reizenden, weißen, von Säulen getragenen Pavillon, der über dem Hügelhorizont zu hängen schien und La Gloriette genannt wurde. Seine Äußerung über Talleyrand heute früh hatte diesen Oheimb zweifellos Verdacht schöpfen lassen. Nicht, als ob er sich etwas daraus machte. Seit Napoleons Sturz hatte ganz Europa ununterbrochen von bonapartistischen Untergrundbewegungen geredet, aber man hatte nichts dagegen getan, nur weil Schwatzen und Handeln für die meisten Leute durchaus zweierlei war. Außerdem würden die Bourbonen, falls sie der erstaunten Welt mitteilten, daß eine weitverbreitete, geheime bonapartistische Bewegung existierte, damit gleichzeitig eingestehen, daß tatsächlich eine große Anzahl von Franzosen Napoleon wieder zurückwünschte; eine Enthüllung, die sie anscheinend noch mehr fürchteten als die Untergrundbewegung selbst. Sogar Talleyrand hatte sich mit den Bourbonen darüber geeinigt, diese Opposition totzuschweigen – zumindest für die Dauer des Kongresses noch. Obgleich also Talleyrand sich der Gefahr der wachsenden bonapartistischen Bewegung bewußt war (zweifellos einer der Gründe, warum er Napoleon möglichst weit entfernen wollte), unterschätzte auch er anscheinend ihre Stärke. Wen die Götter verderben wollen, schlagen sie mit Blindheit.

Die ganze französische Armee war praktisch ein einziges großes Femegericht geworden und brannte darauf, den Kaiser zu rächen. Jedes Regiment war auf geheimnisvolle Weise davon durchsetzt. Am meisten gärte es in den Garden. Diese ahnungslosen Bourbonen hatten die Garden nach Metz verlegt, wodurch die Schwierigkeiten sich natürlich vervielfältigt hatten; und in allen Kasernen des Landes waren jetzt Offiziere und Unteroffiziere der Garde eifrig an der Wühlarbeit, predigten die Wiederkehr Napoleons und den Beginn neuen Ruhms. An tausend Einzelheiten konnte der Kenner den nahenden Staatsstreich erkennen. Offiziere und Mannschaften hatten zwar am Helm die weiße

Kokarde, aber innen die Trikolore, und die Adler waren in Kartuschkisten versteckt. Über die neue weiße Fahne machte sich jeder nur lustig.

«C'est ma mie l'aveugle
C'est ma mie l'aveugle
C'est ma fantaisie
J'en suis amoureux.»

Unbewußt pfiff Fréjus das Lied, das die französischen Soldaten auf dem Rückzug aus Rußland gesungen hatten. Er war von Anfang an mit Leib und Seele an der bonapartistischen Verschwörung beteiligt gewesen. Seine Propagandaarbeit während der deutschen Kriegsgefangenschaft hatte zuerst die Aufmerksamkeit der bonapartistischen Führer auf ihn gelenkt. Diese geschlagenen französischen Lagersoldaten waren ein verworrener, verbitterter, politisch zielloser Haufe gewesen. Vergangenheit und Zukunft lagen in Trümmern, und sie hatten weder Glauben noch Hoffnung mehr. So suggerierte er ihnen denn einfach, wieder an ihre früheren Siege und an den Kaiser zu glauben.

Bei seiner Rückkehr nach Paris fand er zu seinem Erstaunen, daß er, der kleine Offizier im Hauptmannsrang, das Schoßkind der bedeutendsten bonapartistischen Salons geworden war. Napoleons kluge und intrigante Stieftochter Hortense war von ihm, seinen Orden und seiner verstümmelten Hand begeistert. Hortense war es auch gewesen, die ihm die Einladung zum Diner bei Fouché verschafft hatte, als sie von seinem Wunsch hörte, Napoleon wenn möglich nach Elba zu folgen.

Fouché, der Herzog von Otranto! Es gab viele, die glaubten, daß der frühere allmächtige Chef der napoleonischen Geheimpolizei der oberste Leiter auch der bonapartistischen Untergrundbewegung wäre; aber so einfach lagen die Dinge nicht. Niemand wußte genau, ob Fouché wirklich Bonapartist war. Man wußte nur, daß er gegen die Bourbonen wühlte, die ihn an die Wand zu drücken suchten; daß er seine Hände in jedem Komplott hatte – daß er mit den Orléans verhandelte, dem König von Rom, mit Bernadotte und natürlich auch mit dem Kaiser; daß er seine noch immer nicht zu verachtende Macht und langjährige Erfahrung in geheimen Verschwörungen jeder oppositionellen Richtung lieh, die auch nur eine schwache Chance versprach. Während ihm also jedermann mißtraute, konnte gleichzeitig niemand seiner Hilfe entraten, und wie eine große Spinne saß er im Mittelpunkt aller Anschläge gegen die Restauration. Fouché war es auch, der Fréjus seinen Plan, nach Elba zu gehen, ausredete. Es sei mehr als zweifelhaft, erklärte er, ob der Kaiser sein Gefolge in einem Augenblick würde vermehren wollen, wo er eben fünfhundert Offiziere und Mannschaften davon nach Frankreich zurücksandte (angeblich auf Heimaturlaub, aber tatsächlich, um den alten Prätorianern Grüße vom Cäsar zu überbringen). Außerdem gingen genügend geheime Agenten zwischen Frankreich und Elba hin und her, obgleich das Auswärtige Amt auf Talleyrands Anweisung äußerst zurückhaltend mit der Ausstellung von Pässen nach der Insel war. Für einen Mann von Fréjus' Energie und Verläßlichkeit gab es nach Fouché ganz andere und viel wichtigere Aufgaben. Wie wäre es zum Beispiel mit Wien, wo der Kongreß, Marie Luises neuer Haushalt und die französische Abordnung dringend der Überwachung bedurften? An Wien hatte Fréjus überhaupt noch nicht gedacht, aber er war Soldat und bereit, ohne viel Worte dahin zu gehen, wo er am meisten gebraucht wurde.

Von da an war er nicht mehr sein eigener Herr gewesen. Vierzehn Tage lang hatte er nichts mehr gehört und gesehen und sich schon von Fouché vergessen geglaubt, als ihn eines schönen Morgens der Vizekönig – so hieß Eugène Beauharnais immer noch in den Kreisen der Vertrauten – zu sich rief. In kaltem, unpersönlichem Ton machte jener ihm die Mitteilung, er würde sich freuen, von einem Offizier, der schon in Rußland unter ihm gefochten habe, nach Wien begleitet zu werden. Fréjus begriff sogleich, daß dies also der offizielle Vorwand für seine Anwesenheit in Wien sein sollte. Im ferneren Verlauf der Dinge begriff er weiterhin, daß Eugène Beauharnais sich während der inneren Wirren Frankreichs klüglich neutral verhalten wollte, sich zunächst nur auf seinen bayrischen Schwiegervater und besonders seinen Freund, den Zaren, verließ, und nichts weniger als begeistert davon war, daß man ihm einen bonapartistischen Verschwörer aufgehalst hatte. Aber ob er nun die bonapartistische Feme fürchtete oder für alle Fälle in jedem Lager Verbindungen haben wollte – er ließ Fréjus volle Bewegungsfreiheit, unter der einzigen Bedingung, nicht mit den Zwecken und Erfolgen seines Wiener Aufenthaltes behelligt zu werden.

Einmal noch hatte Fréjus Fouché gesehen, ehe er Paris verließ. «Nebenbei», hatte der Herzog von Otranto vieldeutig geäußert, «Sie achten darauf, daß meinem Freund, dem Fürsten von Bénévent, nichts passiert? Der Kaiser würde recht ungehalten sein, wenn sich jemand von nationaler Begeisterung hinreißen ließe und diesen fähigsten seiner Minister beseitigte.» Schade.

Er verlangsamte den Schritt seines Pferdes, als er in den Schloßhof einritt, denselben Schloßhof, wo damals ein junger Fanatiker versucht hatte, Napoleon zu ermorden. Derselbe Schloßhof auch, wo Napoleon ein Regiment der deutschen Verbündeten unter deutschen Offizieren exerzieren ließ; eine höfliche Geste, die Wiener vergessen zu machen, daß sie besiegt waren und zu gehorchen hatten. Wir waren noch zu gut, dachte Fréjus. Wenn wir das nächste Mal kommen, werden wir ihnen die Niederlage nicht mehr so versüßen. Das nächste Mal...

«Ah, endlich, mon Capitaine; wie lange sind Sie nicht dagewesen», plapperte der Reitknecht aufgeregt, als er Fréjus die Zügel abnahm. «Ich wäre beinahe selbst in die Stadt gekommen, aber Herr de Ménéval warnte, daß alle im Haushalt Ihrer Majestät tätigen Franzosen unaufhörlich von der österreichischen Polizei überwacht würden.»

Korporal Bourgnon, ein verwitterter, säbelbeiniger Veteran aus zahllosen Feldzügen, war Marie Luisens Reitknecht schon in Paris gewesen, als sie noch Kaiserin war, und trug immer noch die Livree der kaiserlichen Bedienten mit dem großen N auf den Knöpfen.

«Freut mich, Euch zu sehen, Korporal», sagte Fréjus kameradschaftlich, während er vom Pferd sprang. «Ich war in den letzten Wochen ein paarmal hier, bei Herrn von Ménéval, aber Ihr wart niemals zu finden.»

«Das muß dann immer nachmittags gewesen sein, mon Capitaine. Nachmittags muß ich grundsätzlich mit Ihrer Majestät ausreiten», sagte der Korporal eifrig. Er wußte wohl, daß dieser junge narbige Offizier das eigentliche Haupt der Wiener Bonapartisten war und als solcher wichtiger noch als Baron Ménéval oder selbst der Vizekönig.

«Und wie stehen die Dinge hier?» Fréjus wandte der Schloßfront vorsichtshalber den Rücken – die Fenster hatten hier alle Augen – und begann umständlich Rock und Säbelgehenke zu ordnen, falls sie von jemandem beobachtet würden. Es lohnte sich immer, mit Korporal Bourgnon zu sprechen; sogar Herr von Ménéval wußte nicht so viel über die Schönbrunner Verhältnisse, denn niemand hielt einen Reitknecht für wichtig genug, sich in seiner Gegenwart Zwang aufzuerlegen.

Der Korporal zuckte die Schultern. «Was kann am Hofe von Papa Beaupère schon los sein?» (So hatten Napoleons Soldaten den österreichischen Kaiser verächtlich getauft, nachdem er sich der Koalition gegen Frankreich angeschlossen hatte.) «Ich glaube, daß sie uns Franzosen nicht mehr lange um Ihre Majestät hier dulden werden. Papa Beaupère und Metternich fürchten den französischen Einfluß auf Ihre Majestät und unseren kleinen König zu sehr.» Und pathetisch fügte er hinzu: «Sie haben ihm das Kreuz der Ehrenlegion genommen und ihm dafür den Orden des heiligen Stefan umgehängt. Fürst von Parma nennen sie ihn jetzt.»

«Ja, ich weiß.»

«Trotzdem verhätscheln sie ihn alle, ausgenommen die alte Kaiserin von Österreich. Frau Schwiegermama sagt, daß in seinen Adern gefährliches Blut flösse. Sie verlangt, daß er Bischof werden soll, damit er keinen Krieg auf der Welt führen könne. Das alberne Weib! Unsere Kaiserin fängt jedesmal an zu weinen, wenn sie so etwas hört. Unsere Kaiserin weint überhaupt viel.»

«Und der General?»

«Neipperg meinen Sie? Der hat den bösesten Einfluß auf unsere Kaiserin. Ich weiß genau, wie er es anstellt; denn ich reite ja stets mit ihnen aus. Der ist nicht auf den Kopf gefallen. Nicht, daß er jemals ein Wort gegen den Kaiser sagte. Im Gegenteil, es ist sein Hauptthema, daß Napoleon der Mann des Jahrhunderts sei und wir gewöhnlichen Menschen ihn nicht verstehen könnten: Er weiß ganz genau, daß Ihre Majestät gar keinen Mann des Jahrhunderts haben will. Die arme Frau! Ihr sitzen immer noch die letzten schrecklichen Wochen in Paris und während der Flucht in den Knochen. Sie will nichts als Ruhe. Sie hat es sich durchaus in den Kopf gesetzt, Parma zu bekommen.»

Und einen handlichen, gewöhnlichen Menschen wie diesen General Neipperg, dachte Fréjus verächtlich; aber laut sagte er: «Nun, unsere Schwierigkeiten werden sich wahrscheinlich eher lösen, als wir annehmen. Ich erhielt letzthin Nachricht von Elba, daß es dem Kaiser gutgeht.» Eine bedeutungsvolle Pause; dann: «Er hofft, uns bald alle wiederzusehen.»

«Ausgezeichnet, mon Capitaine, das wird der schönste Tag meines Lebens», sagte Bourgnon inbrünstig. «Darf ich die Nachricht weitergeben?»

«Ja, getrost. Unser Père la Violette läßt alle grüßen, und er wird bald wieder dasein. Aber haltet dann allesamt den Mund! Nicht, daß euch jemand glauben würde, aber ihr könntet Scherereien mit der Polizei bekommen. Bis dahin!» Es hatte zu regnen begonnen, und Fréjus lief rasch die schöngeschwungene Treppe des Schlosses hinauf. Jede seiner Bewegungen wurde von Sporengeklirr begleitet und dem feinen Klappern der Medaillen an seiner Ordensschnalle.

«Der Fürst empfängt in wenigen Minuten. Er sitzt eben noch Isabey, und Frau von Montesquiou fürchtet, daß er, einmal unterbrochen, nicht mehr in die alte Stellung zu bringen ist. Unser kleiner Fürst ist ja so lebhaft», sagte Herr de Ménéval.

«Sie meinen vermutlich den König von Rom?» lehnte Fréjus kalt ab.

Der andere hob nur die Schultern. «Sowohl die Kaiserin als das Kind würden lediglich Unannehmlichkeiten haben, wenn wir auf seinem früheren Titel bestünden, Capitaine.» Und er fügte bedeutungsvoll hinzu: «Der Kaiser möchte die augenblickliche schwierige Lage für seine Familie so wenig unangenehm wie möglich gestalten.»

Ménéval, ein harmlos aussehender Mann, von hellhaarigem sensitivem Typ, Ende Dreißig, war jahrelang des Kaisers Privatsekretär gewesen, bevor er Marie Luise in derselben Eigenschaft beigegeben worden war. Aber Ménéval war zu konziliant, um ein Verschwörer sein zu können, und außerdem war er, seitdem er erfahren hatte, daß dieser ungeschliffene Capitaine gewissermaßen als sein Aufseher nach Wien gekommen war, leicht verärgert.

«Wie geht es der Kaiserin? Ich habe einen Brief von Elba für sie, den ich persönlich abgeben möchte», sagte Fréjus.

Ménéval erstarrte in seiner Haltung. «Ich habe Ihnen bereits gesagt, Hager würde auf der Stelle erfahren, daß die Kaiserin einem französischen Offizier eine Audienz erteilte, und des Ärgers würde kein Ende mehr sein», erklärte er scharf. «Sie sind sich noch immer nicht klar darüber, daß Ihre Majestät in ihres Vaters Hause nicht weniger eine Gefangene ist als der Kaiser auf Elba.»

«Sie wissen auch mehr Gründe als jeder andere, wenn Sie nein sagen wollen», sagte Fréjus unverschämt.

«Die Verhältnisse liegen eben äußerst unglücklich.» Ménéval hob wieder die Achseln und fügte dann versöhnlicher hinzu, «vielleicht ergibt sich eine Gelegenheit, der Kaiserin den Brief zu überreichen, wenn sie kommt, nach dem Kinde zu sehen. Um diese Stunde pflegt sie im allgemeinen zu erscheinen.»

Nach einer kurzen Pause sagte Fréjus ohne Übergang: «Haben Sie schon gehört, daß die Alliierten den Kaiser nach St. Helena abschieben wollen?»

Ménéval starrte den Capitaine entgeistert an. «Um Himmels willen! Ich weiß von nichts.»

«Ich habe es aus einer Quelle, die der französischen Gesandtschaft nahesteht.»

Ménéval murmelte: «Darin erkenne ich die geübte Hand des Fürsten von Bénévent.» Er sann; dann fuhr er fort, mehr für sich als zu seinem Gegenüber: «Warum, warum hat ihn der Kaiser nur so lange gehalten, wo er doch wußte, daß Talleyrand mit den Feinden verhandelte. Es gab tausend Gründe, ihn einzusperren, ins Exil zu schicken, füsilieren zu lassen. Aber nein, er machte ihm dann und wann eine furchtbare Szene und war danach wieder gnädig wie zuvor. Das war einer der unerklärlichen Züge an unserem Kaiser. Hat er denn den Schaden stets unterschätzt, den Talleyrand ihm tun konnte, oder wollte er ihn für alle Fälle in Reserve haben? Ich habe ihn sagen hören, daß Talleyrand zeit seines Lebens immer irgendwie ein Verräter war, aber sein Bund mit dem Glück sei ebenso dauerhaft. Noch 1813 hat er ihn zu bewegen versucht, die Leitung der Außenpolitik wieder zu übernehmen. Er lehnte ab, und selbst da noch beließ ihn Napoleon bis zur letzten Stunde im Regentschaftsrat.»

«Und gab ihm so die Chance, sein Schlimmstes zu tun.»

Ménévals Stirn faltete sich tiefer. «Aber das ist es ja gerade: Das Seltsame ist, daß Talleyrand bis zur letzten Minute die besten und vernünftigsten Ratschläge gab. Er riet der Kaiserin, mit dem Kinde in Paris zu bleiben. Alles hätte ganz anders kommen können, wäre sie dem Rate gefolgt. Erst als auch sie floh und er alles endgültig als verloren ansah, ließ er den Kaiser absolut im Stich, und selbst diesen Übergang vollzog er ohne Aufsehen. Er reiste der Kaiserin nach, wie es ja seine Pflicht als Mitglied des Regentschaftsrates war. Er reiste ganz offen ab, hatte allerdings vorher unter der Hand arrangiert, daß die Wache am Stadttor ihn anhalten mußte; so konnte er zu Hause bleiben und die Ereignisse auf sich zukommen lassen. Das ist Talleyrand, wie er leibt und lebt – selbst im Verrat noch unerklärlich und widerspruchsvoll.»

Bevor Fréjus noch seine Ansicht kräftig aussprechen konnte, erschien ein Diener mit der Meldung, daß Seine Hoheit sie nunmehr erwarte.

«M. Méva, M. Méva, ich habe Sie heute morgen noch gar nicht gesehen», sagte der kleine Napoleon, während er Ménéval entgegenlief.

Fréjus meinte, niemals ein hübscheres Kind gesehen zu haben. Er hätte weinen mögen vor Freude und gleichzeitig vor Weh. Das Kind hatte dicke blonde Locken, und seine Augen waren blauer als die seines Vaters. Der obere Teil des Gesichtes, zumal die Stirn, waren unverkennbar Napoleon, während Mund und Kinnpartie die Habsburger Erbschaft nicht verleugneten. Er trug noch die reichbestickte Husarenuniform, in welcher Isabey ihn malte.

«Hier ist ein Besuch für Sie, mein Fürst, ein französischer Offizier», sagte Ménéval.

Der Knabe gab Fréjus die Hand und sagte gravitätisch: «Wie geht es Ihnen, Monsieur? Franzosen mag ich sehr gern.» Fréjus beugte sich nieder und küßte ihn.

«Ich will Ihnen meine Armee zeigen, Capitaine», rief das

Kind eifrig und strebte danach, sich aus der Umarmung loszumachen.

«Bitte, Capitaine», ergänzte eine kurze, gedrungene, doch recht eindrucksvolle Dame in Rot, die, wie Fréjus richtig vermutete, Madame de Montesquiou, die Erzieherin, war.

«Bitte, Capitaine», sagte der kleine Junge gehorsam. Er huschte in eine Ecke des großen Raumes, wo seine Spielsachen aufbewahrt wurden, während Fréjus der Dame, die als fanatische Bonapartistin bekannt war, vorgestellt wurde. Sie bearbeitete die Kaiserin unaufhörlich, doch ja zu ihrem Mann nach Elba zu gehen, und tat auch sonst das Menschenmögliche, um die antifranzösischen Einflüsse zu neutralisieren, denen man ihren Pflegebefohlenen auszusetzen suchte.

«Was für ein wundervolles Kind, Madame!» sagte Fréjus, der immer noch mit seinen Tränen kämpfte.

«Natürlich», antwortete Frau von Montesquiou, «alles an ihm beweist, daß der Genius sich vererbt. Er ist erst drei Jahre alt und kann doch schon etwas lesen und schreiben, und sein Gedächtnis und Wortschatz sind einfach unbegreiflich. Am meisten interessiert ihn, wenn man ihm von seinem Vater erzählt. Er will alle Einzelheiten wissen.» Sie seufzte. «Kurz vor dem Zusammenbruch schrieb mir der Kaiser einmal, daß er seinen Sohn lieber tot in der Seine sehen möchte als in Feindeshand. Von allen geschichtlichen Gestalten schien ihm Astyanax als Gefangener der Griechen immer die tragischste...» Sie hielt inne, denn der Knabe kam jetzt mit einem ganzen Regiment Spielzeugulanen zurück, die sich richtig bewegen konnten – Fréjus hatte dergleichen noch nicht gesehen.

«Vorwärts, mon Capitaine, die Schlacht beginnt», rief Napoleon II. mit heller Stimme; einen Augenblick später knieten er und der Capitaine auf dem glatten Parkettfußboden und bauten ihre Scharen in Schlachtordnung auf.

«Sie müssen General sein», befahl das Kind und stand auf.

Auch Fréjus erhob sich vom Boden. Er sah noch etwas unschlüssig zu Ménéval hinüber, der nachsichtig lächelte und den Capitaine zum erstenmal recht liebenswürdig fand.

«Schnell, Sie sind doch der General.» Das Kind hüpfte förmlich vor Aufregung.

Es ist nur ein Spiel mit einem Dreijährigen, versuchte Fréjus sich einzureden, aber er wußte, daß es viel mehr bedeutete. Denn dieser Dreijährige war der junge Adler.

«Garde à vous!» kommandierte er und erhob den Säbel, wie ein General bei der Parade. Und gesammelt, ernst wie ein Veteran aus dem Rußlandfeldzug, stand Napoleons Sohn rechts neben seinem Regiment, die Hand an der Feder, die den Mechanismus auslösen sollte.

In diesem Augenblick trat Marie Luise ein. Fréjus, der mit dem Rücken zur Tür stand, sah sie nicht gleich, aber Madame von Montesquiou sank in tiefem Hofknicks zusammen, und er wandte sich um.

Wie jeder Franzose seines Alters hatte Fréjus das Porträt dieser Tochter des Hauses Habsburg, die Napoleons zweite Frau geworden war, unzählige Male gesehen, auf Siegeln, Medaillen, Gravüren und Bildern. Die Wirklichkeit war enttäuschend. Wie eine von Napoleons Schwestern es einmal bösartig formuliert hatte; Marie Luise sah wie eine große ausgestopfte Puppe aus. Das Hübscheste an ihr war ihr volles honigfarbenes Haar. Sie war mittelgroß und von den vielen Süßigkeiten, ihrer großen Leidenschaft, frühzeitig dick geworden. Ihr schweres, sinnliches Gesicht mit den vorstehenden blauen Augen hatte einen Ausdruck von verwöhnter Selbstzufriedenheit.

Fréjus verbeugte sich tief und sah für den Augenblick nur den Saum ihres eleganten weißen Hauskleides, der unter dem Kaschmirschal hervorkam. Er war nicht unbewegt. Immerhin stand er zum erstenmal vor der Gattin seines Kaisers, der «Tochter der Cäsaren», die ihm den Erben geboren hatte, und einen so prachtvollen Erben dazu. Und sie war ja noch so jung; erst dreiundzwanzig. Zum erstenmal fühlte er etwas wie Mitleid mit dieser Fürstentochter, die man innerhalb von vier Jahren schon zweimal den Ränken der österreichischen Politik geopfert hatte. Das erste Mal, als man sie zwang, den Mann zu heiraten, der ihren Vater besiegt hatte; und das zweite Mal, als sie ihren Mann verlassen mußte, nachdem ihr Vater ihn besiegt hatte.

«Oh, ich will durchaus nicht euer Kriegsspiel stören», sagte Marie Luise und versuchte gnädig und anmutig dreinzublicken, als das Kind zu ihr hergelaufen kam und ihr wohlerzogen die

Hand küßte. Es war ihr gar nicht recht, daß ihr Sohn die ganze Zeit Soldat spielte. Das mußte in ihm ja zwangsläufig die kriegerische Veranlagung wecken und stärken, die sie soviel wie möglich unterdrücken wollte. Ihr Sohn sollte ein großer Fürst werden, gewiß, gut erzogen und bezaubernd liebenswürdig und sehr reich, der reichste Fürst in Europa womöglich, aber ein Eroberer sollte er nicht werden. Und auf keinen Fall die Welt aus den Angeln heben wie sein Vater.

Méneval trat vor. «Erlauben Eure Majestät, den Capitaine Fréjus aus dem Gefolge des Vizekönigs in Wien vorstellen zu dürfen», sagte er.

«Ah – ich hoffe, Sie befinden sich wohl, Capitaine», sagte sie ablehnend, ohne ihm die Hand zum Kuß darzubieten. Ihr Gesicht wurde sogleich fleckig, wie immer, wenn sie nervös wurde. Ein französischer Offizier in Schönbrunn, das konnte einen auch nervös machen.

Einen Augenblick herrschte Schweigen, während Marie Luise ihrem Sohn über das helle Haar strich. In der Unterhaltung war sie ebenso schwerfällig und mißtrauisch wie ihr Vater, zumal wenn sie, wie jetzt, schon all den Ärger ahnte, den dieser Besuch eines französischen Offiziers ihr unfehlbar bereiten würde.

«Der Capitaine hat einen Brief für Eure Majestät aus Porto Ferrajo», flüsterte Méneval über den Kopf des Kindes hinweg.

«Geh nur wieder zu deinen Soldaten, Liebling», sagte Marie Luise sofort, und als der Knabe zögerte, fügte sie hinzu: «Maman Quiou spielt weiter mit.»

Erst als der junge Napoleon sich mit Madame de Montesquiou ein Stück entfernt hatte, wandte sie sich an Fréjus: «Sie bringen mir einen Brief aus Elba, Monsieur?» Sie versuchte, ein wenig Begeisterung in ihre Stimme zu legen, während sie im Grunde doch nur Furcht fühlte. Herrgott, wenn man sie doch einmal in Ruhe lassen würde!

Fréjus überreichte ihr den versiegelten Umschlag, den sie sofort unter ihren Kaschmirschal schob. Sie sagte: «Die Nachrichtenübermittlung ist aber gar nicht gut. Manchmal bekomme ich ein paar Briefe innerhalb weniger Tage, und dann wieder wochenlang keinen.» Sie erzwang ein Lächeln und bot dem Capitaine die Hand zum Kuß: «Nun, ich danke Ihnen natürlich, Capitaine. Nein, bleiben Sie doch noch. Mein Sohn würde niemals verzeihen, wenn das Manöver meinetwegen nicht stattfinden könnte – oder ist es gar eine Schlacht? Nur Manöver? Um so besser. Ich komme dann später noch einmal, Liebling.»

Wieder tiefe Verneigungen und Knicke, als sie zur Tür schritt, die sich genau zur rechten Zeit öffnete. Ménéval atmete erleichtert auf. Das war ja noch nicht zu schlimm gewesen... zumindest hatte dieser Fréjus seinen Brief abgeben können und mußte eigentlich zufrieden sein. Nur gut, daß er keine Ahnung davon hatte, daß Marie Luise jeden Brief aus Elba sofort ihrem Vater vorzulegen versprochen hatte, ebenso wie ihre Antworten darauf; außerdem antwortete sie in der letzten Zeit überhaupt nicht mehr und öffnete die Briefe ihres Gatten auch gar nicht erst.

Der kleine Napoleon saß neben seinen Soldaten auf dem Fußboden. Er sah zugleich nachdenklich und erregt aus. «Kommen Sie von Elba, Capitaine?» fragte er halblaut, als Fréjus sich neben ihn hinkniete. «Nein, Hoheit – leider nicht.»

«Ach...», das Kind seufzte schwer und begann lustlos die Reiter in die Schachtel einzuräumen. Er mochte wohl nicht mehr Manöver spielen.

Fréjus war gerührt wie nie zuvor. «Sehen Sie, was ich hier habe, Hoheit. Ich dachte, es würde Sie interessieren.» Er zog zwei silberne Medaillen aus der Tasche, die seinerzeit anläßlich der Geburt des Königs von Rom geprägt worden waren. Das Kind hielt sie in den Händen. «Oh, ich kenne sie. Da war ich noch König», sagte er mit einem Ton, der Fréjus fast das Herz brach.

«Und Sie werden wieder König sein!» gelobte Fréjus wild. Das Kind saß immer noch auf dem Boden. Es sah den knienden Fréjus lange und durchdringend aus seinen blauen Augen an.

Fréjus fragte sich später, was alles er wohl noch versprochen hätte, wäre Madame de Montesquiou nicht eben aufgetaucht.

«Du freust dich wohl, einen Offizier zu sehen, der so lange unter deinem Vater gefochten hat?» fragte sie den Kleinen zärtlich.

«Ja, sehr», erklärte der kleine Napoleon, fügte aber, den Finger auf den Lippen, hinzu: «Das darf man aber nicht sagen –

nie.» Und unvermittelt warf er die Arme um Fréjus' Hals, hing tränenüberströmt an ihm und schluchzte nur: «Armer Papa, armer Papa!»

8

Am Montag, dem 14. November, um Punkt 11 Uhr war Talleyrand in der Hofburg, um Alexander seine Aufwartung zu machen. Um im voraus jedes mögliche Mißverständnis und jeden Verdacht auszuschließen, hatte er Castlereagh und Metternich von der bevorstehenden Audienz in Kenntnis gesetzt, und die beiden, fern davon, sie übelzunehmen, hatten ihre glühende Hoffnung ausgesprochen, daß er dort Erfolg haben möge, wo sie versagt hätten, nämlich den Zaren zu einer maßvolleren Politik zu bekehren.

Alexander war ganz Lächeln, als er rasch herbeikam, um seinen Besucher zu begrüßen. «Endlich! Wie ich mich freue, Sie zu sehen, mon ami – und Sie? Sie haben sich doch auch gewünscht, mich zu sehen, nicht wahr?» sagte er im zärtlich hoffenden Ton einer Frau, die einen launischen Liebhaber empfängt.

Talleyrand sagte: «Selbstverständlich freue ich mich, Sire. Ich habe niemals mein Bedauern verhehlt, so wenig von Eurer Majestät zu sehen.» Er dachte: Wenn Alexander mich nur nicht küßt! Und schon wurde er auf beide Wangen geküßt.

«Ich wußte es, ich wußte es», frohlockte der Zar, und, die Hand auf Talleyrands Arm, führte er ihn durch den riesigen Raum, der ihm als Arbeitszimmer diente. Talleyrand lehnte an eine Konsole, die zwischen zwei Fenstern mit rot und goldenen Vorhängen stand. Er war en frac gekommen, wie Alexander es verlangt hatte. Eine einzige Auszeichnung – der russische St.-Andreas-Orden – glänzte auf dem pflaumenfarbenen Tuch. Sein bleiches, unbewegliches Gesicht ruhte auf der berühmten hohen, weißen Halsbinde. Er stand in der ungezwungenen respektvollen Haltung des erfahrenen Höflings; aber war es nun seine geistige Überlegenheit oder die ererbte Würde alten Blutes, beinahe sah es aus, als ob in Wirklichkeit er der Souverän wäre, der die Huldigung eines ungewöhnlich schönen, aber zappeligen jungen Offiziers empfinge.

«Worüber lächeln Sie so rätselvoll?» fragte der Zar fröhlich.

«Sire, mir fiel eben ein Erlebnis einer meiner Périgord-Vorfahren ein, der vor Peter dem Großen den Hut aufbehielt. Als der Zar fragte, was ihm denn einfalle, sagte er, es sei ein ererbtes Recht der Périgords, vor dem Kaiser das Haupt bedeckt zu behalten. Worauf der Zar ausrief: ‹Wenn das wirklich sein Recht ist, so nagele man ihm den Hut auf dem Kopf fest!›»

«Eine reizende Geschichte, aber selbstverständlich nicht echt», sagte Alexander mit einem ganz kurzen Auflachen. Die Andeutung, daß vor knapp einem Jahrhundert der größte Romanow noch eine Art Wilder gewesen sei, paßte ihm gar nicht.

«Nun, wie steht es in Frankreich?» fragte er ein bißchen unvermittelt.

«So gut, wie Euer Majestät nur wünschen können, und besser, als irgend jemand wagen durfte zu hoffen», log Talleyrand. «Nach fünfundzwanzig Jahren Revolution sitzt der König innerhalb weniger Monate so fest im Sattel, als hätte er Frankreich nie verlassen.»

«Aber man sagt mir, es gäbe Oppositionen.»

«Wie in jedem konstitutionellen Land. Aber nur die Meinungen gehen auseinander, die Zuneigung ist einmütig.»

Alexander sah nicht überzeugt aus, versagte sich aber, es auszusprechen. Statt dessen fragte er: «Und wie gehen unsere Sachen hier? Wie stehen wir?»

Einen Augenblick konnte Talleyrand an keine andere Sache denken als an seine unglückliche Liebe zu Dorothea. Er wußte, daß es die Art von verzehrender Liebe war, die er sein ganzes Leben lang gesucht hatte zu vermeiden. Die Art Liebe, der er hatte entfliehen wollen, als er sie in jener Septembernacht zurückwies. Er fühlte einen wahnsinnigen Impuls zu sagen: Sire, geben Sie mir eine Chance. Schicken Sie heute noch Adam Czartoryski fort, und ich will Ihnen Polen auf einem Silberteller servieren – Sachsen auch – alles, was Sie wollen... Aber dann rief er sich selbst scharf zur Ordnung. Seine Stellung, sein Ruf, sein Alter, seine Verantwortung! Er schauderte innerlich. Eine einzige solche Entgleisung, und man würde ihn in einer Zwangsjacke nach Paris zurückschicken. Und das mit Recht. Er riß sich zusammen und holte tief Atem. Dann wiederholte er im wesentlichen, was er vor zwei Tagen Czartoryski erzählt hatte.

«Sire, unsere Stellung ist immer die gleiche. Wenn Euer Majestät Polen als vollständig unabhängigen Staat wiederherzustellen wünschen, sind wir bereit, Sie zu unterstützen. Wenn es sich aber, wie es jetzt aussieht, um eine neue Teilung Polens handelt, so scheint uns das mehr eine Angelegenheit Preußens und Österreichs zu sein als die unsrige. Wenn diese beiden Mächte einmal in bezug auf ihre Sicherheit befriedigt sind, werden wir ebenfalls zufrieden sein. Aber solange sie das nicht sind, haben wir Instruktion, sie zu unterstützen.»

Alexander, der angefangen hatte, auf und ab zu schreiten, blieb vor Talleyrand stehen: «Österreich und Preußen brauchen sich keine Sorgen zu machen. Im übrigen habe ich zweihunderttausend Mann in Polen. Es soll einer versuchen, mich von dort zu vertreiben!»

Unter seinen schweren Augenlidern hervor blickte Talleyrand den Zaren an, wie man ein begabtes, aber ungezogenes Kind ansieht. Wahrhaftig, dachte er, sie haben mehr gegen Napoleons Erfolge Krieg geführt als gegen seine Grundsätze. Diese Feststellung hatte er jedoch schon oft in Wien gemacht, und so fesselte sie seine Aufmerksamkeit nicht lange. Dagegen dachte er plötzlich darüber nach, was wohl im Palais Razumoffsky geschehen sein mochte, nachdem er gegangen war. Viel konnte es nicht gewesen sein. Dorothea kam sehr früh nach Hause, und doch mußte irgend etwas geschehen sein...

«Österreich ist mit mir d'accord in bezug auf Polen», sagte Alexander in Abwehr gegen die beredte Stille.

«Die Öffentlichkeit glaubt das nicht, Sire», erwiderte Talleyrand. Er fand es komisch, daß Alexander versuchte, ihn einzuschüchtern, indem er so tat, als seien alle anderen einig mit ihm, und daß er das mit ihm versuchte, einem so alten Routinier im diplomatischen Spiel! «Immerhin», fügte er hinzu, «ist Frankreich an der polnischen Frage nur in zweiter Linie interessiert, an der Frage Sachsens aber in erster Linie.»

Alexander warf sich in einen Stuhl: «Ich weiß, ich weiß, die sächsische Frage ist eine Familienangelegenheit des Hauses Bourbon.»

«Keineswegs, Sire», erwiderte Talleyrand ernst, «die sächsische Frage ist eine Angelegenheit aller Könige – ganz besonders aber Euer Majestät, weil Ihr vornehmstes Interesse die Erhaltung jenes persönlichen Ruhmes ist, den Sie erworben haben und dessen Glanz auf Ihr gewaltiges Reich widerstrahlt. Sie werden diesen Ruhm unsterblich machen, wenn Sie die Prinzipien der internationalen Ordnung verteidigen.»

«Ewig kommen Sie mir mit Prinzipien!» murrte Alexander. «Ihr Droit des gens! Ihre Legitimität! Sie bedeuten mir nicht das geringste. Ich werde kurzen Prozeß mit ihnen machen.»

Er stand auf und begann von neuem, auf und ab zu schreiten. Der Fürst von Bénévent, dachte er, redete jeden Tag mehr wie der Minister Ludwigs XIV., während er schließlich doch nur der Minister Ludwigs XVIII. ist, dem er, Alexander, erst vor ein paar Monaten den Thron erkämpft hatte. Es war lächerlich, aber es war auch großartig. Von der ganzen Bande von Diplomaten mochte er tatsächlich Talleyrand am liebsten. Letztes Frühjahr in Paris hatte es eine Zeit gegeben, wo er fühlte, daß Talleyrand ihn vollkommen verstand und ihn so sah, wie er selbst sich sah – als ein Werkzeug der göttlichen Vorsehung. Zwar hatten sie niemals über jene biblische Prophezeiung gesprochen: «Ich habe einen aus dem Norden erweckt...» noch über seine eigene tiefe Überzeugung, daß er gemeint sei. Selbst in seinen besten Augenblikken war der Ex-Bischof von Autun nicht ganz der Richtige, um über Politik in den Begriffen der Apokalypse zu reden. Dennoch, in Paris fühlte er sich von Talleyrand verstanden und gewürdigt, und hier in Wien verstand und würdigte ihn niemand. Sie verschrien ihn als den «Walzer-Autokraten», aber sie wußten nicht, daß er nur tanzte und liebte, um seine Angst zu betäuben. Es war die Ermordung seines Vaters, die immer von neuem sein Gewissen verfolgte, obwohl er unschuldig war, und es war der Frieden.

Der Friede, der der Vernichtung des Antichrist folgte, war keineswegs der Zustand ewiger Glückseligkeit, den er glaubte erwarten zu dürfen. In Wahrheit war er seiner selbst jetzt weniger sicher als in den dunklen Tagen von 1812. Damals hatte er sich Rat bei der Bibel geholt. Er schlug sie aufs Geratewohl auf und empfing seine Weisungen von der ersten Stelle, die sein Auge traf. Und niemals hatte es einen Zweifel gegeben, daß Gottes Absichten und die seinen identisch waren: Bonaparte mußte vernichtet werden. Nun aber, da Friede herrschte, war er seiner göttlichen Sendung niemals ganz sicher. Er war bereit, Seinen Willen zu tun. Doch wie? Doch was? Forderte Er von ihm, daß er in Europa die liberalen Ideen verwirklichte, die ihn mit Adam Czartoryski verbanden, oder wollte Er, daß Talleyrands Prinzip der Legitimität triumphierte? Wünschte Er wirklich, der König von Preußen solle Sachsen erhalten? Zuweilen zweifelte er, ob dies tatsächlich Sein Wille sei, während es selbstverständlich keinen Zweifel daran gab, daß Er ihn, Alexander, zum König in Polen haben wollte.

Ein Zeichen! Er brauchte ein Zeichen! Noch immer folgte er seiner alten Gewohnheit, aufs Geratewohl die Bibel aufzuschlagen, aber sie versorgte ihn nicht mehr mit einer zuverlässigen Karte durch das stürmische Meer des Friedenskongresses. In der Schrift fand sich kein Symbol für Metternich oder für Castlereagh. Es war nicht gewiß, welches Tier oder welcher Engel für Talleyrand stand.

Mit schmerzlicher Anstrengung brachte Alexander sich wieder auf die Ebene zurück, auf der er sich Talleyrand verständlich machen konnte, aber seine Worte klangen sogar ihm selber hohl: «Es gibt nur ein einziges Prinzip, das für mich Sinn hat – und das ist mein Wort. Ich habe mein Wort gegeben und ich werde es halten. Ich habe dem König von Preußen Sachsen versprochen.»

Talleyrand, der sich nicht gerührt hatte, sagte in einem Ton trockener, fester Autorität: «Sire, Sie gaben ein wichtigeres Wort, als Sie den Njemen überschritten. Dieses Wort gaben Sie ganz Europa, und es ist nicht nur Ihre Pflicht, sondern Ihr Interesse, es zu halten. Erlauben Sie mir, ganz aufrichtig zu sein: Die Welt zittert in dem Gedanken, daß eines Tages Ihre Heere Europa überziehen könnten. Es gibt nur eines, was uns bisher beruhigt hat, und das ist die hohe Meinung, die wir uns von Ihrem persönlichen Charakter gebildet haben. Wären wir gezwungen, diese Meinung zu ändern, so würden alle Herzen vor Entsetzen erstarren beim Anblick eines russischen Soldaten, und von solchem Entsetzen zu allgemeinem Widerstand ist nur ein kurzer Schritt.»

«‹Erröten und heftig erschrecken sollen alle meine Feinde; sie sollen weichen und plötzlich schamrot werden›», wiederholte Alexander sich den elften Vers des sechsten Psalms, auf den sein Auge heute morgen gefallen war, aber es war kein Trost darin. Sie würden nicht schamrot werden. Sie würden fortfahren, ihn mißzuverstehen. «Nun, nun, mon ami, Sie wollen doch nicht sagen, daß für die nahe Zukunft wirkliche Kriegsgefahr droht.»

«Wenn Euer Majestät nicht von Ihrer extremen Politik bezüglich Sachsens abgehen, kann nichts mehr den Krieg aufhalten, es sei denn höchstens die Angst Ihrer früheren Verbündeten, in den Augen Europas als ungeheure Tröpfe dazustehen, denen jede Voraussicht fehlte. Aber wie lange wird solche Angst im besten Fall wirksam sein?»

«Aber Österreich hat doch Sachsen im Stich gelassen», protestierte Alexander.

Talleyrand lächelte, als hätte er auf eine Zitrone gebissen. Einmal war ja schon schlimm genug, daß der Zar zweimal hintereinander, und das in einem Gespräch mit ihm, diese abgestandenen Diplomatenkniffe versuchte, ging doch zu weit.

«Ich sprach den Fürsten Metternich erst gestern, und da wich seine Einstellung doch ganz beträchtlich von der soeben von Eurer Majestät angedeuteten ab», sagte er spöttisch, fügte aber ernster hinzu: «Dieser Schacher mit Sachsen bereitet dem österreichischen Kaiser unsäglichen Schmerz. Das muß Euer Majestät nicht bekannt gewesen sein, denn sonst könnten Euer Majestät Ihrem Gastgeber ja niemals solche Unannehmlichkeiten bereiten wollen. Der ganze Kongreß ist erregt darüber, daß mit den Rechten eines Souveräns ein solches Spiel getrieben werden soll.»

«Jene, die die Sache Europas verraten haben, verdienen keine Schonung.»

«Sire, der Verrat an Europa ist eine Frage des Datums.»

Einen Augenblick bohrten die Augen der beiden Männer sich ineinander. Talleyrands blaßblaue Augen waren ausdruckslos wie gewöhnlich, Alexanders strahlend blaue Augen funkelten. Talleyrand dachte: Ich bin weit gegangen, aber er verdient es. Dieser Grec du Bas Empire, wie Napoleon ihn zu nennen pflegte, muß in seine Schranken verwiesen werden. Was weiß so einer von Europa? Es ist ein Witz der Weltgeschichte, daß man ihn brauchte, um Europa zu befreien, aber das gibt ihm kein Recht, einem König sein Land fortzunehmen und es einem anderen zu geben.

Alexander dachte: Es ist eine Frechheit von diesem Fürsten von Bénévent, mich an Tilsit zu erinnern! Tilsit war, ehe die Bibel mir die Augen für meine Sendung als Befreier Europas öffnete. Damals liebte ich Bonaparte. Ich habe nie ganz aufgehört, ihn zu lieben. Der Antichrist ist sehr verführerisch. Es wäre eine Erleichterung, Talleyrand eine Szene zu machen. Aber ich kann es mir nicht erlauben. Ich kann mich auf meine Verbündeten nicht verlassen. Die Briten sind entschlossen, mir Polen nicht zu geben, und die Österreicher sind ebenso entschlossen, Sachsen nicht den Preußen zu überlassen. Ein Rapprochement mit Frankreich wäre eine nützliche Sicherung.

«Man sagt mir, daß Sie bereit sind, einen Teil Sachsens preiszugeben», versuchte Alexander einen neuen Kurs.

«Einen kleinen Teil, ja, wenn auch mit tiefem Bedauern. Falls es notwendig ist, an Preußen ein Stück der beiden Lausitze abzutreten, mit einer Einwohnerschaft von dreihunderttausend bis vierhunderttausend Seelen, so daß Preußen seine Bevölkerungszahl vo 1806 wiedergewinnt, so würden wir dieses Opfer um des Friedens willen bringen.»

Dies, dachte Talleyrand, bringt die Sache auf einen praktischen Vorschlag, an dem Alexander herumkauen kann. Er schrak ein bißchen zusammen, als Alexander plötzlich vor ihm stehenblieb, sein Gesicht dicht an das seine brachte und fragte: «Sagen Sie mir, ist es wahr, daß Sie in Frankreich Truppen ausheben?»

«Ja, Sire», antwortete Talleyrand, gespannt, worauf Alexander hinauswollte.

«Wieviel Truppen hat der König?»

«Einhundertdreißigtausend unter den Fahnen und dreihunderttausend, die jeden Augenblick einberufen werden können.» Er fügte bedeutsam hinzu: «Selbstverständlich ist unsere gegenwärtige Rüstung nicht als Drohung gegen irgend jemand gemeint. Aber da ganz Europa rüstet, schien es uns notwendig, daß Frankreich gleichfalls gerüstet ist.»

«Natürlich, das ist ganz in Ordnung.» Alexander trat ans Fenster und schaute auf den regennassen Hof hinunter. Mit einer solchen Armee wäre Frankreich wirklich ein begehrenswerter Bundesgenosse. Selbst wenn es richtig war, was seine Spione über die Unzufriedenheit von Offizieren und Mannschaften mit der Restauration meldeten, so würde im Kriegsfalle die gesamte französische Armee zweifellos tapfer für den größeren Ruhm Frankreichs kämpfen.

Er wandte sich wieder nach Talleyrand um und schenkte ihm sein hinreißendes Frauenlächeln: «Ah, mon ami, ich hoffe, der Kongreß wird zu einer guten Verständigung zwischen Frankreich und Rußland führen. Wie ist der König in dieser Hinsicht gesonnen?»

Das, dachte Talleyrand, ist ein Wink mit dem Zaunpfahl. Er sagte höflich: «Der König wird niemals die Dienste vergessen, die Euer Majestät ihm erwiesen haben, und wird immer dankbar sein. Aber er hat seine Pflichten als Herrscher eines großen Landes und als Haupt eines der mächtigsten und ältesten Häuser Europas. Er kann den König von Sachsen nicht im Stich lassen!»

Wieder ganz der Minister Ludwigs XIV., dachte Alexander ärgerlich. «Also schön», forderte er ihn dann heraus, «veranlassen Sie doch Preußen, daß es mir mein Wort zurückgibt!»

«Ich verkehre so gut wie gar nicht in preußischen Kreisen und würde wahrscheinlich keinen Einfluß dort haben. Aber Eure Majestät hat dazu doch die verschiedensten Möglichkeiten. Eure Majestät hat solche völlige Macht über den Sinn des Königs von Preußen.»

«Meinen Sie, daß diese Macht auch dann noch anhalten würde, wenn ich ihn in der sächsischen Frage im Stich ließe?»

«Ach, mein lieber Freund!» Alexander seufzte und legte seinen Arm um Talleyrands Schulter. Er dachte: Hätte ich den Preußen doch nur nicht so viel versprochen! Wie kann ich mich da herauswinden und doch meine Ehre bewahren? Oder ist die Größe der französischen Armee, die mir eben enthüllt wurde, ein Zeichen, er wünsche tatsächlich nicht, daß der König von Preußen Sachsen bekommt?

9

«Der Hauptgrund, weshalb der Zar mich kommen ließ, war, zu erfahren, ob der König geneigt sein würde, ein Bündnis mit ihm einzugehen. Ich habe es indessen klargemacht, daß... daß...» Talleyrand unterbrach sich und starrte auf Dorotheas Hände, von denen die eine ruhig auf der ledergebundenen Schreibunterlage ruhte, die andere rasch den Gänsekiel über das Papier führte. Im scharfen Licht der Lampe auf dem Bouletisch wirkte sie knabenhaft und sicher und dann etwas weniger elegant als ihre übrige Erscheinung. Er beendete den Satz: «... daß er seine Eroberungslust aufgeben muß, bevor der so konservative König daran denken kann, sich mit ihm zu verbünden.»

Dorotheas Zunge spielte an ihrer Oberlippe, während sie sich in ihrer eigenen Kurzschrift Aufzeichnungen machte. Sie trug ein austernweißes Satinkleid mit langen Ärmeln, und ein Turban aus dem gleichen Stoff umschloß ihren schmalen Kopf. Talleyrands Blick blieb an dem dunklen Glanz des Rubins hängen, der, von einer dünnen, goldenen Kette festgehalten, mitten auf ihrer Stirn saß. Er dachte: Es kann nicht alles aus sein zwischen uns. Ich habe sie nicht verloren, solange sie mir so am Tische gegenübersitzt und meine Berichte an den König schreibt.

Es war abends, und in dem kleinen walnußgetäfelten Arbeitszimmer war es still bis auf das Kratzen von Dorotheas Federkiel. Das Licht des Kaminfeuers spielte auf den ledergebundenen Büchern. Fürst Kaunitz blickte mit einem fernen Lächeln auf seinem hochmütigen, selbstzufriedenen Gesicht von der Wand herab.

Ich werde sie nicht aus dem Zimmer gehen lassen, ohne mit ihr zu sprechen, gelobte sich Talleyrand. Sie muß verstehen. Sie muß mir verzeihen. Schließlich habe ich doch diese Art Liebe nie gekannt. Ich habe sie nie kennen wollen. Und plötzlich fühlte er sich schwach vor Angst. Angst, daß sie wirklich angefangen hatte, Czartoryski zu lieben. Angst, daß sie von ihm nichts mehr wissen wollte.

«Es ist jedoch nicht wahrscheinlich, daß Alexander seine Lust an Eroberungen aufgeben wird», fuhr er fort. Er klopfte mit dem Ebenholzstock gegen seinen Schuh, und seine Angst, Dorothea zu verlieren, ging in eine andere Angst über – Angst für Europa, Angst für den Frieden

«Man hüte sich vor Alexander. Es ist nicht nur sein Ehrgeiz und seine Ländergier, die ihn gefährlich machen. Auch nicht seine liberalen Ideen. Diese könnte ich bekämpfen, weil ich ihren Anfang nachweisen und ihre Mitte und ihr Ende verstehen kann. Aber hinter dem allen steckt ein politischer Mystizismus, den ich nicht zu ermessen vermag und der ihn vollkommen unzuverlässig macht.»

Über ihre schreibende Feder hinweg sagte Dorothea: «Trotz alledem verstehe ich nicht ganz, warum Sie das Angebot des Zaren für eine russisch-französische Allianz so völlig negativ behandeln wollen, mon oncle. Schließlich bedeutet dieses Angebot doch den Bruch der antifranzösischen Koalition, den Sie so lange erstrebt haben. Es ist ein großer Triumph Ihrer Politik. Warum sagen Sie das dem König nicht?»

«Ich fühle keinen Triumph», entgegnete er. Voller Widerwillen dachte er: Welche Angst habe ich vor dieser Liebe! Ich habe ebensoviel Angst, sie zu lassen, wie sie zu nehmen. Erst wagte ich nicht, sie zu nehmen, und jetzt kann ich sie nicht lassen, weil, mir vorzustellen, was hätte sein können, mir das Leben unerträglich macht. Laut sagt er: «Sosehr ich wünsche, die antifranzösische Koalition zu sprengen, so werde ich es nicht auf Kosten Europas tun. Eine russisch-französische Allianz würde Rußland tiefer in den Kontinent hineintreiben. Europa könnte das nicht ertragen.» Immer noch beklopfte er seinen Schuh. «Schauen Sie nur die Bevölkerungszahlen Europas an. Rußland hat fünfundvierzig Millionen Seelen, während Österreich-Ungarn und ganz Deutschland zusammen nur ungefähr vierzig Millionen haben. Ich weiß, daß Frankreich mit seinen dreißig Millionen nur Rußland nachsteht. Aber zwanzig Jahre Krieg haben uns ausgeblutet. Was noch schlimmer ist, wir sind die kultivierteste und rationalste Nation Europas. Es besteht die Gefahr, daß wir bevölkerungsmäßig von weniger kultivierten und rationalen Nationen überflügelt werden. Die Deutschen sind entsetzlich fruchtbar. Aber die Russen werden uns alle übertreffen...» Einen Augenblick brütete er vor sich hin. Dann: «Es ist gute Politik, ein Land zu fürchten, nicht weil es überwältigend stark ist, sondern weil es überwältigend stark werden könnte. Auf alle Fälle gibt es nur eine passende Allianz für Frankreich, die Allianz mit Österreich und England, die Allianz, an die ich mein ganzes politisches Leben lang vergeblich mein Herz gehängt habe. Es ist die einzige Kombination, die Rußland aus dem Kontinent fernhalten und einen dauerhaften Frieden bewirken kann.»

Während er sprach, überkam ihn plötzlich eine neue Angst, die Angst, sie könnte, was er sagte, an Czartoryski weitergeben, und der Zar könnte davon hören. Ich darf ihr nicht einmal vertrauen, dachte er unglücklich, aber er zwang sich, beiläufig zu sprechen: «Ich habe das früher nie erwähnt, aber es ist doch selbstverständlich, daß nicht ein Wort von dem, was wir hier erörtern, jemals aus diesem Zimmer herauskommt. Ich kann mich darauf verlassen, nicht wahr?»

So ist er also nicht eifersüchtig, er ist nur vorsichtig, dachte sie. Es kommt zwar nicht mehr darauf an. Neulich abends, als er zu Mutter ging, wußte ich, woran ich mit ihm bin. Und jetzt liebe ich beinahe Czartoryski. Beinahe...

«Falls Sie meinen, daß es zu Fürst Adam und von da zu dem Zaren gelangen könnte, so können Sie vollkommen beruhigt sein, mon oncle. Fürst Adam und ich haben uns so viel zu sagen, daß wir nie dazu kommen, über Politik zu reden.»

«Gut», sagte er herzlich, aber es war durchaus nicht gut. Denn wenn sie nicht über Politik sprachen, wovon konnten sie reden außer über Liebe? «Ich war ziemlich zufrieden mit mir, als ich heute morgen die Hofburg verließ», fuhr er fort. «Ich hatte das Gefühl, mit Alexander in der sächsischen Sache vorwärtsgekommen zu sein. Er schien mehr als bereit, einen Vorwand zu finden, um sein Versprechen an den König von Preußen zu desavouieren. Es gab jedoch einen Epilog. Als ich heimkam, wartete der sächsische Minister Graf Schulenberg auf mich. Er war tief erregt, fast den Tränen nahe, und ich muß sagen, das Dokument, das er mir zeigte, war empörend. Es war ein von Fürst Repnin, dem russischen Generalgouverneur in Sachsen, unterzeichnetes Zirkular, das den sächsischen Behörden ankündigte, Alexander habe, mit Zustimmung Österreichs und Englands, angeordnet, die Verwaltung Sachsens den Delegierten des Königs von Preußen zu übergeben.»

«Was für ein Vertrauensbruch!» rief Dorothea aus. «Haben die Österreicher und Briten wirklich ihre Zustimmung gegeben?» Sie begann von neuem, hastig zu kritzeln.

«Metternich und Castlereagh bestreiten jetzt, es getan zu haben. Aber nach dem, was ich herausgebracht habe, scheint es, daß sie unter einer Bedingung ihre Zustimmung gegeben haben, nämlich, daß eine befriedigende Lösung für die polnische Frage gefunden werde. Da diese Lösung jedoch nicht gefunden ist, halten sie ihre Zustimmung nicht für bindend und sind wütend auf den Zaren, daß er sie vor ein Fait accompli gestellt hat. Jedenfalls hat das Zirkular England und Österreich in eine peinliche Lage gebracht, indem es plötzlich die latenten Unstimmigkeiten beim Kongreß an die Oberfläche gefördert hat. Alexander soll so beeindruckt von dieser wachsenden Auflehnung sein, daß er das Zirkular zurückziehen will, um so mehr, als die Preußen selbst zögern, Sachsen unter so illegalen Bedingungen zu übernehmen. Ihre geliebten Preußen, meine Liebe, haben schließlich doch ein europäisches Gewissen. Hardenberg hat angeregt, daß man dem König von Sachsen eine Million Untertanen belassen könnte. Ich habe aber darauf bestanden, daß er 1600000 behalten müßte. Vielleicht einigen wir uns auf 1300000.» Er lachte ein bißchen. «Jedenfalls sehen Sie, daß irgendein Fortschritt in der sächsischen Frage, falls er überhaupt anhält, mehr mit dem Zirkular zu tun hat als mit meiner glänzenden Staatskunst.»

«Das stimmt nicht», sagte sie ernst. «Wenn Sie nicht zuerst das öffentliche Gewissen gegen die Vergewaltigung von Sachsen wachgerufen hätten, so würde das Zirkular nicht diese – nun, sagen wir Katharsis ausgelöst haben.»

«Ja, nennen wir es Katharsis.» Er stellte fest, daß ihre Gewohnheit, bei konzentriertem Nachdenken die Augen zu kleinen Schlitzen zu verengen, entzückend war. «Der König ist ein großer Humanist. Es wird ihm gefallen.»

Sie notierte sich das Wort «Katharsis» und fragte: «Sie wollen den Brief gleich entworfen haben, nicht wahr?»

«Es wäre mir sehr lieb. Ich will ihn heute abend noch durchsehen und abschreiben lassen. Der Kurier geht morgen früh ab. Ich hoffe, es stört Ihre eigenen Pläne nicht?»

«Ich habe massenhaft Zeit.» Sie nahm einen großen Bogen

Pergamentpapier. «Ich muß zu einer Probe für das Karussell, aber die Probe ist spät.» Sie las ihre Notizen durch und fing an zu schreiben – erst zögernd, dann immer schneller. Erleichtert, daß sie heute abend Czartoryski nicht sehen würde, lehnte er sich in seinen Stuhl zurück und schaute zu, wie ihre energische, fließende Schrift rasch das Pergament bedeckte. «Bitte lassen Sie einen breiten Rand», sagte er, in der Hoffnung, daß sie ihn ansehen würde.

«Gewiß», sagte sie, hob aber die Augen nicht von dem Bogen.

Auf dem Bouletisch lag ein Stoß französischer Zeitungen. Er zog eine heraus, durchflog sie, schüttelte den Kopf und nahm die nächste. Das Bild von Frankreich, das der «Moniteur» zeigte, gefiel ihm nicht. Neuerdings schienen die Bourbons ein Vergnügen darin zu finden, die Gefühle des Volkes zu verletzen. Es gab viel zu viele Sühnefeiern und Trauerzeremonien, die die Nation an vergangene Sünden gemahnten. Paris war schwarz verhüllt. Die Kanzeln erdröhnten von Anklagen gegen die Revolution und ihre Anhänger. Ganz Frankreich ging in Sack und Asche. Wie hatte er den König gebeten, nicht den Fehler zu machen, dem französischen Volk seine Vergangenheit zu verleiden! Das Volk würde es nicht ertragen! Es würde die Restauration zugrunde richten, hatte er ihm warnend gesagt. Und nun taten sie gerade das. Es war nicht die Schuld des Königs. Der Graf von Artois und seine Bande von ultraroyalistischen Emigranten steckte dahinter.

Diese Refugiés – sie hatten nichts vergessen und nichts dazugelernt.

Nach einer Weile trat ein Lakai ein. «Fürst Adam Czartoryski ist hier und fragt, ob er Madame zur Probe fahren kann.»

Der Lakai war ein Mann mittleren Alters, der mit der sorgfältig gedämpften Stimme eines wohlerzogenen Dieners sprach, aber Talleyrand kam seine Stimme wie die Posaune des Jüngsten Gerichtes vor, die das zerbrechliche Band zwischen ihm und Dorothea in Tausende von Stückchen riß und die Welt in ihrer feindlichsten Form in das kleine Gemach einließ, wo es noch vor einem Augenblick nur ihre Gemeinsamkeit gegeben hatte.

Dorothea wandte sich zu dem Lakaien: «Sag Seiner Gnaden,

daß ich hocherfreut über seine Begleitung bin, vorausgesetzt, daß es ihm nichts ausmacht, auf mich zu warten. Ich habe noch ein Weilchen zu tun.»

Der Lakai entfernte sich, und Dorothea sagte lebhaft: «Ich habe nur noch einen Absatz.»

«Wenn Sie lieber gleich gehen wollen...»

«Ich habe gar keine Eile.» Wieder herrschte Schweigen, nur von dem Kratzen von Dorotheas Federkiel unterbrochen, aber durch die Erwähnung des Polen war eine Atmosphäre von Unsicherheit entstanden. Mit einem Teil ihres Geistes dachte Dorothea: Ich wünschte, ich könnte hierbleiben.

Nur mit Talleyrand zusammenzusein macht mich glücklich, glücklicher, als ich je mit Czartoryski sein kann. Aber mit dem anderen Teil ihres Geistes dachte sie: Dies ist eine Knechtschaft ohne Ende, und je rascher ich mich davon befreie, um so besser. Wenn ich erst einmal Adam Czartoryskis Geliebte bin, werde ich ihn auch wirklich lieben. Sie war von einer harten, ungeduldigen Entschlossenheit erfüllt, die Sache hinter sich zu bringen. Wie ein Soldat vor seiner Feuertaufe, ging es ihr durch den Sinn, und sie fühlte sich ein bißchen belustigt über diesen unangemessenen Zugang zur Liebe. «So, ich bin fertig!» sagte sie und streute Sand über ihre letzte Seite.

«Nein, Sie sind noch nicht fertig, Madame.» Er lächelte ihr zu. «Vergessen Sie nicht, wir müssen noch um Worte kämpfen.» Vielleicht würde Czartoryski doch die Geduld verlieren und gehen.

Er fing an zu lesen. «Das ist nicht gut!» beklagte er sich mild, ehe er mit dem ersten Absatz zu Ende war. Sie schlug eine andere Wendung vor, aber er sagte, immer noch in klagendem Ton: «Das ist noch nicht das Richtige!» Und erst ihr dritter Versuch wurde durch sein freudiges: «Ja, so geht es!» belohnt. So ging er Seite für Seite mit ihr durch, hier ein Wort verwerfend, dort eine Wendung abändernd.

Talleyrands strenge Forderung nach dem einfachsten, bündigsten Ausdruck, seine schroffe Ablehnung jeder nicht ganz befriedigenden Wendung war immer die Verzweiflung seiner Sekretäre gewesen. Aber Dorothea gefiel es. Mit ihm an den Sätzen zu feilen, erfüllte sie mit einem tiefen Vergnügen, das vorübergehend den Gedanken an Czartoryski auslöschte. Schließlich war Talleyrand zufrieden. Es war nur noch zu bemerken, daß man dem Zaren doch nicht alle Hoffnung auf ein Bündnis nehmen sollte. Auch mußte man dem König noch einmal versichern, daß Talleyrand nicht sein «delenda Carthago» vergessen hätte, womit Murats Herrschaft in Neapel gemeint war. Der König hatte sein Mißfallen geäußert, daß Murat noch da war.

Und dann waren sie wirklich fertig, und es hatte nicht so lange gedauert, wie Talleyrand gehofft hatte. Kein Zweifel, daß Czartoryski noch getreulich wartete. Dorothea ordnete die Seiten, und obwohl sie keine besondere Eile zeigte, würde sie doch bald fort sein. Die kostbaren Minuten, die auf sinnlose Weise verstrichen, erfüllten Talleyrand mit Panik. «Ich kann mir nicht vorstellen, wie ich je wieder mit La Besnardière werde arbeiten können», sagte er und wußte, daß es ganz verkehrt war. «Sie verwöhnen mich. Es ist immer behauptet worden, daß jemand meine Reden und Denkschriften für mich verfaßte. Während der Revolution hieß es, Mirabeau schriebe meine Sachen. In Wirklichkeit hat nie jemand so viel für mich getan wie Sie. Niemand hat mich je so gut verstanden oder so gut geschrieben.»

«Das ist sehr schmeichelhaft, mon oncle, ich danke Ihnen.» Sie stand auf und ging zu dem Fauteuil, auf den sie ihren Mantel gelegt hatte. Er erhob sich, um ihr zu helfen, aber sie hatte ihn schon an, ehe er bei ihr war. Es war ein langer Mantel mit kurzer Taille aus dem gleichen austernweißen Satin wie ihr Kleid und ihr Turban, warm wattiert und reich mit Steinmarder besetzt.

Er konnte die Augen nicht von ihr wenden und sagte: «Leroy hat sich selbst übertroffen.»

«Nicht wahr?» Sie schüttelte einen riesigen Muff aus Steinmarder und wehte ihm dabei den leichten Duft ihres Blütenparfüms zu, vermischt mit dem Tiergeruch des Pelzes.

«Nun», sagte er und öffnete die Tür für sie, resigniert in der Vorstellung, nichts würde sie jetzt daran hindern können, durch ihren leeren Raum zu verschwinden, «ich werde wohl die ganze Nacht zu arbeiten haben, sonst (warum sollte er es nicht sagen, obgleich er nicht glaubte, daß es in irgendeiner Hinsicht etwas ändern würde) würde ich Ihrer Mutter meine Aufwartung machen. Ich habe sie seit dem Ballett nicht gesehen, und ich fürchte, sie ist böse, daß ich an jenem Abend nicht zum Souper gekommen bin.»

Ihre freudige Überraschung war so ungeheuer, daß sie nicht gleich wagte, daran zu glauben. «Sie sind von Razumoffsky aus nicht zu Mutter gegangen? Aber Sie sagten doch, Sie würden gehen.»

«Ich weiß, aber ich habe es mir anders überlegt. Warum schauen Sie mich an, als hätte ich den Verstand verloren?» Er fühlte sich sinnlos schlecht behandelt und war am Ende seiner Geduld. «Darf ich mir nicht einmal etwas anders überlegen?»

«Natürlich dürfen Sie das.» Sie lachte ein bißchen unsicher. Plötzlich erhob sie sich auf die Zehenspitzen und küßte ihn rasch auf die Lippen. Einen Augenblick später war sie verschwunden.

10

Der 23. November war endlich gekommen und mit ihm das kaiserliche Karussell. Es sollte die ganze Pracht des Kongresses in sich zusammenfassen und eine wahre Apotheose werden – erstens, weil es vor dem herannahenden Advent das letzte große gesellschaftliche Ereignis des Jahres war, und zweitens, weil es eine einzigartige, niemals zu überbietende Veranstaltung werden sollte. Wochen waren auf die Vorbereitungen verwendet worden, und da die Beteiligten zur Geheimhaltung verpflichtet waren, hatte es in den Salons und Cafés unendliche Vermutungen darüber gegeben. Die allgemeine Neugier war tatsächlich so groß, daß gefälschte Einladungen – sorgfältig fabriziert bis zur gefälschten Unterschrift des Hofmarschalls – zu Phantasiepreisen verkauft wurden. Diese Entdeckung hatte den Baron Hager in ein Meer rasender Sorgen gestürzt. Es war jetzt sieben Uhr abends, und Dutzende von berittenen Polizisten hielten die Massen der Wiener zurück, die trotz der winterlichen Kälte die Zufahrtsstraßen zur Reitschule säumten. Schon fuhren die ersten Wagen an, denen prunkende, fackelschwingende Läufer vorauseilten. Livrierte Lakaien ließen mit einem Knall die Wagentritte herab, und Herren mit Federhüten, die Mäntel offen über ihren ordenbesternten Galauniformen, führten ihre juwelengeschmückten Damen eilig über den roten Läufer zu dem erleuchteten Eingang.

Selbst im Palais Kaunitz spürte man die allgemeine Aufregung. Im chinesischen Salon fragte der Fürst von Ligne: «Ja, es wird wohl auch für uns Zeit: Hat jeder seine Einladung bei sich? Emmerich, Noailles, La Besnardière, haben Sie Ihre Einladungen? Ohne Einladungen läßt man Sie bestimmt nicht hinein. Sie haben auch Ihre Karte, Fürst, ja?»

Talleyrand lächelte nur. «Gewiß. Wir alle haben sie bei uns; aber vor sieben Uhr dreißig rege ich mich hier nicht von der Stelle. Seien Sie doch nicht so zappelig, lieber Freund. Wie ein junges Mädchen, das zu ihrem ersten Ball...»

«Oder wie ein alter Mann, der zu seinem letzten geht.» Und der Achtziger lachte wieder sein großes Gelächter.

Nach Tisch war Kaffee serviert worden, und de Ligne ausgenommen, waren die Mitglieder der französischen Gesandtschaft ganz unter sich. «Tatsächlich», klagte Talleyrand in bester Laune, «wenn die ewigen Amüsements nicht wären, wäre das Leben noch zu ertragen. Was hat dieses Karussell wieder aus unserem Diner gemacht! Madame Edmond ist gar nicht erst erschienen, weil sie sich umkleiden mußte. Sie hat nach Isabey geschickt, ehe er noch den Fisch zu Ende gegessen hatte, und er ist bis jetzt nicht wiedergekommen. Fräulein Bigottini ist vor dem Nachtisch verschwunden, und wo ist sie jetzt?»

Dorothea stand mit erhobenen Armen vor dem Spiegel ihres Ankleidezimmers und dachte: Heute abend ist mein Schicksalsabend – ich weiß nicht, woher ich es weiß; ich weiß es eben; und es ist nicht nur das Karussell. Laut sagte sie: «Sind Sie sicher, Isabey, daß meine Ärmel nicht zu lang sind?»

«Ganz sicher, Madame», erwiderte der berühmte Maler und betrachtete sie prüfend durch seine Brille. «Die Ärmel sind ganz richtig. Das ganze Kostüm ist vollkommen.» Er küßte seine Fingerspitzen und fuhr dann geschäftsmäßig fort: «Und nun bitte ich Sie, mich zu entlassen. Ich muß in der Reitschule nach dem Rechten sehen.»

«Selbstverständlich, cher Matre.» Sie lächelte ihm zu. «Es ist wirklich Ihr Fest, aus Ihrer Phantasie geboren. Vielen Dank, daß

Sie mir so viel von Ihrer Zeit gegeben haben.» Isabey war schon an der Tür, als sie ihm nachrief: «Bitte sagen Sie dem Fürsten und den anderen Herren, sie können kommen, wenn sie mich anschauen wollen, ehe sie aufbrechen.»

Dorothea wandte sich wieder dem Spiegel zu, und einen Augenblick war es still in dem kleinen, wohlduftenden Raum.

Die Bigottini, die sehr klein in dem großen Lehnstuhl vor dem Feuer saß, brach das Schweigen: «Sie sehen göttlich aus, Madame», und ihre Augen wanderten ein wenig neidisch über Dorotheas Kostüm. Es war im Stil Ludwigs XIII. Mit einem weiten Rock aus schwarzem Velours, den Spangen von Diamanten und Rubinen an einem Dessous von weißem Satin befestigt. Die Taille aus schwarzem Velours, enganliegend und sehr tief ausgeschnitten, war mit einem kühnen geometrischen Muster ungeheurer Juwelen bedeckt. Die weiten schwarzen Veloursärmel fielen über dicht mit Perlen und farbigen Steinen bestickte weiße Unterärmel. Auch die kleine schwarze Velourstoque war mit Perlen und Steinen bedeckt. Lange, birnenförmige Perlen hingen von ihren Ohren, und um den Hals trug sie drei Schnüre nußgroßer Perlen.

Dorothea lächelte ihr zu: «Man kommt.» Sie wartete nur auf Talleyrand, obgleich ihr Lächeln und ihre Worte allen galten. Sie beobachtete Talleyrand, als de Ligne seine Lippen auf ihre nackten Schultern drückte und ernsthaft sagte: «Ich glaube, Dorothea, Sie sind die schönste Frau, die ich je gesehen habe, und ich habe fast ein Jahrhundert schöner Frauen hinter mir.»

Und sie beobachtete Talleyrand, als Dalberg sagte: «Man kann sagen, was man will, aber Juwelen im Wert von fünf Millionen stehen einer Frau.»

Aber während alle mit erfreulicher Deutlichkeit ihre Begeisterung aussprachen, betrachtete Talleyrand in rätselvollem Schweigen die schlanke Gestalt. Sie war zugleich vertraut und fremd in diesem Gewande eines vergangenen, üppigen Zeitalters, mit dem farbigen Funkeln, das die Diamanten – österreichisch-ungarische Kronjuwelen, zu der Gelegenheit hergeliehen – auf den herrlichen Elfenbeinton ihrer Brust und ihres Halses warfen. Endlich trat er zu ihr und sagte: «Sie erinnern mich an Statuen wundertätiger Madonnen im vollen Prunk der

Opfergaben ihrer Pilger. Aber Ihre Augen strahlen heller als alle Kronjuwelen Österreich-Ungarns und Böhmens zusammen.»

Sie streichelte die schwere Goldstickerei über seiner Brust, und zu ihm emporlächelnd, neckte sie ihn zärtlich: «Sie selbst sind sehr schön heute abend, wie eine vergoldete Pille sehen Sie aus.»

De Lignes scharfe Augen wanderten zwischen ihnen hin und her. Bei Gott, dachte er, sie sind rasend verliebt ineinander, und ich alter Narr habe es nicht früher bemerkt. Und aus dieser plötzlichen, überraschenden Entdeckung heraus sagte er laut: «Ach, unser Herr von Bénévent, alles glückt ihm.»

Seine Worte verhallten ungehört, denn in diesem Augenblick meldete der Lakai, daß Graf Trautmannsdorff, Dorotheas Partner beim Karussell, unten warte. «Ich komme», sagte Dorothea und lächelte immer noch zu Talleyrand empor.

Anja brachte ein langes schwarzes Velourscape, das mit den Zobeln, einem Hochzeitsgeschenk des Zaren, gefüttert war. Talleyrand nahm es ihr aus der Hand und legte es, sorgsam auf den Schleier achtend, um Dorotheas Schultern. Er ließ seine große weiße Bischofshand auf dem dunklen Pelzkragen, dicht an ihren Wangen, ruhen und murmelte: «Nun also ziehen Sie aus, um Europa zu verführen.»

«Was ich Ihnen einst sagte», murmelte sie zurück, «gilt noch. Ich brauche keinen ganzen Kontinent, der mich liebt. Ich brauche einen einzigen Mann, der mich liebt.» Und sanft löste sie sich aus dem Druck seiner Hand.

Die Kaiserliche Reitschule war von Karl V. erbaut worden. Sie bestand in einem ungeheuren Parallelogramm mit zwei Galerien an den Längsseiten und einer riesigen Tribüne an jedem Ende. Die unteren Galerien waren von korinthischen Säulen aufgeteilt, und die oberen waren von Spiegeln eingefaßt, die die großen Kandelaber reflektierten, deren unzählige Kerzen die weite Arena erhellten. Der Boden der Arena war einen halben Fuß tief mit feinstem Sand bedeckt.

Auf den amphitheatralisch angeordneten und mit roten Samtkissen geschmückten Bänken der unteren Galerien drängte sich an diesem Abend die Creme der europäischen Gesellschaft. Die ganze eine Seite war für den hohen österreichisch-ungarischen Adel reserviert, die andere für die ausländischen Gesandten, Bevollmächtigten, hohen Militärs und die bedeutenderen fremden Adelsfamilien.

Mit einem Blick für ihren dekorativen Wert hatte der Chef des Protokolls die hübschesten und elegantesten Damen in die vorderste Reihe plaziert, wo sie eine Girlande aus Diamanten, Blumen, Fleisch, Gaze, Satin gegen die mit rotem Velours ausgeschlagene Balustrade bildeten. Hinter ihnen wogte das erregte Meer goldener, diamantenbesetzter Uniformen, akzentuiert durch Kardinal Consalvis Scharlachgewänder und den Turban des Paschas von Widdin. Gemurmel von Stimmen und Rauschen von Seiden erfüllte die Luft und vermischte sich mit dem Duft von heißem Wachs und Parfüm.

Gewappnete Herolde bliesen eine Trompetenfanfare. Das kaiserliche Karussell hatte begonnen. Es gab einen Augenblick ungewisser Erwartung, als das Orchester eine feierlich-festliche Weise des 16. Jahrhunderts spielte. Dann öffnete sich eine Tür, und eine fabelhafte Prozession begann sich die Arena entlang zu bewegen; die Prozession der vierundzwanzig Belles d'amour und ihrer Paladine. Die Belles d'amour waren in weiße Schleier gehüllt, die geheimnisvoll ihre Schönheit und den Glanz ihrer Juwelen verbargen. Alles, was man sehen konnte, waren ihre Kostüme, die gleichen Stiles, aber von verschiedener Farbe waren. Sie waren in vier Quadrillen eingeteilt – eine in Smaragdgrün, eine in venezianischem Rot, eine in Türkisblau, eine in Schwarz. Die Paladine trugen Kostüme aus der Zeit Franz' I. von Frankreich in denselben Farben wie ihre Damen, enganliegende Wämser aus Velours mit satingefütterten Puffärmeln, eng anliegende Kniehosen, gelbe Stiefel mit goldenen Sporen, gelbe, goldbestickte Handschuhe, große, aufwärtsgebogene Hüte mit weißen Federn, die seitlich niederfallend von Diamantspangen gehalten waren, diamantenbesetzte Schwertgürtel, an denen die Schwerter hingen, und goldbestickte Schärpen, Geschenke der belles d'amour an ihre Paladine. Diese vierundzwanzig Paladine stellten die edelste Blüte der österreichisch-ungarischen Jeunesse dorée dar. Fürchterliche Intrigen und Rivalitäten waren mit ihrer Auswahl verknüpft gewesen. Nur jene, die sich durch Tapferkeit im Kriege, Vornehmheit der Herkunft, körperliche Vorzüge und sportlichen Mut ausgezeichnet hatten, konnten auf eine Chance hoffen.

«Da sind sie, der junge Trautmannsdorff ist wirklich ein hübscher Kerl», verkündete Dalberg, der neben Talleyrand auf der Diplomatengalerie saß.

«Ja, er ist ein ganz charmanter Junge.» Talleyrands Blick folgte dem Paar. Er freute sich, daß Dorothea einen so dekorativen Partner hatte. Er war nicht die Spur eifersüchtig auf ihn. Dorothée hatte kein Interesse für junge Männer, wie hübsch sie auch sein mochten. Einen Augenblick dachte er an Czartoryski, der hier sein mußte, irgendwo in dem Labyrinth goldbestickter, diamantenbesetzter Uniformen. Während dieser letzten Tage war Czartoryski wenig im Palais Kaunitz erschienen. Dies besagte zwar nicht viel. Dorothée hatte mit ihren Proben und Anproben zu tun gehabt, und es war anzunehmen, daß Czartoryski mit polnischen Angelegenheiten beschäftigt war.

Die Prozession hatte jetzt das Ende der Arena erreicht und bestieg die leere Tribüne. Die Belles d'amour ließen sich in der ersten Reihe nieder, regungslos unter ihren Schleiern. Dann bliesen die Herolde eine neue Fanfare, mit der sie die Ankunft der Herrscher ankündeten. Als diese die Tribüne am anderen Ende der Arena betraten, stand alles auf. Und jetzt war der große Augenblick gekommen: Die belles d'amour warfen in einer einzigen gleichzeitigen Bewegung ihre Schleier zurück. Inmitten ungeheuren Beifalls, der den vierundzwanzig, jetzt im vollen Glanz ihrer Schönheit und ihrer Edelsteine dastehenden jungen Frauen galt, ließ sich der Kaiser von Österreich zwischen seiner Kaiserin und dem Zaren nieder, und die übrigen regierenden Fürsten nahmen ihrem Range entsprechend ihre Plätze ein. Die Hälfte aller Herrscher Europas war hier versammelt. Aber den Brennpunkt aller Blicke bildeten die Belles d'amour.

«Die Juwelen, die sie tragen, würden die Kosten von drei Feldzügen decken», hörte Talleyrand unmittelbar hinter sich den preußischen General von Knesebeck sagen.

Er lachte in sich hinein, sein Opernglas auf Dorothea gerichtet, die mit der Fürstin Esterházy und der Gräfin Zichy, beide auch von der schwarzen Quadrille, lachte und plauderte. Er dachte: Ein bißchen von allem gehört zur Liebe: der Reiz, Hindernisse zu überwinden; die Wonne des Erfolges, wo andere versagt haben, der Ehrgeiz, die Schönste zu besitzen...

«Nun, so weit ist alles gutgegangen, wenigstens sind die Schleier nicht hängengeblieben», sagte Dorothea.

Die Gräfin Zichy lachte. «Waren Sie auch nervös wegen des Schleiers? Ich habe nachts davon geträumt.»

«Seht jetzt nicht her, Kinder», sagte die Esterházy, «aber ich habe bereits einen Rubin von einer meiner Agraffen verloren.»

«Was bedeutet ein armseliger Rubin für eine Esterházy?» stichelte die Zichy. Marie Esterházy, geborene Thurn und Taxis, war die einzige unter den Belles d'amour, die das Anerbieten, Kronjuwelen zu leihen, zurückgewiesen hatte und ihren phantastischen Familienschmuck trug; ein Umstand, der an den anderen Damen ein bißchen genagt hatte, mit Ausnahme von Dorothea, die keinen Gedanken darauf verschwendete.

«Sorgen Sie sich nicht, die Pagen werden ihn später suchen», sagte Dorothea, während ihr Blick kurzsichtig über die Galerien schweifte. Operngläser seien anachronistisch, war beschlossen worden, mit dem Resultat, daß der größte Teil des weiten Hauses für Dorothea nur ein in Gold und Purpur verschwimmendes Meer war. Sie würde viel darum gegeben haben, Talleyrand jetzt zu sehen, aber sie wußte ja genau, wie er bei solchen Gelegenheiten aussah, schläfrig und geistesabwesend und in seine Gedanken versunken.

«Ihr Onkel beobachtet Sie. Sein Glas ruht die ganze Zeit auf Ihnen», berichtete die Zichy.

«Ausgezeichnet.» Dorothea lachte erfreut. Er war also nicht so geistesabwesend wie gewöhnlich.

Plötzlich erdröhnte die Luft von einem vollen kriegerischen Klang. Die Paladine ritten in die Arena, auf ebenholzschwarzen und herrlich angeschirrten ungarischen Pferden, jeder eine lange Lanze auf das Knie gestützt. Vor ihnen kamen vierundzwanzig Pagen, die ihre Banner entrollten, und hinter ihnen sechsunddreißig Stallmeister in spanischen Kostümen, die ihre Turnierschilde trugen.

Das Fest begann. Es war ein romantisches Fest, das versuchte, die Formen und den Geist eines Zeitalters der Ritterlichkeit wiederzuerwecken, wo man, die Lanze in der Hand, kämpfte, um die überlegenen Reize seiner Dame zu verkünden. Und wo man sein Leben für eine Schärpe wagte, die sie gestickt hatte. Es war ein symbolisches Fest, das jenen Enthusiasmus des Herzens, jene Erhebung des Geistes, jene zarte Selbstverleugnung der Leidenschaft heraufbeschwor, die in dem großen Umsturz der sozialen Revolution verlorengegangen waren. Es war ein Fest auf der Suche nach einer poetischen Vergangenheit, die den unbarmherzigen Realismus vertreiben sollte, mit dem die Gegenwart Krieg und Liebe entzauberte.

Die Pagen und Stallmeister reihten sich zu beiden Seiten der Arena auf, während die Paladine paarweise zur Tribüne der Herrscher ritten und ihre Lanzen senkten.

Mitten in das Getöse und die Bewegung hinein sagte die Zichy: «Es beobachtet Sie noch jemand, Adam Czartoryski. Wahrhaftig, er sieht wie Hamlet aus. Die Trauer steht ihm wirklich gut. Finden Sie nicht auch, daß Polen charmant sind, Liebste?»

«Entzückend», murmelte Dorothea mit einem Stich schlechten Gewissens. Sie hatte sich abscheulich gegen Czartoryski benommen. An jenem Abend, als er sie zur Probe geleitete, hatte sie heftig mit ihm geflirtet, aus reiner Freude über die Entdekkung, daß Talleyrand schließlich doch nicht bei ihrer Mutter soupiert hatte. Auf dem Heimweg aber, als er, in der Annahme, daß sie ihn liebe, leidenschaftlich wurde, hatte sie Müdigkeit geheuchelt. Seitdem hatte sie es vermieden, ihn allein zu sehen. Sie war buchstäblich zu feige dazu. Sie scheute sich, ihm zu gestehen, daß sie ihn nur als Vorwand gebraucht hatte. Natürlich war auch ein Teil Berechnung darin. Sie wollte ihn nicht aus dem Netz lassen, bevor sie Talleyrands ganz sicher war. Dabei fühlte sie aber doch, daß sie Czartoryski und auch sich selbst mehr Aufrichtigkeit schuldig sei. Die Ritter kehrten eben zurück und ritten zu zwei und zwei der Tribüne zu, wo die erwählten Damen ihres Herzens saßen, um ihre Lanzen vor ihnen zu neigen. Die Damen erhoben sich und erwiderten den Gruß, wobei das Haus gleichzeitig noch einmal die ganze Pracht ihrer Kleider und ihrer Juwelen bewundern konnte.

Humboldt, den ein bloßes Schauspiel leicht langweilte,

beugte sich zu Talleyrand: «Man sagte mir, daß Marie Luise und der kleine Fürst von Parma heute hier sein würden.»

«Sie hat sich in letzter Minute doch entschlossen, in Schönbrunn zu bleiben», antwortete Dalberg an Talleyrands Stelle. Dalberg wußte immer am meisten von allen über die Verhältnisse in Schönbrunn, denn seine Schwiegermutter war Marie Luises Oberhofmeisterin.

Talleyrands Augen folgten indessen den Reitern um die Arena. «Meiner Ansicht nach benimmt sich die arme Erzherzogin mit vorbildlichem Takt. Es muß für eine so junge Frau, der noch vor kurzem die ganze Welt zu Füßen lag, doch recht hart sein, wie eine Nonne zu leben, nur ein paar Meilen von den glänzenden Festen entfernt, die ihr Vater gibt. Freilich hätte es noch mehr Diskretion verraten, hätte sie zu ihrem Aufenthaltsorte Prag gewählt oder irgendeinen anderen Ort, aber jedenfalls weit weg von Wien während des Kongresses.»

Humboldt lächelte über das zweideutige Kompliment, aber Dalberg wandte ein: «Sie hoffte, daß ihre Gegenwart ihren und den Interessen ihres Sohnes förderlich sein würde; und das ist ja wohl auch der Fall. Alexander hat sie und den ganzen Rest der Napoleoniden unter seine Fittiche genommen.»

«Ach du lieber Gott, sie will doch nur das Fürstentum Parma, das ihr in dem Abkommen vom 11. April versprochen worden ist», sagte Humboldt.

«Ich war immer dagegen, Napoleons Sohn einen europäischen Thron besteigen zu lassen, sei er auch noch so klein», erklärte Talleyrand, «Sie werden sehen, es werden nur Schwierigkeiten daraus erwachsen.»

Und Humboldt dagegen: «Sie sind aber auch wirklich päpstlicher als der Papst, Fürst.» Aber seine Worte gingen in einer neuen Trompetenfanfare unter.

Die Spiele begannen. Unter den Klängen der Militärmusik bewiesen die Paladine ihre Geschicklichkeit zum Ruhme ihrer Schönen. Im vollen Galopp holten sie mit ihren Lanzen Ringe herunter, die an der kaiserlichen Tribüne befestigt waren; schnitten Äpfel entzwei, die an Fäden hingen; warfen Wurfspieße gegen beturbante Türkenköpfe. Während die Schönen mit ausdrucksvollen Blicken und graziösem Lächeln die Heldentaten ihrer Ritter verfolgten, fragte Dorothea, die nicht viel sehen konnte: «Wie verteidigt Trautmannsdorff den Ruhm meiner unvergleichlichen Schönheit?»

«Er macht es sehr gut», versicherte ihr die Zichy. «Alle machen es sehr gut.»

«Amüsiert sich mein Onkel?» fragte Dorothea.

«Ihr Onkel?» wiederholte die Zichy, die über diese Frage etwas erstaunt war. Sie warf einen kurzen Blick zu Talleyrand hinüber und meldete dann: «Er schaut den Spielen gar nicht zu. Er beobachtet Sie durch sein Opernglas.»

Und Dorothea: «Danke, Liebste.»

Nun teilten sich die Paladine in zwei Gruppen zu einem Turnier. Sie griffen sich gegenseitig an, verfolgten sich und versuchten, sich gegenseitig abzuwerfen. Sie nahmen ihre Kämpfe so ernst, daß die Herolde einige Male unterbrechen mußten. Trotzdem stürzte der Fürst von Liechtenstein und mußte ohnmächtig hinausgetragen werden. Die Damen erschraken. Der Unfall wirkte ernüchternd auf die Zuschauer. Schließlich war es doch nur ein Spiel, und bei einem Spiel sollte niemand verletzt werden. Der Fürst von Ligne war anderer Ansicht: «Kleine Unfälle», verkündete er fröhlich, «geben einem ritterlichen Kampf die nötige Würze. Oder glauben Sie, daß unsere Vorfahren so zaghaft gekämpft haben für die Frauen, die sie liebten?» Trotzdem fühlte sich jedermann sehr erleichtert, als der Fürst von Liechtenstein nach einiger Zeit wieder erschien und an der Endvorstellung teilnahm. Diese war eine Art berittene Quadrille, deren schwierige Figuren zu der feierlichen Musik des siebzehnten Jahrhunderts ausgeführt wurden.

Nach der Quadrille ritten die Paladine zwei und zwei vor die kaiserliche Tribüne und neigten ihre Lanzen. Dann ritten sie wieder zurück, um ihren Damen dieselbe Ehre zu erweisen. Schließlich erschienen sie, von tosendem Beifall umbraust, in der Mitte der Arena.

Das Souper wurde in der sogenannten kleinen Ridottohalle serviert. Der kaiserliche Tisch stand erhöht zwischen den Tischen der Erzherzöge, regierender Fürsten und der Delegierten der großen Mächte auf der rechten Seite, und den Tischen der

Paladine und ihrer Damen zur Linken. Die anderen Gäste saßen ohne Rangunterschiede an kleinen Tischen.

Dorothea saß mit Graf Trautmannsdorff zusammen und war der Brennpunkt vieler Augen. Jung und schön, reich wie eine peruanische Goldmine, belesen wie Madame de Staël, schien sie den Frauen beneidenswert und den Männern begehrenswert. Von ihr wanderten die Augen zu Talleyrand, der zwischen einem der Erzherzöge und Lord Castlereagh saß. Das hatte wenig mehr mit den Kombinationen zu tun, die man zu Anfang des Kongresses über die Beziehungen von Onkel und Nichte angestellt hatte. Über der Ankunft der Herzogin von Kurland war das längst in Vergessenheit geraten, und jetzt war das Verhältnis Dorotheas zu Czartoryski an der Reihe. Da Dorothea die Gastgeberin im Palais Kaunitz war, identifizierte man sie automatisch mit dem undurchdringlichen Franzosen – diesem Aristokraten, der der Revolution und Napoleon gedient hatte, diesem Exbischof, der nun Minister seiner Allerchristlichsten Majestät war, dieser «größten Kanaille des Jahrhunderts», wie man ihn im September genannt hatte, und der im November bereits den ganzen Kongreß in der Tasche hatte. Es gab beim Karussell kein auffallenderes Paar als Talleyrand und seine Nichte.

Während des Diners sagte Graf Trautmannsdorff zu Dorothea: «Haben Sie den neuesten Ausspruch des Fürsten von Ligne schon gehört?»

«Welchen denn? Er hat jede Minute einen neuen.»

«‹Der Kongreß tanzt, aber er kommt nicht von der Stelle.›»

Sie lachte, wurde aber gleich darauf ernst. «Lieber Gott, das ist ein tödlicher Ausspruch.»

«Ja, nicht wahr?» Der hübsche, junge Österreicher redete sorglos weiter. «Alexander muß das wohl auch gedacht haben, denn er hat den alten Liebhaber seiner Großmutter abgekanzelt, und jetzt ist die ganze österreichische Aristokratie außer sich, weil der Zar es gewagt hat, so mit ihrem vergötterten de Ligne umzugehen. Sie können es dem Zaren leichter vergeben, daß er versucht, unsere Damen zu verführen, als daß er grob mit de Ligne spricht... Und à propos Verführung, haben Sie schon gehört, was der kleinen Starhemberg bei der Bagration passiert ist?»

«Ich glaube nicht.»

«Nun, die Starhembergs nahmen eine ihrer Töchter zu einer Abendgesellschaft bei der Bagration mit – wenn Sie mich fragen, ein großer Fehler; jedermann weiß, wie es in diesem Hause zugeht, aber zuerst war alles ganz comme il faut. Man spielte unschuldige kleine Spiele...»

Der Kongreß tanzt, aber er kommt nicht von der Stelle, dachte Dorothea, während sie ihr Paprikahuhn aß. Es war ihr plötzlich kalt. Was wäre, wenn der Kongreß versagen würde? Sie fühlte plötzlich eine Welle von Panik und fast Verzweiflung unter dem Rascheln der Seiden, den Gesprächen und den Walzerklängen. Alle diese Herrscher, Diplomaten und Generale wußten, daß Friedensverhandlungen eine Angelegenheit des Mutes, des Vertrauens, der Vorsicht und der Opfer war. Sie wußten auch, daß sie einander und Europa Konzessionen zu machen hatten...

Aber keiner wagte es, die Initiative zu solchen Konzessionen zu ergreifen, aus Angst, daß die anderen ihm nicht folgen würden und er der einzige sei, der den Schaden tragen mußte. Wo sollte das alles hinführen?...

«Sie haben kein Wort von dem gehört, was ich eben gesagt habe», protestierte der junge Trautmannsdorff.

«Ich habe alles gehört», beruhigte ihn Dorothea. Mit jungen Männern konnte man nicht ernsthaft reden. Junge Männer verstanden nie, was man meinte. «Das Starhembergmädchen ging mit einem Russen in das Boudoir der Bagration und der Russe schloß die Türe zu. Als Fürst Starhemberg entdeckte, daß seine Tochter verschwunden war, ließ er die Türe mit Gewalt öffnen.»

«Ja, ist es nicht furchtbar? Diese Russen! Fürst Wrede traf den Nagel auf den Kopf, als er neulich zu Lord Castlereagh sagte: ‹Mylord, ein Monster haben wir erschlagen, aber wir müssen uns vorsehen, daß wir es nicht durch ein anderes ersetzen.› Gut – nicht wahr? Oh, der Zar trinkt Ihnen zu...»

«Entzückende Frau, die kleine Périgord», sagte Alexander zum Kaiser von Österreich, zu dessen Rechten er saß. «Vielleicht nicht ganz so verführerisch wie die Sagan, die immer den Eindruck macht, als wüßte sie von jedem Tier, wo es zu liebkosen sei!» Er setzte sein Glas hin und lachte erregt. «Aber von der Périgord wird man auch noch hören. Glauben Sie nicht auch, Majestät?»

«Ja, gewiß», sagte Franz und hoffte innigst, noch mehr über die magischen Kurlands zu hören, besonders über die Kleine, die ihn maßlos interessierte. Hatte sie nun eigentlich ein Verhältnis mit Czartoryski oder hatte sie keins? Hagers Agenten schienen es anzunehmen, obwohl Maria Ludovica, die eine sehr feine Nase für so etwas hatte, es nicht glaubte.

Aber Franzens Neugier wurde enttäuscht. Alexander überließ sich einem seiner bedauerlichen Non sequiturs und sagte: «Majestät, Sie wissen, es ist eine Tatsache, daß das sächsische Volk nicht geteilt werden will. Es gehört lieber zu Preußen, als daß es sich aufteilen läßt.»

Franz nahm einen Schluck Champagner. Angewidert dachte er: Jetzt sind wir glücklich wieder bei diesem Thema angelangt. Was soll das nun bedeuten? Metternich hat mir doch versichert, daß die Preußen gewillt sind, den König von Sachsen zu erhalten – noch dazu auf Alexanders persönlichen Rat hin. Aber bei Alexander konnte man ja nie sicher sein. «Haben Sie nicht die Heirat der kleinen Kurland mit dem jungen Périgord arrangiert?» Er versuchte, den Zaren abzulenken.

Aber Alexander hörte nicht zu. «In unserem Zeitalter müssen wir Herrscher uns dem Willen des Volkes fügen», sagte er wichtig.

Jakobiner! dachte der Habsburger. «Ich verstehe Ihre neue Doktrin nicht», sagte er mit einem unangenehmen kleinen Lächeln. «Meine Auffassung ist diese: Ein Fürst kann abdanken, wenn er das will, aber dann gehen seine Rechte auf die legitimen Erben über; weder er noch ganz Europa können ihnen diese Rechte vorenthalten.»

«Diese Auffassung paßt nicht in unser aufgeklärtes Jahrhundert», verwies ihn Alexander.

«Ich bedaure», sagte der Habsburger schroff, «aber das ist meine Ansicht, und es sollte die Ansicht aller Herrscher sein, auch die Ihrige. Ich jedenfalls werde nie anders denken.»

«Wer will denn die Auserwählten Gottes verklagen? Gott ist's, der da gerecht machet.» Alexander stieg das Blut zu Kopfe.

Wo er auch hinsah, nichts als Widerstand! Er lockerte den hohen, bestickten Kragen seiner weißen Uniform. Er war nahe am Ersticken. Lieber Gott, warum nur konnten sie nicht verstehen, daß er Polen ganz einfach haben mußte? Konnten sie denn nicht einsehen, daß er unmöglich mit leeren Händen nach Rußland zurückgehen konnte, daß sie ihn dort töten würden? Sollte er, der Retter Europas, wie sein Vater enden? «Majestät», zischte er, «wir müssen zu einer Einigung kommen, sonst schicken wir einander in zwei Jahren eine Kriegserklärung.»

«Nicht in zwei Jahren, Majestät», zischte der Habsburger zurück, «sondern sofort, wenn Sie das wünschen.»

Nach dem Souper fand ein Ball von über dreitausend Personen statt. Die Reitschule war, mit einem Parkettboden belegt, in einen prachtvollen Ballsaal verwandelt worden.

De Ligne saß neben Talleyrand, während die Paladine mit ihren Schönen eine Quadrille tanzten, die den Höhepunkt des Festes bildete. Mehr noch als bei den ritterlichen Spielen waren dabei Augen, Ohren und Herz in Verzückung. Eine süße Trunkenheit hielt jeden gefangen, und die Gegenwart schien für Augenblicke zu versinken.

«Ihre Dorothea», murmelte de Ligne, mit der Betonung auf «Ihre», «ist göttlich!» Sie saßen in der Arena, deren lange Wand mit einer doppelten Reihe von rotgepolsterten Bänken gesäumt war; in ihrer Mitte standen erhöht die Sessel der Herrscher.

«Meine Dorothea, eh?» murmelte Talleyrand und beobachtete, wie sie die dargebotene Hand des Grafen Trautmannsdorff nahm und mit ihm zu den feierlichen Klängen der Musik den anderen Paaren voranschritt.

«Natürlich Ihre Dorothea. Ich kenne alle Anzeichen, ich habe sie während meines langen Lebens studiert.» De Ligne kicherte.

Talleyrand dachte nicht erst lange darüber nach, was de Ligne wußte oder woher er es wußte. Es war eine Erlösung, zur Abwechslung einmal mit einem uneigennützigen, welterfahrenen Mann über persönliche Angelegenheiten zu sprechen. Seine Augen folgten Dorothea und ihrem Partner, die ihre Gruppe gemessenen Schrittes durch die weite Halle führten, dann bekannte er: «Wenn ich nur auch so sicher sein könnte. Manchmal meine ich, daß ein alter Mann von einer sehr jungen Frau niemals Liebe, sondern höchstens Wohlwollen erwarten kann; alles, was er sich wünschen kann, ist, daß er ihr nicht mißfällt.»

«Welcher Unsinn, Sie sind nicht alt», sagte de Ligne. «Jetzt denken Sie natürlich, daß ich mit meinen achtzig Jahren jeden anderen für einen Jüngling halten muß. Aber dem ist nicht so. Ich weiß, was ich sage...» Er unterbrach sich, als Dorothea und ihr Partner die kaiserlichen Sessel erreichten, sich verbeugten und nach rechts weitergingen. Das nächste Paar verbeugte sich und ging nach links, das dritte Paar nach rechts und so weiter. De Ligne fuhr fort: «Sie sind nicht alt, mein lieber Bénévent, Sie sind ein Feigling. Oh, nicht in Ihrem Beruf, da sind Sie allerdings mutig. Ein Staatsmann, der es wagt, seine Meinung zu ändern, ist ein mutiger Mann. Aber was die Liebe anbetrifft...» Er zuckte die Schultern.

«In meinem Alter hat man natürlich Angst, sein wohlgeordnetes Leben durcheinanderzubringen», verteidigte sich Talleyrand. «Ich habe immer Verwicklungen vermieden, die meine Schaffenskraft hätten beeinträchtigen können.»

«Womit Sie nur auf pompöse Art sagen, daß Sie immer Angst davor hatten zu leiden. Schande über Sie! Sie kennen nicht einmal die Anfangsgründe der Liebe. Liebe, mein Prince de Bénévent, beginnt damit, daß man sich selbst aufgibt, daß man sich ohne Rückhalt hingibt. Glauben Sie mir, diese dürren Seelen, diese traurigen Geschöpfe, die sich selbst täuschen, aus Angst, getäuscht zu werden, wissen nie, was Glück bedeutet.»

Talleyrand krümmte sich unter dem vorwurfsvollen Ton des anderen. Die Paare bildeten jetzt Vierecke aus venezianischem Rot, Türkisblau, Smaragdgrün und Schwarz. Sie begannen, sich in langsamen, komplizierten Figuren zu drehen, die eine zeremonielle Persiflage von Liebeswerben, Verweigerung, Verfolgung und Versprechen waren. Ein märchenhafter Anblick. Aber Talleyrand sah nur Dorothea. Er sah, wie sie sich zu den exakten Rhythmen Lullyscher Musik beugte und bewegte. Er sah die elfenbeinfarbene Zartheit ihrer Schultern, den zarten Schatten zwischen ihren hohen, kleinen Brüsten. Sie lächelte geheimnisvoll. Er sagte: «Sie sind hart mit mir, mein Freund. Nicht jedermann kann es sich leisten, die Dinge so romantisch zu sehen wie Sie. Schließlich habe ich zur Zeit schwerste Verantwortungen, auch wenn Sie es pompös finden, daß ich sie erwähne.»

«Vergeben Sie mir, wenn ich für einen Moment vergaß, daß Sie Europa erneuern.» De Ligne lachte. «Aber ein Mann, der genügend Mut besitzt, Europa zu erneuern, sollte die Liebe nicht fürchten, finden Sie nicht auch? Wissen Sie, einer der großen Vorteile des Alters ist, daß man so naseweis und taktlos sein kann, wie man will. Wenn ich jetzt zu meinen Vätern abberufen würde, dann könnte ich wenigstens mit gutem Gewissen sagen, daß ich in dieser Welt nichts versäumt habe. Ich habe alles mitgemacht, sogar den Liebeskranken Rat erteilt – und niemand Geringerem als unserem Prince de Bénévent.» Er schmunzelte.

«Noch dazu einen sehr gefährlichen Rat, denn es war genau das, was ich hören wollte, eh?»

«Ausgezeichnet! Tun Sie nur das, was Sie zu tun wünschen. Und merken Sie sich eines: In der Liebe ist die beste Kalkulation, keine Kalkulationen zu machen.»

«Danke.» Talleyrand beobachtete durch sein Opernglas, wie die Tanzenden zwei Gruppen bildeten, aus denen Dorothea und Graf Trautmannsdorff allein hervorkamen. Sie begannen einen langsamen rituellen Tanz, bei dem die Rubine und Diamanten blitzten.

Dorothea sah Talleyrand nicht, aber sie sah ihre Mutter, die neben einem der Erzherzöge saß. Unter ihren langen Wimpern hervor lächelte sie ihrer Mutter zu, deren Leben ihr so lange wie eine lasterhafte Anhäufung von Eroberungen und Besitzergreifen erschienen war. Sie machte einen langsamen Kreis um ihren Partner und dachte: Mein ganzes Leben lang habe ich Mutter gehaßt, aber immer mit dem Schuldgefühl, daß ich sie eigentlich lieben sollte, und nun, da Czartoryski mir von ihrem Verrat erzählt hat und ich sie mit gutem Recht hassen könnte, hasse ich sie nicht mehr. Ich bin viel zu glücklich, um irgend jemanden zu hassen. Und wieder fühlte sie, daß diese Nacht ihre Schicksalsnacht werden würde.

Talleyrand fand Dorothea erst eine halbe Stunde nach Beendigung der Quadrille. Metternich hielt ihn fest und vertraute ihm mit entsetztem Flüstern an, was während des Soupers der Zar zum Kaiser und der Kaiser zum Zaren gesagt hatte. «Mein Kaiser», sagte Metternich, «ist fast krank vor Wut, und hätte ihn seine Schwester nicht beschwichtigt, so hätte der Zar noch in dieser Nacht die Hofburg verlassen.»

«Oh, diese Fürsten», bemerkte Talleyrand gut gelaunt. «Wenn sie nur nicht die Staatsaffären untereinander besprechen wollten. Sie nehmen doch nur alles persönlich und regen sich dann auf. Viel besser wäre es, sie würden sich amüsieren und die Geschäfte uns überlassen. Wir wissen, wie diese Dinge zu behandeln sind, und verlieren nicht bei der geringsten Provokation die Nerven.»

In diesem Moment stießen sie auf Dorothea. Czartoryski war bei ihr. Talleyrand stand dicht hinter ihnen, als Czartoryski sie beschwor: «Dorothea, meine Liebste, ich muß Sie sprechen.» Und sie antwortete im selben Ton: «Ich weiß, Adam, ich muß Sie auch sprechen...»

In diesem Moment drehte sich Dorothea um und sah Talleyrand. An seinem Gesichtsausdruck konnte sie sofort erkennen, daß er zugehört hatte. Sein Gesicht hatte die leidenschaftslose Maske abgeworfen; seine Augen sahen sie vorwurfsvoll und leidend an; sie wußte, daß er das Ganze mißverstanden hatte. Aber bevor sie etwas sagen konnte, warf er ihr zu: «Madame, ich verlasse Sie jetzt; ich bin sicher, Graf Trautmannsdorff wird Sie gut nach Hause bringen.» Und damit ging er. Sie sah ihm wie gebannt nach. Ihre glückliche Sicherheit war durch eine Welle von Panik fortgeschwemmt. Von Natur aus so optimistisch und dickköpfig wie ihr Großvater Jean Biron, kam ihr dieser dumme, unvorhergesehene Vorfall wie ein grauenvoller Verrat des Schicksals vor. Sie fühlte, daß alles verloren war, wenn sie ihn ohne ein Wort gehen ließ. Sie wollte ihm nach, aber ein Wall von Bewunderern verhinderte sie daran. Einen Moment später hatte ihn die Menge verschluckt.

Schritte im Schlafzimmer weckten Anja aus ihrem Schläfchen. Ist es schon das Kind, dachte sie, stand schnell auf und ging ins Ankleidezimmer hinüber.

«Ew. Durchlaucht», rief sie erschrocken aus und fiel vor der unerwarteten Erscheinung Talleyrands in einen tiefen Knicks. «Madame ist noch nicht zurück. Ist – war – ist etwas passiert?»

Eine Weile sagte er gar nichts, sondern stand nur leicht auf seinen Ebenholzstock gestützt da. In seinem langen schwarzen Damastschlafrock wirkte er groß und feierlich – und gleichzeitig ein wenig verloren, als wüßte er nicht recht, was ihn hierhergebracht hatte. Dann kam er langsam näher und sagte freundlich: «Madame ist noch auf dem Ball, und es ist nichts passiert. Madame hat großen Erfolg. Ich möchte sie nur gerne hier erwarten, wenn das geht.»

Er ging zum Kamin und setzte sich in einen großen Sessel. Sie legte ein Stück Holz aufs Feuer. «Es ist kalt heute nacht. Würden Euer Hoheit gerne ein belegtes Brot essen? Ich habe einige für Madame bereitgestellt. Madame hat immer Hunger, wenn sie von einem Ball zurückkommt.»

«So, hat sie Hunger, eh?» Talleyrand lächelte. Natürlich wußte Anja alles von Dorothea. Sie war für Dorothea das, was Courtiade, sein erster Kammerdiener, für ihn war. Courtiade kannte sämtliche Frauen, mit denen sein Herr in den letzten dreißig Jahren eine Liaison gehabt hatte. Zum Beispiel diese Madame X (er hatte ihren Namen schon wieder vergessen), die sich überall damit brüstete, daß sie zur Zeit des Direktoriums seine Geliebte gewesen sei. Dabei konnte er sich gar nicht mehr an sie erinnern. Aber Courtiade sagte: «Natürlich hatten wir Madame X – vor dem Brumaire war es.» Ganz einfach so: *Wir* hatten sie... «Ich bin nicht hungrig, danke, aber ich sehe dort Limonade stehen. Könnte ich davon ein Glas haben?»

«Gewiß, Ew. Durchlaucht.» Sie schenkte ihm ein Glas ein, und er trank ein paar Züge. Er hatte plötzlich das starke Bedürfnis, allein gelassen zu werden. «Anja, Sie sollten nicht so lange aufbleiben. Wo sind denn die französischen Mädchen?» fragte er fürsorglich.

«Oh, diesen jungen Dingern kann ich den kostbaren Schmuck, den Madame heute nacht trägt, nicht anvertrauen.»

Er lächelte sie an: «Passen Sie mal auf. Sie gehen jetzt ins Bett, und wenn Madame Sie benötigt, dann wird sie nach Ihnen schicken.»

«Aber, Ew. Durchlaucht...» Das Kind würde niemals das

komplizierte Kleid allein aufmachen können; natürlich würde sie ihre Hilfe nötig haben. Das mußte seine Durchlaucht doch wissen. Bevor sie aber noch ihre Einwände vorbringen konnte, sagte Talleyrand: «Gute Nacht, Anja, ich werde Madame alles erklären.» An seinem eigenwilligen Ausdruck erkannte sie, daß die Diskussion beendet war. Ein Knicks zeigte knisternd ihre Mißbilligung an; dann zog sie sich wortlos zurück.

Talleyrand war nun allein in dem kleinen Zimmer, dessen lauwarme Luft von Dorotheas Badeöl, Eau de Cologne und Parfüms geschwängert war. Der Schein des Feuers tanzte auf der silbernen Badewanne und auf den grünen Seidenvorhängen. Das Kristall und Gold auf dem Toilettentisch schimmerte im spärlichen Kerzenlicht. Irgendwo schlug eine Uhr die Stunde oder den Teil einer Stunde. Er hatte die Zeit vergessen. Er wußte nur, daß er nicht noch einmal eine Nacht in der Qual seiner Zweifel verbringen konnte. Er saß ganz bewegungslos, ohne Gedanken, nur die Türe beobachtend, durch die sie irgendwann ja kommen mußte.

Ein leises Rascheln, und die Türe öffnete sich. Sie war da. Als er sich langsam erhob und auf sie zukam, bemerkte er, daß sie atemlos war, so, als sei sie den ganzen Weg gerannt.

«Sie sind hier – warten auf mich – Sie?» sagte sie mit einer kleinen Stimme, heiser vor Erregung. Die letzte Stunde war für sie ein Alpdruck gewesen. Während sie tanzte, sprach und lachte – eine Gefangene ihres vergänglichen Triumphes als Königin des Balles –, fühlte sie ihre Schicksalsnacht unweigerlich dahinschwinden. Was, überlegte sie sich, dachte wohl Talleyrand von ihr, jetzt, wo er allein in dem großen Schlafzimmer des Fürsten Kaunitz war? Entschied er, daß sie zu wankelmütig, zu treulos sei, als daß man sich mit ihr beschäftigen könne? Sie erstickte fast vor Ungeduld und Verzweiflung. Als sie dann endlich mit Trautmannsdorff im Wagen saß – Czartoryski war glücklicherweise durch den Zaren aufgehalten worden –, überlegte sie fieberhaft, wie sie Talleyrand die ganze Sache erklären konnte... «Sie warten hier auf mich – Sie?» sagte sie wieder, betäubt von der Unermeßlichkeit ihrer Erleichterung. «Wissen Sie, daß ich heute nacht zu Ihnen gekommen wäre?»

Sie ließ ihn ihr Cape abnehmen. Als er es behutsam über einen

Stuhl legte, sagte er in einem leichten Ton, der in keiner Beziehung zu seinen Worten stand und noch viel weniger zu den Gefühlen, die hinter den Worten standen: «Ich glaube, ich bin schon lange hier. Ich wußte, daß es eine Zeitlang dauern würde, bis Sie kämen. Aber ich konnte es nicht ertragen, irgendwo anders zu sein als in dem Zimmer, wo ich sicher war, Sie zu treffen.»

Einen Moment lang suchten ihre Augen durch das zarte Helldunkel nach dem hellen Fleck seines blassen Gesichts. Dann fragte sie ernst: «Lieben Sie mich endlich?»

Er nahm sie in die Arme, und während er sie an sich drückte, sprach er gegen ihren Hals: «Ich liebe dich. Und du? Willst du mich noch? Sage, daß du mich willst. Sage es!»

Aber bevor sie noch reden konnte, sagte ihm das Klopfen ihres Herzens, das er durch das juwelenbesetzte, steife Kleid fühlen konnte, daß sie sein war. Es herrschte völlige Stille. Alles, was er jemals erlebt hatte – jede Sensation, jedes Vergnügen, die großen Triumphe, die bitteren Enttäuschungen –, das alles war nichts anderes gewesen als eine Vorbereitung für diesen Moment, wo er ihre Lippen fand. Den Kopf zurückgeworfen, mit geschlossenen Augen, schwankte sie ein wenig in seinen Armen. Die perlen- und rubinenbestickte Toque fiel zu Boden...

Zwei Stunden später erwachte Dorothea aus einem kurzen, herrlichen Schlaf. Sie richtete sich auf. Das Zimmer schien noch warm und lebendig, angefüllt von ihren Seligkeiten. In einem venezianischen Spiegel sah sie das verschwommene Bild ihrer Nacktheit. Das Licht der Nachtlampe gab ihren Wangen und Brüsten einen rosa Hauch und vertiefte das Rot ihrer Lippen. Demütig dachte sie: Ich bin schön, weil ich geliebt werde.

Dann sah sie auf Talleyrand, der neben ihr schlief. Er lag auf dem Rücken, die Hände auf der goldenen Taftdecke gefaltet – in der Haltung von Kirchenfürsten auf mittelalterlichen Sarkophagen. Und mit der unbarmherzigen Hellsichtigkeit, die manche Frauen in der glückhaften Gelöstheit ihres Körpers überkommt, sah sie einen Moment den ganzen Talleyrand – seine Haut, sein Skelett, die Ader in seiner Schläfe und den Puls an seinem Hals. Sie sah ihn, wie er als Kind gewesen war und als junger Mann und wie er als ganz alter Mann sein würde und wie im Grab.

Gleichzeitig erkannte sie den Sinn seines Daseins in seiner ganzen Bedeutung. Sie wußte, daß für ihn Throne, Parlamente, Konventionen, Direktorium, Konsulat, Kaiserreich oder Restauration nur Ausdrucksmittel des Schicksals waren. Begriffe, denen er sich nicht einen Tag länger widmete, als es das Schicksal selbst tat. Sie wußte, daß er ein Buhler des Glücks war, der den Starken diente, die Unbeholfenen verachtete, die Unglücklichen verließ. Sie wußte, daß dieselben Kräfte, die ihm bis jetzt ermöglicht hatten, alle Schiffbrüche zu umsteuern und alle Niederlagen zu überleben, ihn auch weiterhin vor Katastrophen bewahren würden. Und eine Welle von Ergebenheit, fast von Anbetung stieg in ihr auf für den Mann, der über den grausamen Gesetzen des Lebens stand und der für sie alle Dauerhaftigkeit und Beständigkeit der Welt verkörperte.

Er bewegte sich und griff im Schlaf nach ihr.

«Ich liebe dich», murmelte sie. «Ich habe nie einen anderen als dich geliebt. Ich werde nie einen anderen lieben.» Und mit dem Kopf auf seiner Brust schlief sie ein.

Vierter Teil

«Es ist selten, daß man einen Menschen ganz für sich allein hat, ohne einen Hintergedanken, ohne ein Geheimnis, ohne ein gesondertes Interesse.»

Talleyrand an die Comtesse de Périgord

1

In den ersten Dezembertagen erkrankte der Fürst de Ligne an der Gürtelrose, und am 13. Dezember starb er an Altersschwäche. Sein letzter Ausspruch war: «Diese Könige sind so blasiert, was Vergnügungen anbetrifft, daß es nur noch ein Fest gibt, das sie genießen könnten – die Beisetzung eines kaiserlichen Feldmarschalls.»

Nicht, daß der sagenumwobene Achtzigjährige den geringsten Wunsch gehabt hätte, den Königen ein solches Schauspiel zu bieten. Er haßte es, die Vorstellung im interessantesten Moment zu verlassen. Gerne hätte er die Lösung des Dramas gesehen; er war noch neugierig. Als er nach einem verzweifelten Kampf endlich seinen Geist aufgab, trauerte ganz Wien um ihn. Es trauerte um den letzten großen Kosmopoliten. Es trauerte um den Geist des achtzehnten Jahrhunderts. Es trauerte um eine Legende. Und weil de Ligne in seinem langen Leben die gegensätzlichsten Dinge gedacht und gesagt hatte, so betrauerte jede Gruppe und Klasse ihren speziellen Freund in ihm. Die Fürsten betrauerten den begeisterten Royalisten, die Liberalen den Liberalen, die Refugiés ihren Führer, die Freimaurer ihren Bruder, die Juden einen durchlauchtigen Philosemiten, die kleinen Leute den Verteidiger des kleinen Mannes. Dabei hatte sich tatsächlich nie jemand so über das Königtum lustig gemacht, wie de Ligne es getan hatte. Im großen und ganzen mißtraute er den Liberalen; die bissigsten Bemerkungen über die Refugiés waren von ihm geprägt worden; der Freimaurer war er schon längst überdrüssig; seine Liebe zu den Juden hatte sich auf die amüsierte Anerkennung einiger geistreicher jüdischer Frauen beschränkt, und sein Interesse am kleinen Mann endete in ein paar nachlässig hingeworfenen freundlichen Worten. Aber als vollkommener Individualist liebte oder verachtete er die Menschen nicht auf Grund ihrer beruflichen, rassischen, nationalen Bindungen; ihre Religion oder Herkunft interessierte ihn nicht. Er liebte oder verachtete den Menschen an sich. Und von diesem überlegenen Individualismus profitierten alle Könige, Liberalen, Freimaurer, Refugiés, Juden ebenso wie die kleinen Leute.

Es war ein eisiger Dezembermorgen, als man diesen «Liebling von Göttern und Menschen» (wie ihn ein überschwenglicher Journalist nannte) zu seiner letzten Ruhestätte brachte. Trotz des trostlosen Himmels und des beißenden Windes drängten sich die Leute in den Straßen. Franzl hatte die Theres dazu eingeladen, und sie hatte die Einladung angenommen, weil sie gar zu gern zusehen wollte und der Hauptmann als Begleiter nicht in Frage kam. Außerdem hätten ihre Weigerung und Franzls anschließende endlose Klagen doch am Ende den mühsam eingeschläferten Verdacht ihrer Schwester wiedererwecken können, und dann wäre alles ausgewesen. Die Theres schauderte es ein bißchen. «Gerade das richtige Wetter für ein Begräbnis», sagte sie, «es könnte nicht trostloser sein.»

«Wir haben uns auch ausgerechnet an die zugigste Ecke gestellt», nörgelte Franzl und legte ihr den Schal fester um den Hals. «Aber jetzt kommen sie.» Er nahm den Hut ab, und die Theres schluchzte ergriffen auf, als der Leichenzug in Sicht kam.

«Und vor zehn Tagen habe ich ihn noch gesehen! Als ich der Fürstin die Haube mit den violetten Samtbändern brachte – nicht daß es sie irgendwie gekleidet hätte – aber dem Fürsten gefiel die Haube sehr, und er sagte zu mir: Du müßtest eigentlich das Doppelte fordern, so hübsch – wie du bist.»

«So hübsch wie du bist, hat der alte Schürzenjäger gesagt?» fragte Franzl ärgerlich.

«So spricht man doch nicht von den Toten!» erwiderte die

Theres mit Würde, entschloß sich aber dann doch, nicht zu erwähnen, daß de Ligne sie auch noch unters Kinn gefaßt und gefragt hatte, ob sie denn auch einen tüchtigen Bettwärmer hätte.

Und hier war der Leichenzug. Sie bekreuzten sich schweigend und sahen des Fürsten Trabanten in rotgoldenen Uniformen zur linken, und die Schloßwache in Grau und Schwarz zur rechten Seite des Sarges marschieren. Dahinter ritt ein schwarzgekleideter Herold, einen schwarzen Kreppflor von der Schulter, und sein entblößtes Schwert zeigte zu Boden. Dann kam des Fürsten Leibpferd, mit schwarz-silberner Decke behangen. Beim Anblick dieses reiterlosen Pferdes begann die Theres nun allen Ernstes zu weinen. «Da, all die Clarys und Palffys», sagte Franzl und zeigte auf die Familie des Fürsten, die hinter dem Pferd ging. «Man sieht, wie traurig sie sind.» – «So niedergeschlagen habe ich Trauernde noch nie gesehen», schluchzte die Theres. «Als ich der Fürstin heute früh die schwarzen Handschuhe brachte...»

Franzl unterbrach sie: «Was für ein Zug!» Er wies auf die endlose Prozession, die den Familienmitgliedern folgte. Da sah man die Erzherzöge, die meisten der Fürsten, Grafen und Barone, die den höchsten Adel von Wien darstellten, und Prinzen, Generale, Admirale und Bevollmächtigte aller europäischen Nationen. Einige der Militärs waren zu Pferde, die Degen entblößt und gesenkt.

Franzl war in seinem Element und kommentierte jeden einzelnen: «Hier kommt Metternich – der hat jetzt auch seine Sorgen. Und der stattliche Alte hier, das ist Fürst Hardenberg, der Preuße, und taub wie eine Mauer dazu. Und hier kommen die Herren aus dem Palais Kaunitz...»

«Den Großen, der etwas hinkt, kenne ich gut; das ist der Fürst Talleyrand», sagte die Theres wichtig. «Wie elegant er in Schwarz aussieht, nicht?»

«Das ist Talley?» fragte Franzl nachdenklich. «Also der war das damals, nachts – ach, was weißt du schon.»

Langsam und feierlich wand sich der lange Zug vorwärts. Als er bei der Bastion vorbeikam, wurde er vom Zaren und dem König von Preußen erwartet, die barhäuptig dastanden, um dem Liebhaber der Großen Katharina und dem Freund Friedrichs des Großen die letzte Ehrung zu erweisen.

«Eine schöne Beerdigung», sagte Dalberg zu Talleyrand, der zwischen ihm und La Tour du Pin ging. «Ein Jammer, daß de Ligne nicht hier ist und es genießen kann.»

«Ja, ein großer Zeuge ist dahingegangen, eh?» sagte Talleyrand, und sein ernster Ton wies die leichtfertige Art des anderen zurück.

«Schließlich war er recht alt», sagte Dalberg uneingeschüchtert.

Um so mehr Grund, am Leben zu bleiben, dachte Talleyrand, oder jedenfalls dachte Dorothea so. Dorothée! Sie hatte die merkwürdige Auffassung, daß es bei der Vergänglichkeit der Jugend logisch sei, wenn junge Männer sterben, daß aber alte Männer die Pflicht hätten, am Leben zu bleiben, nachdem sie den Stürmen des Lebens so lange getrotzt hatten. Er lächelte in den aufgeschlagenen Pelzkragen seines langen schwarzen Mantels hinein. Der heftige Sturm riß an ihm. Dorothée und seine jungen Herren hatten ihn gebeten, doch nur bei der Messe anwesend zu sein. Aber das schien ihm ungenügend; er mußte dem Mann, der zwar kein Franzose war, aber in den Augen der großen europäischen Welt als Prototyp französischer Grazie und Lebenskunst galt, die letzte Ehre erweisen. De Ligne hatte beim Kongreß die Sache Frankreichs gewaltig unterstützt. Sie verdankten ihm viel; sie würden ihn vermissen, er selbst am allermeisten.

Talleyrand dachte an den letzten Besuch, den er und Dorothea bei de Ligne gemacht hatten. Es war, nachdem er die Letzte Ölung empfangen hatte und weinende Verwandte in seiner Schlafzimmerbibliothek versammelt waren. Der Raum erinnerte an das Zelt eines Generals, angefüllt mit Büchern und Manuskripten, die Wände mit Landkarten, Schlachtplänen, großen Hirschgeweihen und türkischen Säbeln tapeziert. «Madame de Ligne hält mich bereits für einen Heiligen», hatte der alte Mann mit seinem gutmütigen Lachen gesagt. Und dann hatte er von ihm zu Dorothea und wieder zu ihm zurückgeschaut und gemurmelt: «Gut, so ist also alles in Ordnung!» Talleyrand hätte ihm gerne gesagt, wie wundervoll alles in Ordnung war. Er hätte ihm gern gesagt, daß ihre Unterhaltung beim Karussell alles geändert hatte, aber es waren zu viele Menschen im Zimmer. Aber Dorothea hatte es ihm gesagt. Als sie sich beim Gehen hinunterbeugte, um den Sterbenden zu küssen, hatte sie ihm etwas zugeflüstert: «Was hast du gesagt?» hatte er sie später gefragt. Und sie wurde rot und antwortete: «Ich dachte mir, daß de Ligne gern die Versicherung mit ins Grab nehmen würde, daß unser Prince de Bénévent sehr glücklich ist – und mich sehr glücklich macht.»

«Der Kongreß hat de Ligne getötet. Diese unglückselige Versammlung hat nichts wie Unfug angestiftet», hörte Talleyrand jemanden hinter sich sagen. Es war der Schweizer Bevollmächtigte, dessen hübsche kleine Frau ein spezieller Liebling de Lignes war.

Eine andere Stimme, die Talleyrand nicht identifizieren konnte, bemerkte: «Heute morgen hat Kardinal Consalvi gesagt: ‹Le cose vanno malissimo, fasciamo un passo avanti e due in dietro.›» Und der Schweizer wieder: «Ich überlege mir oft, was die Völker sagen würden, wenn es eine Vorrichtung gäbe, die ihnen erlaubte, mitzuhören und zu sehen, was ihre Staatsmänner und Herrscher bei so einem Kongreß treiben.»

«Brrrh – was für ein grausiger Gedanke», begann Dalberg, aber Talleyrand gab ihm ein Zeichen, still zu sein. Er hörte zu gerne, was inoffiziell gesprochen wurde. «Herr von Gentz erzählt überall, daß der Kongreß mit einem furchtbaren Skandal enden wird», sagte die unbekannte Stimme.

«Skandal – mein Gott! – der Kongreß wird mit Krieg enden, und das wahrscheinlich noch, bevor das Jahr aus ist», bemerkte der Schweizer.

«Oje, oje, was für ein Unglück! Wir dürfen keinen Krieg bekommen. Europa kann nicht noch einmal eine Friedenskonferenz ertragen. Wissen Sie, was Talley zu Castlereagh sagte?...»

Jemand mußte dem Redner ein Zeichen gegeben haben, daß die besagte Persönlichkeit vor ihm ging, denn die Stimmen gingen in Flüstern über.

Talleyrand überlegte, wie pessimistisch doch jeder über den Ausgang des Kongresses dachte, fand es aber nicht weiter verwunderlich, denn in den Büros – um von den Salons und Boudoirs ganz zu schweigen – schwirrte es nur so von falschen oder halben Informationen. Es existierten kaum zehn Menschen in

Wien, die wirklich wußten, was vor sich ging, und sogar diese zehn konnten unmöglich über alle Faktoren zu jedem Zeitpunkt unterrichtet sein. Was aber den Kongreß in solchen Aufruhr gebracht hatte, das war der Bankrott der deutschen Kommission, hervorgerufen durch einen Protest von neunundzwanzig deutschen Fürsten und freien Städten, die von den Besprechungen über die deutsche Zukunft ausgeschlossen werden sollten. Jeder sagte, daß es Metternichs Schuld war, was wohl auch stimmte. Aber trotzdem fing er, Talleyrand, an, ganz unzufrieden zu sein mit dem österreichischen Antinous.

Denn zu guter Letzt hatte Metternich eine offizielle unzweideutige Erklärung über Österreichs Stellungnahme zur sächsischen Frage abgegeben. In einem Schreiben vom 10. Dezember an Hardenberg erklärte Österreich, daß es niemals einer Unterdrückung Sachsens zustimmen könne. Die Lösung, die es den Preußen anbot, war die teilweise Abtretung der beiden Lausitze, vierhunderttausend Seelen umfassend – dieselbe Lösung, die Talleyrand dem Zaren vorgeschlagen hatte. Außerdem sollte Preußen am Rhein und in Westfalen entschädigt werden. Talleyrand sah in Metternichs Note ein wahrhaft staatsmännisches Dokument. Er erkannte Gentzens feine Hand darin. Es hätte zur Bereinigung der Atmosphäre beitragen müssen. Aber die Preußen hatten bis jetzt noch keine offizielle Antwort gegeben; sie waren wütend und sprachen von Krieg. Und Alexander war über den Tadel, den seine preußischen Freunde erhalten hatten, persönlich beleidigt und wetterte gegen die Undankbarkeit der Alliierten. In ganz Wien wurde sein wilder Ausspruch herumerzählt: «Man sollte das Monster entfesseln!» Das Monster war Bonaparte.

Wenn die österreichische Note den Riß in der antifranzösischen Koalition betonte, so gab es noch ein anderes Ereignis, das ihn davon überzeugte, daß es nur eines kleinen Stoßes bedurfte, um diese Koalition ein für allemal zu sprengen. Das Ereignis war der Wechsel in der britischen Politik bezüglich Sachsens. Castlereagh hatte Instruktion bekommen, sein Groß-Preußen zu vergessen und einer preußischen Annektierung Sachsens entgegenzuwirken. Endlich waren England, Österreich und Frankreich also soweit, daß sie eine geschlossene Front bildeten. Es war immer Talleyrands Überzeugung gewesen, daß die Preußen und Russen beim Anblick eines solchen Blocks Angst bekämen und man dann die Kernfrage des Kongresses ohne Krieg lösen könne. Man mußte aber noch weitergehen: Der antifranzösischen Koalition durfte kein Atemzug mehr bleiben. Aber selbst das war nicht genug. Sein Endziel war, was er während seiner ganzen politischen Laufbahn vergebens angestrebt hatte: die französisch-britisch-österreichische Allianz.

War es übertrieben zuversichtlich, zu glauben, daß diese wahrhaft große Allianz in diesem Moment möglich war? Schließlich waren England und Österreich immer noch von Zweifeln gegen ihren früheren Todfeind geplagt. Außerdem waren trotz seiner wiederholten Versuche, sie in Mißkredit zu bringen, die Gerüchte von Unzufriedenheit und Verrat in Frankreich nicht ohne Eindruck auf Metternich und Castlereagh geblieben. Die Tatsache, daß der König plötzlich seine Kriegs- und Polizeiminister gewechselt hatte, verlieh den Gerüchten Nachdruck. Wenn die Briten und die Österreicher etwas von einer Allianz mit Frankreich abhalten konnte, so war es die Idee, daß die Restauration an Stabilität zu wünschen übrig ließ. Aber Dorothée machte sich keine Sorgen; sie war überzeugt, daß er seine Allianz bekommen werde.

Gestern hatte er seine große Offensive begonnen. Als im Laufe einer Unterhaltung Metternich ihm seine Note vom 10. Dezember zu lesen gab, hatte Talleyrand in seiner sanften Art geantwortet, daß er die Note gern offiziell überbracht haben möchte. Eine offizielle Übergabe dieser Note an die Franzosen war gleichbedeutend mit einer Bitte um französische Unterstützung gegen Rußland und Preußen. Mit anderen Worten: Der entscheidende Bruch in der Koalition fing mit der Übergabe der Note an. Metternich verstand völlig, worum es ihm, Talleyrand, zu tun war. Ob er seinen Wunsch erfüllen würde, blieb abzuwarten. Es wäre ein hervorragender Anfang, wenn er es täte.

Plötzlich war die Luft vom Geläute der Kirchenglocken erfüllt. Der Zug hatte die Schottenkirche auf der Freyung erreicht. Es gab einen kurzen Aufenthalt, als der Sarg in die Kirche getragen wurde. Dann aber strömte die Menschenflut schnell vorwärts. Dalberg, der den Schnee von seinen Schultern klopfte, sagte klagend: «Hoffentlich ist es in der Kirche warm.»

Das Läuten der Glocken von der Schottenkirche verdichtete sich zu einem letzten großen Brausen, und für einen Moment vibrierte das große Schlafzimmer der Herzogin von Kurland von den gewaltigen Tönen. Dann flaute es ab, und bald war es so still, daß man das Rascheln des grauen Faillekleides der Herzogin hörte, das im Auf- und Abgehen ihre Fesseln streifte. Ihre Stimme klang hoch und hysterisch: «Ich glaube es einfach nicht; ich dachte, ich müßte sterben, als Madame de Brionne es mir erzählte», rief sie aus. «Ich kann es immer noch nicht fassen, daß du mir so etwas antun kannst, du, mein liebstes Kind, mein kleines Mädchen, auf das ich so stolz war, dem ich alles geopfert habe. Wie konntest du nur? Sage, daß es nicht wahr ist!» Sie blieb vor Dorothea stehen, packte sie bei den Schultern und schüttelte sie ein bißchen. «Steh nicht da, als wärest du taub und stumm, sag etwas!» befahl sie.

Dorothea dachte: Ich könnte versuchen, alles zu leugnen, aber das will ich nicht. Sie sagte leise: «Was gibt es da zu sagen, liebe Mama?»

«So ist es also doch wahr!» Die Herzogin sank in einen Stuhl und begann in ihr Spitzentuch zu schluchzen.

Dorotheas Hand begann mechanisch den Schleier fester um ihre rosengeschmückte Toque zu ziehen. Dann stand sie wieder bewegungslos am Fenster – sehr schmal in einem strengen roten Wollkleid, die Hände im großen Steinmardermuff vergraben. An ihrer Mutter vorbeischauend, bemerkte sie auf dem Bett den geöffneten, goldschimmernden Toilettenkoffer, neben dem langen, schwarzen Fuchscape und dem schwarzen Federhütchen. Auf dem Sekretär, der schon von allem Bric-à-brac befreit war, standen Pralinenschachteln und ein Korb mit Früchten. Welcher Jammer, daß es ihre Mutter noch herausfinden mußte, gerade, bevor sie Wien verließ. Es war eine solche Erleichterung gewesen, als sie sich plötzlich entschlossen hatte, nach Paris zu gehen – offensichtlich nur, weil Talleyrand sie vernachlässigte. Und nun gerade heute, wo die Reisekutsche schon fahrbereit im Hof stand, mußte diese schreckliche Madame de Brionne sie besuchen und ihr erzählen, daß Talleyrand ihr ihre Tochter vorzöge. Madame de Brionne, die nie jemanden besuchte und ihre Mutter kaum kannte, deren Haß aber ein gutes Gedächtnis hatte und die – wie es Dorothea jetzt schien – nur am Leben war, um Talleyrand Hindernisse in den Weg zu legen.

Die Herzogin putzte ihre Nase und fragte: «Wann hat das angefangen? Das möchte ich gerne wissen.»

Dorothea zögerte einen Moment und sagte dann mit ernster, ruhiger Stimme: «Ich habe ihn geliebt, seit ich ihn auf meiner Hochzeit in Frankfurt sah; aber es hat lange Zeit gedauert, bis er es gemerkt hat.»

«Oh, dann bist du es also, die ihm nachgelaufen ist, die ihn verführt hat – nicht umgekehrt. Das hab ich mir gedacht.»

Dorothea schwieg und wunderte sich, daß sie nichts empfand, was sie zu empfinden erwartete. Vom selbstgerechten Zorn einer Tochter, der man schon Unrecht getan hatte, bevor sie geboren wurde, war nichts in ihr. Weder M. de Batowskis düstere Gestalt noch Mutters dunkle Manöver bezüglich ihrer Heirat spielten eine Rolle. Sie wollte Mutter nicht bestrafen, im Gegenteil, sie war traurig für sie und doch ohne Bedauern, ohne Angst, warm und geborgen in Talleyrands Liebe.

Die Herzogin hatte eine entfernte Ahnung von dem, was in ihrer Tochter vorging. Und in ihrer Wut, sie so jung und wunderschön vor sich zu sehen, schrie sie: «Er liebt dich nicht, er liebt mich!»

Die Worte beruhigten und ermutigten sie. Als Dorothea in ihrer Verwirrung wegschaute, kam ihrer Mutter ein neuer Gedanke: Sie würde dem Kind vergeben; sie würde alles vergessen, vorausgesetzt, daß Dorothea Talleyrand eine Möglichkeit gab, zu ihr zurückzukehren. Sie erhob sich schnell, ging auf Dorothea zu, und sie an sich ziehend sprach sie halb weinend, halb lachend: «Duschka, mein Liebling, was du uns dreien da angetan hast, ist grausam und töricht, ob du es nun aus Schwäche, aus Ehrgeiz oder vielleicht auch aus Bosheit getan hast! Die ganze Zeit hast du Mitleid mit dir selbst gehabt, weil du den Prinzen Adam nicht heiraten konntest, du hast es sogar mir zum Vorwurf gemacht, obwohl ich, das weiß Gott, nichts damit zu tun hatte. Und jetzt hast du dir ausgedacht, mich zu bestrafen, indem du Talleyrand von mir nimmst, den einzigen Mann, den ich je wirklich geliebt habe. Und natürlich konnte er nicht widerstehen – Männer sind ja so leicht zu fangen – zumal ihr zwei da so allein in dem großen Palast seid, und du bist wirklich eine Schönheit, Duschka, wer hätte es gedacht? – du warst ein so überwältigend häßliches Baby. Eines ist sicher, eine junge Frau wie du kann alles mit einem alten Mann anfangen. Aber er ist alt! Du kannst unmöglich glücklich mit ihm sein, noch er mit dir, mein Liebling, das mußt du wissen. Ihr werdet euch hassen! Und bedenke, wie peinlich das unter den besonderen Umständen sein wird. Da ist auch der Geldpunkt. Es könnte sein, daß er alles der Sorbonne vermacht. Was für ein Verlust das wäre! Du siehst, ich denke nur an dich, wenn ich dir sage, gib ihn auf, reise heute noch mit mir nach Paris. Alles, was du für die Reise brauchst, kann Anja in ein paar Minuten packen, und morgen können die Mädchen mit den Koffern nachkommen. Alles, was die Welt darüber erfahren wird, ist, daß du zu Weihnachten bei deinen Kindern sein willst. Und an Talleyrand schreibst du, daß alles eine Torheit war, daß du es aus Verzweiflung getan hast, daß du in Wirklichkeit Czartoryski liebst und daß du aus Ergebenheit zu ihm, Talleyrand, es nicht ertragen könntest, ihn zu hintergehen. Komm», sie versuchte, Dorothea zum Schreibtisch zu ziehen – «ich werde dir diesen Brief diktieren. Diese Art Briefe schreibe ich wirklich gut...»

Dorothea schüttelte die Hände ihrer Mutter heftig ab; ihre Augen waren schwarz, ihre Lippen dünn. Sie war nicht böse über den Versuch, sie von Talleyrand zu trennen, sondern über die Geldgier, die bei diesem Manöver wieder hervortrat. Sie sagte ruhig: «Ich verlasse Wien nicht.»

«Und warum nicht?» fragte die Herzogin erstaunt. Im Verlaufe ihres Monologs hatte sie sich selbst davon überzeugt, daß dies die einfachste, die großzügigste, ja die einzig mögliche Art war, diese bedauerliche Affäre zu behandeln, und sie konnte nicht verstehen, daß ihr kluges, kleines Mädchen das nicht begreifen sollte.

«Ich bleibe, weil – Sie wollen es ja wissen! – Talleyrand und ich zusammengehören, und daran kann niemand etwas ändern.»

Bevor sie wußte, wie, hatte die Herzogin ihre beringte Hand

erhoben und ihrer Tochter ins Gesicht geschlagen. Nur einmal. Dann sank sie in einen Stuhl und begann wieder zu schluchzen. «Geh fort! Du hast mir alles genommen, du...» Das Wort, das die Herzogin auf der Zunge hatte und gerade noch im rechten Moment verschluckte, war «Bastard». Und plötzlich war sie entsetzt und ernüchtert bei dem Gedanken, daß sie sich so hatte gehenlassen. Ihre Tränen versiegten, und sie saß da, betroffen vor sich hin starrend.

Dorothea trat vor einen Spiegel, nahm den zerrissenen Schleier ab und rückte ihre Toque zurecht. Ein brennend roter Fleck und ein kleiner Kratzer von dem Saphir ihrer Mutter waren auf ihrer Wange zurückgeblieben. Sie beobachtete ihre Mutter im Spiegel und bemerkte zum erstenmal, daß ihre Schläfen unter dem zu trockenen Haar eingefallen waren; sie sah sehr alt aus. Ihre Verzweiflung rührte Dorothea. Sie hoffte, daß es ihr gelingen würde, ihre Mutter zu beruhigen, bevor Talleyrand von der Beisetzung zurückkam, um ihr adieu zu sagen. Talleyrand! Auf eine solche Entwicklung der Dinge würde er nicht vorbereitet sein, und es gab keine Möglichkeit, ihm vorher eine Nachricht zu geben. Aber es machte nichts, er hatte schon anderen Stürmen getrotzt. Er würde auch diesem standhalten. Der Gedanke beruhigte sie. Sie tränkte ein Taschentuch in Eau de Cologne und ging mit diesem und einer Puderquaste zu ihrer Mutter. Ruhig begann sie, die Verwüstungen zu reparieren, die Kummer und Tränen auf ihrem Gesicht hinterlassen hatten.

Die Herzogin, die sich ihren gewandten Manipulationen fügsam überließ, sagte gereizt: «Also gut, du denkst, er liebt dich, und es ist für alle Ewigkeit; aber das ist es nicht. Wenn er dich genug kompromittiert hat, dann läßt er dich fallen, und du wirst von Hand zu Hand gehen. In einigen Jahren werden die Leute sagen: ‹Ah, die Comtesse de Périgord ist nicht wählerisch!› Das kränkt mich Edmonds wegen. Er hat seine Schwächen, aber er verdient ein besseres Los. Und dann die Kinder! Heranwachsende Kinder sehen in ihrer Mutter eine Heilige und sind entsetzt, wenn sie entdecken, daß sie es nicht ist.»

Wie du das ja selbst am besten wissen solltest, dachte Dorothea grimmig, sagte aber nichts. «Dein Onkel» – fuhr die Herzogin mehr giftig als logisch fort – «wird dich am meisten kritisieren. Er wird dir nie vergeben, daß du ihn als den Liebhaber seiner jungen Nichte lächerlich gemacht hast. Und bilde dir ja nicht ein, daß ich dir helfen werde, den Schein zu wahren. Ich möchte unter diesen Umständen nicht in der Rue Saint Florentin oder in Valençay gesehen werden. Ich werde die Kerze nicht halten.»

Dorothea hörte verärgert, aber erleichtert zu und sagte sich, wie sie erst gelitten hätte, wenn Mama nobel und großzügig gewesen ware. Sorgsam glättete sie den Puder über der hübschen Nase der Herzogin. Sich aufrichtend, lächelte sie ihr dann in die Augen. «Liebe Mama, ich erwarte gar nichts von Ihnen, aber ich weiß, daß Sie niemals Monsieur de Talleyrand verletzen werden.»

Die Herzogin konnte dieses junge, zuversichtliche Lächeln nicht ertragen. Sie wußte, daß alles nutzlos war, daß sie besiegt war. Aber gerade, weil sie so unsäglich litt, bot sie in sich den Willen und den Stolz auf, sich einen guten Abgang von Wien zu sichern. Nur die Erinnerung ihres unnachahmlichen Charmes sollte zurückbleiben.

«Tu l'as voulu», murmelte sie. Sie erhob sich, trat vor den Spiegel und verbrachte lange Zeit damit, ihren Hut aufzusetzen. Als dann die Geschwister hereinkamen, war Dorothea erstaunt und beeindruckt, zu sehen, wie heiter und angeregt sie von ihrer Mutter empfangen wurden – als ob es nie etwas Unangenehmes gegeben hätte.

«Ja, ich glaube, ich habe noch Zeit, etwas zu essen», beantwortete die Herzogin Wilhelmines Frage: «Schließlich könnte ich doch nicht abreisen, ohne von Monsieur de Talleyrand in meinen Reisewagen gesetzt zu werden – das tut er doch immer – nicht wahr, Duschka? Er hat eine große Routine darin, Damen in Reisewagen zu setzen.»

«Liebe Mama, ich finde deinen Hut entzückend», sagte Pauline schnell. «Nichts ist so kleidsam wie schwarze Federn.»

«Bist du auch warm genug? Es wird eine kalte Fahrt werden?» fügte Jeanne fürsorglich hinzu.

«Ich habe mein Pelzcape und genügend Pelzdecken, um darin zu ersticken», sagte die Herzogin vergnügt, als sie zusammen aus dem Zimmer gingen.

Wilhelmine hielt Dorothea mit einem Blick zurück. «Madame de Brionne hat Unfug angerichtet, nicht wahr?» flüsterte sie.

Dorothea nickte: «Mich wundert nur, woher sie es weiß.»

«Aber, Liebling», lachte Wilhelmine gutmütig, «jedermann weiß es. Das gehört eben zu den unerklärlichen Dingen. Die Dienstboten können diskret sein, du selbst kannst vorsichtig sein – und doch weiß es jedermann. Um zwei Menschen, die sich sehr lieben, ist eine besondere Aura. Man sieht sie in einen Ballsaal kommen oder sich über die Tafel hinweg Blicke zuwerfen, und sofort weiß jeder alles. So war es auch nach dem Karussell. Da wußten wir plötzlich alles über dich und Talley – alle, außer Mama natürlich. Mama dachte, er hätte eine kleine Liebelei mit der Bigottini. Wirklich zu dumm, daß sie es noch herausfinden mußte.»

«Sie gab mir eine Ohrfeige.»

«Mich hat sie auch geohrfeigt, als ich ihr damals Armfeldt weggenommen habe», sagte Wilhelmine aus der Erinnerung, «daraus mußt du dir nichts machen. Jetzt, wo sie ihre kleine Aufregung gehabt hat, wird sie schon wieder vernünftig werden. Das war bei Armfeldt genauso.»

«Aber damals war sie noch viel jünger.»

«Zugegeben – aber Talley ist unendlich bedeutender. Verlasse dich darauf: Zum offenen Bruch mit ihm wird es Mama niemals kommen lassen. Sie wird immer die besten Beziehungen zu ihm unterhalten wollen – zumindest nach außen hin.» Wilhelmine machte eine Pause, dann fügte sie hinzu: «Vielleicht hofft sie auch, daß er reuig zu ihr zurückkehrt, sobald er von dir enttäuscht sein wird.»

«Er wird nicht enttäuscht werden.»

«Ja, ja, Liebste, ich kann dich vollkommen begreifen, viel besser, als du denkst», sagte Wilhelmine ein wenig nachdenklich. Und ob ich sie begreifen kann, dachte sie und küßte die Schwester noch einmal, ehe sie mit ihr zu den andern ins Frühstückszimmer zurückging.

Das Frühstück war halb beendet. Mit ihrem gewohnten Appetit war Dorothea dabei, ein zweites Kalbskotelett zu attackieren.

Sie dachte, daß Talleyrand jeden Moment erscheinen müsse. Und sie wußte auch, daß alles in Ordnung wäre, sobald sie ihn sähe. Inzwischen versuchten die Geschwister mit Geplauder und Klatsch das Beste aus einer gespannten Situation zu machen. Wie gutartig sie doch waren und wie schön sie in ihren pastellfarbenen Wollkleidern aussahen. Im Moment sprachen sie von einer Wahrsagerin – einer Frau Vierschröth am Kohlmarkt –, die einem die tollsten Dinge über die Zukunft sagte. Es schien, daß alle Fürstlichkeiten zu ihr stömten, natürlich anonym. «Sie ist aber in Dingen der Liebe besser als in denen der Politik», sagte Jeanne.

«Dann solltest du es nicht versäumen, sie zu konsultieren, Duschka», sagte die Herzogin von Kurland pointiert. Bevor Dorothea antworten konnte, fiel Jeanne ihr ins Wort: «Laß uns alle vier hingehen, ja? Sie hat eine Kristallkugel und Karten – sehr schmutzige Karten. Und außerdem hat sie einen Hahn. Scheinbar prophezeit sie aus dem Krähen des Hahnes. Wir ziehen die Kleider unserer Jungfern an und nennen falsche Namen. Das wird ein großer Spaß.»

Sie stimmten mit Begeisterung zu, und Wilhelmine sagte: «A propos Wahrsagerin, ich hörte eine merkwürdige Geschichte über Alexander. Durch eine Palastdame der Zarin steht er mit einer Mystikerin in Verbindung, die in ihm den Auserwählten sieht. Das hat gerade noch gefehlt, um dem Zaren aller Reußen seinen letzten Rest Verstand zu rauben.»

«Ich habe auch von dieser Mystikerin gehört», sagte Dorothea. «Sie ist eine baltische Baronin – eine Frau von Krüdener, die Autorin von ‹Valerie›, einem autobiographischen Roman.»

«Oh, die?» fragte die Herzogin interessiert. «Wir lernten sie vor Jahren in Berlin kennen; könnt ihr euch nicht mehr erinnern, Kinder? Ihr Mann war dort russischer Minister. Sie war hübsch und ziemlich leichtlebig. Damals hat sie sich noch nicht mit Mystik beschäftigt.»

Wilhelmine sagte verträumt: «Sie trägt ein fließendes weißes Gewand und einen weißen Schleier – das steht alternden Blondinen so gut – und sie reist mit einer Truppe der hübschesten jungen Männer – Jünger nennt sie sie.»

«Jünger – was für ein passender Name!» kicherte Jeanne.

Und Pauline: «Auf alle Fälle sieht es noch besser aus, als am

Ende noch katholisch zu werden und bei Madame Arnstein oder Eskeles intellektuellen Frühstücken beizuwohnen. Das scheint hier für alle Mädchen die letzte Etappe zu sein.»

Sie lachten, ließen den heiklen Gegenstand jedoch sogleich wieder fallen.

«Wartet nur ab, bis Frau von Krüdener den Zaren erst in die Finger kriegt», sagte Wilhelmine. «Er vergeht schon fast vor Erwartung.»

Dorothea dachte an Talleyrands Urteil über Alexanders unausgeglichenen Charakter und sagte: «Europa hat ausgesprochenes Pech.»

«Eine von Frau von Krüdeners Prophezeiungen sagt, daß der Schwarze Engel – das ist ihr Name für Boney – in einem Jahre wieder an der Macht sein wird.»

«Unsinn», erklärte die Herzogin von Kurland.

«Liebe Mama, da bin ich nicht so sicher, man hört die beunruhigendsten Gerüchte», sagte Wilhelmine, und wie sie das immer zu tun pflegte, zitierte sie ihren derzeitigen Liebhaber. «Lord Stewart erzählte mir von einem Brief, den Castlereagh von einem Mr. Champbell bekommen hätte. Der ist britischer Kommissionär auf Elba. Er sagt, daß Boney über die Uneinigkeit des Kongresses nicht nur belustigt ist, sondern einfach frohlockt. ‹Die Mächte›, sagt Boney, ‹bauen auf die Tatsache, daß ich nicht mehr bin. Wenn es mich wieder gäbe, wären sie sofort in bestem Einvernehmen.›»

«Sicherlich bedeutet das nicht, daß er versucht zurückzukommen. Im Gegenteil, die Erkenntnis, daß sein Wiederauftauchen die Mächte gegen ihn vereinen würde, sollte ihm Furcht vor solch einem Abenteuer einjagen», folgerte Dorothea sehr vernünftig.

Wilhelmine sagte gefühlvoll: «Duschka, Liebling, laß uns hoffen – für die Welt, für uns alle, für dich aber besonders...» Hastig nippte sie an ihrem Weinglas. Sie wollte sagen, daß Boneys Rückkehr ein Problem für Talleyrand darstellen würde, aber es war jetzt nicht der Moment. «Das schlimmste ist, daß Campbells Informationen nur allzugut mit den Nachrichten aus Paris übereinstimmen. Weißt du, daß man in Paris ein Komplott von Generalen aufgedeckt hat?»

Von der Türe her vernahm man Talleyrands gutgelaunte Stimme: «Aber, aber, Madame, Sie sollten nicht alles glauben, was Sie hören.»

Er kam näher und küßte erst die Hand der Herzogin, dann die der Schwestern, zuletzt Dorotheas. Als er seine Lippen auf ihre Finger drückte und sie aller Augen auf sich gerichtet fühlte, versuchte sie, nicht zu erröten. «Wie war es, Onkel?» fragte sie, ihn anlächelnd.

«Eine sehr eindrucksvolle und rührende Angelegenheit. Die Leiche wird jetzt zum Kahlenberg begleitet, wo man sie beerdigen wird. Ich selbst bin nach der Messe weggegangen.» Er setzte sich zwischen die Herzogin und Wilhelmine, und sich an die Herzogin wendend, sagte er galant: «Niemand als de Ligne selbst hätte mehr Verständnis dafür gehabt, daß ich mich von Ihnen verabschieden muß, statt von ihm.»

Lieber Gott, laß mich die Fassung nicht verlieren, betete die Herzogin von Kurland. «Hier, mein Freund, ist Ihre Bouillon, sie wird Ihnen guttun nach dem langen, kalten Gang.»

«Madame, Sie wissen immer, was für mich am besten ist.» Als er die Suppe trank, waren seine Augen auf Dorothea gerichtet. Immer noch auf Dorothea blickend, fragte er dann Wilhelmine: «Was war das eben über die Verschwörung in Paris?»

«Wissen Sie wirklich nichts davon, Fürst, oder tun Sie nur so, als ob Sie nichts wüßten?» fragte Wilhelmine.

«Bis jetzt habe ich noch nichts gehört; es ist gut möglich, daß der Kurier der englischen Botschaft schneller war als unserer.»

«Es scheint, daß man einige Generale in Paris verhaftet hat, weil sie die Regierung kritisiert haben.»

«Generale kritisieren immer die Regierung. Wenn sie einen Krieg gewonnen haben und erst recht, wenn sie einen verloren haben. Ich würde das nicht eine Verschwörung nennen. Hat Lord Stewart Namen genannt?»

«Ja, Exelmann, Girardin und Flahaut.»

«Flahaut, eh?» sagte er gedehnt. Jedermann wußte, daß Flahaut Talleyrands Sohn von der geistreichen Madame de Souza war. «Ich glaube, daß diese sogenannte Verschwörung ohne jegliche Konsequenz bleibt.» Und innerlich besorgter, als er sogar vor sich selbst zugeben wollte, wechselte er das Thema.

«Madame, ich hoffe, daß Ihnen die Pasteten und die Patisserien, die Ihnen Carême für die Reise zurechtgemacht hat, schmecken werden», wandte er sich zur Herzogin: «Dorothée und ich hatten endlose Besprechungen darüber mit Carême, nicht wahr, Dorothée?»

Die Herzogin dachte: Er findet immer Möglichkeiten, um sie anschauen zu können, so, als könne er vom Wunder ihrer Gegenwart niemals genug bekommen. Ich kann es einfach nicht ertragen. Und mit ihrem vielbesungenen, sanften, schmelzenden Lächeln auf den Lippen sagte sie: «Bitte, danken Sie Carême für mich! Es ist reizend von Ihnen, daß Sie daran gedacht haben. Aber Sie denken ja immer an alles!»

«Eigentlich war es Dorothée, die daran gedacht hat; sie liebt es, sich Sachen auszudenken, die ihrer Mutter Freude machen.» In diesem Moment wußte er, daß etwas nicht in Ordnung war, obwohl er nicht hätte sagen können, was es war. Er las es im kalten Schweigen der Herzogin, in der Botschaft, die Dorotheas Augen ihm zu telegraphieren suchten, im Druck von Wilhelmines Fuß, der sich nachdrücklich auf seinen setzte.

«Wenn an den Gerüchten über Unruhen in Frankreich irgend etwas wahr sein sollte, wird Mama eine ungeheuer interessante Zeit in Paris haben», brach Pauline rasch in die Spannung. Und Jeanne sagte: «Ich glaube, wenn es eine Revolution gibt, wird sie eher in Italien ausbrechen. Und weiß zufällig jemand, warum Metternich fünfundzwanzigtausend Musketen an Murat schickte? Ich dachte, er hätte Angst, Murat könnte ganz Italien aufständisch machen. Warum schickt man ihm dann auch noch Waffen?»

«Das sind alles nur Gerüchte, um dem Fürst-Kanzler zu schaden – eh?» sagte Talleyrand besänftigend. «Es gibt wirklich keinen Grund, warum Metternich in der Person Murats die Verbrechen vergeben sollte, die er in der Person Bonapartes bestraft hat.»

Wilhelmine begehrte auf: «Oh, gibt es wirklich keinen Grund? Neulich beim Tanzen vertraute er einer Dame an, daß er die Interessen Murats nur so eifrig verteidige, weil er leidenschaftlich in die Königin verliebt sei, Murats Gemahlin! Stellt euch so etwas vor!»

«Wahrscheinlich wollte er damit nur seine Tanzpartnerin etwas aufregen», sagte Talleyrand tolerant.

Sie erhoben sich von der Tafel. Für die Herzogin war es Zeit zum Abfahren. Sie gingen mit ihr in die Halle hinaus, und als Talleyrand das schwarze Fuchscape um ihre Schultern legte, gab sie ihre letzten Anordnungen mit all dem Charme und der Sicherheit, die ihr eigen waren.

Es war ein gewaltiges Hin und Her von Kammerfrauen und Lakaien, die Decken und Fußwärmer trugen. Die Vorleserin der Herzogin wurde geschickt, um die letzte Nummer des «Rheinischen Merkur» zu holen. Das ältere Ehepaar, das als Kammerherr und Hofdame fungierte (Dorothea hatte den Verdacht, daß Mama sie nur deshalb behielt, weil sie durch ihre Häßlichkeit ihre eigene Schönheit so vorteilhaft zur Geltung brachten), hatte die Whistkarten vergessen. Die Herzogin beherrschte die Szene so vollkommen, wie Dorothea sie noch jede Abfahrtszene beherrschen gesehen hatte.

Endlich war alles soweit, und die Herzogin begann ihre Töchter zum Abschied zu küssen. «Wilhelmine, du warst ein Engel, mich bei dir aufzunehmen – ich erkenne es voll an – ich hatte eine herrliche Zeit. Nun, was du auch immer tust, übertue es nicht...» «Pauline, sei ein gutes Mädchen..., ja, ich werde schreiben und viele Modezeitschriften schicken.» «Und du, Jeanne, grüße Mynheer Borel; er ist ein Schatz, obwohl ich sagen muß, daß sein Einglas nicht sehr überzeugend wirkt. Der liebe Gott hat uns Nasen gegeben, daß wir richtige Brillen aufsetzen...»

Als Dorothea sich über ihre Hand beugte, entstand eine kurze Pause. Die Geschwister hielten den Atem an. Aber der fast unmerkliche schrille Klang in der Stimme ihrer Mutter war nur für Eingeweihte zu hören. «Duschka, mein Kind, es war mir eine große Befriedigung zu sehen, wie hervorragend du deine Pflichten als Gastgeberin ausübst. Ich werde mit dir in den Tuilerien renommieren. Natürlich wird man fragen, wie du es fertigbringst, so lange ohne deine Babys zu sein, aber ich werde erklären, daß du deine Pflichten hier viel zu ernst nimmst, um deinen Onkel jetzt allein zu lassen. Nicht wahr, Liebling?» Ihre Lippen streiften kurz Dorotheas Wangen.

«Adieu, Kinder» Sie winkte ihnen mit der graziösen Geste zu, die ihre kurländischen Untertanen zu entzücken pflegte.

Als sie dann an Talleyrands Arm die breite, geschwungene Treppe hinunterging, sah sie immer noch den letzten Blick vor sich, den er Dorothea gegeben hatte. Es war ein Blick zärtlicher Verbundenheit, voll leidenschaftlicher Erinnerungen, voll Liebe. Sie dachte: So hat er mich nie angesehen, so nie. Was kann ich nur machen? Sie sagte angeregt: «Was halten Sie wirklich von den Unruhen in Frankreich? Glauben Sie, daß sie ernst zu nehmen sind?»

«Sie werden keine Folgen haben», sagte er optimistischer, als er dachte.

«Und dieses Gerücht über Bonaparte?»

«Ich hatte einen ziemlich alarmierenden Brief vom französischen Konsul in Livorno. Auf Elba geht es zu lebhaft zu für meinen Geschmack. In Italien glaubt jeder, daß Bonaparte nicht die Absicht hat, dort zu bleiben. Von diesem Brief habe ich Kopien an Castlereagh, Metternich und Alexander geschickt, in der Hoffnung, daß sie daraufhin Napoleon nach St. Helena versetzen würden. Es wäre nützlich, wenn Sie mit dem Herzog von Wellington darüber sprechen würden.»

«Sobald ich in Paris bin, werde ich ihn zum Tee einladen.»

«Gut, er ist ein großer Verehrer von Ihnen – wer ist es nicht?» Sie waren jetzt auf der Straße.

«Es wäre ein Schlag für Ihre Mission, wenn die Restauration zusammenbrechen würde, nicht wahr?» fragte die Herzogin, als sie auf den wartenden Reisewagen zugingen.

«Ein tödlicher Schlag, aber ich erwarte nichts Derartiges.»

«Lassen Sie uns hoffen, mein Freund, daß Sie so glücklich und erfolgreich sein werden wie immer.»

Er half ihr in den Wagen, in dem der Kammerherr und die Hofdame schon auf ihren Plätzen saßen. «Sind Sie sicher, daß Sie alles haben, was Sie brauchen?» Er legte die Pelzdecke über ihre Knie.

«Danke, es ist alles in bester Ordnung.»

Plötzlich fühlte er eine Welle von dankbarster Zuneigung für die Frau, die Dorothées Mutter war, der er es verdankte, daß Dorothée in sein Leben getreten war. Er hatte momentan vergessen, daß sie jemals etwas anderes für ihn war als Dorothées Mutter. «Gute Reise, mein Engel.» Er küßte zärtlich ihre Hand.

Die Diener hatten den Schlag geschlossen, aber die Herzogin zog das Fenster herunter. «Ich hoffe wirklich, daß nichts passiert, was Ihre Aufgabe in Wien gefährden könnte», sagte sie lächelnd. «Mein kleines Mädchen ist sehr ehrgeizig. In einem Mann liebt sie vor allem die Macht. Wo keine Macht mehr ist, wird sie auch nicht mehr lieben.»

In diesem Moment zogen die Pferde an. Talleyrand trat hastig zurück, verbeugte sich, als ihm die Herzogin noch eine letzte Kußhand zuwarf, und schaute dann nachdenklich dem Wagen nach, der gewichtig dem winterlichen Horizont entgegenfuhr.

2

Es war in derselben Nacht. Talleyrand, auf einen Ellenbogen gestützt, betrachtete zärtlich Dorotheas Gesicht, das, eingerahmt vom dunklen Glanz loser Haare, auf dem Kissen neben ihm lag. Zwischen den leicht geöffneten Lippen schimmerten ihre weißen Zähne. Ihre langen, dichten Wimpern beschatteten die blassen Wangen.

Sie waren glücklich. Sie sagten sich kleine, sinnlose Worte. Sie lachten. Das Kerzenlicht tanzte auf den gradlinigen Möbeln und auf den grünen Seidenvorhängen. Die zwei Gedecke auf dem unberührten Tisch glänzten rötlich vom Widerschein des Kaminfeuers. Ein riesiger Tannenzweig warf groteske Schatten auf die Wand und verbreitete einen frischen, würzigen Geruch.

«Was ist denn das?» fragte er, als sein Finger den kleinen Kratzer berührte, den der Saphir ihrer Mutter auf ihrer Wange hinterlassen hatte.

«Das?» sagte sie. «Ach, das ist nichts.» Dann erst kam ihr langsam die Szene mit ihrer Mutter wieder ins Gedächtnis, und die Erinnerung an Trauer, Abscheu und Tätlichkeit, ein Rest von Eifersucht und Angst und ein neues Gefühl von Freiheit und Alleinherrschaft entfachten Begierde. In ihrem instinktiven Bedürfnis, alles zu vergessen und ihn alles vergessen zu machen, in ihrem stolzen Entschluß, sich mehr zu verschenken als je zuvor und ihm die Unendlichkeit ihrer Liebe zu beweisen, gab sie seine Liebkosungen mit einer Leidenschaft zurück, die sie sich nie zugetraut hätte.

Sich immer noch umschlungen haltend, schliefen sie ein, durch ihren leichten Schlummer hindurch immer ihrer wohligen Müdigkeit bewußt. Die Stille um sie war von ihren Entzükkungen und ihrem zauberhaften Einssein angefüllt.

Nach einer Weile, mit noch geschlossenen Augen, erklärte sie: «Ich verhungere.»

«Natürlich.» Er schmunzelte, entzückt wie immer von ihrem nie versagenden Appetit. Er nahm ihren Kopf von seiner Schulter, legte ihn aufs Kissen und erhob sich. «Nicht doch...», protestierte sie schwach. «Das gehört alles zum Dienst eines Großkämmerers – eh?»

Sie beobachtete ihn, wie er den Tisch ans Bett schob. «Ich erinnere mich noch, wie schockiert ich war, als ich dich zum erstenmal bei Hof Napoleon ein Sandwich auf einem kleinen Silbertablett anbieten sah. Du hattest eine Serviette über dem Arm.»

«Die Serviette ist sehr wichtig, falls man etwas verschüttet.»

Sie lachte über seinen Berufsernst. «Die Serviette hat mich nicht gestört. Gestört hat mich, daß du als Höfling Napoleon bedient hast. Wenn ich es mir genau überlege, habe ich es nicht einmal gern, daß du Ludwig XVIII. ein Sandwich anbietest, obwohl er ein legitimer Herrscher ist.»

«Du warst immer eine kleine Jakobinerin.»

«Nein, aber ich habe dich immer geliebt.»

«Hast du das – eh?» Er wurde nie müde, Einzelheiten ihrer gemeinsamen Geschichte zu hören. Er setzte sich aufs Bett und hielt ihr ein Champagnerglas an die Lippen.

«Ja, ich liebe dich, ich habe dich immer geliebt. Erinnerst du dich noch, wie ganz am Anfang meiner Ehe dein Freund Narbonne eine zweideutige Geschichte in meiner Gegenwart erzählte, und du darauf sagtest: ‹Nicht doch! Madame Edmond ist zu jung und zu deutsch, um das zu verstehen!› Ich fühlte mich so gedemütigt.»

«Aber ich hatte recht.» Er legte ein Stück Reh und etwas italienischen Salat auf ihren Teller.

«Das ist es ja gerade. Ich wollte dir so gerne gefallen und fühlte mich so unzulänglich», erinnerte sie. «Meine Aussprache! Weißt du noch, wie du mich mit meiner Aussprache aufgezogen hast?»

«Du hast sie über Nacht verloren. Ich war ganz erstaunt und konnte mir nicht denken, wie du das gemacht hast.»

«Hast du es also doch bemerkt?» Sie setzte sich auf und begann gierig zu essen.

«Natürlich habe ich es bemerkt», sagte er und versuchte den Salat von ihrer Gabel. «Ich bin sehr scharfsichtig, und ich fand alles an dir begeisternd vom ersten Moment an.»

«Aber du hast mich nicht geliebt», bedauerte sie. «Ich mußte lange und hart arbeiten, um dich in mich verliebt zu machen. Ich bin eifersüchtig auf all die Zeit, die wir versäumt haben.»

«Bist du also nicht enttäuscht?»

«Enttäuscht??» Sie sah ihn mitleidig an. «Aber, mein Liebster, wie dumm du bist! Erst jetzt weiß ich wirklich, was ich geliebt habe. Bis jetzt warst du ein Christbaum, an den ich alle meine Träume und Wünsche gehängt habe. Jetzt bist du ein Teil meines Fleisches und meiner Seele. Es ist mir, als hätte ich erst jetzt zu leben angefangen.»

Die starke, einfache Überzeugung in ihrer Stimme beseitigte einen Rest von Unsicherheit, den – ohne daß er sich dessen bewußt war – die Worte der Herzogin in ihm zurückgelassen hatten. Er nahm ihr den leeren Teller ab und sagte in einem Konversationston, der die Tiefe seines Gefühls verdeckte: «Ich selbst habe auch vorher nicht gelebt. Und jetzt, da ich mich leben fühle – durch dich, mein Liebling –, könnte ich es nicht ertragen, dich zu verlieren.»

«Du kannst mich nicht verlieren. Weißt du das nicht? Unsere Liebe ist vorbestimmt. Nichts kann sie beenden. Sogar der Tod könnte sie nur unterbrechen, nicht beenden.» Sie zog ihn an sich und bettete seinen Kopf an ihre Brust. Sie dachte, daß Mama etwas gesagt haben mußte, um ihn zu ängstigen. Aber sie fragte nicht. Es war nicht wichtig.

Er schloß seine Augen. Hier war, das fühlte er, die ideale Lösung fürs Leben – alt zu sein und eine sehr junge Mutter zu haben. Nach einer Pause sagte er: «Noch heute morgen, bei de

Lignes Beerdigung, habe ich den Tod so vieler Freunde bedauert. Aber was sind denn Freunde wirklich? Es ist so selten, daß man einen Menschen ganz für sich allein hat, ohne einen Hintergedanken, ohne ein Geheimnis, ohne ein gesondertes Interesse. Jetzt habe ich dich.»

Sie neckte ihn zärtlich: «Du fängst an zu begreifen, nicht wahr? Es hat lange gedauert, aber jetzt siehst du es ein. Du weißt, daß ich dein bin in guten und in bösen Zeiten.»

«Auch in bösen Zeiten?» Er hob seinen Kopf, um ihr in die Augen zu sehen.

«Natürlich, mein Geliebter, auch in bösen Zeiten.» Der lange Kuß, den sie ihm auf den Mund drückte, war ein Schwur. Jemand, so dachte sie bedauernd, mußte ihm gesagt haben, daß ich nur liebe, wenn alles gutgeht.

«Meine Süße, was habe ich getan, um dich zu verdienen?» Er sah sie mit ergebener Dankbarkeit an. Zu denken, daß er ihre Liebe einmal zurückgewiesen hatte, daß er Angst davor gehabt hatte! Und in einem Anfall von Optimismus fügte er hinzu: «Weißt du, ich glaube wirklich, daß es, vorläufig jedenfalls, keine ‹bösen Zeiten› geben wird.»

Er erhob sich, stellte Champagnergläser und ein kleines Silberkörbchen mit kandierten Früchten auf eine Kommode neben das Bett und schob den Tisch zurück. «Soweit ist alles gutgegangen und hat meine höchsten Erwartungen übertroffen. Vor meinen jungen Herren wollte ich mich nicht darüber äußern, weil ich sie nicht frühzeitig aufregen will, aber ich gebe zu, daß ich selbst etwas aufgeregt bin. Ich habe heute nachmittag bei meiner Rückkehr nicht nur Metternichs Note vom 10. Dezember vorgefunden, die uns meinem Wunsche entsprechend offiziell überbracht worden ist, sondern er legte auch noch einen enthusiastischen Brief bei, in dem er seiner Befriedigung Ausdruck verlieh, mich an seiner Seite zu wissen im Kampf für die gute Sache. Mein Liebling, weißt du, was er wirklich meint? ‹Warum gehen wir nicht den ganzen Weg gemeinsam?› meint er. Metternich weiß ebensogut wie ich, daß schon das offzielle Überbringen dieser Note an mich den Tod der Koalition bedeutet. Aber die kleine Note selbst geht noch weiter. Sie ist eine Einladung...»

«Eine Einladung zu einem österreichisch-französischen Pakt oder einer Allianz», beendete sie für ihn. Sie saß da, die Knie mit den Händen umschlungen haltend, ihre Augen aufmerksam auf ihn gerichtet. Er kam zum Bett zurück. Sie knabberten gefüllte Datteln und tranken Champagner.

«Und die Briten?» fragte sie. «Glaubst du, daß die Briten mit euch gehen werden, wenn du und Metternich einmal zusammengekommen seid?»

«Das muß man abwarten. Soviel ich von Castlereagh weiß, hat dieser bedauerliche Anfälle von Loyalität gegenüber dem, was er mit ‹Liga› bezeichnet. Im tiefsten Herzen sind sowohl er wie Lord Stewart propreußisch. Jedoch können sie der neuen Direktive Londons, die Eingliederung Sachsens an Preußen zu bekämpfen, nicht zuwiderhandeln. Ob nun Castlereagh seinen Weg so klar vor sich sieht, daß er einem geheimen Dreierpakt mit uns und Österreich beitreten würde, das ist eine andere Frage. Ich glaube, daß das hauptsächlich von der russischen Haltung abhängt. Castlereaghs Geduld mit Alexander ist fast am Ende. Noch eine unverschämte russische Note oder noch einer von Alexanders Wutanfällen könnte das Ende bedeuten.»

Sie hob ihr Glas: «Auf deinen Dreierpakt.»

«Glaubst du wirklich, daß ich ihn durchsetzen werde?»

«Ich bin sicher.»

«Ich wünschte, ich könnte nur annähernd so sicher sein», sagte er besorgt. «Aber Wilhelmines Erzählung von der Verschwörung scheint wahr zu ein. Ich habe noch nichts Offizielles gehört, aber Dalberg hatte einen Privatbrief. Es haben sogar Verhaftungen stattgefunden. Man sagt, daß Exelmann geflohen sei. Flahaut scheinen sie arretiert zu haben. Das sieht ihm ähnlich, bei solch einer Affäre dabeizusein, wegen seiner engen Beziehungen zur Königin Hortense. Zweifellos sind die Bonapartisten sehr stark in Frankreich.»

Sie biß in ein Praliné und gab ihm die Hälfte davon. «Ich würde es nicht tragisch nehmen.»

«Nicht tragisch, aber ernst.»

Einen Moment lang waren sie still. Sie dachte: Das ist es, was ich mein ganzes Leben lang wollte – Liebe und eine Chance, mitzuwirken an der Zukunft. Er dachte: Das ist, was ich nie für möglich gehalten habe – von der Frau, die ich liebe, auch verstanden zu werden. Die Möglichkeit zu haben, alles mit ihr rückhaltlos zu besprechen.

«Was wirst du als nächstes unternehmen?» fragte sie.

«Einen Brief an Metternich schreiben», er lachte, denn er fühlte sich so sicher, als sei ihm eine neue Einsicht gegeben worden. «Ich werde die sächsische Frage zu einer europäischen Frage erheben. Ich werde meine politische Philosophie daran exemplifizieren.»

Sie nickte: «Das braucht der Kongreß – eine philosophische Grundlage – und nur du allein kannst sie ihm geben.»

«Ich werde verlangen, daß das ‹Gesetz der Nationen› auch von den Starken geachtet wird, die zeitweise durch die Verletzung des Gesetzes profitieren könnten. Denn diese Prinzipien verkörpern den Geist der Gerechtigkeit und Menschlichkeit, die allein fähig sind, die schlimmsten Mißbräuche der Gewalt zu verhindern.»

«Ich verstehe, du willst also die Tugend zu einer Macht machen, auf der der Friede und das europäische Gleichgewicht ruhen können.»

«Ja, die Tugend als Macht! Die Tugend als Basis europäischer Politik – eh?» Er überdachte ihre Worte und sagte dann entschlossen: «Ja, das ist es. Du verstehst mich besser, als ich mich selbst verstehe.»

3

Talleyrands Brief wurde am 19. zum Ballhausplatz geschickt, und jetzt, achtundvierzig Stunden später, war er das Gesprächsthema der Kongreßgesellschaft. An diesem Abend fand im Palais Kaunitz eine kleine Soirée statt, wo man zu den superben Genüssen Carêmes und zu den Klängen von Mozarts «Figaros Hochzeit» eifrig über den Brief diskutierte. Vor den Tapisserien, die den Triumph der Venus in rosiger und robuster Nacktheit darstellten, waren, um den ovalen, goldglänzenden Tisch, außer Talleyrand, seinen jungen Herren und den Kurlandschwestern noch Kardinal Consalvi und Herr von Gentz versammelt. Oheimb, Sturgis und Lambesk waren auch da und sollten die

Damen später ins Theater begleiten. Prinz Adam Czartoryski war ebenfalls gekommen. Er hatte um eine Verabredung mit Talleyrand gebeten, worauf ihn Dorothea einlud, mit ihnen zu dinieren und nachher mit ihrem Onkel zu sprechen.

Als die rot- und silberlivrierten Lakaien den Nachtisch servierten, sagte Gentz, der zu Dorotheas Linken saß – sie hatte Czartoryski zur Rechten –, «Ihr Brief, Fürst, ist ein großartiges Dokument. Ganz großartig. Es enthält große Wahrheiten und bemerkenswerte Aperçus.»

Talleyrand quirlte das kleine, goldene Stöckchen in seinem Champagnerglas. «Sie schmeicheln mir, Chevalier.»

«Keineswegs», gab Gentz zurück. «Ich spreche als Kenner. Ich finde wirklich, daß Ihr Schreiben eines der großen politischen Dokumente der Geschichte ist, das seinen Wert über den momentanen Zweck hinaus behalten wird, zeitlos in seiner Humanität und geistreichen Beredsamkeit. Alles ist darin enthalten, Kraft, Adel, Wärme, alles. Ich wünschte, ich hätte es selbst geschrieben.»

«Ich wünschte auch, daß Sie es geschrieben hätten, mein lieber Gentz.» Wilhelmine, wunderschön, in schwarz- und silberdurchwirkter Gaze mit grünen Kameen, griff den Journalisten der guten Sache schroff an. Dann wandte sie sich an Talleyrand: «Ich habe Ihren berühmten Brief noch nicht gelesen, aber wenn er wirklich so gut ist, wie jedermann sagt, kann ich nur bedauern, daß er nicht von einem der alliierten Staatsmänner geschrieben worden ist, sondern daß es gerade der Vertreter Frankreichs sein mußte.» Die wenig taktvolle Bemerkung verursachte verlegenes Gelächter an der Tafel, nicht, weil Wilhelmine ihre alten bekannten Ressentiments gegen die Franzosen ausdrückte und dies noch dazu in der französischen Botschaft, sondern weil ihre Kritik der alliierten Staatsmänner zu sehr den Nagel auf den Kopf traf. Talleyrand küßte lächelnd Wilhelmines Hand, die neben ihm auf der Spitzendecke lag: «Meine arme, liebe Wilhelmine, ich bin Ihnen ein Dorn im Auge, nicht wahr?»

Wilhelmine schmollte: «Ich meine, was ich sage. Es ist nicht gerecht. Ich habe es nicht gern, daß Sie das große Wort führen, nachdem die Franzosen fünfundzwanzig Jahre lang Europa terrorisiert haben. Sind Euer Eminenz nicht meiner Meinung?» Sie lehnte sich an Talleyrand vorbei zu Kardinal Consalvi, der auf seiner anderen Seite saß.

Der Kardinal schluckte den letzten Löffel seines Bisquit de Savoie en sultane. «Ich bin dankbar, daß endlich ein Staatsmann die Sprache fand, die wir alle bei dieser grandiosen Friedenskonferenz hören wollten. Eine Sprache, die zurückgeht zu Humanität und Mäßigung, die vor der langen, dunklen Periode der Gesetzlosigkeit geherrscht haben. Eine Sprache, die den Schwachen Trost bietet und für die Starken eine Herausforderung ist.»

Dorothea nickte heftig. Unter einem rosabrokatenen Umhang trug sie ein weißes Kleid. Ihr Blick, der Talleyrand stolz und kurz liebkoste, blieb nicht unbemerkt in der Tafelrunde. Wilhelmine dachte: Wie stolz sie auf ihn ist, und sie hat ja auch allen Grund dazu. Und der Kardinal: Dies könnte eines Tages für die Kirche wichtig werden. Und Czartoryski: Natürlich hat sie nur wegen Talleyrand so plötzlich mit mir gebrochen. Und Gentz: Wenn alle Frauen wie sie wären und im Manne ihrer Wahl nur das Stärkste und Würdigste lieben, könnte man fast mit Frauen leben... In den Stimmklang mischten sich die Melodien von der Balustrade und das Klappern von Porzellan und goldenem Geschirr. Die Luft war schwer vom Duft der Speisen und Kerzen und des vielfältigen Frauenparfüms. Friedrich von Oheimb suchte zu denken: Hager kann sagen, was er will, ich glaube nicht, daß zwischen meiner Madonna und dem alten Manne da, der gleichzeitig ihr Onkel und Liebhaber ihrer Mutter ist, irgendein Verhältnis besteht. Bewundern mag sie ihn allenfalls; ich bewundere ihn ja schließlich auch aufrichtig.

Um ihr zu gefallen, sagte Friedrich, der von Natur aus viel zu schüchtern war, um Talleyrand unaufgefordert von sich aus anzusprechen, in eine zufällige Pause hinein: «Das Wundervollste an Euer Durchlaucht Brief ist meiner Meinung nach, daß er so klar die Pedanterie der Liberalen widerlegt, mit der jene das Individuum zugunsten einer imaginären großen Volkseinheit einzuschmelzen beabsichtigen. Das ist ja schon allen Naturgesetzen zuwider, denn in der Natur ist alles differenziert und ausgeprägt verschieden. Und schließlich sind ja auch die Nationen nur große Individuen.» Er errötete ob seiner eigenen Kühnheit.

Talleyrand lächelte ihm gütig zu. «Ich freue mich, Baron, daß

Sie gerade hierauf zu sprechen kommen. Ich fürchtete schon, die jungdeutsche Intelligenz huldige ausnahmslos der liberalen Manie für Massen und Gleichmacherei. Sie wissen vielleicht» – er ließ den Blick um die Tafel wandern –, «diese jungdeutsche Intelligenz macht mir Sorgen. Es sind geschichtliche Fatalisten. Sie bejahen eine Veränderung, weil sie stattgefunden hat. Der ‹Rheinische Merkur› spricht sich klar für eine Deutsche Republik aus. Was halten Sie von dem Gedanken, Baron?»

«Ich würde eine Deutsche Republik auch entschieden einer Hegemonie Preußens vorziehen», sagte Oheimb so prompt, daß alle lachen mußten. «Eine preußische Regierung wäre schrecklich für Deutschland. Mag Berlin der Kopf Deutschlands sein, wenn Sie so wollen; aber Wien ist das Herz. Mit einem Kopf allein kann man nicht leben. Und das ist ein neuer Grund, warum der Brief von Euer Durchlaucht so sensationell wirkt, wenn ich mich so ausdrücken darf. Sie haben auch das ganz klar erkannt und verwerten diese Erkenntnis zum Besten Europas.» Wieder errötete er, aber diesmal vor Freude, als er dem zustimmenden Blick Dorotheas begegnete.

«Ihr Lob ehrt mich», sagte Talleyrand nüchtern, «aber es ist auch deprimierend; es verrät die intellektuelle, moralische und geistige Armut des Kongresses, bei dem ein Brief zum Ereignis werden kann, nur weil er von der Tugend handelt.»

Er gab Dorothea ein Zeichen. Sie hob die Tafel auf, und an Czartoryskis Arm führte sie den Weg zum Chinesischen Salon.

«Sie sind so still, mein Freund», Dorothea lächelte zu ihm auf. «Ist etwas nicht in Ordnung?»

«Nichts ist in Ordnung», seufzte Czartoryski. «Sie zum Beispiel. Ich habe Sie noch nie so schön und strahlend gesehen, und dabei waren Sie für mich noch nie so unerreichbar wie heute.»

«Lieber Prinz Adam», sagte sie, von seinem Kummer gerührt. Sie war so glücklich, sie wollte ihn trösten. «Ich verdiene es nicht, Ihnen mehr als ein flüchtiges Bedauern zu verursachen. Ich habe mich schlecht benommen. Ich fühle mich schuldig. Ich kann Ihnen heute nicht mehr sagen. Später vielleicht, wenn wir beide einmal alt sind.»

Er schaute kalt auf sie herunter: «Das meiste kann ich erraten.»

«Können Sie denn nicht verstehen? Können wir nicht Freunde sein? Sie waren meine ganze Liebe, als ich ein Kind war. Ich kann nicht an meine Jugend denken, ohne dabei an Sie zu denken.»

«Und dennoch haben Sie es fertiggebracht, mich zweimal zu enttäuschen.»

«Das erste Mal war es nicht allein meine Schuld. Könnten Sie mir nicht verzeihen? Ich kann nie viel in Ihrem Leben bedeutet haben.»

Er fragte schroff: «Lieben Sie ihn wirklich?»

«Ja, ich liebe ihn.» Gerade in diesem Moment kam der Kardinal auf sie zu, und Czartoryski verließ sie.

Wilhelmine, die von Talleyrand zum Chinesischen Salon geführt wurde, sagte: «Endlich, mon Prince, haben Sie Gelegenheit, ein echtes deutsches Weihnachtsfest zu erleben. Es übertrifft das Ihrige bei weitem. Sie werden doch einen Baum haben, nicht wahr?»

«Aber sicher werden wir einen haben.» Er lächelte. «Einen großen vortrefflichen deutschen Baum für den großen Salon und einen kleinen vortrefflichen deutschen Baum für Dorotheas Wohnzimmer. Sie werden beide sehen, wenn Sie am 24. mit uns soupieren.»

«Duschka wird sie herrlich dekorieren.»

«Dorothea macht alles herrlich.» Er führte Wilhelmine zu einem Sofa, auf dem Pauline und Jeanne, von verschiedenen Herren umgeben, saßen. Dann zog er Gentz in eine Fensternische.

«Mein lieber Chevalier», sagte er leicht, «würden Sie die Güte haben, mich morgen nachmittag zu besuchen – eh? Ich habe vom König ein Weihnachtsgeschenk für Sie als Beweis seiner großen Anerkennung für Ihre Unterstützung. Vierundzwanzigtausend Florins.»

Das kleine, zerknitterte Gesicht des großen Schriftstellers errötete. «Das ist außerordentlich gütig von Seiner Majestät», murmelte er. Er dachte dabei, daß der Kongreß wirklich eine Goldgrube sei. Achtundvierzigtausend Florins hatte er ihm in den letzten zwei Monaten eingebracht, abgesehen von den Summen, die er von Bukarest bekam.

Talleyrand sagte liebenswürdig: «Das Vergnügen, das mir die Unterhaltungen mit Ihnen geben, ist unbezahlbar. Erst gestern sagte Madame de Périgord: ‹Das Beste, was uns in Wien geschehen ist, das ist der Chevalier von Gentz.›«

«Darf ich mir erlauben zu sagen, daß das auf Gegenseitigkeit beruht? Madame de Périgord und Sie, Fürst, sind mein größter Trost in der Wildnis des Kongresses.»

Dorothea saß auf dem Sofa neben dem Kamin. Sie trank Kaffee und unterhielt sich mit dem Kardinal. Plötzlich sagte er mit einem direkten Blick in ihre Augen: «Meine Tochter, vergessen Sie nie, daß es die Sache Ihres Onkels ist, der Welt ein großes Beispiel zu geben. Es hängt ganz von seiner Entscheidung ab, ob dieses Beispiel verabscheuungswürdig oder erbaulich sein wird.»

Dorothea verstand, wo der Prälat hinauswollte; sie antwortete nicht sofort. Was Consalvi meinte, war, daß sie Talleyrands Versöhnung mit der Kirche herbeiführen könnte und sollte – eine Sache, die sie schon lange beunruhigt hatte, obwohl sie bis jetzt noch nicht auf die Idee gekommen war, daß sie etwas dazu beitragen könne. Aber der Kardinal hatte daran gedacht. Für einen Augenblick gab sie sich der Betrachtung eines solchen Erfolgs hin, der ihre Liebe rechtfertigen würde, wenn sie solcher Rechtfertigung überhaupt bedurfte.

«Ich glaube, Euer Eminenz können beruhigt sein», sagte sie dann leise und wandte ihm ihre leuchtenden Augen zu. «Herr von Talleyrand weiß, was er Gott und der Welt schuldig ist.»

Consalvis gefurchtes, kluges Gesicht unter dem scharlachroten Käppchen strahlte sie an: «Gott helfe Ihnen in dieser großen und schweren Aufgabe», sagte er, und als er Talleyrand und Gentz auf sie zukommen sah, fügte er in leichtem Ton bei: «Der Heilige Vater hat Ihren Onkel sehr gern. Er sagte einmal zu mir: ‹Monsieur de Talleyrand! Ah! ah! Gott kann seine Seele haben, aber ich liebe ihn sehr.›»

Dorothea lachte. «Erlauben Sie mir, das meinem Onkel zu erzählen? Es wird ihn glücklich machen ...»

«Was wird mich glücklich machen?» Talleyrand setzte sich auf das Sofa neben Dorothea.

«Später, mein Liebling», flüsterte sie und tat Zucker in seinen Kaffee.

«Ich wünschte, alle wären fort, und ich hätte dich für mich allein», flüsterte er zurück, als er ihr die Tasse abnahm.

«Ich auch, ich auch. Aber du wirst nett sein zu Czartoryski?»

«Natürlich», schmunzelte er. «Jetzt ist es ja leicht für mich, nett zu Czartoryski zu sein. Tatsächlich finde ich es schwer, ihm nicht alles zu geben, was er will.»

«Gut.» Sie lehnte sich zufrieden gegen die dunklen Atlaskissen zurück. Was für eine wohlgelungene Gesellschaft es doch heute war! Die Geschwister, deren blonde Köpfe sich so schön und lebhaft gegen den schwarzen Lack und das Gold der Wände abhoben, sprachen mit Ohcimb über Literatur.

«Bedeutete der Kongreß eine Inspiration für Ihr Schreiben?» fragte Pauline.

«Auf indirekte Art – insofern, als er mich einen tieferen Blick in die Welt tun ließ», sagte Oheimb. «Aber ich fürchte, daß Goethe recht hat. Er schrieb an Madame de Varnhagen: ‹Man kann den Kongreß nicht beschreiben, denn er hat keine Form.›»

«Zumindest», fügte er mit einem hastigen Blick auf Dorothea hinzu, «verdanke ich ihm ein paar Verse an eine junge Dame.»

Wie nett! Dieser junge Dichter ist ein bißchen verliebt in mich, dachte Dorothea und hatte es in der nächsten Minute schon wieder vergessen.

Gentz, Dalberg und Czartoryski, die sich dem Kardinal zugesellt hatten, hörten sich seine Klagen über die düsteren Aussichten des Kongresses an.

«Der Heilige Vater ist schmerzerfüllt über das Gerücht, daß Murat mit einem Teil der Päpstlichen Staaten entschädigt werden soll», sagte der Prälat.

Talleyrand beruhigte ihn: «Ich habe Euer Eminenz gesagt, daß das nur ein Gerücht ist. Murat wird nicht mehr lange da sein.»

«Mein Fürst, ich wünsche, ich könnte Ihre Zuversicht teilen. Jedermann weicht in dieser Sache aus.»

Um von dem peinlichen Gegenstand endlich loszukommen, rief Talleyrand zu Sturgis, der sich von den Kurländerinnen nicht trennen konnte, hinüber: «Wissen Sie schon, Herr Amerikaner, daß Ihr Land binnen wenigen Tagen Frieden mit England schließen wird?»

«Ich habe davon gehört, Durchlaucht», sagte der junge Mann höflich.

«Das ist ein äußerst bedeutungsvoller Friedensschluß – auch für unseren Kongreß, insofern er den Engländern größere Bewegungsfreiheit in Europa gibt. Was die Zukunft anbelangt – ob Sie es nun hören wollen oder nicht, Herr Amerikaner –, die britisch-amerikanische Partnerschaft wird weltweite Bedeutung gewinnen. Sie werden noch einmal an mich denken.»

«Lassen Sie uns einmal nach Amerika reisen, Onkel», sagte Dorothea lebhaft. «Ich möchte das Land gern kennenlernen.»

«Sobald Frankreich mich nicht mehr braucht, können wir zusammen Amerika besuchen», erwiderte Talleyrand, «und Mr. Sturgis hier kann uns dann die Honneurs seines großen Landes machen. Wie, Herr Amerikaner?»

«Aber mit dem größten Vergnügen, Sir, und verlassen Sie sich darauf, der pomphafteste offizielle Empfang wird Ihnen überall zuteil werden.»

«Offizieller Empfang?» und Talleyrand lachte. «Wie die Zeiten sich doch ändern! Vor zwanzig Jahren war ich in Amerika nur der arme politische Flüchtling, zwischen allen Stühlen. Die Intrigen der hochadligen französischen Emigranten hatten bewirkt, daß man mich selbst aus England auswies. Drüben in den Staaten tat dann der Gesandte der französischen Revolutionsregierung wieder sein Bestes, mich hinauszuekeln und einen Keil zwischen mich und General Hamilton zu treiben. Das gelang ihm zwar nicht, aber George Washington hat mich nie vorgelassen; das hat mir immer sehr leid getan, denn ich hätte den großen Mann gern persönlich gekannt.»

Alle Demütigungen hat er schon erfahren, jede Art von Rückschlag, und er hat sie alle überstanden, dachte Dorothea berauscht. Sie sagte mit weicherer Stimme: «Ich möchte sehen, wo Sie damals als armer Flüchtling gelebt haben.»

«Ich werde Ihnen gern Philadelphia und Boston zeigen. Boston gefiel mir eigentlich am besten, denn hier schien man am nächsten an Europa zu sein. Sie sollen auch das kleine Haus in Stone Street sehen, wo ich damals in New York wohnte. Und natürlich gehen wir auch einmal auf die Battery. Sie kennen die Battery, Mr. Sturgis?»

«Oh, selbstverständlich Sir – die Südspitze von Manhattan.»

«Sehr richtig», sagte Talleyrand zu Dorothea. «Dort auf der Battery habe ich eins der merkwürdigsten Erlebnisse meines Lebens gehabt. Ich glaube, ich habe Ihnen noch nicht davon erzählt.»

«Bitte, erzählen Sie es jetzt», bat sie.

«Das war so: Sie haben vielleicht schon den Namen Baumetz gehört, der damals mein unzertrennlicher Begleiter während des amerikanischen Exils war. Wir waren immer zusammen, hatten niemals auch nur den geringsten Streit. Nun sollte ich in ein paar Tagen nach Europa abreisen, und wie gewöhnlich machten wir unsern täglichen Spaziergang auf die Battery. Baumetz war unerklärlich aufgeregt. Ich mußte ihn plötzlich ansehen. Unvermittelt war es mir, als könnte ich in seiner Seele lesen, ich schrie ihn an: Du willst mich umbringen, Baumetz! Du wolltest mich ins Meer werfen. Wagst du es abzustreiten, du Ungeheuer? Und Baumetz gab es zu. Er brach in Tränen aus und umarmte mich abbittend. Ich war immer überzeugt, daß ich an jenem Tage auf der Battery um Haaresbreite dem Tod entgangen bin.»

«Er muß einen Anfall von plötzlicher Geistesverwirrung gehabt haben», sagte Dalberg. «Wurde er später wahnsinnig?»

«Er ging kurz danach mit einem Schiff im Pazifik unter», sagte Talleyrand.

Dorothea sagte schaudernd: «Wenn man sich vorstellt, daß er Sie umgebracht hätte!»

Einige Minuten später gingen die Gäste, die Kurlands mit ihren Begleitern zum Theater, Gentz zu einer Gesellschaft bei den gut zahlenden Rothschilds aus Frankfurt, der Kardinal zu einer kleinen Soirée bei den Arnsteins, wo er vorhatte, Humboldt mit seinen territorialen Sorgen zu befassen.

Talleyrand hatte Czartoryski in sein kleines, walnußgetäfeltes Studierzimmer mitgenommen: «Jetzt können wir ungestört reden.» Er ließ ihn an der anderen Seite des langen Bouletisches Platz nehmen. «Es ist mir immer eine große Freude, Sie zu sehen», fügte er hinzu und meinte es. Wie war es möglich, daß er noch vor einigen Wochen verzweifelt eifersüchtig auf den Polen war?

«Der Zar hat mich gebeten, mit Ihnen zu sprechen», sagte

Czartoryski mit seiner üblichen, düsteren Direktheit. «Er ist sehr aufgebracht über besagten Brief.»

Für einen Moment war es still im Zimmer, nur das Feuer knisterte im Kamin. Eine einzelne gelbe Treibhausrose ließ Blatt um Blatt auf die Papiere fallen und erfüllte die Luft mit einem süßlichen Duft von Verfall. Czartoryski dachte: Dies ist also der Mann, den Dorothea liebt. Zuerst, als er es von Madame de Brionne und den anderen hörte, hatte er es nicht glauben wollen. Und nun war er nur erstaunt, daß er es nicht vorher gewußt hatte.

«Ich bin tief betrübt, daß ich dem Zaren mißfallen habe», sagte Talleyrand.

«Der Zar ist gekränkt über die Kritik, die Sie an ihm üben», erklärte Czartoryski.

«Ist er das – eh?» sagte Talleyrand arglos. «Wenn ich mich recht erinnere, so ist der Zar nur einmal in meinem Brief erwähnt und das in den schmeichelhaftesten Zusammenhängen.»

«Fürst, Sie wissen sehr wohl, daß Ihre Kritik am Zaren in Ihrer moralischen Verdammung der preußischen Annexion von Sachsen enthalten ist.»

Talleyrand sagte nichts. Er klopfte mit seinem Stock auf die langen Schnallenschuhe. Im Moment erfreute sich Czartoryski des höchsten Vertrauens beim Zaren. Er gehörte mit Capo d'Istria und dem Baron Stein zum engsten Kreis, während Nesselrode in Ungnade gefallen war, weil er den Kongreß nicht für die russische Sache gewinnen konnte. Armer Czartoryski! Welch wenig beneidenswerte Aufgabe, seine, Talleyrands Pläne ausfindig machen zu müssen. Nun, er hatte versprochen, zu dem Polen nett zu sein. Er wollte es ihm leichtmachen.

«Was den Zaren besonders kränkt», fuhr Czartoryski nervös fort, «ist Ihre Behauptung, daß es ihm an Prinzipien fehle. Der Zar hat ein Prinzip, und das ist das Wohl der Völker.»

«Das Wohl der Völker – eh?» grollte Talleyrand und vergaß, daß er nett sein sollte zu Czartoryski; er und sein Zar waren zu naiv und zu gefährlich. «Das Wohl der Völker war auch das Prinzip der französischen Revolutionsführer.»

Czartoryski nahm eine Prise Schnupftabak aus einer schönen, diamantbesetzten Dose. Ich kann es nicht mit ihm aufnehmen, dachte er verzagt. In seiner Hilflosigkeit brachte er Alexanders letztes und schwächstes Argument. Er sagte: «Der Zar fürchtet, daß der König von Sachsen, falls er auf dem Thron bleibt, in seinem so reduzierten Land recht unglücklich sein wird.»

«Wie gütig von seiner Majestät, daran zu denken!» Talleyrand lächelte. «Aber warum hat er jetzt nicht Mitleid mit dem König, wo er gefangen ist und ohne Land? Wenn er seinen Thron wieder besteigt, werden wenigstens einige seiner Sorgen behoben sein. Stimmen Sie mir da nicht zu, Prinz Adam?»

Dieser ignorierte die Frage. Talleyrand ist eisern, dachte er. Es hat wirklich keinen Sinn, ihm Alexanders Vorschlag zu unterbreiten. Jedoch dafür bin ich hier. Ohne Überzeugung sagte er: «Der Zar besteht nicht mehr darauf, daß die Preußen ganz Sachsen bekommen, sondern willigt ein, daß der König einen Teil seines Landes behält – die Hälfte seines ursprünglichen Besitzes. Außerdem verspricht Ihnen der Zar seine volle Unterstützung in der Sache Murat.»

Talleyrands Stock beklopfte den langen Schnallenschuh. Armer Czartoryski! Er tat sein Bestes, aber sein Bestes war nicht gut. Er hatte nicht den Teufel im Leib, und den Teufel muß man im Leib haben, um ein guter Diplomat zu sein. Man konnte sogar sagen, daß sein Mut und seine Ehrlichkeit nicht von seiner Intelligenz unterstützt wurden. Merkwürdig, daß das Dorothea nicht aufgefallen war. Aber natürlich war er für sie, wie für die Polen, ein Symbol gewesen.

Talleyrand sagte mild: «Der Zar hat sein Wort in der Angelegenheit Murat schon gegeben, und außerdem hat er genau dasselbe Interesse daran, Murat loszuwerden, wie wir. In diesem Falle kann er gar nicht anders, als auf unserer Seite sein. Was Sachsen anbelangt, so haben wir es auf uns genommen, den König zu bestimmten Gebietsabtretungen zu veranlassen, aber wir können nie so weit gehen, wie der Zar es wünscht. Außerdem» – er sprach mit Ernst und Überlegung – «bin ich gegen eine Verquickung von zwei völlig verschiedenen Fragen wie Neapel und Sachsen; es nimmt zu leicht den niedrigen Charakter eines Handels an.»

Czartoryski krümmte sich innerlich. Er erinnerte sich, wie aufgeregt Alexander am Morgen, bei der Lektüre von Talleyrands berühmtem Brief, gewesen war. «Also – er arbeitet schon an einer Verständigung mit Österreich, oder jedenfalls ist er nahe daran, eine solche Verständigung zu erlangen», hatte Alexander geschrien. «Sie verbünden sich gegen Rußland, Adam. Sie wollen uns isolieren. Und wenn ihnen das gelingt, ist Polen verloren.» Dorothea hatte recht. Keine Frau könnte ihm jemals so viel bedeuten wie Polen. Polen war das Alpha und Omega seines Lebens.

«Haben Sie mit Österreich eine Allianz geschlossen?» fragte Czartoryski geradeheraus.

Talleyrand zog seine Augenbrauen hoch: «Nein», sagte er. Er dachte: Alexander fängt schon an, vor dieser Möglichkeit Angst zu bekommen. Klug von Alexander.

«Würden Sie eine Allianz mit Österreich eingehen, im Fall es zu keiner Einigung wegen Sachsen kommt?» fragte Czartoryski.

Talleyrand lächelte ihn amüsiert an: «Ich würde es bedauern», sagte er zweideutig.

Bald darauf verabschiedete sich Czartoryski kühl; er war viel beunruhigter als zu Beginn der Unterredung.

Allein gelassen dachte Talleyrand: Jetzt weiß Alexander, daß eine österreichisch-französische Verständigung im Gange ist. Er wird also in letzter Minute versuchen, die wackelige Koalition zusammenzuhalten. Jedenfalls ist das Fett im Feuer.

4

«Atmen Sie tief ein!» Dr. Koreff hatte sein Ohr an Friedrich von Oheimbs Brust. Friedrich, der auf dem Sofa lag, atmete gehorsam.

«Gut... Nun atmen Sie wieder wie gewöhnlich!»

Für eine Weile war es ruhig in dem eleganten Wohnzimmer, in dem der berühmte Arzt nur solche Patienten empfing, die ihm paßten. Angeekelt betrachtete Friedrich Koreffs schwarzes Haar. Es war öliges Haar, und Friedrich wünschte, daß Koreff zum Auskultieren ein Tuch über seine Brust gelegt hätte. Sein Arzt in Graz legte in solchen Fällen immer ein Tuch auf seine Brust. Koreff mochte ein großer Arzt sein, aber er nahm es nicht genau.

Friedrich wünschte auch, er hätte sich nicht auf diese Konsultation eingelassen. Frau von Varnhagen hatte ihn dazu überredet. Sie hielt viel von Koreff. Aber was nützte es? Konnte ihm Koreff irgend etwas sagen, was er nicht ohnehin schon wußte?

Dr. Koreff erhob sich: «Sie können sich anziehen.»

Während Friedrich sein feines, weißes Batisthemd anzog, ging der Arzt, die Hände tief in seinem teuren, aber schnupftabakbefleckten Anzug vergraben, hinter ihm auf und ab. Sein kleiner, untersetzter Körper, der unsicher auf besonders kleine Füße gestellt war, machte den Eindruck, als sei er mißgebildet. Er hatte einen zu großen Kopf mit losen, schweren Lippen, eine übermäßig gebogene Nase und fette, pockennarbige Backen. Diese groteske Häßlichkeit, zusammen mit der Anziehungskraft seiner dunklen Augen und seinem Interesse für das Okkulte, seiner erstaunlichen Unterhaltungsgabe und seinen geheimnisvollen magnetischen Kuren, hatte ihm den Ruf eingebracht, ein zweiter Cagliostro zu sein. Trotz seiner abscheulichen Manieren war er der Liebling der Hocharistokratie von Wien, Berlin und Paris. Man sagte, daß einige Damen der höchsten Gesellschaft verzweifelt verliebt in ihn waren.

Warum sagt er nichts? dachte Friedrich, der vor dem Spiegel stand und sein Plastron band. Er weiß, daß ich weiß, in drei oder vier Monaten ist es zu Ende mit mir, und es lohnt sich keine Behandlung mehr. Und plötzlich durchzuckte es ihn: Oder sollte ich nicht einmal mehr drei oder vier Monate vor mir haben? Will er mir das vorsichtig beibringen? Mit einem tapferen Versuch, gleichgültig zu erscheinen, fragte er, ohne sich dabei umzudrehen: «Was ist Ihr Urteil, Doktor?»

«Wann, sagten Sie, haben Sie das letzte Mal Blut gespuckt?» fragte Koreff, Friedrichs Frage ignorierend.

«Vor sechs Wochen.»

«Und Temperatur hatten Sie seit drei Wochen nicht mehr?...» – «Stimmt.» Friedrich zog seine gelbe Atlasweste an.

Mit seiner kleinen weißen Hand, die eine reiche, aber schmutzige Spitzenmanschette halb verbarg, zog der Arzt nachdenklich seine Nase: «Sie sagten mir, daß Sie es arrangiert hätten, wie eine Kerze zu verlöschen, nach ein paar glorreichen Monaten beim Wiener Kongreß. Was meinen Sie mit ‹arrangiert›?»

«Nun», sagte Friedrich heiter und zog seinen tabakbraunen Rock an: «Erstens einmal habe ich eine kleine Erbschaft von meinem Großvater, die habe ich so aufgeteilt, daß sie mir für die Zeit, die mir zur Verfügung steht, gerade reicht. Es ist das einzige Geld, das ich habe, und ich könnte es mir wirklich gar nicht leisten, noch länger als vier Monate zu leben.» Er warf seinen Kopf zurück und lachte wie über einen guten Witz. «Wissen Sie, ich habe mir all die Kleider und Sachen gekauft, die ich mein Leben lang haben wollte.» Und wieder ernst werdend, fuhr er fort: «Aber viel wichtiger sind die Gefühls- und Gedankenarrangements, die ich gemacht habe. Sehen Sie, ich habe durch das Wissen um meinen Tod eine wunderbare innere Freiheit erlangt. Ich bin von allem entrückt und wünsche mir nichts. Alle Menschen um mich herum fürchten sich vor der Zukunft. Die Möglichkeit eines neuen Krieges flößt ihnen Schrecken ein, sie fürchten, daß Rußland zu mächtig wird, daß Bonaparte Unfug in Elba anstellt – um von ihrem eigenen Schicksal in alldem ganz zu schweigen. Nur ich fürchte mich vor nichts. Ich genieße das Leben wunschlos.» Und er schloß herausfordernd: «Ich hoffe, Sie werden mir nicht sagen, daß ich nicht einmal mehr diese drei oder vier Monate zu leben habe. Das hätte ich gar nicht gerne.»

Koreffs dunkle, leuchtende Augen wanderten neugierig über Friedrichs hübsches, erregtes Gesicht. «Setzen Sie sich hierher, Baron.» Er ließ sich auf das Sofa fallen und deutete auf einen Stuhl neben sich. «Und nun wappnen Sie sich für eine Überraschung, einen Schrecken sogar. Es ist so: Ich habe von Ihrer Lunge eine so gründliche Untersuchung angestellt, wie die medizinische Wissenschaft nur zuläßt, und ich konnte keine Spur von Schwindsucht entdecken. Ihre Lunge ist absolut normal.»

Friedrich starrte ihn an. «Aber das ist nicht möglich ... Mein Arzt in Graz ... und dann habe ich alle Symptome von Schwindsucht – Husten, blutigen Auswurf, Fieber ...»

«Sie hatten sie», berichtigte Dr. Koreff.

«Aber die konnte ich doch unmöglich ohne eine kranke Lunge haben, nicht wahr?»

«O doch. Ihr blutiger Auswurf, Ihr Fieber, Ihr Husten konnten durch einen lokal begrenzten Herd verursacht sein – durch einen Abszeß, durch eine geplatzte Ader, durch irgend etwas.

Was auch immer es verursacht haben mag, es ist verschwunden.»

«Aber wie ist das möglich?» stammelte Friedrich.

Koreff zuckte die Schultern. «Alles ist möglich. Was ist denn überhaupt Krankheit? Wie kommt und vergeht Krankheit?» Zungenfertig, laut, grimassenschneidend und ungezwungen gestikulierend fing er an zu reden: «Wenn Sie mich fragen, so sage ich, daß Krankheit Sünde ist, meistens die eigene – manchmal die Sünde früherer Generationen. Es gibt eine Erbkrankheit, sowie es eine Erbsünde gibt.»

Er stand auf und durchschritt das Zimmer, die Daumen im Armloch seines Gilets. «So, wie jedes Alter seine eigenen Krankheiten hat – so hat jede historische Periode eigene Krankheiten. Wenn wir die Geschichte der Krankheiten besser kennen würden, so könnten wir aus ihrem Charakter auf das exakte Alter der menschlichen Rasse schließen. Allem Anschein nach tritt die Menschheit eben in eine gefährliche Periode ihrer Entwicklung ein, denn unsere Krankheiten unterscheiden sich von denen früherer Epochen durch ihren nervösen Charakter. In früheren Zeiten hatte der Organismus mehr Einheit und Kraft; er hatte größere Fähigkeit, die einzelnen Organe den Forderungen der Außenwelt anzupassen. Nun ist diese Einheit zerstört, hauptsächlich durch die Geschlechtskrankheiten, die ganze Generationen vergiften. Der Mensch hat die Einfachheit und die Sicherheit seines Instinktes verloren und ist noch weit entfernt von reiner Vernunft. Je komplizierter und reicher unser äußeres Leben geworden ist, desto verletzbarer ist die Seele geworden. So wie im Menschen nichts Starkes mehr ist, nicht einmal große Laster oder verwegener Egoismus, so gibt es auch keine heftigen Krankheiten mehr. Alles endet in Impotenz. Heutzutage haben alle Krankheiten nervöse Ursachen. Diesen veränderten Umständen ist unsere medizinische Wissenschaft nicht mehr gewachsen. Die medizinische Wissenschaft muß lernen, in die Tiefe zu dringen. Sie muß die Seele, das wirkliche Wesen des Menschen, beeinflussen, denn von da aus greift die Krankheit den Körper an.»

Eine Zeitlang lief er in schwermütiges Schweigen versunken auf und ab. Seinen Patienten beachtete er nicht. Er beneidete die

Ärzte eines späteren Zeitalters, in dem die medizinische Technik die medizinische Philosophie eingeholt haben würde. Schließlich blieb er vor Friedrich stehen: «Wenn die Krankheit von der Seele verworfen wird, hat sie keine Kraft mehr über den Körper. So, sehen Sie, war es ganz gut möglich, daß Ihre Lunge wirklich krank war, daß aber Ihre wesentliche Lebenskraft diese Ihre Sünde erfolgreich bekämpft und die Alleinherrschaft zurückerobert hat. Wie gefällt Ihnen diese Auslegung, Baron?»

Friedrich war viel zu benommen, um Koreffs Theorien zu folgen. «Ich weiß noch nicht», murmelte er. «Ich weiß, ich sollte eigentlich glücklich sein, aber vorläufig bin ich nur betäubt.»

«Entschuldigen Sie sich nicht», sagte Koreff mitfühlend. «Es ist ebenso schwer, sich wieder ans Leben zu gewöhnen, wenn man einmal dem Tod sehr nahe war, als umgekehrt. Aber fürchten Sie sich nicht, Sie werden sich daran gewöhnen. Wissen Sie, daß Sie ein ganz gesunder junger Mann sind?»

«Vollkommen gesund?»

«So gesund und robust, wie man nur sein kann.» Koreff schmunzelte. «Wenn die Kongreßbälle Sie nicht kaputtgemacht haben, dann kann Ihnen nichts etwas anhaben.»

Friedrich erhob sich. «Vielen Dank, Herr Doktor. Darf ich fragen, was ich Ihnen schulde?» fragte er höflich.

«Nichts.» Koreff zuckte die Achseln. «Sie werden den Rest von Großvaters Geld dazu nötig haben, ein neues Leben zu beginnen.» Er schob seine Hand in Friedrichs Arm, als er mit ihm zur Tür ging. «Ich hoffe, daß Sie ein langes, nützliches und erfolgreiches Leben haben werden. Ob Sie allerdings jemals wieder so sorglos und glücklich sein werden, wie während dieser letzten Monate, das ist fraglich.»

«Das fürchte ich auch», sagte Friedrich.

Unten wartete der Wagen auf ihn, den Hager ihm zur Verfügung gestellt hatte. Er rief dem Kutscher zu: «Ich brauche Sie jetzt nicht. Erwarten Sie mich nach dem Frühstück vor der ‹Kaiserin von Österreich›!»

Es war ein kalter Morgen, und der tiefhängende graue Himmel machte den Eindruck, als würde es gleich schneien. Der Duft von Tannen, die auf allen Weihnachtsmärkten verkauft wurden, vermischte sich mit dem Geruch von frisch geröstetem Kaffee, der die Straßen Wiens zu allen Jahreszeiten durchzog. Friedrich, der sein Kinn tief in den braunen Pelzkragen seines schönen beigefarbenen Mantels vergraben hatte, ließ sich von der Menge mitreißen, die das erste friedliche Weihnachten seit Jahren genießen wollte. Er sah nichts und er hörte nichts. Er dachte nur immer denselben Gedanken: Ich werde noch eine unbestimmt lange Zeit leben.

Erst als er, in seiner Wohnung angekommen, das kleine Wohnzimmer betrat, kam ihm die Außenwelt zum Bewußtsein. Er fand den Hauptmann Fréjus in Hemdsärmeln, einen Brief lesend, und mehr Briefe und Papiere waren vor ihm auf dem Tisch ausgebreitet.

«Habe ich es nicht gesagt?» warf ihm Fréjus triumphierend entgegen.

«Was haben Sie gesagt?» Friedrich versuchte, ungezwungen zu sein.

«Daß Frankreich sehr schnell wieder bonapartistisch wird. Hier –» der Hauptmann schwenkte einen Brief – «ist die Geschichte der Verschwörung der Generale in Paris. Denn eine Verschwörung war es, wenn Talleyrand und seine Herren es auch abstreiten. Ich sage Ihnen, daß das der Anfang vom Ende für die Bourbonen ist.»

Als Friedrich den Hauptmann einen bedeutsamen Blick auf Bonapartes Porträt an der Wand werfen sah, hörte er sich in ruhigem und höflichem Ton sagen: «Herr Hauptmann, ich muß Sie bitten, das Bild herunterzunehmen!»

«Warum?... nach all diesen Monaten?...», sagte Fréjus mehr in Verwirrung als in Zorn.

«Ich meine es», entgegnete Friedrich fest, «dieses Bild muß aus dem Zimmer verschwinden, bevor ich vom Frühstück zurückkomme.»

Einen Moment lang war die Luft zwischen den schweren, gewachsten Möbelstücken mit Spannung geladen. Die Narbe quer über dem Gesicht des Franzosen lief scharlachrot an. Er war wütend, aber er war auch erstaunt und unsicher. Was war nur in den netten kleinen Dichter gefahren? Warum wollte er einen Streit vom Zaun brechen? Und beschloß schnell, es nicht zum Streit kommen zu lassen. In einer solchen Zeit mußte man auf Sicher setzen. Der kleine deutsche Dichter war ein zu gutes Aushängeschild. «Wenn Sie das Porträt stört, werde ich es in mein Zimmer hinübernehmen. Aber ist das nicht alles etwas plötzlich?»

Friedrich ging hinaus, ein wenig enttäuscht von der schnellen Unterwürfigkeit des Hauptmanns. In seinem Zimmer zog er Mantel, Hut und Rock aus und hing alles sorgfältig auf. Warum wollte ich nur Streit mit Fréjus anfangen, überlegte er, als er sich auf sein Bett fallen ließ. Ich habe doch immer gewußt, daß es eine Frechheit von diesem Franzosen war, Bonapartes Porträt in unserem gemeinschaftlichen Wohnzimmer aufzuhängen, aber es hat mir nie etwas ausgemacht. Habe ich nur deshalb plötzlich protestiert, weil ich weiß, daß ich leben werde und nicht mit den Behörden in Schwierigkeit kommen will? Mache ich mir schon Sorgen um das, was Hager als meine ‹Karriere› bezeichnen würde? Er versuchte, seinen Gleichmut von vor der Konsultation wiederzuerlangen – aber umsonst. Er sagte sich: Ich werde nie wieder so frei sein, wie ich es in diesen letzten Monaten war. Ich werde wie alle Leute Angst vor der Zukunft haben, vor dem, was sie für die Welt bringt, und vor dem, was sie für mich bringt. Schnell wischte er eine Träne von seiner Wange. Er weinte um den jungen Mann, der er einmal gewesen war – den jungen Mann, dem nur noch wenig Zeit in dieser Welt vergönnt war und der aus diesem Grund furchtlos war. Er dachte: König David hat gewußt, was er tat, als er betete: Herr, laß mich mein Ende wissen und die Zahl meiner Tage, daß ich das Maß meines Lebens kenne.

Die Sicherheit des nahenden Todes, sagte er sich, hat mich zum Halbgott gemacht, und nun, da das Leben sich grenzenlos und verwirrend vor mir ausbreitet, fühle ich mich sterblich. Dann fiel ihm ein, daß er mit Sturgis und Lambesk frühstücken wollte. Er erhob sich, ging zum Waschtisch und wusch sein Gesicht in der geblümten Waschschüssel, dann kämmte er seine Haare und zog seinen tabakfarbenen Rock wieder an. Er besah sich im Spiegel und dachte: Es ist ein Glück, daß ich meine schönen Anzüge habe, ein paar Jahre werde ich schon damit auskommen. Aber die Beruhigung, die in diesem Gedanken lag, konnte einem neuen Ansturm von Sorgen praktischer Natur nicht lange standhalten. Wie sollte er leben? Was sollte aus ihm werden? Er hatte nicht nur sein Erbe vertan, sondern auch das großzügige Gehalt, das Hager ihm bezahlte. Natürlich gab es noch das graue, zugige Familienschloß in der Steiermark, aber wenn er eines sicher wußte, so war es, daß er nicht mehr dorthin zurückkonnte. Für einen Moment dachte er an die langen, ernsten Briefe seiner Mutter. Wenigstens hatte er ihr die Angst um seine Krankheit erspart.

Er seufzte ein bißchen und ging hinaus. Das Wohnzimmer war leer. Über dem Kamin, da, wo Bonapartes Bild gehangen hatte, war ein dunkler Fleck. Und wieder bedauerte er, daß der Hauptmann so prompt auf sein Ansuchen eingegangen war.

Es war noch zu früh zum Frühstücken, und so ging er lässig dahin, beruhigt durch die Anonymität der menschengefüllten Straßen. Er sagte sich, daß er nicht verhungern würde. Hager, beruhigte er sich, wird mir eine Stelle verschaffen; er ist mit meiner Arbeit zufrieden. Trotzdem, wenn der Kongreß einmal zu Ende ist, brauchen sie keine Gesellschaftsinformation mehr, und eine Stelle bei der Geheimpolizei ist keine Basis für eine Existenz. Natürlich hat Hager überall seine Verbindungen; er kann mich irgendwo anders unterbringen. Auch Herr von Gentz kann nützlich sein. Wenn ich es richtig überlege, so habe ich in Wien doch ein paar ganz gute Beziehungen angeknüpft. Trotzdem wird jede Stelle, die ich bekommen kann, zu schlecht bezahlt sein, um es mir zu ermöglichen, im selben Stil weiterzuleben wie bisher.

«Kann Er nicht sehen, wohin Er geht? Oder muß Er zu Weihnachten ausgerechnet Selbstmord begehen?» rief ihm ein Fiakerkutscher zu, als Friedrich ihm fast vor die Pferde lief. Er sprang hastig beiseite und lachte verlegen für die Umstehenden, die ihn neugierig ansahen. Als er glücklich auf der anderen Seite des Kohlmarktes angelangt war, nahm er seine entmutigenden Gedanken wieder auf. Es wäre sehr langweilig, arm zu sein, nachdem man wie ein großer Herr gelebt hatte, mit einem Wagen, den besten Kleidern und genügend Geld, um all das zu tun, was die Gesellschaft von einem erwartete. Er wußte, daß er weder die Demut noch die Selbstgenügsamkeit hatte, um als armer Beamter glücklich zu leben und Gedichte zu schreiben. Andererseits hatte er auch nicht die Ambition und die Energie, die Armut als Sprungbrett zum Erfolg zu benutzen. Ja, wenn er Talleyrand wäre! Talleyrand – er hatte es ihn selbst sagen hören – beschloß, reich und mächtig zu werden, als er noch ein armer, unglücklicher Junge im Seminar von Saint Sulpice war, und nichts konnte ihn von diesem Entschluß abbringen. Aber ich habe nicht die Fähigkeiten eines solchen Mannes, gestand er sich selbst. Im Grunde bin ich ein recht gewöhnlicher Kerl, und nur eine Fehldiagnose hat mich aus meiner mittelmäßigen Existenz vorübergehend herausgerissen und mich in die große Welt Europas geschleudert. Er war ein bißchen stolz darauf, daß er wenigstens keine Illusionen über sich hatte. Aber dieser Stolz war zu negativ, um seine sich immer mehr vertiefende Depression aufzuheben. Ich bin verwöhnt, dachte er angewidert. Die letzten drei Monate haben mich verwöhnt; sie waren leuchtend, ohne Anstrengung und ohne Verantwortung dahingegangen. Ich habe das Leben wie ein herrliches Abenteuer genossen, das direkt ins Nichts führt, und jetzt scheue ich die langweilige Tretmühle des Alltags .

«Was ist mit Ihnen los, Baron?» hörte er eine amüsierte Frauenstimme. «Sie stolpern ja fast über Ihre Freunde, ohne sie zu sehen.»

Er wandte sich um. «Sie sind es, Madame», sagte er in glücklicher Verwirrung.

Dorothea stand, in ein langes graues Pelzcape gehüllt, vor der schwarz und goldenen Fassade von Bauers Zuckerbäckerei. Ein Lakai, mit vielen Paketen beladen, harrte im Hintergrund. Sie nahm Friedrichs Arm.

«Kommen Sie mit mir. An solch einem glücklichen Morgen ist es nett, Gesellschaft zu haben, das heißt, wenn Sie nichts Besseres zu tun haben.»

«Was könnte es Besseres geben», sagte Friedrich und meinte es.

Sie schlenderten zusammen weiter, blieben vor jeder Auslage stehen und aßen Marzipankartoffeln aus einer Tüte, die Dorothea in ihrem Muff hatte.

«In Paris sind die Läden viel geschmackvoller», sagte sie, «aber die Wiener Läden sind lustiger in ihrer Vielfalt. Schauen

Sie!» Sie sah bewundernd in ein Fenster, das voll von riesigen Schinken und Würsten hing. «Ich liebe Würste und bekomme nie welche. Carême hält nichts von Würsten.»

«Lassen Sie uns hineingehen und welche kaufen», bot er an, denn er wußte, daß sie das gerne wollte.

«Ja, das wollen wir.» Sie strahlte.

Nachdem sie in dem überfüllten Laden gewartet hatten, bis die Reihe an sie kam, bestellte Dorothea: «Ich möchte eine dieser kleinen Leberwürste und ein Viertelpfund aufgeschnittenen Schwartenmagen.»

Als der Metzger das Fleisch einwickelte, erklärte sie Friedrich: «Ich bin überzeugt, daß mein Onkel noch nie im Leben Schwartenmagen gegessen hat. Er wird ihn zum Frühstück bekommen.»

«Ich kann mir Seine Durchlaucht nicht Schwartenmagen essend vorstellen.» Friedrich legte einige Münzen auf den Ladentisch. «Oh, er wird ihn schon gerne mögen. Er wird sagen» – und vergnügt imitierte sie Talleyrand – ‹Madame, welch neue deutsche Schrecklichkeit ist das – eh?› Und dann wird er es sich schmecken lassen. Ich werde ihm sagen, daß Sie die Wurst für ihn gekauft haben.» Sie nahm wieder seinen Arm, und sie verließen den Laden.

Friedrich, der durch Dorotheas unerwartetes Erscheinen vergessen hatte, weiter über sich nachzudenken, überlegte: Wie geschmackvoll von ihr, daß sie wegen der paar Kreuzer, die ich bezahlt habe, kein Getue macht, aber doch mit einem freundlichen Wort andeutet, daß sie es bemerkt hat. Natürlich bin ich für sie nur ein ganz annehmbarer Statist der Wiener Szene, aber das macht nichts. Plötzlich brachen die neuen Umstände seines Daseins wieder bestürzend in sein Bewußtsein: Solange er nur noch ein paar Monate zu leben hatte, war es für ihn selbstverständlich gewesen, sie nur ab und zu zu sehen, aber jetzt war alles anders. Ihre Unerreichbarkeit, die sein Vergnügen mit Melancholie würzte, solange der Tod an der Ecke lauerte, war jetzt, da sich ein langes Leben vor ihm ausdehnte, ein bohrender Schmerz. Wie konnte er nur Jahre und Jahre ertragen, ohne von Madame de Périgord bemerkt zu werden, vielleicht ganz von ihr vergessen zu werden, wenn sie einmal wieder in Paris war?

«Ich muß noch mein Weihnachtsgeschenk für Herrn von Talleyrand bei Riedl am Hohen Markt abholen», sagte Dorothea. «Es war mir für heute versprochen worden.» Indem er ihr reizendes Profil beobachtete, das vom grauen Pelz ihrer Mütze umrahmt war, sagte er mechanisch: «Es muß schwer sein, einem Mann wie dem Fürsten, der alles hat, ein Geschenk zu machen.»

«Nein, es ist ganz leicht. Bücher freuen ihn immer. Er ist ein leidenschaftlicher Leser. Er liest Philosophie, Politik, Theaterstücke, Romane, die Klassiker, Theologie, Ökonomie, Gedichte – alles. Sie werden es nicht glauben, aber er verbringt ganze Nächte, Gedichte lesend. So ist ihm jedes neue Buch wie ein Abenteuer willkommen, und besonders liebt er schöne und seltene Ausgaben. Während der Revolution mußte er seine ganze Bibliothek verkaufen, aber nach seiner Rückkehr aus dem Exil hat er von neuem angefangen zu sammeln. Sie sollten ihn in seiner Bibliothek in der Rue Saint Florentin sehen, wie er die Bücher mit verständnisvoller Zartheit behandelt, als seien sie Lebewesen, Vermittler von Ideen.»

Sie gingen jetzt schnell und achteten nicht mehr auf die Auslagen.

Er dachte: Sie sieht schon strahlend glücklich aus, wenn sie nur von ihm redet. Ich würde einen solchen Ausdruck nie auf ihr Gesicht zaubern können. Er sagte: «Sie schenken dem Fürsten also Bücher zu Weihnachten.»

«Nein, ich schenke ihm etwas anderes. Es ist für uns ein ganz spezielles Weihnachten.» Und in dem Gefühl, daß sie vielleicht zuviel gesagt hatte, fuhr sie schnell fort: «Unser erstes Weihnachten ohne Bonaparte. Wenn ich nur daran denke, wie besorgt ich noch vor einem Jahr war. Es war klar, daß nach dem schrecklichen Feldzug von 1813, als die alliierten Armeen dicht vor einer Invasion in Frankreich standen, das Kaiserreich zusammenbrechen mußte. Aber wie würde der Zusammenbruch kommen? Wenn Bonaparte am Ruder bliebe – und die Alliierten spielten damals mit der Idee, ihn am Ruder zu belassen –, konnte er furchtbare Rache an Monsieur de Talleyrand nehmen, weil dieser sich seiner wahnsinnigen Politik widersetzt hatte. Und, falls Bonaparte unterging, würde er dann Herrn von Talleyrand mit sich ziehen? Trotz der unschätzbaren Dienste, die mein Onkel der Koalition geleistet hatte, konnte man ganz und gar nicht sicher sein, daß die Sieger ihn anerkennen würden. Man weiß nie, wie Sieger sich benehmen. Das war der Grund, warum ich letzte Weihnachten furchtbare Angst um Monsieur de Talleyrand hatte.» In dem Gefühl, daß das auch noch nicht das richtige war, fügte sie schnell hinzu: «Und um meine eigene Familie. Ich hatte ein Baby – mein zweites – gerade zehn Tage vorher, und ich habe mich oft gefragt, ob das die richtige Zeit war, um Kinder in die Welt zu setzen.»

«Ich glaube, darüber haben Frauen nachgedacht, solange die Welt besteht.»

«Möglich, aber dieses Weihnachten ist viel besser als das letzte. Es ist sicherlich das glücklichste Weihnachten meines Lebens.» Sie drückte impulsiv seinen Arm. «Ich hoffe, Baron, daß Sie auch glücklich sind. Ich möchte, daß jedermann glücklich ist.»

Er unterdrückte einen plötzlichen Wunsch, ihr von seinem Besuch bei Koreff zu erzählen. Er hatte ihr nie von seiner Krankheit erzählt, und er fand es nicht richtig, sie gerade jetzt mit seinen Problemen zu belasten. «Ich sollte eigentlich heute sehr glücklich sein», sagte er nüchtern.

«Ich glaube auch, daß Sie das sein sollten. Es muß wundervoll sein, ein junger Mann zu sein und tun zu können, was man will. Als ich noch ein Kind war, habe ich meine englische Gouvernante immer geärgert, indem ich betete: Und bitte, lieber Gott, laß mich morgen als Junge aufwachen.»

Sie lachten, und Friedrich sagte: «Ich bin froh, daß der liebe Gott diesen Wunsch nicht erfüllt hat, und ich nehme an, daß Sie sich inzwischen auch damit abgefunden haben.»

«Ja, so ziemlich», sagte sie verträumt. «Es gibt Kompensationen dafür, daß man eine Frau ist. Trotzdem würde ich gerne an meinem vierzigsten Geburtstag ein Mann werden, wenn das möglich wäre. Als eine Art Beförderung, wissen Sie. Alle intelligenten und erfahrenen Frauen sollten Männer werden dürfen, wenn sie im Alter den Wunsch dazu haben.»

Er neckte sie. «Eine gute Idee. Nun, da Sie es erwähnen, wundert es mich, daß der liebe Gott nicht schon lange darauf gekommen ist.»

«Sie sind sehr verständnisvoll, Baron.» Sie machte eine kleine Grimasse. «Nicht jeder ist das. Monsieur de Talleyrand zum Beispiel findet, daß meine Idee sehr unfair ist. Der ‹Mann durch Beförderung›, sagt er, würde dem ursprünglichen Mann gegenüber alle Vorteile haben, indem er aus eigener Erfahrung weiß, was Frauen wollen.»

Friedrich sagte: «Ich verstehe, was der Fürst meint.» Er dachte: Sie ist das bezauberndste Geschöpf der Welt. Wie werde ich mich je in eine dieser faden Baronessen verlieben können, die es mein Los sein wird zu heiraten?

Als Dorothea den Laden betrat, ließ Herr Riedl, ein fetter kleiner Mann, den Kunden, den er gerade bediente, stehen und kam sofort auf sie zu.

«Die Uhr für Euer Gnaden ist fertig. Es ist die schönste Uhr, die ich je gemacht habe.» Er schob ihr strahlend einen Stuhl hin.

«Gut», sagte Dorothea. «Ich kann es nicht erwarten, sie zu sehen.»

Als Herr Riedl davoneilte, nahm sie ein kleines Notizbuch aus ihrem Muff und strich verschiedene Namen von einer langen Liste. «Ich bin mit meinen Einkäufen fast fertig», sagte sie zufrieden.

Ich wünschte, ich könnte ihr etwas zur Erinnerung geben, dachte Friedrich, als er die Broschen und Nadeln in den Schaukästen sah. Aber ich bin zu arm und sie hat sowieso alles. Seinem Blick folgend fragte Dorothea: «Mögen Sie solche Sachen, Baron?»

«Ja. Ich würde alles in Reichweite kaufen, wenn ich könnte.»

«Würden Sie wirklich? Ich selbst mag keine Sachen. Ich finde, sie verstopfen einem das Leben. Das kommt wahrscheinlich daher, daß ich als Kind zuviel davon um mich herum gesehen habe. Mein Vater war ein großer Sammler. Er konnte einem schönen Stück nie widerstehen, ob es ein großer Gobelin oder eine kleine Schale aus Lapislazuli war. Alle Paläste der Kurlands sind zum Bersten voll von Kunstgegenständen, viele von meinem Großvater erworben. Aber ich wollte immer nur wenige Sachen um mich haben, und auch nur solche, die persönlichen Wert durch den Gebenden haben oder die an ein bestimmtes Ereignis erinnern. Monsieur de Talleyrand sagt, daß das eine meiner jakobinischen Eigenschaften sei.»

Sie lachten, und dann kam Herr Riedl zurück. Spannung lag in der Luft, als er ein Lederetui öffnete und ihr die glitzernde Uhr triumphierend entgegenhielt. Dorrothea nahm sie und hielt sie in ihrer graubehandschuhten Hand. Mit Sorgfalt studierte sie das verschlungene Monogramm auf dem leicht gewölbten Deckel.

«Sehr hübsch», lobte sie den Juwelier. «Sie haben sich selbst übertroffen.»

«Es ist nichts im Vergleich zum Inneren.»

Dorothea ließ die Uhr aufschnappen und besah sie kritisch.

«Herr Riedl, Sie haben gute Arbeit geleistet.» Sie zeigte Friedrich die Uhr: «Glauben Sie, daß mein Onkel sich freuen wird?»

In den Uhrdeckel eingelassen war eine Miniatur von Dorothea, die sie in einem sehr tief ausgeschnittenen weißen Kleid zeigte, als einzigen Schmuck ein Band aus Rubinen in den hochgekämmten Haaren.

Friedrich sah vom Porträt auf das Modell und wieder zurück: «Es hat eine wunderbare Ähnlichkeit mit Ihnen», bemerkte er endlich. «Es hat das geheimnisvolle Lächeln, das nur in den Augen sitzt. Ich hätte nicht gedacht, daß ein Maler es in einem so kleinen Bild festhalten könnte.»

«Isabey kann das. Er hat mich schon ein paarmal gemalt, aber auf den früheren Bildern sehe ich etwas melancholisch aus. Das ist das erste Mal, daß er mich glücklich gemalt hat, wahrscheinlich, weil er mich das erste Mal glücklich gesehen hat.»

«Seine Durchlaucht wird entzückt sein», sagte der Juwelier überschwenglich. «Er wird nie mehr eine andere Uhr tragen.»

«Das wäre auch noch schöner.» Sie lachte, und während der Juwelier sein Werk einpackte, sagte sie zu Friedrich: «Ich möchte, daß Monsieur de Talleyrand ein glückliches Bild von mir bei sich trägt. Wissen Sie, während der langen, ermüdenden Konferenzen schaut er oft heimlich auf die Uhr. Es wird ihm guttun, wenn er mich lächeln sieht und dann weiß, daß ich zu Hause bin und auf ihn warte.»

Als Friedrich einige Minuten später in das sogenannte Kabarett der ‹Kaiserin von Österreich› kam, erschraken Lambesk und Sturgis über seine krankhafte Blässe. «Was ist mit Ihnen los?» fragte ihn der Amerikaner in seiner direkten Art. «Sie sehen furchtbar aus.»

«Wirklich? Wahrscheinlich bin ich hungrig.» Friedrich setzte sich auf seinen Platz und grüßte zu Gentz hinüber, der mit dem Historiker Adam Müller und dem Journalisten Pilat am nächsten Tisch saß. «Nudelsuppe, Schnitzel und einen ‹Gespritzten›», bestellte er gleichgültig bei dem Kellner.

Er war verspätet, und seine Freunde hatten angefangen, ohne ihn zu essen. Sie hatten die Gewohnheit angenommen, zusammen zu frühstücken, wenn gerade nichts anderes zu tun war. Ihre Zusammenkunft hatte einen informellen Charakter. Eigentlich war es Sturgis, der das Band zwischen dem französischen Flüchtlingsprinzen und dem deutschen Poeten bildete. Sowohl Lambesk wie Friedrich waren von dem Amerikaner fasziniert.

«Soviel ich gehört habe, besteht nicht die geringste Aussicht, daß die Emigranten ihren Besitz in Frankreich zurückbekommen.» Sturgis nahm die Unterhaltung da auf, wo Friedrichs Kommen sie unterbrochen hatte. «Die Zwangsverkäufe des Aristokratenbesitzes während der Revolution werden von der Charte gesetzlich anerkannt.»

«Das habe ich meiner Urgroßmutter hundertmal gesagt, aber sie will nicht auf mich hören.» Lambesk seufzte. «Sie kann es einfach nicht verstehen, daß die Wiedergutmachung fünfundzwanzig Jahre alten Unrechts neues Unrecht schaffen würde.»

«Hat sie dem Baron Béglas Geld gegeben?» fragte Sturgis.

«Ja, zehntausend Florins zur Deckung seiner Spesen. Viele Refugiés haben das getan. Irgendwie hat er sie davon überzeugt, daß die Wiedergutmachung eine Angelegenheit des Schmierens ist. Ich weiß nicht, woher meine Urgroßmutter das Geld hat. Sie muß ihre Juwelen versetzt oder verkauft haben.»

«Dieser Béglas nimmt es wirklich von Witwen und Waisen», sagte Sturgis.

«Ich könnte ihn dafür töten, daß er die Schwäche einer alten Frau ausnutzt. Wenn er noch hier wäre, würde ich ihn zwingen, das Geld zurückzugeben. Aber Madame de Brionne erzählte mir von der Sache erst, nachdem er schon fort war.»

Sturgis dachte einen Moment nach. Dann sagte er: «Warum reden Sie nicht mit Herrn von Talleyrand darüber? Er hat immer mit Ouvrard Geschäfte gemacht, und so anrüchig dieser Béglas auch ist, hat er doch irgendwelche Beziehungen zu Ouvrard. Ich habe das herausgefunden. Talleyrand kann einen Druck auf Ouvrard ausüben, so daß dieser wieder einen Druck auf Béglas ausübt, wissen Sie...»

Friedrich versuchte, sich auf die Unterhaltung zu konzentrieren, aber der Name Talleyrand versetzte seine Gedanken zurück zu der Szene im Juwelierladen. Als er automatisch seine Suppe aß, sann er jedem Wort und jeder Bewegung von Dorothea nach. «Ich möchte, daß Herr von Talleyrand ein glückliches Bild von mir mit sich herumträgt... ich möchte, daß er sich daran erinnert, daß ich zu Hause auf ihn warte.»

Nein, es konnte nicht länger bezweifelt werden, daß seine Madonna die Geliebte ihres Onkels, des Liebhabers ihrer Mutter, war. Wie würde Hager lachen, wenn er es endlich zugab. Aber er würde es nie zugeben.

Der Kellner stellte das Schnitzel vor ihn hin, aber er konnte nicht essen.

«Alles, was Napoleon wollte», Lambesk sprach jetzt von seinem Helden, «war die Vereinigung Europas. Sie, als Amerikaner, müssen doch verstehen, daß Europa diese Vereinigung braucht.»

«Bedauerlich, daß er es mit Gewalt versucht hat», sagte Sturgis.

«Jede neue Ordnung kann nur mit Gewalt geschaffen werden», sagte Lambesk ungeduldig. «Schließlich habt ihr Amerikaner die Engländer auch mit Gewalt hinausgeworfen.»

«Aber wir haben gewonnen», sagte Sturgis schlicht.

Friedrich, der seine Sorgen für einen Moment vergaß, warf seinen Kopf zurück und lachte: «Hier spricht der Sohn der Neuen Welt.»

«Nun», bemerkte Lambesk gut gelaunt, «jedenfalls haben wir Sie von ihrem Weltschmerz kuriert, Oheimb. Nimmt Weihnachten Sie so mit?»

Friedrich trank seinen ‹Gespritzten› und sagte: «Gar nicht. Weihnachten ist sehr nett.» Er beschloß, an der Unterhaltung teilzunehmen; das würde ihn von seinen Sorgen ablenken.

«Wenn ich nur wüßte, was ich allen schenken soll», vertraute Sturgis den anderen an. «Von uns Junggesellen wird doch erwartet, daß wir all unseren Gastgeberinnen Geschenke machen. Nicht wahr? Was schenken Sie, Oheimb?»

«Ich schenke meistens mein Buch, und denen, die mein Buch schon haben, schenke ich Blumen.»

«Ich schenke Süßigkeiten», verkündete Lambesk, «nur kaufe ich sie nicht, ich nehme sie von meiner Urgroßmutter. Sie bekommt so viele geschenkt, daß sie es nie bemerkt; es ist sehr billig.»

Sie lachten, und Friedrich dachte: Die große Welt ist nur von außen groß, von innen besehen ist sie genau wie jede andere Welt auch – viel Heuchelei und Als-ob. Es fiel ihm ein, daß ihm so ein Gedanke vor seinem Besuch bei Dr. Koreff nie gekommen wäre. Aber nun, da er sich als einen ziemlich dauerhaften Gast auf dieser Erde ansehen mußte, wurde er kritisch und verabscheute sich dafür.

«Wenn Sie den Damen Bücher schenken wollen, Sturgis» – er versuchte freundlich zu sein –, «könnte ich Sie vielleicht beraten. Wir könnten nach dem Essen in einen Buchladen gehen.»

«Das wäre mir eine große Hilfe», sagte der Amerikaner dankbar, «aber es ist eine Last für Sie.»

«Gar nicht», sagte Friedrich. «Ich habe Geschmack am Einkaufen gefunden, als ich heute morgen Madame de Périgord auf einer Einkaufstour begleitete.»

«Ah, Sie haben unsere Dorothea gesehen», sagte Lambesk interessiert. «Wie geht es unserer Dorothea heute?»

Friedrich wurde kühl. «Ich weiß nicht, ob die in Frage stehende Dame Ihre Dorothea ist. Sicherlich ist sie nicht ‹unsere› Dorothea, denn für mich ist sie Madame de Périgord.»

«Mein lieber Freund», sagte Lambesk nachlässig, «sie wissen sehr wohl, daß man in Wien alle Frauen beim Vornamen nennt – sogar ins Gesicht und ganz gewiß hinter ihrem Rücken. Also, warum kommen Sie mir auf einmal so zeremoniell? Erzählen Sie mir lieber, was unsere Dorothea gekauft hat!»

Friedrich errötete und wandte sich von dem lachenden Gesicht des jungen Franzosen ab. Er fühlte eine blinde Wut in sich höchsteigen, von der er aber im selben Moment auch schon wußte, daß sie nichts mit Lambesk zu tun hatte.

«Nun, wenn Sie mir nicht erzählen wollen, werde ich raten müssen», scherzte Lambesk. «Ich glaube, daß Dorothca ein Liebeselixier gekauft hat, das sie ihrem Onkel in seinen Thé de menthe träufelt.»

Friedrich sprang so heftig auf, daß sein Stuhl umfiel. Er lehnte sich über den Tisch, und zitternd, mit weißem Gesicht, zischte er Lambesk an: «Nehmen Sie das sofort zurück!»

Viele Gäste sahen neugierig zu ihnen hinüber.

«Um Gottes willen, Oheimb, was ist in Sie gefahren? Können Sie keinen Spaß verstehen?» Sturgis war bestürzt.

Lambesk sah Friedrich amüsiert an. «Es gibt nichts zurückzunehmen», sagte er freundlich.

«Sie sind ein Hundsfott – ich fordere Sie», sagte Friedrich, drehte sich um und ging hinaus.

Noch während er diese Worte sagte, wußte er, daß das, was zwischen Madame de Périgord und ihrem unergründlichen Onkel war, weder durch Lambesks harmlose Bemerkung noch durch seine eigene stürmische Verteidigung berührt werden konnte: daß sie es sicher als große Unverschämtheit ansehen würde, wenn ein junger, unbekannter Mann für ihre vermeintliche Ehre kämpfen würde; daß sie ihm nie vergeben würde, wenn er einen Skandal um sie und Talleyrand verschuldete – noch dazu während des Kongresses; daß sie ihn für immer verabscheuen würde, falls er Lambesk tötete. Im selben Moment wurde ihm noch etwas klar, nämlich, daß Madame de Périgord in Wirklichkeit wenig mit seinem Entschluß zu tun hatte; er hätte schon Fréjus über Bonapartes Porträt gefordert, wenn der Hauptmann ihm die Chance gegeben hätte; daß ihre Ehre nur ein Vorwand war, an den er sich in einer Verzweiflung geklammert hatte, die seit Koreffs Diagnose immer größer und größer in ihm wurde. Und er wußte, daß der wahre Grund, der ihm ein Duell suchen ließ, der Wunsch war, den Ungewißheiten eines langen Lebens und der obskuren Mittelmäßigkeit, die er für sein Schicksal hielt, zu entgehen.

Am nächsten Morgen um 8 Uhr trafen sich Lambesk, Sturgis und Friedrich auf einer hübschen, kleinen Wiese nahe der Donau, ungefähr eine halbe Meile von dem Weg entfernt, wo sie ihre Pferde, Wagen und einen Chirurgen gelassen hatten. Sturgis hatte diese Wiese gewählt, weil sie von hohen Büschen umgeben war und daher abgeschlossen von der Außenwelt. Da die österreichischen Gesetze gegen das Duellieren außerordentlich streng waren, war Zurückgezogenheit besonders wichtig. Die Luft war still und sehr kalt, und der weiße, unberührte Schnee, der die ganze Nacht hindurch gefallen war, knirschte unter Sturgis' Füßen, als er langsam die zwölf Meter abmaß, die die Widersacher trennen sollten.

Lambesk, der an einem Rand der Wiese auf und ab ging, rief: «Können Sie sich nicht etwas beeilen, wir werden noch erfrieren, bevor wir die Möglichkeit haben, uns zu töten.»

«Es tut mir leid, Prinz», sagte Sturgis kurz, «aber ich habe die Verantwortung für die Anordnungen.» Und eigensinnig lief er die Entfernung ein zweites Mal ab.

Die Notwendigkeit, das Geheimnis zu wahren, hatte Lambesk und Friedrich bewogen, nur einen Sekundanten für sie beide zu nehmen – Sturgis. Und obwohl der Amerikaner die Angelegenheit widersinnig fand, konnte er seinen Freunden diesen Dienst nicht versagen. Da er Protestant war, konnte er wenigstens der Gefahr der Exkommunikation entgehen, die die katholische Kirche nicht nur über die Hauptperson, sondern auch über die Sekundanten eines Duells verhängte. Im Fall eines fatalen Ausgangs konnte er natürlich auf etliche Jahre mit dem überlebenden Duellanten in eine Festung gesperrt werden. Sturgis war aber ganz zuversichtlich, daß die Sache kein fatales Ende nehmen würde, sondern daß das Duell in letzter Minute noch abgesagt würde.

Nach erfolglosen Versuchen, seine Freunde wieder zu versöhnen – Versuche, die er bis tief in die vergangene Nacht wiederholt und noch diesen Morgen in aller Frühe wiederaufgenommen hatte –, mußte Sturgis sich endlich dazu entschließen, einen ganz unorthodoxen Schritt zu tun, aber den einzigen, der Erfolg versprach. Bevor er zum Rendezvous gefahren war, hatte er einen Brief für Dorothea im Palais Kaunitz abgegeben und dem

Lakaien eingeschärft, daß es sich um eine Sache auf Leben und Tod handle und der Brief trotz der frühen Stunde sofort der Gräfin zu übermitteln sei. In diesem Brief erwähnte er nur kurz den albernen Streit, der ihretwegen in der ‹Kaiserin von Österreich› ausgebrochen war, und schlug vor, daß sie sofort eine Respektsperson schicken sollte – er dachte an Dalberg oder La Tour du Pin, die beide im Palais Kaunitz wohnten –, um einen Kampf zu verhindern, der für alle Beteiligten die ernstesten Konsequenzen haben könnte. Wohlüberlegt fügte er einen kleinen Plan bei, der ihrem Abgesandten das Auffinden der Wiese erleichtern sollte. Aber trotz dieser Maßnahmen war Sturgis unruhig. Angenommen, Madame de Périgord bekam den Brief nicht rechtzeitig; angenommen, sie würde nicht danach handeln...

Lambesk fegte den Schnee von einem Baumstumpf und setzte sich. Er gähnte und überlegte sich, ob Oheimb wohl ein guter Schütze sei und ob er wohl wirklich versuchen würde, ihn zu töten. Da er sich selbst nicht tot vorstellen konnte, hatte er keine Angst. Er jedenfalls hatte nicht die geringste Absicht, Oheimb zu töten. Er hatte Oheimb gerne, obgleich sich dieser plötzlich wie ein Narr benahm. Er würde jedenfalls vorbeischießen. Welche Farce doch so ein Duell war.

«Haben Sie in Amerika auch Duelle?» rief er Sturgis zu.

«Ja, die haben wir», rief Sturgis zurück. Er steckte seinen Spazierstock in den Schnee, um eine Grenze zu markieren. «Unsere besten Männer haben sich duelliert. Sie wissen doch, General Hamilton, Talleyrands Freund, wurde in einem Duell getötet.» Er tat so, als ob er den Stock fester in den Boden steckte. Wie taktlos von ihm, Talleyrand hier zu erwähnen.

«Ich dachte, Sie hätten drüben mit solchen Belastungen aus der Vergangenheit, wie es Duelle doch sind, Schluß gemacht», sagte Lambesk.

«Um Gottes willen, lassen Sie uns endlich anfangen», ungeduldig rief es Friedrich von dem entgegengesetzten Rand der Wiese.

«Gut.» Sturgis ging ohne Eile zum anderen Ende der zwölf Meter, wo er Friedrichs Stock in den Schnee steckte.

Friedrich ging auf und ab, sein Kinn tief im braunen Pelzkragen vergraben. Er hatte wie ein Baby geschlafen, ein großes

Frühstück zu sich genommen, genau wie Homers Helden vor der Schlacht; er hatte auch keine Abschiedsbriefe geschrieben. Er war mit sich selbst zufrieden. Wie hübsch die Büsche aussahen mit ihren fetten, kleinen Schneekissen, wie weiß, wie unschuldig der Schnee war! Er nahm eine Handvoll davon von einem Ast und aß ihn gierig. Es konnte sein, daß er solchen Schnee nie wiedersehen würde; es konnte sein, daß er nie mehr solch einen Morgen erleben würde; so neu und frisch und leicht. Eine Welle des Bedauerns überkam ihn. An diesem Morgen fiel es ihm schwer, die wütende Verzweiflung von gestern wiederzugewinnen. Gestern mußte er besessen gewesen sein – besessen von einer Leidenschaft für den Tod. Jetzt war er nüchtern. Er wollte eigentlich nicht mehr sterben, aber er fürchtete den Tod auch nicht.

Die Sonne kam durch den trübverhangenen Himmel. Es war sehr still. Sturgis lud die Pistolen, heimlich auf Geräusche horchend, sei es von einem Wagen oder von Pferden. Dorotheas Bote müßte jetzt eigentlich hier sein. Etwas konnte nicht stimmen.

«Nun, sind wir endlich fertig?» rief Lambesk von seinem Wiesenende aus.

«Ich glaube», sagte Sturgis und hielt linkisch die zwei Schußwaffen. «Darf ich Sie beide bitten, einen Moment hier herüber zu kommen?» Als Lambesk und Oheimb verbindlich näher kamen, begann Sturgis nervös zu reden. Es war mehr ein Versuch, noch Zeit zu gewinnen, als daß er Hoffnung gehabt hätte, die beiden zu überzeugen. «Meine Herren, ich würde meine Pflicht als Ihr einziger Sekundant nicht erfüllen, wenn ich nicht in diesem entscheidenden, entsetzlichen Moment sagte» – seine Stimme zitterte, und er machte eine Pause –, «in diesem furchtbaren Moment», wiederholte er, «was ich Ihnen schon oft gesagt habe; dieses Duell ist ein frivoles Unternehmen. Ihre Herausforderung, Baron», er wandte sich an Oheimb, «ist durch Prinz Lambesks Bemerkung, die für niemanden eine Beleidigung bedeutete, nicht gerechtfertigt. Es ist bedauerlich, daß Sie, Prinz» – er wandte sich an Lambesk –, «die Bemerkung nicht zurücknahmen, als Sie sahen, daß sie den Baron kränkte, der offensichtlich vorher durch etwas aufgebracht war. Keiner von

Ihnen ist ganz im Recht. Es ist meine feste Überzeugung, daß Sie beide Ihren Fehler schon bereuen. Warum geben Sie Ihrem Bedauern nicht Ausdruck, bevor es zu spät ist? Warum geben Sie Ihren Fehler, großzügig und intelligent – wie Sie sind – nicht zu?»

Ein Jammer, dachte Friedrich, aber er fühlte sich so losgelöst, als ginge ihn das Ganze gar nichts an: «Ich bedaure nichts», sagte er.

«Bitte, meine Herren, überdenken Sie die Sache noch einmal», bat Sturgis. «Die Angelegenheit ist viel zu ernst, als daß man sich da so hineinstürzen dürfte. Ich könnte nicht weiterleben, wenn einem von Ihnen etwas passieren sollte...» Seine Stimme brach.

«Hören Sie, Sturgis, wir können auch ohne Sekundanten auskommen», sagte Lambesk freundlich. «Dann haben Sie doch keine Verantwortung.»

«Richtig», stimmte Friedrich zu.

«Darum handelt es sich doch nicht», schrie Sturgis.

«Dann laßt uns zur Sache kommen», schlug Friedrich vor.

Sturgis seufzte und gab jedem eine Pistole. «Jedem Kämpfer stehen drei Schüsse zu», leierte er herunter. «Die zwei Stöcke deuten die einzuhaltende Entfernung zwischen Ihnen an.» Er konnte von sich aus nichts mehr dazu tun, um diese Wahnsinnsaffäre aufzuhalten.

Aber die Frage, wer nun zuerst schießen sollte, brachte doch noch einen Aufschub. Sturgis hatte angenommen, daß Lambesk zuerst schießen sollte, aber Lambesk verweigerte das strikt. «Der Baron ist der Gekränkte, sonst hätte er mich nicht gefordert», erklärte er fest. «Er wird zuerst schießen.»

«Ich bin nicht so sicher», versuchte Sturgis die Sache hinauszuzögern.

Friedrich zuckte die Schultern und sagte gleichgültig: «Wie Prinz Lambesk wünscht. Aber laßt uns anfangen.»

«Also gut», schrie Sturgis verärgert. Dieser verdammte Lambesk! Dieser verdammte Oheimb! Diese verdammte Périgord, die den Anlaß zu dieser ganzen Schweinerei gab und ihn in so bedauerlicher Weise im Stich ließ.

Friedrich horchte auf das knirschende Geräusch, das seine

Schuhe auf dem Schnee machten, als er mit der Pistole in der Hand von der Barriere fortging. Ein Gefühl von Unheil hing in der leichten, kalten Luft. Er war mehr erstaunt als erschreckt, als er entdeckte, daß nichts mehr den Lauf der Ereignisse aufhalten konnte, den er so leicht und so heftig heraufbeschworen hatte. So, dachte er, ist das Schicksal: Der Mensch kann ihm einen Stoß geben, aber er kann es nicht auf dem ganzen Weg kontrollieren; es rollt aus eigener Schwungkraft dahin. «Fertig?» fragte er und trat etwas hinter sein Ende der Linie.

Sturgis sah für einen Moment von einem jungen Mann zum anderen; beide waren sie ohne Hut, ihre schweren Mäntel hoch bis zum Hals geknöpft; gelöst und lächelnd standen sie da, so wie er sie so oft in den Salons stehen gesehen hatte. Welch ein Wahnsinn, fluchte er innerlich. «Fertig!» rief er und trat zurück.

Oheimb hob seine Waffe, ging ein paar Schritte vor und begann zu zielen, die freie Hand in der Manteltasche. Es schien eine lange Zeit zu vergehen, in der Friedrich auf Lambesk zielte. Sturgis schloß die Augen; er konnte es nicht ertragen, länger zuzusehen. Lambesk dachte erschrocken: Er zielt wirklich auf mich.

Ein lauter Knall ertönte, und Sturgis rannte auf eine dicke Rauchwolke zu, die ihn daran hinderte, zu sehen, was mit Lambesk passiert war. Als er ihn einen Moment später unverletzt vorfand, brach er trotz der Kälte in Schweiß aus.

Nun kam Lambesk an die Reihe. Er hatte beobachtet, wie sein Gegner im Moment des Abschusses seiner Pistole fast unmerklich eine andere Richtung gegeben hatte. Oheimb war ein guter Schütze. Da er selbst ein schlechter Schütze war, konnte er nicht so kunstvoll vorgehen. Aber er wollte nicht an Feinheiten denken. Die Hauptsache war, daß er ihn nicht verletzte. «Fertig!» rief er.

«Fertig», rief Sturgis und trat etwas beruhigt zurück.

Lambesk zielte schnell, drehte die Pistole zur Seite und feuerte. Die Pistole ging nicht los. Dann sagte er: «Der Schuß gilt doch.»

«Sicherlich», sagte der Amerikaner und untersuchte die Waffe. Oheimb kam näher. «Nein, der Schuß gilt nicht. Es war sichtbar, daß der Prinz die Pistole zur Seite gedreht hatte. Das verstößt gegen die Regeln.» Obwohl seine Leidenschaft für den Tod sehr nachgelassen hatte, wollte er sich keinesfalls vor der Gefahr drücken.

«Ich habe nicht bemerkt, daß der Prinz seine Waffe zur Seite hielt», sagte Sturgis.

Oheimb sagte grob: «Sie müssen blind sein, der Prinz selbst kann nicht leugnen, daß er die Pistole zur Seite hielt.»

«Um Gottes willen, machen Sie weiter, Oheimb», stöhnte Sturgis.

«Nein, Prinz Lambesk ist an der Reihe», sagte Friedrich widerspenstig, «und es wäre besser, wenn er diesmal auf mich zielen würde, sonst wird der Schuß genausowenig gelten wie der erste.»

«Sehen Sie, Baron», beschwor ihn Lambesk, «ich kann es nicht so machen wie Sie – gerade zielen und im letzten Moment erst die Richtung der Waffe ein bißchen verändern. Ich habe nicht genug Gewalt über meine Waffe. Andererseits möchte ich Sie nicht verletzen.»

«Tut mir leid, Prinz, schließlich duellieren wir uns.»

«Oheimb, seien Sie vernünftig», beschwor ihn Sturgis.

«Der Prinz schießt», sagte Oheimb über die Schulter, als er zu seiner Linie zurückging.

Lambesk zuckte die Schultern und ging an seinen Platz. «Fertig!» rief er.

«Fertig», erwiderte Sturgis. Ein Katastrophengefühl überkam ihn.

Lambesk tat ein paar Schritte nach vorne, hob seine Pistole und zielte. Ich kann es nicht, dachte er verzweifelt, ich werde ihn töten. Er versuchte, die Pistole ein bißchen zur Seite zu drehen, aber nein, auf diese Art würde er ihn sicherlich treffen. Er drehte die Pistole offensichtlich zur Seite. Das war besser, aber Oheimb würde den Schuß nicht gelten lassen. Von Panik erfaßt, zielte er schnell auf Oheimb und legte den Finger an den Abzug.

In diesem Moment bewegte sich etwas im Gebüsch. Ein Rudel Wild, dachte Lambesk und verlor sein Ziel. Ein Rudel Wild, dachte Oheimb neugierig, hielt aber seine Augen scharf auf Lambesks Pistole. Ein Rudel Wild, dachte Sturgis hoffnungslos, und plötzlich rief er: «Achtung!»

Lambesk drehte sich um, seine Pistole immer noch auf Oheimb gerichtet. Die drei jungen Männer beobachteten den entfernten Rand der Wiese, wo sich die Büsche plötzlich teilten und ein braunes Pferd zum Vorschein kam. Ein Reiter saß darauf, der einen langen, grünen, pelzbesetzten Mantel von streng militärischem Schnitt trug und einen hohen mit Schnee bepuderten Pelztschako.

«Die Waffe herunter!» rief der Reiter und galoppierte auf sie zu. Es war die Stimme einer Frau! – Dorotheas Stimme. Lambesk und Oheimb erstarrten. Sturgis lief auf sie zu und hielt ihr Pferd. «Ich habe Sie nicht persönlich erwartet, Madame», stotterte er.

Sie war atemlos, auf ihrem erhitzten Gesicht war ein Schmutzfleck. Sie klopfte den Hals ihres Pferdes, das dunkel war von Schweiß. «Ich wollte keine französischen Diplomaten mit der Sache in Verbindung bringen», flüsterte sie ihm zu. «Deshalb komme ich selbst. Ich habe sogar meinen Groom auf der ersten Donaubrücke zurückgeschickt. Unglückseligerweise habe ich trotz Ihrer Karte meinen Weg verloren und bin deshalb so spät. Ich hörte den Schuß – ich muß schon ganz nahe gewesen sein –, aber ich konnte die Wiese nicht finden... Nun», sagte sie spöttisch, «ich sehe, daß noch alle leben.»

«Gott, bin ich froh, daß Sie gekommen sind.»

«Und ich bin froh, daß Sie mir Nachricht gegeben haben. Das wird immer unser persönliches Geheimnis bleiben, Ihres und meines. Und nun», ihre Stimme wurde grimmig, «werde ich mir diese Dummköpfe vornehmen, und bevor ich mit ihren fertig bin, werden sie sich wünschen, daß sie mich nie gesehen hätten.»

5

Lord Castlereagh sagte: «Ich sage Ihnen, Fürst, für mich ist das Wunder des Kongresses die Zähigkeit, mit der alle Mächte am kleinsten Punkt ihrer Sonderinteressen festhalten.»

Talleyrand lächelte. «Sehr gut. Ich wünschte, ich hätte das gesagt. Vielleicht werde ich es am Ende gesagt haben – eh?»

Sie saßen in Talleyrands Arbeitszimmer, den Bouletisch zwischen sich. Talleyrand, der gerade aus Courtiades geschickten Fingern entlassen war, wunderte sich, was den Engländer schon so früh am Morgen zu ihm brachte.

Castlereaghs Lachen kam etwas verspätet: «Hardenbergs Antwort auf Metternichs Note ist ein charakteristisches Beispiel. Sie haben doch seine Antwort gelesen? Was halten Sie davon?»

«Ich fürchte, sie zeigt, daß Sie von den Preußen düpiert worden sind, wie ich Ihnen ja schon die ganze Zeit gesagt habe», Talleyrand zwirbelte sein Lorgnon.

Castlereagh sah bekümmert drein. «Hardenbergs Note ist enttäuschend.»

«Das kann man sagen», stimmte Talleyrand freundlich bei und hatte etwas Mitleid mit seinem Besucher. Er kam ihm vor wie ein Wanderer, der seinen Weg verloren hat und nicht wußte, wie er ihn wiederfinden sollte.

Das rötliche Gesicht des Engländers zuckte, als ob die Gedanken hinter des anderen undurchdringlicher Miene ihm auf die Nerven gingen. Er sagte schroff: «Der Grund meines Besuches ist folgender: Ich möchte mit Ihnen über eine Kommission reden, die die widersprechenden Kalkulationen von Österreich und Preußen über die Bevölkerung Sachsens arbitrieren soll.»

Es dauerte einen Moment, bis Talleyrand sprach: «Ich habe nichts gegen eine solche Kommission einzuwenden, aber wenn wir – wie in vorangegangenen Fällen – in einer gänzlich vagen Manier ohne Regeln und Prinzipien vorgehen, werden wir nichts erreichen. Wir müssen damit beginnen, ein Prinzip aufzustellen; der Rest folgt dann. Oder in anderen Worten: Bevor wir anfangen, die Bevölkerungszahl Sachsens festzustellen, müssen die Rechte des Königs von Sachsen anerkannt werden – eh?» Er machte eine Pause, und seine große weiße Prälatenhand spielte mit der Krücke seines Ebenholzstockes. Er überlegte, ob er einen Versuchsballon steigen lassen sollte. Nun, warum nicht?... «Nebenbei», sagte er, «Metternich und ich könnten versuchen, ein kleines Abkommen zu entwerfen.»

«Ein Abkommen?» Castlereagh nahm es sofort auf. «Sie haben eine Allianz im Sinn, nicht wahr?»

Talleyrand lächelte. «Ein Abkommen ist noch nicht eine Allianz. Aber wenn Sie, Mylord, eine Allianz wünschen, so soll es eine Allianz werden. Ich habe nichts dagegen – eh?»

Eine Zeitlang wurde nichts gesagt. Talleyrand, der bemerkte, daß Castlereagh seine Augen schloß, um sie gegen das blendende Sonnenlicht zu schützen, stand auf und zog die dichten Taftvorhänge zusammen. «Danke», sagte Castlereagh. Er dachte: Nur der alte Talley konnte die Dreistigkeit haben, eine Allianz mit Frankreich vorzuschlagen, kaum neun Monate, nachdem wir es endlich besiegt hatten. Trotzdem, nachdem wir uns überreden ließen, Frankreich überhaupt am Leben zu lassen, könnten wir auch gleich den ganzen Weg gehen und es wieder als eine Großmacht einsetzen, um dem Einbruch der Russen nach Europa ein Bollwerk entgegenzusetzen. Da Deutschland eine so unsichere Größe ist, brauchen wir Frankreich, um Rußland ein Gegengewicht zu bieten.

«Aber eine Allianz», wehrte Castlereagh ab, «setzt einen Krieg voraus oder kann zum Krieg führen, und wir sollten alles tun, um einen Krieg zu vermeiden.»

«Gewiß – aber die Ehre, das Recht und die Zukunft Europas wollen wir doch nicht opfern – eh?»

Castlereagh spielte mit der Bronzeverzierung des blauen Emailtintenfasses. «Mein Land will keinen neuen Krieg.»

«Ein Krieg wäre volkstümlich in Ihrem Land, sobald Sie ihm ein großes Ziel verleihen würden – ein wirklich europäisches Ziel.»

«Und was würde dieses Ziel sein?»

«Die Wiederherstellung Polens.»

Was Talleyrand sagen wollte – und Castlereagh wußte es –, war, daß es nur ein einziges europäisches Ziel gäbe, für das es wert wäre zu kämpfen, nämlich Rußland in seine asiatische Isolation zurückzutreiben.

«Noch nicht», war alles, was Castlereagh sagte.

Was Castlereagh sagen wollte – und Talleyrand wußte es –, war, daß es nicht an der Zeit sei, Rußland aus Europa zu vertreiben, nachdem es Europa durch wirksame, wenn auch nicht ganz freiwillige Intervention vor Napoleon gerettet hatte.

Talleyrand, der dem Gespräch diese Wendung nur gegeben hatte, um die Reaktion des Engländers zu prüfen, war erstaunt, daß dieser die Idee eines Krieges nicht glattweg ablehnte. Aber Dorothea sagte immer, daß Castlereagh die Russen verabscheute. Kluge Dorothée! Sie erwartete ihn zum Frühstück. Wahrscheinlich heißhungrig wie immer. Es hatte auch nicht viel Sinn, die Unterhaltung noch zu verlängern. Er hatte Castlereagh eine Nuß zu knacken gegeben. Er konnte nicht erwarten, seinen Widerstand während einer Unterhaltung zu brechen.

«Lassen Sie uns auf den König von Sachsen zurückkommen», sagte er. «Ob wir seine Rechte durch ein Abkommen, durch ein Schreiben oder durch ein Protokoll anerkennen, spielt keine Rolle. Die Form kümmert mich nicht. Nur die Sache an sich ist wichtig.»

Castlereagh erhob sich. Er dachte: Ein Pakt zwischen England, Österreich und Frankreich wäre voreilig. Er sagte: «Österreich hat die Rechte des Königs von Sachsen offiziell anerkannt. Ich erkenne sie ausdrücklich an. Das sollte genügen.»

Talleyrand gab keine Antwort.

6

Eine Woche später.

Dorothea hatte sich einen Fauteuil nahe zum Fenster gezogen, um den letzten Lichtschein eines grauen Winternachmittags zu erhaschen. Sie arbeitete an einer Stickerei, aber ihr Blick ging häufig zu Talleyrand, der an dem Bouletisch saß und einen von Hagers Polizeiberichten las, die Dalberg so klug zu beschaffen wußte.

«Der fette König von Württemberg ist gestern abgereist», verkündete Talleyrand, «erzürnt über jedermann, aber Geschenke im Wert von einer halben Million Gulden hat er doch hinterlassen.»

Dorothea lachte: «Ich hoffe, daß einiges davon in die Taschen unseres Freundes Gentz gewandert ist.»

«Keine Angst! Der bekommt von allen.»

Über das kleine Studierzimmer fiel wieder ein geselliges Schweigen. Es duftete leise nach Marzipan und Buttergebäck. Der Widerschein des Feuers tanzte auf Dorotheas weichem

Hauskleid aus weißer Wolle und auf dem Diamantring, den ihr Talleyrand zu Weihnachten geschenkt hatte. Sie bewegte die Nadel schnell auf und ab und dachte über ihr Leben nach und wie wundervoll, über alle Hoffnungen hinaus, es sich entwickelt hatte. Als ob sie durch Talleyrands Liebe eine Zauberhand berührt hätte. Alles schien ihr leicht; alles gelang ihr. Die tiefe Harmonie, die zwischen ihr und Talleyrand war, schien sich bis in die letzte Ecke des Palais Kaunitz zu verbreiten. Dalberg und Noailles waren ausgesprochen höflich zueinander. Carême hatte während der Feiertage nicht einen einzigen Wutanfall gehabt. Sogar das kindische Duell wurde durch ihr Eingreifen zu einem Liebesfest. Das Duell hätte unangenehme Folgen haben können, nicht nur für die beiden jungen Männer, sondern auch für Talleyrand. Wenn die Geschichte an die Öffentlichkeit gekommen wäre, hätte jeder politische Feind beim Kongreß seine Freude daran gehabt. Und nichts wirkt tödlicher für einen Staatsmann, als lächerlich gemacht zu werden. Aber nicht nur versöhnten sich Lambesk und Oheimb auf der Stelle, sie wurden unzertrennlich, zeigten sich überall zusammen, und so wurde jedes Gerücht im Keim erstickt. Sie fand es besser, Talleyrand nichts von der Geschichte zu erzählen. Kein Schatten sollte auf ihr harmonisches Zusammenleben fallen.

«Höre, was Eugène Beauharnais gestern auf einem Diner bei Auerspergs sagte!» Talleyrand blickte von dem Bericht auf. «Er sagte, daß die Franzosen in der Offensive die besten Soldaten seien, die Russen hingegen in der Defensive. Wenn die Russen Generale hätten, könnte ihnen nichts widerstehen. Aber sie haben keine Offiziere; unsere französischen Korporale sind besser als ihre Generale.» Er wirbelte nachdenklich sein Lorgnon. «Eugène Beauharnais hat in Rußland gekämpft; er weiß, was er sagt. Man zittert, wenn man bedenkt, was aus Rußland wird, wenn es einmal einen kriegerischen Führer hat – und was dann aus Europa werden wird.»

Seinen Assoziationen zuvorkommend fragte Dorothea: «Gibt es etwas Neues von Castlereagh?»

«Nichts, außer der Ankündigung, daß am 24. ein Friedensvertrag zwischen England und den Vereinigten Staaten geschlossen wurde. Übrigens, mein Liebling» – er lächelte sie an –, «was glaubst du, das aus meinem Dreierpakt geworden ist? Erinnerst du dich, du hast ihn mir versprochen.»

«Du wirst deinen Dreierpakt bekommen», sagte sie bestimmt. «Durch die Feiertage hat sich alles verlangsamt.»

«Die Russen haben aber nicht gefeiert. Zwischen Stein, Czartoryski und Humboldt haben jeden Tag Konferenzen stattgefunden. Czartoryski hat versucht, Castlereagh zu überreden, einen neuen russischen Vorschlag zu vermitteln, der den König von Sachsen durch ein Gebiet auf dem linken Rheinufer entschädigen sollte.»

«Castlereagh hat doch die Vermittlung nicht übernommen?»

«Glücklicherweise erlauben seine neuen Direktiven solch eine Lösung nicht. Auch möchte er nicht das linke Rheinufer im Besitz einer kleinen Macht wissen, die leicht unter französischen Einfluß fallen könnte.»

Sie schüttelte ihren Kopf. «Mein Lieber, du beunruhigst dich ganz unnötig; die Russen werden's nicht schaffen.»

«Ich bin nicht so sicher. Bist du dir im klaren darüber, daß in dieser selben Stunde die Großen Vier eine Konferenz haben und versuchen, zu einer Lösung der sächsischen und polnischen Fragen zu kommen? Und das ohne mich?»

Dorothea fühlte wohl die Kränkung, die in dieser Geheimkonferenz für Talleyrand lag, sagte aber beruhigend: «Die Großen Vier werden genauso aus der Konferenz herauskommen, wie sie hineingegangen sind. Zwei gegen zwei.»

«Die Tatsache, daß die Konferenz ohne mich stattfindet, ist in sich selbst eine Zurücksetzung», wiederholte er. «Außerdem ist es ganz gut möglich, daß Alexander eine Überraschung plant, um die alliierte Einigkeit wiederherzustellen. Nach den Informationen von Dalbergs Spionen sind Prinz Adam, Capo d'Istria und Baron Stein jeden Tag stundenlang mit ihm eingeschlossen. Ich frage mich, ob sie nicht einen großartigen Plan haben, um den Effekt meines Briefes an Metternich auszulöschen. Alexander hat schon immer grandiose Pläne geliebt.»

«Sorge dich nicht, du wirst deinen Dreierpakt schon noch bekommen.» Sie faltete ihre Stickerei zusammen, legte sie in einen großen Beutel und ging zu ihm hinüber.

«Du willst mich verlassen?» fragte er und zog sie zu sich auf den Stuhl.

«Es ist Zeit, daß ich mich zum Diner umziehe. Wir haben eine ganz stattliche Gesellschaft heute abend. Ich wünschte nur, wir könnten allein zusammen in meinem kleinen Wohnzimmer essen.»

«An einem der nächsten Tage werden wir das machen. Müssen wir danach zu Razumoffskys Fest?»

«Nicht, wenn du nicht willst, obwohl ich den prächtigen Palast gern noch mal sehen möchte. Als wir das letzte Mal dort waren, habe ich gar nichts gesehen. Ich habe sogar das Abendessen mit den frischen Kirschen zu einem Rubel das Stück versäumt. Und das alles nur deshalb, weil ich über dich so unglücklich war.»

Er schmunzelte: «Dann laß uns ja hingehen!» Sie versuchte aufzustehen, aber er hielt sie zurück. «Bleibe noch ein bißchen länger», bat er. «Du allein machst mein Leben erträglich.»

«Nur erträglich?» neckte sie ihn. «Du machst mein Leben leuchtend und wundervoll, und ich mache deines nur erträglich?»

«Vielleicht liegt hier der Unterschied zwischen Jugend und Alter. Aber nein» – er bedeckte ihr Gesicht und ihren Hals mit kleinen Küssen –, «gib nichts auf das, was La Besnardière meine indigoblauen Launen nennt. Du machst wirklich mein Leben leuchtend und wundervoll.»

Eine Weile saßen sie schweigend und friedlich, in die sinkende Dämmerung eingehüllt. Das Porträt des Fürsten Kaunitz war nur ein blasser Schatten. Die ersten Sterne leuchteten schon am Himmel.

Nach einiger Zeit kam ein Geräusch von der Türe her, und sie erhob sich in der Annahme, es sei ein Lakai, der die Lichter bringen wollte. Es war auch ein Lakai, aber er meldete: «Mylord Castlereagh!»

«Hier, mein Lieber, kommt dein Dreierpakt», flüsterte sie, bevor sie zur Seitentüre hinausschlüpfte.

Hier kommt Gott weiß was, dachte Talleyrand wachsam, als er dem unerwarteten Besucher entgegenging.

«Verzeihen Sie, Fürst, daß ich um diese Zeit unangemeldet bei

Ihnen eindringe. Ich komme direkt von der Konferenz. Ich mußte Sie sprechen.» Castlereagh war offenbar in höchster Aufregung.

«Sie sind immer willkommen, Mylord.» Talleyrand wies ihm einen Fauteuil am Kamin an. «Bringen Sie Madeira», befahl er dem Lakaien, der die Vorhänge zuzog und die Wandleuchter anzündete. «An einem kalten Winterabend geht nichts über Madeira.» Er ließ sich in einen Sessel gegenüber seinem Besucher fallen. «Das Jahresende ist immer so deprimierend – eh?»

Aber Castlereagh war nicht gekommen, um Ansichten über die Jahreszeiten auszutauschen. «Die Russen sind unmöglich!» explodierte er. «Ich habe ihre Forderungen und die unverschämte Art, in der Razumoffsky sie stellt, einfach satt.»

Ich werde mich unparteiisch geben und damit seine verwirrten Gefühle noch mehr verwirren, dachte Talleyrand. Er sagte: «Armer Razumoffsky! Meistens ist er die Sanftmut in Person, aber seit Nesselrode in Ungnade gefallen ist, weil er zu weich war, benimmt sich Razumoffsky so, wie er annimmt, daß Alexander es von seinem Vertreter erwartet – wie ein Bulle.»

«Ich habe nie jemanden gesehen, der sich arroganter benahm, obwohl ich sagen muß, daß auch Hardenberg auf dem hohen Roß saß. Er ging so weit, zu sagen, daß er die Nichtachtung der preußischen Rechte in Sachsen gleichbedeutend mit einer Kriegserklärung ansehen würde.»

«Das sagte Hardenberg – eh?» war alles, was Talleyrand dazu äußerte.

«Aber der Zar ist an allem schuld. Er meint, er kann jedem seine Gesetze vorschreiben. Das kann er aber nicht. England schon gar nicht.» Castlereagh hatte seine britische Ruhe verloren.

«Was ist denn eigentlich geschehen?» Talleyrand schenkte den Madeira ein.

«Hier!» Castlereagh zog ein Dokument aus einer seiner großen Taschen. «Das ist das russische Projekt, das Razumoffsky vorlas und das die Basis unserer Unterhaltung bildete. Hat es je ein unverschämteres, unsinnigeres Stück Papier gegeben? Lesen Sie es selbst!»

Talleyrand machte es sich in seinem Sessel bequem und begann das Schriftstück durch sein Lorgnon zu lesen, während Castlereagh seinen Madeira schlürfte, Biscuits dazu aß und Talleyrand ängstlich beobachtete. Warum, fragte er sich, bin ich zum alten Talley gegangen? Sicherlich ist im Laufe seiner Karriere vieles passiert, was zu Zweifeln an seinem Charakter Anlaß geben konnte. Und doch war er die einzige Persönlichkeit in Wien, mit der man sprechen wollte, wenn die Dinge ganz unerträglich waren. Es gab eben einfach niemanden mit solch großer politischer Erfahrung, solchem Savoir-faire und solcher Wendigkeit. Auch hat er sich beim Kongreß mit bewunderungswürdiger Konsequenz und, ja, auch Integrität, benommen, niemals von der Linie abweichend, die er einmal eingeschlagen hatte – der Linie, Europa nach dem Prinzip der Legitimität wiederaufzubauen.

Er sah, daß Talleyrand das Projekt zum zweitenmal durchlas. Er trank noch ein Glas Madeira und besah sich dann müßig das Zimmer. Ein hübsches kleines Kabinett von ruhiger Eleganz. Plötzlich fiel sein Blick auf einen großen Beutel, einen jener Beutel, in denen Frauen ihre Handarbeiten herumzutragen pflegten. Auf dem Schreibtisch des Fürsten nahm sich diese Tasche etwas merkwürdig aus, was aber nichts heißen wollte. Er weigerte sich strikt, all das Gerede, das man in den Salons und Boudoirs von Wien hörte, für bare Münze zu nehmen. Natürlich waren die Kurlands etwas lose, aber Lady Emily sagte, daß die Kleine anders sei. Der junge Prinz Lambesk sollte einmal ein Duell wegen ihr gehabt haben. Ein Sekretär der englischen Gesandtschaft wollte Zeuge des Streites gewesen sein, der dazu geführt hatte, kurz vorher, in der «Kaiserin von Österreich». Aber Charles bestritt das ganze Gerücht, und Charles mußte es ja eigentlich von der Sagan her wissen. Andererseits war sein Halbbruder Charles, Lord Stewart, aber überzeugt, daß sie eine gewaltige Liebesaffäre hätten – der alte Talley und seine Nichte. Shocking, wenn es wahr war, aber es ging ihn gottlob nichts an...

Talleyrand lachte auf, und es klang, als ob er hustete. Castlereaghs Gedanken kamen schuldbewußt zur Sache zurück.

«Diese Präambel», sagte Talleyrand und lächelte ihn amüsiert an, «ist wirklich sehr durchsichtig, indem sie versucht, die besten Seiten des alten Liberalismus des Zaren mit seiner neuen

Mystik zu vereinen. Ich kann mir vorstellen, wie Alexander seine Ratgeber hereinrief und sagte: ‹Meine Freunde, Talleyrand versucht, mit seinem Prinzip der Legitimität die Allianz zu brechen. Wir müssen uns einen Plan ausdenken, der ihr einen neuen Aufschwung gibt und gleichzeitig das Gerüst für eine neue europäische Ordnung darstellt. Und, wenn Talleyrand mit seiner Legitimität solchen Erfolg hat, werden wir ihnen mal zeigen, was Legitimität wirklich ist.› Dazu werden Czartoryski und Stein enttäuscht dreingeschaut haben, worauf Alexander gesagt haben wird: ‹Das soll nicht heißen, daß wir unsere geliebten Freiheitsideale aufgeben – keineswegs –, aber, nachdem unsere geliebten Freiheitsideale allen so auf die Nerven gehen, besonders auf die des Lord Castlereagh, laßt sie uns keusch unter einem Mäntelchen von Legitimität verbergen, und laßt uns dieses Mäntelchen viel eindrucksvoller machen, als es der alte Talley jemals konnte.› Worauf sich die weisen Häupter an die Arbeit machten. Das Resultat ist ein föderiertes Europa auf theokratischer Basis. Hier» – er nahm das Lorgnon vor die Augen und las –, «‹nur mit Hilfe der christlichen Religion, die ihnen allen als Basis einer politischen sowohl als auch sozialen Ordnung gegeben ist, können die brüderlich vereinten Herrscher die Beziehungen zwischen den Völkern erhalten, die ihnen die Vorsehung anvertraut hat.› Das stinkt doch geradezu nach Legitimität – eh?»

Castlereagh schnaubte: «Niemand anders als Alexander muß die Herrscher ermahnen, ihre Regierungsdoktrinen zu bereinigen! Diese unerträgliche Anmaßung, wo er seine eigenen am dringendsten bereinigen sollte.»

«Übrigens haben Alexander und seine Ratgeber die Idee nicht völlig aus der Luft gegriffen. Man hat sich von der deutschen Romantik anregen lassen; theokratische Utopien sind den Politikern der deutschen Romantik vertraute Gebilde. Erst neulich las mir Frau von Périgord eine Stelle aus einem gewissen Novalis vor, wo er sich darüber beklagt, daß die Religion fast gänzlich eine häusliche, eine private Angelegenheit geworden sei, und die Erkenntnis und Verwirklichung von ‹Christus' politischer Sendung›, wie er sich ausdrückt, fordert. Der Hauptvertreter einer solchen theokratischen Universalmonarchie ist der Historiker

Adam Müller, der hier in Wien doziert, ein Freund von Gentz übrigens. Er erscheint öfters zum Tee bei Frau von Périgord.»

«Wirklich?» fragte Castlereagh höflich. Die ideologischen Hintergründe dieser abscheulichen Präambel interessierten ihn nicht im mindesten; er dachte aber: Ständig muß er ihren Namen im Gespräch erwähnen, wie ein verliebter Jüngling.

«Und doch», sagte Talleyrand, «wäre es ein Fehler, anzunehmen, daß Theokratie für Alexander nur eine Ausrede sei. Er glaubt an eine heilige Allianz der Fürsten ebenso ernstlich wie an ein liberales Europa.» Und er fügte nach einiger Überlegung hinzu: «Beide Theorien dienen ihm dazu, die russische Oberherrschaft über Europa zu etablieren.»

«Das gerade ist es, was ihn so gefährlich macht.»

Talleyrand versenkte sich wieder in die russische Note. Es war nicht ohne Humor, daß Alexander auf Grund seiner ernsten Mahnung, die Lehren Christi zu beherzigen, ganz Polen beanspruchte, mit der Ausnahme von Gnesen, Posen und den alten Gebieten von Westpreußen (achthunderttausend Seelen) sowie einem Stück des Gebietes auf dem rechten Ufer der Weichsel mit den Salzminen von Wieliczka und dem Distrikt von Tarnopol (vierhunderttausend Seelen), den er an Österreich abgeben wollte. Krakau und Thorn sollten zu freien Städten erklärt werden. Was Sachsen anbetraf, so kam Alexander schroff auf seinen ersten Plan zurück – ganz Sachsen Preußen einzuverleiben.

Schließlich sprach Castlereagh: «Es muß etwas unternommen werden. Ich werde Alexanders Unverschämtheit nicht länger dulden. England kann er keine Vorschriften machen.»

Talleyrand spielte mit der Krücke seines Ebenholzstockes. Der Moment, auf den er gewartet hatte, war gekommen. Er fühlte sich nicht besonders gehoben, aber er wußte, daß er sich gehoben fühlen würde, wenn er Dorothea davon erzählte.

«Es ist merkwürdig», sagte er, «daß die Menschen Geschichte meistens als etwas Statisches ansehen. Sie bestehen darauf, daß, weil Frankreich fünfundzwanzig Jahre eine Angreifernation war und damit eine Bedrohung des Friedens, die Eroberungslust für immer eine französische Nationaleigenschaft sein werde und daß die europäische Politik sich darauf konzentrieren müsse, die französische Gefahr in Schach zu halten. Was für ein Mangel an

Phantasie! Tatsächlich zeigt doch die Geschichte, daß der Geist der Aggression die Tendenz hat zu wandern. Während sich die Menschen immer noch heiser schreien, daß Frankreich am Wiederaufstieg verhindert werden müsse, haben sie noch nicht bemerkt, daß Rußland schon zu einer viel furchtbareren Bedrohung für den europäischen Frieden geworden ist, als es Frankreich jemals sein könnte.»

«Ja, ja», sagte Castlereagh, der keine Geduld zu theoretischen Überlegungen hatte, «aber was kann man machen? Etwas muß getan werden!»

Für eine Weile spielte Talleyrand wieder mit der Krücke seines Stockes. Dann sah er auf und sagte: «Es gibt nur einen Weg, um der Bedrohung einer russisch-preußischen Allianz zu begegnen – eine vereinigte Front von England, Österreich und Frankreich. Aber als ich das früher erwähnte, schienen Sie nicht sonderlich daran interessiert, Mylord.»

«Ich wollte Rußland und Preußen nicht durch eine offensichtlich gegen sie gerichtete Aktion herausfordern», sagte Castlereagh wahrheitsgemäß. «Ich hatte immer noch gehofft, man könnte ihnen Vernunft beibringen. Aber nun habe ich diese Hoffnung aufgegeben.»

«Sie meinen also, daß Sie jetzt an einer kleinen Konvention interessiert wären?»

«Ganz entschieden.»

Die Augen der beiden Männer trafen sich. Sie verstanden sich ausgezeichnet.

«Ich bin entzückt und ich weiß, daß Metternich es auch sein wird», sagte Talleyrand herzlich und überlegte gleichzeitig, wie er die Konvention besiegeln konnte, bevor Castlereagh seine Meinung noch einmal änderte. Aber da brauchte er nicht besorgt zu sein. Der Engländer, erlöst durch einen Entschluß, der mit einem kühnen Schlag die verzweifelte europäische Situation vielversprechend verwandelte, konnte die Konvention gar nicht schnell genug zustande bringen. Er erhob sich wie neu belebt: «Ich werde Sie jetzt verlassen, Fürst, und meine Gedanken über dieses Projekt zu Papier bringen. Und, wenn es Ihnen paßt, werde ich später mit dem Entwurf zurückkommen.»

«Ein ausgezeichneter Plan», stimmte Talleyrand bei.

In dieser Nacht hatte der Agent, den die Geheime Staatspolizei als Wachtposten im Palais Kaunitz installiert hatte, seine liebe Mühe, die verschiedenen interessanten Ankünfte und Abfahrten zu verfolgen. Direkt nach dem Diner kam der Fürstkanzler persönlich, blieb zwanzig Minuten und rief beim Wegfahren seinem Kutscher zu: «Zur Burg – aber schnell!» Etwas später kam Herr von Gentz und fragte nach Monsieur de La Besnardière, und nach ihm kam Lord Castlereagh. Dann geschah eine Zeitlang nichts, außer daß Monsieur de Talleyrands Nichte sich, in weißen Pelz gehüllt und mit einem Diadem im Haar, zu Razumoffskys Palais fahren ließ, von den Herren de la Tour du Pin und Noailles begleitet. Dann kam der Fürstkanzler wieder, schickte seinen Wagen weg, was bedeutete, daß er stundenlang bleiben würde. Gerade, als er hineingehen wollte, traf er mit Lord Stewart, dem britischen Gesandten, zusammen, der ihm auf den Rücken schlug und sagte: «Gott sei Dank, daß endlich jemandem die richtige Idee gekommen ist.» Und Fürst Metternich sagte: «Ja, Gott sei Dank.» Jeder dieser wichtigen Besucher sah aufgeregt und erfreut aus, wie es bei Diplomaten selten ist.

Es war lange nach Mitternacht, und Castlereagh, Metternich und Talleyrand waren noch immer zusammen und warteten auf ihre Mitarbeiter, die den Geheimvertrag ausarbeiteten. Castlereagh, der Talleyrand gegenüber am Bouletisch saß, strahlte. Dieser Vertrag behagte ihm von Minute zu Minute besser. Man würde in London sehr zufrieden mit ihm sein. Er war auch begeistert von den Komplimenten, die der alte Talley ihm zu seinem Entwurf gemacht hatte. Vielleicht würdigte er sie besonders, weil der Franzose ihn nicht mit Beifall verwöhnt hatte.

Metternich lehnte sich zurück, die Ellbogen auf den Armstützen seines Fauteuils und die Fingerspitzen der einen langen, schönen Hand auf die Fingerspitzen der anderen schönen Hand gelegt. Er war sehr zufrieden mit dem Vertrag und besonders zufrieden mit der Art, in der er zustande gekommen war – so plötzlich und schmerzlos, daß er nicht gezwungen war, die leiseste Initiative zu ergreifen. Man konnte über den alten Talley sagen, was man wollte, es war ein Vergnügen, mit ihm zu arbeiten. Dieser Vertrag war ein brillanter Coup. Sein Kaiser war enthusiasmiert. Es war nur menschlich, daß er selbst ein ganz persönliches Vergnügen darin fand, Alexanders Verfolgung mit gleicher Münze zurückzuzahlen. Dieser Vertrag würde das russische und preußische Spiel endgültig verderben, und es amüsierte ihn, daran zu denken, daß Alexander höchstwahrscheinlich in diesem Moment seine Note bei Razumoffsky feiern würde, nicht ahnend, daß eben diese Note das Fait accompli der Allianz gegen ihn geschaffen hatte.

Talleyrand, dessen blasse Züge so undurchdringlich wie immer waren, saß da und klopfte seinen Schnallenschuh mit dem Stock. So sollte er also zu guter Letzt doch die Allianz mit England bekommen, für die er so lange gearbeitet hatte. Er dachte an seine erste Reise nach London im Jahre 1792, wo er so verzweifelt versucht hatte, die Freundschaft zwischen England und dem revolutionären Frankreich wiederherzustellen. Zweifel und Kälte empfingen den Exbischof, der als der führende Geist einer Revolution angesehen wurde, die England mit Entsetzen beobachtete. Pitt, der damals Premierminister war, ließ die Unterhaltung nicht weiter als zu freundlichen Gemeinplätzen kommen. Vergeblich versuchte er, Lord Grenville, dem Minister des Auswärtigen, zu erklären, daß Frankreich Englands natürlicher Verbündeter sei. Grenville fand es unangebracht, diesen Vorschlag eines unoffiziellen französischen Gesandten, den er für einen hintergründigen und gefährlichen Mann hielt, auch nur zu besprechen.

Das war vor mehr als zweiundzwanzig Jahren gewesen, und seitdem war er einen langen Weg gegangen, aber er hatte nie aufgehört, diese Allianz mit England zu wünschen. Wenn er sich's genau überlegte, so hatte er sein ganzes Leben lang immer dieselben Dinge gewünscht und dieselben Dinge verabscheut. Er hatte Gewalt, Krieg und den Mißbrauch von Macht verabscheut. Er hatte eine Welt gewünscht, in der, wie Montesquieu sich ausdrückte, «die Nationen sich im Frieden so viel wie möglich nutzen und im Krieg so wenig als möglich schaden!» Er hatte diese anglo-französische Allianz immer gewünscht, da er glaubte, daß sie den Hebel an dem Waage zum Gleichgewicht einer solchen Welt darstellen könne. Und nun war diese Allianz, die er während der Revolution, des Konsulats und des Kaiserreichs nicht erreicht hatte, so gut wie unterschrieben.

Im Laufe seines ereignisreichen Lebens hatte Talleyrand die Beobachtung gemacht, daß die Leute, die behaupteten, man bekäme nie das, was man wünschte, nicht recht hatten. Was man ernstlich wünschte, bekam man. Nur konnte es passieren, daß man es zu einer Zeit bekam, wo man aufgehört hatte, es zu wünschen. Aber in diesem Falle traf das nicht zu. Er wünschte diese Allianz immer noch; sie war für Frankreich so nützlich wie je. Und wahrscheinlich gab es nie eine Zeit, wo er diesen Erfolg hätte mehr genießen können, denn er teilte ihn ja mit Dorothea.

Verstohlen zog er seine neue Uhr heraus, die er an einer Goldkette trug. Er öffnete sie, schaute aber nicht auf die Zeiger. Er besah sich ihr strahlendes Bild. Dorothea! Sie wollte nicht ohne ihn zu Razumoffsky gehen, aber er hatte sie doch dazu überredet. Ebenso Noailles und La Tour du Pin. Es würde nur zu Vermutungen Anlaß geben, wenn die ganze französische Botschaft von dem Fest des russischen Botschafters fortbliebe, und das um so mehr, als die Abwesenheit Metternichs und der Briten – ausgerechnet nach der heutigen Konferenz – nicht verfehlen konnte, bemerkt zu werden. Aber sie würde bald wieder zu Hause sein. Er war immer glücklicher, wenn er sie in seiner Reichweite wußte...

«Ich glaube, wir haben es geschafft», kündigte Gentz an, als er mit Lord Stewart, La Besnardière und Dalberg hereinkam. Metternich sah am britischen Gesandten, der ihm in Wilhelmines Gunst gefolgt war, vorbei.

«Ob man es glauben will oder nicht», sagte er fröhlich, «unser Gentz hatte schon den Dreierpakt in der Schreibtischschublade liegen.»

«Bravo, Chevalier.» Talleyrand lächelte dem Schreiber für die gute Sache zu

«Es ist die einzig mögliche Lösung», sagte Gentz.

La Besnardière hatte noch nicht den ersten Artikel beendet, als plötzlich das schrille Geräusch von Pfeifen und Glocken in die Ruhe des Zimmers einbrach. «Ein Feuer», sagte jemand, aber niemand nahm Notiz, und La Besnardière fuhr fort zu lesen. Talleyrand, der mit der Krücke seines Stockes spielte, hörte aufmerksam zu. Es ging darum, daß in diesem Pakt die drei Mächte sich verpflichteten, den Friedensvertrag vom 30. Mai 1814 zu verteidigen. Endlich hatten sie den Weg zurückgefunden zum Frieden des letzten Frühjahrs, seinem Frieden der Mäßigung und Generosität. Endlich hatten Castlereagh und Metternich eingesehen, daß dieser Friede allein eine lebensfähige Ordnung für Europa garantieren konnte. Natürlich mußte er die einzelnen Artikel des Paktes mit größter Sorgfalt studieren; ebenso wie es die anderen auch mußten. Trotzdem könnte man ja den Entwurf noch in dieser Nacht paraphieren, unter Vorbehalt der nötigen Änderungen, und dann den endgültigen Text in ein paar Tagen unterzeichnen...

«Was ist los?» Ungeduldig wandte er sich einem Lakaien zu, der, entgegen seiner Order, nicht zu stören, hereinkam. La Besnardière hörte zu lesen auf. Er war sowieso fertig. «Eine Nachricht für Ew. Durchlaucht. Es ist dringend», sagte der Lakai und übergab Metternich eine Note auf einem Silbertablett.

Metternich öffnete das Schreiben, las es und rief bestürzt: «Großer Gott! Das Palais Razumoffsky steht in Flammen.»

«Dorothea ist im Palais Razumoffsky», flüsterte Talleyrand. Für einen Moment war es ihm unmöglich, sich zu bewegen. Er sah das Bild des furchbaren Brandes im Schwarzenberg-Palais in Paris vor sich. Da waren Menschen zu Tode verbrannt; entzückende junge Frauen waren verbrannt...

«Gehen wir!» Auf Dalbergs Arm gestützt, eilte er hinaus. Metternich folgte ihnen. «Mein Kaiser wünscht, daß ich zu dem armen Razumoffsky gehe», sagte er von der Türe her. «Wir wollen morgen den Pakt weiter besprechen.»

Der Pakt! dachte Talleyrand. Wenn Dorothea etwas passiert, dann wird es keinen Pakt geben. Dann wird es für mich gar nichts mehr geben.

Man wußte nie genau, was den Brand im Palais Razumoffsky verursacht hatte. Er war zuerst in der Nähe des großen Ballsaales bemerkt worden. Wahrscheinlich waren die Heizröhren überhitzt. Jedenfalls stand der Palast mit grauenhafter Plötzlichkeit in Flammen. Es war ein großes Glück, daß die letzten Gäste gerade am Gehen waren und daß die zahllosen Diener noch auf und tätig waren. Auf diese Weise kam wenigstens niemand ums Leben.

Dorothea wollte gerade in ihren Wagen steigen, als sie die Flammen aus dem mittleren Flügel lodern sah. Trotz der Einwände von La Tour du Pin bestand sie darauf, dazubleiben. Während die Herren ihre Dienste anboten, ging sie in den Garten hinaus und stellte sich zu der Gruppe von Gästen und Dienern, die mit entsetzter Faszination zusahen, wie sich die Feuersbrunst ausbreitete und, durch den starken Wind angefacht, bald einem rasenden Vulkan glich. Es war im Garten, wo Talleyrand sie dann endlich fand nach einer, wie es ihm schien, Ewigkeit von Seelenqual.

Dorothea, der es gleichgültig war, was man denken mochte – und tatsächlich, in diesem Moment achtete niemand auf sie –, lief direkt in seine Arme. «Du? Zu dieser Stunde bist du hier herausgekommen?»

«Ich – und ganz Wien», sagte er und setzte ihr Diadem gerade. Nun, da er sie in seinen Armen hielt, fand er seine Aufregung recht albern und versuchte, sie unter einer nachlässigen Art zu verbergen. «Alle Hauptverkehrsstraßen hier heraus sind durch Menschenmengen verstopft. Wir mußten die Wagen zurücklassen und zu Fuß gehen, aber selbst dann war es noch schwierig, durchzukommen. Daher bin ich so spät.»

«Aber Sie haben sich doch keine Sorgen um mich gemacht, oder?»

«Nein, gar nicht – wir sind nur zum Spaß gekommen», antwortete Dalberg für ihn. Er war wütend aus schierer Erleichterung und darüber, daß Dorothea so heiter ahnungslos war über die Sorge, die sie Talleyrand verursacht hatte. «Warum sind Sie nicht sofort nach Haus gefahren?» fragte er barsch.

«Na, lassen wir das jetzt. Sie lebt und ist wohlauf. Alles andere ist unwichtig – eh?» sagte Talleyrand, seine Fassung mit charakteristischer Schnelligkeit wiedergewinnend.

«Mein Gott, bin ich froh, daß Sie hier sind», seufzte sie. «Auch Sie, Emmerich, obwohl Sie so böse mit mir sind. Ich habe noch nie so etwas erlebt. Man denkt an die Apokalypse und an das Jüngste Gericht.» Sie deutete auf die offenen Wände, die einen letzten Blick in die weiten Gemächer und prunkvollen Galerien boten, die, mit kostbaren Möbeln und Kunstgegenständen angefüllt, einen Moment später das Opfer der Flammen sein würden. Denn obwohl die Feuerwehr und einige Infanterie-Bataillone eifrig am Werk waren, konnten sie das Feuer nicht löschen. Weißglühende Balken schienen vom Himmel zu stürzen. Ein Regen von heißer Asche drohte das ganze Gebäude zu zerstören. Man versuchte, Bilder und Statuen zu retten, indem man sie aus den Fenstern in die Höfe und Gärten warf, aber vergebens. Sie wurden dem Feuer nur entrissen, um auf den Pflastersteinen zu zerschellen, durch die Wasserfluten oder den schmelzenden Schnee auf dem Boden ruiniert zu werden.

«Seht nur, alles ist nichtig...» Gegen seinen Willen, denn mit Dorothea sicher neben sich, war er entschlossen, Razumoffskys Unglück mit Seelenruhe zu ertragen, wurde Talleyrand doch durch das Schauspiel erschüttert.

Und Dalberg sagte: «Kein Vermögen ist groß genug, um solch einen Verlust zu ertragen.»

Kurz darauf fanden sie Razumoffsky, der, in einen Pelzmantel gehüllt, trockenen Auges durch die Rauchwolken und Flammen auf das Ende seiner Welt starrte. Erst als am frühen Morgen Alexander kam, um mit ihm zu trauern, fand er weinend in den Armen seines Herrschers Trost.

«Oh! Oh!» stöhnte Dorothea.

In diesem Moment ertönte ein ohrenzerreißender Krach. Die Canova-Galerie wurde durch eine einstürzende Decke heruntergerissen. Die Zuschauer waren zutiefst bestürzt im Gedanken an die einzigartigen Kunstwerke, die bei dieser Katastrophe verlorengingen.

«Erst neulich saß ich mit Czartoryski in der Canova-Galerie – ich habe Ihnen davon erzählt – erst vor ein paar Abenden...» Dorothea war von der Vergänglichkeit und Unbeständigkeit von Menschen und Dingen so überwältigt, daß sie ihr Gesicht in den Pelzkragen von Talleyrands Mantel verbarg. Sie zitterte heftig.

«Komm, wir gehen jetzt nach Hause.» Er legte seinen Arm um sie, und sie ließ sich fortführen von ihm, der für sie in dieser wechselvollen Welt das einzig Sichere und Dauerhafte war.

Am nächsten Tag, es war der letzte Tag des Jahres, sprach Wien von nichts anderem als dem Feuer und dem zinsfreien Darlehen von 120000 Dukaten, das Alexander seinem Botschafter gewährt hatte. Aber als der Abend kam, hatte sich die Gesellschaft von Razumoffskys Unglück genügend erholt, um den großen Silvesterball bei den Zichys mitzumachen. Niemand wußte, ob es nun Zufall oder gutes Arrangement war, als um zwölf Uhr die hübsche Gräfin Paar, die mit Alexander die Polonaise anführte, sich zu ihm wandte und sagte: «Ich bin glücklich, die erste zu sein, die einem so großen Herrscher Neujahrswünsche darbringen darf. Erlauben Sie mir, mich auch zum Dolmetscher für Europa zu machen und Ew. Majestät die inbrünstigsten Wünsche für die Erhaltung des Friedens und der Harmonie aller Völker zu übermitteln.»

Worauf Alexander ihr zur Antwort gab: «All meine Hoffnungen, all meine Wünsche sind darauf gerichtet, dieses erstrebenswerte Endziel zu erreichen. Kein Opfer ist mir zu groß, um einen Frieden zu konsolidieren, der die größte Notwendigkeit der Menschheit ist.»

Diese kleine Rede Alexanders bei den Zichys und die russische Behauptung, die endgültige Form für die Neukonstruktion Europas gefunden zu haben, verursachten das Gerücht, daß das neue Jahr mit einer grandiosen Friedensproklamation eröffnet werden würde. Am Neujahrsmorgen versammelten sich gewaltige Mengen am Graben und anderen öffentlichen Plätzen. Jeder wartete auf die bedeutungsvolle Ankündigung, die das Jahr 1815 so viel hoffnungsvoller beginnen lassen sollte, als das Jahr 1814 endete. Ungewißheit, gemischt mit Hoffnung und Angst, wuchs mit jedem Moment. Aber der Tag ging vorüber und nichts geschah. Alle fühlten die große Enttäuschung und gaben ihr Ausdruck durch zynische Bemerkungen über die Uneinigkeit der Herrscher und die Dummheit der Staatsmänner. Aus solcher Geistesverwirrung unter den Mächtigen schien es nur einen möglichen Ausweg zu geben, und der war: Krieg.

Nur ein paar Eingeweihte wußten, daß das neue Jahr tatsächlich mit einem großen Schritt vorwärts begonnen hatte – wenn auch ohne Fanfaren, in einer heimlichen und indirekten Art. Die Tripel-Allianz war das bestgehütete Geheimnis des Kongresses. Frühere Gerüchte, daß solch ein Pakt im Entstehen sei, waren im Irrgarten neuerer Gerüchte verlorengegangen. Alexander selbst war ahnungslos. Bis jetzt wußte niemand von dem Ereignis, außer Kaiser Franz, den Bevollmächtigten der drei Mächte und deren nächsten Mitarbeitern ...

«Es ist erreicht», verkündete Talleyrand von der Türe her.

«Mein Liebling, ich bin so froh.» Dorothea ging zu ihm und küßte ihn. «Wart ihr alle sehr zufrieden mit euch selber?»

«Sehr! Wir waren auch voneinander begeistert. Ich kann es immer noch nicht ganz fassen, daß es Wirklichkeit ist. Ohne dich hätte ich nie den Mut gehabt, mich immer wieder für den Pakt einzusetzen.»

«Mein Geliebter ... mein Geliebter ...»

Das war am Abend des 3. Januar. Nach dem Diner war Talleyrand zum Ballhausplatz gegangen, um dort den Dreierpakt zu unterschreiben.

«Wenn es dir recht ist, mein Liebling, dann wollen wir gleich einen Brief an den König schreiben», sagte Talleyrand, sie immer noch umschlungen haltend.

«Ja, wir wollen ihm sagen, was du für ihn getan hast. Ich hoffe, er wird dankbar sein.»

Er lachte: «Könige sind selten dankbar, aber wir wollen's ihm trotzdem sagen.»

Sie setzte sich vor ihren Schreibtisch und legte Papiere und Federn zurecht. «Wie willst du anfangen?» überlegte sie. «Der König weiß doch von nichts.»

Er trat hinter sie und begann, ihren Nacken mit kleinen Küssen zu bedecken. Sie trug das rosafarbene Satinkleid mit dem schwarzen Spitzenmantel, das für die Rubine von Jean Biron entworfen war.

«Der Brief ...», murmelte sie. «Der König wird ihn nie bekommen ...» Sie schob ihn zärtlich beiseite.

«Du hast recht, mein kleiner Tyrann.» Er seufzte und ließ sich in einen nahestehenden Sessel fallen.

Nach einem Moment sagte er ruhig: «Ich möchte den Brief mit einer Sache beginnen, die mit dem Pakt nichts zu tun hat, die der König aber sehr wichtig finden wird. Ich meine die große Messe, die zum Andenken an den Tod Ludwigs XVI. am 21. Januar stattfinden wird. Beschreibe ihm alle die Einzelheiten über die Dekorationen im St.-Stephans-Dom, die Zeichnungen Moreaus für den Katafalk, Isabeys Entwürfe und Neukomms Musik. Sage ihm, daß bereits alle Herrscher unsere Einladung angenommen haben mit Ausnahme des Zaren. Betone nachdrücklich, daß die Zeremonie eine große Demonstration für die Legitimität sein wird.»

Er erhob sich und fing an, auf und ab zu gehen, während sie schrieb. Als das Kratzen ihrer Feder aufhörte, sagte er: «Gut, nun mache einen neuen Absatz und schreibe, wie folgt, weiter.» Er diktierte mit fester Stimme: «Der Geist der antifranzösischen Koalition und die Koalition selbst überlebten den Frieden von Paris. Wenn die Pläne, die ich hier bei meiner Ankunft vorfand, ausgeführt worden wären, hätte Frankreich wahrscheinlich noch ein halbes Jahrhundert isoliert in Europa gestanden. Alle meine Bemühungen waren darauf gerichtet, solch ein großes Unglück zu verhüten, aber die Größe des Erfolgs hat meine glühendsten Hoffnungen übertroffen...»

Er blieb hinter ihr stehen und legte seine Hände leicht auf ihre Schultern. Dann diktierte er weiter: «Sire, die Koalition ist aufgelöst, und zwar für immer. Frankreich steht nicht mehr länger isoliert in Europa, sondern Euer Majestät verfügen über ein Bündnissystem, wie es jahrelange Verhandlungen nicht besser hätten aufbauen können. Frankreich ist alliiert mit zwei der größten Mächte und wird bald mit allen Staaten alliiert sein, die sich nicht von revolutionären Prinzipien und Ideologien leiten lassen. Euer Majestät werden Kopf und Herz dieser Union sein, deren Prinzipien zuerst von Euer Majestät verkündet wurden.»

Der Triumph, der in diesen Worten lag, überwältigte sie. Noch schreibend, sagte sie: «Es ist wundervoll; es ist zu, zu wundervoll.»

Er küßte sie auf den Nacken und fuhr fort: «Ein so großer und glücklicher Wechsel kann nur der besonderen Gunst des Schicksals zugeschrieben werden, die Euer Majestät Restauration so offensichtlich begleitet hat. Den Anstoß zu diesem Wechsel gaben – neben Gottes Fügung – du, mein Engel...»

Er zog sie an sich, und diesmal widerstand sie ihm nicht.

«Wir sind glücklich, mein Liebster; ist es denn erlaubt, so glücklich zu sein?» sagte sie, nah an seinen Lippen. Die Feder entfiel ihrer Hand.

Fünfter Teil

«Sie sind zu spät gekommen. Europa und ich sind entschlossen. Bleiben Sie bei uns, und verkennen Sie nicht das Schicksal, wie der Kaiser den Zeitpunkt verkannt hat.»

Talleyrand zu Montrond

1

Seit der Unterzeichnung des Dreier-Bundes, die zwei Monate zurücklag, lebte Dorothea in einem glücklichen Rausch, einer Art von wollüstigem Tagtraum, jenseits der Realitäten des Kongresses. Sie besuchte die nicht enden wollenden Bälle, Konzerte, machte bei Schlittenfahrten und Schlittschuhpartien mit; sie spielte in Amateurtheaterstücken, die die Kaiserin Maria Ludovica in der Hofburg veranstaltete; bei den großartigen Festen der französischen Botschaft spielte sie die Gastgeberin mit viel Charme und Geschicklichkeit. Aber all diese Vergnügungen waren für sie nur eine Girlande, die ihre Liebesnächte aneinanderreihte.

Anfang März wurden sie zum erstenmal getrennt. Talleyrand fuhr mit Metternich und dem Herzog von Wellington, der nach Wien gekommen war, um Castlereagh zu ersetzen (dieser war nach London zurückgerufen worden, um seine Außenpolitik vor dem Parlament zu vertreten), nach Preßburg zum König von Sachsen. Dorothea verbrachte die paar Tage seiner Abwesenheit in seliger Verträumtheit und schwelgte in der Erinnerung an das Glück ihres gemeinsamen Lebens. Sie schrieb ihm viele kleine Billetts, die in ihrer ewig wiederkehrenden Gleichheit und Neuheit wie alle Liebesbriefe waren. «Von meinem Fenster aus sehe ich einen Mond, der wie Dein geliebter Briekäse aussieht», schrieb sie zum Beispiel, «nur, daß er noch grüner ist, und wenn ich ihn so anschaue, stelle ich mir vor, daß Du diesen Mond auch in Preßburg siehst, und dann fühle ich mich Dir näher. Komm bald wieder! Ich liebe Dich und warte auf Dich! Es gibt nur Dich und mich auf der Welt. Komm!» Wenn einmal einige Stunden keine Nachricht von ihm kam, fürchtete sie das Schlimmste, und wenn ihr endlich dann ein Brief überreicht wurde, mit seiner kleinen, unleserlichen Schrift addressiert, klopfte ihr Herz vor Freude.

So verging die Zeit schnell. Nur der Tag, an dem er zurückkommen sollte, schien sich endlos auszudehnen. Sie erwartete ihn irgendwann am Abend, und jetzt war es erst Mittag.

«Duschka, du bist ja gar nicht anwesend!» Wilhelmine warf ihrer jüngsten Schwester einen amüsierten Blick zu. Duschka sah hinreißend aus in einem sehr einfachen, dunkelgrünen Wollkleid mit schwarzen Verschnürungen. Wilhelmine, die sich sowieso nur im Negligé wohl fühlte, fand ihr eigenes pastellfarbenes Kleid langweilig im Vergleich. «Ich habe doch schon zweimal gefragt, ob du dir von Leroy eine Kollektion von Frühjahrskleidern schicken läßt.»

Dorothea fuhr schuldbewußt auf. «Ich glaube, es lohnt sich nicht mehr. Der Kongreß wird in zwei Wochen beendet sein, und so lange komme ich noch mit meinen alten Sachen aus.»

Die vier Kurlands waren zu einem Frühstück bei Wilhelmine versammelt. Es regnete, und alles, was Dorothea durch die tropfenden Fenster sehen konnte, war ein unbestimmtes Grau. Aber Wilhelmines Frühstückstisch leuchtete hell von Silber und Kristall auf zartrosa Damast.

«Ich kann mir nicht vorstellen, daß der Kongreß schon so bald beendet sein soll, wo doch die Angelegenheiten von Deutschland, Italien und der Schweiz noch in der Luft hängen», sagte Jeanne.

«Um Boney nicht zu vergessen», sagte Wilhelmine wichtig. «Solange er noch in der Nähe des Kontinents ist, gibt es keine Sicherheit. Darin hat Talley recht. Glaubt mir, Boney führt nichts Gutes im Schild. Vor einigen Tagen hatte Charles Stewart einen Brief von einem Engländer, zu dem Boney gesagt hatte: ‹Diese Herren in Wien wollen mich nach St. Helena deportieren, aber so einfach, wie sie sich das denken, wird das nicht sein!›»

Dorothea verscheuchte ein plötzlich aufkommendes Alarmgefühl: Wer mag wohl Napoleon über das Vorhaben der Wiener Herren so gut informiert haben? Aber sie sagte nur: «Oh, du mit deinen dauernden Befürchtungen um Boney!»

Und Pauline: «Ja, laß doch Boney aus dem Spiel! Gentz hat bereits die feierliche Erklärung der Mächte für die Schlußsitzung des Kongresses in seiner Schreibtischschublade. Alexander sagte, sie hätte ihn zu Tränen gerührt.»

«Ist die Erklärung wirklich so erhebend? Oder ist es nur, daß jetzt, wo er doch noch König von Polen wird, Alexander leicht gerührt ist?» fragte Jeanne.

Sie kicherten über ihren Hammelkoteletts und Spargel-Vinaigrette. «Duschka, du bist so klug», sagte Wilhelmine. «Erkläre mir doch, was geschehen ist. Ich kann es immer noch nicht ganz begreifen. Mehr als drei Monate waren England, Österreich und Frankreich bis zum Äußersten entschlossen, Polen nicht an Alexander abzugeben, und es sah ganz so aus, als sei ein Krieg unvermeidlich. Aber plötzlich, aus heiterem Himmel, in den ersten Januartagen, erklärte Castlereagh, daß er nicht mehr auf seiner Opposition bestehen wolle, vorausgesetzt, daß Österreich mit Alexanders polnischem Projekt einverstanden sei. Österreich war einverstanden – und Talleyrand hat sich nicht gerührt. Was hat sie veranlaßt, ihre Ansichten zu ändern?»

Dorothea nahm ein zweites Hammelkotelett: «Ich weiß nicht viel darüber. Vielleicht sind sie Humboldts Ansicht, der meint, daß Rußland durch die Annexion von Polen eher schwächer als stärker würde, und daß es nicht lohne, sich darüber aufzuregen.»

«Wenn das die Erklärung dafür ist, hätten sie dem Kongreß gute drei Monate sparen können», sagte Pauline scharf.

«Ja», pflichtete Dorothea bei. Sie wußte natürlich, daß die wahre Erklärung für die plötzlich versöhnliche Haltung der Mächte eine sehr andere war. Sie fanden den russischen Vorstoß nach Europa immer gleich erschreckend. Sie sahen in dem russischen König von Polen immer noch einen zweiten Napoleon – nur noch schlimmer insofern, als er kein Europäer war. Aber ihre heimliche Allianz gab ihnen neue Stärke. Sie wußten, daß ihre vereinten Armeen Alexander jederzeit in Schach halten könnten, wenn er versuchen sollte, Unfug anzurichten. Zur Zeit konnten sie es sich leisten, Rußland entgegenzukommen. Und so erfüllten sie fast alle Forderungen Alexanders, weil dies besser schien, als den Kongreß über der polnischen Angelegenheit zerplatzen zu lassen.

«Czartoryski muß doch ganz außer sich sein vor Freude, Duschka?» fragte Pauline.

Dorothea überlegte einen Moment. «Ich kann nicht einmal sagen, daß er das ist», sagte sie endlich. «Ich glaube, daß er zu oft und zu lange unglücklich war, um noch zu glauben, daß irgend etwas so gut sein könnte, wie es aussieht. Vor einigen Tagen hatte ich eine lange Unterhaltung mit ihm. Er schien voller unheilvoller Ahnungen zu sein, besonders, was den Großfürsten Konstantin anbetrifft, der als Militärgouverneur nach Warschau geschickt worden ist. Prinz Adam selbst wird auch bald dorthin gehen, um eine Regierung zu bilden.»

«Und du bist nicht traurig, Duschka?» fragte Wilhelmine.

«Nicht ein bißchen.» Dorothea lachte. «Auch Prinz Adam ist nicht traurig. Er ist viel zu sehr mit Polen beschäftigt.»

«Ich wünschte, meine Verehrer wären auch so gefügig», seufzte Wilhelmine, «aber sie benehmen sich immer, als wäre ich ihnen etwas schuldig geblieben.» Als die Schwestern lachten, fügte sie kalt hinzu: «Ich kann das nicht komisch finden.»

Sie verfolgten dieses unterhaltende Thema nicht weiter, denn ein Lakai kam herein und wechselte die Teller, um den Nachtisch zu servieren.

«Es ist erschreckend», sagte Wilhelmine und brachte das Gespräch wieder auf den Kongreß, «wie wenig doch die gerissensten Staatsmänner Europas in fünf Monaten erreicht haben. Ihre ganze Arbeit bestand darin, fast alle Wünsche Alexanders zu erfüllen und einen Kompromiß für Sachsen auszuarbeiten, ein kleines Land von zwei Millionen Seelen.»

«Sachsen ist nicht nur ein kleines Land, es ist ein Prinzip», sagte Dorothea. «Es mußte ein für allemal festgelegt werden, daß keinem König, sei er nun klein oder groß, sein Land einfach genommen werden kann, nur weil ein anderer es haben will. Die Lösung der sächsischen Frage ist maßgebend für sämtliche anderen Lösungen.»

«Da spricht Talley aus dir. Aber in dieser Angelegenheit hat er wohl recht, auch wenn die Preußen wütend darüber sind. Man sagt, daß der König von Preußen sich nicht in Berlin blikken lassen kann.»

«Ich bin auch gar nicht so sicher, daß der König von Sachsen sehr begeistert sein wird», sagte Dorothea besorgt.

Und Wilhelmine: «Talley und Wellington werden ihm schon Dankbarkeit beibringen. Findet Ihr nicht, daß der Herzog wunderbar ist? Ich freue mich schon auf das Fest, das du ihm zu Ehren am Siebten geben wirst, Duschka. Wird es großartig?»

«Ich glaube, daß es schön wird. Die Bigotini, Aimée und Petit werden tanzen, und dann haben wir noch einige kleine Überraschungen. Alle Herrscher haben die Einladung angenommen. Es ist das erste Mal, daß wir sie alle bei uns haben.» Dorothea schnitt ihren Schwestern eine Grimasse: «Erinnerst du dich noch an deine Prophezeiung, daß keiner bei der französischen Botschaft auch nur ein Stück Brot brechen würde?»

«Ich nehme alles zurück», gab Wilhelmine zu. «Ich habe nicht erwartet, daß Talley so geschickt sein würde – ebensowenig habe ich es von dir erwartet, Duschka. Denn du mußt doch zugeben, daß du ihm enorm geholfen hast. Jeder sagt es.»

Dorothea freute sich. «Danke, aber laß uns auf Wellington zurückkommen. Er ist ein Geschenk des Himmels. Wir brauchen einen neuen Anlaß für unsere Feste.»

«Ja, den brauchen wir wirklich, besonders jetzt, da jedermann Alexander satt hat – sogar die Bagration», sagte Jeanne.

Der Lakai war hinausgegangen, und man konnte wieder Persönliches reden. «Hat die Bagration Alexander wirklich satt?» fragte Dorothea.

«So sagte sie jedenfalls», wiederholte Wilhelmine. «Sie hat mit dem Kronprinzen von Württemberg eine Liaison angefangen, was Alexander gar nicht paßt, da seine Lieblingsschwester ihn heiraten soll. Ach, laßt uns nicht von Alexander reden. An dem Tag, an dem er Wien verläßt, werden nur die Kokotten weinen.»

«Vor dem Kongreß hörte ich es anders», neckte Pauline sie.

«In Ratiborsitz war Alexander noch reizend, aber hier hat er mir alles verdorben», seufzte Wilhelmine. «Und schließlich habe ich doch Clemens geliebt.»

«Liebling, werde nicht dramatisch; du kannst Metternich jeden Tag zurückhaben, obwohl du dich schlecht gegen ihn benommen hast», sagte Pauline.

«Das sagt auch Gentz. Clemens hat Gentz zu mir geschickt, denkt euch...»

«Für Friedensverhandlungen?»

«Ja. Sieht es Clemens nicht gleich, daß er einen anderen die schmutzige Arbeit für sich machen läßt? Und Gentz fand großes Vergnügen daran, mich abzukanzeln! Er sagte, daß ich seinen Fürstkanzler von der Arbeit für die gute Sache abhalte und daß ich ein Ärgernis sei und als unerwünschte Ausländerin aus Wien ausgewiesen werden sollte. Stellt euch nur diese Frechheit vor! Am Schluß bot er mir Clemens wieder an, unter der Bedingung, daß ich Charles Stewart den Laufpaß gäbe.»

«Was hast du ihm geantwortet?» fragten die Schwestern.

«Meine Antwort», sagte Wilhelmine tugendhaft, «war natürlich nein. Zwei Unrechte machen noch nicht ein Recht.»

Sie hatte einen großen Heiterkeitserfolg. Dorothea lachte so, daß ihre Tränen auf die «Charlotte russe» fielen. Wenn sie das erst Talleyrand erzählen konnte!

Wilhelmine ignorierte ihre Heiterkeit. «Charles ist mir lieb geworden. Diese Engländer sind so gelehrig. Es gibt nur einen Mann, für den ich ihn aufgeben würde – das ist der Herzog. Ich habe Soldaten immer gerne gehabt.»

Als sie sich etwas beruhigt hatten, sagte Pauline: «Das Problem des Herzogs ist nur, daß er sich nicht entscheiden kann, welcher Kurland er den Vorzug geben soll. Es scheint, daß er mit Mutter in Paris sehr innig war, und nun ist er zwischen Wilhelmine und Duschka hin- und hergerissen.»

«Unsinn», sagte Dorothea, «er hat mich nicht zweimal angeschaut.»

«Wie kannst du das wissen? Du selbst schaust keinen anderen als Talley an. Übrigens ein großer Fehler, sozusagen alle seine Eier in einen Korb zu tun. Das wenigstens können wir unserer Wilhelmine nicht vorwerfen.» Pauline sprach halb im Spaß, halb im Ernst.

Wilhelmine erklärte nicht unfreundlich: «Talley ist aus dem Kongreß als eine der drei oder vier bedeutendsten Figuren Europas hervorgegangen. Macht ist das, was Frauen wie Dorothea bei einem Mann anzieht.»

Pauline, die es von ihrer ältesten Schwester taktlos fand, Dorotheas Gefühle in deren Anwesenheit zu sezieren (obwohl sie es natürlich ständig hinter ihrem Rücken taten), wechselte das Thema: «Es scheint, daß Talley schon früher um seiner selbst willen geliebt worden ist. Denkt an Madame de Brionne! Ist es wahr, daß sie im Sterben liegt?»

«Mein ‹Nummer eins› hat mir heute morgen berichtet, daß sie nachmittags die Letzte Ölung empfangen soll», sagte Wilhelmine. «Du bist doch gestern hingegangen, nicht wahr, Duschka?»

«Ich versuchte, eine Versöhnung mit Talleyrand herbeizuführen.»

«Trotz allem, was sie dir angetan hat? Du bist ein guter Mensch, Duschka.»

Dorotheas Gesicht bewölkte sich. «Ich hatte aber keinen Erfolg. Madame de Brionne sagte weder ja noch nein. Heute ist sie sehr schwach.»

2

«Herr erbarme dich unser, Christus erbarme dich ... erbarme dich unser, Herr. Heilige Mutter Maria bitte für uns ...» Die Stimme des Priesters, der die Heiligen-Litanei betete, konnte im Salon gehört werden.

Die fette Herzoginwitwe von Méronville schluchzte. «Wenn er jetzt nicht kommt, wird es zu spät sein.»

«Es ist der Regen», murmelte der Marquis, der ein Gesicht wie ein Frettchen hatte. «Der Regen macht die Straßen von Preßburg unbefahrbar.»

«Den ganzen Nachmittag hat die Prinzessin nach ihm gefragt. Ihre letzten Worte an den Kaiser waren eine Bitte, ihr doch den Abbé de Périgord zu schicken.»

«Nannte sie ihn den Abbé de Périgord? Merkwürdig.» Der Marquis lachte ein bißchen.

«Pst», machte jemand vorwurfsvoll.

Louise Julie Constance, Princesse de Rohan, Comtesse de Brionne, Princesse de Lorraine starb wie eine Königin von Frankreich in aller Öffentlichkeit. In dem kerzenbeleuchteten Salon, in welchem sie so lange souverän über ihre kleine Emigrantenwelt regiert hatte, saßen und standen, in stille kleine Grüppchen verteilt, Männer im schwerbestickten Atlaskostüm mit gepuderten und schwarz bebänderten Zöpfen und Frauen mit großen Federhüten auf hohen Pompadours. Trotz des schrecklichen Wetters war die Creme der französischen Emigrantengesellschaft zu dem kleinen Haus in der Josephstadt gepilgert, um eine Frau sterben zu sehen, die wußte, wie man zu leben hatte.

Durch die großen, geöffneten Flügeltüren, die den Blick in das Schlafzimmer freigaben, konnte man die Prinzessin, ganz klein und still, in ihrem großen Maria-Theresia-Bett liegen sehen; ihr leichter Körper machte kaum einen Eindruck in den hohen Kissen; ihre langen weißen Locken waren sorgfältig arrangiert; ihr eingesunkenes, wächsernes Gesicht war geschminkt und gepudert; das Schönheitspflästerchen saß genau auf der richtigen Stelle am Kinn. Ihre Augen waren geschlossen. Ihre eine Hand spielte schwach mit einem Gegenstand, den man für einen Rosenkranz hielt. Charles Lambesk, der neben ihr kniete, hielt ihre andere Hand.

Die Spannung in dem kleinen Salon stieg von Minute zu Minute. Jedermann wußte, daß Madame de Brionne, bevor sie die heiligen Sakramente empfangen, nach dem Bischof von Autun verlangt hatte und es immer wieder tat, sobald sie genug Kraft dazu aufbrachte. Obwohl der Gesandte Ludwigs XVIII. in Madame de Briones Salon immer noch Bischof von Autun genannt wurde, so hatte man doch seine Meinung über ihn revidiert. Man mußte zugeben, daß er für die Bourbonen einen großen Erfolg in Wien errungen hatte; daß er für alles Rechte gestanden hatte; daß er definitiv das neue, friedliche Frankreich populär gemacht hatte. Aber wer auch immer gewagt hatte, vor der alten Dame solche Ansichten zu äußern, fand sie in ihrem Haß gegen diesen Mann unbarmherzig. Sie könnte Vergangenes nicht vergangen sein lassen, nur weil der Bischof von Autun sich daran vergnügte, Legitimität zu entdecken, und das beendete die Diskussion. Um so aufregender war die Frage, die jeden jetzt beschäftigte: Würde er noch rechtzeitig kommen, um sie am Leben zu finden? Würde sie noch reden können? Und, wenn sie reden könnte, was würde sie ihm zu sagen haben?

Charles Lambesk legte die Hand seiner Urgroßmutter zart auf die blaue Taftdecke zurück, dann erhob er sich und gab dem Hausarzt und Dr. Koreff, die beide beim Toilettentisch standen, ein Zeichen. Sie kamen zum Bett und begannen an der sterbenden Frau herumzumanipulieren. Für eine Weile war sie so den Blicken der anderen verdeckt. Ein scharfer Duft von Salmiak verbreitete sich in der Luft.

Charles Lambesk ging zum Fenster und starrte in die Nacht hinaus. Es regnete immer noch.

Dr. Koreff flüsterte ihm zu: «Durchlaucht, die Minuten sind gezählt.»

«Können Sie gar nichts tun, Doktor?» beschwor ihn der junge Mann. «Sie wartet so verzweifelt auf jemanden.»

«Ich fürchte, es gibt nichts, was ein gewöhnlicher Sterblicher jetzt noch tun könnte.» Koreff zog an seiner langen Hakennase und ging zum Bett zurück. Man hatte ihn erst vor kurzer Zeit gerufen, und das nur, damit er das Leben der alten Dame um einige wenige Stunden verlängere. Er konnte keine Wunder vollbringen.

Der Priester, der am Fußende des Bettes kniete, sprach jetzt die Sterbegebete: «Scheide hin, christliche Seele, aus dieser Welt im Namen Gottes, des allmächtigen Vaters, der dich erschaffen hat...»

Sofort strömten Besucher und Dienerschaft ins Zimmer, aber auf ein Zeichen Koreffs bat Lambesk sie, doch draußen zu bleiben. Sie knieten so nahe wie möglich bei den Flügeltüren im Salon und füllten das Zimmer mit Schluchzen und dem leisen Gemurmel ihrer Gebete.

Lambesk kniete am Bett nieder und nahm wieder die kraftlose Hand seiner Urgroßmutter. Ihr Gesicht schien von innen heraus geschrumpft zu sein. Sie atmete ganz flach. Auch wenn Talleyrand noch käme, so würde sie ihn wohl nicht mehr erkennen können.

«...In deine Hände, Herr, befehlen wir den Geist deiner Dienerin, Luise Julie Constance de Rohan, und bitten dich, Herr Jesus Christ, du Erlöser der Welt, der du um unseretwillen Menschengestalt angenommen hast, nimm sie in Gnaden in die Schar der Deinigen auf...»

Der Priester betete laut und übertönte damit die plötzliche Bewegung in dem kleinen Hause.

«Wie anders dein Empfang heute ist als damals, als du versucht hast, Madame de Brionne in Linz zu besuchen», sagte Dorothea, als die Tore weit geöffnet wurden. Es war offensichtlich, daß Talleyrand mit Ungeduld erwartet wurde.

Er drückte ihre Hand und war dankbar für ihre Gegenwart. Die Tatsache, daß Madame de Brionne in ihrer Sterbestunde nach ihm gefragt hatte, bewegte ihn tief. Dorothea wußte schon lange, daß Madame de Brionne für ihn ein Symbol war; sie bedeutete für ihn die Vergangenheit. Solange sie ihm nicht vergeben hatte, fühlte er sich von seinen revolutionären Sünden nicht freigesprochen. Die ganze Zeit schon war es Dorotheas leidenschaftlicher Ehrgeiz gewesen, die Wiederversöhnung der beiden zustande zu bringen, sozusagen als eine Apotheose ihrer eigenen Liebe zu ihm. Wenn es bloß nicht zu spät sein würde.

«Ich erinnere mich an Sie von meinen Besuchen bei der Prinzessin in Paris – eh? Ihre Frau ist die Zofe der Prinzessin», sagte Talleyrand zu dem Diener, der sie empfing.

«Ja, Euer Durchlaucht», sagte der alte Mann und begann zu weinen. «Es ist gut, Sie endlich hier zu sehen.» Er nahm ihnen die Mäntel ab und führte sie schnell zum Salon.

Sofort verstummte das Gebetsgemurmel. Unter viel Seidengeraschel erhoben sich die französischen Emigranten, die vor der Türe zu Madame de Briones Zimmer knieten, und machten Platz für den Mann, den sie so lange gehaßt hatten. Schließlich war er doch der Abgesandte ihres rechtmäßigen Königs, und er kam, weil es ihre Prinzessin wünschte. In seinen grauen Reisekleidern wirkte er sehr groß, und er ging schnell, mit seinem leichten Hinken, auf das Bett zu. Sein blasser Blick ging an allen vorbei zu der kleinen Figur der Sterbenden. Als er die Schwelle des Zimmers überschritt, zögerte er einen Moment und sah Dorothea fragend an. Sie nickte, und er ging allein weiter.

Dann erst sah Charles Lambesk ihn kommen. Er wollte sich erheben und ihn begrüßen, aber Talleyrand hatte ihn schon zurückgewunken und war auf der anderen Seite des Bettes in die Knie gesunken.

«... oh, Herr, erfreue ihre Seele durch dein Angesicht und gedenke nicht ihrer früheren Missetaten und Unmäßigkeiten, welche der Wahn oder die Glut der bösen Begierde erregt hat. Denn obgleich sie gesündigt hat, so hat sie dennoch dich, den Vater, und den Sohn und den Heiligen Geist nicht verleugnet, sondern geglaubt, und den Eifer für Gott in sich getragen, und den Gott, der alles erschaffen hat, getreulich angebetet», intonierte der Priester.

Vom Salon her vernahm man das antwortende Schluchzen und Gemurmel, aber aller Augen waren auf den Bischof von Autun und die sterbende Prinzessin gerichtet.

Talleyrands Lippen berührten die Hand, von der jeder noch immer glaubte, daß sie einen Rosenkranz hielt. Dann starrte er über seine gefalteten Hände hinweg auf das einst so geliebte Gesicht, das er so lange vermißt hatte. Tränen rannen unter seinen zu langen Augenlidern hervor und liefen über seine Wangen. Die Atemzüge der Sterbenden kamen in kurzen Stößen. Einen Moment lang trat Koreff neben sie, fühlte ihren Puls, und als er zu seinem Kollegen zurückging, sagte er etwas und zuckte die Achseln. Wenigstens war es ihnen gelungen, sie am Leben zu erhalten, bis M. de Talleyrand kam.

Dorothea, die im Hintergrund kniete, wo Talleyrand sie nicht sehen konnte, verstand des Doktors Geste. Mein Liebster, dachte sie, mein armer Liebster! Sie senkte ihre Augen. Sie konnte es nicht ertragen, ihn weinen zu sehen vor diesen feindseligen Emigranten – ihn, der sich dazu erzogen hatte, niemals seine Gefühle zu zeigen. Wenn Madame de Brionne ihn wenigstens noch erkannt und etwas zu ihm gesagt hätte!

«O Herr, wir bitten dich, gedenke nicht der Sünden ihrer Jugend und ihrer Unbesonnenheit; sondern in deiner großen Barmherzigkeit sei ihrer eingedenk in der Glorie deiner Herrlichkeit. Laß die Himmel sich ihr öffnen und die Engel sich mit ihr erfreuen. O Herr, nimm deine Dienerin auf in dein Reich», betete der Priester.

Und ganz plötzlich richtete die Sterbende sich auf. Zuerst starrten ihre blauen Augen, die, obwohl schon vom Tod gezeichnet, immer noch schön waren, und dann begannen sie zu leuchten. Für einen Moment sah sie ganz jung aus. Mit einer selbstverständlichen und merkwürdig nachlässigen Gebärde reichte sie Talleyrand die Hand zum Kuß.

Charles Lambesk tat schnell einen Arm unter ihre Schultern, um sie zu stützen. Koreff kam einen Schritt vorwärts, besann sich dann aber eines Besseren und ging wieder zum Toilettentisch zurück. Dorotheas Herz klopfte so laut, daß sie meinte, man müßte es von einem Ende des Salons zum anderen hören können. Der Priester senkte seine Stimme. Gespannt verfolgte jeder die Lösung eines menschlichen Dramas, das sich über turbulente Jahrzehnte hingezogen hatte.

«Monsieur de Périgord, Sie allein wissen, wie sehr ich Sie immer geliebt habe», sagte Madame de Brionne mit der leichten, klaren Stimme, die so gebieterisch durch die Hallen von Versailles geschallt hatte. Dann sank sie, mit einem zärtlichen Lächeln für ihn auf den Lippen, in die Arme ihres Urenkels zurück.

3

Am 7. März fand der Ball zu Ehren des Herzogs von Wellington im Palais Kaunitz statt. Eine Fülle von weißen Nelken und Azaleen gab den vergoldeten Salons die luftige und zarte Leichtigkeit eines Märchengartens. Ungezählte Kerzen ließen die Diamanten in den Frisuren funkeln; Uniformen glitzerten gegen das Perlmutter nackter Schultern; die Violinen von Neukomms Orchester erhoben sich melodisch über das Durcheinander von Gesprächen und Gelächter.

Alle Herrscher waren anwesend, ebenso alle Staatsmänner und Diplomaten. Vor allem aber war der Herzog da. Außer einem besiegten General kann niemand annähernd so anziehend sein wie ein siegreicher General. Ganz Wien war in den Herzog von Wellington verliebt. Er war ungefähr fünfundvierzig Jahre alt;

er gefiel sich in der Rolle des populären Helden. Seine netten Augen hatten einen freundlichen und sicheren Blick; er hatte eine gerade Nase; sein zu kleiner Mund mit der etwas zu langen Oberlippe hätte bei einem gewöhnlichen Mann leicht töricht gewirkt, bei ihm natürlich nicht; dasselbe hätte man auch von seinen Koteletten sagen können, die ihm fast bis zur Nase wuchsen. Seine verbindlichen Manieren unterstrichen den Soldat-Diplomaten. Er küßte alle hübschen Frauen in der uninteressierten Weise, die man für typisch britisch hielt.

Nach einem gigantischen Friedenskarneval von fünf Monaten schien es fast unmöglich, daß ein Ball mehr sein könnte als eine erfolgreiche Nachahmung all der anderen Bälle. Tatsächlich aber hatte dieser Ball im Palais Kaunitz eine ganz besondere Note. Talleyrands natürliche Eleganz und sein Sinn für Perfektion waren nie so zur Geltung gekommen wie in dieser Nacht. Dieser Ball erinnerte so sehr an die «douceur de vivre» von vor der Revolution, daß weder die Pracht der Hofburg noch die Herrlichkeiten des Palais Razumoffsky (vor dem Brand) damit konkurrieren konnten. Wenn jemals ein Zweifel bestanden haben sollte, so wußte in dieser Nacht jeder, daß die Franzosen das zivilisierteste Volk der Welt waren.

Die Gäste erhoben sich gerade von der Tafel. Das Souper war hervorragend gewesen, Carême hatte sich selbst übertroffen. Die Damen Bigottini, Aimée und Petit hatten ein reizendes Ballett aufgeführt. Isabey hatte Herrscher und Staatsmänner mit ihren Karikaturen entzückt.

«Ich finde es herrlich, daß man endlich die Franzosen wieder lieben darf.» Die Kaiserin Maria Ludovica von Österreich schenkte Talleyrand ein Lächeln aus ihren grünen Augen. Sonst war es nicht ihre Gewohnheit, zum Souper zu bleiben, aber diesmal machte sie eine Ausnahme, weil sie neugierig war auf die Genüsse des Küchenchefs, von dem jedermann sprach.

«Es macht mich sehr glücklich, solche Worte von Eurer Majestät zu hören», sagte Talleyrand herzlich. «Ich werde sie nie vergessen.»

Die Ordenssterne der Herrscher, die in dieser Nacht seine Gäste waren, klirrten bei jedem Schritt auf seinem langen, pflaumenfarbigen Rock, als er die Kaiserin die breite Marmortreppe hinunterführte. Ihr Weg war von Lakaien gesäumt, die bewegungslos in ihren Rot-Silber-Livreen dastanden. Die Kaiserin sah Dorothea an, die auf ihrer anderen Seite ging, und von ihr wieder zurück auf Talleyrand. Es gab auf dem ganzen Kongreß nicht noch einmal zwei Menschen, die ihre Phantasie so beschäftigten wie dieser eindrucksvolle alte Mann mit seinem blassen, undurchdringlichen Gesicht und seiner schläfrigen Eleganz, die geringschätzig den Geist, die Kraft und den Mut zu leugnen schien, die ihn allen Widerständen zum Trotz zur ersten Persönlichkeit des Kongresses gemacht hatten. Und dann seine junge Nichte, seine Mätresse (denn über diesen Punkt hatte sie keinen Zweifel), die so jung und strahlend lebendig in ihrer Schönheit und Lebenslust war, dazu noch kultiviert und intelligent. Sie dachte mit einem Seufzer: Wie beneidenswert sie doch sind. Sie sagte: «Diese Spitzen, meine liebe Gräfin, sind wie der Stoff, aus dem man Träume spinnt.» Ihre grünen Augen ruhten auf Dorotheas tief dekolletiertem weißem Kleid, dessen Spitzenmuster mit kleinen Perlen bestickt war. Sie trug dazu lange weiße Handschuhe, um den Hals und die Arme die Kurland-Perlen und einen großen weißen Straußenfächer.

«Ich freue mich, daß sie Euer Majestät gefallen.»

Dorothea machte einen tiefen Hofknicks, blieb aber zurück, als Talleyrand die Kaiserin zu ihrem Wagen hinausführte. Als sie dann wieder zusammen hinaufgingen, sah sie ihn von der Seite an und dachte: Wenn er auch über Könige blasiert ist, so muß er jetzt doch ein Gefühl des Triumphes haben, daß sie alle kamen, nachdem sie ihn so sehr zu boykottieren versucht haben. Sie sagte: «Dieser Ball, mein Lieber, ist die Apothese deiner Verführungsdiplomatie.»

Er küßte sie, ohne von den Lakaien Notiz zu nehmen. «Du fängst an, recht parteiisch zu werden, mein Liebling», neckte er sie. «Die gute Laune der Herrscher und Staatsmänner am heutigen Abend hat weniger mit meinen Verführungskünsten zu tun als mit der Hoffnung auf eine baldige Beendigung des Kongresses.»

«Gewiß, aber auch diese Hoffnung verdanken sie schließlich dir. Ohne den Dreier-Pakt...»

«Vorsicht! Es sind schon zu viele Vermutungen im Umlauf.

Es ist ein Glück für uns, daß Alexander über die Aussicht, König von Polen zu werden, so selig ist, daß er gar nicht auf Gerüchte achtet.»

An der Türe zum Ballsaal wartete der junge Kronprinz von Preußen auf Dorothea. Sie hatte ihm den ersten Galopp nach dem Souper versprochen. Talleyrand sah zu, als sie zusammen davongaloppierten. Wilhelmine, die in einem goldbestickten Kleid herrlich aussah, tanzte mit dem Herzog. Metternich mit der Zichy und Czartoryski mit Pauline. Ein abscheulicher Tanz, dieser Galopp: etwas für Kinder; alle Männer schwitzten dabei; man tanzte doch nicht, um zu schwitzen.

«Hier sind Sie ja endlich, mein Freund. Ich habe Sie gesucht.» Alexander stand vor ihm. In seiner himmelblauen Uniform sah er außergewöhnlich gut aus. Er nahm Talleyrands Arm und führte ihn zur Türe, die den Ballsaal vom Kartenzimmer trennte. «Es gibt so vieles, was ich mit Ihnen besprechen möchte», fuhr er in der vorwurfsvollen Art einer Frau fort, die sich von ihrem Liebhaber vernachlässigt fühlt. «Sie haben mir noch gar nichts von Preßburg erzählt. Wie hat Sie der König von Sachsen empfangen?»

«Kühl, Sire, wie man es nicht anders erwarten konnte. Schließlich verliert er einen großen Teil seines Landes und siebenhunderttausend Seelen.» Tatsächlich hatte er in der Sache nicht mehr als das nackte Prinzip der Legitimität gerettet, aber das war auch nicht zu verachten.

«Er behält Bautzen und Dresden, dank Ihren Bemühungen, mon ami», sagte Alexander streng. «Er hat die Lösung noch nicht definitiv angenommen, nicht wahr?»

«Er wird sie annehmen, Euer Majestät brauchen in diesem Punkt nichts zu befürchten.»

«Ich befürchte gar nichts», sagte Alexander fröhlich. Für Talleyrand klang das, als ob er gesagt hätte: Was kann denn schon passieren, wo ich Polen habe?

Der Galopp war beendet. Die Kapelle hörte auf zu spielen, und die Paare gingen von der Tanzfläche. Talleyrand sah, wie der Herzog sich Kinn und Nacken betupfte, während Wilhelmine ganz kühl aussah. Kein Wunder, denn sie war fast nackt. Der preußische Kronprinz, der ganz aufgelöst war, führte Dorothea zu einem Sofa, auf dem Humboldt und Gentz mit dem Baron Oheimb saßen. Dorothea zeigte dem Baron Oheimb die Sohlen ihrer weißen Satin-Tanzschuhe. Wahrscheinlich waren sie durchgetanzt. Das arme Kind!

Alexander winkte den Kaiser von Österreich und den König von Preußen, die gerade vorbeigingen, zu sich: «Ich habe gerade unserem Gastgeber mitgeteilt, daß ich am russischen Osterfest zu Hause sein muß», verkündete er.

Kaiser Franz sagte: «Da nun die polnische und sächsische Frage gelöst ist, wird in den nächsten zwei Wochen alles andere bereinigt werden.» Dann wandte er sich fast ehrerbietig an Talleyrand: «Glauben Sie nicht auch, mein Fürst?»

Talleyrand verbeugte sich: «Da ist immer noch die Sache Murat zu regeln.»

«Die ist jetzt ein Kinderspiel», sagte der König von Preußen so lebhaft, als es ihm seine militärische Steifheit erlaubte. «Wir alle sind uns mit Ihnen über Murat einig.»

Besser spät als nie, dachte Talleyrand und sagte etwas trokken: «Ich war sehr glücklich, meinem König mitteilen zu können, daß Murat schon so gut wie abgesetzt ist, obwohl er selbst es noch nicht weiß.»

Alexander quittierte die Bemerkung mit einem Kichern, aber Kaiser Franz sagte ernst: «Machen Sie sich keine Sorgen, Fürst, wir haben bereits einhundertzwanzig Bataillone und vierundachtzig Schwadronen nach Italien geschickt für den Fall, daß Murat ungemütlich werden sollte.»

«Ich habe das Gefühl, daß Europa einer großen Friedensregelung noch nie näher war als gerade jetzt», sagte Alexander optimistisch, und mit dem Arm um Talleyrands Schultern fragte er zärtlich: «Stimmen Sie da nicht mit mir überein, mon ami?»

«Ja, Sire, ich glaube, wir haben günstige Bedingungen für einen Generalfrieden geschaffen», sagte Talleyrand. Er lächelte den Zaren an. Es amüsierte ihn, zu denken, daß die wichtigste dieser Bedingungen der Dreierpakt war, dessen Zweck es war, Rußland daran zu hindern, seine neue Macht zu mißbrauchen, und daß Alexander keine Ahnung hatte, über was er eigentlich sprach.

Die Kapelle begann einen Walzer zu spielen. Talleyrand sah,

wie der Herzog Dorothea auf den sich schnell füllenden Tanzboden führte.

Einen Augenblick später tanzten sie an ihm vorbei, und Dorothea winkte ihm mit ihrem Straußenfächer zu und blies ihm einen fast unmerklichen Kuß zu. Die Einzige! Was er auch immer beim Kongreß erreicht hatte – und es war beachtlich –, ihre Ermutigung, ihre Inspiration und ihr Glaube hatten den Löwenanteil daran.

Alexander hatte immer noch den Arm um seine Schultern, und der König von Preußen stand noch auf seiner anderen Seite, als plötzlich Metternich auf seinen Kaiser zukam, mit ihm flüsterte und ihn ins Kartenzimmer führte.

«Unser Fürstkanzler sieht erhitzt aus», spottete Alexander. «Ob er wohl mal wieder bei irgendeiner Dame abgefahren ist?»

«Sicherlich ist nur der Galopp daran schuld», sagte Talleyrand.

Und Alexander: «Mon ami, Sie sind unbezahlbar; Sie sind der einzige Mensch in Wien, mit dem ich wirklich gern zusammen bin.»

«Sire, das ist sehr gnädig», sagte Talleyrand und beobachtete Dorothea, die wieder an ihm vorbeitanzte, mit ihrem Fächer winkte und ihm einen Kuß zublies. Er wünschte, daß Kaiser, Könige und Staatsmänner nach Hause gingen und er mit ihr allein sein könnte.

In diesem Moment traten Kaiser Franz und Metternich wieder zu ihnen. Ihre Gesichter waren starr vor Bestürzung. Bevor sie noch den Mund öffnen konnten, wußte Talleyrand, daß sie schlechte Nachrichten hatten. Sehr schlechte sogar. Kaiser Franz murmelte: «Bonaparte hat Elba verlassen. Er ist in Cannes gelandet.»

Und dann schien sich alles gleichzeitig abzuspielen: Bevor einer von ihnen noch etwas sagen konnte, hatte sich die Neuigkeit mit der Geschwindigkeit eines elektrischen Funkens verbreitet. Die Kapelle spielte einen Walzer, und alle Welt tanzte; im nächsten Moment spielte die Kapelle immer noch den Walzer, aber die Tänzer blieben auf dem Fleck stehen. Jeder wußte alles. Erst später erfuhr Talleyrand, daß daran die geflüsterte Unterhaltung im Kartenzimmer schuld war, mit der Kaiser

Franz und Metternich ihre erste Bestürzung auf die anderen Gäste übertragen hatten. Aus den Worten: Elba – die britische Flotte – Bonaparte, reimten sie sich zusammen, um was es ging. Zuerst bemächtigte sich eine fast unartikulierte Erregung des Ballsaals und der Salons. Die Menschen bewegten sich blaß und verstört wie Automaten. Die Kapelle spielte immer noch den Walzer. Plötzlich schrie eine Frau, aber nur, weil ihr jemand auf die Schleppe getreten war. Und dann redeten alle durcheinander.

«Ich habe es immer vorausgesagt» (das war Wilhelmine) ... «Die Nachlässigkeit der Briten» (Emmerich natürlich!) ... «Metternichs diplomatische Frivolität» (einer der Preußen) ... «Regt euch nicht auf, es ist nur eine zweite Ausgabe der Ägyptischen Expedition, aber diesmal wird sie in Cannes enden» (ein Witzbold) ... «Das ist alles vom Herzog und Talley arrangiert worden, um einen Vorwand zu finden, Boney nach Sankt Helena zu deportieren, wo Talley ihn ja schon immer haben wollte» (wäre dem nur so!) ... «Während Nero tanzt» (das war Gentz mit einem Blick auf den Zaren) ... «Bonaparte leidet an einer Satyriasis nach Ruhm» (das war Humboldt, der ein Zitat des verstorbenen Fürsten von Ligne annektierte) ... «Diesmal müssen wir Frankreich so aufteilen, daß es nie wieder hochkommen kann» (das war Fürst Hardenberg).

Talleyrand verriet sich mit keiner Geste oder Miene, aber seine Sinne registrierten alles mechanisch. In diesen wenigen Minuten – es war alles nur die Angelegenheit einiger Minuten – geschah etwas mit ihm. Er fühlte, wie der Fürst Talleyrand wie durch die Berührung eines Zauberstabes wieder in den Fürsten von Bénévent, den Paladin Napoleons, zurückverwandelt wurde.

Es geschah, ohne daß ein Wort gefallen wäre, und doch wußte er genau, wann es begonnen hatte und wie. Einen Moment lang noch war Alexanders Arm um seine Schultern gewesen, und er konnte sein Zittern fühlen, im nächsten Moment war der Arm nicht mehr um seine Schultern, und der Zar war einen Schritt weggetreten. Es hatte gar nichts Abruptes an sich gehabt. Es schien ihm, als hätte es Alexander sehr sanft und fast wie entschuldigend getan. Und doch begann mit dieser kleinen Bewegung seine Isolierung, so als hätte der Zar gesagt: «Achtung! Diesem Mann kann man nicht trauen.»

Talleyrand stand immer noch bei der Gruppe der Herrscher – einer ständig wachsenden Gruppe, denn alle wichtigen und auch einige unwichtige Fürsten und Staatsmänner kamen nach und nach dazu –, aber es war offensichtlich, daß er nicht mehr zu der Gruppe gehörte. Ein Wall hatte sich um ihn erhoben, errichtet aus wiederbelebten Ressentiments, Zweifeln und Verdächtigungen und aus der Angst, daß man ihm vielleicht doch zu sehr getraut hatte.

Kaiser Franz sagte gefaßt: «Ein Glück, daß das jetzt passiert ist, wo wir noch alle hier versammelt sind.» Und Alexander, der aussah, als hätte er ein Gespenst gesehen: «Es ist nicht schlimm, solange wir nicht glauben, daß es schlimm ist.»

Gerade in diesem Moment kam Dorothea auf ihn zu – der Herzog und sie hatten sehr lange gebraucht, um ihren Weg durch die Menge zu bahnen. Ein Blick auf sie sagte ihm, daß sie alles wußte, was ihm in den letzten Minuten geschehen war. Sie trat an ihn heran und schob ihre Hand unter seinen Arm. Eine Sekunde lang trafen sich ihre Augen. Mein Geliebter, mein armer Geliebter, sagten ihre Augen, und seine Augen antworteten: Nichts kann mir etwas anhaben, solange du bei mir bist, aber wirst du bei mir bleiben? Sie standen beide ganz still da und hörten den unzusammenhängenden Gesprächen von Herrschern und Staatsmännern zu. An ihrer aufrechten, weiß schimmernden Figur war keine Bewegung. Nur ihr großer weißer Straußenfächer ging hin und her, hin und her.

Der Herzog von Wellington bemerkte eindrucksvoll: «Bonaparte hat entweder nach einer falschen oder nach gar keiner Information gehandelt, und der König wird ihn ohne Schwierigkeiten schlagen.»

«Man hätte ihn viel strenger behandeln sollen», sagte der König von Preußen, und Noailles antwortete: «Diesmal muß er aber gehängt werden!» Darauf der König von Preußen: «Das ist auch meine Ansicht, aber erst müssen wir ihn haben.»

Gleichzeitig sagte Kaiser Franz zum Zaren: «Nun, Majestät, das haben wir nun von Ihrer Unterstützung der Jakobiner.»

«Das ist wahr», erwiderte Alexander etwas bedrückt. «Um

aber meine Fehler wiedergutzumachen, werde ich meine Person und meine Waffen in den Dienst Eurer Majestät stellen.»

In seiner spontanen Art nahm Alexander Metternich beiseite, sprach sehr ernst mit ihm und umarmte ihn.

Dorotheas Hand drückte Talleyrands Arm, aber als er zu ihr heruntersah, waren ihre Augen auf den Herzog gerichtet. Der König von Preußen hatte den Herzog zu sich herangewinkt, und sie wechselten einige Worte mit gedämpfter Stimme. Und plötzlich wandte sich der König von Preußen an Talleyrand. Es war das erste Mal, daß jemand mit ihm sprach, seit das Ganze passiert war. «Da Sie Bonaparte so gut gekannt haben, sollten Sie wohl wissen, was er jetzt vorhat», sagte der König von Preußen kurz angebunden.

Wieder fühlte er den Druck von Dorotheas Fingern auf seinem Arm. Er sah den König mit seinen weitgeöffneten, blassen Saphiraugen an und sagte leise: «Bonaparte hat nie Pläne; es sind immer die Ereignisse, die ihm seine Handlungen eingeben.»

Einen Moment lang war es still.

«Nun, es war ein sehr schöner Ball.» Der König von Preußen murmelte ein kurzes Abschiedswort, und bevor Dorothea Zeit hatte, sich von ihrem Knicks zu erheben, war er auch schon aus dem Ballsaal.

Während der Herzog Dorotheas Hand küßte und ihr einen beruhigenden Blick zuwarf, blieb der Zar vor Talleyrand stehen. «Ich habe Ihnen ja schon immer gesagt, daß diese Regierung in Frankreich nicht von Dauer sein kann», sagte er hart. Talleyrand verbeugte sich stumm, sein Ausdruck so undurchsichtig wie immer. Dorotheas großer weißer Straußenfederfächer ging hin und her, hin und her, und plötzlich schnappte etwas. Der Schildpattgriff war zerbrochen. Die Federn flatterten auf das Parkett.

4

«... Wenn es eines Beweises bedurft hätte, daß die Großen dieser Welt genauso ahnungslos darüber sind, was das Schicksal für sie in Bereitschaft hält, wie wir gewöhnlichen Sterblichen, so hätte dieses Schauspiel ihn geliefert...»

Friedrich legte seine Feder nieder und bewegte seine steifen Finger. Noch ein Abschnitt, und der ∅∅-Bericht 67 wäre beendet.

Er sah auf den dunklen Platz hinaus. Seit seinem Besuch bei Dr. Koreff, der nun schon mehr als zwei Monate zurücklag, schwankte Friedrich zwischen Freude und Verzweiflung. Das Duell und Dorotheas Eingreifen hatten eine ernüchternde Wirkung auf ihn ausgeübt. Da er für gewöhnlich ein guter und vernünftiger junger Mann war, fühlte er sich bis ins innerste Mark beschämt, wenn er bedachte, welchen Schaden er Menschen, die er liebte und bewunderte, durch seine feige Flucht in den Tod zugefügt hätte. Er kannte Zeiten, da ihm das Leben wie ein großes Fest vorkam. Dann freute er sich an den immer neuen Überraschungen der Natur, an seinen eigenen wechselnden Gefühlen und an seiner Fähigkeit, diese Gefühle in Verse zu bringen. In solchen Momenten sah er keinen Grund, über die Zukunft pessimistisch zu denken. Hager würde sicherlich einen guten Posten für ihn finden, vielleicht bei der Verwaltung. *Es* schien, daß der Kaiser sich über die ∅∅-Berichte mit höchster Anerkennung ausgesprochen hatte. Gentz hatte ihm angeboten, ihn beim Fürst-Kanzler für den diplomatischen Dienst vorzuschlagen oder bei Pilat für eine journalistische Tätigkeit. Aber trotz dieser günstigen Alternativen gab es Zeiten, in denen Friedrich von einer sinnlosen Angst gepackt wurde. Wie könnte er das Leben nach dem Kongreß ertragen? Ein Leben, das für immer in der Obskurität verlaufen würde? Ein Leben, in dem Madame de Périgord nur noch ein ferner Stern sein würde?

Jedoch in diesem Moment, als er so in die Nacht hinaussah, dachte er überhaupt nicht an sich. Er dachte, daß die Wiener ruhig schliefen, nicht ahnend, daß ihre Ruhe schon wieder bedroht war. Und er fühlte, wie sich seine Zweifel und Unsicherheiten in einer Welle von Mitleid für alle verloren. Aber gerade, als er anfing, sich an seinem Leiden für die Menschheit zu berauschen, kam ihm plötzlich zum Bewußtsein, daß er seinen Bericht noch beenden mußte. Wenn es je einen Bericht gab, der wert war, der Nachwelt überliefert zu werden, dann war es der, den er heute abend schrieb. Seine «Nachtgedichte» würden in den Bibliotheken zu Staub zerfallen; sein Name und seine Karriere vielleicht von niemand je gekannt werden, aber dieser ∅∅-Augenzeugenbericht würde das größte Ereignis seit geraumer Zeit oder jedenfalls die erste Reaktion des Kongresses auf dieses Ereignis für immer festhalten.

Mit einem Gefühl von Dringlichkeit, so wie er es nur bei seinem ersten Bericht gekannt hatte, steckte Friedrich die Feder ins Tintenfaß und beendete fließend:

«Nach den Herrschern verließen auch die anderen Gäste die französische Botschaft so schnell, als ob sie sich in einem Pesthaus befänden. Die Sagan küßte Madame de Périgord überschwenglich und weinte ein bißchen dabei. Dann wandte sie sich an M. de Talleyrand und sagte: «Oh, Fürst, was für ein sic-transit-gloria-mundi! Es tut mit ehrlich und aufrichtig leid.» Aber nichtsdestoweniger folgten sie und ihre Schwestern dem allgemeinen Aufbruch.

Ich ging auch, denn ich hatte das Gefühl, eine zu unbedeutende Person zu sein, um meine Sympathien und meinen Respekt zu erweisen. Aber der Gedanke, daß dieser große Diplomat, den ich als einen außergewöhnlichen und sehr freundlichen Mann achten gelernt hatte, auf diese Weise verlassen und abgetan wurde, erschütterte mich zutiefst. Ich trug sein und Madame de Périgords Bild mit mir fort, so wie ich sie zuletzt gesehen hatte, beide allein in dem großen Ballsaal stehend, umgeben nur von einer kleinen Gruppe französischer Diplomaten. Ich war froh, daß Madame de Périgord an seiner Seite war.

Mit vorzüglicher Hochachtung
zeichne ich als
Ew. Exzellenz ergebenster Diener
ØØ

Ohne den Bericht noch einmal durchzulesen, steckte Friedrich ihn in einen Umschlag und siegelte ihn. Sein Kutscher würde ihn in ein paar Stunden abholen und Hager übermitteln. Er erhob sich und ging zum Fenster. Ein blasses Licht verbreitete sich über den bewölkten Himmel; der Tag fing an zu dämmern. Nun würde er schlafen gehen. Dann dachte er plötzlich an Fréjus. Es wäre interessant, noch mit ihm zu sprechen. Ob der Hauptmann wohl etwas wußte? Aber natürlich wußte er alles. «Wir nennen ihn Père la Violette, denn er wird mit den Märzveilchen wiederkommen», hatte der Franzose ihm damals im September gesagt.

Das Unglück war nur, daß man es nie glaubte, wenn die Bonapartisten die Wahrheit sprachen. Dazu reichte die Phantasie nicht. Auch wollte er sich damals, als er noch dachte, bald sterben zu müssen, nicht beunruhigen lassen. Nicht, daß es etwas ausmachte. Er absolvierte sich von aller Schuld. Was immer er Hager gesagt hätte, Napoleon wäre doch gelandet. Schließlich hatte Talleyrand ja schon die ganze Zeit gewarnt.

Trotzdem wäre es interessant zu hören, was der Franzose jetzt zu sagen hatte. Versuchsweise öffnete Friedrich die Tür zum Wohnzimmer, das ihre beiden Schlafzimmer voneinander trennte. Er durchschritt das Zimmer geräuschlos in seinen weichen Hausschuhen. Aus dem anderen Schlafzimmer kam Stimmengemurmel. Friedrich wollte sich gerade wieder zurückziehen, als das Flüstern plötzlich in lautes Sprechen überging.

«... nicht die leiseste Möglichkeit, daß die Kaiserin ihn treffen wird.» Das war die Stimme des Besuchers.

«Sie wird ihre Meinung ändern, wenn er wieder in Paris ist, Korporal», sagte Fréjus.

«Das würden Sie nicht glauben, wenn Sie die Kaiserin heute abend, als die Nachricht Schönbrunn erreichte, jammern und klagen gehört hätten. Sie schickte nach M. de Méneval und schrie, daß das Unternehmen des Kaisers verrückt sei, daß sie dadurch Parma verlieren würde und daß er die Zukunft ihres Sohnes aufs Spiel setzte, außerdem dächte sie gar nicht daran, zu ihm zurückzukehren. Méneval konnte nichts mit ihr anfangen. Er läßt Ihnen sagen, daß er sie beschworen habe, zunächst um jeden Preis neutral zu bleiben und ihren Namen unter keinerlei Art von Schriftstück zu setzen. Das bezieht sich vor allem auf eine Adresse an den Kongreß, die Neipperg für sie schon entworfen hat und in der sie offiziell erklären soll, daß sie nichts mit Napoleons Projekten zu tun habe und sich unter den Schutz der Alliierten stelle.»

«Das wird sie niemals tun!»

«Für Parma würde sie alles tun. Und vergessen Sie den General nicht. Er ist jetzt ihr Geliebter, daran kann gar kein Zweifel mehr sein.»

Und der Hauptmann: «Der Kaiser muß seinen Sohn haben.»

Eine Zeitlang war nichts mehr zu hören als das Krachen des

Fußbodenbrettes. Dann schienen sich die beiden Männer auf das Bett am andern Ende des Zimmers zu setzen, und Friedrich konnte nur noch hier und da einen Satz vernehmen.

«Lassen Sie Ménéval aus dem Spiel... Nein, der Vizekönig hat sich zu tief mit den Alliierten eingelassen... Sichere Verbindungen den ganzen Weg bis Paris... Er spielt jeden Tag von zwölf bis ein Uhr im Park unter der Bewachung eines Lakaien... Es muß ausgeführt werden, bevor die französischen Angestellten aus dem Hofstaat der Kaiserin entlassen werden...»

Dann verstummten die Stimmen ganz, und das nächste, was Friedrich den Hauptmann sagen hörte, war: «Ja, Korporal, es ist besser, wenn Sie jetzt gehen...»

Friedrich eilte auf Zehenspitzen in sein Zimmer zurück, schloß vorsichtig die Türe und löschte die Kerzen. Er warf sich in einen Stuhl; sein Herz klopfte gewaltig. Es war unvorstellbar, aber wahr: Er, Friedrich von Oheimb aus Steiermark, war einem Komplott auf die Spur gekommen, einem Komplott zur Entführung des kleinen Königs von Rom. Er würde, sobald der Korporal gegangen war und Fréjus schlief, zu Hager gehen. Was für eine Nacht! Es war doch aufregend zu leben! Irgendwo schlug eine Uhr. Konnte es sein, daß es erst vier Uhr war?

5

«Es ist vier Uhr.» La Besnardière deutete auf den Zeiger der Uhr im Bauch der bronzenen Venus. «Wir sollten Sie jetzt schlafen lassen, mon Prince.» Er steckte seine Papiere in ein Portefeuille.

Talleyrand sah ganz wie ein Abbé des achtzehnten Jahrhunderts aus; er lehnte gegen hohe Kissen, und das Kerzenlicht brachte das Blond in seinen ungepuderten Haaren zur Geltung. Er lächelte seinen Herren zu, die um sein Bett versammelt waren. «Ich bin nicht müde, aber ich glaube, im Moment gibt es nichts mehr zu besprechen. Ich fand schon immer, daß Katastrophen geeignet sind, die Dinge zu vereinfachen – eh? Von nun an können alle unsere Bemühungen beim Kongreß nur noch ein Ziel haben – nämlich das, die Mächte zu überzeugen, daß sie nur gegen Napoleon Krieg führen, nicht aber gegen die französische

Nation, und daß eine Unterstützung der Bourbonen gleichbedeutend ist mit einer Unterstützung der Freiheit gegen Unterdrückung und Aggression.»

«Keine leichte Aufgabe, besonders, wenn die Franzosen sich wieder für Bonaparte begeistern sollten und den König absetzen.» Ein nervöses Zucken fuhr über Dalbergs scharfes, vogelartiges Gesicht.

«Das werden die Franzosen niemals tun; sie lieben den König», protestierte Noailles gereizt.

Dalberg zuckte die Achseln: «Ich bin nicht so sicher.»

Talleyrand zupfte an den Spitzenmanschetten seines Nachthemdes und dachte: Ich kann nicht zulassen, daß Emmerich und Noailles streiten, sonst wird Noailles an den Grafen Artois schreiben, daß meine Leute unloyal sind. «Alles kann passieren», sagte er vorsichtig. «Darum ist es so wichtig, daß der Kongreß sofort eine feierliche Erklärung abgibt, die Napoleon in Acht und Bann tut. Es ist zu hoffen, daß eine solche Erklärung den König stärken wird und den Abfall der Armee aufhält.»

Noailles sagte steif: «Euer Durchlaucht sprechen, als sei der Abfall der Armee schon eine Gewißheit.»

«Mein armer Freund», fiel ihm Dalberg ins Wort, «lassen Sie uns den Tatsachen ins Gesicht sehen! Die Franzosen – und besonders die Armee – haben von der Restauration mehr als genug. Und nach dem, was Ihr unmöglicher Graf Artois und seine Emigrantenschar daraus gemacht haben, ist es kein Wunder.»

Talleyrand dachte: Nun ist die Katze aus dem Sack; um so besser. Nach einer kurzen Pause sagte er: «Ich fürchte, Emmerich hat recht. Es sind Fehler gemacht worden von den Ultras. Ich habe mir mehrmals die Freiheit genommen, den König zu warnen. Aber wie dem auch sei, wir haben jetzt Wichtigeres zu tun, als zu überlegen, wem man die Schuld geben soll.» Er hielt einen Moment inne, um nach den richtigen Worten zu suchen, die seinen jungen Herren Hoffnung geben würden, ohne sie über den Ernst der Situation zu täuschen. «Ich bin überzeugt, daß Bonaparte sich mit diesem Coup selbst veruteilt hat. Statt in der Tragik zu enden, wird er jetzt mit einer Farce enden. Nichtsdestoweniger werden wir hier Schwierigkeiten zu überwinden haben. Sie haben es heute nacht gesehen: Eine einzige schlechte

Nachricht hat alles Mißtrauen, alle Ängste und Ressentiments, die Europa seit fünfundzwanzig Jahren gegen Frankreich hegt, wiederaufleben lassen. Und das ist erst der Anfang. Deshalb» – er sprach zu La Besnardière – «ist es so wichtig, daß wir zuverlässige Nachrichten aus Paris erhalten. Schreiben Sie an das Amt, daß sie von nun an jeden Tag einen Kurier schicken sollen. Es ist so aufreibend, in dieser von Gerüchten verseuchten Stadt zu leben und den Leuten nichts Zuverlässiges zu sagen zu haben. Nachrichten müssen mit Nachrichten beantwortet werden.»

«Ich werde es so dringend wie möglich machen», sagte La Besnardière. Und Dalberg äußerte pessimistisch: «Es ist nicht genug, daß die Nachrichten, die wir erhalten, zuverlässig sind, sie müssen auch gut sein.»

Widerstrebend erhoben sich die jungen Herren; sie waren durch den unerwarteten Schlag demoralisiert und mißtrauten einander.

«Wecken Sie mich, sobald Ihre Briefe zur Unterschrift fertig sind. Wir dürfen mit dem Abschicken des Kuriersackes keine Zeit verlieren – eh?» Talleyrand lächelte ihnen aufmunternd zu.

Plötzlich sagte La Tour du Pin das, was alle dachten: «Oh, mon Prince, zu denken, daß all die Wunder, die Sie seit Bonapartes Niederlage für Frankreich getan haben, umsonst gewesen sein sollen!» Sein gutmütiges, häßliches Nußknackergesicht zog sich zusammen, als ob er weinen wollte.

Ja, dachte Talleyrand, als sich die Türe endlich hinter ihnen schloß, alles ist umsonst gewesen. Der Dreier-Pakt war nicht einmal das Papier wert, auf dem er geschrieben worden war. Europa braucht Rußland noch einmal, um es von seinem Angreifer zu befreien; da konnte man es sich nicht mehr leisten, vor der russischen Gefahr zu zittern. Man konnte nur noch hoffen, daß Alexander nichts von der Tripel-Allianz erfahren würde, damit er sich nicht gekränkt von seinen Verpflichtungen freimachte.

Wilhelmine hatte es gesagt: «Sic transit gloria mundi.» Tatsächlich aber gab es etwas, das noch mehr in Gefahr war als sein Dreier-Pakt – nämlich der Frieden von Paris, sein Frieden vom letzten Frühjahr. Denn wenn die siegreichen Mächte noch einmal gegen Frankreich in den Krieg ziehen mußten, würden sie niemals einen so milden Frieden anerkennen. Darin lag die schreckliche Gefahr: Sollten die Franzosen Bonaparte folgen, so konnte niemand ihnen helfen. Das erste, was die Preußen dazu gesagt hatten – und das noch dazu in seinem Hause –, war, daß man diesmal Frankreich so teilen müsse, daß es sich nie wieder erheben könne. Die Preußen waren immer für einen drakonischen Frieden gewesen, aber die anderen Sieger – unter seinem Einfluß – hatten sie überstimmt. Aber diesmal würden auch die anderen Mächte nicht großzügig gestimmt sein. Diesmal würden es die Preußen nicht schwer haben, sich durchzusetzen.

Talleyrand schloß die Augen. Natürlich – hatte er sich oft genug selbst gesagt – können meine Befürchtungen auch unbegründet sein; vielleicht bleibt das Heer dem König treu. Von sich aus würde er alles veranlassen, was dazu beitragen könnte. Noch lag kein Grund vor, das Schlimmste zu befürchten, wie Emmerich wollte. Oder doch? Die Armee betete freilich Napoleon an... Er fühlte, wie eine Welle von Mutlosigkeit, Ärger und Müdigkeit nach der anderen ihn überflutete. Er dachte, wenn die Franzosen Bonaparte anerkennen, wenn die Bourbonen fliehen müssen, wird aus mir hier ein absolutes Nichts. Ich werde der Bevollmächtigte der französischen Regierung im Exil sein – einer Regierung noch dazu, die von ihrem Volk verstoßen worden ist. Und nicht genug damit, ich werde verdächtig sein als der frühere Fürst von Bénévent und Napoleons Paladin. Nun – er versuchte, philosophisch zu denken –, in einem Leben, das aus so vielen Auf und Ab bestand, wäre das nur ein weiteres Ab. Ich kann auch damit fertig werden.

Und dann wußte er auf einmal, daß die Aussicht auf seine Schwierigkeiten und Erniedrigungen ihn nicht um seiner selbst willen enervierte – oder jedenfalls nicht direkt. Was ihn enervierte, war die Möglichkeit, daß es für Dorothea zuviel werden könne... «Ich hoffe wirklich, daß nichts Ihre Mission in Wien aufs Spiel setzen wird. Mein kleines Mädchen ist ehrgeizig. Was sie an einem Mann liebt, ist die Macht. Es ist nicht anzunehmen, daß sie noch lieben wird, wo keine Macht mehr ist.» Zum erstenmal seit Monaten dachte Talleyrand an die letzten Worte, die die Herzogin von Kurland ihm zugerufen hatte, als sich ihre Reisekutsche in Bewegung setzte. Natürlich hatte ihn Anna-

Dorothée ängstigen wollen. Aber hatte sie vielleicht trotzdem recht?

Seine Gedanken gingen zu den Ereignissen der Nacht zurück. Dorothée war still, fast zu still gewesen. Sie hatte von ihren Kindern gesprochen. Sie sagte, sie hätte Angst um die Kinder. Sie verließ ihn, um ihrer Mutter und Edmond zu schreiben, daß man die Kinder sofort nach Deutschland bringen lassen solle. Nichts könnte vernünftiger sein. Und doch, je länger er über ihre Worte und Gesten nachdachte – an der Oberfläche so einfach und verständlich –, desto mehr Grund fand er zum Leiden. Wie, wenn ihre Sorge um die Kinder nur ein Vorwand dafür wäre, ihn zu verlassen? Schließlich, was hatte sie von einem alten Mann, der den Nimbus der Überlegenheit und Bedeutung verloren hatte? Er bewegte sich ruhelos. Dorothée. Er sehnte sich danach, zu ihr zu gehen. Sie würde so besonders süß sein, ganz warm und betäubt vom Schlaf. Aber er konnte nicht zu ihr gehen – nicht jetzt, solange seine jungen Herren und die Sekretäre noch auf waren, um den Kuriersack fertig zu machen. Resigniert blies er die Kerzen aus.

Er mußte wohl eingeschlafen sein, denn das nächste, was ihm zum Bewußtsein kam, war ein leichtes Knacken der Türe. «Sind Sie's, La Besnardière?» fragte er, ohne seine Augen zu öffnen.

Er hörte ein leises Lachen und das Rascheln von Kleidern, die ausgezogen wurden. Einen Moment später fühlte er ihren jungen Körper an seinem.

«Dorothée, du hättest nicht kommen sollen – La Besnardière oder Emmerich können uns jeden Moment überraschen. Aber, mein Liebling, ich bin so froh, daß du gekommen bist.»

Dann hatte er keinen anderen Wunsch mehr, als sich an ihren jungen, dargebotenen Körper zu verlieren. Warme Schatten hüllten den Alkoven ein. Die Nachtlampe warf ihr rosiges Licht auf die silbernen Ornamente, die an der zitronengelben Wand heraufkletterten. Auf dem Baldachin des prächtigen Bettes stützte ein pausbäckiger Cherubim in schweigender Fröhlichkeit das Gewicht der himbeerroten Damastvorhänge.

Dorothea, von einem Gefühl überwältigt, das alles bisher Erlebte übertraf, gab sich mit tiefer Leidenschaft. Bis zu dieser Nacht hatte sie Talleyrand geliebt, weil er für sie alles verkörperte, was in dieser Welt beständig schien. Nun liebte sie ihn, weil er verwundbar geworden war. Bis zu dieser Nacht fühlte sie sich durch ihn über die Gesetze der Natur und Menschen erhoben. Nun, da sie seine Macht, seine Herrschaft, seine Überlegenheit in wenigen Minuten von ihm hatte abfallen sehen, nahm die Unsicherheit der Welt, die sie immer gefürchtet hatte, plötzlich den edlen Charakter einer Forderung an. Und sie liebte ihn, wie eine Frau den Mann liebt, der an die Front muß, wo es keinen Pardon gibt.

6

Zwei Tage lang versuchte die österreichische Regierung die Nachricht von Bonapartes Flucht geheimzuhalten, obwohl die Öffentlichkeit von nichts anderem mehr sprach. Erst am 9. März waren im «Österreichischen Beobachter» unter der Rubrik «Neuigkeiten vom Ausland» ein paar Zeilen zu lesen, die «Livorno, den 1. März» datiert waren und folgendermaßen lauteten: «Nach einer Meldung, die uns von der Küste zuging, hat sich Bonaparte in der Nacht vom 26. zum 27. Februar mit mehreren hundert Mann auf dem Schoner ‹Inconstant› und vier Barken eingeschifft; französische und englische Kreuzer haben ihn sofort verfolgt, und man erwartet in Kürze die Nachricht vom Ende dieses abenteuerlichen Unternehmens, dessen Ziel im Moment unbekannt ist.» Am 12. März wurde dann folgende Nachricht aus Genua bekanntgegeben: «Nachdem Napoleon am 1. März im Golf Juan gelandet war und Antibes nicht nehmen konnte, brach er ins Innere des Landes ein und verzog sich nach Grasse.»

Waren die Staatspapiere schon nach der ersten Meldung gefallen, so sanken sie an diesem Tag ganz gewaltig.

In der Zwischenzeit war es Napoleon gelungen, auf schwierigen und gefrorenen Wegen vorzudringen, denn er war entschlossen, keinen einzigen Schuß abzugeben und nur durch sein Prestige zu siegen. Mit dem Marschallstab in der Hand marschierte er neben der kleinen Gruppe seiner Getreuen. Das Reiten ermüdete ihn zu sehr. Er hatte auf Elba zugenommen; die weiße Weste unter seiner Uniform war zu eng für ihn geworden; sein Gesicht hatte eine gelbliche Farbe; sein Haar war gelichtet. Aber dem Volk, das ihm zujubelte, schien er jung, schön und von der Aura des Übermenschen umgeben. Als die Soldaten des ersten Bataillons, das gegen ihn ausgeschickt war, ihm zu Füßen fielen, seine Hände und seinen Mantel küßten, wußte er, daß Frankreich seiner «Ein-Mann-Invasion» nicht standhalten könne. Die ganze Maschinerie der Restauration fiel innerhalb einiger Tage in sich zusammen. Die Generale brachten ihm ihre Regimenter, die Bürgermeister ihre Städte. Als er in Lyon einmarschierte, war seine kleine Kolonne durch all die Truppen, die man gegen ihn geschickt hatte, zu einer Armee angewachsen. Er schrieb an Marie-Louise:

«Meine gute Louise, wenn Du diesen Brief erhältst, werde ich in Paris sein. Die Herren d'Artois und Orléans kamen in Lyon an und hielten der Nationalgarde und sechs Infanterieregimentern eine feierliche Ansprache, aber die ‹Vive l'Empereurs› zwangen sie, in größter Eile ohne Gefolge zu fliehen. Eine Stunde später war ich in der Stadt und wurde mit unbeschreiblicher Begeisterung empfangen. Die Menschen strömten in Scharen von allen Seiten nach Lyon und säumten meinen Weg. Adieu, ma bonne amie, komme mit meinem Sohn. Eile Dich! Noch vor Ende des März hoffe ich Dich zu umarmen.»

Dieser Brief, den Marie-Louise ihrem Vater ungelesen überreichte, wurde von diesem den Herrschern und Staatsmännern gezeigt. Dies entsprach Napoleons Absicht. Denn zu seinem größten Mißvergnügen hatte er entdeckt, daß der Kongreß noch versammelt war. Nun war seine einzige Hoffnung, ihn mit der Nachricht zu beeindrucken, daß Frankreich ihn begeistert empfing. Napoleon hatte nämlich eine Fehlkalkulation gemacht. Wohlunterrichtet über die Vorgänge in Wien, hatte er angenommen, daß der Kongreß bei seiner Ankunft in Frankreich schon zersprengt wäre. Wenn die Herrscher und Staatsmänner einmal zu Hause wären, so hatte er sich gedacht, dann würde es einige Zeit dauern, bis sie sich zu einer Aktion gegen ihn aufraffen könnten. Das würde ihm einen Vorsprung geben. Und nun bestand der Kongreß noch, und am 13. März, gerade als Napoleon sich auf den Weg nach Lyon machte, hatten die acht Mächte die Proklamation unterzeichnet, die Talleyrand gefordert hatte. Diese Proklamation erklärte Napoleon im Namen Europas in Acht und Bann, als den «Feind und Störer des Weltfriedens».

Als Hauptmann de Fréjus in seiner kleinen Gefängniszelle auf und ab ging, dachte er über diese Proklamation nach. Er wußte, daß sie Talleyrands Werk war. Die Deutschen und Italiener und sogar die Russen waren nachgiebige Leute; außerdem waren sie durch ihre Nachkriegswelt so desillusioniert, daß im Vergleich zu ihr Napoleon gar nicht mehr so abschreckend wirkte. Wäre Talleyrand nicht gewesen, hätten sie eine abwartende Haltung eingenommen und seinem Kaiser eine Chance gegeben, in Frieden zu regieren. Aber Talleyrand hatte ihnen eingehämmert, daß Napoleon niemals in Frieden regieren könne. Er allein hatte den Kongreß zu dieser Proklamation gezwungen. Talleyrand!

Fréjus ging auf und ab, dachte an den Kaiser, an die Proklamation, an Talleyrand, und er verfluchte sein Schicksal, das ihn zum Gefangenen gemacht hatte. Er dachte auch an Flucht. Manchmal kam es ihm vor, als sei er schon ewig hier, als hätte er sich seit Ewigkeiten zwischen dieser Pritsche, dem Stuhl und dem Tisch hin und her bewegt. Dann fiel sein Blick auf seine Uniform, die an der Tür hing. Er war froh, daß er an dem Morgen, an dem er von der österreichischen Polizei verhaftet worden war, seine Uniform angezogen hatte. Es war der Morgen gewesen, an dem die Nachricht von Napoleons Landung in Wien bekanntgegeben wurde. Das war zehn Tage her. Wer hatte wohl sein Komplott, den König von Rom zu entführen, verraten? Fréjus wußte es nicht sicher. Es mußte wohl Oheimb gewesen sein. Die scharlachrote Narbe auf Fréjus' Backe wurde häßlich sichtbar. Der kleine deutsche Dichter sollte seine Lektion bekommen! Warte nur, bis ich wieder heraus bin!

Natürlich hatte er das Entführungskomplott nie eingestanden. Hager hatte ihn jeden Tag stundenlang vernommen. Es gab andere Dinge, die Hager interessierten. Zum Beispiel wollte er wissen, wer die Memoranden und Protokolle nach Elba geschickt hatte, wo sie jetzt gefunden worden waren; wer Napoleon über die Vorgänge in Wien unterrichtet hielt? Aber er, Fréjus, hatte den Dummen gespielt.

Der Vizekönig hatte für ihn interveniert und seiner Ungehaltenheit darüber Ausdruck verliehen, daß ein Mitglied seiner Mission so unwürdig behandelt würde. Aber diese Einmischung von seiten des Stiefsohns Napoleons hatte keinen anderen Effekt, als daß sie dem Gefangenen erlaubten, seine Mahlzeiten aus einem Restaurant zu beziehen. Das hatte den großen Vorteil, daß ihm seine Leute zweimal täglich Nachrichten einschmuggeln konnten. So wußte er, daß der König von Rom wie ein Gefangener in der Hofburg gehalten wurde; daß sie ihn von seiner französischen Gouvernante getrennt hatten; daß Méneval nach Frankreich deportiert war; daß Marie-Louise einen österreichischen Hofstaat erhalten habe – verflucht seien die Österreicher –, der General Neipperg mit inbegriffen!

Fréjus warf sich wieder auf die Pritsche. Warum, warum nur hatte das Schicksal ihm den Triumph versagt, den König von Rom zu entführen und ihn zu seinem Vater zu bringen? Das Herz zog sich ihm zusammen, wenn er an den Knaben dachte. Er wußte, daß er unglücklich und allein war. Zu dem Kaiser von Österreich hatte er neulich gesagt: «Lieber Großvater, versprich mir, daß du Papa nichts tust.» Er weinte auch viel. Nun, wenn Napoleon erst einmal Europa wieder erobert hatte, würden sie ihm sein Kind ja schicken müssen. *Falls* er Europa wieder eroberte. *Wenn* er es eroberte. Aber das konnte ja nur eine Frage der Zeit sein.

Schließlich rasselte der Schlüssel in der Türe, und der Wärter brachte ein Tablett mit kaltem Fleisch, Brötchen, Käse und Wein. Der Wärter grinste, als er das Tablett auf den Tisch stellte, und zündete eine Kerze an; er war sehr gut geschmiert worden. Nachdem er mit großem Schlüsselgerassel wieder verschwunden war, setzte sich Fréjus an den Tisch. Erst zerbrach er ein Brötchen und dann ein zweites. Nachrichten waren meist in den Brötchen eingebacken. Und wirklich war in dem zweiten Brötchen ein Stück Papier, nicht größer als die Innenfläche seiner Hand. Er las es schnell, verbrannte es an der Kerze und zerstäubte die Asche vorsichtig über den Boden. Dann saß er eine lange Weile da, sein Kinn in die dreifingrige Hand gestützt. Also da warnte ihn Fouché, daß Talleyrand nichts passieren dürfe. Es war gerade so, als hätte der Fürst von Otranto die Gabe des zweiten Gesichtes und wüßte, daß er, Fréjus, seine wachen Stunden damit verbrachte, Mittel und Wege zu ersinnen, den Kaiser an diesem Verräter zu rächen. Talleyrand, dachte er, war des Kaisers schwacher Punkt. Wie konnte man sich sonst erklären, daß er einen Mann schonte, der ihn schon einmal in die Hände seiner Feinde geliefert hatte? Fréjus schenkte sich ein Glas Wein ein und trank es hastig. Verflucht sei Fouché! Er verdarb ihm sein schönstes Vergnügen – nämlich den Tod des Erzverräters zu planen. Aber das war nicht das Ende.

Es würde nicht lange dauern, bis der Kaiser herausfinden würde, daß er von Talleyrand nichts mehr erwarten konnte. Und dann würde er Rache nehmen dürfen. Entschlossen nahm der Hauptmann Messer und Gabel und begann zu essen.

7

Nach einem der kleinen Diners, für die das Palais Kaunitz mit Recht berühmt geworden war, war die übliche Gesellschaft im Salon versammelt. Talleyrand und Dorothea saßen auf einem Sofa auf der einen Seite des Kamins, und auf dem gegenüberstehenden Sofa saßen die drei Kurlands, deren blonde Köpfe sich schön gegen die schwarz und goldenen Wände abhoben. Gentz, der, wie immer, stark parfümiert war und leicht zitterte, saß neben dem Gastgeber, und Czartoryski, schweigsam und düster wie immer, saß neben Dorothea. Die Herren der französischen Delegation sowie Sturgis, Lambesk und Oheimb standen in kleinen Gruppen herum. Ein weißbezopfter Lakai in Rot und Silber servierte Kaffee und Bénédictine.

Jedoch die zivilisierte, leichte Selbstverständlichkeit war nur an der Oberfläche. Spannung, Bestürzung und Erregung lagen in der Luft. Denn heute – es war der 27. März – waren die ersten Nachrichten über Napoleons Einzug in Paris eingetroffen.

Diese Nachricht hatte einen unbeschreiblichen Eindruck auf die Stadt gemacht, in der die Staatsmänner (durch fünfundzwanzig Jahre von Revolution und Kriegen nicht allzugut vorbereitet) nach bestem Gewissen versucht hatten, der Welt eine Ordnung zu geben. Es war, als sei Wien selbst belagert.

Er ist wieder da – er, der vor nichts und niemandem haltmacht –, das war es, was jeder dachte. Die Phantasie jedes einzelnen wurde durch Halluzinationen von brennenden Städten, Blockaden, Schlachtfeldern gequält, Halluzinationen, die man für immer zu bannen gehofft hatte. Wer bis jetzt versucht hatte, Napoleons Coup als nichtig hinzustellen, war entsetzt. Die Pessimisten gaben offen zu, daß sie sich den Ausgang nicht vorstellen könnten. Der wunde Punkt war der: Obwohl am 25. die Koalition zwischen England, Österreich, Preußen und Rußland formell erneuert worden war, war es doch klar, daß die Alliierten für eine plötzliche Aktion unvorbereitet waren. Gott weiß, was Bonaparte in der Zwischenzeit unternehmen würde. Das war typisch für ihn: Kaum in seine Hauptstadt eingezogen, zwang er ganz Europa, nur an ihn zu denken.

«Die Geschichte weist keinen ähnlichen Fall auf», sagte Gentz. «Wenn die Legende uns so etwas überliefert hätte, würden wir darüber lachen wie über eine absurde Übertreibung.»

«So ist es», sagte Charles Lambesk leise. «Was ich darum gegeben hätte, dabeizusein, als er vor die Truppen des Königs trat, seine Brust entblößte und rief: ‹Wenn einer unter euch ist, der seinen Kaiser töten will – hier ist er!›»

Wilhelmine sah von dem Schreiber für die gute Sache zu dem Emigrantenprinzen. «Melodrama!» sagte sie kurz. «Sie werden mich nie dazu überreden können, an diesem Monster irgend etwas Bewundernswertes zu entdecken. Aber was mich wütend macht, ist, daß die Franzosen ihren Unterdrücker, ihren Tyrannen zurücknehmen, ohne einen Schlag zu tun. Diese Niedrigkeit!» Sie wandte ihre wundervollen, veilchenfarbenen Augen Talleyrand zu. «Nicht wahr, Fürst, es besteht kein Zweifel mehr darüber, daß Ney übergelaufen ist?»

«Nicht der geringste Zweifel. Er lief über mit dem frohen Ruf: ‹Ich kann mich nicht gegen den Ozean stemmen!› Bonaparte umarmte ihn, und alles war vergeben und vergessen. Und doch hatte dieser selbe Ney vor seiner Abreise dem König unter Tränen versprochen, daß er ihm die ‹Bestie› in einem eisernen Käfig bringen würde.» Er betrachtete ein Blumenmuster, das sein Ebenholzstock am Aubusson nachzeichnete: «Sie müssen zugeben, daß keine Nation so schamlos ist wie meine – eh?»

«So etwas kann überall passieren, Onkel», sagte Dorothea schnell, und in ihrer Stimme war Zärtlichkeit. Sie sah auf ein Armband, das sie am linken Arm trug. Dieses Armband war es, das die Hand von Madame de Brionne auf dem Totenbett festgehalten hatte – nicht ein Rosenkranz, wie man gedacht hatte. Charles Lambesk hatte es Dorothea geschenkt, und sie hatte es dankbar angenommen. Es war geschmückt mit einem Porträt des Abbé de Périgord.

«Gleichgültig, wie ein Coup d'etat ausgeht, man kann immer Geld daraus machen.» Der Herzog von Dalberg, der bei einer anderen Gruppe stand, sprach über sein Lieblingsthema – Geld.

«Ich finde es unmoralisch, mit dem Unglück seiner Nation zu spekulieren», sagte Noailles steif.

Und Dalberg: «Ich sehe nicht ein, warum, mein Lieber. Schließlich braucht man Geld, um seine Empörung über Unterdrückung und Aggression zu genießen.»

Friedrich lachte, behielt aber die ganze Zeit Dorothea scharf im Auge. Ihr Gesicht war fast so weiß wie ihre Robe und ihre Perlen geworden, und ihre Augen schienen unnatürlich groß. Er fühlte, daß das Schicksal ihrer Kinder sie so erschreckte. Er dachte: Es kann das letzte Mal sein, daß ich sie sehe, und er wunderte sich, daß dieser Gedanke ihn nicht trauriger machte. Aber für wahre Trauer war er jetzt zu aufgeregt. Wiederum hatte das Schicksal auf unerwartete Weise in das Leben Friedrich von Oheimbs aus Steiermark eingegriffen. Er ließ den Blick wohlgefällig über seine neue himmelblaue und schwarze Leutnantsuniform gleiten, und über das Kreuz, das der Kaiser selbst ihm angeheftet hatte. Zur Belohnung, daß er das Komplott zur Entführung des jungen Napoleon entdeckt hatte. Auch die Offiziersstelle war der kaiserlichen Huld zu verdanken. Morgen schon würde er im Gefolge des Herzogs von Wellington Wien verlassen. Kein Geringerer als der Staatskanzler hatte ihn für die Stelle des Verbindungsoffiziers zwischen dem österreichischen und dem britischen Generalstab vorgeschlagen. Noch einmal war er der schon drohend nahen Alltagsexistenz entkommen. Im Kriege konnte ja alles geschehen. Man konnte sogar erschossen werden, obgleich das im Augenblick nicht besonders wünschenswert erschien.

So ließ Friedrich Dalberg und Sturgis weiter ihre Ansichten über die Auswirkungen von Napoleons Rückkehr auf die ohnehin schon gefährlich inflationistische Tendenz der österreichischen Währung austauschen und postierte sich selbst hinter Dorothea. Diesen letzten Abend wollte er ihr noch so nahe wie möglich sein. Sie sah zu ihm auf und lächelte. Oheimb war wirklich ein netter junger Mann, soweit junge Männer überhaupt ernst zu nehmen waren. «Sie sehen gut aus als Soldat», lobte sie, wandte aber ihre Aufmerksamkeit sogleich wieder Gentz zu.

«Ich glaube», sagte Gentz, «der ‹Moniteur› verdient einen Preis für die eigenartige Form, in der er die Nachricht bekanntgegeben hat. Ich zitiere: ‹Letzte Nacht verließen der König und die Fürsten Paris; Seine Majestät der Kaiser kam heute abend an!›»

«Wenn nur der König nicht geflohen wäre!» sagte Czartoryski.

Und Talleyrand: «Ich hatte bis zum letzten Moment gehofft, daß er bleiben würde. In jedem Brief habe ich ihn gebeten, doch zu bleiben. Ich habe auch seine Minister in diesem Sinne zu beeinflussen versucht. Welche Statur hätte es dem König gegeben, wenn er sich hätte gefangennehmen lassen! Er hätte für Europa die Tragik Frankreichs symbolisiert.»

Mein armer Geliebter, dachte Dorothea, das ist der Höhepunkt seines langen Alpdrucks. Seit drei Wochen zerbricht eine seiner Hoffnungen nach der anderen: die Hoffnung, daß Bonaparte nach Italien ginge statt nach Frankreich; die Hoffnung, daß die Truppen des Königs ihn sofort aufhalten würden; die Hoffnung, daß sie ihn wenigstens bekämpfen würden – zuerst vor Lyon, dann vor Grenoble, schließlich vor Paris. Und dann die letzte Hoffnung, daß der König bliebe. Sie sagte tapfer: «Es ist gut möglich, daß Napoleons Glück mit diesem Coup erschöpft ist.»

«Gewiß.» Talleyrand drückte ihr dankbar die Hand. «Ich wünsche nur, unser Kurier käme. Unsere Botschaft ist die einzige hier, die noch keine direkte Nachricht hat.»

Wir werden sie bekommen, und sie wird nicht erfreulich sein, dachte Dorothea, aber es macht mir nichts aus, solange meine

Kinder außerhalb Frankreichs sind. Sie sagte: «Emmerich hat einen Brief bekommen. Lesen Sie uns doch Ihren Brief vor, Emmerich.»

«Gerne.» – Dalberg kam zu ihnen herüber, zog einen Brief hervor und las den aufmerksamen Zuhörern vor: «Eine enthusiastische Menge zog Napoleon aus seiner Staatskutsche und trug ihn in die Tuilerien. Lavalette, der rückwärts vor ihnen herging, war so von Rührung übermannt, daß er nur murmeln konnte: ‹Er ist's! Er ist's! Er ist's!› Die meisten der alten Getreuen – Cambacerés, Davoust, Decres, Maret und besonders Fouché – waren da, um ihn zu bewillkommnen. Er sprach mit ihnen, als hätte er sie erst am Tage zuvor verlassen. Die Luft war von den Jubelrufen der Menge erfüllt. An diesem Abend spielte Mademoiselle George im Françis, in einem Kleid, das ganz von Veilchen bedeckt war. Das ganze Theater gab wilden Applaus!»

Oheimb dachte: Veilchen für den Père la Violette! Lambesk dachte: So kehrt der Ruhm heim! Wilhelmine dachte: Wäre wohl Talleyrand auch zu den Tuilerien gelaufen, wenn er gerade in Paris gewesen wäre? Und Talleyrand dachte: Ich kann mir vorstellen, wie sie in Napoleon den Meister seines Schicksals bewundert haben. Er ist so überzeugt von seinem Stern, daß er seine erstaunliche Sicherheit auf alle anderen überträgt. Er seufzte.

«Warum nur bestehen die Alliierten darauf, ihn als Feind zu behandeln?» fragte Lambesk. «Warum geben sie ihm nicht eine Chance, Frankreich als konstitutioneller Herrscher zu regieren, der die Friedensverträge respektiert, so wie er es in seiner Proklamation versprochen hat? Kann es etwas Majestätischeres geben als seine Worte: ‹Nachdem man der Welt das Schauspiel großer Schlachten geboten hat, wird es noch schöner sein, von nun an keine anderen Rivalitäten zu kennen als die des Friedens!›»

«Weil es leere Phrasen sind», sagte Talleyrand. «Mag sein, daß er sogar daran glaubt, wer weiß? Aber die Tatsache bleibt bestehen, daß er von einer Armee zurückgebracht worden ist, die man nur als aufrührerisch bezeichnen kann, und diese Armee regiert den Staat, und damit auch ihn. Sein Wunsch, eine konstitutionelle Regierung zu schaffen, will gar nichts heißen. Kein

Parlament kann etwas mit einer Armee anfangen, die von Macht und Erfolg trunken ist – eh? Und was seinen Respekt für die Friedensverträge anbelangt, so ist es ja der Verlust des Rheins, der die größte Verbitterung gegen die Restauration hervorgerufen hat. Glauben Sie, daß Bonaparte dem Drängen der Armee widerstehen kann, die den Rhein zurückerobern will? Nein, nein, was immer Bonaparte auch sagen mag, seine Rückkehr bedeutet die Diktatur der Gewalt und der Aggression, die Europa fünfundzwanzig Jahre lang bekämpft hat. Nur wird es diesmal Gott sei Dank nicht so lange dauern, bis wir sie wieder besiegen. Wahrscheinlich ist es keinem unter Ihnen mehr eine Neuigkeit, daß ich heute im Namen des Königs den Allianzvertrag vom 25. März unterzeichnet habe?»

Dorothea warf ihm einen Blick voll Liebe und Bewunderung zu. Mein Einziger, sagte dieser Blick, das konntest nur du tun – in einer Nacht alles verlieren, was du erworben hast, und am nächsten Morgen schon wieder die Bemühungen erneuern – und das Unmögliche erreichen.

Czartoryski dachte: Kein Wunder, daß sie so stolz auf ihn ist. Keinem anderen Staatsmann in der Welt wäre es in solcher Lage gelungen, die Meinung zu verbreiten, daß Bonaparte die Franzosen wider ihren Willen überrumpelt hat, und daß man sie noch einmal «befreien» müsse.

Und blitzartig erinnerte sich auch Oheimb einer scheinbar längst vergessenen Szene mit Fréjus und konnte sich über seine damalige Stupidität nur immer wieder wundern. Hatte Fréjus nicht dunkle Andeutungen gemacht über die Rache, die man an den Verrätern am Kaiser zu nehmen gedachte? Schwebte Talleyrand jetzt, wo er eine so unzweideutige Stellung bezogen hatte, nicht in der größten Gefahr? Er fuhr erschrocken auf, als Gentz bemerkte: «Dadurch, daß es Ihnen gelang, den Krieg Bonaparte allein und nicht etwa der französischen Nation erklären zu lassen, haben Sie die Alliierten zu dem edelsten Verfahren bewogen, das unter zivilisierten Nationen überhaupt möglich ist. Für diese Leistung allein müßte Ihnen die Dankbarkeit nicht nur Ihrer Landsleute, sondern ganz Europas sicher sein.»

«In der Tat! Nichts dergleichen ist geschehen, seitdem entdeckt wurde, daß der berühmte Märchenkönig mit den goldenen Kleidern in Wirklichkeit nackt war.» Wilhelmine wandte sich indigniert zu Talleyrand: «Der Kongreß hat Ihre Fiktion angesichts der krassesten und unverhülltesten Realitäten akzeptiert; ich finde das einfach unfaßbar. Das französische Volk hat Napoleon mit Enthusiasmus empfangen, seine Schuld und seine Verantwortung sind unbestreitbar. Es sollte der verdienten Strafe nicht entgehen.»

Talleyrand sagte sanft: «Madame, ich glaube, daß es oft die beste Politik ist, die liebenswürdige Fiktion von des Königs goldenen Kleidern aufrechtzuerhalten – eh? Die Frage von Schuld und Sühne ist von untergeordneter Bedeutung verglichen mit der Notwendigkeit, ein lebensfähiges Europa aufzubauen. Und da ein solches Europa ohne Frankreich niemals realisiert werden kann, so ist es sinnlos, die Zukunft durch Schuldfragen zu gefährden, gleichgültig, wie berechtigt sie auch erscheinen mögen.»

«Erscheinen! Erscheinen!» sagte Wilhelmine wütend. «Alle Franzosen sind Bonapartisten! Wissen Sie, daß Isabey morgen nach Paris fährt? Er beeilt sich, Napoleon das Porträt des kleinen Jungen der Erzherzogin Marie-Louise zu bringen.»

«So nennen unsere Salonpatrioten den König von Rom jetzt: ‹Le petit de Madame l'archiduchesse Louise›», sagte Gentz angeekelt.

«Um Gottes willen, Gentz», Wilhelmine schrie ihn an: «Entschließen Sie sich endlich: Lieben Sie Bonparte oder hassen Sie ihn?»

«Allerdings hasse ich ihn», schrie Gentz zurück, «aber die Kleinlichkeiten, die Mesquinerien, die Idiotie einiger seiner Feinde hasse ich noch mehr. Sie benehmen sich wie Hunde, die den Mond anbellen. Sie können mich der Geheimpolizei des Barons Hager denunzieren. Es ist mir gleichgültig.»

Talleyrands Augen flehten Dorothea an: Tu etwas dagegen.

«Ich muß sagen, ich bin auch erstaunt über die Eile, mit der Isabey plötzlich nach Paris zurückgeht.» Dorothea sagte das nächstbeste, um dem Gespräch eine andere Wendung zu geben. Aber es war umsonst.

«Es ist ganz einfach unanständig», explodierte Wilhelmine.

«Aber habe ich nicht schon immer gesagt, daß er Bonaparte anbetet? Und jetzt, wo er am Kongreß genügend verdient hat, braucht er kein Hehl mehr daraus zu machen.»

Dorothea zuckte die Achseln. «Ein Künstler! Ich glaube nicht, daß man von einem Künstler ein politisches Gewissen erwarten kann.»

«Für mich ist Isabey genauso ein Verräter wie Ney. Und er ist nicht der einzige. Was ist mit deinen Dienstboten? Ich wette, sie schreien den Tag lang in der Küche: ‹Vive l'Empereur!›», sagte Wilhelmine.

«Unsinn! Unsere Angestellten sind alle Monsieur de Talleyrand ergeben.»

Talleyrand hatte diese Seite der Situation noch gar nicht in Betracht gezogen. Er dachte: Ergebenheit meiner Person gegenüber ist noch nicht identisch mit Treue zum König; ich glaube, ich muß ihnen morgen eine ermunternde Rede halten – oder vielleicht kann ich Noailles dazu überreden, die Rede für mich zu halten. Aber dann dachte er nicht mehr daran, da Czartoryski ein Gespräch über Italien mit ihm begann.

«Die Nachrichten aus Italien sind schlimm», sagte der Pole. «Dieser Murat! Am Fünften schrieb er an den Kongreß, daß er der Allianz treu bleiben wolle, was auch immer Napoleon unternähme, und am Fünfzehnten drang er einfach mit fünfunddreißigtausend Mann und fünftausend Pferden in die Päpstlichen Staaten ein, ohne vorher Krieg erklärt zu haben.»

«Das wäre niemals passiert, wenn man unsere Forderungen, Murat zu beseitigen, genehmigt hätte», sagte Talleyrand. «Trotzdem bin ich überzeugt, daß, wenn die österreichischen Armeen einmal marschieren, Murat erledigt sein wird... Ja, was ist los?» Er wandte sich einem eintretenden Lakaien zu.

«Der Kurier ist angekommen, Euer Durchlaucht.»

«Ist er endlich angekommen – eh?»

Wilhelmine erhob sich. «Dann wollen wir Sie nicht länger aufhalten, mein Fürst. Wollen Sie und Dorothea bei mir soupieren? Der Herzog kommt auch, um sich vor seiner Abreise zur Armee noch zu verabschieden.»

«Der gute Herzog, muß er uns wieder einmal befreien – eh? Wir werden versuchen zu kommen.»

Talleyrand küßte ihre Hand. Dann wandte er sich an Czartoryski. «Wann werden Sie nach Warschau gehen?»

«Ich nehme an, in ein paar Tagen.»

Talleyrand lächelte. Politik war die Kunst, sich über zukünftige Katastrophen aufzuregen, die nie passierten, oder wenn sie passierten, nicht viel ausmachten. Zum Beispiel Polen! Vor fünf Monaten waren Alexanders polnische Projekte die Hauptsorge des Kongresses gewesen. Und nun schlich er sich heimlich auf den polnischen Thron, während alles eifrig gegen Napoleon rüstete. Das Leben hatte so unvorstellbar viel mehr Phantasie als der Mensch. Zu Czartoryski und Gentz sagte er: «Einen großen Fehler machen wir Staatsmänner doch immer: Wir setzen das Unerwartete nicht hoch genug in unsere Kalkulation ein.»

Inzwischen hatte Dorothea ihre Schwestern geküßt und sagte gerade zu Friedrich: «Ich werde Sie vermissen, Baron», und sie war erstaunt, als Friedrich sie unterbrach: «Entschuldigen Sie bitte, aber ich muß mit Seiner Durchlaucht sprechen», und fort war er.

«Kann ich Sie einen Moment allein sprechen, Durchlaucht», unterbrach er Talleyrands Unterhaltung mit Czartoryski und Gentz.

«Natürlich», sagte Talleyrand und führte ihn zu einer Fensternische.

«Ich habe Grund zur Befürchtung, daß Sie sich hier in großer Gefahr befinden», begann Friedrich und erzählte ihm schnell von Fréjus. Er endete: «Ich bitte Euer Durchlaucht, eine Leibwache zu verlangen.»

Talleyrand hatte aufmerksam zugehört und lächelte. «Aber lieber Baron, warum eine Leibwache, wenn der Hauptmann im Gefängnis ist? Lassen Sie uns die Dinge nicht übertreiben!»

«Es könnte noch andere von der Sorte hier geben, Durchlaucht. Aus dem, was Fréjus mir erzählte, konnte ich nur entnehmen, daß eine große bonapartistische Untergrundbewegung besteht, die als eine Art von Feme agiert.»

«Und Sie meinen, ich sei das Opfer ihrer Wahl?»

«In den Augen dieser bonapartistischen Fanatiker sicherlich. Diese wissen doch, daß die Proklamation gegen Napoleon von Euer Durchlaucht ausgegangen ist.»

In diesem Moment kam Dorothea auf sie zu, und Talleyrand gab Oheimb ein Zeichen und fragte schnell: «So verlassen Sie uns also wirklich morgen?»

«Ja, morgen früh geht es fort – mit dem Herzog. Ich bin zum Verbindungsoffizier zwischen dem englischen und dem österreichischen Hauptquartier ernannt worden. Unser Kaiser höchstselbst hat mich empfohlen...»

«Ich weiß», Talleyrand betrachtete den jungen Mann, der in seiner neuen hellblauen Uniform, mit dem neuen Ordensstern auf der Brust, entzückend aussah, mit Wohlgefallen. «Man ist sehr zufrieden mit Ihnen in der Hofburg und beim Kongreß. Mit Recht. Es wäre sehr unangenehm gewesen, wenn das Komplott gelungen wäre...» Und sich zu Dorothea wendend: «Wir werden ihn vermissen, Madame.»

«Sehr sogar – und gerade jetzt, wo wir unsere Freunde so dringend brauchen», sagte Dorothea.

Zu jedem anderen Zeitpunkt hätte Friedrich ihre Wärme entzückt, aber jetzt war er von der Dringlichkeit der Gefahr, die Talleyrand und mit ihm Dorothea bedrohte, ganz beherrscht. «Durchlaucht», sagte er beschwörend: «Erlauben Sie mir, mit meinem Vetter, Baron Hager, über diese Angelegenheit zu sprechen. Ich gehe von hier aus zu ihm.»

«Nein, bitte nicht», sagte Talleyrand leicht. «Ich muß mir das noch überlegen.»

Dorothea, der sich Friedrichs Unruhe mitgeteilt hatte, fragte: «Was müssen Sie noch überlegen, mon oncle?»

«Madame, das ist ein militärisches Geheimnis zwischen dem Baron und mir.» Talleyrand lächelte sie an. «Und nun küssen Sie unseren Helden zum Abschied. Damen küssen Helden immer, wenn sie in den Krieg ziehen.»

Im nächsten Moment fühlte Friedrich ihre Lippen – erst auf seiner rechten Backe, dann auf der linken. Ihre Hand lag um seinen Hals. Es war solch ein vollkommener, herrlicher Augenblick, daß er alles um sich herum vergaß – sogar seine Sorge um Talleyrands Sicherheit. Er hatte nur noch das Gefühl von einer allumfassenden Dankbarkeit – nicht nur für Dorothea, sondern für das Leben, für Wien, für Hager und sogar für Bonaparte, dessen Rückkehr es ihm ermöglichte, wie ein Held von der

Dame seines Herzens geküßt zu werden. Was Friedrich anbetraf, so war der Friedenskongreß ein voller Erfolg. Der Kongreß war wundervoll gewesen. Er hätte gar nicht schöner sein können.

Dorothea sagte nicht: Ich könnte es mir nie vergeben, wenn meinen Kindern etwas passierte, aber sie dachte es, als sie einige Minuten später hörte, daß sie noch in Frankreich waren. Trotz ihrer dringenden Bitte, die Kinder nach Deutschland zu bringen, hatte die Herzogin von Kurland Paris ohne die Kinder verlassen. Dorothea fragte sich bitter, ob das Mutters Rache oder schiere Nachlässigkeit sei. Edmond war dem König nach Belgien gefolgt. Die Kinder waren auf seines Vaters Gut in der Nähe von Paris.

«Bonaparte hat wichtigere Dinge zu tun, als sich um kleine Kinder zu kümmern», tröstete sie La Tour du Pin.

Noailles sagte: «Jedenfalls wird er mit den Kindern nicht wie mit dem Duc d'Enghien verfahren.»

Und Dalberg sagte: «Nicht einmal Robespierre kümmerte sich um Kinder.»

Sie waren in Talleyrands Studierzimmer. Talleyrand saß vor dem Bouletisch, und seine jungen Herren waren um ihn versammelt. Dorothea, die etwas abseits beim Feuer saß, zitterte. Zur Zeit des Terrors waren Züge hungriger Kinder durch Frankreich gewandert, nachdem ihre Eltern guillotiniert worden waren. Man konnte nicht wissen, was Napoleon tun würde, um die Périgords zu bestrafen. Das wollte sie gerade sagen, als sie Talleyrands Augen auf sich gerichtet fühlte. Er allein hatte nicht versucht, sie zu beruhigen, aber seine Augen, halbverdeckt unter den zu langen Lidern, waren fragend auf sie gerichtet. Sie las seine Gedanken wie ein offenes Buch, und sie wußte: Er überlegt, ob ich es wohl bedauere, bei ihm geblieben zu sein.

Sie sagte: «Nun, für mich gibt es jetzt nichts anderes, als das Beste zu hoffen.» Es hieß: Ich weiß, daß ich für mein Glück bezahlen muß, und da ist die Angst um die Kinder nur die erste Anzahlung. Aber ich verspreche dir, daß ich nie das Gefühl aufkommen lassen will, daß ich zuviel zahlen muß. Ich liebe dich, und diese Sache halten wir zusammen durch.

Talleyrands kleines Lächeln voll Dankbarkeit, Zärtlichkeit und Erleichterung entschädigte und bestärkte sie. Er hatte einen Brief des Königs vor sich liegen. «Ein wunderbar tapferer Brief», sagte er mit einem Enthusiasmus, den Dorothea für übertrieben hielt. «Er sollte uns allen als Beispiel dienen. Hören Sie nur einen Satz wie diesen: ‹Bonaparte hat die Armee auf seiner Seite; ich habe die Herzen für mich.›»

«Da hat er allerdings viel davon», murmelte Dalberg, und hätte er nicht Talleyrands warnenden Blick gesehen, hätte er noch mehr dieser Art gesagt. Dalberg war gereizt. Bonaparte hatte keine Zeit verloren, die Bevollmächtigten Ludwigs XVIII. in Wien dafür zu bestrafen, daß sie die Proklamation vom 13. März unterschrieben hatte. Die Vermögen von Talleyrand, La Tour du Pin, Dalberg und Noailles waren beschlagnahmt worden. Das bedeutete nicht, daß Dalberg am Hungertuch nagte. Er hatte Auslandsguthaben, und da er ein Meister der Finanzmanipulationen war, würde er aus der momentanen Krisis viel Geld machen. Dennoch – er fragte sich, ob man sich nicht zu stark exponiert hatte.

«Mein lieber Fürst, sagen Sie mir», wandte er sich an Talleyrand, «hat denn die Botschaft Seiner Allerchristlichen Majestät in Wien Geld? Die Mitglieder Ihrer Mission haben seit dem 1. Januar keine Gehälter mehr empfangen.»

Talleyrands Ebenholzstock beklopfte seinen langen Schnallenschuh. Er verstand Dalbergs Verstimmung, denn bis zu einem gewissen Grade teilte er sie, ohne ihr jedoch so freien Ausdruck zu verleihen. Natürlich hatte er große Beträge auf englischen, holländischen und deutschen Banken und außerdem drei Millionen, die ihm der König von Sachsen gezahlt hatte; sechs Millionen waren ihm überdies von Ferdinand versprochen worden, falls dieser wieder auf den Thron von Neapel kam. Trotzdem war ihm die Beschlagnahme seines Riesenvermögens in Frankreich eine Sorge. Er sagte: «Wir haben einen Kredit bei der Banque de France, der noch lange nicht erschöpft ist. Ich fürchte nur, daß er sofort suspendiert wird. In diesem Falle werde ich die Engländer bitten, uns die nötigen Gelder vorzustrecken.»

«Da wir Alliierte sind, sehe ich keinen Grund, warum sie das nicht machen sollten», sagte Noailles.

«Die Botschaft einer Exilregierung ist nicht einmal unter Alliierten ein gutes finanzielles Risiko», sagte Dalberg skeptisch.

Dorothea sah von ihrem Brief auf. «Wenn ich aushelfen kann, so tue ich das mit dem größten Vergnügen. Ich habe meinen ganzen Schmuck hier, und außerdem kann ich meine Güter in Preußen beleihen.»

Talleyrand schaute gerührt zu ihr herüber. «Ich danke Ihnen im Namen des Königs, Madame», sagte er formell, «aber für eine Privatperson ist es nicht möglich, eine Botschaft wie die unsrige zu finanzieren. Ich glaube sicher, daß die Engländer daran interessiert sein werden, uns auszuhelfen. Aber selbst dann müssen wir unsere Ausgaben auf ein Minimum reduzieren. Über diesen Punkt wollen wir morgen diskutieren.»

Er vertiefte sich wieder in seine Post. Ein Brief von Madame Talleyrand war dabei, den sie vor ihrer Einschiffung nach London geschrieben hatte. Er überlegte sich, ob es günstig oder ungünstig war, daß Madame de Talleyrand in London war, und beschloß, daß es gleichgültig war. Er hatte auch einen Brief von seinem Freund Jaucourt, der dem König nach Genf gefolgt war. Er schrieb: «Ich hoffe, es wird Ihnen gelingen, so viel zu behalten, um wenigstens nur arm zu sein. Armut ist ein ehrenvoller Zustand, aber ich liebe die Armut nicht.» Und noch ein anderer Freund, Graf Reinhardt, schrieb: «Meine Familie ist in Sicherheit, und ich habe nicht zusehen müssen, wie Napoleon in Paris eingezogen ist. Das muß mir genügen.» Reinhardt war ein guter Diplomat. Ein Jammer, daß er sich auf seine Besitzung in Deutschland zurückgezogen hatte, statt dem König nach Genf zu folgen. Es schien, als hätte dieser Idiot Blacas die meisten hohen Beamten entmutigt, dem König zu folgen. Aus falsch verstandenem Takt hatte der König nur die Kronjuwelen und vier Millionen Franken mitgenommen. Talleyrand trommelte auf den Bouletisch. Etwas beunruhigte ihn viel mehr als dieser offensichtliche Mangel an gesundem Menschenverstand. Es schien, daß der König und seine Getreuen die Tuilerien in maßloser Hast verlassen hatten. Wenn sie nur daran gedacht hatten, seine Berichte von Wien mitzunehmen – besonders den geheimen Dreierpakt. Nicht auszudenken, welchen Unfug Bonaparte anstellen könnte, wenn dieser ihm in die Hände fiel.

«Das würde dem Faß den Boden ausschlagen!» dachte er und wußte nicht, daß er laut gesprochen hatte.

«Was würde dem Faß den Boden ausschlagen, mon oncle?» fragte Dorothea schnell.

Er machte eine Grimasse, als hätte er etwas Faules geschluckt. «Nichts. Gar nichts. Wie wär's mit einem Madeira?» Er klingelte mit der kleinen silbernen Glocke, die vor ihm stand.

«Bonaparte hat ein merkwürdiges Kabinett ernannt», bemerkte Dalberg. «Benjamin Constant, einen geistreichen Theoretiker; Carnot, ein Überbleibsel des Direktoriums; Fouchè, dem er immer mißtraut hatte. Caulaincourt, einen gewohnheitsmäßigen Versager. Der Rest besteht aus einigen farblosen Beamten.»

«Bonaparte versucht, die Rückkehr zum Liberalismus zu demonstrieren», sagte Talleyrand. «Was Caulaincourt angeht, so gab er ihm das Auswärtige in der Hoffnung, so vielleicht etwas mit Alexander zu erreichen. Der Zar hat Caulaincourt gern. In diesem Kabinett ist nicht ein einziger neuer Mann, und ein neues Regime braucht neue Männer.»

Nach einer kleinen Pause sagte Dorothea: «Ich finde es interessant, daß Benjamin Constant dem Kabinett beigetreten ist. Bedenken Sie nur, was das bedeutet. Er ist der nächste Freund von Madame de Staël, der berühmtesten Antibonapartistin in Europa. Daß er jetzt Bonaparte auch nicht schlimmer als die Bourbonen findet, kann nicht ohne Wirkung bleiben. Mme. de Staël selbst ist dem König auch nicht ins Exil gefolgt. Jemand schreibt mir, daß sie angewidert sei von der reaktionären Intoleranz der Emigranten. Als sie von der Proklamation vom 13. März hörte, sagte sie etwas sehr Tragisches – tragisch deshalb, weil es von jemandem kommt, der so lange gegen Napoleon gekämpft hat und erst jetzt aus einem langen Exil zurückgekehrt ist. Hier ist es» – Dorothea durchsuchte den Brief nach dem Satz –, «Madame de Staël sagte: ‹Wenn Bonaparte siegt, so ist das das Ende der Freiheit, und wenn er geschlagen wird, so ist es das Ende der nationalen Unabhängigkeit!›»

Einen glasklaren Augenblick lang hing dieses Kassandrawort in der Luft, und seine unbarmherzige Melancholie trieb den Stachel der eigenen Unsicherheit tiefer in alle Herzen. Sogar Noailles war sich in diesem Moment darüber klar, daß die Alternative nicht zwischen Schwarz oder Weiß lag, sondern bestenfalls zwischen Schwarz oder Grau, und keiner war mehr sicher, ob er auf seiten der Engel kämpfte oder ob vielleicht auf keiner Seite Engel wären.

«Madame de Staël ist immer von der Partei der Unzufriedenen», sagte Talleyrand und klingelte wieder mit dem Silberglöckchen. «Ist denn niemand da? Wir alle könnten ein Glas Madeira vertragen.»

Noailles stand auf, öffnete die Tür und schaute auf den Gang hinaus. «Es ist niemand da.»

«Courtiade! Courtiade!» rief Talleyrand. Die antwortende Stille erfüllte alle mit Unbehagen. Dorothea hatte sich erhoben und ging schnell auf die Schlafzimmertür zu.

«Madame, Sie bleiben hier», sagte Talleyrand scharf. Aber als er selbst in sein Schlafzimmer ging, kamen alle mit. Die Maria-Theresia-Pracht war ungestört, aber Courtiade war nirgends zu finden. Statt dessen hörte man erstickte Hilferufe.

«Das ist Courtiade», sagte Talleyrand erregt. Sie eilten durch die große Zimmerflucht. Im letzten Raum endlich war Courtiades Stimme deutlich zu vernehmen: «Ich bin im Wandschrank eingesperrt, ich ersticke.»

Es war kein Schlüssel da, und La Tour du Pin und Noailles mußten die Tür aufbrechen. Courtiade kam etwas benommen heraus. Talleyrand klopfte ihm auf den Rücken: «Mon vieux, bist du in Ordnung? Was ist denn passiert – eh? Was soll das alles bedeuten?» fragte er irritiert.

Courtiade wischte sich die Stirn und versuchte, seine gewohnte Würde wiederzuerlangen. «Die jungen Diener haben mich eingesperrt; ich hatte ihnen gedroht, Euer Durchlaucht von der bevorstehenden Feier zu unterrichten.»

«Feier... Wo?... Wofür?... Wer?...» Alle sprachen gleichzeitig.

«Unten. Die Dienstboten halten einen Siegesball zu Ehren von Bonapartes Rückkehr nach Paris. Sie sind alle da, von Carême angefangen. Die französischen Mädchen von Madame Edmond, die Diener und Lakaien der Herren de Noailles, La Tour du Pin und Dalberg. Niemand ist weggeblieben.»

«Was?» Talleyrand stöhnte und sank auf einen Stuhl. «Die Dienerschaft der Botschaft Seiner Königlichen Majestät in Wien feiert Bonapartes Rückkehr? Sagt mir, daß ich einen schlechten Traum habe. Wißt Ihr, was das für uns bedeutet, wenn es bekannt wird?»

«Ich befürchtete schon, daß Euer Durchlaucht nicht entzückt sein würden.»

«Nicht entzückt!» Dorothea begann hilflos zu lachen.

Als etwas später Talleyrand mit Carême in dem großartigen Stil sprach, in dem er mit seinem Koch konferierte, aber ohne ein einziges «Cher Maître» an ihn zu verschwenden, sah das mürrische Cherubingesicht verletzt und erstaunt drein. «Ich habe Sie immer als Freund behandelt», endete Talleyrand gerade. «Ich habe Ihnen mein volles Vertrauen geschenkt; ich habe Sie gegen Ihre Feinde unterstützt; ich habe Ihr Genie gepriesen; ich habe alles getan, was in meiner Macht stand, um Ihren Ruhm und Ihr Vermögen zu vermehren – und Sie danken mir, indem Sie mich verraten.»

«Meinen noblen Amphitryon verraten?» Carême weinte fast vor Empörung. «Nichts lag mir ferner als das. Freut sich denn Euer Durchlaucht nicht mit uns allen, daß die herrlichen Zeiten wiedergekehrt sind? Endlich kann ich wieder Diners von achtundvierzig Gängen kochen.»

«Oh, hören Sie auf, ich könnte Sie umbringen», murmelte Dorothea.

Diese Unterhaltung fand in einer stark nach Gewürzen riechenden Galerie statt, wo Carême seine Vorräte aufbewahrte. Von hier aus konnten sie ungesehen das Fest beobachten, das immer noch in der großen Küche und in den Anrichten vor sich ging.

Instinktiv wußte Dorothea, daß es Talleyrand leid tat, das Fest abzubrechen, wo es nun schon einmal in Gang war, und das rührte und amüsierte sie. Es war ein schönes Fest. Sie waren reizend anzusehen – all die Köche, Diener, Lakaien, die um die Gunst ihrer Elvire und Victoire wetteiferten. Sie war ganz stolz auf die Mädchen; sie hatten ihre Kleider mit Veilchengirlanden geschmückt (zu Ehren von Pére la Violette natürlich) und sahen entzückend aus. Sie hatten die Veilchen von einem ihrer eigenen

Kleider genommen, was sehr unartig war, aber natürlich war die ganze Angelegenheit sehr unartig.

Dorothea versuchte, die strenge Haltung wiederzugewinnen, in der sie gekommen war, aber es gelang ihr nicht mehr ganz. Sie soupierten jetzt alle an einer Tafel, die mit der Trikolore geschmückt war, und zu den Klängen einer kleinen Kapelle sangen sie.

«Chantons ce jour, cher à nos belles,
Où tant de rois, par leurs succès,
Ont puni les Français rebelles,
Et sauvé tous les bons Françist.»

«Was singen sie da?» fragte Talleyrand.

«Eine kleine Satire von Béranger auf die Restauration», sagte Carême leichthin.

«Skandalös!» sagte Talleyrand. Er dachte: Eigentlich sollte ich das Ganze auf der Stelle untersagen, aber das würde erst recht böses Blut machen; sie unterhalten sich so gut. «Monsieur Carême, ich fürchte, daß Sie für mich hier keine Diners mehr kochen werden. Ihr kleines Fest heute abend hat mich wahrscheinlich beim Kongreß, um vom König gar nicht zu reden, unmöglich gemacht.»

«Ich bin verzweifelt, daß mein edler Amphitryon unzufrieden mit mir ist, aber wenn dieses Ereignis dazu beitragen würde, eine Entscheidung, die doch unumgänglich ist, schneller herbeizuführen...» Carême breitete seine Arme in einer dramatischen Geste aus.

«Wollen Sie mir nicht genauer erklären, was Sie unter dieser unumgänglichen Entscheidung verstehen, Monsieur Carême?» fragte Talleyrand höflich.

«Nun, daß Sie Ihre ungeheuren Talente dem Kaiser zu Füßen legen, so wie es unsere heroischen Marschälle und der große Isabey machen...»

Carême verbeugte sich höflich: «Letztes Frühjahr, als es uns so schlechtging, war der König ein notwendiges Übel. Das habe ich immer verstanden, aber jetzt haben wir genug von ihm.»

«Jour de paix, jour de délivrance,
Qui des vaincus fit le bonheur;
Beau jour qui vint rendre à la France
La cocarde blanche et l'honneur.»

Diesen Refrain sangen sie in der Küche und lachten darüber wie über einen guten Witz. Talleyrand seufzte. Sonst trat er bei den Festen seiner Dienerschaft immer in Erscheinung. Seine Leute hatten ihn gern und er sie auch. Sie würden ihn groß empfangen, wenn er jetzt mit Dorothea hereinkäme. Aber sie würden wohl rufen: «Vive l'Empereur! Vive notre Prince de Bénévent!» Das würde die Sache nicht vereinfachen.

«Es ist ein Glück», sagte er trocken, «daß mein Kampf für die Legitimität beim Kongreß mehr Erfolg hatte als bei meinem Personal.»

Aber Carême sagte ekstatisch: «Mein edler Amphitryon, Napoleon hat sich durch sechzig Schlachten und den Sieg über Europa legitimiert. Mehr brauchen wir nicht.»

Die Kapelle spielte einen Walzer. Talleyrand sah zu, wie die Männer mit ihren Mädchen um den großen Herd herumtanzten, den er speziell für Carême hatte einbauen lassen, weil die Arnsteins denselben hatten. Einen Moment lang überkam ihn ein Gefühl der Bitterkeit. Wie konnte ihm Carême das antun? Wie konnten sie alle ihm das antun? Als er aber Dorotheas Augen zärtlich und amüsiert auf sich gerichtet fühlte, verwandelte sich seine Laune. Sie waren noch so jung. Sogar Carême war erst dreißig Jahre alt. Sie waren während der Revolution geboren worden. Der König bedeutete ihnen nichts. Bonaparte war die große Figur ihres Lebens. Nein, er konnte das Fest nicht abbrechen. «Heute abend möchte ich nicht mehr mit Ihnen über Legitimität diskutieren, Monsieur Carême», sagte er müde. «Aber überlegen Sie sich einmal: Europa will Frieden, und wenn es diesen Frieden bedroht sieht, wird es mit Krieg antworten. Und nun sieht sich Europa wieder einmal durch Bonaparte bedroht. Wenn uns erst die Alliierten erledigt haben, wird es für Frankreich keine herrlichen Zeiten und keine Diners mit achtundvierzig Gängen geben, Monsieur Carême.»

Dann sagte er ruhig: «Die Ereignisse des heutigen Abends

haben mich in eine Lage versetzt, in der mir nur ein Ausweg bleibt, um die Ehre der Botschaft Seiner Majestät in Wien zu retten, und der ist, den Fürsten Metternich um die Pässe für das gesamte Personal zu bitten und alle sofort zurückzuschicken.»

«Alle, mein Onkel?» Dorothea fragte erschrocken.

«Es tut mir leid, Madame, Sie inkommodieren zu müssen, aber mir bleibt keine andere Wahl.»

«Ich verstehe.» Sie zwinkerte ihm zu. Mein Kluger, du findest immer einen Weg, zwei Fliegen mit einer Klappe zu schlagen, dachte sie und wußte, daß seine Maßnahme nicht nur dazu bestimmt war, die Wirkung dieses Festes abzuschwächen, sondern auch die Ausgaben des Palais Kaunitz auf ein Minimum zu beschränken. Mit einem Anflug von Bedauern fiel ihr ein, daß damit das Ende ihrer Rolle als Gastgeberin der elegantesten Botschaft Wiens gekommen sei. Von jetzt ab würde es keine brillanten Staatsdiners und Bälle mehr geben; die kleinen Diners würden sich nicht mehr durch Carêmes hervorragende Menüs auszeichnen. Aber da der Friedenskongreß in einen Kriegsrat verwandelt würde, gäbe es ja sowieso keine Feste mehr, und nur noch wahre Freunde würden mit den Franzosen verkehren ... Es war das Ende von Talleyrands Diplomatie der Verführung.

Carême sagte hochmütig: «Ich habe nichts dagegen, nach Paris zurückzukehren. Die Trüffel-Situation wird hier sowieso unhaltbar werden.»

8

«Vom großen Tyrannen steht geschrieben: ‹Der Abgrund ist offen›, sagte der Herr, ‹die Hölle hat ihr Gift ausgespien und ihre giftigen Schlangen freigelassen! Und ein Monster wurde geboren, ein Abscheu mit Blut beschmutzt hat sich erhoben. Und sein Name ist Napoleon Bonaparte, ein Name der Verwüstung, ein Name, der für Witwen und Waisen Verdammung bedeutet, ein Name, der beim Jüngsten Gericht unter Verzweiflungsschreien zu hören sein wird. Und doch haben ihn viele vergöttert und ihn zum Götzen ihrer Seele gemacht. Sie haben ihn den Erretter, den Befreier genannt, den Mann, der durch Gott kam, um die Welt zu erlösen. Und doch kenne ich ihn nicht›, sagte der

Herr, ‹ich habe ihn mißbilligt, und ich werde ihn mißbilligen, und in ihm soll weder Treue noch Erlösung, noch Befreiung sein. Aber er ist durch Lügen zur Macht gekommen; er hat sich seinen Thron durch Mord und Verrat gebaut; und dies ist ein Zeichen der Zeit und ein Zeichen der Sünde der Menschheit, daß sie es Erlösung von Unterdrückung nennen, zeigt, wie weit sie vom Pfad der Gerechtigkeit abgekommen sind. Erhebt euch, Völker! Schlagt ihn, denn ich habe ihn verflucht, er ist der Zerstörer der Freiheit und des Gesetzes.›»

Dieser Absatz aus dem «Katechismus für deutsche Soldaten» von Ernst Moritz Arndt wurde auf der ersten Seite des «Beobachter» gedruckt und durch Flugblätter verteilt. Die Kinder mußten ihn auswendig lernen. Frau von Arnstein, die schon immer fühlte, daß der Welt an ihr eine große Schauspielerin verlorengegangen war, als sie einen Bankier heiratete, rächte sich am Schicksal, indem sie ihn mit viel Pathos bei ihren Soireen rezitierte.

Hannibal ante portas! Wien, die Stadt des Friedenskongresses, die Stadt der Hoffnung, war im Kriegsfieber. Während die alliierten Armeen zum Rhein zogen, herrschte gewaltige moralische Erhebung. Um für einen guten Erfolg des Krieges gegen Bonaparte zu beten, zogen von morgens bis abends Prozessionen zum Sankt-Stephans-Dom und zu anderen großen Kirchen. Redouten, Karussells und Amateurvorführungen waren vergessen; vergessen waren auch die Streitigkeiten, ob klein oder groß. Die Sagan und die Bagration wickelten zusammen Bandagen. Die kleinen Nationen hatten begriffen, daß jetzt nicht der Moment war, die großen Mächte zu irritieren, denn diese allein konnten sie wieder aus dem Chaos herausführen. Die großen Mächte verstanden, daß sie es sich nicht leisten konnten, die kleinen Nationen zu beleidigen, denn diese könnten durch einen Separatfrieden mit Bonaparte viel Unheil anrichten. Alexander proklamierte Metternich zum größten Kanzler seit Kaunitz. Metternich und Hardenberg waren Freunde. Niemand hatte den geringsten Einwand gegen Alexanders neugewonnene Überzeugung, daß es seine göttliche Berufung war, den Antichrist zu schlagen. Laßt die Russen westwärts ziehen, solange es gegen die Franzosen geht!

In der Zwischenzeit fühlte sich der «große Tyrann» in Paris nicht im geringsten so triumphal, als es seine glühenden Proklamationen und Zirkulare annehmen ließen. An dem Morgen seiner wunderbaren Rückkehr war er von einer merkwürdigen Depression befallen worden. Er fühlte, daß die Franzosen müde waren. Wenn ihr erster Enthusiasmus sich gelegt haben würde, so würden sie unfehlbar wieder in ihre Apathie zurückfallen. Und vor allen Dingen fühlte er, daß er Frankreich nicht das geben konnte, was er erwartete. Denn Frankreich wollte Frieden, aber die Armee wollte Belgien. Außerdem würde Europa ihm den Frieden nicht lassen.

Bonaparte war wütend über den Bannfluch, den der Kongreß über ihn verhängt hatte. Er unterdrückte die Veröffentlichung, da er mit Recht ihre Wirkung auf das Volk befürchtete. Umsonst versuchte er, den alliierten Herrschern in Wien seine guten Absichten klarzumachen. Sogar bei seinem Schwiegervater war er erfolglos. Auf seine Briefe bekam er gar keine Antwort. Umsonst versuchte Caulaincourt den Alliierten klarzumachen, daß die französische Nation den Herrscher ihrer Wahl habe. Auch er blieb ohne Antwort.

Bonapartes größte Enttäuschung aber war Marie-Louise. Als er von ihrem Verrat und seines Sohnes Gefangenschaft hörte, verlor er zum erstenmal den Glauben an seinen Stern. Es kam ihm vor, als wäre das Wunder seines Aufstiegs nicht mehr wahr, nicht einmal in seiner eigenen Vorstellung. Das war nicht mehr Fortuna, die ihn mit ihren Gaben so reich überschüttet hatte; das war ein strenges Schicksal, dem man nur noch ab und zu eine Gunst entreißen konnte.

Beleibt, gelblich, mit glanzlosen Augen, die Hände auf dem Rücken, so pflegte er in den großen Gemächern des Élysée auf und ab zu gehen. (Aus den Tuilerien war er ausgezogen, weil dort sein N durch bourbonische Lilien ersetzt worden war und die Geister der Vergangenheit ihn Tag und Nacht verfolgten.) Oder er schlief über seinen Papieren ein, von einer Müdigkeit überwältigt, der selbst Ströme von Kaffee nicht mehr Herr werden konnten. Oder er stand vor Isabeys Porträt des Königs von Rom und brach in beherrschbare Tränen aus. Dann hatte er wieder Momente von Selbsterkenntnis – Momente, in denen er sich nicht schonte und verzweifelt nach Mitteln und Wegen suchte, die begangenen Fehler eilig gutzumachen.

Einen solchen Moment hatte er, als man ihm den geheimen Dreierpakt zeigte, der in der Schreibtischschublade des Königs in den Tuilerien gefunden worden war. «Das ist die natürliche Allianz gegen den Norden!» rief er aus. «Das ist die Politik, die ich hätte verfolgen sollen!» Und da er sich erinnerte, daß Talleyrand ihm immer zur Schließung eben dieser Allianz geraten hatte, und da er außerdem wußte, daß es Talleyrand gewesen war, der die Erklärung vom 13. März veranlaßt hatte, sagte er wütend: «Talleyrand gegenüber habe ich mir zwei Fehler vorzuwerfen – der erste: daß ich seine guten Ratschläge verschmäht habe. Der zweite: daß ich ihn nicht hängen ließ, nachdem ich schon den Fehler beging, sie zu verschmähen.»

Von da ab unterließ er nichts, um Talleyrand wieder zurückzugewinnen. Er war ganz besessen von der Idee, daß am Ende doch noch alles gut würde, wenn er nur denjenigen an seiner Seite hätte, der dieses Zeitalter und seine Gesellschaft am besten verstand, sowohl die Regierungen wie auch die Völker.

9

«Sie haben mir schon wieder einen Kurier geschickt mit Briefen von Bonaparte und Caulaincourt. Er wurde in Stuttgart festgenommen», sagte Talleyrand, «und weißt du, wer es diesmal war?... Flahaut!»

Dorothea seufzte: «Oh, das wird ihren Verdacht gegen dich verstärken.»

«Weißt du», sagte er mit einer Munterkeit, die er nicht fühlte, «ich habe es nicht ungern, daß sie befürchten, ich könne abtrünnig werden. Das hält sie wach.» Er drückte ihre Hand auf der leichten Decke. Seine Augen nahmen von ihr Besitz. Ihre eine Hand im kastanienbraunen Handschuh spielte mit einem kleinen Strauß gelber Frühlingsblumen, aber die Hand, die er hielt, war nackt und warm. Die frische Luft stand ihr gut. Sie war schön im zartgoldenen Mittagslicht. Ihre Wangen unter dem Blücher-Tschako waren rosa angehaucht. Es war für ihn immer noch ein Wunder – und es würde immer ein Wunder für ihn bleiben –, sie neben sich zu haben – jung, intelligent und vertrauter, als ihm jemals jemand gewesen war.

Sie hatten die Hauptstraße des Praters hinter sich gelassen und fuhren auf verlassenen Wegen, die vom Duft frischen Grüns parfümiert waren. Es hatte gerade geregnet.

«Du brauchst dich nicht darüber zu beklagen, daß man dich zuwenig verdächtigt. Schau dir das an! Es wurde in den Wagen geworfen, als ich vor der Hofburg auf dich wartete!»

Dorothea hielt ihm eine Karikatur hin, die ihn mit sechs Köpfen darstellte. Der erste Kopf: «Vive la République!», der zweite Kopf: «Vive l'Égalité», der dritte Kopf: «Vive le Premier Consul!», der vierte Kopf: «Vive l'Empereur!», der fünfte Kopf: «Vive les Bourbons!», der sechste Kopf ruft schon: «Vive... !» Aber da legt sich eine Hand über den Mund: «Langsam, noch ist der Moment nicht da!»

Talleyrand schmunzelte, als er das Blatt in seine Tasche schob. «Nicht schlecht, gar nicht so schlecht. Es gibt einem Ideen.»

«Mein Liebster, du hast doch nicht die Absicht zu...»

«Weißt du, was Lucien Bonaparte über mich gesagt hat?»

Sie schüttelte den Kopf.

«Ganz Wien weiß es. Als Eynard vor ein paar Tagen in der Schweiz Lucien Bonaparte traf, sagte dieser zu ihm: ‹Dieser Gauner Talleyrand muß eine klägliche Figur machen in Wien. Es würde mich gar nicht erstaunen, wenn er plante, ins andere Lager hinüberzuwechseln.› Darauf Eynard: ‹Oh, das könnte er nicht machen. Er sprach viel zu gehässig von Napoleon.› Und Lucien: ‹Dann muß Talleyrand wirklich verzweifelt sein. Er wird vor Kummer sterben, wenn er niemanden mehr verraten kann!›»

«Weiß Lucien, daß Bonaparte Annäherungsversuche macht?» Sie sah ihn plötzlich erschrocken an: «Oh, sage mir, daß du nicht vorhast, überzugehen.»

Seine Augen ruhten ernst und nachdenklich auf ihr. «Würde es zwischen dir und mir einen Unterschied machen?»

Sie dachte lange darüber nach. Wenn sie jetzt sagen würde, daß es wohl einen Unterschied machte, dann wären ihre Ängste vorüber. Er war zu abhängig von ihr geworden, um etwas zu riskieren, das ihre Liebe gefährden könnte. Aber trotzdem konnte sie ihn nicht belügen. Endlich sagte sie der Wahrheit gemäß: «Wenn du damit meinst, ich würde dich verlassen, wenn du zu Bonaparte übergehst, so sage ich nein. Ich werde dich nie verlassen, was du auch immer tun wirst. Wenn du meinst, ich würde dich weniger lieben, wenn du zu ihm übergehst, so sage ich wieder nein. Nichts kann meine Liebe zu dir ändern.»

«Aber?»

«Aber», sagte sie heftig, «ich würde eine solche Entscheidung für einen schrecklichen Fehler halten. Es würde mich sehr unglücklich machen. Ich würde mit allen mir zu Gebote stehenden Mitteln dagegen kämpfen.»

«Das wirst du nicht nötig haben, mein Liebling; nichts liegt mir ferner.» Zärtlich küßte er ihre Hand.

Für eine Weile war nur das Klappern der Hufe und das Gerassel der Räder zu hören. Der Wagen rollte durch eine flache Landschaft, zu beiden Seiten des Weges verschmolzen die Wiesen mit dem blauen Horizont. Dorothea dachte wohl zum hundertstenmal in diesen letzten vierzehn Tagen, daß sie keine Angst zu haben brauchte, denn er war viel zu klug, um es zu tun. Es sei denn... Die Situation der französischen Botschaft in Wien war sehr schwierig und wurde mit jedem Tag schwieriger. Es war kein Geld da. Die Mittel, die ihnen die Engländer zur Verfügung stellten, waren lächerlich klein. Talleyrand mußte nicht nur sämtliche französischen Dienstboten nach Frankreich zurückschicken, mit Ausnahme von Courtiade, sondern auch sein Büropersonal. Er behielt nur zwei Kuriere und einen Sekretär. Ihr selbst machte dieses vereinfachte Dasein viel Spaß. Sie schrieb alle Briefe für Talleyrand, und sie verbrachten viele Abende im Tête-à-tête in ihrem Wohnzimmer und gingen gar nicht aus. Herrliche Abende! Aber Talleyrand war nicht für ein kleines Leben gemacht. Er liebte es gar nicht, daß die großen Salons geschlossen waren. Das uninteressante Essen und die ungeschickte Bedienung ihrer österreichischen Lakaien ärgerten ihn. Das war aber alles unwichtig, gemessen an dem steigenden Verdacht und Mißtrauen, das ihn hier umgab. Und dazu kamen noch die Intrigen, die der Graf Artois in Gent gegen ihn spann. Außerdem hing noch das Damoklesschwert des Dreierpakts über ihm. Wie man aus Gent hörte, so hatte niemand daran gedacht, dieses wichtige Dokument mitzunehmen. Diese Idioten!

Sie fragte abrupt: «Du bist verstimmt. Hat Alexander etwa schon den Dreierpakt bekommen?»

«Noch nicht», lachte er. «Habe Geduld. Seit Napoleons Rückkehr wickelt sich alles so melodramatisch ab wie in einem billigen Schauerroman. Es wäre nur stilgemäß, wenn der Dreierpakt eines Morgens auf Alexanders Schreibtisch läge. Metternich bekommt schon Anfälle, wenn er nur daran denkt.»

Ängstlich prüfte sie sein Gesicht: «Aber was verstimmt dich denn? Du bist so anders.»

«Oh, es ist nichts Besonderes. Manchmal macht es mich nur so müde, alle bei der Stange zu halten.»

«Hat Alexander Neigung gezeigt, abzuspringen? Das wäre furchtbar.»

«Da besteht, Gott sei Dank, keine Gefahr. Er ist ganz versessen darauf, den Antichrist zu schlagen. Das Schlimme ist nur, daß er weniger darauf versessen ist, die Bourbonen wieder einzusetzen. Wie er mir mit vielen Worten mitteilte, ist die Wiedereinsetzung der Bourbonen nicht sein Kriegsziel. Er sagte, daß nur der Teil von Frankreich, der sechsundzwanzig Jahre hindurch jede Revolution mitgemacht hat, der nur murrt, aber nie frei herausredet, für die Bourbonen stimmt, während das denkende, aktive Frankreich gegen sie ist. Er sagte noch, daß Frankreich nie Frieden haben würde, wenn es gezwungen wäre, Ludwig XVIII. zurückzunehmen.»

Sie dachte: Alexander hat recht, aber sie sagte: «Wen möchte er statt dessen? Immer noch die Regentschaft für den König von Rom, die er letztes Frühjahr propagiert hat?»

«Nein, diesen Plan gab er auf, nachdem Marie-Louise ihm sehr energisch mitteilte, daß sie nie mehr nach Frankreich zurückkehren wolle und wünsche, ihr Sohn solle ein deutscher Prinz werden.»

«Metternich könnte ihre Meinung ändern.»

«Er könnte. Jedoch unterstützt Alexander inzwischen die Orléans. Schließlich, sagte er, sind die Orléans ja auch Bourbonen, aber liberalere, und Louis-Philippe trug einmal die Trikolore, von der Alexander sagt, daß die Restauration sie niemals hätte fallenlassen dürfen.»

«Du warst, was die Trikolore betraf, derselben Meinung.»

«Ja, die Restauration war in mancher Hinsicht blind. Aber darum geht es jetzt nicht.» Talleyrand schüttelte irritiert den Kopf: «Kann denn keiner einsehen, daß, wenn wir das Prinzip der Legitimität aufgeben – der strengen Legitimität, wohlgemerkt –, es nichts mehr gibt, was die Franzosen daran hindern könnte, sich Napoleon oder irgendeinen Marschall zum Führer zu nehmen? Nein, nein, glaube mir, es ist unwichtig, daß uns unser Podagrakönig langweilt. Die Bourbonen sind ein Prinzip – der Rest ist Intrige.»

Als sie wieder am Palais Kaunitz angelangt waren, hatte Dorothea den Eindruck, daß ihre Angst, Talleyrand könne zu Bonaparte gehen, ungerechtfertigt war. Was auch immer sein würde, er war den Bourbonen treu.

Sie lächelte dem Lakaien zu, der die Türe für sie öffnete und verkündete: «Ein Herr kam, um Monsieur Courtiade zu besuchen. Er hat ihn mit nach oben genommen.»

Sie wußten, daß alle ihre neuen Angestellten Agenten der österreichischen Geheimpolizei waren. Dorothea und Dalberg machten sich einen Spaß daraus, kleine Zettel in die Papierkörbe zu legen, voll von extravaganten Schmeicheleien für Kaiser Franz und Metternich, die natürlich alle bei Hager landeten.

«Wahrscheinlich ist es dein Schneider», sagte sie zu Talleyrand, als sie zusammen die Treppe hinaufgingen. «Vergiß nicht, daß das Frühstück bereitsteht und ich am Verhungern bin...»

Aber bevor er noch antworten konnte, kam Courtiade heraus. Er machte einen glücklichen und erregten Eindruck: «Es ist Besuch für Euer Durchlaucht da, direkt aus Paris gekommen», flüsterte er. «Es ist Graf Montrond.»

Einen Augenblick stand Talleyrand wortlos da. Dann nahm er Dorotheas Arm und lachte vergnügt. «So hat es also doch einer von Bonapartes Abgesandten fertiggebracht durchzukommen – eh? Komm, Liebling, laß uns ihn begrüßen!»

Dorothea war sehr blaß geworden. Vom ersten Augenblick an, als sie als junge Braut nach Paris gekommen war, hatte sie etwas gegen diesen charmanten Intriganten gehabt, der seit fünfundzwanzig Jahren Talleyrands Schatten gewesen war. Sie fürchtete seinen schlechten Charakter.

«Mein lieber Charles-Maurice!» Der Mann, dem Talleyrand den Spitznamen «Jesuskind der Hölle» gegeben hatte, warf die Arme um seinen Hals und küßte ihn auf beide Wangen. «Du ahnst nicht, was ich auf dieser Reise ausgestanden habe. Um zu dir zu gelangen, mußte ich zum Helden werden, und du weißt, wie vulgär ich Helden finde.»

«Casimir, mein Freund, ich freue mich jedenfalls sehr, dich zu sehen.» Talleyrand klopfte dem kleineren Mann mit einem Enthusiasmus auf den Rücken, der Dorothea mißfiel. Sie war sehr kühl, als Montrond ihre Hände ergriff und küßte. Sie hatte nie verstehen können, was einige der geistreichen Frauen von Paris an «le beau Montrond» finden konnten. Es bestand kein Zweifel darüber, daß er liebenswürdig und amüsant war und sehr gewandte Manieren hatte, aber auf seinem Gesicht war zu lesen, daß er seine fünfundvierzig Jahre ohne Gedanken, ohne Arbeit, ohne Überzeugungen sowie ohne tiefere Gefühle oder edle Konflikte verbracht hatte. Sie konnte sich nie des Gefühls erwehren, daß Montrond etwas Trübes mit Talleyrand verband, daß er kompromittierende Dinge über ihn aus weiter Vergangenheit wußte. Welchen Grund konnte Talleyrand sonst dafür haben, einen Parasiten um sich zu ertragen, der finanziell von den Brotkrumen seiner Wechselgeschäfte lebte und sozial von den Überbleibseln seiner politischen Informationen? Aber das war noch nicht der wahre Grund für ihre Abneigung gegen diesen Mann. Was sie an ihm beunruhigte, war die Tatsache, daß er sich in seiner charmanten, frivolen und skrupellosen Unreife immer noch als der Vertraute des Exbischofs, des Ministers des Direktoriums benahm, während Talleyrand selbst, in seiner großen Wandelbarkeit, diese Phasen seiner Entwicklung längst überwunden hatte.

«Ich bin wirklich nicht so sehr um unseres lieben Fürsten willen gekommen als Ihretwegen, Madame», sagte Montrond zwischen Handküssen. «Ich wollte Ihnen Nachricht von Ihren Kindern bringen. Ich konnte nicht schlafen, wenn ich daran dachte, wie beunruhigt Sie sein müssen.»

«Sie haben von meinen Kindern gehört?» fragte sie begierig.

«Gehört? O nein, ich habe sie vor zehn Tagen selbst gesehen. Solch reizende kleine Jungen und bei bester Gesundheit. Hier ist ein Brief Ihres Schwiegervaters und einer von der ersten Gouvernante.» Er umfaßte Dorothea mit einem Blick, der sich auf Frauen verstand, nahm einige Briefe aus der Innentasche und gab ihr auf zeremonielle Art zwei davon. Er machte sich nicht allzuviel aus Madame Edmond. Für seinen Geschmack war sie zu leidenschaftlich, zu wählerisch und zu absolut. Er fühlte, daß sie ihn durchschaute und ablehnte. Es hatte ihm weh getan, zu hören, daß sie solchen Einfluß auf den armen Charles-Maurice gewonnen hatte. In den letzten paar Monaten hatte man in der Pariser Gesellschaft viel darüber gesprochen, angeregt durch die offensichtliche Niedergeschlagenheit der Herzogin von Kurland. Montrond war jedoch schon immer dafür gewesen, Tatsachen ins Gesicht zu schauen, und so bezog er Talleyrands neue Liebe vorsichtig mit in seine Kalkulationen ein.

«Wie nett von Ihnen, ich bin sehr dankbar. Sie ahnen nicht, was mir das bedeutet», sagte sie, und mit einem fragenden Blick auf Talleyrand fügte sie hinzu: «Beim Frühstück müssen Sie mir dann alle Einzelheiten berichten.»

«Ich hoffe, daß du die österreichische Küche magst», warf Talleyrand dazwischen. «Du weißt, wir haben Carême nicht mehr und sind – genaugenommen – ohne Bedienung. Wir führen wahrhaftig ein einfaches Leben, wie's unserer ehrenwerten Armut zukommt.»

Montrond schaute gen Himmel: «Mein lieber Charles-Maurice, ich habe es zu meinem größten Kummer vernommen. Es scheint mir, daß du der letzte Mensch bist, der zur Armut geschaffen ist, so ehrenwert sie auch immer sein mag.»

Dorothea wußte sofort, daß das die Linie war, auf der er versuchen würde, Talleyrand zu beeinflussen, ins andere Lager überzugehen. Sie sagte scharf: «Für die meisten Menschen wäre unsere Armut immer noch großer Reichtum. Ich glaube nicht, daß mein Onkel leidet.»

Montrond sagte: «So, wie ich unseren lieben Fürsten kenne, bereitet es ihm Kummer, wenn er einer Frau von solcher Schönheit und Grazie, wie Sie es sind, nicht den geeigneten

Hintergrund bieten kann. Das ist einer der vielen Gründe, warum dieser Zustand so bald wie irgend möglich beendet werden muß.»

«Aber wie, mein guter Casimir?» hörte sie Talleyrand fragen, als sich die Tür hinter den beiden Männern schloß. Ich sollte ihn nicht mit Montrond allein lassen, dachte sie und ging langsam in ihre eigenen Gemächer. Sie fürchtete sich.

«Um das mit dir zu besprechen, kam ich unter Lebensgefahr hierher.» Montrond, der sich nun, da er seinen Freund für sich allein hatte, auf sicherem Boden fühlte, ließ sich in einen Stuhl fallen.

Talleyrand, der auf der anderen Seite des Bouletisches saß, lächelte. Er wußte, was Dorothea von Montrond dachte; ihr Urteil über ihn war streng, aber nicht ungerecht. Aber Dorothea war zu jung, um wissen zu können, was es bedeutete, einen Menschen um sich zu haben, der wußte, wie sich die Dinge von Anfang an entwickelt hatten, dem man nicht erst alles erklären mußte. Der auch außerdem noch sehr viel vom Wechselgeschäft verstand. «Casimir, was ist der wahre Grund deines Kommens?» fragte er leicht.

«Fouché hat mich im Auftrag des Kaisers geschickt. Du ahnst nicht, wie es in Paris zugeht. Solcher Enthusiasmus, solcher...»

«Kannst du deinen Proselyteneifer einen Moment bezähmen – eh?» Talleyrand sah ihn belustigt an. «Zuerst möchte ich den Zweck deiner Mission hören.»

«Meine Mission hat verschiedene Zwecke. Ich habe Briefe vom Kaiser für die Kaiserin, den Zaren und Metternich. Ich soll mich vergewissern, ob die Mächte auf einer Nichtanerkennung des Kaisers bestehen und wirklich Krieg gegen Frankreich führen wollen. Aber vor allen Dingen soll ich dich für des Kaisers Sache gewinnen. Hier sind Briefe für dich von Caulaincourt und Fouché.»

Er legte sie auf den Tisch vor Talleyrand. Der besah die Siegel, öffnete sie aber nicht.

«Aus welchem Motiv hast du diese Mission übernommen, Casimir? Du warst von jeher heftiger Antibonapartist. Aus diesem Grunde mußtest du 1812 Paris verlassen, erinnerst du dich noch – eh? Damals hast du eine bemerkenswerte Prophezeiung gemacht. Du sagtest, daß Bonaparte uns innerhalb zweier Jahre die Bourbonen bringen würde, ohne uns den König von Rom aufzudrängen. Wer hätte gedacht, daß ausgerechnet du ein Jahr später auf seiten der Bonapartisten sein würdest?»

«Aber alle Welt ist es. Benjamin Constant, Madame de Staël – jeder. Ich bin gekommen, um dich davon abzuhalten, den größten Fehler deines Lebens zu begehen, um dich davor zu bewahren, dich selbst und die deinen für immer zu ruinieren.»

Talleyrands Gesicht war undurchdringlich. «Was springt für dich dabei heraus, Casimir, wenn du mich überzeugst?» Sein Stock zeichnete eine Blume auf dem Aubusson nach.

«Aber nichts... Ich...»

«Casimir!»

Montrond seufzte. «Es wurden mir zweihunderttausend Kronen versprochen, für den Fall, daß ich dich überreden kann.»

«Nicht schlecht.» Talleyrand lächelte seinen Freund an. Eine der Fähigkeiten, die er an Montrond bewunderte, war, daß dieser, ohne einen Sou zu besitzen, ohne ein Einkommen zu haben, sechzigtausend Franken im Jahr ausgab und keine Schulden machte. Da würden natürlich zweihunderttausend Kronen ganz willkommen sein.

«Du weißt aber, lieber Charles-Maurice, daß das gar nichts mit der Sache zu tun hat», sagte Montrond mit viel Haltung. «Ich kam, weil ich es nicht länger mit ansehen kann, wie du deine große Karriere ruinierst, während Frankreich dich so nötig braucht. Der Kaiser wird dich mit offenen Armen empfangen.»

Talleyrand sah mit schläfrigen Augen an ihm vorbei. «Und die Beschlagnahme meines Vermögens?»

«Wird natürlich sofort aufgehoben.»

«Und was springt sonst noch für mich dabei heraus?»

«Mein lieber Freund, nenne den Preis!»

Talleyrand schien zu überlegen: «Ein kleines Königreich vielleicht?»

«Du kannst sicher sein, daß alles möglich ist», sagte Montrond glücklich.

«Ich finde wirklich, daß ich Napoleon ein kleines Königreich wert sein müßte.»

«Sicherlich bist du das.» Montrond sprang auf, rannte um den Bouletisch und umarmte seinen Freund. «Ich wußte ja, daß du zur Vernunft kommen würdest, wenn du nur einmal die Sache im rechten Licht sehen würdest. Ganz besonders auch im Hinblick auf die trüben Alternativen.»

«Was sind denn die Alternativen – eh?» Sanft schob er Montrond zur Seite.

«Die Beschlagnahme deines Vermögens ist die eine. Und kein Vermögen ist jemals größer geworden durch Beschlagnahme, das weißt du ja. Aber das ist noch nicht alles. Wenn du nicht hinüberwechselst, wirst du vor dem Volksgericht des Hochverrats angeklagt.»

Talleyrand schüttelte ein paarmal den Kopf. «Ein Königreich – oder Klage auf Hochverrat – eh? Welche Alternative! Oder ist der Unterschied vielleicht gar nicht so groß?»

Er erhob sich, legte seine Hände auf Montronds Schultern und schüttelte ihn ein bißchen: «Jesuskind der Hölle, du bist die größte Enttäuschung meines Lebens. Immer habe ich dich als den geistreichsten Mann der großen Welt gerühmt. Wie konntest du auch nur für einen Augenblick annehmen, daß ich jemals wieder Bonaparte dienen würde – ich, der ihn seit 1805 bekämpfe und seit 1808 gegen ihn konspiriere? Wirklich, Casimir!»

«Wir haben alle gegen ihn gekämpft und konspiriert, und jetzt sind wir für ihn.» Montrond war enttäuscht, aber weit davon entfernt, die Hoffnung aufzugeben.

«Ja, ihr habt euch von der Unzufriedenheit mit der Restauration mitreißen lassen, aber Politik macht man nicht mit Gefühlen.»

«Aber das französische Volk ist glücklich.»

«Wie lange? Und welchen Preis wird es dafür bezahlen müssen? Das arme, getäuschte Volk.» Talleyrand sank in seinen Stuhl zurück, deprimiert von der Vorstellung dessen, was seinem Volk bevorstehen würde. Aber dann wandte er sich dem aktuellen Problem zu. Wie war Montronds Mission für die alliierte Angelegenheit fruchtbar zu verwerten? Man müßte ihn zurückschicken, mit allen Informationen über die Stärke der Koalition versehen. Mit diesen Informationen würde Montrond Ungewißheit und Furcht unter denen verbreiten, die an Napoleons Stern glaubten. Er sagte: «Ich werde alles, was in meiner Macht steht, dazu tun, daß du die Zwecke deiner Mission erfüllst, außer dem einen, mich zu gewinnen. Du wirst deine Briefe bei Marie-Louise abgeben können, obwohl ich dir versichern kann, daß sie nicht einen davon lesen wird, sondern sie alle ihrem Papa gibt, der sich ein Vergnügen daraus machen wird, sie der versammelten Kongreßgesellschaft zum besten zu geben. Wir sind hier nämlich eine einzige große glückliche Familie. Außerdem, da du mir wahrscheinlich nicht glauben wirst, will ich dir die beste Gelegenheit verschaffen, dich zu vergewissern, daß es den Mächten ernst war, als sie Bonaparte in Bann taten. Du wirst von Metternich und Nesselrode empfangen werden.»

Er klingelte mit der kleinen Silberglocke und überlegte, ob in dem Brief an den Zaren möglicherweise der geheime Dreierpakt enthalten war. Er würde jedenfalls Metternich einen Wink geben.

«Ich brauche einen Boten, der in zwanzig Minuten eine Nachricht zum Ballhausplatz bringen kann», sagte er zu dem Lakaien, der auf sein Klingeln hin erschienen war. Nachdem er wieder gegangen war, steckte er die Briefe, die Montrond ihm gebracht hatte, in einen Umschlag.

«Du liest sie nicht einmal?» Montrond sah beleidigt drein.

«Ich möchte, daß Metternich sie zuerst liest.» Talleyrand nahm ein Blatt Papier.

«Charles-Maurice, ich kann dich nicht verstehen!» Montrond war nahe daran zu weinen. «Wie kannst du Europa so kaltblütig zum Krieg gegen Frankreich hetzen?»

«Die Frage, lieber Casimir», Talleyrand begann zu schreiben, «ist nicht Krieg gegen Frankreich, sondern gegen den Mann von Elba.»

Als Montrond einige Minuten später Dorotheas Appartement allein betrat, fürchtete sie das Schlimmste. Sie war mit dem Durchlesen ihrer Briefe aus Frankreich lange fertig – es waren sehr befriedigende Briefe, Gott sei Dank – und hatte mit wachsender Ungeduld über die langausgedehnte Unterhaltung Talleyrands mit seinem gefährlichen Freund nachgedacht. Auch die einführenden Worte Montronds machten sie nicht ruhiger.

«Unser Fürst», sagte er, «schreibt an Metternich. Das gibt mir die Gelegenheit, ein paar Minuten mit Ihnen allein zu sprechen.»

«Ja, ich möchte gerne mehr von meinen Kindern hören. Ist Louis groß geworden?» Sie hantierte mit den Silberschüsseln auf dem Frühstückstisch, während Montrond am Kamin lehnte und sie beobachtete. Nein, er hatte seinen Plan, Talleyrand zu gewinnen, noch nicht ganz aufgegeben. Er hielt immer noch eine Karte in der Hand, die, richtig ausgespielt, zum Trumpf werden konnte.

«Madame, ich würde sehr gerne zuerst über etwas anderes mit Ihnen sprechen. Die Sache ist die, daß der Fürst den Vorschlag, den ich ihm vom Kaiser brachte, glattweg refüsiert hat.»

«Tatsächlich?» Schnell setzte sie sich hin, schwach vor Glück und auch vor Reue. Wie konnte sie nur so wenig Vertrauen in den Mann haben, den sie liebte?

«Für niemanden bedaure ich Monsieur de Talleyrands Entschluß so sehr wie für Sie, Madame.» Montrond betrachtete die großen Diamanten am Ringfinger ihrer linken Hand.

«Warum das?» fragte sie höflich.

«Nur der Kaiser wäre in der Lage, unserem lieben Fürsten die Lösung zu ermöglichen, die Ihr zukünftiges Glück sichern könnte.»

«Mein zukünftiges Glück?» Es war mehr der ernste Ton als seine Worte, die sie neugierig machten.

Er sah sie lange an. Frauen hatten ihm oft gesagt, daß seine grauen, tiefliegenden Augen eine hypnotische Kraft hätten. «Der Kaiser könnte Ihren Onkel von seinen kirchlichen Bindungen befreien, und Sie wissen, was das für ihn bedeuten würde.» Er machte eine kleine Pause. «Der Kaiser könnte auch seine Scheidung ermöglichen.»

Sie beobachtete die Tauben, eine graue und eine weiße, die auf dem Fensterbrett schnäbelten, und dabei überließ sie sich einem großartigen, glänzenden Traum, in dem Talleyrand und sie beide frei vor Gott und der Welt zusammenleben konnten.

«Haben Sie das auch meinem Onkel gesagt?» fragte sie endlich, ohne ihn anzusehen.

«Nein, das habe ich nicht gesagt, denn ich dachte, daß Sie es ihm besser selber sagen sollten.»

«Ich verstehe. Aber Sie vergessen, daß die Kirche seit achtzehn Jahrhunderten die Bischofsweihe als unauslöschlich angesehen hat. Das ist der Grund, weshalb Bonapartes Bemühungen, die kirchliche Autorisierung für Herrn von Talleyrands Heirat zu erwirken, vergeblich waren.»

Montrond dachte irritiert, daß sie damit den Nagel auf den Kopf getroffen hatte. Er hatte nicht erwartet, daß sie in dieser Angelegenheit so logisch und kalt denken würde. Er sagte fröhlich: «Diesmal würde der Kaiser jeden nur erdenklichen Druck auf Rom ausüben. Ich bin sicher, daß, wenn Sie Ihrem Onkel die Sache unterbreiten, er es sich noch einmal überlegt.»

Sie beobachtete immer noch die Tauben. Es würde alles so klar und einfach sein, wie am Anfang der Welt vor dem Sündenfall. Aber es würde nie sein.

«Monsieur» – sie gab ihm den vollen Blick ihrer strahlenden Augen –, «ich glaube, Ihre Idee ist eine Chimäre, und ich fürchte, daß Sie das sogar wissen. Aber auch, wenn sie durchführbar wäre, möchte ich nicht, daß Monsieur de Talleyrand die Sache von neuem erwägt. Ich könnte niemals glücklich sein, wenn er meinetwegen seinen Kurs ändern würde.» Sie erhob sich und lächelte ihm zu, als sie zur Türe ging. Sie hatte Talleyrands verhaltenen Fußtritt gehört und ging ihm entgegen.

Montrond dachte traurig: Da gehen meine zweihunderttausend Kronen. Wenigstens kann mir niemand vorwerfen, daß ich nicht alles versucht habe.

10

Talleyrand beklopfte seinen langen Schnallenschuh mit dem Ebenholzstock. Er war ein bißchen müde. Mit der Mittagsluft kam ein einschläfernder Duft durch das geöffnete Fenster. Für Mai war es sehr warm.

«Ich weiß Ihr Interesse sehr zu schätzen, Baron Hager», sagte er sanft, «aber ich habe noch nie in meinem Leben eine Leibwache gehabt und habe doch schon schlimme Zeiten erlebt – eh?»

«Es tut mir leid, Euer Durchlaucht.» Hagers graues Bürokratengesicht war höflich, aber sein Ton war fest. «Ich habe den strikten Befehl von Seiner Majestät.»

«Ich nehme an, daß der merkwürdige Tod des Marschalls Berthier in Bamberg etwas mit dem Befehl zu tun hat», sagte Dorothea, ohne von ihrer Stickerei aufzusehen. Sie war gerade bei Talleyrand gewesen, als Hagers Besuch gemeldet wurde; er hatte sie gebeten zu bleiben. Sie saß etwas abseits am Fenster. Es war das erste Mal, daß sie sich in die Unterhaltung eingemischt hatte.

«Ja, Madame.» Hagers Augen wanderten diskret über die schlanke Figur in taubengrauem Organdy. «Der merkwürdige Tod des Fürsten von Neufchâtel macht Vorsicht notwendig.» Ebenso wie das unerklärliche Verschwinden des bonapartistischen Offiziers, Hauptmann Fréjus, dachte er grimmig.

«Was ist denn an dem Tod des armen Berthier so merkwürdig?» fragte Talleyrand irritiert. «Es war Selbstmord. Tag für Tag sah er die alliierten Armeen zum Rhein ziehen; er sah die unausbleibliche Niederlage der Franzosen voraus. In einem Anfall von Depression warf er sich dann von seinem Balkon herunter.»

Dorothea warf Talleyrand einen schnellen Blick über ihre Stickerei zu: «Ich glaube niemals, daß der Fürst von Neufchâtel Selbstmord begangen hat», bemerkte sie. «Das war nicht seine Art.»

«Die Umstände lassen tatsächlich auf Mord schließen, Durchlaucht, und da der Fürst von Neufchâtel von den Bonapartisten als Verräter angesehen wurde...» Hager zuckte die Achseln.

«Ich hoffe, daß Sie wenigstens dem Gerücht, Caulaincourt persönlich habe Berthier hinuntergeworfen, kein Gehör schenken – eh? Was für eine Idee! Caulaincourt nimmt sich ein paar Tage Urlaub von seinem Amt als Bonapartes Außenminister, fährt nach Bamberg, schleicht sich heimlich hinter Berthier und wirft ihn hinunter – und dann fährt er wieder nach Paris zurück.» Talleyrand lachte.

«Dem Gerücht zufolge schlich sich Caulaincourt nicht hinter Berthier», sagte Hager ernst. «Er war von Bonaparte beauftragt worden, Berthier zu bewegen, seine alte Position als Chef des Generalstabs zu übernehmen.»

«Und weil Berthier nicht wollte, wurde er von Caulaincourt auf die Straße hinuntergeworfen?» Talleyrand lachte. «Wirklich, Baron, Sie sind alle von dem Gespenst der bonapartistischen Feme beunruhigt.» Er hielt inne, als der Ton der Siegesglocken durch die Luft klang. Neipperg hatte Murat bei Tolentino geschlagen. Es war ein entscheidender Sieg, der den Bonapartismus in Italien beendete. Der unzeitgemäße Eifer seines Schwagers hatte Napoleon ebensoviel gekostet wie sein früherer Verrat.

Talleyrand dachte: In vierzehn Tagen wird Ferdinand in Neapel einziehen. Jetzt heißt es, sofort einen Sekretär zu ihm schikken, um die sechs Millionen für mich zu holen.

Dorothea dachte: Ich möchte wissen, ob an dieser bonapartistischen Feme etwas Wahres ist. Es ist ganz plausibel, daß Bonaparte jemanden nach Bamberg geschickt hat, um Berthier zurückzugewinnen, so wie er Montrond nach Wien geschickt hat, um Talleyrand zu gewinnen. Und als Berthier refüsierte, wurde er getötet.

Hager dachte: Die ganze Wiener Polizei sucht nach Fréjus. Mit diesem vernarbten Gesicht und seiner dreifingrigen Hand kann er nicht weit kommen.

Dorothea dachte: Talleyrand ist in Gefahr.

Als der Glockenton verebbte, sagte sie leichthin: «Onkel, Baron Hager kam wohl nicht, um Sie zu fragen, ob Sie eine Leibwache wollen, sondern um Ihnen mitzuteilen, daß Sie eine Leibwache bekommen. Stimmt es nicht, Baron?»

Talleyrand lachte, und Hager, der sich ein Lächeln erlaubte, sagte: «Ich fürchte, Madame hat recht. Ich verspreche Euer Durchlaucht, daß dadurch keinerlei unnötige Belästigung entstehen soll. Meine Leute sind sehr diskret.»

«In ein oder zwei Tagen, mon oncle, werden Sie sich daran gewöhnt haben.»

Hager ignorierte Talleyrands Seufzer und erhob sich. «Das ist dann also erledigt», sagte er erleichtert, und mit einem dankbaren Blick auf Dorothea fügte er hinzu: «Ich werde meinen Mann sofort schicken. Darf ich mir die Frage erlauben, wie lange Euer Durchlaucht zu Hause sein werden?»

«Es ist wirklich nicht eilig», wich Talleyrand aus. Hager dachte, daß es vielleicht besser wäre, wenn er ihnen von Fréjus' Flucht erzählte, aber er sagte nur: «Ich habe die Order, sofort einen Mann zu schicken.»

Dorothea dachte: Talleyrand ist in Gefahr. Sie sagte: «Der Fürst und ich frühstücken beim Papperl, wie jeden Tag, wenn das Wetter schön ist.»

Im Garten des Papperl streute die leuchtende Mittagssonne goldenes Licht auf rot und weiß gewürfelte Tischtücher und helle Sommerkleider. Der Besitzer hatte einen geschäftigen Tag. Ganz Wien war heute da. An einem der Tische saßen die Damen von Arnstein und Eskeles mit dem Fürsten Hardenberg und Rahel Varnhagen in angeregte politische Unterhaltungen vertieft. An einem anderen Tisch flüsterten Humboldt und Gentz. Die zauberhaften Kurlands zogen viele Augen auf sich. Sie waren von Metternich und Lord Stewart begleitet.

Der Duft von Essen und Frühlingsgrün hing in der Luft, dazu das Klirren von Porzellan, Vogelgezwitscher und Gesprächsfetzten. «Tolentino... Marie-Louise ist auf Neipperg stolzer, als sie es jemals auf Bonaparte war... das Herz der Bagration ist gebrochen... Murat ist nach Frankreich geflohen... Die Erklärung vom 13. März... Der neue König von Polen... Bonaparte hat mit Italien seine wertvollste Karte verspielt... Der Herzog wird es machen... Die Bigottini reist ab mit vierzigtausend Gulden für sich und einhunderttausend für das Kind, das sie erwartet und das Franz Palffy als das seine anerkennt... Diese Franzosen... Eine neue Erklärung des Kongresses... Gent... Blücher wird es machen...»

«Warum ißt du dein Schnitzel nicht?» fragte Franzl die Theres. «Ist etwas nicht in Ordnung?» Sie aßen am Ende einer langen Tafel mitten im Garten.

«Ach, ich hab keinen Hunger.»

«Was du immer am Essen mäkelst», tadelte Franzl, «und du siehst aus, als hättest du etwas.»

«Du bist mir ein feiner Ehemann», sagte die Theres kokett,

«vier Wochen verheiratet und schon hast du an meinem Aussehen etwas auszusetzen.»

«Das meinst du ja selbst nicht im Ernst, Schatzerl; das weißt du ganz genau.» Und er lächelte sie zahnlos an.

«Hier beim Papperl gefällt mir's», begann sie fahrig zu plaudern. «Alle interessanten Leute trifft man hier. Fast alle von meinen Damen. Ich freue mich immer, wenn ich meine Hauben und Handschuhe sehe.»

«Meine Frau macht die feinsten Hauben und Handschuhe von ganz Wien», prahlte Franzl der Runde vor. «Wenn nach dem Kongreß das Fiakergeschäft nichts mehr abwerfen sollte, kann sie uns allein ernähren.»

«Glück muß der Mensch haben – Prosit – so hübsch und kann sogar die Familie ernähren...» Sie lachten und riefen herüber, und die Theres war ganz rot geworden.

«Ist natürlich nur ein Spaß», dämpfte Franzl seine Stimme. «Wenn du erst ein Kind hast, darfst du natürlich überhaupt nicht mehr arbeiten; hoffentlich bekommen wir bald eins.»

«Hoffst du das wirklich, Franzl?» fragte die Theres mit befremdlich zitternder Stimme.

«Ja, freilich, du Dummerle – ich möcht das ganze Haus voller Kinder haben.»

Armer Franzl, dachte die Theres, aber er würde es ja niemals erfahren. Und den ganzen Rest ihres Lebens würde sie es wiedergutzumachen suchen. Es würden ja auch noch mehr Kinder kommen. Sie seufzte noch einmal und sah gedankenlos umher.

Ein Veteran ging langsam von Tisch zu Tisch. Es war eine armselige Gestalt, in die Fetzen einer nicht mehr zu definierenden Uniform gekleidet. Dunkle Augengläser und ein großer Hut beschatteten sein Gesicht. Er trug einen Korb mit Blumensträußen. Um seinen Hals hing ein Zettel, auf dem stand: «Bedenkt einen blinden Veteranen von Leipzig!»

Tolentino hatte die Gäste in die richtige Laune versetzt, einen Veteranen mit ein oder zwei Kreuzern zu bedenken. Die Damen suchten in ihren Reticuls mitleidig nach Kleingeld, und die Männer wühlten in ihren Hosentaschen. Münze um Münze klirrte in den Blechteller, den der blinde Mann vor sich hertrug. Mit Hilfe eines Stockes fand er seinen Weg durch die Tische.

«Vergelt's Gott – Gott segne den Herrn und die Dame», dankte er mit fremdländischem Akzent.

«Österreich kämpft immer bis zum letzten Slowaken und Kroaten», sagte Hardenberg neiderfüllt.

Und Rahel leidenschaftlich: «Es ist eine Schande, daß ein alter Soldat betteln muß.»

«Die Dame hat recht.» Franzl zog seine Börse, wählte sorgfältig ein paar Kreuzer und warf sie auf den Zinnteller.

«Gottes Segen, Gottes Segen...» Der Invalide wollte weiter, als Franzl noch rief: «Ein Sträußerl für meine Frau möchte ich.»

Der Invalide hielt an und bot die Blumen dar. Die Theres nahm ein paar, da blieb ihr die Luft weg.

«Was ist denn, Schatzerl? Ist dir nicht wohl?» Franzl legte den Arm um ihre bebenden Schultern.

«Ach nichts.» Aber sie starrte immer noch der abgerissenen Gestalt nach.

«Seine Hand bloß. Er hatte nur drei Finger an der einen.»

«Ja, der Krieg... ich sage doch immer: Das ist was Schreckliches», erläuterte Franzl der ganzen Tischgesellschaft: «Auch ich habe die Zähne bei Austerlitz verloren.»

«Vergelt's Gott, vergelt's Gott.» Der Veteran war am Tisch der Kurlands.

Metternich schaute weg, als er seine Münze in den Teller fallen ließ. Er wurde nicht gern in natura an die Resultate seiner Politik erinnert.

«Wann glauben Sie, daß der Kongreß beendet sein wird, Clemens», fragte ihn Wihelmine, «jetzt, wo endlich die Schweizer und die italienische Frage geklärt ist?»

«Wir müssen erst noch Deutschland eine Konstitution geben», sagte er. «Die Kommission beginnt eben ihre Sitzungen, und das kann natürlich noch eine Zeitlang dauern, da all die kleinen deutschen Fürsten und Städte vertreten sind.»

«Talley hat es immer gesagt, daß sie vertreten sein müssen, nicht wahr?» sagte Pauline.

«Talley hat mal wieder auf der ganzen Linie gewonnen, wie so oft», sagte Metternich heiter. «Die meisten der Arrangements, die wir jetzt machen, waren schon die ganze Zeit von ihm vorgeschlagen worden. Murat ist erledigt, und Ferdinand erhält

Neapel. Marie-Louise erhält Parma, aber die Erbfolge geht nicht auf ihren Sohn von Bonaparte über. Der Heilige Vater erhält die Päpstlichen Staaten, aber natürlich ohne Avignon. Jedoch erhalten die päpstlichen Nuntien den Vortritt vor sämtlichen anderen Botschaften, und Kardinal Consalvi ist glücklich.»

«Und zu guter Letzt», sagte Lord Stewart, «ziehen wir nur gegen Napoleon in den Krieg, während gegen alle Evidenz das französische Volk unser Verbündeter ist. Und wir kämpfen für die Wiedereinsetzung der Bourbonen, die niemand will, nur weil Talley behauptet, daß die Legitimität das Wahre sei! Welch ein Mann! Je schwieriger seine Position ist, desto einflußreicher ist er...»

«Gott segne die Herren.» Humboldt und Gentz ließen ihre Münzen in den Teller des Veteranen fallen, ohne ihre Unterhaltung zu unterbrechen. «Wir werden unter diamantenbesetzten Schnupftabakdosen begraben werden», beschwerte sich Humboldt. «Jede Macht schenkt den Staatsmännern aller anderen Mächte diamantenbesetzte Schnupftabakdosen. Diese Verschwendung! Natürlich könnte ich für meine Frau eine Diamantenparüre daraus machen lassen, aber Li macht sich nichts aus Schmuck. Am besten verkaufe ich sie wohl und bezahle meine Schulden mit dem Geld.»

Gott sei Dank, daß ich außer den diamantenbesetzten Schnupftabakdosen auch noch Bargeld bekomme, dachte Gentz; Tausende und Abertausende von herrlichen Dukaten. Er sagte streng: «Ich habe gehört, daß die Juden Ihnen einen Smaragdring oder viertausend Dukaten angeboten haben, aber Sie haben beides refüsiert.»

«Ich könnte von den Juden nichts annehmen. Alexander und ich waren immer die Freunde der Juden.»

«Warum kann man von Freunden nichts annehmen? Ich habe von den Juden zweitausend Dukaten verlangt sowie einen Vorschuß von eintausend; und Laemel macht mir jetzt Schwierigkeiten, weil Sie nichts genommen haben.»

«Das tut mir leid.» Humboldt verzog sein Gesicht. Es bedeutete: Sprechen wir nicht von solchen Vulgaritäten! Dann sagte er: «Wissen Sie, ich sehe der Zukunft ohne Freude entgegen. Die Mittelmäßigkeit des britischen Kabinetts! Der Mangel an einer großen Persönlichkeit, die die Widersprüche der Situation meistern könnte! Es weht kein guter Wind...»

«Ich weiß nicht, worüber Sie sich beklagen», sagte Gentz. «Die Völker ziehen doch schon wieder in den Krieg wie Bähschäfchen.»

«Ja, wie Bähschäfchen, aber ohne den Enthusiasmus von 1813.»

«Aber was erwarten Sie sich? Wir haben 1815, und in der Zwischenzeit haben die Völker eine Ahnung davon bekommen, wie ihre Welt von morgen sich ausnimmt.» Gentz lachte zynisch. Er hatte schon lange den Glauben verloren, daß Politik jemals die Hoffnungen von Idealisten und Enthusiasten erfüllen könnte.

Eine Zeitlang aßen sie schweigend. Dann sagte Humboldt: «Wir bekamen eine merkwürdige Nachricht aus Paris. Es scheint, daß Napoleon sich brüstet, Talleyrand wolle ihm einen Frieden mit dem Kongreß vermitteln, aber daß er, Napoleon, nichts davon wissen wolle.»

«Sauere Trauben...»

«Sind Sie da so sicher? Es könnte doch sein, daß Montrond eine Nachricht bei sich hatte, von der wir nichts wissen.»

Gentz wurde emphatisch. «Es war Talleyrand, der auf der Erklärung des 13. März bestand. Hätte er vorgehabt, mit Bonaparte zu spielen, dann hätte er sich von Anfang an anders benommen.»

«Das stimmt», sagte Humboldt, immer noch zweifelnd.

«Wenn er es gewollt hätte, so wäre es für Talleyrand leicht gewesen, einen Frieden für Bonaparte beim Kongreß zu erzielen. Vergessen Sie das nicht! Kein Mensch hat mehr dafür getan, Europa wieder gegen Bonaparte auf den Marsch zu bringen.»

«Das stimmt», sagte Humboldt wieder. Nach einer kleinen Pause fragte er: «Sie halten Talleyrand für einen großen Mann, nicht wahr?»

Gentz überlegte sich diese Frage, dann sagte er: «Groß? Ich weiß es nicht. Aber außergewöhnlich ist er – sehr außergewöhnlich. Ich glaube, daß die Meinungen über ihn noch jahrhundertelang geteilt sein werden. Man wird noch lange darüber diskutieren, was er war, was er dachte und was er wollte.»

Und Humboldt, mit einer tiefen Verbeugung: «Wenn man vom Teufel spricht...»

Talleyrand und Dorothea betraten gerade den Garten. Dorothea hielt einen rosa Schirm über ihr Hütchen aus roten Rosen, das sie zu dem taubengrauen Organdykleid trug. Ihre schwarzbehandschuhte Hand ruhte auf Talleyrands Arm. Sie nickten Humboldt und Gentz zu und winkten den Kurlands, bevor sie dem Besitzer des Papperl zu ihrem Tisch folgten. Dieser stand am Ende des Gartens unter einem Baum.

Einen Moment lang konnte man deutlich das Zwitschern der Vögel und das Klirren der Münzen im Teller des Veteranen hören. So tief war die Stille, die ihren Gang durch den Garten begleitete. Frau von Arnstein nahm sich vor, das nächste Mal auch schwarze Handschuhe zu Grau zu tragen. Rahel Varnhagen dachte: Das ist die Liebe, über die Goethe in seinem Gedicht schreibt: ... ‹Ach, du warst in abgelebten Zeiten meine Schwester oder meine Frau...› Der blinde Veteran bahnte sich langsam seinen Weg zu dem Tisch, an dem Talleyrand und Dorothea saßen.

Der Wirt nahm ihre Bestellungen entgegen und ging dann zu dem gewöhnlich aussehenden Mann mit den langen Armen, der an einem kleinen Tisch dicht hinter ihnen saß, sichtlich darin vertieft, in seinen Zähnen zu stochern.

«Gustav stört mich», murmelte Talleyrand. «Ich wünschte, du hättest mir die Leibwache nicht aufgedrängt, mein Liebling.»

Dorothea lächelte. «Mach dir nichts daraus, du wirst dich schon an ihn gewöhnen.» Die frische Luft und Gustavs unästhetische Gegenwart hatten ihre Ängste verscheucht. Sie nahm das lustige, zuckerwerkbunte Bild des Gartens in sich auf.

«Mein Geliebter», sagte sie, «ich wünschte nur, du müßtest ins Exil gehen. Wir könnten in meinem schönen Haus in Berlin, Unter den Linden, wohnen und Reisen nach Amerika und Italien machen. Es wäre herrlich.»

«Bist du auch sicher, daß es dir nichts ausmachen würde, wenn ich ein Refugié und ‹Gewesener› wäre?»

«Ganz sicher.» Sie strahlte ihn an.

Die Kellnerin stellte Teller und eine Terrine vor sie hin. Talleyrand schöpfte die Nudelsuppe aus und dachte: Wie, wenn ich dieses große Glück nicht erlebt hätte? Er sagte: «Ich werde dem Wiener Kongreß immer dankbar sein, denn hier fing alles an.»

«Nur für dich hat es hier angefangen, denn du hast so lange gebraucht, um zu begreifen», neckte sie ihn. «Für mich hat es viel früher begonnen.»

«Oh, du, das wirst du mir für den Rest unseres gemeinsamen Lebens sagen.» Er schenkte ihr ein Glas Gespritzten ein.

«Erzähle mir noch mehr über den Rest unseres gemeinsamen Lebens. Ich höre das so gern: der Rest unseres gemeinsamen Lebens.»

Und dann sah sie auf. Ein Schatten war über das rot-weiß gewürfelte Tischtuch gefallen. Man hörte ein «Gott segne den Herrn, Gott segne die Dame». Der Veteran kam auf sie zu...

In diesem Augenblick schnitt ein langgezogener, durchdringender Schrei in die Stille. Die Theres war aufgesprungen und zeigte auf den Invaliden.

Der erste Schuß ging fehl, die Kugel traf den Baum hinter Dorothea. Er verursachte einen unbeschreiblichen Tumult im Garten. Man hörte Rufe; Kellnerinnen ließen ihre Tablette fallen: Neugierige rannten in der Richtung des Schusses, wurden aber von der verängstigten Menge, die sich von dort zurückzog, aufgehalten. Gustav hatte sich sofort auf den Mörder gestürzt. Sie rangen miteinander. Der Mörder verlor seinen Hut und seine dunklen Gläser. Dorothea, die ruhig neben Talleyrand stand, sah eine rote Narbe, die sein Gesicht in zwei schlecht zusammenpassende Hälften teilte.

«Das ist der französische Hauptmann, der heute morgen aus dem Gefängnis entkam», keuchte Gustav. Seine große, haarige Hand hatte das Handgelenk des andern gepackt, aber er konnte ihm die Pistole nicht entwinden. Dann riß Fréjus seinen Arm los. Er hob die Waffe, aber als er zielen wollte, stieß jemand Talleyrand nieder. Eine Sekunde noch glitzerte die Waffe in der Sonne. Dorothea bedeckte ihre Augen.

«Sie Verräter! Diese Schwächlinge würden nicht gegen meinen Kaiser kämpfen, wenn es nicht solche elenden Verräter wie Sie gäbe!» Entwaffnet und von mehreren Männern festgehalten, schrie er Talleyrand in ohnmächtiger Wut an. Er wurde abgeführt.

Talleyrand klopfte den Kies von seinem Anzug. «Ein Irrer», sagte er zu Metternich und den Kurlands, die sich ihren Weg durch die Menge zu ihm gebahnt hatten. Sein Gesicht über der hohen, weißen Halsbinde war blaß und ungerührt, und es schien zu sagen: Wir leben in einem Zeitalter, wo man dafür erschossen wird, daß man versucht, etwas Gutes für die Menschheit zu tun. Es ist natürlich lästig, aber man muß sich damit abfinden.

Erst als man ihm das Loch zeigte, das die Kugel in den Baum geschlagen hatte, fiel er in einen Stuhl, so als ob ihn seine Beine nicht länger tragen würden. Er ergriff Dorotheas Hand und sagte in ungläubigem und entsetztem Ton: «Sie ist weniger als zwei Zentimeter über deinem Kopf eingeschlagen. Sie hätte dich töten können. Ohne diese zwei Zentimeter wäre ich jetzt allein.»

«Ich werde dich nie allein lassen», sagte sie und liebte ihn, weil er das Verletzlichste in der Welt war und sie so sehr nötig hatte.

Die Theres erwachte aus ihrer langen Ohnmacht, als Dorothea und Talleyrand zu ihr kamen. Im Augenblick hatte sie nur den einen Wunsch, nämlich, daß sich die Erde auftun und sie und das ganze Elend verschlingen möchte. Was immer ihr geheimer Herzenswunsch gewesen war, trat jetzt ein: Jedermann wollte sie sehen, und ihr Name war in aller Mund. Diese kluge kleine Handschuhmacherin, die gerade im richtigen Moment geschrien hatte, die hübsche Kleine, die Talleys Leben gerettet hatte, war die Heldin des Augenblicks.

Immer noch wie betäubt, knickste die Theres vor Dorothea und Talleyrand und antwortete, den stolzen Franzl zur Seite: Aber sie hatte doch gar nichts geleistet. Sie hatte den blinden Invaliden ganz zufällig im Auge gehabt. Nur daß es in seiner Hand auf einmal so verdächtig gefunkelt hatte, wie eine Pistole.

Die Theres wußte nicht, woher sie den Mut nahm – so vor aller Augen –, sie zog Dorothea beiseite. «Euer Gnaden, können Sie mir eins versprechen?» bat sie.

«Alles, was ich kann.»

«Dann retten Sie den Capitaine!» Die Theres brach in Tränen aus, und Dorothea, die ihr beruhigend den Kopf streichelte, glaubte, wie durch plötzliche Eingebung, die Wahrheit zu ahnen.

Sie winkte ihrerseits Talleyrand, und wäre das Publikum bei

Papperl nicht schon durch das Vorangegangene für ungewöhnliche Ereignisse unempfindlich geworden, hätte ihnen das Bild, wie die zwei Frauen eifrig auf den großen Staatsmann einredeten, wohl neuen Gesprächsstoff gegeben. Eigentlich sprachen bloß seine Nichte und dieses fremde Mädchen; Talleyrand blickte nur nachdenklich drein, bis er endlich nickte und etwas zu Dorothea sagte.

«Mein Onkel verspricht mir», verdolmetschte Dorothea der Theres, «daß er sich beim Kaiser persönlich um Gnade für den Capitaine verwenden will. Und da ja niemand verletzt worden ist, wird er gelinde genug davonkommen.» Sie sah die andere bedeutsam an und sagte mit Nachdruck: «Ohne Sie hätte er leicht jemanden verletzen können; Sie haben ihn also in Wirklichkeit gerettet.»

Der sich selbst überlassene Franzl hatte sich gerade zu wundern begonnen, was seine Frau mit den Herrschaften aus dem Palais Kaunitz so vertraulich zu verhandeln hatte, als Dorothea sich nun lächelnd an ihn wandte: «Darf ich also bei deinem Erstgeborenen Pate stehen, Franzl? Deiner Frau würde es schon recht sein.»

Franzl lächelte zahnlos. Er war unendlich geschmeichelt.

Und noch stolzer war er dann im November, als die Herzogin von Sagan, in Stellvertretung der Schwester, sein kleines Mädchen aus der Taufe hob; es war zwar ein Siebenmonatskind, aber so stark und gesund wie jedes andere.

11

10. Juni – in Paris. Bonaparte – kränkelnd, trübe und einsam, in dem Gefühl, daß sein Volk ihn nicht mehr liebte und daß Katastrophen am Horizont standen, wohnte der Messe in Notre-Dame bei. Ihm schien nur noch eine Möglichkeit zum Erfolg zu bleiben, und die war, seine Feinde einzeln zu schlagen, ehe sie Zeit hatten, sich zu vereinigen. Diesen letzten Versuch mußte er machen. Er wollte am folgenden Tag nach den verregneten Ebenen Flanderns abreisen. Im Grunde war er an dem ganzen Spiel nicht mehr interessiert, aber er spielte es mit mühevoller Kon-

zentration bis aufs kleinste Detail weiter – nur noch um der Ehre willen.

10. Juni – in Heilbronn. Alexander, der Zar aller Reußen und König von Polen, war auf dem Wege zum Hauptquartier seiner Armee. Er saß in seinem Zimmer und dachte über die Untreue seiner Alliierten nach. Er fühlte, daß es sein Schicksal war, den Antichrist zu schlagen, und da er wußte, daß dazu Einigkeit nötig war, hatte er mit bewundernswerter Selbstbeherrschung davon abgesehen, seine Gefühle in Wien zu zeigen. Noch hatten die britischen, österreichischen und französischen Staatsmänner keine Ahnung davon, daß Napoleon ihm den Dreierpakt geschickt hatte. Er fühlte sich bitter enttäuscht, schlecht behandelt und überirdischen Rates bedürftig. Ein Gedanke durchfuhr ihn: Wenn er nur Frau von Krüderer sprechen könnte. Kaum hatte er das gedacht, da betrat eine dünne, blasse Frau sein Zimmer. Sie mochte etwa fünfzig Jahre alt sein; sie trug ein dunkles Wollkleid, und auf ihren verblichenen blonden Haaren lag ein weißer Schleier. Es war Frau von Krüderer. Sie verkündete: «Ihre Schwierigkeit liegt nur darin, daß Sie noch nicht aus der Tiefe Ihres Herzens gerufen haben: ‹Herr, sei mir armem Sünder gnädig.›» Nachdem Alexander dann drei Stunden lang mit dem Kopf in den Händen mit sich gerungen hatte, waren der Dreierpakt und der Wankelmut seiner Alliierten vergessen. Er glaubte, daß er das gefunden hatte, wonach er sein ganzes Leben lang gesucht hatte, nämlich die Einheit mit Christus.

10. Juni – in Wien. Der Kongreß war endlich beendet. In der vorhergehenden Nacht hatte ein großes Hof-Galafest stattgefunden, wobei sieben der acht Mächte, die auch den Frieden von Paris unterschrieben hatten (Spanien hatte sich geweigert aus Protest gegen die Abtretung von Parma an Marie-Louise), den großen Vertrag unterzeichneten, der ein Vierteljahrhundert der Revolution und des Terrors beenden sollte. Es war eine recht nüchterne Angelegenheit gewesen. Man wußte, daß man keine Wundertaten vollbracht hatte. Das Prinzip: «Gewalt geht vor Recht», das den Kontinent so lange beherrscht hatte, war noch nicht ganz verbannt. Man hatte Kompromisse geschlossen zwi-

schen Tugend (oder dem Gesetz der Nationen) und Machtpolitik. Alexander war König von Polen geworden. Der König von Sachsen hatte siebenhunderttausend Seelen verloren. Die Tatsache, daß Ferdinand endlich Neapel erhalten hatte, war weniger dem Streben der Mächte nach Legitimität zuzuschreiben als Murats verrückten militärischen Unternehmen und seiner darauffolgenden Niederlage. Vor allen Dingen mußte der neue Krieg gegen Napoleon erst noch gewonnen werden. Trotz allem aber war aus dem Chaos ein lebenswürdiges System für Europa erwachsen. Deutschland hatte eine Konstitution erhalten, die vielleicht nicht die beste war, aber doch von allen anerkannt wurde. Die sächsische Frage hatte man nach dem Prinzip der Legitimität geordnet. Die Schweizer Frage war zufriedenstellend gelöst worden. Für Italien war eine neue, wenn auch etwas zweifelhafte Ordnung entstanden. Der Heilige Vater hatte die Päpstlichen Staaten zurückerhalten.

12

Während die Unruhe der Abreise das Palais Kaunitz erfüllte, während Anja das Gepäck überwachte, während Talleyrand letzte Anweisungen an Dalberg gab, der noch einige Zeit in Wien bleiben sollte, ging Dorothea, im grauen Reisekomplet, noch einmal durch ihre Räume. Ein strahlender Morgen zeigte sich ihr im schönsten Licht. Zärtlich besah Dorothea die Gegenstände, die Zeugen ihres Glückes waren. Es war möglich, daß sie all das nie mehr sehen würde. Und blitzartig fielen ihr die merkwürdigen, wundervollen und furchterregenden Dinge ein, die ihr diese düstere Wahrsagerin, Frau Vierschröth, prophezeit hatte. Gestern erst hatte sie diese aus einem Impuls heraus besucht und hatte nicht einmal Talleyrand davon erzählt. Frau Vierschröth hatte mit Hahn, Kristallball und schmutzigen Karten sehr eindrucksvoll hantiert.

«Ich sehe, daß Sie die nächsten fünfundzwanzig Jahre mit einem Mann verbringen, der viel älter ist als Sie», hatte sie gemurmelt, «der aber bis zu seinem letzten Tag eine große und wichtige Persönlichkeit bleiben wird. Sie werden ein Kind, eine

Tochter, haben, die er vergöttern wird. Dieses Kind und Sie werden ihn zur Kirche zurückbringen. Er wird ein würdiges Ende haben. Ich sehe Sie seine Augen schließen. Ich sehe Ihren Namen für immer mit dem seinen verbunden.» Dann war Frau Vierschröth in eine Entrückung gefallen, aus der sie mit Stöhnen erwachte. «Ich kann Sie immer noch sehen», fuhr sie fort, «Sie leben in einem großen Schloß, irgendwo im Norden, denn wenn er gegangen ist, werden Sie ein neues Leben in einem anderen Land beginnen. Aber die Welt wird zu Ihnen kommen. Könige und Fürsten werden Sie um Ihren Rat fragen. Sie wissen, daß dieser große Mann nichts ohne Sie unternommen hat, und so schreiben sie Ihnen große Weisheit und Kenntnisse zu...»

Dorothea ließ sich auf ihr Bett fallen und war in der Phantasie um Jahre voraus. Sie sah sich selbst in Trauerkleidung nach all den Jahren hierher zurückkommen – allein, nicht mehr jung, aber von der Aura einstiger Schönheit und großem Reichtum umgeben, von der Legende eines einzigartig rätselvollen Lebens, das allen gewöhnlichen Maßstäben getrotzt hatte. Sie sah sich durch diese Zimmer gehen, ihre Augen feucht in Gedanken an die unwiderruflich verlorene Vergangenheit. Hier war es, hörte sie sich sagen, wo mein Leben mit Monsieur de Talleyrand begann; wo diese einzigartige Verbindung zustande kam, die nur durch den Tod beendet wurde – und wenn ich «beendet» sage, so ist das falsch; ich sollte «unterbrochen» sagen, denn tausendmal im Jahre fühle ich, daß wir uns woanders wiedertreffen werden...

Charles Lambesks Stimme riß sie aus ihren Träumereien: «Der Fürst schickt mich zu fragen, ob die Frau Herzogin schon fertig ist», rief er aus dem Nebenzimmer.

Welche Herzogin, wollte sie gerade fragen, als ihr einfiel, daß sie selbst damit gemeint war. König Ferdinand hatte Talleyrand das Herzogtum Dino geschenkt, und dieser hatte es an Edmond und sie weitergegeben. Es war ein hübscher Name, und als Herzogin hatte man Vorteile bei Hof, obwohl Dino nur ein kleiner, von Kaninchen bevölkerter Felsen war.

«Ja, ich bin bereit», rief sie und ging, ohne einen weiteren Blick auf die Zimmer zu werfen. Schließlich war es ja nur ein kleiner Teil von ihr, der hier zurückblieb. Ihre Liebe trug sie in ihrer Seele, in ihrem Blut, in ihrem Fleisch.

«Ich bin so froh, daß Sie Monsieur de Talleyrand nach Gent begleiten», sagte sie und nahm Lambesks Arm.

Dieser seufzte etwas: «Meine Gefühle sind gemischt.»

«Ich weiß», sagte sie mitleidig, «aber so ist es doch vernünftiger. Napoleon wird sich nicht halten, und Madame de Brionne würde sich im Grab umdrehen, wenn Sie zu ihm gingen.»

Auf dem Treppenabsatz trafen sie Talleyrand. Er sprach mit Sturgis über Anlagen. Ferdinand hatte die sechs Millionen bezahlt, und einige der kleinen deutschen Fürsten waren großzügiger gewesen, als man es unter diesen Umständen erwarten konnte.

Die Kurlands und Metternich kamen gerade an, als sie sich von ihren österreichischen Dienern in der Halle verabschiedeten. (Gustav mußte sie auf Anordnung von Kaiser Franz bis zur Grenze begleiten.) «Nun, wir haben es geschafft», sagte Metternich. «Wir haben ein neues europäisches System unterschrieben. Ich hoffe, mein Freund, daß Sie zufrieden sind.»

«Ich bin froh, daß der Frieden unterzeichnet ist», sagte Talleyrand. «Es wäre schlimm gewesen, wenn die Signatur, wie es vorgeschlagen wurde, bis nach dem Endsieg verschoben worden wäre. Auf diese Art haben wir demonstriert, daß die Rückkehr Bonapartes und der neue Krieg nur Zwischenfälle sind, die in keiner Weise die Beziehungen der Mächte zum französischen Volk und ihrem rechtmäßigen Herrscher beeinflussen können. Das alles bedeutet, daß eine gewisse Sicherheit besteht gegen drakonische Bedingungen, die die Sieger einem neu besiegten Frankreich gern auferlegen würden.» Er seufzte ein bißchen.

«Ihre erste Sorge ist doch immer Frankreich, nicht wahr?» Metternich lachte. «Aber ich mache Ihnen keinen Vorwurf daraus. Indem Sie Frankreich zuerst dienen, dienen Sie Europa am besten. Es ist wichtig für Europa, daß Frankreich wieder eine große Nation wird, trotz seines momentanen Rückfalls in Sünde. Es gibt kein Europa ohne Frankreich. Und außerdem ist Frankreich ein tiefrevolutionäres Land, und ein drakonischer Friede, so gerechtfertigt er auch immer wäre, würde nur seinen Dynamismus neu erregen. Es wäre nicht gut für Europa.»

«Nein, es wäre nicht gut für Europa. Ich bin so froh, daß Sie das verstehen. Aber Sie verstehen immer alles. Sie erkennen, daß damit aber noch nicht die Revolution ausgetilgt ist. Wie unser Freund Gentz sagt: ‹Am Ende wird der Zeitgeist siegen.› Aber lassen Sie uns wenigstens dafür sorgen, daß er durch langsames Einfiltrieren der Ideen siegt statt durch Terror. Dazu brauchen wir eben ein zufriedenes Frankreich. Ein Frankreich, dem die Möglichkeit gegeben wird, seine Revolution zu verdauen.» Talleyrand lächelte ihn an.

«Ich möchte noch sagen», Metternich war ernst, «daß Sie hier eine noble Rolle gespielt haben. Wie Sie wohl wissen, waren die Idealisten empört darüber, daß einer, der dem Feind der Menschheit gedient hatte, mitwirken sollte an der Verwirklichung einer neuen Ära des Friedens. Aber Sie waren der einzige, der nichts für sich selbst gewollt hat. Das ist Ihr Ruhm. Wien ist voll von Gerüchten über Intrigen, die der Haß gegen Frankreich fälschlicherweise dem Palais Kaunitz zuschreibt. Aber ich kann vor der Geschichte die Ehrenhaftigkeit und den guten Willen der französischen Delegation bezeugen.»

«Nun, Clemens, Sie machen ja Talley eine regelrechte Liebeserklärung», unterbrach Wilhelmine diesen ernsten Moment.

«Ich fürchte, von Ihnen kann ich nicht dasselbe erwarten, meine schöne, schreckliche Wilhelmine – eh?» sagte Talleyrand.

«Ich bin nicht so sicher.» Wilhelmine warf ihm einen langen, wissenden, veilchenblauen Blick zu. «Mir wäre es lieber gewesen, wenn Sie den Kongreß nicht so völlig beherrscht hätten. Sie haben jedermann um den Finger gewickelt. Sie sind zu gerissen. Aber ich fand Sie sehr charmant.»

«Ich bin gerührt.» Er küßte ihre Hand.

Sie gingen zur Auffahrt hinaus, wo mehrere Reisekutschen hintereinander standen.

«Ein Jammer, daß Duschka nicht in Wien bleiben kann, bis die Verhältnisse geklärt sind», sagte Pauline.

Dorothea sagte: «Ich möchte den Ereignissen so nahe wie möglich sein. Während Monsieur de Talleyrand nach Gent geht, werde ich in Mannheim oder Heidelberg bleiben. Es ist höchstens eine Frage von Tagen oder Wochen. Ich bin sicher, daß wir bald wieder in Paris sein werden.»

Dann kam das übliche Durcheinander einer Abreise. Dorothea und ihre Schwestern weinten ein bißchen, als sie sich zum Abschied küßten. «Ihr seid sehr lieb zu mir gewesen, ich liebe euch», sagte Dorothea.

Und Talleyrand, der Metternich den überraschenden Anblick seiner blassen, blauen Augen gewährte: «Sie wissen, daß das Geheimnis jeder erfolgreichen Friedenskonferenz ist, daß jeder ein bißchen unzufrieden bleibt – eh? Jeder muß ein Opfer gebracht haben. Aus solchen Opfern erwächst die Harmonie und das Glück für alle.»

Dann half er Dorothea in den ersten Reisewagen und stieg selbst ein. Winkend und lächelnd fuhren sie ab.

Sie fuhren die Johannesgasse entlang, und die Pferde griffen aus. Bevor sie um die Ecke bogen, schaute Dorothea noch einmal zum Palais Kaunitz zurück. Das klare Morgenlicht verlieh der grauen, italienischen Fassade eine leuchtende Durchsichtigkeit. «Weißt du noch», sagte sie und sank in die Kissen zurück, «als wir letzten September ankamen, sagtest du: ‹Hier müssen wir Europa verführen, du und ich›?»

«Ich erinnere mich. Du sagtest dann: ‹Ich will nicht einen Kontinent, der mich liebt, sondern nur einen einzigen Mann.›»

«Ja, das habe ich gesagt, und das sage ich jetzt und für immer.»

Er legte seine Hand auf die ihre, und seine Berührung sagte ihr, was sie nie genug hören konnte: daß so, wie sie zu ihm, er auch zu ihr gehörte und daß sie eins waren für alle Zeiten.